欧亚历史文化文库

总策划 张余胜
兰州大学出版社

西域文史论稿

丛书主编　余太山

耿世民　著

图书在版编目(CIP)数据

西域文史论稿／耿世民著.—兰州:兰州大学出版社,2011.12

(欧亚历史文化文库／余太山主编)

ISBN 978-7-311-03773-4

Ⅰ.①西… Ⅱ.①耿… Ⅲ.①西域—文史资料 Ⅳ.①K294.5

中国版本图书馆 CIP 数据核字(2011)第 256846 号

总 策 划 张余胜

书 名	西域文史论稿	
丛书主编	余太山	
作 者	耿世民 著	

出版发行 兰州大学出版社 (地址:兰州市天水南路 222 号 730000)

电 话 0931-8912613(总编办公室) 0931-8617156(营销中心)
0931-8914298(读者服务部)

网 址 http://www.onbook.com.cn

电子信箱 press@lzu.edu.cn

印 刷 兰州人民印刷厂

开 本 700mm×1000mm 1/16

印 张 34.25

字 数 461 千

版 次 2012 年 1 月第 1 版

印 次 2012 年 1 月第 1 次印刷

书 号 ISBN 978-7-311-03773-4

定 价 100.00 元

出 版 说 明

　　随着20世纪以来联系地、整体地看待世界和事物的系统科学理念的深入人心，人文社会学科也出现了整合的趋势，熔东北亚、北亚、中亚和中、东欧历史文化研究于一炉的内陆欧亚学于是应运而生。时至今日，内陆欧亚学研究取得的成果已成为人类不可多得的宝贵财富。

　　当下，日益高涨的全球化和区域化呼声，既要求世界范围内的广泛合作，也强调区域内的协调发展。我国作为内陆欧亚的大国之一，加之20世纪末欧亚大陆桥再度开通，深入开展内陆欧亚历史文化的研究已是责无旁贷；而为改革开放的深入和中国特色社会主义建设创造有利周边环境的需要，亦使得内陆欧亚历史文化研究的现实意义更为突出和迫切。因此，将针对古代活动于内陆欧亚这一广泛区域的诸民族的历史文化研究成果呈现给广大的读者，不仅是实现当今该地区各国共赢的历史基础，也是这一地区各族人民共同进步与发展的需求。

　　甘肃作为古代西北丝绸之路的必经之地与重要组

1

成部分,历史上曾经是草原文明与农耕文明交汇的锋面,是多民族历史文化交融的历史舞台,世界几大文明(希腊—罗马文明、阿拉伯—波斯文明、印度文明和中华文明)在此交汇、碰撞,域内多民族文化在此融合。同时,甘肃也是现代欧亚大陆桥的必经之地与重要组成部分,是现代内陆欧亚商贸流通、文化交流的主要通道。

基于上述考虑,甘肃省新闻出版局将这套《欧亚历史文化文库》确定为2009—2012年重点出版项目,依此展开甘版图书的品牌建设,确实是既有眼光,亦有气魄的。

丛书主编余太山先生出于对自己耕耘了大半辈子的学科的热爱与执著,联络、组织这个领域国内外的知名专家和学者,把他们的研究成果呈现给了各位读者,其兢兢业业、如临如履的工作态度,令人感动。谨在此表示我们的谢意。

出版《欧亚历史文化文库》这样一套书,对于我们这样一个立足学术与教育出版的出版社来说,既是机遇,也是挑战。我们本着重点图书重点做的原则,严格于每一个环节和过程,力争不负作者、对得起读者。

我们更希望通过这套丛书的出版,使我们的学术出版在这个领域里与学界的发展相偕相伴,这是我们的理想,是我们的不懈追求。当然,我们最根本的目的,是向读者提交一份出色的答卷。

我们期待着读者的回声。

总　序

　　本文库所称"欧亚"(Eurasia)是指内陆欧亚,这是一个地理概念。其范围大致东起黑龙江、松花江流域,西抵多瑙河、伏尔加河流域,具体而言除中欧和东欧外,主要包括我国东三省、内蒙古自治区、新疆维吾尔自治区,以及蒙古高原、西伯利亚、哈萨克斯坦、乌兹别克斯坦、吉尔吉斯斯坦、土库曼斯坦、塔吉克斯坦、阿富汗斯坦、巴基斯坦和西北印度。其核心地带即所谓欧亚草原(Eurasian Steppes)。

　　内陆欧亚历史文化研究的对象主要是历史上活动于欧亚草原及其周邻地区(我国甘肃、宁夏、青海、西藏,以及小亚、伊朗、阿拉伯、印度、日本、朝鲜乃至西欧、北非等地)的诸民族本身,及其与世界其他地区在经济、政治、文化各方面的交流和交涉。由于内陆欧亚自然地理环境的特殊性,其历史文化呈现出鲜明的特色。

　　内陆欧亚历史文化研究是世界历史文化研究中不可或缺的组成部分,东亚、西亚、南亚以及欧洲、美洲历史文化上的许多疑难问题,都必须通过加强内陆欧亚历史文化的研究,特别是将内陆欧亚历史文化视做一个整体加以研究,才能获得确解。

中国作为内陆欧亚的大国,其历史进程从一开始就和内陆欧亚有千丝万缕的联系。我们只要注意到历代王朝的创建者中有一半以上有内陆欧亚渊源就不难理解这一点了。可以说,今后中国史研究要有大的突破,在很大程度上有待于内陆欧亚史研究的进展。

古代内陆欧亚对于古代中外关系史的发展具有不同寻常的意义。古代中国与位于它东北、西北和北方,乃至西北次大陆的国家和地区的关系,无疑是古代中外关系史最主要的篇章,而只有通过研究内陆欧亚史,才能真正把握之。

内陆欧亚历史文化研究既饶有学术趣味,也是加深睦邻关系,为改革开放和建设有中国特色的社会主义创造有利周边环境的需要,因而亦具有重要的现实政治意义。由此可见,我国深入开展内陆欧亚历史文化的研究责无旁贷。

为了联合全国内陆欧亚学的研究力量,更好地建设和发展内陆欧亚学这一新学科,繁荣社会主义文化,适应打造学术精品的战略要求,在深思熟虑和广泛征求意见后,我们决定编辑出版这套《欧亚历史文化文库》。

本文库所收大别为三类:一,研究专著;二,译著;三,知识性丛书。其中,研究专著旨在收辑有关诸课题的各种研究成果;译著旨在介绍国外学术界高质量的研究专著;知识性丛书收辑有关的通俗读物。不言而喻,这三类著作对于一个学科的发展都是不可或缺的。

构建和发展中国的内陆欧亚学,任重道远。衷心希望全国各族学者共同努力,一起推进内陆欧亚研究的发展。愿本文库有蓬勃的生命力,拥有越来越多的作者和读者。

最后,甘肃省新闻出版局支持这一文库编辑出版,确实需要眼光和魄力,特此致敬、致谢。

余太山

2010 年 6 月 30 日

目录

1　我与维吾尔学

维吾尔学包含的内容很广泛,它不仅指对古、今维吾尔族的语言、文字的研究,也包括诸如维吾尔族的历史、文化、宗教、民俗、神话等方面的研究。近些年来更趋向于包括考古学、人种学、分子生物学(DNA)、纺织学、冶金学等方面的综合研究。总之,维吾尔学在西方已有近二百年的历史,而在我国只是在新中国成立后,特别是近二三十年才有较大的发展。

我虽在名校北大学习,但教我现代维吾尔语的老师李森、郭应德二位先生都是普通教师(李先生当时任讲师,郭先生任助教)。系主任季羡林教授虽为名家,但与我无缘。所以我走的是另外一条道路,即俗话说的"师傅领进门,修行在个人"。我的治学经历或许对我国另一部分年轻学人有些启迪作用,所以我写下了这篇带有回忆性的文字。

我 1948 年高中毕业,先在上海震旦大学(L'universite de l'aurore)医学院预备科学了一年法语(因中学学的是英语),1949 年夏考入北京大学东语系。因病我直到 1949 年 10 月 1 日后才报到入学。当时系主任季羡林对我说,我报考的印度语专业名额已满,让我选学其他专业。因我懂法语,他建议我学越南语,但我自己选了维吾尔语。这时候李、郭二位老师刚从前中央大学(现南京大学)边政系到了北京大学东语系。我的选择完全出于偶然和仅凭个人的直觉。当时我连维吾尔语属突厥语都不知道,更谈不上什么突厥学/维吾尔学了。李森先生因出生在新疆喀什,所以维吾尔语实际就是他的母语,说得非常流利。听说由于当时新疆教育发展条件的限制(新疆学院——现新疆大学的前身,成立于 1935 年),他只受过简易师范教育。他虽然维吾尔语说、写都很好,但不大懂语法。记得当时是请民族出版社的木提义(Ibrahim Muti'yi)先生讲授维吾尔语法(木先生曾在 20 世纪 30 年代在乌兹别克斯坦首府塔什干中亚大学法律系留过学)。另外我对维吾尔语法的了解和掌握还通过阅读英文的土耳其语(与维吾尔语有较近的亲属关系)语法书籍获得。在1952年春去新疆参加土地改革运动之前,我被调去参加李安东事件的法文翻译工作约半年。

1952年春,我们去新疆伊犁地区实习并参加减租反霸工作。整个夏季在乌鲁木齐参加新疆分局党校举办的土地改革训练班。当年秋天我被派到北疆塔城地区额敏县参加土改。因那里是哈萨克族聚居区,我不得不学习哈萨克语。哈语虽与维吾尔语同属于突厥语,但它们之间的差别还是不小的(大概相当于北京话和上海话之间的差别)。1953年夏我回到中央民族学院(民大前身,1952年夏全国高等院校调整时,北大维吾尔语专业被合并到民院)。当时任民院教务长的尹遇然同志让我和其他二位哈族老师一起在民族语文系第三教研室内建立了哈萨克语文教学小组,从此开始了我和哈萨克语文教学和研究的缘分。

维吾尔语和哈萨克语都属于阿尔泰语系中的突厥语族(前者属葛逻禄—维吾尔语支,后者属克普恰克语支)。古代突厥文为我国历史上曾活动在蒙古草原的突厥汗国(552—744年)、回鹘汗国(744—840年)使用的文字。这种文字因外形与古代日耳曼民族使用的如尼(Rune)文相似,所以也称古代突厥如尼文。又因其主要碑铭在蒙古鄂尔浑(Orkhon)河流域发现,所以也称古代鄂尔浑文。19世纪末以来又在新疆吐鲁番等地出土了大量用回鹘文、摩尼文、叙利亚文、婆罗米文写成的属于高昌(吐鲁番古名)回鹘王国(约850—1250年)时期的各种写本。这些碑铭和写本是我们研究古代突厥和古代回鹘语言、历史、经济和文化的重要材料。从19世纪末丹麦学者汤姆森解读古代突厥文字母到20世纪50年代,已过去半个多世纪。在此期间,国外先后刊布了古代突厥碑文和写本的德、法、俄、英、日、土耳其等文本,而我国尚无从原文直接翻译的汉文本问世(当时只有从英、德文转译的不完全的译文),对回鹘文献的研究更是处于空白状态。

20世纪50年代中期,我在一次偶然的机会中接触到德国著名古代突厥语文学大师葛玛丽(Annemarie von Gabain)的《古代突厥语语法》(*Alttuerkische Grammatik*)(该书除语法外,还包括文选、字典)。因当时我已有较好的维吾尔、哈萨克等现代突厥语的基础,又曾在大学时选修过一个学期的德语,所以借助字典勉强能看懂该书的一些内容。这引起了我对这方面的浓厚兴趣,从某种意义说来,为我打开了一个完全崭新的世界。于是我下决心学好古代突厥/回鹘语文,把古代突厥碑铭直接从原文译成汉文,以填补我国在这方面的空白。此后差不多有三四年时间,我一面自修,进一步提高德语(由于当时缺乏汉文本的德语教材,我只好使用俄文本的德语教材),一面反复阅读、抄录(当时尚没有复印机)和翻译此书。由于 50 年代政治运动多,经常下乡劳动或出差新疆,我对该书的钻研和翻译是在十分困难的条件下进行的。这期间我从马洛夫(S. Ye. Malov)的俄文书《古代突厥文献》(*Pamyatniki Drevnetyurkskoy Pis'mennosti*)中也学到不少东西。

1976 年打倒"四人帮"后,受新疆维吾尔自治区的委托,我在中央民族学院民族语文系开办了"古代突厥/回鹘语文班",讲授和编写了 8 册《古代突厥文献选读》(内含《古代突厥文献语法》和总词汇各 1 册),培养了一批维吾尔族、哈萨克族出身的这方面专门人才。

我所从事的专业——突厥语文学(Turkic Philology),特别是古代突厥/回鹘语文学的研究具有国际性。总的来说,欧美走在我们的前面,所以要想在这方面取得成就,必须学好外语,并尽可能多学几种。由于历史的原因,德语对学习古代突厥语具有特殊重要的意义。因为迄今为止,90% 这方面的文献都是用德文发表的。

我能阅读英、德、俄、法、日、土耳其等外国语,有的还能说和写,这要归功于中学时代严格的英语训练。由于通过刻苦的英语学习,脑子学外语的潜力得到了开发,所以在以后其他外语的学习中就比较容易了。一般来说,用半年到一年的时间,借助字典就能阅读一种新的外语专业书籍。

初中时我的英语并不好。记得 1945 年抗日战争胜利后,我从国立二十一中(后方的流亡学校)初中部转学到徐州昕昕中学(天主教教会学校)高中一年级甲班。英语老师(多为加拿大籍神父)抓得紧,几乎

3

每次上课都有小考试,且监考极严,学生无从作弊。第一学期结束时,我的英语考试成绩几近于零。这对我刺激很大。于是我下决心学好英语,每天天不亮就起床背生词,钻研语法。这样经过努力后,第二学期就达到了及格。以后高二、高三两年我的英语成绩始终名列前茅。另外,这所学校的高中外国史、外国地理课用的是英文教本,教员也用英语授课,这对提高学生的听力和阅读能力很有好处。

我认为在学术上要有所成就,没有刻苦钻研、锲而不舍的精神不行。回想起来,在五、六十年代,我几乎很少在夜间12点前睡觉。当时由于白天事情多,只有挤晚上时间来学习。冬天经常是晚上6点钟左右吃完晚饭后,立即坐到桌前备课或学习,夜间饿了啃口干馒头(困难时期口粮还有定量),更谈不上什么节假日。许多重要的外文参考书国内找不到,我就千方百计通过各种途径从国外购买,绝版书则努力搞到缩微胶卷。在这方面,北京图书馆外采部、国际交换部和民族学院图书馆都给了我很大的帮助。在这个过程中,我熟悉了一些国外有名的旧书店,如英国 Sussux 的 Ad Orientalum,荷兰的 Brill 书店,德国的 Otto Harrassowitz 书店等。

50 年代末,我发现土耳其语对我的专业很重要。它不仅是使用人口最多的突厥语,而且有一些重要的论著是用土耳其语写成的。当时我虽读过一两种英、俄语写的土耳其语语法,但在北京找不到任何阅读材料(记得只在北京图书馆藏有一本土耳其语文本的国民党宪法)。于是我走了一条曲线学习土耳其语的道路。我知道前苏联阿塞拜疆语和土耳其语十分相近(只是文字上前者使用俄文字母,后者使用拉丁字母),于是通过国际书店订阅了阿文的《文学报》、《教师报》,到60年代初期又通过中国驻保加利亚大使馆的帮助,订阅了该国用土耳其文出版的报纸《光明》和杂志《新生活》(保国当时有 100 多万土耳其人)。

我很重视语言田野调查。1956 年我有幸和 1953 年入学的哈萨克语班的同学一起参加了新疆哈萨克语方言的调查。就在这一年的 9月,我在完成阿尔泰地区哈萨克语方言的调查任务后,冒险(棕熊出没无常）进入当时尚无汉族干部进入的布尔津县北端的图瓦人居住地区（Khom，Hanas）。我首次判断出这一小部分"蒙古人"所使用的语言为一种古老的突厥语——图瓦语，并记录下该语言的许多第一手材料。在90年代我又到甘肃、青海调查、研究了裕固、撒拉语。

我的治学道路是条曲折的道路。由于缺乏名师指导，全靠自己摸索，所以浪费了不少时间，也走了不少弯路。比如，60年代我花费不少时间学习波斯、阿拉伯语。这两种语言对我后来从事的古代突厥/回鹘语文献研究没有什么用处。相反，对研究回鹘佛教文献来说，梵文很重要。但当我认识到此点时，为时已晚。70年代末，当我年近50，从蒋忠新教授学习梵文时，感到力不从心（主要是抽不出整段时间），只好半途而废。

严格说，在我之前，我国无真正意义上的维吾尔学。能说一种语言，并不等于是这门语言学科的专家。这好比一个中国人并不是天生的汉学家一样。这里我回想起一段插曲：大概在1950年前后，一天我偶然从前苏联塔什干出版的《东方真理》（*Sharqi Haqiqat*，1948?）杂志上，看到一篇题作《维吾尔伟大史诗——*Chistini Ilik Bek*》（作者似为伊兰学家 Bertel's）。于是我问老师和其他有关人士哪里可以找到史诗的原文，他们都说不知道。60年代，我在德国著名的回鹘文大家缪勒（F. W. K. Mueller）的 *Uigurica* 第4卷中（页680－697）偶然发现了这个故事的原文。原来它不过是佛本生故事之一，汉文原文见《无明罗刹集》。主人公的名字汉文作折吒，梵文作 Castana。

东语系主任季羡林教授虽为知名的梵文学家，但我在校时很少或从未听他谈到过西域学、突厥/维吾尔学，甚至也未听他谈论过德国的4次新疆考古成果（他当时的注意力似在别处）。我和他的真正接触是在"文革"后期。那时他被打入"黑帮"，我去看他，有时帮他从北图借还一些参考书。再后来，我应他的要求，把回鹘文《弥勒会见记》（*Maitrisimit*）前几章译成汉文，供他研究同书的甲种吐火罗语残卷时参考使用。1980年当我申请德国洪堡基金会研究金时，季先生给我亲笔写了德文的推荐信。

·欧·亚·历·史·文·化·文·库·

　　这里我要谈到冯家昇先生。冯先生是我国著名的辽史专家。20世纪50年代调入民族学院后（后转入社科院民族所），从事维吾尔史和回鹘文书的研究。冯先生为人谦和，很用功。我对他的研究有下列看法：在维吾尔史方面，他认为现代维吾尔族与古代回鹘是一回事，是一条线下来的。我认为这不符合现代维吾尔族形成的实际。实际上现代维吾尔人与古代回鹘人在语言、文化和人种上都有很大的区别。在回鹘文研究方面，听说他在二次大战后应聘到美国国会图书馆工作期间，曾跟纽约哥伦比亚大学 K. Menges 教授短期学习过回鹘语文。孟教授虽为阿尔泰学大家，但对回鹘语文并不精通。冯先生曾给我看过他听课时的笔记，无非是关于古代突厥/回鹘语简单的名词变格、动词变位而已。他在研究回鹘文契约时，先把回鹘文转写成拉丁字母，然后根据葛玛丽的《古代突厥语语法》后面的字典或德国阿拉伯学家 C. Brockelmann 的德文版马·喀什噶里的《突厥语词典》查出相关词的意义。因回鹘文契约都按一定程式写成，只有具体的年月日、人名有变动，所以相对比较容易。但对稍长一些的句子，他就不灵了。这表现在1962年他在《1959年哈密新发现的回鹘文佛经》（《文物》第8期）一文中使用了我转写、翻译的该经的2页文字。回鹘文、回鹘语不像吐火罗语那样为完全死亡的语言。它和现代维吾尔语只是古今语言的差别，其基本词汇和语法是一样的。冯先生不懂现代语，从古学古，当然很吃力，结果也不佳。但他是我国研究回鹘文献的第一人，这一点我们不应忘记。20世纪60年代初，还是借助他的名字，新疆博物馆把哈密本《弥勒会见记》原件借到北京一年多。在此期间，我得以完成全书的拉丁字母转写和部分汉文的翻译工作，为80年代我用德文出版2种3卷该书的研究专著打下了基础。冯先生于1970年因心脏病发作去世，当时我正受学校派遣在内蒙古做教育革命调查工作，未能亲自参加葬礼。

　　这里我还回想起60年代初我所经历的一段往事：大概在1963—1964年上半年，当社科院民族研究所的藏学家王森教授亲自指给我看意大利著名藏学家图齐（G. Tucci）之书《西藏画卷》（*Tibet Painted Scrolls*？）中那段关于萨迦寺保存有全套维吾尔文佛教《大藏经》的文字后,我和冯家昇教授商量,决定由我进藏进行实际调查。当考察经费批下来,我正准备动身时,"社会主义教育运动"开始了。我被派到四川省凉山彝族地区参加社教运动,从而失去了这次机会,成为我国维吾尔学研究中一件极大的憾事。"文革"后,我曾多方托人打听,希望至少能弄到照片看看,都无结果。听说"文革"期间萨迦寺曾遭到破坏。

我相信像其他信仰过佛教的民族一样,历史上曾存在过回鹘文《大藏经》。W. E. Soothill 和 L. Hodous 在其《中国佛教术语字典》一书页 367a 中说,1294 年佛教《大藏经》曾被译成回鹘语,但未提出根据。最近西·特肯(S. Tekin)教授在其新著《古代突厥人的文字、书和纸……》(1993 年,页 47 - 48)中,关于这个问题,引用了上述图齐 1974 年写给他的一封有趣的信。信中说当他在西藏萨迦寺停留时,确实从该寺所存目录中看到过"存有一套回鹘文大藏经"的字样。当他向有关人员打听现存何处时,他们回答说,为了保护这套佛经,他们在附近山顶上特别修建了一所石头房子来收藏它。由于时间的关系,图齐未亲自上山去查看……

几件往事的回忆:这里首先想起一件十分不愉快的事。50 年代末,前苏联科学院语言研究所突厥语言学家捷尼舍夫(E. Tenishev)作为苏联专家受聘来民院工作,我任班上的辅导老师。他由于忙于在中国捞材料(裕固、撒拉语等),对教学工作并不尽心。例如他讲授的古代突厥文献一课,只选几篇短文读读,不讲其中的语法。一天上完课后,我在他的办公室对他说,同学们反映,他们需要有关语法的讲解,并说,如他无时间,我可协助编写有关语法的材料,发给同学们参考。他当时未置可否。事后知道,他马上到国家民委告了我的状,说"你们中国已有专家,我明天起程回莫斯科……"真是祸从天降,当晚民院党委第一书记苏克勤在系里召开大会,批判我"反对苏联专家"的"罪行"。有些人更是上纲上线,一顶顶可怕的"帽子"落在我的头上。结果我被开除团籍(60 年代中苏关系破裂后又恢复),下放劳动。现在知道,他来中国前,刚刚拿到副博士学位(相当于我国的硕士学位),学位论文是《回鹘文金光明经语法研究》。他年龄比我大五六岁,学问可以;但

·欧·亚·历·史·文·化·文·库·

对他关于裕固等语言的记音,我实在不敢恭维(由于俄语清辅音不吐气,所以他把裕固语中起首的"b-"一律记成"p-")。记得有一次我到友谊宾馆他的住处商谈教学问题,看到桌上有一册 Le Coq 的德文《回鹘文摩尼教文献研究》(*Tuerkische Manichaica aus Chotscho*)。当我向他借阅时,他对我能阅读德文参考书表现出怀疑的神情。我则由于他的告状,吃了不少苦头。(当时我父亲由于历史问题,丢掉了邮局的饭碗。父母亲加上三个妹妹,再加上我的一对儿女,生活实在不易,每月我的全部工资都要寄回徐州养家。这里我要感谢我的夫人刘学贞的大度和理解。)1982 年,我从德国去土耳其参加伊斯坦布尔大学举办的国际突厥学会议,捷氏率苏联代表团也出席了会议。一次在下塌的旅馆门前等车时,我们不期而遇。他向代表团成员介绍说我是他的老朋友,我苦笑不答。今年 7 月 12 日他去世,俄国科学院治丧委员会发来通知,我也礼貌地发去了唁电。

改革开放后,在我和国外同行的交往中,葛玛丽教授给我留下了深刻的印象。她不仅学问好,是公认的世界维吾尔学的泰斗,而且更令人钦佩的是人品高尚,乐于助人。她对我本人更是关怀备至,生前不断寄书赠文。1988 年她还在欧洲著名刊物《中亚学报》(*Central Asiatic Journal*,第 33 卷,第 3－4 期)上撰写长文《中华人民共和国的维吾尔学研究——介绍突厥学家耿世民教授》,表扬我在突厥学和维吾尔学方面所取得的一些成绩。此外,我 1981—1983 年获德国洪堡基金会研究金和 1991—1992 年作为访问学者在美国印第安纳大学乌拉尔—阿尔泰学系工作一年,也有赖于她的推荐。她于 1993 年去世后,我在 2003 年撰写了《维吾尔学大师葛玛丽教授逝世十周年》(《西域研究》2003 第 4 期)一文,作为纪念。我在 20 世纪 50 年代翻译的她的经典著作《古代突厥语语法》已于 2004 年由内蒙古教育出版社出版。

法国的哈米勒屯(James Hamilton)教授也是我较早接触和认识的突厥学家。我第一次在德国时,他邀请我访问了巴黎。早在 1981 年我们就合作用法文发表了《回鹘文亦都护高昌王世勋碑研究》("L'inscription Ouigoure de la Stele Commemorative des Iduqout de Qocho", *Tur-*

cica – Revue d'Edtudes Turques, t. X Ⅲ, 1981, pp. 11 – 54)一文。2001 年在他的祝寿论文集《从敦煌到伊斯坦布尔》(*De Dunhuang A Istanbul – Hommage a James Russell Hamilton*, L. Bazin, P. Zieme 主编)中,我也写了一篇《中国图瓦语研究》以示庆贺。

在国外同行中我也碰到过少数十分功利主义者。需要你时,花言巧语;一旦达到目的,就视你作路人。

下面我再简单说说我和国内维吾尔人士的接触。我和新疆维吾尔自治区前主席赛福鼎(Saifidin Aziz)先生的第一次接触,记得是在 1949 年秋。当时他作为三区革命领导人来北京参加第一次全国政治协商会议。会后他到北京大学东语系图书馆参观,看到了陈寅恪教授的一批有关回鹘文研究的图书,其中引起他特别注意的是十月革命前俄国科学院出版的 4 册回鹘文《金光明经》。1951 年,当他得知北京图书馆藏有 20 世纪 30 年代吐鲁番出土的部分回鹘文《玄奘传》时,马上请有关部门影印出版了这部分文献,受到世界突厥学界的欢迎。80 年代初我在德国时,他曾让秘书写信给我,让我弄清楚第一次世界大战前德国 4 次考古队所获回鹘文献的情况。再有就是 70 年代中期,一次我到乌鲁木齐参加关于维吾尔新文字会议时见到他,谈起研究古代维吾尔文献事,他建议由我主持开办一个古代突厥/回鹘语班,培养这方面的专门人才。我当时以为他只是说说而已,不料不久民院就接到新疆语委会的公函,要求民院正式招生开班。现在这个班的毕业生在国内外都已是这方面的专家、教授。

我认识新疆前主席包尔汉(Burhan Shahidi)先生还是我在北大学习时。他调到北京担任社科院民族研究所所长后,我们曾有过几次交往。他的一颗热爱中国之心(他出生在俄国伏尔加河畔的喀山〔Kazan〕)和关心维吾尔学研究的热情给我留下了深刻的印象。20 世纪 30 年代,他曾作为新疆军阀盛世才驻柏林的代表在德国呆过,喜说几句德文常用语。他曾送我一册德国著名梵文学家和新疆古代艺术史家 E. Waldschmidt 的《犍陀罗、库车、吐鲁番——新疆中古早期艺术研究导论》(*Gandhara, Kutscha, Turfan—Eine Einfuehrung in die fruehmittel-*

alterliche Kunst Zentralasiens,1925），该书我珍藏至今。

我一生共出版有关突厥学/维吾尔学语文、历史、文化和宗教方面的研究专著和译著十五六种（其中 2 种 3 卷用德文出版），发表论文约 200 篇（其中约 1/3 用英、德、法文发表）。1992 年德国洪堡基金会曾授予我"世界知名学者奖"；2000 年国际阿尔泰学常设会议（PIAC）第 43 届年会在比利时召开，在我未出席会议的情况下，授予我该年度的金奖；同年土耳其语言学会（Turk Dili Kurumu）选举我为该会的外国名誉院士。此外，我尚被国内外多个学会、刊物（突厥学、中亚学）选为名誉会长、副会长、常务理事、理事、编委、顾问等。

以上我拉杂地谈了我在我的时代的治学情况。现在情况完全不同了，治学条件比起我那个时代不知好了多少倍。我相信未来的维吾尔学人一定会青出于蓝胜于蓝，取得更大的成绩，在国际突厥学界占有中国应得的地位。

2　阿尔泰共同语与匈奴语[1]

2.1　阿尔泰共同语

这只是个尚未被完全证实的假设理论。

首先介绍所谓的乌拉尔—阿尔泰(Uralic-Altaic)语系。根据现代语言学分类,在欧亚大陆上有两大组语言,一为乌拉尔语(芬兰语、匈牙利语等,也称芬—乌戈尔〔Finno-Ugric〕语),一为阿尔泰语。此外,尚有所谓的古西伯利亚语、古亚洲语等。

早在18世纪上半叶就有学者认为乌拉尔语和阿尔泰语之间存在亲属关系。这是根据语言结构上的相似提出的,如:(1)元音的和谐;(2)名词没有性的区别;(3)无冠词;(4)词的变化是通过后加附加成分表示的,无内部曲折变化;(5)使用后置词;(6)助动词;(7)有表示不同意义的小品词。首先提出这一理论的是瑞典人 Johann von Strahlenberg。他在战争中曾被沙皇军队俘虏,在西伯利亚住过较长的时间。其间他调查了芬、乌、突厥、蒙古等语言,统称之为鞑靼(Tatar)语,地区上则称之为 Tatarya。他根据的只是结构上的相似,并把这些语言分为6组:

（1）Uighur(按,这里指乌戈尔—芬语,不是维吾尔语);

（2）Turk-Tatar(突厥—鞑靼);

（3）Samoyed(萨莫耶语,此组语言大部分已消亡,或被突厥化,如图瓦〔Tuwa〕人);

（4）Mongol-Manchu(蒙古—满洲);

（5）Tungus(通古斯);

---

〔1〕此为我在一篇未发表的旧稿基础上修改补充写成。

11

（6）黑海和里海之间的民族语言。

今天看来这个分类已陈旧，而且也有错误。（参见该氏《欧亚的北部和东部》〔*Das nord und oestliche Theil von Europe und Asia*，Stockholm，1730〕一书。）

科学意义上的乌拉尔—阿尔泰比较语言学产生在 19 世纪下半期。19 世纪，印欧比较语言学取得了长足的进步。在印欧语言学的影响下，有些学者也将这种研究方法应用到乌拉尔—阿尔泰语言的研究中。除结构上的相似外，他们努力从语音、语法、词汇等方面找出其共同性来。

这里首先要提到芬兰学者喀斯特林（M. Castren）。他对西伯利亚地区雅库特语的研究，开辟了对乌拉尔—阿尔泰语言研究的科学道路。他认为仅仅根据粘着特点来研究是远远不够的，还要在词素（morphem）方面找出共同点来。为了慎重起见，其著作未把研究尚不够的语言包括进去，只把乌拉尔语、突厥语、通古斯—满语和蒙古语列入阿尔泰语系，这些语言在人称字尾方面是相同的。同时他认为，在阿尔泰语系中找不到像印欧语系中存在的那么多的共同性，所以是否可以将其划为一个语系还有待于将来的研究。这里他所说的阿尔泰语系，即现在我们所说的乌拉尔—阿尔泰语系。他把这个语系分为两大组，即乌拉尔为一组，阿尔泰为另一组。由此看来，喀氏的所谓阿尔泰语系与我们现在所说的阿尔泰语系不同，他所说的阿尔泰语系中包括了乌拉尔语。

同时对乌拉尔—阿尔泰语言研究作出贡献的还有绍特（W. Schott）。他也认为只根据结构方面的相似是不够的，而应在词形变化和词汇方面进行研究。他用 Chudic 一语来指称乌拉尔语，对阿尔泰语则用鞑靼（Tatar）这个术语，所以将整个语系称为 Chudic-Tatar 语系。他并认为一个语系中语言关系的亲疏在各级之间是不同的。绍氏的另一贡献是首次指出楚瓦施（Chuvash，俄国伏尔加河流域楚瓦施自治共和国）语最近于突厥语。（参见其《关于阿尔泰语言或芬—鞑靼语言的属性》〔*Ueber das altaische oder finnisch-tatarische Sprachengeschlecht*，

Berlin,1849〕一书。)

在绍氏之后,学者更注意研究乌拉尔或阿尔泰语言内部的相互关系,而对乌拉尔—阿尔泰语言之间总的比较研究注意得不够,但这方面的研究并未完全停止。

在绍氏之后,另一位德国学者 H. Winkler 著有《乌拉尔—阿尔泰民族及其语言》(*Ural -altaische Voelker und Sprachen*, Berlin, 1884)一书。他在另一著作《乌拉尔—阿尔泰语言及其分组》(*Das Uralaltaische und seine Gruppen*, Berlin, 1886)中提出了二分法:一是 Finno -Ugric -Samoyed -Tungus 诸语,另一个是诸突厥语。他并认为满语介于日本语和芬—乌戈尔(Finno-Uguric)语之间。

法国学者 A. Sauvageot 在其《乌拉尔—阿尔泰语言词汇学方面的研究》(*Recherches sur le vocabulaire des langues ouralo -altaiques*, Paris, 1930)一书中指出:以前研究的弱点是只注意表面上的相似,而没有注意有规律的对应关系。

现代学者中对乌拉尔—阿尔泰语系持支持态度的有芬兰学者 M. Räsänen 和奥地利学者 K. Menges。对此持怀疑态度的有 B. Collinder。(他发表在 UAJ〔《乌拉尔—阿尔泰年鉴》,全称为 *Ural -Altaische Jahrbuecher*,战前称《匈牙利年鉴》,1951 年恢复,每年出 1 册〕Bd. 24,1952 上的文章概述了乌—阿语研究的历史和发展道路。)

最后要提到 Nichollas Poppe(1897 年生于我国山东,德裔俄国人,原为苏联通讯院士,二次大战时到了德国,1949 年移居美国)。他也认为乌拉尔语和阿尔泰语在很久以前的远古时代存在亲属关系。

2.2　阿尔泰比较语言学研究

科学的阿尔泰比较语言学的建立与芬兰学者兰司铁(G. J. Ramstedt)的名字分不开。他是著名的阿尔泰语言学家,也是阿尔泰语言学的奠基人。1898 年他到外蒙古调查收集蒙古方言材料(就在这次调查中他发现了古代突厥文"回鹘英武威远毗伽可汗碑"),之后研究了伏

·欧·亚·历·史·文·化·文·库·

尔加河一带的喀尔梅克(Kalmak)蒙古语。兰氏博学多才,但他不赞成乌拉尔—阿尔泰学说(他不赞成不是因为他不懂这些语言,恰恰相反,他本人是芬兰人,并通晓其他芬—乌戈尔语)。开始时他甚至怀疑是否存在原始阿尔泰语(Proto-Altaic)。当时他认为蒙古语和突厥语的共同点不是来源上的,而是词语的相互借用所致。后来他放弃了这一观点,而认为有起源关系,即来自一个共同的阿尔泰语(Common-Altaic)。是他确立了一系列共同阿尔泰的语音对应规律,如:蒙古语词间、词尾的 r = 突厥语的 z:öker = ögüz"公牛",aragha = azygh/azuw = arghau(满语)"犬齿";蒙古语的 l = 突厥语的 sh/s:djaluu = yash"青年",chilaghun/choluu = tash/tas"石头",gölige = küshik"小狗"。

兰氏像其前辈一样,开始时认为蒙古语的 r 和 l 来自 z 和 sh/s;但后来经过深入研究,证明情况正好相反。关于这个问题,参见其著名文章《楚瓦施语的地位》("Zur Frage nach der Stellung des Tschuwassischen",JSFOu38:1,1922)。另外,他还发现了蒙古语和突厥语在词首方面的对应规律:(蒙古)n-、d-、dj-、y- = (突厥)* y-。如乌拉尔(Ural)河,哈萨克人称之为 Djayiq 河,而古希腊人称之为 Dayix 河。他在阿尔泰比较语言学研究方面的重要著作为《阿尔泰比较语言学导论》(*Einfuehrung in die altaische Sprachwissenschaft*,1952—1957,2 册)。兰氏还首次把朝鲜语列入阿尔泰语系,并发表了这方面的重要著作。他认为共同阿尔泰语可分为下列 4 组:(1)原始朝鲜语,(2)原始突厥语,(3)原始蒙古语,(4)原始通古斯—满语。在地理上,(1)、(2)占据共同阿尔泰语的南部,(3)、(4)占据共同阿尔泰语的北部;也可以说,(1)、(4)占据东部,(2)、(3)占据西部。可以用图 2 - 1 表示:

图 2 - 1

继兰氏之后主张存在阿尔泰语系的学者尚有波兰的 W. Kotwicz, N. Poppe, N. A. Baskakov, A. Aalto, M. Räsänen, O. Pritsak[1]等人。反对这一理论的有英国的 G. Clauson 和德国的 G. Doerfer 等人。

2.3 关于匈奴和匈人(Hun)及其语言问题

2.3.1 中国史料中的匈奴

匈奴一词出现在公元前 3 世纪。王国维先生认为,汉文史料中的"鬼方"、"猃狁"为匈奴之前的名称(参见《观堂集林》)。公元前 2 世纪匈奴首领冒顿正式建立匈奴帝国,对西汉王朝造成巨大威胁。匈奴的首领称单于(相当于突厥时代的可汗),其核心部落由挛鞮部(像后来突厥汗国的阿史那部、回鹘汗国的药罗葛部一样)和其他有影响的部落组成。

匈奴和汉朝争夺的对象之一是新疆。公元前 59—前 49 年,匈奴部落联盟中出现了屠各、呼衍、须卜部落。由于自然灾害,匈奴内部发生动乱,分裂为两部。一部称南匈奴,为首的是呼韩邪(前 58—前 31);另一部分是以他的兄弟郅至(前 56—前 36)为首的北匈奴。前者是王昭君的丈夫,于前 52 年归顺汉朝;而郅至在汉朝政府的压力下,退到今哈萨克斯坦东南部的咸海和热湖之间一带,后来他被汉朝西域都护消灭。这是匈奴西迁的第一阶段。公元 4 世纪进入欧洲的匈人似为郅至的后代。公元前 2 世纪,匈奴击败了大月氏。大月氏西迁,赶走了伊犁河谷的塞人(Saka)。塞人南下,或许就在这时,一支塞人进入了新疆的南部。唐玄奘在《大唐西域记》卷 12 曾谈到和田东面的"睹火罗/吐火罗故国",我认为这可能是大月氏西迁过程中留下的一部分。

公元 200 年左右,匈奴再次分裂。这时汉朝内乱,王莽篡位,匈奴

---

〔1〕普里察克先生曾为新疆喀喇汗朝史的研究作出过巨大贡献。他的博士学位论文即以此为题。此外他对匈奴语,特别是欧洲匈语很有研究。他发表在《突厥语文学基础》(*Philologiae Turcicae Fundamenta*)第 1 卷上的有关现代维吾尔语的论文也值得注意(参见发表在《语言与翻译》2002 年第 3 期中的拙文《现代维吾尔语及其研究》)。

企图恢复其势力。2世纪时,匈奴在鲜卑的压力下离开蒙古高原再次西迁,这就与匈人出现在欧洲联系起来了。以后到4、5世纪,留下的匈奴人在中国北方尚活跃了很长一段时间。五胡十六国中的前赵(310—350)、后赵(319—352)都为匈奴人建立的政权。

2.3.2　欧洲史籍中的匈人

匈人(Hun)到达欧洲的具体过程不清楚。他们的到来,引起了所谓欧洲民族大迁移运动。匈牙利国家的出现像一把刀子插在欧洲的心脏。保加利亚实际上就是斯拉夫化的布勒加尔(Bulghar)突厥人。匈人于4世纪中期出现在欧洲,375年他们已到达多瑙河一带。匈人的到达引起了日耳曼人汪达尔(Vadal)部的西迁,从而引起了一系列欧洲民族的迁徙。到5世纪时,匈人中出现了一个著名人物,名叫阿提拉(Attila)。451年他率领匈人与罗马军队进行过一次有名的Cata-launim战役,德国著名的史诗 Nibulungen 就是描述这次战役的。在这次战役中,罗马帝国几乎亡掉。453年,阿提拉死,匈人退到匈牙利一带,后来又往东退到乌克兰的西南部。其子依尔纳克(Irnak)在南俄草原顿河一带活动。这时候东罗马史料中已改用布勒加尔国(Bulgharei)来称呼 Irnak 政权了。

这样一来,匈奴、匈人和布勒加尔就可以联系在一起了。关于布勒加尔语言的材料存在较多。7世纪初有一部分布勒加尔人更东退到伏尔加河、卡马河一带。到蒙古时代(金帐汗国),他们被克普恰克—突厥化了,形成了今天喀山地区的塔塔尔族。现在北高加索的 Balqar 族也和历史上的布勒加尔人有关。今天伏尔加河流域的楚瓦施族也可能是古代布勒加尔人的后裔。

2.3.3　匈奴/匈人的语言问题

公元前3世纪到公元5世纪的匈奴语,许多学者认为属突厥语。如果说前一时期为假设构拟的话,那么到匈奴时期,我们已经有了少量文献资料。在汉文史籍中保存有一些用汉字记录下的匈奴人的官号及个别词语,在欧洲也保存有一些匈人(Hun)语言的资料。许多学者认为匈奴和匈人是一回事。下面介绍关于匈奴语的5种学说:

（1）突厥语说，即认为匈奴人和匈人说突厥语，持此观点的有法国学者 Remusat，Klaproth，日本的白鸟库吉（1900 年），以及 Ramstedt，von Gabain，Pritsak 等人。

（2）蒙古语说，如白鸟（1923 年后改变以前的观点）和法国的伯希和（Pelliot）。

（3）认为匈奴是由许多民族组成的政治集团，如法国人 Lacouperie。

（4）认为匈奴人说的是一种已消亡的羯（Keti～Kiti）语（属古西伯利亚语或汉藏语）。持这一观点的有两位著名的学者，一位是匈牙利的李盖提（L. Ligeti），另一位是加拿大汉学家蒲立本（E. Pulleyblank）。

这里重点介绍一下（5）O. Pritsak 先生对匈奴/匈语言的观点。他在 1954 年发表了一篇重要的论文，题作《匈人的文化和语言》（"Kultur und Sprache der Hunnen"，in *Festschrift fuer Cuzevskyj*，Berlin，1954；参见我翻译的这篇文章的汉文本，载《民族译丛》1989 年第 5 期）。他认为，到目前为止，企图研究匈奴语言的尝试都不成功，一是材料不足，二是方法不对头。如日本的白鸟库吉把汉文材料中保存下来的所谓匈奴词，用现代汉语的发音转写下来，再和现代蒙古语或突厥语作比较，这就显得十分幼稚可笑了。另外，他主张从研究古代布勒加尔语入手，来研究匈奴/匈人的语言。关于布勒加尔语的材料有：一为在保加利亚发现的属 9 世纪的布语的词语（用希腊字母写下的碑铭）；一为用教堂斯拉夫语写下的布勒加尔国王的名单及其在位的时间。另一些材料是保存在匈牙利语中的借词，还有 12—13 世纪用阿拉伯字母写成的属于哈扎尔（Khazar）汗国的墓志铭。布勒加尔语大致可分为 3 种方言：（1）多瑙河方言，（2）伏尔加（Volga）河方言，（3）南俄库班（Kuban）方言。布勒加尔语活的样板就是伏尔加河中游一带的现代楚瓦施语。楚瓦施语与其他突厥语的对应关系是毫无疑义的，试举例如下：

楚瓦施语	突厥语	汉文

r/z 对应：

her	qiz	姑娘
par	buz/muz	冰
ker	küz	秋
yer	iz	痕迹
warah	uzaq	远、长

l/s 对应：

nel	qis	冬
chul	tas	石头
pilek	bes	五
alak	esik	门
ilt-	isit-	听

楚语与突厥语的对应关系恰如楚语与蒙古语的对应关系(蒙古语的 r 为突厥语的 z, l 为 s/sh)。

再有：多瑙河布语 t'vir(< * tovir)"九" = 楚语 toxir = 突厥语 to-quz;库班布语(> 匈牙利语) borju"牛犊" = 楚语 poru = 突厥语 buzaghu = 蒙语 biraghu;多瑙河布语 bex(be[l']x)"五" = 伏尔加布语 * belx = 楚语 pilak = 突厥语 bes。

古希腊作家 Ptolemaus 在其《地理学》中称现在的乌拉尔河为 Daix (= Dayix = Yayiq)。他还说突厥人把河流叫 öküz。克普恰克人把第聂伯河叫 özäk/özän(哈萨克语为 özen)。据此,可推测东方突厥语曾把河流叫 öz(äk)(äk 是指小后缀)。根据构拟,布勒加尔语中此词应为 * var/war。后来果然在希腊作家 Jordanes 的书中找到他转述罗马使节 Priskus 的话,说:... quas Danapri amnis fluenta praetermeant, quam lingua sua Hunni Var appellant(匈人依其语言把第聂伯河称为 Var)。这是一个非常有力的证据。

这里要顺便提及保存在汉文史料中关于匈奴语的残余。在《晋书》卷95《佛图澄传》中记载了下面一事。当前赵首领石勒要征讨后赵刘曜时,石勒问僧人佛图澄关于这次出兵的结果。后者说了一句匈奴诗:"秀支替戾冈,僕谷够吐当。"事件发生的时间为 4 世纪。此诗的汉文解释是:秀支,军也;替戾冈,出也;僕谷,刘曜胡位也;够吐当,捉也。到目前为止,有 Ramstedt, Bazin, von Gabain, Talat Tekin 等人的构拟。虽然各人构拟的具体语词不同,但都是以古代突厥语为基础的。综合各家的意见,恢复为:süg talyqqan bögüg toqtang(sü 为军队,-g 为宾格字尾)。Pritsak 没有进行全文的构拟,只提出"出"字,相当于突厥语的 tasyq-,而根据历史比较语言学,tashyq 可释为 talyq(> talyqqan)。

当然也有学者认为匈奴人的语言不是突厥语的,如加拿大学者蒲立本(E. Pulleyblank)认为匈奴语为已死亡的羯(Kit/Ket)语。汉文文献说,羯是匈奴的别部。他还认为羯是 Kit(< * Kiat) 的对音,而 kit 意为"石",所以石勒姓石,等等。

3 突厥汗国(552—745 年)

3.1 突厥的起源

汉文"突厥"(古代发音 * duet kiwet)一名在中国史书中用来指称6—8 世纪建立在中国北方广大地区的,操古代突厥语或若干方言的游牧部落联合体——突厥汗国。这个名称最早出现在中国史书《周书》(7 世纪成书)中的《宇文测传》里。其中说西魏大统八年(542 年)以前,突厥人每年在河水结冰后侵扰西魏的北部边界。

据学者们的最新研究,汉文"突厥"二字应为古代突厥语 Turk ~ Turuk(意为"强有力的")一词后加粟特语复数附加成分-t,即 Turkut 的音写。阿拉伯文为 Turk,希腊文为 Turkoi,梵文为 Turuska,粟特文为 Twrk,藏文为 Drugu。

许多中国学者认为中国史籍中的铁勒、敕勒、狄历、丁零也是 Turk 一名在不同时期的音写。高车一名则为 3、4 世纪汉人对突厥人的另一称谓(因其习用高轮大车之故)。这样,突厥人早期的历史可以追溯到公元前 2—3 世纪。

到了 6 世纪,中国人对突厥各部落有了更多的了解,如《隋书》(7 世纪上半期成书)《铁勒传》把突厥各部分做 7 组,说:"铁勒……种类最多。自西海(里海?)以东,依据山谷,往往不绝。①独洛(Toghla)河北有仆骨(Buqu),同罗(Tongra),韦纥(Uighur),拔也固(Bayarqu),斯结(Izgil),浑(Hun)等;②伊吾(Qomul < Qamul)以西,焉耆(Qarashahr)以北,傍白山(天山),则为契弊(Chibi),薄落(Boluo),职乙咥(Chigil)……乌谨(《北史》作乌护〔Oghuz?〕),纥骨(Qirghiz),也咥(Adiz)等;③金山(阿尔泰山)西南有薛延陀(Sir Tardush)等;④康国(Soghdiana)北,傍阿得水(Itil,即伏尔加河),则有诃咥(Az),曷萨(Khazar),拔忽

(Bulghar),比千(Pecheneg)……曷比悉(Qipchaq?)……苏拔(Suwar),也末(Yamak)等;⑤得嶷海(里海)东西有苏路羯(Sulujie),三索咽,蔑促,隆忽等;⑥拂林(东罗马,即拜占庭)东则有阿兰(Alan),北褥九离(Bashkir)等;⑦北海(贝加尔湖〔Baikal〕)南有都波(Tuba ~ Duba)等。虽姓氏各别,总谓之铁勒。"

一般说,在中国史籍中,"铁勒"用作种族名,"突厥"则用来专指建立突厥汗国的一部分铁勒人,它具有更多的政治含义。这一点在古代突厥碑文中也有所反映,如阙特勒〔Kül Tegin〕碑北面第4行中说:"Toquz Oghuz人民本是我自己的人民。"这里的Toquz Oghuz即汉文文献中的九姓(Oghus/Oghush,"姓氏",尾音sh被前一词的词尾音z类同为z),也称九姓铁勒。可见突厥与铁勒是同族,突厥为铁勒的一部分。

关于突厥的起源,在汉文史籍里有下列3个传说。第一个传说见于《周书》卷50《突厥传》(与此相同内容的传说也见于《隋书》卷84《突厥传》中),那里说:突厥者,匈奴之别种,姓阿史那氏,别为部落(组成另一部落)。其先祖建国于西海之上。后来为邻国所灭,男女老少都被屠杀。有一儿年仅10岁,兵人见其小,不忍杀之,乃刖其足断其臂,弃于大泽中。这时有一只母狼衔肉来喂食,才得以不死。及长,与狼交配,狼遂怀孕。邻国的国王听说此儿尚在,又派使人杀之。使者见狼在侧,并欲杀狼。但那狼为神所护,逃到西海之东,止于山上。其山在高昌的北方(或作西北方),下有洞窟,窟内有平原茂草,方圆数百里,四面为高山包围。狼藏匿其中,生下十男。十男长大,外托妻孕(从外部娶妻生子),其后各有一姓(其后裔各自形成一姓),阿史那即其中之一。子孙繁育,渐至数百家。经数世,相与出穴,臣于茹茹(柔然),居金山(阿尔泰山)之阳,为茹茹铁工。金山形似兜鍪,其俗谓兜鍪为突厥(耿按,这里不论把"兜鍪"释为"tymaq"〔哈萨克式高顶皮帽〕还是"tulgha"〔头盔〕都与突厥二字不合),遂因以为号。

同书又记载另一个传说说:突厥之祖先,出于匈奴之北的索国,其部落大人曰阿谤步,兄弟17人,其一曰伊质泥师都,狼所生也。阿谤步等性并愚痴,国遂被灭。而伊质泥师都既别感异气(具有感受灵气之能力),能征召风雨,娶二妻,说是夏神、冬神之女。其中一个怀孕,生下4个男儿。一个变为白鸿。一个建国于阿辅水(Abaqan)和剑水(Kam)之间,号为契骨。一个建国于处折水。另一个住在践斯处折施山。这最后一个即(四兄弟中的)长兄。山上仍有阿谤步种类,气候十分寒冷,大儿(长兄)以火温养之,遂得免于冻死。于是共奉大儿为君长,号为突厥,即纳都六设也。纳都六有10妻,所生子皆以母族为姓,阿史那是其小妻之子也。纳都六死,10母子内欲择立一人,乃相率于大树下共为约曰:"向树跳跃,跳得最高者即推立之。"阿史那年纪最小,但跳得最高,诸子遂奉以为主,号阿贤设。此说虽殊,然终狼种也。

第三个传说也见于《隋书》卷84《突厥传》:突厥之先,平凉杂胡也,姓阿史那氏。后魏太祖(北魏太武帝)灭掉沮渠氏建立之北凉国(439年)后,阿史那以五百家奔茹茹,世居金山,工于铁作。金山状如兜鍪,俗呼兜鍪为突厥,因以为号。

从上述3个突厥建国传说中,我们可以看到如下的历史事实:突厥人最初是一个以狼为图腾,由10个氏族组成的经过母系社会发展阶段的群体。他们居住在金山(阿尔泰山)南部、准噶尔盆地以北广大地区,精于铁工,并与北方叶尼塞河流域黠戛斯人保有密切的联系。至于上述传说中突厥一名来源于兜鍪的说法,我认为这不过是民间词源学的解释,缺乏科学证据。

3.2 突厥汗国的形成和分裂

5世纪中期时,突厥臣属于当时统治蒙古高原的柔然帝国,成为柔然的锻奴。

487年,高车各部起来反抗柔然的统治,突厥人也参加了这一斗争。6世纪中期,突厥开始强大起来。545年,西魏宇文泰遣酒泉胡人安诺盘陀通使突厥。突厥人高兴地说:"今大国使至,我国将兴也。"(《周书·突厥传》)546年,突厥可汗土门(古代突厥碑文作"布民"〔Bumin〕)率领部众,大败铁勒,合并其部众5万余落,突厥势力由此大振。于是土门恃其强盛,向柔然求婚。柔然可汗阿那瓖大怒,使人辱骂土门说:"尔是我锻奴,何敢发是言也(你是我的锻奴,怎敢如此胡说)!"土门受辱,怒杀柔然使者,断绝了与柔然的关系,而转向西魏求婚。552年春,土门发兵进攻柔然,大破之,阿那瓖自杀,柔然汗国崩溃。于是土门建立了突厥汗国,自称伊利可汗(Ilig Qaghan)。553年,土门死,其子科罗(Qara?)立,号乙息记可汗。不久,科罗死,其弟立,号木杆(Muqan?)可汗。史载他"状貌奇异,广尺余,其色甚赤,眼若琉璃,性刚暴,务于征战"。木杆可汗时代(553—572年),突厥势力更加强盛。他除彻底消灭柔然的残余势力外,又西破嚈哒(Hephtalites),东征契丹及奚,北并契骨(Qirghiz)。其时突厥汗国的疆域,"东自辽海(今辽河上游滨海一带)以西,西至西海(今里海)万里,南自沙漠以北,北至北海(今贝加尔湖)五六千里,皆属焉"(《周书·突厥传》)。可汗牙帐(汗庭)设在于都斤山(Otukan,今蒙古人民共和国杭爱山〔Hangai〕一带)。

554—558年间,突厥汗国又与波斯萨珊(Sassanids)朝订约,从南北两个方向进攻嚈哒。后者大败,其王被杀,领土被突厥与波斯瓜分,双方以阿姆河(Amu Daria)为界。这次征服嚈哒及其他西域各国的军事行动,实际上是在木杆可汗的叔父,土门可汗之弟室点密(Istami,西方史料称作 Dizabulos)的领导下完成的。室点密的牙帐,设在龟兹(今新疆库车)以北阿羯田(Ektag)山北麓裕勒都斯(Yulduz)溪谷。

不久,突厥汗国分为东西两部分。

突厥汗国占有中亚各国,也就控制了所谓的丝绸之路。当时,来自中国的生丝是波斯对外贸易最重要的货物。波斯每年出口生丝或丝织品到拜占庭,从而获得巨大的利益。突厥也想分享这种丝绸贸易的利益。当时东西方之间的贸易大权掌握在粟特(Soghdian)商人手中,他们说服新兴的突厥统治者,派出一个以粟特人马尼亚赫(Maniakh)为首的商业使团去波斯,其目的是要取得在后者那里进行丝绸贸易的许可。而萨珊朝则想独占这项丝绸贸易,于是下令把突厥使团带来的丝绸全部买下,付之一炬。第二个被派往波斯的突厥使团的命运更糟。

这次,除少数几个成员幸免于难外,大部分团员被毒死,而波斯人则说突厥使者是由于不适应波斯的炎热气候而死去的。

与波斯的交涉失败后,突厥转向东罗马。自527年以来,波斯同东罗马进行了近一个世纪的战争,其间只有一些间断。从562年起,东罗马每年要向波斯送去大量的贡物。由于要对付来自北方的蛮族的入侵,东罗马迫切需要解除波斯对其后方的威胁,所以对突厥使团的到来当然十分欢迎。567年,以马尼亚赫为首的突厥使团到达君士坦丁堡(Constantinople),并向尤斯提年二世(Justinian Ⅱ)大帝呈上了一封"斯基泰"(scythian)文的书信。这时东罗马皇帝把自己正在培养的蚕种出示给突厥使节,目的是要突厥人相信拜占庭并不一定需要他们的货物。使者请求在突厥与东罗马之间建立友好同盟关系,东罗马同意了这一要求,并派遣以西里西亚(Cilicie)人蔡马库斯(Zemarkhos)为首的一个使团,于568年随马尼亚赫等来突厥报聘。蔡马库斯等在裕勒都斯谷地见到了(西)突厥可汗,双方结成了同盟。

蔡马库斯到达室点密汗庭时受到了后者的接见。室点密坐在两轮金椅之上,行时以一马驾之,帐幕以杂色绸绢饰之,可汗饮之以酒。酒非葡萄所酿,似以马乳作之。另一日可汗接见时,见有二室,其中之一置有肖像,可汗卧于金床,室内陈设有金瓶金瓮,另一室内有饰金木柱,有一金床,四金孔雀负之,门口有车,车载银盘及银制动物像。

蔡马库斯回国后,东罗马又先后派遣瓦连亭(Valentin)等人出使突厥。突厥力劝东罗马进攻波斯,以致后二者攻战约达20年之久(571—590年)。

在室点密致力于征服西域和与波斯、东罗马交涉的同时,大可汗木杆可汗则努力于巩固帝国东部的边疆。中国当时仍处于分裂的局面(南北朝时期),北周(557—581年)和北齐(550—577年)都争相结好于突厥。565年,木杆可汗以女妻周武帝,周人每年给以缯絮锦彩10万段。突厥人在长安受到十分的优待,衣锦食肉者,常达数千。齐人惧其攻掠,亦倾府藏以给之。

木杆可汗在位20年,于572年逝世,其弟继其位,是为佗钵(Taspar，匈牙利学者 Harmatta 认为应读为 Taghpar）可汗（572—581 年）。佗钵承父兄之余业，拥兵数十万，以其兄乙息记可汗之子摄图为尔伏（Niwar）可汗，统辖东面，又以其弟褥但之子为步离（Bori）可汗，统辖西面。前者以镇北齐，后者以临北周，遂成凌轹中原之势。佗钵可汗甚至说：但使我在南两个儿孝顺，何忧无物耶！

总之，从 552 年到 583 年，在短短 30 年中间，突厥人在亚洲北部建立了一个强大的游牧封建国家——突厥汗国。关于这一点，古代突厥碑文不无骄傲地记载道："当上面蓝天，下面褐色大地造成时，在二者之间也创造了人类之子。在人类之子上面，生有我祖先布民（汉文中的土门）可汗和室点密可汗。他们即位后，创建了突厥人民的国家和法制。（这时）四方皆是敌人。他们率军征战，获取了所有四方的人民，全部征服了（他们），使有头的顿首臣服，有膝的屈膝投降，并使他们住在东方到兴安岭，西方直到铁门关的地方。他们统治着两地之间没有君长的蓝突厥。他们是英明的可汗，勇敢的可汗。他们的梅录（大臣）也是英明的，勇敢的。他们的诸官和人民也是忠义的。因此，他们这样统治了国家。他们统治了国家并创制了法制。"（阙特勤碑东面第 1—3 行）

由于突厥汗国地域辽阔，加之实行东西分封制，其东西两部分实际上具有很大的独立性。当有强大可汗统治时，这种名义上的统一尚能维持住；一旦失去这个条件或因中原王朝外交政策的作用，汗国就很容易分裂为互相敌对的两部分。

突厥汗国经过土门可汗、木杆可汗和佗钵可汗几代昌盛强大，到 581 年佗钵可汗死后，遂呈分裂的局面。而这时中原经过数百年的分裂后，又统一在隋朝（581—618 年）的统治下。581 年佗钵可汗死去，汗国由于汗位的继承问题而发生内部纠纷后，势力大大削弱了。佗钵死后，其子庵罗（Amraq?）被迫让位于摄图，是为沙钵略（Ishbara）可汗；庵罗被封于独洛水一带，称第二可汗；木杆可汗之子大罗便被封于金山（阿尔泰山）东，称阿波（Apa）可汗；沙钵略之弟处罗侯统辖东面被征服的奚、契丹、鞑靼各部，称突利（Tolis）可汗；室点密之子达头（Tardush）可汗则继承其父七河流域的领地。一时出现了五可汗互相对立的局面。此外,在高昌北部有贪汗(Tarkhan)可汗;在准噶尔盆地,有纥支可汗。

隋朝利用了上述汗国内部的矛盾,实行大臣长孙晟的"远交近攻,离强合弱"的外交政策。长孙晟前因送北周公主千金公主入突厥,对突厥汗国的形势十分了解。他在给隋文帝的报告中这样写道:"玷厥(指西部达头可汗)之子摄图,兵强而位下,外名相属,内隙已彰,鼓动其情,必将自战。又处罗侯者,摄图之弟,奸多而势弱,曲取众心,国人爱之,因为摄图所忌,其心殊不自安,迹云弥缝,实怀疑惧。又阿波首鼠(两端),介在其间,颇畏摄图,受其牵率,(虽)强是与,未有应心。今宜远交近攻,离强合弱。通使玷厥,说合阿波,则摄图回兵,自防右地(西部之地)。又引处罗[侯],遣连奚、习,则摄图分众,还备左方(东部之地),首尾猜嫌,腹心离阻,十数年后,承衅讨之,必可一举而空其国矣。"(《隋书》卷51《长孙晟传》)

582年,沙钵略听从北周千金公主(此时已改嫁沙钵略)报复隋室的话,发兵40万从东北、北、西北3个方向入侵,给隋朝北部地区造成了很大的破坏。

583年,隋军分8路反攻突厥。隋军主力于白道(今呼和浩特市附近)与沙钵略相遇,突厥军大败。这时达头乃联合阿波、贪汗及地勤察(Tegin shad?)等势力,在西部宣布独立。583年,突厥汗国正式分裂为东西两部分。

东突厥汗国经历沙钵略、处罗侯、都兰、启民、始毕、处罗、颉利等可汗的统治,于630年亡于唐。

西突厥汗国在室点密死(576年)后,其子玷厥继位,号达头可汗(576—603年)。之后,达头之孙达漫立,是为处罗可汗(587—611年)。611年处罗可汗投降隋朝后,族人立其叔父为可汗,是为射匮可汗(611—619年)。射匮统治时期,西突厥势力又一度强大起来,玉门关以西诸国大部分役属于射匮。其牙帐位于龟兹(今库车)北之三弥山裕勒都斯谷地,并与东突厥汗国对立。619年,射匮死,其子统叶护

（619—628 年）继位。统叶护勇而有谋,他在位时,西突厥势力达到了顶点。

628 年,中国著名佛教大师玄奘西去印度求法时,曾受到统叶护的款待。他曾这样描述统叶护奢侈豪华的生活:"至素叶(Suyab)城,逢突厥叶护可汗方事畋游,戎马甚盛。可汗身着绿绫袍,露发,以一丈许帛练裹额后垂。达官二百余人,皆锦袍编发,围绕左右。自余军众,皆裘毼氍毛,槊纛端弓,驼马之骑,极目不知其表。……可汗居一大帐,帐以金华装之,烂眩人目。诸达官于前列长筵两行侍坐,皆锦服赫然,余仗卫立于后。观之,虽穹庐之君亦为尊美矣……命陈酒设乐,可汗共诸臣使人饮,别索葡萄浆奉法师。于是恣相酬劝,窣浑钟椀之器交错递倾,儴佅兜离之音铿锵互举,虽蕃俗之曲,亦甚娱耳目,乐心意也。少时,更有食至,皆烹鲜羔犊之质,盈积于前。别营净食进法师,具有饼饭、酥乳、石蜜、刺蜜、葡萄等。食讫,更行葡萄浆。"(《大慈恩寺三藏法师传》卷 2)

628 年十二月,统叶护为其伯父所杀。后者自立为可汗,是为俟毗可汗(628—630 年)。同时统叶护之子称肆叶护可汗(628—632 年)。俟毗可汗与肆叶护可汗互相攻击。

这时,西突厥分为十部,每部令一人统之,号为十设。每设赐以一箭,因此也称十箭。又分十箭为左右厢,一厢各置五箭。其左厢为五咄陆部,上各置一啜(chor),居于碎叶水以东;右厢号五弩失毕部,上各置一俟斤(irkin),居于碎叶水以西。总称十姓部落。各部经常互争雄长,不相统一。

之后阿史那贺鲁反叛,自号沙钵罗可汗,统领五咄陆及五弩失毕十姓部落,胜兵数十万,成为雄霸西域的强大势力。

657 年,唐将苏定方率大军出击阿史那贺鲁,破贺鲁军于伊犁河北,贺鲁逃石国。次年,石国人执贺鲁献于唐朝。659 年,唐军斩真珠叶护(乙毗咄陆可汗之子)于双河(Iki Oguz),由是西突厥政权亡。唐朝在西突厥领地设昆陵、濛池两都护府。昆陵都护府在碎叶以东,濛池都护府在碎叶以西。其所役属诸国,皆分置州府,西尽波斯,并隶属安西大都护府。

3.3 第二突厥汗国

630年后,东突厥汗国归属唐朝约50年。关于这一时期的情况,古代突厥碑文中这样记述道:"……突厥人民丧失了成为国家的国家,失去了成为可汗的可汗。高贵的男儿成为中国人的奴隶,清白的姑娘成了(中国人的)女婢。突厥诸官舍弃了突厥官号,亲中国的诸官采用了中国称号。臣属于中国皇帝(并为他们)出力五十年……把(自己的)国家和法制交给了中国皇帝……"(阙特勤碑东面第6—8行)

682年,有阿史那骨咄禄(Qutlugh)者起事。骨咄禄原是东突厥可汗颉利的族人,世袭吐屯啜。起事开始时他只有几百人,栖息在总材山(Choghai Quzi),并占领了黑沙城(在今内蒙古阴山一带),又召集散亡,聚众至5000人。686年年末和翌年上半年,骨咄禄占领于都斤(Otuken)山地区并战胜了铁勒诸部,势力逐渐壮大,乃自立为颉跌利施(Ilterish)可汗,建牙帐于于都斤山,复兴了突厥汗国,史称第二突厥汗国。骨咄禄以其弟默啜为设,以另一弟咄悉匐为叶护,分别人民为"突利"(tolish)、"达头"(dardush)二区以治理之。关于第二突厥汗国建国的经过,古代突厥碑文中有下列记载:"……人民这样说道:'我曾是有国家的人民,现在我的国家在哪里? ……我曾是有可汗的人民,(现在)我的可汗在哪里?'——这样说着,他们就成为中国皇帝的敌人。成为敌人后,他们未能自立,重又内属了……(这时)上面突厥的上天,(下面)突厥神圣的水土(神)这样说:'不要让突厥人民灭亡! 让他们成为人民!'(于是)把我父颉跌利施可汗,我母颉利毗伽(Il Bilga)可敦持护在上天之顶,高高地举起了。我父可汗同十七人出走。在听到他们外走的消息后,城中的人上了山,山上的人则走下来,聚集起来的是七十人。由于上天赋予力量,我父可汗的军队像狼一样,而其敌人像绵羊一样。东征西战,(结果)聚集起来的共是七百人。当有了七百人后,(我父可汗)就按照我祖先的法则,组织和教导了……人民……

在那里组织了突利和达头人民,并在那里赐给了叶护(yabghu)和设(shad)(的称号)。"(阙特勤碑东面第9—14行)

在第二突厥汗国建立的过程中,大臣暾欲谷(Tonyuquq,汉文名字叫阿史德元珍)曾起了巨大作用。他曾在中国受到良好的教育,投奔骨咄禄后,为骨咄禄出谋划策,成为其主要的谋臣,被封为阿波达干,专统兵马。他在默啜时代后期,似遭到贬斥,在毗伽可汗时,重新被起用。古代突厥碑铭中留有关于他生平事迹的碑文。当时骨咄禄的处境颇为困难:"右边(南方)中国人是敌人,左边(北方)Baz 可汗及九姓铁勒是敌人,黠戛斯、骨利干、三十姓鞑靼、契丹、奚都是敌人……他出征了四十七次,参加了二十次战斗,(方才)征服了敌人,使有膝的屈膝,使有头的顿首……就这样建立了国家和法制。"(阙特勤碑东面第14—15行)

关于击溃九姓占领于都斤山这一重要战役的情况,暾欲谷碑中这样记述道:"我的可汗听从了我本人——暾欲谷的建议,他说:'按你想的指挥(军队)吧!'渡过 Kok Ong,我领军到于都斤山,乌古斯人带着乳牛及驮畜从土拉(河)而来。其军是三千,我军是两千。我们交了战。上天保佑,我们击溃了他们……之后,乌古斯人全都来了。当听到突厥人民住在于都斤地方,我自己——暾欲谷住在于都斤地方后,南边的人民及西、北、东边的人民都来(臣服)了。"(暾欲谷碑第15—16行)

691 年骨咄禄卒,继其位者为其弟默啜(Bag-chor,在古代突厥碑文中称 Qap〔a〕ghan 可汗,汉文史料中称之为默啜可汗)。默啜统治时代,第二突厥汗国的势力达到了顶点,拥兵40万。汉文史籍称"默啜负胜轻中国,有骄志,大抵兵马与颉利时略等,地纵广万里,诸蕃悉往听命"(《新唐书·突厥传》)。默啜依照突厥传统,把统治地区划分为左、右两部分,派咄悉匐为左察,骨咄禄子默矩(又称默棘连,即后来的毗伽可汗)为右察,皆统兵 2 万,立其子匐俱(Bogu)为小可汗,位在两察之上。

696—697 年,默啜征服了契丹和奚;706—707 年,他在 Turgi-Yar-

29

ghun 湖一带击溃了九姓中的拔野古部;709 年,突厥军队征服了图瓦中部和西部的 Chik 和 Az 部,并越过贪漫山(萨彦岭),重挫叶尼塞河流域的黠戛斯人;711—712 年,又越过金山(阿尔泰山),袭入七河流域,在 Bolchu 地方,击溃了十箭军队;712—713 年,再次渡过真珠河(Sir Daria),抵达吐火罗斯坦(Tokharstan)北部的铁门关;714 年攻打唐北庭都护府所在地别失八里(Bish-baliq)时,为唐北庭都护郭虔瓘所败。

默啜晚年昏暴,虐待属下,遂致"部落怨叛"。716 年夏,默啜在北征拔野古的归途中,遭拔野古人的伏击而丧命。其子小可汗匐俱继位。默啜死后,爆发了以其子匐俱为一方,以其兄骨咄禄之子为另一方的争夺汗位的斗争。结果骨咄禄之子阙特勤取胜,并诛杀默啜之子小可汗及其所有亲信,拥立其兄默棘连为可汗,是为毗伽可汗(716—734 年)。中国史籍称默棘连"性仁友"。阙特勤被任为突利设(左贤王),专掌突厥兵马之事。

默棘连在默啜在位时,于 698 年被封为达头部的设,他与其弟阙特勤一起积极参加了默啜可汗的多次征战活动。阙特勤碑中说:"当我叔父(默啜)即位为可汗时,我(毗伽可汗)自己任达头人民上面的设。我同我叔父可汗一起,前面(东面)一直征战到黄河和山东平原,后面(西面)一直征战到铁门(关),并越过曲漫山,一直征战到黠戛斯人的地方,一共出征了二十五次,参加了十三次战斗。"(东面第 17—18 行)

在毗伽可汗统治时期,暾欲谷所起的作用也很大。中国史籍称他"年逾七十,蕃人甚敬服之"。如毗伽可汗要进袭唐朝,暾欲谷坚决反对,说:"唐王英武,人和年丰,未有间隙,不可动也。我众新集,犹尚疲羸,须且息养三数年,始可观变而举。"(《旧唐书·突厥传》)再有毗伽可汗欲修筑城壁,造立寺观,暾又加以劝阻,说,"'不可,突厥人户寡少,不敌唐家百分之一。所以常能抗拒者,正以随逐水草,居无常处,射猎为业。人皆习武,强则进兵抄掠,弱则窜伏山林,唐兵虽多,无所施用。若筑城而居,改变旧俗,一朝失利,必将为唐所并。且寺观之法,教人仁弱,本非用武争强之道,不可置也',小杀(毗伽可汗)等深然其策"。(《旧唐书·突厥传》)其弟阙特勤则骁勇善战,掌管汗国的兵马,

30

曾参加过多次重要的战役,为巩固汗国的统治建立了巨大功勋。

关于毗伽可汗的统治,阙特勤碑中有下面的记述:"我统治的完全不是昌盛繁荣的人民,我统治的是内无食,外无衣,贫困可怜的人民。我同我弟阙特勤商谈了,为了不让我父、我叔获得的人民无名无声,为了突厥人民,我夜不成眠,昼不安坐,我同我弟阙特勤和二设一起,努力工作,筋疲力尽,我努力不使联合起来的人民成为水火。当我继位为可汗时,流散各处的人民,筋疲力尽地、无马无衣地归来了。为了养育人民,我率大军出征了十二次。北面反对乌古斯人民,东面反对契丹、奚人民,南面反对中国……我参加了战斗。之后,感谢上天,由于我的福分,由于我的幸运,我振兴了濒死的人民,使赤裸的人民有衣穿,使贫穷的人民富裕起来,使人民由少变多。我使(他们)比有强大国家和有强大汗国的(人民)过得更好。我把四方的人民全部征服了,使其不再为敌,他们全都臣服于我。"(东面第26—30行)

731年二月二十七日,阙特勤逝世,终年47岁。732年,毗伽可汗为其立碑纪念。关于阙特勤碑的建立和唐朝派人参加立碑的经过,中国史籍新、旧唐书都有记载:"阙特勤死,(玄宗)诏金吾将军张去逸、都官郎中吕向赍玺书入蕃吊祭,并为立碑。上自为碑文……"(《旧唐书》卷194)关于中国派遣工匠建庙立碑的情况,在阙特勤碑的突厥文部分中也有类似的记载。

毗伽可汗在位的时间并不长。734年他被大臣梅录啜毒死,唐朝皇帝又派李佺前往吊祭,并为立碑,令史官李融撰写碑文。目前保存下来的用汉文、古代突厥文写成的关于阙特勤和毗伽可汗生平事迹的碑文是我们研究突厥汗国历史十分重要的资料。

毗伽可汗死后,唐朝册封其子为伊然可汗(734年)。这时突厥汗国已处于风雨飘摇之中。不久伊然死,其弟继位,是为登利(Tangri)可汗(734—741年)。741年登利被杀后,其叔父骨咄叶护自立为可汗。这时回纥、葛逻录、拔悉密起兵攻骨咄叶护,杀之。之后,国人立判特勤子为乌苏米施可汗。乌苏米施可汗为拔悉密等部攻杀后,其弟鹘陇匐立,是为白眉可汗。745年,回纥首领骨力裴罗起兵攻杀突厥汗国最末

·欧·亚·历·史·文·化·文·库·

一个可汗——白眉可汗，于是第二突厥汗国灭亡。结果一个新的强大的回纥汗国在漠北草原诞生了，并统治那里达一个世纪之久。

3.4 突厥汗国的社会制度和文化

突厥汗国的社会是一个带有奴隶制残余的初期游牧宗法封建社会。国家（大的部落联盟）称 el，人民称 bodun（bod〔"身体"、"氏族"〕＋复数字尾 un），调节国家、部落生活的法律称 toru（不成文法）。

突厥人主要从事畜牧业，过着"随水草迁徙"的游牧生活；但同时也存在一些农业和手工业。牲畜是牧民的主要生产资料和生活资料。作为畜牧业生产基础的草场虽然在形式上为全体部落成员所有，但在实际上则掌握在部落首领手中。牧民们并不能随便放牧，而是被限定在一定的地段内，即中国史籍中所说的"虽移徙无常，而各有地分"（《周书·突厥传》）。社会上贫富不均的现象早已出现，贵族们拥有大量牲畜（如阙特勤有 4000 匹马），而普通的牧民只有少量牲畜。他们除要向部落贵族缴纳一定数量的牲畜作为赋税外，还要在战争时自备马匹参加征战。一部分因各种原因失去牲畜者则被迫留在冬季牧地从事农业或手工业生产。社会的主要生产者为普通牧民（qara bodun，"黑民"）。虽也有称作库尔（qul）的奴隶（女性奴隶称作 küng，他们或来自战争俘虏或掠自其他国家和部族），但由于游牧生活方式之故，他们在社会生产中不占主要地位。

突厥汗国的统治阶级，其最高者称可汗（qaghan），也称汗（qan，自称享有天命〔qut〕），其妻称为可敦（qatun）。可汗常封其子为小可汗（inal qaghan）。可汗的子弟称特勤（tegin）。领兵马的将领称设（shad）。在可汗与设之间，还有称作叶护（yabghu）者，其地位等于副可汗。大臣称梅录（buyruq）。在高级官吏中尚有啜（chor）、俟斤（irkin）、吐屯（tutun）、阿波（apa）、颉利发（ilteber）、达干（tarqan）、阎洪达（yarghunta?），凡 10 等（之后发展到 28 等）。官位皆世袭。上述官阶中，吐屯大抵专主驻节被征服的外族或国家，以监领该部或该国。所属部族或外国首领多赐以俟斤、颉利发的称号,如西突厥统叶护占有西域各国后,对"其西域诸国王悉授颉利发,并遣吐屯一人监统之,督其征赋"(《旧唐书·西突厥传》)。此外,尚有数量众多的部落大小首领——匐(beg)。

由可汗、高级官吏和部落首领组成的贵族会议,决定和、战以及汗位的继承等重要问题。但这种贵族会议的权力,随着封建化的进程和汗权的不断扩大而逐渐削弱了。

突厥汗国社会结构中另一引人注意的现象,是粟特人所起的重要作用。粟特人的故乡在中亚札拉夫尚(Zarafshan)河流域一带。他们是一个长于经商、具有较高文化水平的民族。随着东西交通的开拓,他们沿着丝绸之路建立了许多居留地。在东方,他们一直深入到蒙古高原。粟特人在突厥汗国中占有重要地位。许多粟特人得到突厥可汗的信任,成为他们的谋臣;有的成为出使中国或波斯、东罗马的使节。在文化上他们也对突厥人起了很大的影响,如古代突厥文就是在粟特文的基础上创制的,一些属于突厥汗国时期的碑铭并用粟特语写成(如布古特〔Bugut〕碑)。

突厥人信仰萨满教。萨满教是一种主张万物有灵论的原始宗教。萨满教的教义把宇宙分为上、中、下三界:上界为天堂,为天神所居;中界为人类所居;下界为恶魔所居。能沟通人、神关系及驱除恶魔的巫师,叫做萨满(突厥语为 qam)。《隋书·突厥传》中说,突厥人"敬鬼神,信巫觋"。他们非常崇敬天神(tangri)和女神乌迈(umay,妇女和儿童保护神)以及高山流水(古代突厥碑文中常见的"土水〔Yir-sub〕神")。中国史籍还记载突厥人"五月中,多杀羊马以祭天"(《隋书·突厥传》),又说"牙帐东开,盖敬日之所出也。每岁率诸贵人祭其先窟,又以五月中旬集他人水,祭拜天神。于都斤(山)西五百里有高山,山上无草木,突厥人称之为勃登凝黎(? tangri),汉语为地神之义"(《周书·突厥传》)。于都斤山对突厥人来说具有十分重要的意义,被视为圣山,占有它,即意味着掌握了草原的统治权。

中国史料和现代考古学发现都说明在第一突厥汗国的佗钵可汗

·欧·亚·历·史·文·化·文·库·

时,佛教已传入突厥汗国。汉文史料记载:北齐时(550—577年)有名叫惠琳的僧人被掠入突厥。他对佗钵可汗说,齐国的强大是因为信仰佛法的缘故,并向其宣讲了佛教的因果报应的教义。于是佗钵可汗皈依佛教,并在国内建立伽蓝(sangram),同时派人向北齐求《净名经》、《涅槃经》、《华严经》等经典和《十诵律》。佗钵可汗亲自行斋戒,绕塔行走,恨未生于内地。(《隋书·突厥传》)下文将要提到的汉人刘世清翻译《涅槃经》为突厥语一事也发生在佗钵可汗在位时。

当时在突厥汗国进行佛教传布活动的不止惠琳。这期间还有犍陀罗国高僧阇那崛多(Jinagupta)。由于北周(557—581年)武帝在574年开始迫害佛教,他打算经过突厥汗国回国。由于佗钵可汗的请求,他曾留在突厥地区十余年之久,在那里传播佛教。这时北齐僧人宝暹等11人也于575年从印度取经回来,携带260部梵经到达突厥;之后,他们由于听说北周灭北齐,并毁坏佛法,所以决定暂留突厥,并和阇那崛多一起,对带回的佛经进行了编目工作;后来听到隋灭北周,佛法再兴时,才于581年回国。(《续高僧传》卷2,《阇那崛多传》)上引汉文史籍的记载也可从近年来新发现的碑铭得到证实。1956年在蒙古人民共和国的布古特地方发现一块用粟特语写成的碑铭,是建于580年左右,为一个名叫Makan Tegin的突厥贵族记功之碑。碑中说到Taspar可汗"愿建一大的、新的佛教寺院"。这里粟特文的Taspar(有人读作Taghpar)可汗当为汉文史籍中著名的佗钵可汗。与上面引述的汉文史料中关于佗钵可汗的事迹完全一致。

突厥人(虽然可能只限于一部分贵族上层)接受佛教具有重大的意义。它说明,为了维护幅员辽阔、民族众多的游牧封建汗国的统一,需要一种高级的、具有更加完备思想体系的宗教来取代原始的萨满教。

突厥汗国与在它以前建立的匈奴、鲜卑、柔然等游牧帝国的另一重要不同点,就是它创制了自己的文字——古代突厥文,并用这种文字书写、保存下了一批极其珍贵的碑铭。

中国史书中曾谈到6世纪左右突厥人已有文字。如《周书·突厥传》中说:"其书字类胡。"《北齐书·斛律羌举传》中的一段记载,也表明当时突厥人已使用文字:"代人刘世清……通四夷语,为当时第一。后主命世清作突厥语翻《涅槃经》以遗突厥(佗钵)可汗。"但这到底是一种什么文字,其结构如何,直到19世纪末以前,人们并不知道。1889年俄人雅德林采夫(N. M. Yadrintsev)在今蒙古人民共和国鄂尔浑河流域和硕柴达木湖畔发现用古代突厥文写成的阙特勤、毗伽可汗二碑,以及随后1893年12月15日丹麦学者汤姆逊成功地解读这种文字,是古代突厥语文学(Old Turkic Philology)研究史上的两件大事。以后又不断有新的碑铭被发现,其中重要的有暾欲谷碑、翁金碑、阙利啜碑以及属于稍后时期回纥汗国的磨延啜碑、铁尔痕碑(也称塔里亚特碑)、特斯碑、苏吉碑等。此外,在叶尼塞河流域发现了数十个属于黠戛斯人的墓志铭,在中亚七河流域发现了几个属于西突厥的碑铭——塔拉斯碑等。这些碑铭是用一种具有很强表现力、相当发达的古代突厥语写成的,它们不仅是我们研究突厥汗国政治、历史、社会等的第一手史料,而且也是研究古代突厥语言、文字和文学发展的珍贵资料。目前鄂尔浑如尼学(Orkhon Runelogy)已成为突厥语文学的一个重要分支。

(此文德文本刊于 *Philologiae et Historiae Turcicae Fundamenta*,也即 *Philologiae Turcicae Fundamenta*,vol. III,Berlin,2000,汉文本刊于《新疆文史论集》,2001。略有修改补充。)

4 古代突厥文碑铭的发现
和解读研究

古代突厥文是在我国北方建立的突厥汗国(552—745 年)和回纥(古代维吾尔)汗国(745—840 年)使用的文字。因其在外形上与古代日耳曼民族使用的如尼(rune)文相似,所以有些学者称之为古代突厥如尼文。因为用这种文字写成的主要碑铭是在蒙古鄂尔浑(Orkhon)河流域发现的,所以也被称为鄂尔浑突厥文(Orkhon Turkic Script),语言称为鄂尔浑突厥语(Orkhon Turkic)。又因为这种文字也在叶尼塞(Yenisey)河流域发现,所以也被称为叶尼塞文。[1]

这种文字除为突厥汗国使用外,也为西迁前的回鹘人和古代居住在叶尼塞河流域的黠戛斯人(今柯尔克孜人的祖先)使用。[2]

下面简要叙述一下古代突厥文碑文发现和研究的情况。

在我国汉文古代史籍中曾谈到 6 世纪左右突厥人已有文字。如《周书·突厥传》中说:“其书字类胡。”《北齐书·斛律羌举传》中下面一段记载也表明当时突厥人似已使用文字:“代人刘世清……通四夷语,为当时第一。后主命世清翻《涅槃经》以遗突厥可汗。”(按:此事发生在 574—576 年间突厥陀钵可汗在位时。)但这到底是一种什么文字,其结构如何,直到 19 世纪末期以前我们并不知道。

早在 1692 年,荷兰人魏津(N. Widzen)就在其所著的《北部和东部鞑靼里亚》(Noord and Ost Tartarye, Amsterdam,1692)中首次提到西伯利亚存在刻有古代突厥文的刻石。1696—1697 年,俄国人雷米佐夫(Semen Remezov)在其《西伯利亚图录》(Chertezhnaya Kniga Sibiri)一书中也提到七河一带发现这种文字的碑铭。

关于突厥文碑铭的科学报道属 18 世纪上半期。18 世纪第一个 25

---

[1]此外,尚有人称之为蓝突厥(Kök Türk)文、西伯利亚文、前伊斯兰文等。

[2]今中亚七河、费尔干和高加索、顿河流域以及东欧发现的如尼文铭文尚不能完全解读。

年首先是叶尼塞碑铭引起了学术界的注意。旦泽(Danzig,今属波兰)人梅色尔施米特(D. G. Messerschmidt,曾作为自然科学家和探险家服务于帝俄彼得大帝)于1721年发现了现称为"Uybat Ⅲ"的叶尼塞碑文。1730年瑞典人斯特拉林别尔格(F. J. Stralenberg,曾在西伯利亚一带生活13年之久)在斯德哥尔摩出版了《欧洲和亚洲的北部和东部》(*Das nord-und oestlichen Theil von Europa und Asia*, Stockholm, 1730)一书,在该书后面附有第一批在叶尼塞河流域发现的用这种文字写成的碑铭图片。1793年帕拉斯(P. S. Pallas)又在其《论西伯利亚发现的一种不知名碑文》("Von einer in Siberien gefundenen unbekannten Stein-schrift")一文(载该氏所著《自然史与经济学》〔*Naturgeschichte und Oekonomie*〕卷5,页237–245)中公布了一些。1818年斯帕斯基(G. Spasskiy)在《西伯利亚通讯》(*Sibirskiy Vestnik*)杂志上发表了一篇长文《西伯利亚古物札记》("Zapiski o Sibirskikh Drevnostyakh")。不久该文连同图片一起被译成拉丁文登出后,立即引起了西欧学者的注意。1822年,当时法国著名东方学家雷缪扎(A. Remusat)在一篇关于此文的评论中写道:"如能解读这些碑文,这将对解决(该地区的)重要历史文化问题起巨大作用。"(*Journal des Savants*, October, 1822, pp. 595–602.)

此后,有不少人研究和试图解读这种"谜"一样的无人知晓的文字。1884年,芬兰人阿斯培林(J. R. Aspelin)在比较研究了碑文中的所有文字符号后,虽正确地提出这种文字大约由39~40个符号组成,文字的书写是从右到左,但仍无法确定符号的音值。

同时,在此期间关于是什么民族留下这种文字的碑铭的问题,也提出了各种猜测意见,如古代匈奴人、古代芬兰人、古代突厥人、古代蒙古人等。

1889年,俄国考古学会东西伯利亚分会组织的以雅德林采夫(N. M. Yadrintsev)为首的蒙古考古队为研究、解读古代突厥文提供了新的材料。

雅氏在这次考察中到过今蒙古共和国的土拉河、鄂尔浑河一带,并粗略地探查了蒙古故都哈拉和林(Qara-qorum)和回鹘汗国故都哈拉巴喇哈逊(Qarabalghasun)遗址。他在鄂尔浑河流域的和硕柴达木(Koshotsaidam)湖畔发现了轰动当时全世界学术界的"阙特勤碑"和"毗伽可汗碑"[1]。关于这次的发现,雅氏在其《蒙古及鄂尔浑河上游考察总结》一文中这样写道:"非常坚固结实的花岗石千百年来被侵蚀的情况表明,它们已有千年以上的历史。碑上刻有以前在西伯利亚其他地方也曾发现过的谜一样的如尼文(按:指古代突厥文)。在边上和背面并刻有契丹字(按:指汉文)。如果是汉文的话,很可能就是解读(另一种)文字的钥匙。"

在雅氏的发现后,1890年芬兰也马上派出以海凯尔(H. Heikel)为首的考古队去蒙古。1891年俄国科学院又组织了以著名突厥语言学家拉德洛夫(W. W. Radloff)院士为首的考古队去蒙古。同年雅德林采夫在蒙古翁金(Ongin)河畔又发现了所谓"翁金碑"。

1892年芬兰、俄国分别出版了两国考古队所拍摄的碑文图录。法文芬兰本题作《1890年芬兰考古队所集鄂尔浑碑文》(*Inscriptions de l'Orkhon recueillies par l'expedition finnoise 1890*, et publiees par la Societe Finno-Ougrienne. Helsingfors, 1892)。德文俄国本题作《蒙古古物图录》(*Atlas der Alterthuemer der Mongolei*, St. Petersburg, 1892)。这就给各国学者进一步研究这种不知名的文字提供了可靠的丰富材料。其中尤以芬兰刊布的本子科学价值较高。

这以后,在新发现材料的基础上,俄国拉德洛夫和丹麦著名语言学家汤姆森(V. Thomsen)二人同时在积极从事碑文文字的解读工作。

1893年12月15日,汤姆森在丹麦皇家科学院会议上报告了他胜

---

[1] 关于此二碑的建立和当时唐朝政府派人参加建碑的经过,我国早在1000年前成书的新旧唐书中就有详细记载。如关于阙特勤碑,《旧唐书》卷194中说:"阙特勤死,(玄宗)诏金吾将军张去逸、都官郎中吕向,赍玺书入蕃吊祭,并为立碑,上自为碑文……"700年前,我国13世纪时的诗人耶律铸在其《双溪醉隐集》中的《取和林》一诗下的自注中写道:"和林城毗伽可汗之故地也。岁乙未,圣朝太宗皇帝城此,起万安宫。城西北七十里有毗伽可汗宫城遗址。东北七十里有唐明皇开元壬申(732年)御制御书阙特勤碑。"此外,元朝陈宜甫也提到此碑(见《秋声诗集》最末一篇《和林城北唐阙特勤坟》诗,载《四库全书珍本初集》)。

利解读古代突厥文的经过。该报告的法文本题作《鄂尔浑和叶尼塞碑文的解读——初步成果》(*Dechiffrement des inscriptions de l'Orkhon et de l'Ienissei—Notice preliminaire*)，于 1894 年在哥本哈根正式出版。

"谜"终于被解开了。原来这些碑文既不属于匈奴人，更不属于什么古代芬兰人，而是属于曾建立强大突厥汗国的古代突厥人。语言是古代突厥语，内容是记述突厥可汗或其王子、大臣的生平事迹和武功。

在汤姆森氏解读这种文字之前，人们已从阙特勤碑、毗伽可汗碑(该二碑都同时刻有汉文)的汉文部分中知道碑铭属于突厥汗国，语言应为突厥语。阙特勤碑并明确写出建碑年代——大唐开元二年(732年)。这些都大大方便了古代突厥文的解读工作。

首先他确立了这一点：像汉文一样，民族文字字母是从上往下竖写的(如横过来读，即从右往左读)。字行也像汉文一样，是从右到左书写的(如横过来读，就变成从下往上读了)。为此就确定了文字(换成拉丁字母)是这样安排书写的：

g d a
h e b
i f c

(这里因技术原因，字行和字母排列如上。实际上每个字母要头在左方，脚在右方，即字母要逆时针转 90 度。)

另外，汤氏根据这种文字的符号多达 38 个这一点，认为它不是一般的音素文字(字母文字)，而是音节文字或者至少其中一部分在不同的条件下，同样的语音用不同的符号表示。其次，汤氏根据突厥语元音和谐律这一特点，确定了表示 8 个元音的 4 个元音符号。

在解读辅音符号的音值方面，经过深入、仔细的研究，他发现这种文字中的 8 个辅音，因和其拼写的元音不同(前元音或后元音)而用 8 对符号表示。这一发现对解读整个文字系统起了决定性的作用。

之后，他根据汉文"阙特勤"的古音 k'iwat-te(k)-gin 正确解读了 kül tigin"阙特勤"一名，然后又解读了 tängri"上天"一词。在该二字的基础上，他又解读了碑文中常见的 türk"突厥"一词。到此，文字的解读工作已基本完成。

汤姆森为丹麦著名语言学家，1842 年 1 月 25 日生于 Randers 村。1859 年他依照父亲的愿望进入哥本哈根大学神学院学习，之后转入语文学院。大学期间主修古典语言和北欧（Nordik）比较语言学。除欧洲主要语言外，他尚通晓梵文、阿拉伯文、俄文、芬兰文、匈牙利文等。1869 年以《日耳曼语对芬兰—拉普语的影响》获博士学位。1871 年任哥本哈根大学语言学副教授，1875 年任教授。1877 年出版《古代俄罗斯和斯坎地那维亚的关系和俄罗斯国家的起源》一书。1890 年发表了巨著《芬兰语和波罗的海语（拉脱维亚、立陶宛语）的接触——语言史方面的研究》。他对印度系语言也作过研究。他的名著《（欧洲）语言学史》（*Sprogvidenskabens historie*）至今尚未失去其价值。他一生最辉煌的业绩是对古代突厥文碑铭和写本的研究。另外他在 1916 年发表了重要长文《突厥学研究》（"Turcica"，载 MSFOu ⅩⅩⅩⅦ，1916，pp. 1 - 107），对蒙古和叶尼塞突厥碑铭中一些难点作了新的考释。他的另一篇论文《论叶尼塞碑文中一不认识的字母》（"Une letter meconnue des inscriptions de l'Ienissei"，JSFOu ⅩⅩⅩ，4，1913—1918，pp. 1 - 9）改正了拉德洛夫错读为 b 的 e 字母。这里顺便还要提到 1897 年他在第 11 届国际东方学大会上宣读的著名法文论文《试论回鹘语的辅音系统》（"Sur le systeme des consonnes dans la langue ouigoure"，Keleti Szemle Ⅱ）。文中他令人信服地指明拉德洛夫对回鹘文辅音系统的观点是错误的。他对阙特勤碑、毗伽可汗碑和暾欲谷碑三大碑文的最新丹麦文译文由德国学者 H. H. Schaeder 译成德文，发表在德国《东方学会刊》上（ZDMG LⅩⅩⅦ，N. F. Ⅲ，1924—1925，pp. 121 - 175）。汤姆森的主要论文收集在他的 4 卷名为《论文集》（*Samlede Afhandlinger* 1 - 4，1919—1931）的文集中。他的 70 寿辰纪念论文集 *Festschrift Vilhelm Thomsen zur... 1912* 对突厥学来说也很重要。最大的遗憾是：他生前和他的学生 Kurt Wulff 一起准备的《突厥文碑铭总汇》因后者的去世未能出版。

在古代突厥文碑文研究方面的另一位大师就是拉德洛夫（Wilhelm

Radloff,1837—1918)院士。拉氏 1837 年生于柏林,其父为警官。他在柏林完成小学、中学教育后,毕业于柏林大学哲学系。1858 年以题为《宗教对亚洲民族的影响》的学位论文获德国耶拿(Jena)大学博士学位。他为了研究北亚的语言,于同年来到俄国。1859 年到西伯利亚阿尔泰地区 Barnaul 地方冶金学校任拉丁文和德文教员,同时开始学习、研究当地的现代突厥语。他在阿尔泰地区共生活、工作了 12 年。1866—1907 年他收集、记录的 10 卷本《突厥方言材料》(所谓的 Proben)和 10 卷德文、俄文译文出版。1872 年调任喀山教育督察。1884 年后到俄京圣彼得堡任职,任俄国科学院亚洲博物馆馆长。在此期间,先后出版《西伯利亚札记》(*Aus Sibirien*)、《北部突厥语比较语音学》(*Phonetik der noerdlichen Tuerksprachen*)、《库蛮语汇编》(*Codex Comanicus*)、《福乐智慧》(维也纳本)(*Das Kudat Bilik*)、《突厥方言词典》(*Versuch eines Woerterbuchs der Tuerk -Dialecte*)等突厥学专著。1889 年雅德林采夫发现鄂尔浑碑文后,1891—1899 年他全身心地投入古代突厥碑文的调查、解读和研究工作中。1894—1899 年先后发表了 5 大册《蒙古古代突厥碑文》(*Die alttuerkischen Inschriften der Mongolei*,St. -Petersburg)、《古代突厥语研究》(*Alttuerkische Studien*, Ⅰ - Ⅵ),从而对这一学科的开拓作出了巨大贡献。从 20 世纪初开始,随同新疆大批回鹘文献的出土,他又把主要精力转到对回鹘文写本的研究中去,并发表了这方面的一些重要文献。

拉氏在 1893 年 12 月 4 日写给汤氏的一封信中,已正确翻译了碑铭Ⅲ(哈拉巴喇哈逊碑)中正面的文字。这证明他至少已解读了大部分这种字母(参见 *Bullctin de l'Academie danoise pour 1893*,Copenhague,1894,p. 294,note)。拉德洛夫在获知汤氏的解读报告后,立即着手阙特勤碑、毗伽可汗碑全文的转写和翻译工作。1894 年拉氏发表了该二碑的拉丁字母和斯拉夫字母的转写和德文译文,书名为上面已提到的《蒙古古代突厥碑文》。拉氏取得的成绩虽大,但做得太匆忙。之后,又同样匆忙地出版了 3 个分册(1894—1895),书名同前:分册 1 为鄂尔浑碑文(阙特勤碑、毗伽可汗碑)的换写和转写、德文译文;分册 2 为上述二碑的词汇、索引和 W. P. Wassilyev 对阙特勤碑、毗伽可汗碑汉文部分的德文译文,苏京城(译音)的汉文录文;分册 3 为对鄂尔浑碑文的补正、考释,对翁金碑、回鹘哈拉巴喇哈逊碑的研究(包括对后者残余突厥文部分的研究和汉文部分的录文〔苏京城〕、德文译文〔Wassilyev〕)以及对叶尼塞河流域、南西伯利亚发现的诸小碑的研究等。1897年出版了该书的新编(Neue Folge),内容主要为古代突厥语语法概要及对碑文的补正和词汇。此外,尚有长达 30 页的由 W Barthold 撰写的《论古代突厥碑铭的历史意义》一文。1899 年出版了同书第二编(Zweite Folge),其中页 1 - 122 为对暾欲谷碑文的研究,并收有夏德(F. Hirth)的《暾欲谷碑文跋》和巴氏的《古代突厥碑文与阿拉伯史料》两篇长文。(拉德洛夫的这 5 册巨著 1987 年由德国 Osnabrueck 市的Otto Zeller Verlag 重版〔二卷本〕。)

1896 年汤姆森刊布了阙、毗二碑的拉丁字母转写和法文译文,书后并附有语法附加字索引和帕克尔(E. H. Parker)关于阙特勤碑汉文部分的英文译文,题作《鄂尔浑碑文的解读》("Inscriptions de l'Orkhon Dechiffrees," 载于 *Memoires de la Societe finno-Ougrienne*, Helsingfors,1896)。书中有对阙特勤碑和毗伽可汗碑的法文译文和研究,同时指出了拉氏的一些错误。

这两位学者之间的竞争在某种意义上说是有好处的,但也给古突厥碑铭的研究带来了不利的东西:他们权威性的结论带给这个领域的研究某种教条主义。这方面成问题的是方法学占很大成分。直到今天科学界(尤其是那些不能直接读原文的历史学家)关于蒙古和叶尼塞古代突厥碑铭的知识仍完全建立在汤氏和拉氏著作的基础上。

在此以后又有一些重要突厥文碑铭的发现。1896—1897 年卡拉乌尔(V. Kallaur)和海开勒在今吉尔吉斯斯坦共和国的塔拉斯(Talas)河流域发现了属于西突厥汗国的塔拉斯碑。1897 年克莱门茨夫妇(D. A. 和 E. Klements)在蒙古的土拉(Tula)河上游右岸与纳来哈(Na-laikha)驿站之间的巴音楚克图(Bain Tsokhto)地方发现了另一著名的巨碑暾欲谷碑。1904—1908 年阿德利亚诺夫(A. A. Adrianov)父子,

1906—1909 年葛兰瑙（J. G. Granoe），1909 年兰斯铁（J. Ramstedt），1912 年阔特维奇（W. Kotwicz）等人又先后在不同地区发现了古代突厥文碑文。近几年在蒙古国又有所谓雀林碑（Choren）、塞富莱碑（Sevrey）等碑文的发现。

用古代突厥文写成、属于回鹘（回纥）汗国的文献保存下来的不多，可分为碑铭和写本两类。碑铭主要有下列一些：“回纥英武威远毗伽可汗（749—759 年在位）碑”（也称“葛勒可汗碑”或“磨延啜碑”），为 1909 年芬兰阿尔泰学家兰斯铁在蒙古希乃乌苏（Shine-usu）地方发现。这个碑虽较残破，但保留的字数较多，对研究回鹘汗国的历史和语言具有重大意义。该碑最先由发现者本人研究、翻译，发表在《芬兰—乌戈尔学报》（Journal de la Societe Finno-Ougrienne）1913 年第 30 期上，题作《北蒙古发现的两个回鹘如尼文碑铭》（“Zwei Uigurische Runenin-schriften in der Mongolei”）。其次为“九姓回鹘爱登里罗汩没密施合毗伽可汗（Toquz Uighur ay-tängridä qut bolmzsh alp bilgä qaghan）圣文神武碑”（“哈拉巴喇哈逊碑”）。此碑一般认为属于回鹘保义可汗（808—821 年在位）时代。碑文用古代突厥文、汉文、粟特文 3 种文字写成。其中的突厥文部分经拉德洛夫研究发表在其所出版的《蒙古古代突厥碑文》第 3 分册（1895 年）中。可惜此碑的突厥语部分破损太甚，存留的字数不多。第三为一完整的小碑，即通常所说的“苏吉碑”，为兰斯铁于 1909 年在蒙古苏吉（Suji）地方发现，后为兰氏与“回纥英武威远毗伽可汗碑”一起发表。最近在蒙古西南部发现的所谓“塞富莱碑”有人认为属于回鹘牟羽可汗，另有人认为属于后来的甘州回鹘可汗。另外，最近在蒙古尚有“塔里亚特（Taryat）碑”（又称“铁尔痕〔Terkhin〕碑”或“磨延啜第二碑”）、“铁兹（Tez）碑”（又称“牟羽可汗碑”）的发现。

古代突厥文写本是在 20 世纪初期随同新疆、甘肃（敦煌）大批古代文物的出土先后发现的。其中重要的有斯坦因（A. Stein）在敦煌千佛洞发现的一完整的 106 页的小书《占卜书》（Yrq Bitig）和新疆米兰出土的军事文件，后经汤姆森研究刊布在英国《皇家亚洲学报》（Journal *of Royal Asiatic Society*,1912 年)和斯坦因所著《极内陆亚洲》(*Innermost Asia*)一书的 2、3 卷中。此外,在新疆吐鲁番等地尚有其他一些用突厥文写成的写本和刻文发现。

属于叶尼塞河流域古代黠戛斯的碑文约 70 多个,多为墓志铭,文句通常很短,多为"呜呼,吾今离开了吾之部落、妻子、儿女、民众……吾于……岁时离开了汝等"的内容,间或也有谈到本人生前事迹的,可认为是一种挽歌。叶尼塞碑文并不像以前认为的那样古老。根据最近对碑文氏族、部落印记(tamgha)变化的研究,学者认为大多属于 9—10 世纪期间。

在中亚七河流域发现的突厥文碑铭约十几个,应属于西突厥汗国。[1]

另外,在高加索、东欧也有类似突厥如尼文的东西发现,学者们正在研究中。

早期对突厥文碑铭研究作出贡献的学者除汤姆森、拉德洛夫二人外,尚有梅里奥兰斯基(P. M. Melioranskiy)、万贝里(H. Vambery)、马夸特(J. Marquart)、兰斯铁、阔特维奇等人。之后,又有下列一些人:土耳其学者奥尔昆(N. Orkun)于 1936—1941 年出版了 4 卷《古代突厥碑铭》(*Eski Turk Yazitlari*)。日本小野川秀美 1943 年发表了《突厥碑文译注》(载《满蒙史论丛》第 4 辑)。1941 年德国冯·加班(A. von Gabain)出版了著名的《古代突厥语语法》(*Alttuerkische Grammatik*)。1951 年前苏联马洛夫(S. E. Malov)出版了《古代突厥文献》(*Pamyatniki drevnetyurskoy pis'mennost'*),1952 年同氏出版了《突厥叶尼塞文献》(*Yeniseyskaya pismennost'*),1959 年出版了《蒙古和吉尔吉斯古代突厥文献》(*Pamyatniki drevnetyurskoy pismennosti Mongolii i Kirgizii*)。1958 年芬兰阿勒托(P. Aalto)刊布了《蒙古古代突厥碑文材料》("Materialien zu den alttuerkischen Inschriften der Mongolei",JSFOu,60)。1961 年法国日罗(R. Giraud)出版了《巴音楚克图碑——校勘本》(*L'inscrip-*

----
〔1〕其中有的是否为用突厥语录写成,尚待进一步的研究。

tion de Bain Tsokto—Edition Critique)。1968 年土耳其突厥学家塔拉特特勤(Talat Tekin)在美国出版了《鄂尔浑突厥语法》(*A Grammar of Orkhon Turkic*),书后附有 5 个主要突厥文碑文的新译文和拉丁字母转写。日本人护雅夫也对突厥文碑铭的研究作出了贡献。此外,近年来土耳其和蒙古国合作,对现存的突厥碑文和文物进行了多次实地考察和研究(见大型图录 *Orhun*,TIKA,1995;*Album of the Yurkish Monuments in Mongolia*,TIKA,2001)。日本学者与蒙古学者对属于回鹘汗国的碑文进行了实地考察和研究,并取得了很大成绩(见森安孝夫等人《蒙古国现存遗迹、碑文调查报告会》,1993)。土耳其学者塞尔特卡亚(O. Sertkaya)等人及芬兰青年学者 V. Rybatzki 也作出了贡献。

尽管前人对古代突厥碑铭学的研究作出了巨大贡献,但不能说他们的结论都是确定不移的,因为近年来突厥学又有了长足的进步。大量回鹘文写本的发现和刊布,给我们提供了更加丰富的材料。我们既不能抹杀前人的成绩,又要根据突厥学所取得的新成果重新对古突厥碑铭加以研究。

早在 19 世纪末我国学者沈曾植等人就对阙、毗二碑汉文部分的研究作出了贡献。之后,我国学者韩儒林、岑仲勉等人也对古代突厥碑文的研究作出了贡献。前者在 1936—1937 年根据 Schaeder 的德文译文,在《国立北平研究院院务汇报》6 卷 6 期和《禹贡》6 卷 6、7 期发表了阙、毗、暾欲谷三碑的汉文译文和考释;后者根据 Ross 的英文译文对上述三碑作了翻译和考释(载 1958 年出版的《突厥集史》)。1938 年王静如根据兰斯铁刊布的《两个回纥如尼文碑文》一文,发表了《突厥文回纥英武威远毗伽可汗碑译释》(载《辅仁学志》卷 7,1 - 2 期合刊)。不过上述翻译都是从德文、英文转译的。

我本人于 1977 年为中央民族学院少数民族语文系古代突厥语班所编写的《古代突厥文献选读》(第 1 分册)中,在前人研究的基础上并参考近年来这方面新的研究成果,汇刊了古代突厥文主要碑铭并附有直接根据突厥语文原文翻译的汉译文[1]。2005 年出版了拙著《古代突厥文碑铭研究》。

下面我还想对近些年来世界突厥学界对古代突厥碑文的研究作进一步的介绍。

从 1893 年丹麦学者汤姆森解读鄂尔浑突厥文[2]以来已过去一百多年。一个多世纪中世界突厥学界对古代突厥文文献的研究成绩斐然,已形成突厥学中的一个独立的分支——"如尼学"(Runology)。它曾经历过几个发展阶段。19 世纪末到 20 世纪初是第一阶段,这期间(1894—1899)拉德洛夫先后用德文出版了 5 册《蒙古古代突厥碑文》(W. Radloff: *Die alttuerkischen Inschriften der Mongolei*)[3]。1896 年汤姆森用法文发表了他的奠基性著作《鄂尔浑碑文的解读》(V. Thomsen: *Inscriptions de l'Orkhon Dechiffrees*);接着他于 1916 年发表了回顾性的题作《突厥学》("Turcica")的长篇论文;1922 年他用丹麦文出版了对于阙特勤碑、毗伽可汗碑、暾欲谷碑的总结性的研究,收入他的论著集第 3 卷中(*Samlede Afhandlinger* Ⅲ)。[4]

由于 20 世纪初我国新疆地区出土了大量属于高昌(吐鲁番的古名)王国时期(约 850—1250 年)的古代维吾尔语写本,世界突厥学家的注意力被转移到对这方面的研究上,所以这一时期对古代突厥碑铭的研究基本上处于停滞的状态。当然这里应提到 1936—1941 年土耳其学者 H. N. Orkun 出版的题为《古代突厥碑文》(*Eski Turk Yazitlari*)的 4 卷本著作和马洛夫(S. E. Malov)的《古代突厥文献》(*Pamyatniki drevnetyurkskoy pis'mennosti*, 1951)、《蒙古和吉尔吉斯古代突厥文献》(*Pamyatniki drevnetyurkskoy pis'mennosti Mongolii i Kirgizii*, 1959)。

20 世纪 60 年代开始,由于蒙古、苏联、波兰、捷克、民主德国考古

---

[1]汉文译文后又分别刊于林干的《突厥史》(1988)和林干、高自厚的《回纥史》(1994)中。

[2]他解读古代突厥文可以和 19 世纪上半期法国学者尚伯林(J. -F. Champollion)解读古埃及文相媲美。

[3]1987 年德国 Osnabrueck 市的一位旧书出版商曾出版过两卷本的重印本,可惜当时我囊中羞涩,未能及时购买。听说该书现在也已绝版。

[4]本文前一部分可算作古代突厥碑文研究的第一阶段。

学家和突厥学家的努力,又有一些重要的古代突厥碑文被发现,于是开始了对古代突厥碑文研究的第二阶段。第三阶段是从20世纪90年代苏联解体后开始的。这期间土耳其、日本的学者纷纷访问蒙古,或组织蒙土、蒙日联合考古队,对以前发现的突厥碑文和遗物、遗迹进行了重新研究,于是掀起了对古代突厥碑文研究的新的高潮。下面我拟对后两个阶段的研究作些介绍。

第二阶段是从1958年捷克—蒙古联合考古队开始的。这次集中于对阙特勤碑及其附近遗址的考古发掘。最大的收获是发掘出了阙特勤的头像和阙特勤碑文的另一些残片。这次考古队的成果尚表现在一些重要论文的发表上[1]:捷克方面有 L. Jisl 的《1958年捷—蒙考察队对阙特勤碑铭进行的考古研究报告》("Vorbericht ueber die archaelogische Erforschung des Kül-tegin-denkmalsdurch die tschechoslowakische-mongolische Exoeditiondes Jahres 1958", *Ural-Altaische Jahrbuecher*, 32, 1960),《论古代突厥人的长像》("Wie sahen die alten Tuerken aus?",同上刊,40,1968),《试论作为东突厥人宗教观念表现的石人和其他石刻雕像》("Balbals, Steinbabas und andere Steinfiguren als Aeusserungen der religioesen Vorstellungen der Ost-Tuerken", Prag, 1970);蒙古方面有 N. Ser-Odzhav 的下列论著:《蒙古人民共和国的考古研究》("Archeologicheskie issledovaniya v MNR",载《蒙古考古学论文集》〔*Mongol'skiy archeologicheskiy sbornik*〕, Moskva, 1962),《蒙古对古代突厥碑文的研究》("Izuchenie drevnetyurkskoy pis'mennosti v MNR",载 Rintchen 收集、编辑、出版的法文书:《蒙古发现的岩画和碑文》〔*Les dessins pictographiques et les inscriptions sur les rochers et sur les steles en Mongolie*〕, recueillis par Rintchen, Ulaanbatar, 1968)。1962年,有著名突厥学家 E. Tryjarski 参加的、由波兰科学院东方学研究中心组织的蒙古考察队对古代突厥碑文进行了专门的考察和现场研究。他发表了如下的论著:《蒙古现存古代突厥文物的现状及保护问题》("The pres-

---

〔1〕因我不懂捷克文和波兰文,用这两种语文发表的论著在此省略。

ent state of preservation of Old Turkic relics in Mongolia and the need for their conservation", UAJb, 38, 1966), 《蒙古古代突厥的考古遗迹》("On the atchaeological tracs of Old Turks in Mongolia", East and West, 21, 1971), 《关于鄂尔浑突厥碑铭》("Some remarks on the monuments of the Orkhon Turks", 载 *Turk Kulturu El-Kitabi*, Ⅱ, Istanbul, 1972)等。

在此期间, 以苏联学者在蒙古突厥碑文的调查、研究方面取得的成果最为显著, 他们先后发现了 51 个古代突厥文和 2 个粟特文的刻石。这里首先要提到布古特碑的发现和研究:1956 年, 在蒙古人民共和国 Arhangai 省 Bugut 地方一个属于突厥时期的墓葬附近发现一方碑铭。开始有人认为上面刻写的文字是回鹘文。后经克里亚施托尔内(S. G. Klyashtirny)和列夫谢茨(V. A. Livshits)研究, 确定碑的三面刻写的是粟特文, 为建于 580 年左右的纪念一突厥贵族的记功碑。碑文中提到 4 位突厥可汗的名字:Bumin, Muhn, Taspar, Niwar, 他们分别相当于汉文史籍中的土门可汗(552—553)、木杆可汗(553—572)、佗钵可汗(572—581)、尔伏可汗(581—587)。碑文中说到佗钵可汗"愿建一大的、新的佛教寺院(僧团)"[1]。根据汉文史料记载, 当佗钵可汗在位时, 佛教已传入突厥。当时有北齐(550—577)僧人惠琳被掠入突厥。他对佗钵可汗说, 齐国的强大是因为皈依佛法的缘故, 并向他宣讲了佛教的因果报应的教义。于是佗钵可汗信仰了佛教。从石碑的另一面刻有婆罗米文来看, 碑文内容确实应与佛教有关, 这一点是毫无疑义的。这一发现具有三点意义:一是早在 6 世纪下半期, 突厥已信仰了佛教(尽管可能只限于上层统治阶级);二是粟特文的使用说明粟特人(所谓胡人)在突厥汗国的影响;三是在第一突厥汗国时期, 突厥人尚未有自己的文字。

1971 年和 1980 年克里亚施托尔内用俄文发表了分别题作《(蒙古)东戈壁发现的如尼文碑文》("Runicheskaya nadpis' iz vostochnoy go-

---

[1]最近日本吉田丰教授认为应读为"建一大的法石"(见该氏的《布古特碑文》, 载森安孝夫等编《蒙古国现存遗迹、碑文调查研究报告》, 1999, 大阪)。

bi",载匈牙利出版的《突厥学研究》〔*Studia Turcica*〕,布达佩斯,1971)和《雀林地方石刻上的古代突厥文》("Drevnetyurkskaya nadpis' na ka-mennom izvayanii iz Choyrena",载《东方国家和民族》〔*Strany i narody vostoka*〕,vypusk,22)的论文。1980 年和 1982 年克里亚施托尔内分别用俄文(载《苏联突厥学报》〔*Sovetskaya Tyurkologiya*〕第 3 期)和英文(载匈牙利《东方学报》〔*Acta Orient. Hung.* 〕t. ⅩⅩⅩⅥ)写成的论文,研究刊布了属于回纥汗国磨延啜可汗的"塔里亚特(Taryat)碑"(或称"铁尔痕〔Terkhin〕碑")。克氏又在 1987 年和 1985 年分别用俄文(载《中央亚细亚——新发现的文献和文物》〔*Tsentral'naya Aziya - novye pamyatniki pis'mennosti i iskusstva*〕)和英文(载匈牙利同上刊,卷ⅩⅩⅩⅨ)写成论文,研究刊布了属于回纥汗国牟羽可汗的"铁兹(Tez)碑"。再有克氏和列夫谢茨合作研究刊布了用古代突厥文和粟特文写成的所谓"塞夫列(Sevrey)碑"等。[1]

这里我们还要顺便提到其他欧美学者的贡献,如英国克劳森爵士(Sir G. Clauson)关于"翁金碑"、"阙利啜碑"的研究,美国特肯(T. Tekin,现已回土耳其)的研究,法国突厥学会主席路易·巴赞(L. Bazin)教授的研究和法国前驻土耳其大使吉饶(R. Giraud)先生对"暾欲谷碑"的研究,芬兰阿勒托(P. Aalto)教授等人根据老一辈阿尔泰学家和突厥学家兰斯铁(G. Ramstedt)教授关于"暾欲谷碑"所留下的该碑照片和拓片所作的新研究,意大利邦巴西(A. Bombaci)、挪威浩夫道根(E. Hovdhaugen)、丹麦梅业尔(I. Meyer)夫人等人的研究贡献。

古代突厥碑文研究的第三阶段是从 20 世纪 90 年代开始的。这一活动主要由土耳其和日本学者进行。土耳其方面由新成立的土耳其国际合作部(土文名字:Turk Ishbirligi ve Kalkinma Idaresi Bashkanligi,简称 TIKA,英文名字:Turkish International Cooperation Adminisration,简称 TICA)牵头与蒙古政府合作组织了土蒙联合考察队,对蒙古现存的

---

〔1〕这里我略去了在前苏联阿尔泰—叶尼塞地区、塔拉斯地区发现的古代突厥碑文及其研究,也略去了北高加索、东南欧(保加利亚、罗马尼亚、匈牙利)等地发现的类如尼文刻文的研究。

古代突厥碑铭,特别是突厥汗国时期的碑铭和文物进行了大规模的考察研究,已出版了大型图录若干种,如:《鄂尔浑》(*Orhun – The Atlas of Historical Works in Mongolia*, Ankara, 1995),《蒙古突厥文物》(*Album of the Turkish Monuments in Mongolia*, Ankara, 2001)等[1]。

日本由文部省资助组织了为期 3 年(1996—1998)的专门考察研究蒙古现存遗迹和碑文的科研计划,考察队由突厥学家、粟特学家、蒙古学家组成。其主要成果集中反映在 1999 出版的《蒙古国现存遗迹碑文调查研究报告》一书中,书中包括了对布古特碑、阙特勤碑、翁金碑、阙利啜碑、磨延啜碑、塔里亚特碑、铁兹碑、九姓回鹘可汗碑、塞夫列碑以及蒙古时期的蒙汉文碑刻的研究报告。

目前世界研究古代突厥碑文的突厥学家正在酝酿出版古代突厥碑铭汇集的问题,但愿这一造福子孙后代的事业能早日完成。

碑铭最早的照片复制品为上面提到的芬兰考察队 1888 年、1890 年两次所摄,见于下列两种著作中:(1)《芬兰考古学会搜集刊布的叶尼塞碑铭》(*Inscription de l'Iénissei recueilles et publiéés par la Société Finlandaise d'Archeologie*, Helsingfors, 1889),对开本(in-folio),正文 19 面,32 张复制图版,30 面,1 面字母目录,另外有 8 个碑的照片(Ⅰ,Ⅳ,Ⅷ,ⅪⅤ,ⅩⅪ,ⅩⅪⅤ,ⅩⅩⅦ,ⅩⅩⅩ),相当于马洛夫的 1,4,16,17,28,31,34,37。虽摄制较早,但照片质量很好。一般说比起拉德洛夫的重新描过的照片要可信得多。(2)《芬兰考察队和芬兰—乌古尔学会搜集刊布的鄂尔浑碑铭》(*Inscriptions de l'Orkhon recueillies par l'Expedition Finnoise 1890 et publiéés par la Société Finno-Ougrienne*, Helsingfors, 1892),对开本,49 面导言,Orkhon 碑Ⅰ,Ⅱ,Ⅲ的排字复制,22 面字母组合的索引,外有这 3 个碑的 66 张图版。这些图版比拉氏描过的图版要可信得多。拉德洛夫的《蒙古古物图录》(*Atlas der Altertümer der*

---

〔1〕关于近年在蒙古发现的古代突厥碑文的研究,可参看土耳其学者 O. Sertkaya 的《蒙古人民共和国古代突厥文碑文考古学和语文学研究概述》("Köl Tigin'in olumunun 1250. yil donumu dolayisi ile Mongolistan Halk Cumhuriyeti'ndeki Kokturk harfli metinler uzerinde calismalara toplu bir bakis")一文,载该氏论文集 *Gokturk tarihinin meseleleri*, Ankara, 1995。

Mongolei,S. - P. ,1892—1899),对开本,共 118 张图版。他的这个图录
与其名字不符。除蒙古发现的碑铭(Orkhon Ⅰ,Ⅱ,Ⅲ;Ongin;Ixe -
Asxätä;Tonyuquq;Ixe -Xanuin -Nur)外,尚包括叶尼塞碑(相当于芬兰版
的 Ⅰ,Ⅲ,Ⅳ,Ⅴ,Ⅵ,Ⅶ,Ⅷ,Ⅺ,ⅩⅦ - ⅩⅩⅤ,ⅩⅩⅧ,ⅩⅩⅩ;相当于
马洛夫 1952 年版的 1,3,4,9,10,12,14,20,24 - 32,35,37;此外马氏下
列编号不见于芬兰版:5 - 8,11,13,15)。此外,尚有 1893 年克莱门茨
(Klementz)发现的 Xoitu-Tamir 碑的用毛笔摹制的本子的复制品。拉
氏的图录尽管数量多,但遗憾的是其中一部分被拉氏重新描过,为的
是"更清楚些"。除这三大集录外,尚有个别碑铭的照片发表在下列文
章中:兰斯铁(G. J. Ramstedt)的《北蒙古发现的两个回鹘如尼文碑铭》
("Zwei uigurische Runeninschriften in der Nord -Mongolei", *Journal de la
Société F. - O.*, ⅩⅩⅩ,3,Helsinki,1913—1918,63 页);外有 Sudji 碑
和 Shine-Usu 碑的质量很好的照片。阔特维奇(W. Kotwicz)和萨莫依
罗惟奇(A. N. Samoylovich)的《蒙古中部依赫—呼韶图发现的突厥碑
铭》("La monument turc d'Ikhe – Khuchotu en Mongolie centrale", *Rocznik
Orientalistyczny*,Ⅳ,Lwow,1928)。这个碑的照片质量很好。多内尔
(K. Donner)和莱塞宁(M. Räsänen)的《两个新发现的突厥如尼文碑
铭》("Zwei neue türkische Runeninschriften", *J. de la Soc. F. - O.*,
ⅩⅬⅤ,Helsinki,1931),为在贝加尔湖 Olkhon 岛上发现的纺锤上的两
个铭文的照片。中亚塔拉斯河谷发现的一些碑文(Inscriptions de la
vallée du Talas)虽然十分有趣,可惜尚未以照片的形式刊布过。但很
好的摹本(用毛笔)为海凯尔(H. J. Heikel)刊布:《中亚塔拉斯河谷发
现的古物》("Altertümer aus dem Talc des Talas in Turkestan", *Travaux
Ethnographiques*,Ⅶ,Helsinki,Soc. F. - Ou. ,1918),其中图版 ⅩⅫ - Ⅹ
ⅩⅣ 为这一组碑。在土耳其学者奥尔昆(H. N. Orkun)的书中可见到
所有碑的复制件(除一些叶尼塞碑外)。另外,在 1952 年马洛夫出版
的叶尼塞碑文中,除复制拉氏图录中的一些图片外,尚有下列名字的
碑文照片:Uyuk-Tarlak(芬兰版之 Ⅰ,马氏之 Nr. 1),Begre(马氏之 Nr.
11,铜版很好),Oznazhennaya(芬兰版之 ⅩⅧ,马氏之 Nr. 25,都清楚可

51

读),Oya(芬兰版之XX,马氏之 Nr. 27),Kemchik-Djirgak(马氏之 Nr. 41,铜版很好),Abakan (马氏之 Nr. 48),Tuva Ⅰ,Ⅱ,Ⅲ(马氏之 Nr. 49 - 51)。此外,1983 年苏联 D. D. Vasil'ev 出版了《叶尼塞河流域突厥如尼文文献汇编》(*Korpus tyurkskikh runicheskikh pamyatnikov basseyna Eniseya*)一书,书中收有 100 多个短的碑文的释读和图版。最后,上面提到的兰氏、葛氏及阿氏的著作中有暾欲谷碑及 Shiweet-Ulaan 碑上许多质量很好的印记(tamgha)照片,以及 Xoitu-Tamir 碑 1909 年葛氏亲手摹写的照片,可补克莱门茨的不足。

在古代突厥文碑铭研究方面,这里顺便指出,俄国有个别学者提出阙特勤碑、毗伽可汗碑等是用韵文写成的说法,并就这一点展开了讨论。目前尚没有定论。但看来散文中插有韵文或对仗这点是可信的,也不时有格言谚语的引用。[1] 这些用古代突厥文写成的碑文可看做突厥民族的第一批文学作品。

古代突厥文碑文按地区分类可分为:

(1)蒙古高原;

(2)叶尼塞河流域;

(3)东西伯利亚地区的列那(Lena)河—贝加尔(Baikal)湖地区;

(4)阿尔泰地区;

(5)新疆(吐鲁番、米兰等地)和甘肃敦煌;

---

[1]如阙特勤碑南面第 3 行对仗式的句子:

ilgärü shanduŋ yazyqa tägi sälädim,	前面(东面)我曾征战到山东平原,
taluyqa kichig tägmädim.	几乎达到海(滨);
birgärü toquz ärsinkä tägi sülädim,	右面(南面)我征战到九姓焉耆,
tüpütkä kichig tägmädim.	几乎达到吐蕃。

再如阙特勤碑东面第 12 行:

qangym qagan süsi böritäg ärmish,	我父可汗的军队像狼一样,
yaghysy qony täg ärmish.	敌人(的军队)像羊一样。

同碑北面第 10 行:

körür közüm körmäz täg,	我的眼睛好像看不见了,
bilr biligim bilmäz täg bolty.	我的智慧好像迟钝了。

格言谚语的引用:

turuq buqaly sämiz buqaly yraqda bölsär,	如在远处区分瘦公牛和肥公牛,
sämiz buqa turuq buqa tiyin bilmäz ärmish.	人们就不能知道哪个是肥公牛,哪个是瘦公牛。

（6）中亚（七河流域、费尔干盆地）；

（7）东欧（顿涅茨〔Donets〕河、多瑙〔Donay〕河流域）。

按政治、部族分类可分为：

（1）东突厥汗国（第二突厥汗国）；

（2）黠戛斯（古代吉尔吉斯人）；

（3）骨利干（Quriqan）族；

（4）西突厥汗国；

（5）漠北时期的回纥（回鹘）汗国；

（6）高昌回鹘汗国（包括甘州回鹘王国）；

（7）彼切尼克（Pecheneg）族等。

按内容可区分为：

（1）历史、传记性质；

（2）墓志铭；

（3）刻在岩壁上的记录；

（4）宗教性质；

（5）官方记录；

（6）日常用器上的铭文等。

我国 55 个少数民族中有 8 个民族（维吾尔族、哈萨克族、柯尔克孜族、乌孜别克族、塔塔尔族、撒拉族、裕固族、新疆阿尔泰地区的一部分蒙古族）说 9 种突厥语（维、哈、柯、乌、塔、撒、裕等语言以及图瓦语〔阿尔泰地区一部分蒙古族说的语言〕、黑龙江柯尔克孜语），在突厥语种数上居世界第二位（仅次于俄国），理应在世界突厥学（包括古代突厥如尼学）方面占有一定的地位。

从 1893 年古代突厥文被解读以来至今已过去一个多世纪。由于用这种文字写成的碑文是突厥、回鹘人自己留下的最早文献（也是我国北方少数民族留下的最早的民族文字记录），具有十分重要的历史学、语言学和文化史方面的意义，所以一直吸引着国外学者们的注意，先后被译成英、德、法、俄、日、土耳其等国的语言，发表了许多研究论著。反观我们对这方面的研究则处于相当落后的状态。过去虽有个别碑文的汉文译文,但都是从欧洲文字间接转译过来的。2005 年由中央民族大学出版社出版了拙著《古代突厥文碑铭研究》,填补了这方面的空白。

（原刊于《西北民族研究》,2005 年第 1 期）

5　丹麦学者汤姆森
与古代突厥文字母解读

　　按：近日在翻找其他材料时，偶然发现一件复制文字引起我的注意，那是许多年前（1982年）我应丹麦哥本哈根大学中亚研究所梅业尔（Meyer）教授的邀请，从德国去那里介绍中国突厥学研究情况时，在该所图书馆里看到的丹麦著名语言学大师、世界解读古代突厥文第一人的威·汤姆森（Vilhelm Thomsen）教授于1893年12月15日在丹麦科学院所作关于解读古代突厥文经过的专门报告的清样（上面有他本人审校时留下的改正字样）。由于这篇报告的重要性和特有的纪念意义，研究所的领导曾赠送我该清样的复印件一份。我国过去虽有介绍汤氏解读古代突厥文的文章（包括我个人的在内）发表，但对他具体解读的过程都语焉不详。现不顾年老体弱，撰写这篇文字，介绍报告的主要内容，并附清样复制件一页。汤氏的解读报告用法文写成，题作《鄂尔浑和叶尼塞碑铭的解读——初步成果》（Dechiffrement des inscriptions de l'Orkhon et de l'Ienissei—Notice preliminaire），刊于《丹麦皇家科学和人文科学院通报》，1893年（*Bulletin de l'Academie Royale des Sciences et des Letters de Danmark*，Copenhague，pour l''annee，1893）。

　　早在200年前，人们就在南西伯利亚叶尼塞河流域上游一带发现了用一种无人认识的文字刻写的碑文。只是在不久以前，世界学术界才获得这些碑铭的照片或摹本。1889年在芬兰首都赫尔辛基出版了在该国学者阿斯培林（J. -R. Aspelin）率领下芬兰考古队工作的成果，题作《芬兰考古学会收集出版的叶尼塞碑铭》（*Inscriptions de l'Ienissei recueillies et publiees par la societe finlandaise d'archeologie*，Helsingfors，1889）。1892年，作为芬兰—乌古尔学会论文集第4卷（*Memoires de la*

Societe finno-ougrienne, Ⅳ），多内尔（O. Donner）教授发表了《叶尼塞碑铭语词表》（*Woerterverzeichniss zu den Inscriptions de l'Ienissei*）。

1889 年，俄国西伯利亚伊尔库茨克（Irkussk）市考古学家雅德林采夫（N. Yadrintsev）在蒙古北部鄂尔浑河流域和硕柴达木（Khosho Tsaidam）湖附近，又发现了用同样文字写成的两个巨大碑铭——阙特勤碑和毗伽可汗碑，在世界学术界引起了更大的轰动。接着在 1890—1891 年间，又有芬兰学者海凯勒（Heikel）和俄国著名突厥学家拉德洛夫（W. W. Radloff）率领的考古队去蒙古进行考古调查。结果是：1892 年由芬兰—乌古尔学会出版了《1890 年芬兰考察队收集的鄂尔浑碑文》（*Inscriptions de l'Orkhon recueillies par l'expedition finnoise* 1890 *et publiees par la Societe finno-ougrienne*, Helsingfors, 1892），同年在圣彼得堡由俄国科学院出版了拉德洛夫的大型《蒙古古物图录》（*Atlas der Alterthuemer der Mongolei*. Im Auftrage der kaiserl. Akademie der Wissenschaften, herausgegeben von Dr. W Radloff）。从而为汤姆森氏的解读工作提供了先决条件。

阙特勤碑（碑文Ⅰ）和毗伽可汗碑（碑文Ⅱ）二碑都同时有刻写有汉文的一面。阙碑的汉文部分先由嘎比林茨（Gabelentz）译成法文，后又由荷兰汉学家施莱格尔（M. G. Schlegel）提供了更为正确的法文译文。根据汉学家提供的碑文汉文部分的译文，人们知道碑文属于第二突厥汗国（也称东突厥汗国）时期（约 680—745 年），为纪念突厥汗国的建立者骨咄录（Qutlugh）的两个儿子，即阙特勤王子（Kül Tigin）和毗伽可汗（Bilgä Qaghan）的记功碑，前者（弟弟）死于 731 年，后者（兄长）死于 734 年。

所有以上这些（如历史背景，语言可能为突厥语等），特别是因为阙、毗二碑大，刻写的文字多，加之二碑又有一部分文字雷同，就为汤氏的解读工作提供了可能。

所以从历史的角度看，鄂尔浑二碑的时间、地点等背景是清楚的。但时至 1893 年人们对二碑上刻写的"谜"一样的文字并不能释读（汉文部分与古代突厥文部分在内容方面并无直接联系）。汤氏在这篇划时代的报告中,就是讲他如何解读碑文民族文字的过程。

首先他确立了这一点:像汉文一样,民族文字字母是从上往下竖写的(如横过来读,即从右往左读)。字行也像汉文一样,是从右到左书写的(如横过来读,就变成从下往上读了)。为此就确定了文字(换成拉丁字母)是这样安排书写的:

g d a

h e b

i f c

这里因技术原因,字行和字母排列如上。实际上每个字母要头在左方,脚在右方,即字母要逆时针转 90 度。至于碑文民族文字是从哪一面开始,这一点并不十分重要(这可在解读内容后,根据具体内容进行调整),文字最宽的一面应为碑文的开始部分。

过去试图解读这种文字的学者之所以失败,是因为他们都试图从已识的古文字(如希腊、小亚细亚等地的古文字)中找出相似的字母,从而寻找到释读这种文字的钥匙。但他们忘记了重要的一点,就是那些古文字与古代突厥文在时间上约有 1000 年的差别。有些表面相似的字母恰似鬼火一样,很容易把人引入错误的方向。正确的解读方法只能从这种文字的本身结构中去寻找。

汤姆森氏首先把最早发现的叶尼塞诸小碑放在一边,集中力量研究鄂尔浑河流域发现的大碑,即阙、毗二碑,特别是阙特勤碑。他反复、仔细研究了碑文中的字母符号,语词出现、分布的情况,以及词中音节的结合、变化等。其次,他尽量从碑文的汉文部分中获取信息。如上所说,汉文和古突厥文内容并不一致,汉文部分只为古突厥文部分的 1/4 左右。但从汉文部分,人们得知碑文属东突厥汗国,语言应为突厥语。

经过夜以继日的长期、艰苦的研究,汤氏确定这种文字的字母数为 38 个。以前错定的 l 字母实际是 q(第 7 个字母)或 t^2(第 13 个字母)的误读。词与词之间一般用上下两点隔开。一些短字(词),如代词、数词等多与前面或后面的词连写,也就是说,并不像以前有的学者(如德人 G. Huth 在《哈拉和林碑文》〔*Die Inschrift von Karakorum*,Ber-

57

lin,1892]中)认为的那样,碑文的语言像叶尼塞河流域已消亡的 Osty-
ak 人使用的语言一样,使用前加字缀或后加字缀。这一点也为多内尔
(见该氏的著作《鄂尔浑碑铭》〔*Inscriptions de l'Orlhon*,p. ⅩⅧ〕)和拉
德洛夫(见该氏《图录》一书的前言)所赞同。

从字母多达 38 个这一点可知,这种文字不是一个字母表示一个音
的字母文字,而是某种音节字母文字,或至少同一音节在不同情况和
条件下,用不同的字母符号表示。这一认识为解读整个古突厥文字母
起了决定性的作用。

汤氏首先努力确定元音字母。这一目的比较容易地达到了。方法
是这样的:他先假设 x y x 字母组中前后的 x 为辅音,y 为元音,或者是
相反(x 为元音,y 为辅音)。由于阙、毗二碑比较大,文字比较多,结果
他较容易地确定了 (o,u),(ï,i),a,ä(ö,ü)为元音符号。加之,二碑中
有些段落是相同的,但有关的字有时却写法不同,即有时不写出某个
字母,这更加证明它应是元音字母。

一段时间里,汤氏把字母符号 N(ö,ü)错误地认为是表示 e 音的符
号。这一错误的假设使得汤氏在相当一段时间里在研究中未能取得
任何进展。后来他才知道它是表示 ö,ü 前列圆唇元音的符号(开始时
他认为是表示 o,u 的符号)。

对于元音字母 (a,ä),开始时他认为像印度字母一样,不用单独的
元音符号表示,即附着在每个辅音字母后。后来发现该字母有时在词
首、词中不写出,但在词尾一般都写出。

在整个解读字母的过程中,他的最大突破,是发现有 8 对辅音字母
(b,d,l,n,r,s,t,y)因与前后拼写的元音不同,而使用不同的符号(在
转写成拉丁字母时,他用在字母右上肩标[1,2]小数字分别表示与后元音
或前元音拼在一起)。

再有,他发现有 3 个符号用来表示辅音音组 nd/nt,nč, ld/lt 等。

在取得以上成绩后,汤氏首先试图解读汉文部分中出现的某些专
名或人名的突厥文名字。但出人意料的是,这方面在相当长的时间里
未能取得进展。

在此后的解读过程中,有两个字引起了他的注意。其一是碑文中经常出现的 tängri"上天"一词。这是个在突厥语或蒙古语中常见的词。汉文文献中常写作"登里"或发音类似的汉字。他比较容易地释读了这个词。其次,他注意到在阙特勤碑文中多次出现的 kül tigin 一名。经过长时间的研究和犹豫后,他猜想这两个词可能是碑铭主人公阙特勤的名字。汉文这三个字的拉丁拼音是 k'iuh-ti(k)-k'in,汉文古音的构拟似为 kök-tigin,即阙(kök,有"蓝天"、"天"之意,施莱格尔构拟为 giogh)王子之意。由于对汉学家古音构拟的迷信,汤氏在一段时间里得不到正确的结果。最后他才发现 Y 符号的音值不是 k,而是 l。所以王子的正确突厥名字应为 Kül tigin 或 Köl tigin。因为在古汉语中没有以 l 结尾的音节,这一点也像毗伽可汗名字中的"毗伽",不是 pit kia,而是 bilgä"睿智的"一样。

解决上面的"上天"、"阙特勤"二词后,就为释读碑文中经常出现的另一重要词"突厥"(türk)打开了道路。

随着解读工作的进展,他把上述的发现用来释读其他字,结果其余尚不清楚的字母符号也都一一解决了。这样一来,一幅纯粹古代突厥语的面貌就清楚地呈现在我们的面前。虽然碑文中尚有许多不清楚的细节有待解决,但一两百年来人们视为"谜"一样的古代突厥人使用近五百年的文字最终被汤氏破解了。

最后威·汤姆森于 1893 年 12 月 15 日正式向丹麦科学院提出了他成功地解读古代突厥文的前述正式报告。1896 年,作为《芬兰—乌古尔学会论文集》第 5 卷(*Memoires de lu Societe Finno-Ougrienne*, V),汤姆森出版了题作《鄂尔浑碑铭研究》(*Inscriptions de l'Orkhon—Dechiffrees*)的关于阙特勤、毗伽可汗二碑研究名著,至今尚未失去其意义。

至于论述这种文字的起源,他认为谈论这个问题为时尚早。目前只能说,其中有些字母令人想起古代钵罗维(Pehlevi)字母(按:为古代波斯人使用的一种字母)。

汤氏解读的古代突厥文字母表(示意图)如下:

欧·亚·历·史·文·化·文·库·

1	2	3	4	5	6	7	8	9	10
$a, \ddot{a}$	y, i	o, u	$\ddot{o}, \ddot{u}$	$q(k^1)$	q après (devant) y	q après (devant) o, u	$\gamma(g^1)$	$k(k^2)$	k après (devant) $\ddot{o}, \ddot{u}$

11	12	13	14	15	16	17	18	19	20	21	22	23	24
$g(g^2)$	t^1	t^2	d^1	d^2	p	b^1	b^2	$\eta(ng)$	n^1	n^2	m	r^1	r^2

25	26	27	28	29	30	31	32	33	34	35	36	37	38
l^1	l^2	j^1	j^2	$-j(-i)$	s^1	$s^2(\check{s})$	z	$\check{s}$	$\dot{q}$	$(t)\check{c}$	$nd(nt)$	$n\check{c}$	$ld(lt)$

（注：其中第 6、7、10 拉丁字母后的法文 apres〔devant〕为"出现在 y〔相当于 i 的后元音〕，o，u，ö，ü 前后时"之意。）

汤姆森为丹麦著名语言学家，1842 年 1 月 25 日生于 Randers 村。1859 年他依照父亲的愿望进入哥本哈根大学神学院学习，之后转入语文学院。大学期间主修古典语言和北欧（Nordik）比较语言学。除欧洲主要语言外，他尚通晓梵文、阿拉伯文、俄文、芬兰文、匈牙利文等。1869 年以《日耳曼语对芬兰—拉普语的影响》获博士学位。1871 年任哥本哈根大学语言学副教授，1875 年任教授。1877 年出版《古代俄罗斯和斯坎地那维亚的关系和俄罗斯国家的起源》一书。1890 年发表了巨著《芬兰语和波罗的海语（拉脱维亚、立陶宛语）的接触——语言史方面的研究》。他对印度系语言也作过研究。他的名著《（欧洲）语言学史》(Sprogvidenskabens historie, 有汉文译本) 至今尚未失去其价值。他一生最辉煌的业绩是对古代突厥文碑铭和写本的研究。另外他在1916 年发表了重要长文《突厥学研究》("Turcica"，载 MSFOu〔《芬兰—乌古尔学会论文集》〕ⅩⅩⅩⅦ,1916,pp. 1 - 107），对蒙古和叶尼塞突厥碑铭中一些难点作了新的考释。他的另一篇论文《论叶尼塞碑文中一不认识的字母》("Une letter meconnue des inscriptions de l'Ienissei"，载 JSFOu〔《芬兰—乌古尔学会会刊》〕ⅩⅩⅩ,4,1913—1918,pp. 1 - 9）改正了拉德洛夫错读为 b 的 e 字母。这里顺便还要提到 1897 年他在第 11 届国际东方学大会上宣读的著名法文论文《试论回鹘语的辅音系统》("Sur le systeme des consonnes dans la langue ouigoure", *Keleti*

Szemle〔《匈牙利东方学报》〕Ⅱ）。文中他令人信服地指明拉德洛夫对回鹘文辅音系统的观点是错误的。他对阙特勤碑、毗伽可汗碑和暾欲谷碑三大碑文的最新丹麦文译文由德国学者 H. H. Schaeder 译成德文，发表在德国《东方学会刊》上（ZDMG ＬＸＸⅧ，N. F. Ⅲ，1924—1925，pp. 121 - 175）。汤姆森的主要论文收集在他的 4 卷名为《论文集》（*Samlede Afhandlinger* 1 - 4，1919—1931）的文集中。他的 70 寿辰纪念论文集 *Festschrift Vilhelm Thomsen zur... 1912* 对突厥学来说也很重要。最大的遗憾是：他生前和他的学生 Kurt Wulff 一起准备的《突厥文碑铭总汇》因后者的去世未能出版。

附录：汤氏解读报告的清样一页（示意图）

DÉCHIFFREMENT DES INSCRIPTIONS DE L'ORKHON ET DE L'IÉNISSÉL

NOTICE PRÉLIMINAIRE[1])

Depuis 200 aus environ l'on savait que, dans le Midi de la Sibérie, aux abords du cours supérieur de l'Iénisséi, existaient des inscriptions d'un alphabet particulier qu'on ne connaissait d'aucune autre localité et rédigées dans une langue dont on ne possédait pas la clef. Toutefois il y a peu d'années seulement que le monde savant eut l'occasion de connaître ces remarquables inscriptions en nombre relativement grand et reproduites d'une manière plus exacte. C'était le résultat du travail très méritoire, intitulé *Inscriptions de t'Iénisséi recueillies et publiées par la Société finlandaise d'archéologie* (Helsingfors 1889), et le fruit de recherches que ladite société avait fait entreprendre dans les contrées en question sous la direction de M. J.-R. ASPELIN. En 1892, M. le Professeur O. DONNER a publié, à titre de complément de cet ouvrage, un mémoire intitulé *Wörterverzeichniss zu den Inscriptions de l'Iénisséï* (Mémoires de la société finnoougrienne, IV). Toutefois, la sensation que fit dans le

[1]) Publié dans le Bulletin de l'Académie Royale des Sciences et des lettres de Danemark, Copenhague, pour l'année 1893 = Oversigt over det kgl. Danske Videnskabernes Selskabs Forhandlinger . . . i Aaret 1893, p. 285-299 (présenté dans la séance du 15. décembre 1893). Ça et là, la présente réimpression a été remaniée un peu au point de vue purement formel ou augmentée d'additions entre crochets. Traduit en russe par V. Rosen: Дешифровка орхонских и енисейских надписей (Записки восточного отделения Имп. Русского археологического Общества, Ⅷ, С.-Птб. 1894, p. 327-337).

（原刊于《黑龙江民族丛刊》，2009[2]）

6 古代塔里木盆地文化述略[1]

塔里木盆地处在距离亚洲任何一处海岸都是最远的地方。它位于横卧在亚洲中部及南部的干燥地带的核心,宛如一个不完整的 C 字形。非常明显,这是一处典型的盆地。

塔里木盆地的北部边缘是天山山脉,南边是昆仑山系诸山。盆地西侧高耸的帕米尔高原,将二者连接起来构成一个环状地带。中央为塔克拉玛干大沙漠。当地降雨量极少。但是,由于周围诸山多数山峰都高出冰雪线,冰雪融化成的水,或者从光秃的荒谷中涌出汇成河流,或者在干燥的大地之下形成地下水脉,灌溉着分布在该盆地周围山麓地带上的许多绿洲。在塔里木盆地里,人类生活的地方只能限于这些分布在沙漠周围的若干绿洲上。因此,所谓西域文化,可以说就是绿洲文化。

沙漠之中最典型的沙漠——塔克拉玛干占去了盆地的大半。这里渺无人迹,甚至河流也是一流到沙漠就断流了,成了有源无尾之河。只有塔里木河是个例外,它东西横贯盆地,又转到沙漠的北缘,在其末端形成内陆湖罗布泊。塔里木河由于受到沙漠变化的影响,屡次改变河道,所以罗布泊也不断改变位置,湖面因之时而大时而小。塔里木盆地的许多绿洲,正是由于和这样的水系有密切的关系而形成的。但是因为绿洲面积窄小,四面多被沙漠包围,有如大海中的孤岛,所以居民全力利用水来抵抗沙漠的威胁,这是以绿洲作为生活场所的最大依靠。若没有这个依靠,或是河流被沙漠侵吞,则整个绿洲就会面临毁灭的命运。楼兰和尼雅等遗址就说明了这一点。

---

〔1〕此文根据我多年前从日本松田寿南、长泽和俊撰写的《塔里木盆地诸国》(载《世界考古学大系》)所做部分笔记编译、整理而成。

6.1 绿洲间的交流

作为唯一生活基地的绿洲,虽经不断的努力而被保全下来,但是无奈河水或地下水的分量都是有限的,因之耕地的开拓就受到一定的限制,所以生活资料也是很不充足的。在这种情况下,假如绿洲的居民仅仅依靠很少的耕地,就不能打破完全被沙漠包围的绿洲在地理上的封锁性。但是由于有交换必需品的要求,产生了绿洲间的商队活动,给绿洲的历史带来了重大发展的良机。这个历史现象,不仅征服了绿洲孤立的地理命运,而且也使亚洲腹地的这一地区很早就登上了世界史的舞台。

商队贸易起源于互通有无,但是不久奢侈品贸易就大为发展起来。随着这种发展,通商范围也扩展到很远的地方。话虽如此,但是商队要走难行的、多日无水的荒地,越过如《法显传》所形容的"上无飞鸟,下无走兽"的沙漠地带,加之连续不断地碰到可怕的狂暴风沙,因此不能忘记在商队大规模交换的背后,实际上隐藏着绿洲的贫困。绿洲生活本身绝不丰盈。

尽管如此,在那里仍然有种种惊人的遗迹和遗物保留下来。这完全是由于从事贸易的商队及其所拥有的财富开辟了商路并使之繁荣的缘故。

6.2 与周围地区的关系

随着商队活动的繁荣,塔里木盆地的绿洲互相之间就被商路连接起来了。依着盆地中绿洲的分布,商路也呈环状。北部沿天山山脉为西域北道,南部沿昆仑山脉为西域南道。然而问题是,这两条道路如何与其他地区连接起来,以提高其国际性。

如前所述,塔里木盆地呈 C 字形,东部开阔。但值得注意的是,在远离该盆地中绿洲的东方,也还断续地存在着环境大致类似的一些绿洲。众所周知,在西藏山岳地带的东北角,在连绵重叠的昆仑山系诸山所环抱的戈壁沙漠中,从西到东依次排列有敦煌、酒泉、张掖、武威等一系列绿洲。这一带,因位于北流的黄河的西侧,故中国人惯称为"河西"。我们则将此称为河西的绿洲之桥或河西走廊。河西走廊是现在甘肃省的主要部分,它将西域的南北两道与中国内地连接起来,在西域和中国内地之间起着媒介的作用。在历史上,中国的政治力量以河西为基地进入西域;中国的商队以河西为走廊往来于西域;西方的商人以河西为根据地通商于中国。因此,东西的文化当然是以这样的一座绿洲之桥进行交流的。

塔里木盆地与东方的联系,还有一处不容忽视的地带,即天山山脉的东部。在沙漠边缘存在绿洲的塔里木盆地,与蒙古高原和准噶尔草原地带相通连。在草原地带以牧放牛、马和羊为生计的游牧民,非常关心同依靠农业、发展商队的绿洲居民之间的往来。二者之间的关系,不仅仅限于生产品的交换。游牧民还向绿洲扩展其势力以确保资源,甚至发展到了参加国际贸易以获取利润的程度。所以,被天山山脉和库鲁克塔格所环绕的吐鲁番—哈密低地,常常处于天山北部游牧势力的统制之下。了解了这种情况,中国"经营西域"之所以要首先倾注全力于这块最好的低地上,就是理所当然的了。在该低地一角的吐鲁番地方建立了中国的殖民王国——高昌国。这个中国文化的分支是令人注目的。但是,在中国势力撤退之后,这里为游牧的回鹘人所占领,因而产生了回鹘文化,其文化面貌发生了急剧的变化。

天山山脉和昆仑山系是限定塔里木盆地的南北屏障。但是,在天山的东部有游牧民势力进出绿洲地带的通道,这条通道同时也是绿洲的商队通向草原地带的要道。同样,在该山脉的中部、西部也有起这种作用的山道,这对库车、喀什噶尔等绿洲的历史产生了很大的影响。另一方面,昆仑山系诸山也不是不可逾越的界限。对居住在海拔四五千米的广大的西藏山岳地带的人们来说,越过这些山岭并不是难事。因此,塔里木盆地的南道,经常成为西藏势力进出之地。和田绿洲(古于阗国)的历史文化曾被涂上了佛教色彩并在很早以前就传入西藏一事,就是一个例证。特别是罗布泊的南岸地区,作为青海道与西域南道

64

交叉成丁字形的部分,自古以来就是与南方山岳居民往来联系的地点。中国人在发现该地时(公元前 2 世纪),就已谈到罗布泊以南诸绿洲生产的谷物供应青海方面的居民(《前汉书·西域传》)。而后,吐谷浑在青海地方建国,它也以米兰、婼羌乃至且末等绿洲为基地,从事西域贸易。我们应从这一点来认识米兰遗址。

耸立于该盆地的西侧,被称为"亚洲屋脊"的帕米尔高原,是构成亚洲脊骨的核心部分。从这一点来说,塔里木盆地的西境,比起盆地的东部来可谓处于封锁状态。可是绿洲的商队,老早就在这个山地的北部和南部各打开一条通道。北部的通道,从喀什噶尔绿洲沿喀什噶尔河而上到锡尔河中游(费尔干纳盆地),或从帕米尔山中的阿赖高原沿苏尔克阿不(Surkh-ab)河到达阿姆河的中游。南部通道,是从莎车或叶城绿洲进山,取道阿姆河的上游,沿河经瓦罕溪谷进入阿姆河中游地区,或从该溪谷南下到达印度河上游地带。这两条商路干线,分别将西域北道和南道与西方诸国连接起来,成为著名的"丝绸之路"。伊朗文化和印度文化的东传,可以说就是由于帕米尔北道和南道起了通道的作用。

基于上述的观察,被称为"亚洲腹地"的塔里木盆地,绝不是亚细亚通道的尽头,而是处于亚洲十字路口,或可以称之为"亚细亚的心脏"。因为它占据了广阔无垠的亚洲大陆的中央,实际上起着心脏的作用。所谓亚细亚心脏的雅称,大概是由于该盆地外表呈椭圆形,以及由于它在整个亚细亚的位置而得来的。另外,若考虑到该盆地的绿洲群吞吐着从四方前来的商队的事实,按其作用称为心脏也是名副其实的。因此所谓西域文化,实际上就是十字路文化。

6.3 塔里木盆地的交通路

在此必须考虑的问题是,上述那个十字路在盆地内的状况如何。众所周知,塔克拉玛干沙漠犹如碗中的水,充满在塔里木盆地之中,对盆地的影响最大。因此,除围绕沙漠的环状道路之外,南北的交通是困难的。只有在沙漠的中部,贯通其南北的和田河值得注意。这条河流,过去达到更北的地方,成为和田与阿克苏之间的通道。中国的高僧法显和法献,似曾沿该河走过(《法显传》及《梁高僧传》)。这条路,虽然曾作商路和军用路使用,但不能算干线。比这条路更值得重视的,是通过东罗布地方的南北大道。

所谓罗布地方,就是横卧在古代罗布泊广大湖床的部分,是塔里木盆地最低的地方。该盆地的沙漠,也是以沙丘起伏为特色。在含盐分很多的荒地上,呈现着分散的台地群的地貌,取代了以前的盐碱沙漠。然而,当古代罗布泊面积大的时候,在这里的商业都市楼兰是繁荣的。这个都市北通焉耆和库尔勒诸绿洲,南通湖南面的米兰和婼羌,东有干线与敦煌相连接,形成了最古的西域北道。罗布地方,在塔里木盆地内又成为十字路口,而且是十字路的中枢。它不仅是东西交通的要冲,而且也是北方的游牧势力和南方的山岳势力交错的地点。对楼兰遗址的重要性,应从这样的大局出发深入认识。

6.4　文化的状况

古代塔里木盆地,以这样一种姿态处于亚洲的十字路上:该盆地本身和它的外观并非一致,它不是一元的,同时从四方到达的力量也有差别,其达到的范围也各不相同,因此该盆地的文化是多元的。譬如,一般的提法是,以库车为中心的文化称北道文化,而以和田为中心的文化称南道文化。但是在南道的罗布地方的文化是特别的,北道的吐鲁番文化(高昌文化)也属不同的类型。另外喀什噶尔、莎车文化也似有不同,由于未进行调查,目前尚不能说什么。但是像北道的焉耆、库尔勒的文化,因为各有特色,所以研究者们的意见更加分歧了。

然而,若寻求它们之间的共性,那就只能认为上述那些文化与帕米尔以西的文化关系更为密切。也就是说,塔里木盆地的地形虽然呈东面开阔西面被封锁的 C 字形,但在民族和文化上则恰好相反,与西方相近而与东方远。现在假定将印欧语诸族分布的东端比作 V 字形,并把 V 字横着重叠到表现地形的 C 字上,这个问题就可看得很清楚。的确,这个横放的 V 字,有如雅利安民族及其文化从西方打入亚洲民族及其文化圈的一个楔子。

经过学者们多年的研究,现已知道塔里木盆地的古代居民使用印度系古代文字书写文献,其所用语言也属于印欧语系。但是,在南道和北道的居民之间有很大的差异。南道使用的语言为属于东伊兰语的于阗语,北道为在印欧语系中占特殊地位的龟兹语和焉耆语两种。于阗、龟兹、焉耆分指现在的和田、库车、焉耆各绿洲,这些名称是中国人根据于阗国、龟兹国、焉耆国的土语所记的原名。在一个盆地中语言上的这种差异,是与前述文化上的地方性差别一致的。但是应该指出,住在古代西域北道的居民,虽系印欧语民族,但他们的语言与伊朗和印度的不同,而明显地接近于欧洲的意大利—凯尔特语。这种情况表明,可能在远古时代,即目前还不能根据物质文化探知的古代,就有一支流动的、散布在亚洲内陆的印欧系民族流落到这片亚洲腹地的盆地中而成为孤儿,构成古代西域人的源流之一。但是另一方面,流行于南道的于阗语,也称东伊兰语,是伊朗人语言的近亲,这说明帕米尔诸山绝不是不可逾越的壁障,而恰恰暗示出它起到了连接东西方的媒介作用。和田特产的玉(软玉)发现于美索不达米亚的古代遗址中就是一个例证。同样,那种认为帕米尔至少到希腊化时期仍是西方世界之极限的看法,也很肤浅。帕米尔的山道,我们认为不论是在希腊化时期或其之前,都从来没有妨碍过东西两侧人们的来往通行。

如前所述,希腊文明就这样很早地传播到东方的历史中,特别是罗布泊南边的米兰遗址废寺中残留着的壁画值得注意。那是希腊文明突破帕米尔壁障而东传的先声。

6.5 东西文化的接触

如上所述,西域的古代居民与西方有很深的关系,所以塔里木盆地的绿洲文化(特别在南部),一般说来是伊朗式的。简言之,就是在伊朗文化的底子上再加上印度文化。试看库车附近的千佛洞壁画,就足以说明这个问题了。这些壁画虽然多是与佛教有关的题材,但是伊朗的色彩很浓,人物着伊朗服饰,大概画的是当地的供养人。此外,在和田北方沙漠中的丹丹乌里克遗址里一座废寺中发现的一幅板画,也是很好的例子。那幅板画,俗称"波斯菩萨",人物的服装和相貌是伊朗式的,背光是按照印度的佛画风格画的。可以毫不夸张地说,这幅板画是反映西域文化本质的代表作。

谈到雅利安人兴盛时期在该盆地流行的宗教,当然首推印度传来的佛教,但是,也不能忽略伊朗民族信仰的拜火教。这种宗教的寺院中国人称为"天祠",屡见于中国的正史。另一方面,由于过去报导当地情况的多为中国的佛教僧侣,于是造成了古代西域只流行佛教的错觉。

不仅如此,在考虑塔里木盆地古代的历史情况时,对于中国人万能的观念应有戒心。总的来说,与该盆地有关的历史记载,80%出自中国人之手,而且这些记载又是从中国人的立场,也就是中国政府的立场出发的,没有涉及与中国利害无关的事情。记载中国和西域的交往时,也多限于正式的使者(官营商队)的往来,以及出兵、战争、屯兵等军事方面,对于那里盛行的私人贸易和边境贸易等,则未着笔墨。因此,若不对上述中国史书的性质进行很好的分析,就会迷惑于记载的表面现象,从而过高地估计这些记载的价值以致不能正确地理解真实情况,或是仅仅看到了与中国有关的历史。但是,笔者绝不是无视中国和塔里木盆地的关系。实际上,二者直接往来的时期,从公元前2世纪后半叶至公元8世纪中叶约有900年的时间,其间中国的势力虽然时有明显的消长,但是中国商队的活动,中国军队的进出、屯驻,中国商人的往来等,对塔里木盆地的确有很大的影响。从当地出土的中国风格的遗物也可清楚地了解中国与当地文化的关系。

这些遗物中,较早的有楼兰和尼雅出土的文书。前者出土有景元五年(264年)至建兴十八年(330年)的东西;后者出土有泰始五年(269年)的东西。这些遗物大概的年代次序是明确的。楼兰的遗物,主要是驻在该地的中国官吏和军人写的公文木简,以及与住在其他地方的中国人来往的信件或发自当地的信件的草稿等纸文书。尼雅发现的全部是木简,其中详细地记录了通行人的相貌、服装、随身携带的物品等等。这些记录的确很有趣味。根据这些记录,不但可了解驻在楼兰和尼雅等边地的中国官吏和军人的情况,而且还能补中国史书之不足。但据此尚不能了解中国文化对当地文化起了什么作用的问题。在这点上,从和田发现的一枚变种的五铢钱很能说明问题。这种钱币是在五铢钱的背面铸上佉卢文的铭文,大概是表示价值的。这种钱如实地说明了中国商人在和田古都约特干市场上所占的地位,以及他们同印度和伊朗商人乃至当地商人之间的关系之深。

在塔里木盆地,木简文化之后应提到高昌文化。高昌国为5世纪中叶至7世纪中叶约200年间汉人在今吐鲁番地区建立的殖民王国。由于其王室是中国人,所以在那里留下的文化遗物当然多是中国传来的东西。另外,其王族和中国血统的居民,不止一代而是数代在当地居住,所以他们的生活习惯正如中国史书所说的那样,如男子的服饰为西域风格,女子的则为中国风格,文字使用汉字,同时也使用西域文字,或者在习读中国的古典文献时用西域语训读(《北周书·异域传》)等等。在西域的一角闪烁着汉文化的光辉,清楚地显示出汉文化的特异之处,当地的出土文物也如实地证明了这一点。

高昌国灭亡后,以前曾经踏入该地并以此为跳板而将势力伸展到塔里木盆地的唐朝,又经过一个世纪才从这里撤回他们的势力。代之而起的是回鹘(突厥系)在吐鲁番地区壮大起来,他们留下了许多珍贵的遗物。吐鲁番地区发现的回鹘文化遗物包括回鹘文译本的佛典,以及拜火教、摩尼教、景教经典等。但是这种回鹘文化若从塔里木盆地整体来看,毕竟还是地方文化,只不过表明它在吐鲁番—哈密低地的特殊地位而已。

吐鲁番—哈密低地,若严格地从地理学上来看,是与塔里木盆地不同的另外一个盆地。但是它与塔里木盆地的地形的确相似,并且相邻接。因此一般地说,从两个盆地都受天山山脉支配来看,可作为一个单元处理。现在若按上述情况将两个盆地对比,那么二者当以相衔接处的天山南麓为界,其东部历来受游牧势力的统制,后来成为汉人进出的殖民地,同时也呈现出特别的回鹘文化面貌。西部的情况与此很不相同。作为"东西文化接触"的表现,它在世界史上有重要的意义。

6.6　外来文化与土著居民

如前所述,中国的军事力量和政治力量早已达到塔里木盆地。在唐代,中国在该盆地的势力达到顶峰。譬如,在唐统治西域的盛期,访问了龟兹即库车绿洲的慧超,在谈到当地的佛教时说,"此地足寺足僧,行小乘法,汉僧行大乘法"(《慧超往五天竺传》)。另外,在唐军进驻的同时虽然也建有官衙和佛寺,并有汉人居住,但是在绿洲中反映出的中国风格的生活或文化,纯系外来中国人的东西,与当地人并无关系。

那么,应该怎样认识留存在塔里木盆地的伊朗和印度的文化遗物呢?首先举出一个名壁画的片断为例。那是在库车附近克孜尔千佛洞中的所谓"画家洞"中看到的。在该洞的一段壁画中,画着一位西方的外来人画画的姿态,并题有这个画家的名字米突拉达兹塔(Mitradazta),这是具有希腊风格的伊朗名字。羽田亨根据这幅画认为,千佛洞的这种壁画,至少是其中较早的部分,不是出自当地人之手,应是出自西方人之笔。这种情况暗示一个重要的问题:因为这种千佛洞大概是由龟兹国王室的支持而营建的,推测这种营建似靠西方来的工匠的技术才有可能。同样,在焉耆和吐鲁番的千佛洞,在约特干废墟(古于阗国都)周围的传说中的壮丽寺院,乃至埋于塔克拉玛干沙漠南边沙中的许多佛寺等,恐怕也是如此。另外,在库车克孜尔千佛洞和苏巴什遗址,或焉耆的西克辛千佛洞等地,发现了许多用石膏塑造佛像和装饰花纹的模型。这些模型不是仅仅用来制作同一式样的佛像和花纹,恐怕还有另外一种用途,即外来工匠用来指导当地人的工作。羽田亨非常谨慎地评价外来画工和技师的活动,指出他们的创作成果不仅表现于初期的艺术作品和建筑物上,也对后期的作品给予了很大的影响,即外来的艺术家把他们的技术和艺术风格传给了本地人。

6.7　古代文化的衰落

说古代文化衰落是有根据的。众所周知,塔里木盆地的历史,在
9—10 世纪之际发生了很大的变化。在民族方面,从雅利安时代变为
突厥时代;在文化方面,则从佛教、拜火教的时代变为伊斯兰教时代。
随着居住民族的改变,文化基调也发生了变化。在回鹘—突厥统治时
期,前代以来的雅利安人逐渐被同化,但雅利安时期的文化成分仍存
在。例如,即使在主张对偶像实行严格禁忌的伊斯兰教时代,这些古老
的文化偶尔仍在某处也闪耀出一点光辉来。但是前代的文化却与佛
教和拜火教一起消失了,从而在文化上产生了相当严重的落差。如是,
前代的绿洲居民是否很好地吸收了外来文化呢? 到底前代的外来文
化是否在绿洲生根了呢? 这是很值得我们深思的问题。

当雅利安民族在塔里木盆地处于兴盛的时期,佛教和拜火教非常
流行,各地起塔造寺,加之该盆地位于所谓丝绸之路的要冲,所以此时
是当地的黄金时代。许多绿洲由于穿梭般商队的往来而繁荣,市场上
主要流通金钱和银钱,商业在绿洲中占有显著的地位。市场和商队似
乎处于官方的严格管理之下,例如在主要绿洲设立的女市(妓院),就
是由官方经营的(刘昫《十三洲志》)。这样,愈益富有的官方即王室,
对在民族上是近亲,并且是最大的顾客的伊朗人和印度人的文化非常
向往,因此集中其积蓄的财富建寺造像。所使用的工匠、技师和画工,
很多是从伊朗和印度来的外国人。古代塔里木盆地诸绿洲的社会分
为两层,上层从事文化事业,一般居民则似乎仅限于从事体力劳动。这
也许就是苦心经营的文化事业未能传给后代的原因吧。所谓的西域
文化,它未能融合从伊朗和印度来的文化而创造出具有独自地方特色
的文化,只不过是伊朗和印度文化的混合而已。

可是,随着塔里木盆地的回鹘—突厥化,一到伊斯兰教统治时期,
东西交通的干线就从帕米尔的西侧移到天山山脉的北侧,塔里木盆地

·欧·亚·历·史·文·化·文·库·

离开了国际交往的主流,因此绿洲集中的财富不如前代,即使在绿洲出现了强有力的王室,其财力也不足以保护文化。这种情况本身就使西域文化未能得到成熟的机会,这也许就是上述文化限于一时现象的重大原因吧。

当然,作为古代史研究的对象,塔里木盆地曾存在过受伊朗和印度文化影响的雅利安时代。但是,研究所谓的西域文化,如果只是去注意它的外观,而抽去其灵魂,仅仅对各种遗物表示惊叹,那是不够的。应该首先把握重要遗址和遗物所具有的意义,这对了解以后时期塔里木盆地的情势和状况很有必要。总之,我们认为,西域文化是一种混合文化。

6.8　西域探险和考古学

最后简述一下塔里木盆地考古学的资料。曾经那样繁荣的塔里木盆地,在进入突厥、伊斯兰教时代后就逐渐失去光彩。当欧洲人在亚洲海陆开始活动时,这里却变成了几被遗忘的地域。当 19 世纪末至20 世纪初各国进行"西域探险"重新返回这个盆地时,在这里找到了众多的前伊斯兰时代的文化遗物和古文书,一时在世界学术界引起了轰动,并使人们以惊叹的眼光刮目看待。关于这方面的情况已有许多专文介绍,在此只简单叙述主要的几次考察的概况。

6.8.1　俄国人的考察

（1）普尔热瓦尔斯基（1839—1888）,1871—1885 年,达 5 次。蒙古,塔里木盆地,西藏等。

（2）科兹洛夫（1863—1935）,1899—1900 年及 1907—1909 年。西蒙古,甘肃省西部及新疆。

（3）奥登堡（1863—1934）,1909—1910 年。库车地区。

6.8.2　斯文赫定（1865—1935 年）的考察

1894—1935 年,共 7 次。干燥亚细亚的东半部一带。特别是最后的考察与中国合作,组成西北科学考察团,其中有贝格曼和黄文弼参加。

6.8.3　英国考察队

斯坦因（1862—1943），1900—1901、1906—1908、1913—1916、1930—1931 年,共 4 次。塔里木盆地一带及敦煌,额济纳,吉木萨尔等。

6.8.4　德国考察队

称吐鲁番考察队,1902—1903、1904—1905、1905—1907、1913—1914 年,共 4 次。吐鲁番地区和库车地区。第一次和第三次格伦威德勒(1856—1935)为领队;第二次和第四次勒寇克(1860—1930)为领队。

6.8.5　大谷考察队(日本)

1902—1914 年,3 次。塔里木盆地和敦煌。

6.8.6　法国考察队

伯希和(1878—1945),1906—1909 年。甘肃省西部,吐鲁番,库车。

上述的考察队有时进行不断的竞争。其中以英国考察队的斯坦因成绩最大。但是这些"西域考察队",一般说来广泛地寻求珍贵遗物的倾向很强烈,类似"找宝",缺乏逐层发掘等科学方法。特别是全力注意西域北道的两大古国——高昌和龟兹的德国吐鲁番考察队,不是搞考古学的调查,而是收集美术品,介绍佛教艺术。因此,尽管有那样大规模存在的龟兹国的文化,但一提起考古学的遗迹,我们只能叹息资料的缺乏,处于手足无措的状态。

同样令人叹息的是,上述情况在塔里木盆地的许多绿洲都程度不同地存在着。因此,现在系统地来谈西域考古学或塔里木盆地考古学尚为时过早。这一点是必须如实承认的。但是,人们可以这样认为:斯文赫定最后一次主持的西北科学考察团中的贝格曼等的工作,已经露出可略补这方面不足的苗头,所以探索塔里木盆地古代文化的真实情况,并正确认识其意义,恐怕已为期不远了。

7 新疆古代民族语文的发现和研究

840 年蒙古高原的回鹘汗国灭亡后,大部分回鹘人西迁到了新疆吐鲁番及其附近地区,建立了存在约 500 年的高昌回鹘王国,其经济、文化的发展达到了相当高的水平。王国使用了以粟特文为基础创制的回鹘文来代替之前使用的古代突厥文,用这种文字记录了大量的文献(佛教、摩尼教、景教及世俗内容方面的)。这种文字在中世纪成为当时西域和中亚最流行的文字。现代的蒙古文即来自回鹘文。在介绍回鹘文之前,我们要简单回顾一下近代新疆考古发现的情况。

1840 年鸦片战争后,我国逐渐沦为半封建半殖民地的状况,中华民族处于无权的地位。沙皇俄国从 19 世纪下半期占领整个中亚细亚以后,对我国新疆虎视眈眈;另一方面,英国为了确保其在印度(当时英国的殖民地)的利益,则力图阻止沙俄扩张势力的南进。

就在上述的历史背景下,所谓西域(新疆)探险的时代开始了。先是直接为帝国主义侵略服务,收集有关新疆政治、经济、社会、民族等方面的情报,或进行地理方面的测量、考察。如早在 19 世纪 50 年代末,沙皇军官乔坎·瓦里汗诺夫(Chokan Valihanov)就化装成商人窜到南疆进行各种情报的收集工作。之后,另一沙皇军官布尔热瓦勒斯基(Przhevalskiy)则主要进行有关新疆的地理考察工作。英国在 20 世纪 60 年代派出了以福尔塞斯(Forsyth)勋爵为首的庞大使节团到喀什与阿古柏伪政权相勾结。使节团回国后写有关于南疆地区历史、政治、经济、社会等方面的详细报告书。

到了 19 世纪末 20 世纪初期,当各帝国主义者发现新疆这块宝地掩埋着几千年来未被发掘的文化宝藏以后,就纷纷资助其所谓的探险队和学者到新疆进行所谓的考察和考古发掘,在发掘中发现了大量的多种古代语言的写本和艺术品。于是,在新中国成立前反动政府的纵容下,各国帝国主义的所谓探险队、考察队采取公开掠夺和盗窃的手段，一批批地劫走了我国新疆和甘肃敦煌等地的大量写本和其他珍贵文物。目前这些被盗走的文物分藏于圣彼得堡、柏林、伦敦、东京、新德里、斯德哥尔摩等地。

这些用各种语文写成的古代写本对研究我国西北地区，特别是新疆地区的历史、文化、语言文字具有十分重大的意义。近七八十年来，外国学者由于近水楼台之便，得以直接利用这些文献，研究并发表了大量著作。近年来在欧洲更形成了"新疆古代语文学"这门语文学的新学科。东德从1960年起恢复了战前的"吐鲁番文献研究委员会"，与西德、匈牙利、日本等国的学者合作，专门从事这些文献的研究、刊布工作（两德统一后，在柏林科学院下专门成立了吐鲁番学研究中心）。此外，德、英、法、日、美、前苏联等国高等学校也开设有关新疆古代和田语、古代龟兹—焉耆语和古代突厥语的课程，培养新生力量，从事研究工作。反观我国，在这方面则处于十分落后的状态，有些文种目前仍是空白。希望能通过此文引起有关方面的重视。至于其中汉字文献部分，因国内知之较多，这里不打算涉及。

下面介绍近代有关新疆古代民族语文发现和研究的情况。

7.1　新疆古代民族语文的发现

古代，我国与西方的主要商道（著名的"丝绸之路"）是经过新疆南部塔里木盆地南、北两条大道通向西方的。早在纪元前很久的时代，我国的丝绸就通过新疆运往罗马帝国。历史上，曾有来自东西不同方向的民族穿过或定居于塔里木盆地周围的绿洲上，并形成一些各有特点的城郭之国。公元后第一个千年前半期及稍后，这里住有说伊兰语（喀什到和田一带）和其他印欧语（所谓"吐火罗"语，阿克苏—库车—焉耆—吐鲁番一带）的部族。此外，尚有说月氏语（古代鄯善国，即从尼雅到罗布泊一带）的民族以及说藏语的藏族（或说藏语系语言的羌族）等。当诸突厥族（包括回鹘人，即古代维吾尔人）大概在7至8世纪以后从北方进入此地，并逐渐成为当地主要居民后，突厥语终于战胜其他古老民族的语言而占统治地位。

由于从古代起南疆地区与我国内地和周围地区就有了密切联系，所以我国汉族文化和周围地区的文化也很早就对塔里木盆地地区产生了很大的影响。通过 19 世纪末以来在南疆进行的考古发掘，我们对这一点有了更加清楚的认识。南疆各地出土的大量汉文文献和其他汉族文物都说明汉族文化对当地的影响。例如内地先进的冶铁术、养蚕缫丝的技术、造纸术和印刷术等很早就已传入新疆。其他地区的文化也对新疆有过很大的影响。这种影响首先表现在宗教上。我们知道古代艺术和文化的发展是与宗教有联系的。公元 1、2 世纪佛教从印度传入南疆，并很快在这里站住了脚，得到了广泛的传播，各地建筑了很多佛教寺院。对于佛教传入我国内地，新疆曾起了中继站的作用。

除佛教外，稍后又有两种宗教从西方传入新疆。其一为叙利亚僧侣传播的基督教在亚洲的一派——景教（Nestorianism，因君士坦丁堡大教长聂斯托里〔Nestorius〕而得名。他因主张基督不仅有两种属性，而且具有两种人格，即具有神和人的属性，而被正统派斥为异端，于 431 年为 Epheise 宗教会议处以死刑）。8 世纪时，此教在亚洲得到很广的传播，在我国内地（如 771 年建于长安的大秦景教碑）和新疆都发现有此教文献的残卷。另一种宗教为波斯人摩尼（Mani）于 3 世纪创立的摩尼教。摩尼教在到处受到迫害后，约从 6 至 7 世纪起传入新疆，并从这里再传到当时居住在蒙古北部的回鹘人那里。762 年，摩尼教曾被回鹘可汗尊为国教。在我国内地，摩尼教以某种变化的形态一直存在到明代。其间，另一种宗教——伊斯兰教也接踵而至，并在 10 世纪下半期首先传入新疆南部的喀什地区。当那里古老的宗教随同其古老的民族逐渐消亡以后，从 13、14 世纪起，伊斯兰教逐渐在当时业已完全突厥化的整个南疆地区取得统治地位。

19 世纪末以前，我们对于古代新疆的历史、文化等情况知道得很少，并且大多限于汉文史料的记载。其中我国唐代僧人玄奘的记载是十分出色的。他于 629 年作为求法僧经新疆去印度，去时走北路，返回时走南路。玄奘在其留下的非常重要的著作《大唐西域记》（曾译成多种欧洲语言)中,描述了他所经过的路线,并且以其特有的洞察力记载了(虽然仍很简略)沿途各地的语言、文化。直到现在,他的报导仍未失去价值。

19世纪末,南疆地区一些偶然出土的写本开始引起科学界对新疆的注意,并导致后来在那里发现大量十分重要的文物:一部分为艺术品,一部分为许多不同语言、文字的写本(德国勒寇克说是17种语言24种文字)。这些历史上的残留文物因当地气候干燥,得以完好地保存下来。半个多世纪来各国学者对这些出土文物的研究,使我们了解到塔里木盆地以前从不为人知的几种当地语言和相当发达的文化。

1890年,英国少尉鲍威尔(Bower)在库车从两个当地维吾尔族农民那里买到了他们发现的写在桦树皮上的写本。写本后来被送到印度的加尔各答。经研究,知其为迄今最早的梵语(Sanskrit)写本,属4世纪。这就一下子引起了轰动。为此,沙皇俄国和英国驻喀什的总领事都努力搜寻当时偶然出土的古写本。通过这种办法,又有一些写本被弄到了彼得堡和加尔各答。当然这期间,由于当地缺乏对古代文物的认识,许多东西被永远地毁掉了。例如一些纸写本被剪裁为鞋样,写在皮子上的写本则由于皮的质量好,被用来缝制皮靴。

法国旅行家杜托依德兰(Dutreuil de Rhines)1892年在和田购得的另一种写在桦树皮上的写本残卷,引起了比前面鲍威尔写本更大的轰动,这些写本连同考察队的其他发现品,后被运到了巴黎。在1897年在巴黎举行的东方学大会上,法国东方学家色那(Senart)作了关于这些写本的专门报告。这些写本的语言为一种中古印度语(Prakrit语),文字则为特殊的佉卢文(Kharosthi)。在此之前,人们只知这种文字用于西北印度及其周围地区的碑铭上,不见用于写本。这个写本属于2世纪,内容为佛教诗集《法句经》。在此以前,人们已知道这一著作的大部分巴利语(南方佛教的通用语)本。在这次巴黎大会上,俄国东方学家奥登堡(V. Oldenburg)宣布说,该写本的另一部分(为该写本的大部分)已为俄国所得,存彼得堡。

这些多少带偶然性的发现,促使很多国家派考察队去新疆进行系统的发掘工作。1898年,俄国克列门茨(Klementz,在此以前他因在蒙古进行的考古工作而出名)在新疆考察了吐鲁番及其附近地区的各种遗址。英国斯坦因(A. Stein,原为匈牙利人)在印度政府的资助下,于1900—1901年在南部的和田地区进行了首次系统的发掘工作。这次发掘的成果见于该氏的著作《古代和田》一书中。他在和田地区掘得各种有价值的文物。这里还要提到,斯氏在这次旅行中弄清楚了一批当时在喀什市面上出现的写有谜一样文字的文献全是赝品,并找到了伪制这些东西的人和其所使用的方法。

斯坦因氏陈列在1902年德国汉堡东方学大会上的宝贵发掘品以及克列门茨所获的成果,促使德国柏林民俗学博物馆派出第一次德国考察队去新疆。在格伦威德勒(Gruenwedel)和胡斯(Huth)的率领下,考察队于1902—1903年冬在吐鲁番地区进行了工作,特别研究了古代回鹘王国的首府——高昌,或称亦都护城(Idiqut-shahri)。他们发掘了古代的城址、城墙、寺院等。这次共得46箱发掘品,其中大部为写本。这些写本运回柏林后,很快就导致语言学上的重大发现。为了继续新疆的考古发掘工作,在皮歇勒(Pichel)教授的发起和领导下,在柏林成立了一个由东方学家组成的专门委员会。该委员会在当时普鲁士政府的支持下,获得了必要的经费来装备一次新的考察队。这个"第二次德国考察队"(或称"第一次皇家普鲁士考察队")的领导人为阿·冯·勒寇克(A. von Le Coq,柏林民俗博物馆馆长),参加前一次考察队的巴尔都斯(Bartus)任技术指导。考察队的工作从1904年秋持续到1907年2月。其间勒寇克由于健康状况不佳,中途由格伦威德勒代替,同时考察队改称"第二次皇家普鲁士考察队"。了解1908年在哥本哈根举行的东方学会大会的人,都知道当时勒寇克关于新疆的考古报告引起轰动的情况。勒寇克在吐鲁番呆的时间最长,主要考察了高昌古城的巨大遗址,而格伦威德勒主要考察了库车和焉耆一带。高昌古城也像新疆其他一些古城址一样,是另一个庞贝(Pompeii)[1]。但

---

[1]庞贝城为意大利古城,公元79年因维苏威火山爆发而被毁。

区别是,它不是毁于大自然的力量,而是毁于人类之手。能说明这一点的是:所有该地发现的文物都多少带有被故意毁坏的痕迹。在一间屋子里,发现存有残留僧衣的乱七八糟的尸骨。看来这些僧人被杀死后,就被扔在那里。在另一处,见有残余的尸衣,上面还可清楚看到斑斑血迹。看来,该城可能毁于一次宗教战争中。来不及逃去的僧人和居民或被屠杀或被掠走,从此,住址就慢慢被黄沙所掩埋。但幸亏有流沙掩埋,他们才能保存至今。否则时间的破坏力,特别是当地居民对古代非伊斯兰教文物的偏见,会使这些东西永远不存于世了。那些偶然出土的,有点使用价值或可卖钱的文物,马上就被拿走了;而那些没有使用价值或不合其宗教感情的东西,如壁画之类则被破坏掉。所幸尚有许多东西未被毁掉。不仅尚存有由土坯垒成的巨大城墙(每边长约2500米,高20米),而且保存有尚算完整的,用同样材料建成的许多建筑物,其中有些是规模庞大的寺院(大部分为佛教的,部分为摩尼教的,只有少数为景教的)。此外,该地北部山区(柏孜克里、木头沟等处)尚存有许多寺窟,并且常常是多层的。在这些遗址和寺窟中存有壁画(佛教和摩尼教内容),其中有的很大,多画有佛像或贵人、僧侣像等,画中并常突出其种族特点。德国巴尔都斯曾把那些最重要、保存最全好的壁画分成小块从墙上切下,装箱运到柏林,然后再重新拼起,陈列在柏林民俗博物馆中(可惜其中的精品因来不及拆下运走,大部毁于二次大战盟军的空袭中)。其中有独一无二的摩尼教人物画。最后为大量的古代写本(德国发掘的几处似为当时寺院藏书处所),但多为残卷,有的则似乎是被有意撕毁的。这两次考察队运回柏林的所得品共有233箱之多。1913年至1914年勒寇克和巴尔都斯再去新疆。这次考察的对象主要为喀什与库车千佛洞之间的地区。这次所得发掘品也有152箱之多,除壁画、雕塑、木雕品、钱币及其他具有考古学意义的文物外,也有许多写本。

　　这期间,斯坦因氏于1906至1908年又来新疆进行第二次考察。这次所获也并不亚于前一次。像前次一样,这次他经喀什、和田的南部到达甘肃,并从那里折回北路,再穿过塔克拉玛干大沙漠。他在和田以东各处(有时深入沙漠里很远)和罗布泊北(以前瑞典的斯文赫定曾到过那里),发现了被流沙埋住的古代城址。他在有些房屋中(其木制支架多饰以精致的雕刻)进行发掘后,得到了大量用北印度佉卢文写成的木简。这一点表明这些居住区的最后存在时间属于3—4世纪。该住址可能毁于暴风沙的袭击或毁于战争。这些木简主要为内容简短的文件、书信等,被弃置于垃圾堆中。有的地方发现的木简非常多,说明那里应是官厅所在地。木简书信的形式是很特别的:由两块木板组成,把磨光的、写字的两面合在一起,再用绳子穿过孔眼捆起,上面再用印泥封住。斯氏考察的另一地方为婼羌东面米兰古堡遗址,以及在2—3世纪分布很广的佛教寺院残址。米兰古堡应是为守卫南部重要通路而设的,在8、9世纪(它应毁于或放弃于这个时期以后)驻有吐蕃戍军。在此之前应驻有突厥或其他民族的士兵。吐蕃士兵的居住条件很坏,所有为吐蕃驻军使用过的房间内都堆满常年积存下来的乱七八糟的东西。斯氏在这些垃圾堆中,除发现各种用具、武器、衣服外,尚发现近千件用不同语言写成的木简和写本。其中有一张写在粗纸上的完整的文书和三四张同类文字的残片,是用古代突厥如尼文写成的。这种文字以前只用于蒙古鄂尔浑河流域和南西伯利亚叶尼塞河流域的突厥碑铭上。

在甘肃境内长城故垒附近,斯氏又发掘出大量的汉文木简,多为军事内容。其中最古的属公元前98年。这些文件给我们提供了关于当时士兵的军饷发放、伙食、武器装备以及烽火台制度的材料。

从敦煌斯坦因掠走了大量的文物。这里有著名的"千佛洞",由500多个在崖壁上凿成的洞窟组成,互相连通,有两三层之多。洞中多画有巨幅壁画和立有佛教塑像。斯氏听到那里不久前发现了一所大的藏书室(为几年前一姓王的道士修洞时偶然发现),就施用种种计谋,终于获准进入该藏书室。室中堆满写本卷子,据后来研究证明,这个藏书室封闭于公元1000年前后,大概是为了防止敌人的破坏。从那以后,就再也没有打开过,但室内东西保存得很好。开始时,斯氏曾得到允许把一些卷子带回住室过目,后来就获准把更多的卷子带出,并购得了那些在王道士看来不属于经书的东西。斯氏所得有许多为用古代中亚各种语言写成的珍贵写本。此外,还有许多用作寺幡的绣像。他共运回伦敦 24 箱写本和 5 箱绣画。斯坦因于 1913 年至 1914 年又在南疆从事第三次考察,这次也有重要发现。他的第四次新疆考古(1916 年)由于我国学者的反对未能进行到底。

法国著名汉学家伯希和(P. Pelliot)在 1906 年至 1907 年也到过新疆和敦煌。他从敦煌运走了斯坦因留下的大部分写本,现存巴黎。伯希和在库车曾获得大量古代龟兹(库车)语的写本。俄国的奥登堡在敦煌获得了大量的写卷。日本也派了考察队去新疆,1902 年大谷光瑞等考察了南疆地区,1910 年橘瑞超考察了南、北二路,并在敦煌获写本甚多。敦煌藏书室剩下的写本最后由我国政府运回北京,现存北京图书馆。

7.2　新疆古代民族语文的研究

从上面简短的叙述中,我们可以看到 20 世纪初期以来,各帝国主义国家从我国新疆和敦煌一带盗走了数量多么惊人的古代文物。其中具有重大意义的为大量的写本和木刻本(按内地式的雕版印成)。虽经过去七八十年各国学者的努力研究,目前也只研究和刊布了其中很小一部分。这些文献的形式和所用材料是各种各样的。材料方面,有木简、桦树皮、贝叶(如印度用这种材料写成的写本那样,用绳子穿过每叶上的小孔捆起)、皮革、纸和丝绢等。形式方面,有所谓梵笑式、卷子式或我们通常见的书册式。文字方面,用许多种文字(如汉文、婆罗米文、佉卢文、大夏文、粟特文、回鹘文、摩尼文、叙利亚文、阿拉伯文、西夏文、契丹大字、巴思巴文、藏文等)写成。语言方面,有 10 种以上(如汉语、梵语、古代和田塞语、大夏语、古代库车语、古代焉耆—高昌语、粟特语、古代叙利亚语、回鹘语、中古波斯语、安息语、波斯语、阿拉伯语、契丹语、蒙古语、西夏语、藏语等)。至于内容,大部分为宗教性质的。已发现的文学作品也通常以宗教为历史背景。此外,尚有大量

·欧·亚·历·史·文·化·文·库·

的各种各样的文书、私人书信等。可惜的是尚不见历史著作。

在考察这些古代文献的各种语言时,除大量汉文文献外,斯坦因氏在和田地区发掘出的写在木简或皮子上的文献具有特殊地位。如上面提到的,主要为用佉卢文中古印度语方言写成的各种文书和书信。它们属 2 世纪或 3 世纪。其次是属于稍后期的用婆罗米文字写成的梵语写本,主要为佛经。其中也有许多以前只知道名字或只从汉文译本中知道其存在的一些梵语作品。我们知道南支佛教的圣语为巴利语,而新疆发现的佛经写本则多为梵语(或称混合梵语),如认为它们是从巴利语译为梵语的,或认为它们比巴利本靠后,那是错误的。下面这一点可认为是确定无疑的:最古的佛经似用一种中古印度方言(Prakrit dialect)写成,这种语言是与佛陀的家乡(摩揭陀,Maghad)方言一致的,只是后来它们才被译成通用的梵语和巴利语。这两种语言中,梵语曾是印度北方佛教的书面语,它在 6 世纪达到了顶峰。

再有,通过新疆的出土品,我们对古代印度梵语诗作有了进一步的认识。在此以前,人们只知道诗人迦厘答娑(Kalidasa,5 世纪初)的名字,而对其前驱则一无所知;现在,新疆出土品给我们提供了这方面的许多作品(虽然大部分是残卷),其中有颂诗、史诗、剧本等(当然都是以佛教为背景的),它们都是属于宗教内容的优秀作品。这些作家的名字大多不得而知。确有把握知道名字的有为后代特别推崇的马鸣(Asvaghosha,后来印度本土发现的古写本中也有他的某些作品)和摩咥哩制吒(Matrceta)。

吐鲁番出土品也给伊兰语文学提供了丰富的材料。在当地居民中,无疑从古代起就有许多伊兰成分。在新疆发现了大量的用古代伊兰语(一部分目前尚研究得很不够)写成的写本,一般也多为宗教内容,其中一部分为摩尼教的东西。首先对它们进行诠释的为德国东方学家缪勒(F. W. K. Mueller)。如上所述,摩尼教为波斯人摩尼于 3 世纪所创立,一时传布很广,一直传布到地中海和希腊—罗马世界,但后来逐渐到处受到迫害和禁止。以前我们关于此教的知识,主要是来自其反对者,一部分来自基督教方面,一部分来自伊斯兰教方面。我们知道曾存在过大量的摩尼教文献,但在新疆发现该教的文献(虽多为残卷)以前,几乎不见任何遗存。这种宗教几乎完全是以祆教(或称拜火教)为基础的。表明这一点的如:两教教义都为光明与黑暗、善与恶两种势力的斗争;再有,摩尼教中最主要的各级神祇和恶魔的名称都和祆教的相同,如 Zarwan,Ahriman 等。以前人们曾认为它混有基督教的成分,现在看来这种说法很成问题(当然在摩尼教与基督教共同存在并受其影响的西亚除外)。尽管它在某些方面也与佛教有关系,但这只是在新疆产生的特殊现象。还应该提到的是,摩尼教写本通常写得很工整漂亮,许多并画有华丽的工笔画。这一点显然为摩尼教所特有,因基督教神父奥古斯丁等曾斥责摩尼教徒奢侈浪费,说他们用各种颜色和金水装饰其书籍,并只用上等纸或皮子让书法好的人书写经书。这一点可能与据说摩尼本人为画家有关。

新疆出土的古代伊兰语文献可分为 4 组:第一为与帕赫烈维(Pahlavi)语西南形式相近的方言。帕赫烈维语曾用作萨珊王朝(3—7 世纪)的官方语言,并在当时用作祆教徒的宗教语言。两者的区别是:萨珊朝帕赫烈维文使用大量的阿拉美词(阿拉美文表意符号),但读的时候念成中古波斯语(如写成 malka"王",但念成 shah,正如在英文中写成 viz,但读成 namely"即是"一样),而在新疆出土文献中则只使用中古波斯语。这就能使我们知道 3—4 世纪在波斯是如何读这些词的。其次为一种西北方言,它与古代安息(Arsak,公元前 3 世纪到公元 3 世纪)所使用的帕赫烈维语形式("安息语"Parthisch)一致。依德人安德里亚斯(Andreas)的意见,它与所谓的迦勒底帕赫烈维语(Chaldean Pahlevi)是一回事。如这种方言中"三"为 hre,"心"为 zird,而不像西南帕赫烈维方言为 sih,dil 等。

第三种具有重要意义的语言,其文献一部分用一种特殊的来自叙利亚—阿拉美文的漂亮的文字(摩尼文)写成,这种文字首先被缪勒解读出来。另一部分用一种也是来自叙利亚—阿拉美文的尚不能进一步确定的形式(粟特文)写成,其形式更草一些,形状更圆一些。(这种文字曾为古代粟特人〔胡人〕广泛使用,其形式略为变化后,变成所谓回鹘文。回鹘文后来又为蒙古人和满洲人所使用,衍变成为现在的蒙古文和满文。)用这两种文字写成的文献的语言被德国伊兰学家安德里亚斯定为粟特语,它为古代中亚粟特地区(Sogdiana,即今锡尔河与阿姆河之间的扎拉夫尚〔Zarafshan〕河流域,包括撒马尔罕和布哈拉在内)的语言。此外,这种语言无疑也在新疆使用。以前关于这种语言我们一无所知,只在10世纪阿拉伯语作者贝鲁尼(Beruni)的著作中有关于这种语言的月份名称,而这些名称恰与这些文献中所用的相合(后来的研究也证明,安氏所定粟特语一名是正确的)。现在帕米尔高原雅各诺布(Yaghnob)人的语言与粟特语最接近,雅各诺布人可视为古代粟特人的后代。这种语言在当时是中亚的一种国际语,使用很广。摩尼教文献主要使用这种语文。回鹘可汗在9世纪初在哈拉巴勒哈逊(Kara-balghasun)所立之碑(九姓回鹘可汗碑)也使用这种语文,可惜碑文的粟特语部分很残破。该碑谈到摩尼教传入回鹘人中的情况。该碑的回鹘语部分是用古代突厥如尼文写成的。过去该碑的粟特语部分曾被错认为是回鹘语(如俄国拉德洛夫在《福乐智慧》一书前言中所犯的错误),缪勒后来证明其实为粟特语。除摩尼教的粟特语文献以外,在新疆还发现有景教和佛教的粟特语文献。粟特语佛教文献(为主要的粟特语文献)可能有的译自梵语,有的译自汉语(并且是在内地译成的)。在敦煌千佛洞发现了保存很好的粟特语佛经卷子,其中最好的写本为伯希和所得(现存巴黎)。法国伊兰学家勾求(Gauthiot)刊布和翻译了其中的一部分。迄今刊布的粟特语主要文献有:斯坦因氏在我国甘肃敦煌西北遗址中发现的一批最古粟特语书信(属4世纪,由 H. Reichlt 刊布)、《维摩诘经》(*Vimalakirtinirdedesa -sutra*)、《大般涅槃经》(*Mahaparinirvana -sutra*)、《大悲经》(*Mahakarunapundarika -sutra*)、《禅经》(*Dhyana -sutra*)、《金光明经》(*Suvarnaprabhasa*)、《善恶因果经》、《金刚般若经》(*Vajracchedika - sutra*)、《长爪梵志所问经》(*Dirghanakha -sutra*)、《青颈陀罗尼》(*Nilakanthadharani*)等(以上为佛教文献),以及许多景教、摩尼教文献。

近年来国外研究粟特语的知名学者尚有英国的格尔舍维奇(Gershevich)、马坎泽(Mackenzie),德国的汉森(Hansen),前苏联的列夫谢茨(Levshits),日本的吉田丰等人。

还有迄今我们不知道的第四种伊兰语。德国东方学家劳依曼(E Leumann)首先解读了这种语言,开始时称它为第二种不知名语言(Unbekannte Sprache Ⅱ),稍后改称为北亚利安语(Nordarisch),因他认为这种语言构成亚利安(印度—伊兰)语中的第三支(除印度和伊兰语外)。劳依曼关于这种语言所占地位的观点是错误的,所谓北亚利安语一词也早已为人们所抛弃。实际上这种语言的结构是纯伊兰式的。它在形式上部分地比上述 3 种伊兰语更古些。在词汇上,有许多印度语借词,所以使得它初看起来很不像伊兰语。

1914 年挪威的斯坦·寇瑙(Stan Konow)发表了著名的题作《和田语研究》("Khotan Studies",刊于 *Journal of the Royal Asiatic Society*)的论文,证明了这种语言为古代和田地区当地居民的语言。由于它又是一种古代塞(Saka)语,所以也被称为和田—塞语,以区别于其他塞语。

根据我国史籍的记载,塞人在公元前二三世纪前居住在今七河流域(包括伊犁地区)。公元前 2 世纪左右,他们因受到来自我国甘肃西部另一部族——大月氏的进攻,而迁往南方,进入伊朗高原、西北印度和帕米尔一带。其中有一支在南迁的过程中通过喀什西北的铁列克山口进入喀什、巴楚、和田一带,并在那里定居了下来。古代和田—塞语在一些方面与现在我国帕米尔地区的西格南(Shignan)和瓦汗(Wakhan)两种伊兰方言(我国塔吉克族即操这两种方言)相似。

在新疆发现了大量的曾流行在新疆南部的和田塞语的文献。这些文献都用印度婆罗米文(中亚婆罗米文直体)写成,内容有大量的佛经、医学文献及文契等。在这些文献中存在方言(或时代上的)差别。现在只刊布了一部分这种语言的文献。据这些年来的研究,巴楚塞语与和田塞语有很大的差别,代表一种较古的语言发展阶段。此外,和田塞语中又分古代和田塞语和晚期和田塞语两个阶段,其间差别变化很大。目前尚不见喀什地区塞语文献的发现。根据一些零散的材料,当时喀什居民的语言也应为一种塞语。

在研究和田塞语方面作出较大贡献的,有挪威的寇瑙,英国的贝利(H. W. Bailey)以及他的学生艾梅里克(Emmerick)、德列斯登(Dresden)以及 Skaervo,熊本裕等人。

现已刊布的古代和田—塞语佛教文献有《金光明经》(Suvarnaprabhasa-sutra)、《僧伽吒经》(Samghata-sutra)、《佛本生赞》(Jataka-stava)、《普贤行愿经》(Bhadracarygdesana-sutra)、《金刚经》(Vajracchedika-sutra)、《无量寿经》(Aparimitayus-suitra)、《般若经》(Prajnaparamita-sutra)、《妙门经》(Sumukha-sutra)、《观自在菩萨赞》(Avalokitesvara-stotra)、《法华经》(Saddharmapundarika-sutra)等;医学文献有著名的 Siddhasara 等。现存的藏文《于阗国史》等有人认为译自古和田语(原文已不传)。这里特别要提到一些用古代和田语写成的原作诗歌。如一位古代和田诗人歌颂春天的诗(原写本现存列宁格勒,编号E21),一位当时嫁到甘肃沙州的和田王 Shanira 的女儿写给其父母的怀念家乡的诗(原写本现存巴黎,编号 P2027),以及其他一些抒情诗。

但新疆发现的新语言并不限于上面所述的几种,还有更重大的发现。在南疆北部吐鲁番和焉耆库车发现的写本残卷用另一种婆罗米文(中亚婆罗米文斜体)写成。这些残卷开始为英人霍恩勒(Hoernle)和劳依曼所研究。它们用的是一种人们全不知道的语言,人们既不懂这种语言,也不知如何称呼它。劳依曼先称其为第一种不知名语言(Unbekannte Sprache Ⅰ),后又改称为喀什语(Kaschgarisch)。这些不成功的名称现都放弃不用了。是缪勒给这种语言创造了一个"吐火罗"语(Tocharisch)的名字,后来就在学术界流行开了;但也一开始就有人反对这一名称。事情是这样的:在一回鹘文佛经(Maitrisimit,可译为《弥勒会见记》)的跋文中说,此经从印度语译为(更确切说应为"制为")Toghri 语,又从 Toghri 语译为突厥语。而在这种不明语言的写本中恰巧也发现有这一佛经的残卷,那里写为 Maitreyasamiti,内容与突厥语本相同。于是缪勒就认为这就是突厥语本中所指的 Toghri 语。在这里,他认为回鹘文题跋中所说的 Toghri 语就是史籍中常见的古代吐火罗人(住地在今阿富汗北部)的语言。另外有人(如俄人钢和泰〔Stael-

Holstein]和寇璐)则认为吐火罗这一名称应用来称古代和田塞语。在这期间,德国两位东方学家泽格和泽格灵(Sieg,Siegling)进一步研究了存于柏林的这种语言的文献。他们在其1908年发表的《吐火罗语——印度—斯基泰人的语言》一文中指出,这种语言分为两种很不同的方言,他们称之为甲、乙两种方言(A与B)。他们二人通过对这种语言的语法形式和词汇的进一步研究,认为它虽是一种印欧语,但与亚洲其他印欧语——印度—伊兰语很不一样,而与西欧语言——希腊、拉丁、凯尔特、日耳曼语接近。如数词"八"为okat(A),okt(B)=希腊语ok-to,拉丁语octo(但梵语为astau);"二十"叫wiki(A),ikam(B)=希腊语vikati(dori方言),eikosi,拉丁语viginti;"一百"叫kant(A),kante(B)=希腊语hekaton,拉丁语centum(读成kentum)(但印度—伊兰语为satam);"马"叫yuk(A),yakwe(B)=拉丁语equus(但梵语为asvas,古代波斯语为aspa);"狗"叫hu(A),ku(B)=希腊语kuon,kyon(梵语则为sva,svan-);"别的"叫alyek=拉丁语alius等。另外,这种语言的动词中态—被动字尾也和拉丁语、凯尔特语相同,如cmetar(B)"他将生下"和拉丁语的nascitur一样。但这种语言在其整个外部形态上又与上述古代欧洲语言有很大的不同。关于这个古代部族是如何来到新疆塔里木盆地北部一带的,目前我们一无所知。有一种说法认为,古代居住在中亚一带的操印欧语系语言的各部落在民族迁徙运动中一支迁往欧洲,一支南下进入伊朗高原和印度,另一部分则留在了当地。这一部分留在中亚的人中又有一部分在史前时期的某一个我们所不知道的从西往东的迁徙运动中来到了塔里木盆地的北部。但这个迁徙运动何时和怎样发生,我们则全然不知。值得注意的是,我国古代史籍提到这一地区居民的外貌特征是"深目高鼻"(如《北史》卷97《于阗国》下中说"高昌以西诸国人等皆深目高鼻"),这一点也反映在这一地区千佛洞中的壁画中(在现代维吾尔族人中也可见到这一特征的影响)。所谓"吐火罗语"就是这部分定居在塔里木盆地北缘的古代部族的语言。

在库车附近,伯希和曾发现有用这种语言乙种方言写成的木简

（通行证）。1913 年，法国学者列维（S. Lévi）发表了《"乙种吐火罗语"即古代库车语》一文，进一步证明，这种语言在 7 世纪左右时（木简上见有属于这个时代的一王名，即《唐书》中所说的苏发叠，原文作 Swartepe）尚为当地一种通用语。现存这种语言的写本残卷都直接或间接译自梵语。除德国考古队发现的一些属于甲种方言的写本外，几乎全部用乙种方言写成。由于二次大战后法国考古队在阿富汗北部发现了真正的吐火罗语（也称大夏〔Bactrian〕语）碑文（也为一种伊兰语，用希腊字母写成），现在不应再用吐火罗一名称汉、唐时期在我国新疆龟兹、焉耆、高昌一带流行的语言，而应分别改称龟兹（库车）语（乙种方言）和焉耆—高昌语（甲种方言）。关于这种语言的研究，除上面提到的以外，目前在欧美和日本都有一些人在进行，其中著名的有Thomas，Krause，Couvreur，Windekens，Lane，井之口泰淳等人。

现已刊布的用古代龟兹、焉耆语写成的文学作品中，值得一提的为剧本。其中著名的有 *Maitreyasamiti nataka*（关于弥勒的剧本，长达 27 幕。*nataka* 为梵文"戏剧"之意），其他还有 *Nandacarita - nataka*（关于佛弟子难陀生平的剧本）等。诗歌方面有描写爱情的诗歌。尚有许多民间故事，如《画师与木匠的故事》、《福力太子的故事》等。此外，尚有医学文献、字书（字典，梵语—龟兹语，龟兹语—回鹘语）、寺院账目册、公文、壁画题跋文等。

最近尚发现有用古代龟兹语写成的《摩尼赞美诗》。

用古代龟兹、焉耆语写成的佛教文献主要有：*Udanavarga*（《法句经》），及其注释（*Udanalamkara*）、*Satpancasatika -stotra*（《一百五十赞颂》）、*Prayascittika*（《波逸提法》）、*Pratimoksa*（《十诵律比丘戒本》）、*Pratideśaniya*（《波罗提提舍泥法》）、*Karmavibhanga*（《辨业经》?）等。

此外，在新疆发现的印欧系古代语言并不限于上面所提到的那些。特别还要提到，最近在研究新疆出土的嚈哒语文献上有重大突破。现在知道嚈哒语（至少作为书面语来说）并不像伯希和在 20 世纪 30 年代所推测的那样，为一种蒙古语（见该氏 1931 年发表的《高地亚洲》〔*La Haute Asie*〕小册子），而是一种伊兰语。

没有哪一门语文学能像突厥—回鹘语文学那样多地受益于新疆出土的文献。像上面所说的,在回鹘人统治下,新疆的突厥成分逐渐构成当地居民的多数,并终于占统治地位,所以在新疆发现的古写本中突厥—回鹘语的占相当比重就不奇怪了。以前我们所知道的最古突厥—回鹘文学作品《福乐智慧》(Qutadghu Bilig),于 1069 年在喀什写成。更古老一些的为在蒙古北部发现的古代突厥碑铭。其中能确定年代的属 8 世纪上半期。新疆出土的突厥语文献在语言上大约处于与蒙古碑铭语言同一发展阶段上,其间只有方言上的差别。新疆出土的突厥语写本所使用的文字种类很多。最常用的为上面提到的回鹘文,其次为摩尼文和较少使用的婆罗米文,使用最少的为如尼文。在三大宗教中,以佛教的东西最多,多译自当地的焉耆、龟兹语和汉语,元代时并有译自藏语的,也有译自其原本已不传的著作。另外还有一些印度来源的译作,如印度著名史诗《摩诃波罗多》(Mahabharata)和故事集《五卷书》(Pancatantra)等。这说明当时在吐鲁番人们也知道这两部名著。其他尚有大量摩尼教文献,其中有对宗教史研究很重要的《摩尼教徒忏悔词》(Khuastuanift)。属于摩尼教的可能还有在敦煌发现的一本完整的小书,是用古代突厥如尼字母写在上等纸上的。这本书丹麦汤姆森曾应斯坦因氏之请加以翻译和刊布。依该书后面的跋文,它是为两个提到名字的童子或青年人写成的。依其内容,应为一种占卜吉凶的占卜书(突厥语原文叫 Yrq Bitig)。最后,还有一些景教文献,其中包括来自伪福音书(Evangelien)的三个祆教僧朝拜伯利恒的故事等。

关于新疆出土的大批古代突厥—回鹘语写本及其研究情况,请参见我的其他有关文章。

除上面所谈到的以外,关于新疆出土的其他语言文献的情况,这里不打算详细介绍了。不过还应提到:除少量的蒙古语文献和叙利亚语景教赞美诗外,新疆尚出土了不少藏文文书,以及数量更多的汉文文献。时间上最古的为写在皮子上或木简上的东西。最古的纸写本似乎一直可追溯到 2 世纪,即我国蔡伦发明造纸法以后不久。大多数稍后期的写本,一部分属于佛典,一部分为各种文契。由于书写材料的昂

· 欧 · 亚 · 历 · 史 · 文 · 化 · 文 · 库 ·

贵或不易得到,人们常常利用另外语言(主要是汉文)的较古写本来书写(写在空白处或字行间)。

以上只是关于近代新疆古代语文发现和研究的简略轮廓。希望大家通过这一介绍能获得关于这方面情况的一个总的印象,并了解这些发现所具有的重要的科学意义。

(原刊于《新疆大学学报》,1979 年 3 期)

8 论对汉唐时期新疆塔里木盆地 古代民族与语文的研究[1]

19世纪末20世纪初,随同新疆考古学的开展,一些在汉唐时期曾流行在新疆与中亚地区,后来(约在10—11世纪)逐渐消亡的语文被发现,于是一门新的学科——新疆/西域古代语文学(Ancient Philology of Serindia)诞生了。这门新的学科主要包括对吐火罗语、和田塞语、粟特语、中古波斯语、安息语、大夏语、梵语、犍陀罗语等的研究,其中影响我国内地汉唐时期文化较大者为吐火罗语与和田/于阗塞语(Khotan-Saka)。下面分别简单论述这方面的情况。

8.1 吐火罗语(吐火罗学,Tucharology)

大约在距今四五千年前,有一支欧罗巴人经过长期的辗转跋涉来到我国新疆塔里木盆地北部地区。他们在汉唐时期曾创造出辉煌的文明,留下相当数量的民族语文献。19世纪末20世纪初,随着新疆考古学的诞生,这些湮没在地下一千多年的宝贵文献也随之出土,但无人能释读。

1908年,德国学者泽格和泽格灵(Sieg Emil & Siegling Wilhelm)经过长期的努力,终于成功释读这种已死亡的语言,发表其划时代的文章,题曰《吐火罗语——印度斯基泰语,关于一种迄今不知名印度—欧罗巴语的初步研究》("Tocharisch, die Sprache der Indoskythen, vorlaeufige Bemerkungen ueber eine bisher unbekannte indogermanische Literatursprache")。所谓"吐火罗"语为我国汉唐时期西域(新疆)焉耆—高昌、龟兹(现库车)居民所使用的语言,属于印欧语系在地球分布上最靠东的语言。在语言特点方面,近于欧洲西部的语言,而与分布在亚洲

---

[1]此文是我2009年在清华大学国学院成立大会上的发言稿。

的印欧语系的语言(如印度语、伊朗/伊兰语)相距较远。这种语言在长期的历史发展中,不仅保存了其欧罗巴语言的特点,而且对中国古代文明的形成和发展曾给予巨大的影响和贡献。8—9世纪当回鹘人(古代维吾尔)迁居新疆塔里木盆地后,才逐渐消亡或融入后者。下面拟分若干小题略述这方面的问题。

8.1.1　"吐火罗语"的发现和研究

所谓的吐火罗问题是20世纪初提出来的。1890年,英国军官鲍威尔(Bower)在新疆库车从当地农民手中购得一些桦树皮写本,写本后被送到印度。经研究,始知其为迄今最古的梵文(Sanskrit,印度古代书面语)写本,属4世纪,遂引起轰动。为此,俄国和英国当时驻喀什的领事彼德罗夫斯基(Petrovskiy)、马卡尔尼(Macartney,汉文名马继业)都奉各自国家政府的命令,努力搜寻当时偶然出土的古代写本。1893年,时住印度加尔各答的梵文学家霍恩勒(Hoernle)首次作了阐明其内容的尝试。由于大部分写本用印度学家熟悉的婆罗米(Brahmi)字母写成(除和田地区出土的一部分用佉卢〔Karoshthi〕字母写成的以外),所以在释读文字方面未造成困难,但学者们很快就从中区分出两种尚不为人所知的古代语言。学者们暂称之为不知名语言Ⅰ和不知名语言Ⅱ。对于语言Ⅱ,世界各国学者不久就达成了共识:是一种塞(Saka)语(属印欧语系中的伊兰语族东支),因为这种语言的文献主要在和田地区发现,所以前面加一限定语"和田",以区别于其他塞语。对于语言Ⅰ的定名,经过一百多年世界各国学者的争论,直到今天尚不能说已完全解决。目前大家都习惯称之为吐火罗语或带引号的吐火罗语即"吐火罗语"。这种语言又分为A(甲)和B(乙)两种方言(实际上因它们之间区别很大,可视作两种有亲属关系的独立语言)。甲种语言流行在焉耆、吐鲁番地区,乙种语言主要流行在古代龟兹(库车)地区。我本人主张称之为古代焉耆(甲种吐火罗)—古代龟兹/库车(乙种吐火罗)语。下面再就吐火罗语的命名问题简单介绍一下。

从一开始学者们已知道这是一种印欧语,但不是东方亚洲的印度语或伊朗/伊兰语,而是像西方印欧语一样,属于像凯尔特语(Celtic,如爱尔兰语)、日耳曼语(Germanic)、意大利(Italic)语一样的 kentum 语组。[1] 早在德国第四次考古队回国的次年,即 1907 年,德国著名东方学家缪勒(F. W. K. Mueller)就首次发表了为这种语言定名的论文,题为《对新疆一种不知名语言定名的贡献》("Beitrag zur genaueren Bestimmung der unbekannten Sprachen Mittelasiens", SPAW, 1907, S. 958–960)。他根据回鹘文《弥勒会见记》(Maitrisimit)一书中的一则跋文[2],认为其中所说的 toxri 语就是中、西文献中提到的吐火罗语(Tokhara/Tokharoi)。很明显,缪勒的定名无非是根据二者在语音上的近似。次年(1908 年),德国梵文学家泽格(E. Sieg)、泽格灵(W. Siegling)(二人后来主要从事吐火罗语的研究),发表了前述题为《吐火罗语为印度—斯基泰语——对一种前所不知的印欧语的初步考释》的文章。这里两位学者把吐火罗语当做一种印度—斯基泰语显然是错误的。大家知道,古代希腊人所说的"斯基泰"(Skythen)人等于古代波斯人所说的"塞人"(Saka)。但他们对吐火罗语研究本身作出的巨大贡献,是应该肯定的。他们除确定这种语言所具有的西部印欧语特点外,同时并区分出存在两种差别很大的方言:甲种/A 方言和乙种/B 方言。

1913 年,法国学者列维(S. Lévi)在《亚洲学报》上发表了著名论文《乙种吐火罗语为库车语考》("Le 'Tokharien B', Langue de Koutcha", JA, 1913, pp. 311–380)。他根据历史材料,令人信服地证明所谓乙种吐火罗语就是古代龟兹(今之库车)的当地语言。[3] 对研究吐火罗语名称具有重要意义的另一篇论著,为英年早逝的前苏联东方学家沃罗比也夫–杰夏托夫斯基(V. S. Vorob'ev-Desyatovskiy)刊布的吐火罗语B 方言和梵文两种语言对照的残卷,题作《中亚文字残卷》(载 Uchenye Zapiski Inst. Vost.〔《东方学所学术札记》〕, t. XVI, 1958)。在此残卷

---

〔1〕印欧语依照"百"这个词是以 k 还是 s 起首而分为 kentum, satem 两大组,前者如西欧诸语言,后者如印度语、伊朗语、俄语等。

〔2〕那则说:"(此书)为圣月大师从印度语制成为 toxri 语。智护大师又从 toxri 语翻译成突厥语……"

〔3〕此文有冯承钧的汉译文,载《吐火罗语考》,1958 年。如见于这种文献中的国王名字 Suwartep 正相当于《唐书》中的龟兹国王苏发叠等。

中,梵文词 tokharika"吐火罗女人"用吐火罗语 B 方言词组翻译时,使用了形容词 kucanne"库车的"。沃氏的结论是:kucanne 为吐火罗语 B 方言的自称。这一点也为不久前刊布的吐火罗语 B 方言与古突厥语对照的摩尼教赞美诗中用古突厥语 Küsän/Küshän(元代汉文文献中的"曲先")一名称吐火罗语 B 方言所证明(参见"Tuerkische Turfan - texte",Ⅸ,ADAW,1956)。这样,操吐火罗语 B 方言的人称自己的语言为"库车语"(回鹘语译者也随之这样称呼)。

之后,泽格、泽格灵虽承认 B 语应为库车语,但仍坚持 A 语应称为吐火罗语,同时提出 A 语作为宗教语言是历史上从吐火罗斯坦(今塔吉克斯坦南部和阿富汗北部地区)带到焉耆、吐鲁番地区的。[1]

总之,为什么回鹘人称古代在焉耆、高昌一带使用的这种印欧语为 toxri(吐火罗语),这是一个迄今尚不能给出满意回答的问题。事实上属于回鹘汗国时期的《九姓回鹘可汗碑》(9 世纪初)等粟特语文献也把焉耆一带称作"四 toxri"(čtβ'r twxry)。

一些学者还认为,在古代楼兰一带出土的近千件用佉卢文(Karoshthi)、世俗梵语(Prakrit)写成的近千件木简中有近百个不明来源的词,为第三种"吐火罗语"(吐火罗 C),应为楼兰国当地居民的语言。最近笔者读到瑞士学者包默尔(C. Baumer)的新书《丝绸之路南道——湮没在塔克拉玛干沙漠中的古代文化》(*Die Suedliche Seidenstrasse—Versunkene Kulturen der Wueste Taklamakan*,2002,Mainz,Philipp von Zabern 出版社),他也接受古代楼兰人说的语言为第三种"吐火罗语"的观点,并认为月氏是"吐火罗"的一部分。我则认为"吐火罗"是月氏的一部分,而不是相反。

8.1.2 "吐火罗"民族的起源

有的学者提出"吐火罗"就是我国史书中的大月氏。英国剑桥大学已故教授贝利(H. Bailey)巧妙地解释说,从伊兰语的角度,Tokhar 一

―――――――――――

〔1〕见泽格的论文《反正是"吐火罗语"》("Und dennoch 'Tocharisch'",ABAW,1937,S. 130 - 139)。

94

名中的 to,可解释为"大",khar 可对应"月氏"。希望我国研究汉语古音的学者能在这个对音问题上有所贡献。我们知道,历史上大月氏确和吐火罗/吐火罗斯坦有关系。根据汉文史料,大月氏原居住在甘肃祁连山敦煌一带。公元前 2 世纪大月氏(或月氏)被匈奴击败后,西迁到吐火罗斯坦。其后代建立了历史上著名的贵霜(Kushan)帝国(1—3 世纪),但汉文史书仍习惯上称之为大月氏。

我国唐代玄奘法师在《大唐西域记》中曾两次提到睹货逻(吐火罗),一为睹货逻国(今阿富汗北部的吐火罗斯坦),另一为睹货逻故国(在今新疆南部民丰县北,约当今天的安得尔〔Endere〕)。

我很欣赏贝利教授的大月氏即 Tokhar 的理论。根据这一理论,许多说不清楚的问题都可以迎刃而解。许多年前,我在前苏联《东方学问题》(1958?)上读到一篇关于大月氏西迁的文章。文章证明,两千年前敦煌至西域南北道的生态环境远比今天要好,众多人员和牲畜通过是没有问题的(据我所知,晚至 20 世纪 30 年代,大批哈萨克人连同牲畜一起尚能从新疆哈密北巴里坤县迁徙至东南的敦煌一带,即现今肃南阿克塞哈萨克自治县)。还有一个前人不注意的问题,就是从甘肃的姑藏(＊Kuzan)到新疆吐鲁番的古名车师/姑师(＊Kushi),到龟兹(Kuci)/库车(Kucha)/曲先(Küsän/Küshän)(元代前后回鹘语的名称),乃至远至中亚费尔干(Fergana)的古都贵山(＊Kusan)城,再到贵霜/大月氏(Kushan)帝国,这些地名发音上的近似绝不是偶然的。这是否与月氏的古音 ＊Kushi/＊Kusi/＊Kuti 有关系? 许多年前,当我在德国哥廷根(Goettingen)大学突厥学和阿尔泰学(现改名为突厥学和中亚学)研究所进行工作访问时,曾看到痕宁(Henning)一篇征求意见的论文打字稿(听说后发表在 Wittfogel 的纪念论文集中)。这篇文章的核心内容是:根据古代小亚细亚和两河流域文献的记载,远在公元前三四千年前,有说古代印欧语的 Kuti 和 Tukri 两支人(他们经常一起行动),从遥远的小亚细亚东迁到新疆和甘肃一带。痕宁认为这里的 Kuti 就是月氏,Tukri 就是回鹘文献中的 Toxri/Tuxri。

另一理论认为"吐火罗"人的原居地在南俄草原一带,与古代欧亚草原北方的 Afanasievo 文化(距今五六千年)有渊源关系。后他们经过西西伯利亚—叶尼塞河流域南下到新疆的准噶尔盆地,并越过天山,进入我国西部的甘肃和新疆塔里木盆地的北部。

这里尚有一个问题需要回答,那就是古代焉耆—龟兹人是"吐火罗"人最先进入塔里木盆地族群的后代,抑或是大月氏于公元前 2 世纪被匈奴人打败后西迁大夏时留在当地人的后代? 我认为这两种可能性都存在。

8.2　和田/于阗塞语
(和田塞学,Khotan-Saka Studies)

近代新疆塔里木盆地考古学上的另一重大发现之一,为古代和田/于阗语文的发现和解读。19 世纪末 20 世纪初以来,在和田及其周围地区以及敦煌千佛洞等地发现用一种古代婆罗米文(或称婆罗米文中亚直体)写成的大量写本残卷,是一种以前我们完全不知道的语言。开始时,人们既不懂这种语言,也不知如何称呼它,德人劳依曼(Leu-mann)开始时称它为"第二种语言"(Sprache Ⅱ,前述的吐火罗语被称为第一种语言〔Sprache Ⅰ〕),稍后又改称为北亚利安语(Nordarisch),因他认为这种语言构成亚利安(印度—伊朗)语中的第三支(除印度和伊朗语外)。劳氏关于这种语言所占地位的观点虽然是错误的,所谓北亚利安一名也早已为人们所抛弃,但是他首先解读了这种语言。

实际上这种语言为一种东伊朗/伊兰语,它在结构上具有更多的古代伊朗语的特点。因在词汇方面有许多印度语借词,所以初看起来不像伊朗语。

1914 年挪威的斯坦·寇瑙(Stan Konow)发表题为《和田语研究》("Khotan Studies",刊于 *Journal of the Royal Asiatic Society*) 的论文,证明了这种语言为古代和田地区当地居民的语言。由于它是一种古代塞(Saka)语,所以也被称为和田—塞语,以区别于其他塞语。

现存古代和田—塞语文献多属 3 至 11 世纪初(参看贝利〔H. W. Bailey〕文,载《英国王家学会会刊》〔JRAS〕,1972 年第 2 期,103 页),

在语言方面存在方言(或时代上的)差别。据近些年来的研究,南疆巴楚出土的一批塞语文献与和田塞语有很大的差别,代表一种较古的语言发展阶段(但巴楚塞语使用北方古代龟兹、焉耆语的文字,即婆罗米字体中亚斜体,在文化方面属于古代龟兹—焉耆文化圈)。

此外和田塞语本身又分为古代和田塞语和晚期和田塞语两个阶段,其间差别变化很大。目前尚不见喀什塞语文献的发现。根据一些零散的材料,唐代喀什地区居民的语言也应为一种塞语。另据学者研究,现在帕米尔高原我国塔吉克自治县境内一部分瓦罕(Wahan)人所说的语言与和田塞语有较近的亲属关系。

目前刊布的古代和田塞语文献日益增多,内容有佛经、医学文献及世俗文书等。参看贝利(H. W. Bailey)、恩默瑞克(R. Emmerick)等人刊布的文书及译注。佛经有《金光明经》(*Suvamaprabhhsa-sutra*)、《僧伽吒经》(*Samghata-sutra*)、《佛本生赞》(*Jataka-stava*)、《普贤行愿经》(*Bhadracaryadesana-sutra*)、《金刚经》(*Vajracchedika-sutra*)、《无量寿经》(*Aparimitayus-sutra*)、《大般若经》(*Maha-prajnaparamita-sutra*)、《妙门经》(*Sumukha-sutra*)、《观自在菩萨赞》(*Avalokitesvara-stotra*)、《法华经》(*Saddharmapundarika-sutra*)等;医学文献有著名的 *Siddhasara* 等。现存藏文的《于阗国史》等,有的学者认为应是译自古代和田语(原文已不传)。这里特别要提到一些用古代和田语写成的原作诗歌。例如一位古代和田诗人歌颂春天的诗(原写本现存苏联列宁格勒,编号为 E21),一位当时嫁到甘肃沙州的和田王 Shanira 的女儿写给其父母的怀念家乡的诗(原写本现存法国巴黎,编号为 P2027,见贝利的《和田文献》,第 4 卷,导言,第 13 节),以及其他一些抒情诗。

用古代和田语写作的作家有实叉难陀(Siksananda)、提婆般若(Devaprajna)、尉迟尸罗(Vedyesila)等人。后者用诗歌体创作的《佛本生赞》长达 600 多行,尤为珍贵。

关于和田—塞语文献及研究情况,详见恩默瑞克撰《和田语文献指南》("A Guide to the Literature of Khotan",Studia Philologica Bhuddhica,《东京灵友会刊》,1979)。关于敦煌卷子中和田文书转写及译注情况,详见德莱斯登(J. Dresden)《和田文书草目》(载 *Acta Iranica*，Ⅶ，莱顿,1977)。

8.3　开展古代西域语文学研究的意义

20 世纪二三十年代,我国几位国学大师(如王国维、陈寅恪先生等)都曾对西域古代语文学(包括吐火罗学)的研究作出过贡献。前者曾撰写专文,论述古代西域戏剧对内地汉族戏剧发展的影响;后者在国外留学期间曾学习若干种西域古代语文并收集了有关方面的专业书籍,回国后他把藏书中关于古代回鹘语文的德文图书捐献给了北大东语系(笔者青年时期曾从这批图书中受益匪浅)。

众所周知,古代西域的语文、宗教、文化(特别是吐火罗语)曾给予内地的汉族语言、宗教、文化以很大的影响,如汉语中的"佛"、"出家"、"和尚"等词语分别来自古代西域龟兹(库车)语(前二词)、于阗(和田)语(后一词)。古代西域佛教大师如龟兹人鸠摩罗什(Kumārajīva)、于阗人实叉难陀(Śikṣananda)等也都曾对汉文佛典的翻译和著述先后作出过巨大贡献。另外据专家的研究,汉文的最早佛经《四十二章经》据说译自吐火罗语。著名的大乘佛典《华严经》也最早成书于和田。此外,汉语中的"蜜"、"狮子"等词语都来自吐火罗语。中国古代战车的出现和使用也与吐火罗人有密切关系。唐代宫廷十部乐中的若干部也来自吐火罗的音乐(所谓龟兹乐)。

总之,我认为西域古代语文(吐火罗语、和田/于阗塞语、楼兰语/尼雅俗语、粟特语、突厥—回鹘语等)文献的发现和释读,在汉学领域中形成了一支单独的学科——古代西域语文学(Philology of Anciant Serindia/ Philology of Ancient Western Region),这一学科应属于我国国学(或民族学)中不可分割的一部分。可惜由于种种原因,这一学科迄今未得到应有的重视和发展,一些语种(如吐火罗语等)在季羡林教授去世后几乎成为绝学。反观国外,位于北极附近的冰岛首府雷克雅未克(Reykjavik)大学从 1987 年开始就出版了专门研究吐火罗语的刊物：*Tocharian and Indo-European Studies*（到 2011 年已出版 12 卷）。这样的现实，值得国人深思！

最后，希望我国有关方面在开展古代西域语文学研究方面能有所作为！

9 古代车师—焉耆、龟兹语

——"吐火罗语"的发现与研究[1]

　　去年(2008 年)是德国学者泽格和泽格灵(Sieg Emil & Siegling Wilhelm)关于古代车师—焉耆、龟兹语("吐火罗语")的划时代文章《吐火罗语——印度斯基泰语,关于一种迄今不知名印度—欧罗巴语的初步研究》("Tocharisch, die Sprache der Indoskythen, vorlaeufige Bemerkungen ueber eine bisher unbekannte indogermanische Literatursprache")[2]发表整整一个世纪的日子。吐火罗语为汉唐时代西域(新疆)车师(吐鲁番)—焉耆、龟兹(库车)居民所使用的语言,属于印欧语系在地理分布上最靠东的语言。在语言特点方面,近于欧洲西部的语言,而与分布在亚洲的印欧语系的语言(如印度语、伊朗语)相距较远。这种语言在长达数千年的历史发展中,不仅保存了其欧罗巴语言的特点,而且对周围民族(包括突厥、汉族)的语言、文化曾给予巨大的影响。8—9 世纪当回鹘(古代维吾尔)人迁居新疆塔里木盆地后,才逐渐融入后者。

　　吐火罗问题是新疆古代历史和语言方面最让人有兴趣的问题之一,也是最难解决的问题之一。这个问题的发现和提出,要归功于斯坦因(A. Stein)、勒寇克(Le Coq)、格伦威德勒(A. Gruenwedel)和伯希和(P. Pelliot)等人在新疆进行考古调查的结果。这些考古调查已为一个单独的学科——新疆考古学的诞生奠定了基础,同时也为新疆古代历史、语言、艺术史等方面的研究开辟了广阔的前景。吐火罗问题只是其中问题之一。由于它在新疆古代语文学、人种学和历史学方面的地位,所以一百多年来一直受到世界各国东方学家的关注。

----

〔1〕撰写此文时主要参考了克劳兹(W. Krause)的德文书《吐火罗语》(*Tocharisch*, Leiden, 1971)。

〔2〕载 SPAW,1908,第 915 – 932 页。

下面拟分若干小题谈谈古代车师—焉耆、龟兹,即所谓"吐火罗"人及其语言问题。

9.1　资料

1892 年俄人奥登堡(S. Ol'denburg)在《帝俄考古学会学刊》(*Zapiski Imperatorskogo Russkogo Arkheologicheskogo Obshchestva*)刊布了俄国驻新疆喀什领事彼德罗夫斯基(Petrovskiy)收集品写本中的一张照片。写本为当地居民发现,用一种不知名语言写成,文字为古代北印度文字。一年以后(1893 年),侨居印度的德裔学者霍恩勒(A F R Hoernle)在其关于 Weber(为居住在克什米尔拉达克地区的欧洲传教师,曾从南疆商人手中收购一些新疆出土的古写本)写本的研究论文(JASB,62)末尾,刊布了同一写本中的一页拉丁字母转写和说明,其中他释读出若干梵文借词。

下一步为德人劳依曼(E Leumann)所作出,1900 年他在《论中亚一种不知名书面语》("Ueber eine von den unbekannten Literatursprachen Mittelasiens", *Mem. de l'Acad. Imp. des Sciences de St. -Petersbourg*, ser. Ⅷ,t. Ⅵ,No. 8)一文中,刊布了同属于彼德罗夫斯基收集品写本中一页的转写。除一些梵文名词外,他也不知为何种语言。后来的研究表明,写本为"佛赞"的译文残卷。

20 世纪初各国(德、法、英、俄、日)考古队在新疆的发掘,为研究古代新疆的历史、语文带来了新的希望。在天山南麓,在塔里木盆地的千佛洞中发现了令人赞叹的古代西域的佛教文化。特别是 4 次德国考古队的成就最为辉煌(第一次 1902 年 11 月—1903 年 3 月,吐鲁番;第二次 1904 年 11 月—1905 年 2 月,吐鲁番、哈密;第三次 1905 年 12 月—1907 年 4 月,库车、焉耆、吐鲁番、哈密;第四次 1913 年 6 月—1914 年 2 月,库车及巴楚)。除壁画和雕塑外,还发现了大量用各种文字和语言写成的写本残卷。这些发现都被运到柏林民俗博物馆保存。

当德国人在吐鲁番、焉耆工作时,法国人则在库车发掘,所获写本入藏于巴黎国家图书馆。霍恩勒的收集品后保存在伦敦（虽然数量不大）。英国斯坦因所获物品现存英国伦敦和印度新德里。日本收集品归于京都西本愿寺主持大谷光瑞藏品。

写本中的一大部分是用曾流行在西北印度的所谓婆罗米（Brahmi）字母"斜体"（slanting style）写成的。这一点早为霍恩勒所指出（JASB，62，1893；70，1901，Ⅱ，Extranummer Ⅰ，Ⅱ）。

在柏林首先从事于用不知名语言写成写本研究的，为突厥学家缪勒（F. W. K. Mueller）和梵文学家泽格（E. Zieg）。

1907 年缪勒在《柏林科学院通报》上发表了一篇篇幅不大的论文，题作《对确定新疆一种不知名语言的贡献》（"Beitrag zur geaueren Bestimmung der unbekannten Sprachen Mittelasiens"）。他像不久前勒寇克（Le Coq）一样，认为那是一种印欧语。此外他指出回鹘文《弥勒会见记》（Maitrisimit）中的一则跋文，那里说该书是从印度语制为吐火罗（toghri）语，然后再从吐火罗语译成突厥语的。

决定性的下一步为泽格与泽格灵所作出。1908 年他们发表了前述著名的论文，题作《吐火罗语——印度斯基泰语，关于一种迄今不知名印度—欧罗巴语的初步研究》。这两位学者不仅令人信服地表明这种语言的印欧语性质，并且说明这个位于世界最东面的印欧语属于 centum（这里 c 读 k）语组，且分为甲乙两个方言（或称吐火罗 A，吐火罗 B）。文中刊布和分析了用这一语言（甲种方言）写成的《弥勒会见记》的片断。他们并根据上述缪勒的论文，称这种新语言为"吐火罗语"。像缪勒一样，他们把回鹘文中的"toghri"一名与古代居住在大夏（Bactria，今阿富汗北部）的民族名字"吐火罗"（希腊文 Toxaroi，梵文 Tukhara，汉文吐火罗）联系起来。于是在新疆发现的这一古代语言被称为"吐火罗语"，并且这一名称一直使用到现在，尽管许多学者加以反对。

之后参加这一新发现语言研究的有法国学者列维（S. Lévi）和印欧语比较语言学家梅业（A. Meillet）。列维刊布了一些乙种吐语文献。特别是他在 1913 年法国《亚洲学报》（JA）上发表了用乙种吐语写成的所谓"过所"（通过关卡时的证明文件），1933年于巴黎出版了《龟兹语残卷》（*Fragments de texts koutcheens*）。继之为法人费力奥扎（J. Filliozat）的《龟兹语医学和秘教文献残卷》（*Fragments de texts kouteens de medicine et de magie*, Paris, 1948）。

甲种方言材料的汇集为泽格、泽格灵出版，书名《吐火罗语残卷》（*Tocharische Sprachreste: Text-und Tafelband*, Berlin, 1921）。其中部分的德文译文由泽格发表：《吐火罗语译文》（"Uebersetzungen aus dem Tocharischen" Ⅰ, ABAW, 1943, phil.-hist. KL., No. 16；Ⅱ, ADAW, 1951, No. 1）。

柏林所藏乙种方言的材料远远超过甲种方言的，也为泽格、泽格灵所准备出版。但乙种吐语第一部分的出版《吐火罗语残卷——乙种方言》（*Tocharische Sprachreste, Sprache B*, Heft 1. Die Udānālaṅkāra – Fragmente. Text, Uebersetzung und Glossar, Goettingen, 1949），已在泽格灵去世（1946）之后。泽格（1951年去世）也未活到此书第二册——也是最后一册——的出版（Heft 2, Frag. Nr. 71 – 633, 1953）。生前他已完成出版的准备工作，后由其学生托马斯（W. Thomas）出版（W. Winter 准备出版乙种文献的字典）。

一些乙种语言文献连同译文由泽格单独发表：《菩萨成道前的用餐》（"Die Speisung des Bodhisattva vor der Erleuchtung", AM, 2, 1925），《法集要颂——伦敦印度事务部藏品龟兹语译文》（"Udānavarga—Uebersetungen in 'kucisher' Sprache aus den Sammlungen des India Office in London", BSOS, 6, 1931），《柏林藏乙种吐语商业文书》（"Geschaeftliche Aufzeichnungen in Tocharisch B aus der Berliner Sammlung", MAB, 1950）。

虽然存留下的两种方言文献的总体数量不算少，但有两个缺点妨碍其研究：（1）它们几乎全为残片。[1] 其中只有甲种吐语有连贯的25叶，且残缺不大。（2）绝大多数为梵文佛教文献的译文。只有用乙吐

---

[1] 学者一般认为在宗教战争中寺院受到毁坏，藏书被有意撕毁，然后放火焚烧。所幸由于房屋倒塌，把火压灭，所以才有一些残卷保存下来。

写成的寺院账目(见前述泽格发表在 MAB,1950 之文)及 4 件世俗文书(3 件严重破损)(W. Krause, Word, 1948, v. 4, No. 1),半件爱情诗,一些由抄手用两种方言写在文献上的记录文字,一些壁画旁的题跋文,以及一些写在木片上的过所(S. Lévi, JA, 1913; W. Krause, UAJb, 1953)。

现存吐火罗语佛教文献有:

本生及譬喻故事:阿离念(Araṇemi)本生、六牙象(Ṣaḍḍanta)本生、须大拏太子(Viśvantara)本生、福力太子(Puṇyavanta)本生、亿耳譬喻(Koṭikaranavadana)等。

佛经阿含部:Udānavarga(法集要颂),Udānālaṅkara(法集要颂注释),Dīrghāgama(长阿含),Nidāna-saṃyukta(杂因缘)。

论部(阿毗昙部):Abhidharmāvatāra-prakaraṇa(入阿毗达摩论注),可能包括《阿毗达摩俱舍论》(Abhidharma-kośa)残卷。

赞诵:《一百五十赞佛颂》(Śatapañcaśatkastotra)、《邬铊南颂》(Udāana stotras)、《佛赞》(Buddha stotras)。

律部:律部(Vinaya)及十诵律(Prātimokṣa)残卷。

大乘经:《大涅槃经》(Mahāparinirvāṇa-sūtra)、《瑜伽百论》(Yogaśataka)、《悲华经》(Karuṇāpuṇḍarika-sūtra)、一件密宗残卷。

其他:《辨业经》(Karmavibhaṅga)、《四生经》(Catuṣpariṭat-sūtra),《增十经》(Daśottara-sūtra),羯摩诵(Karmavācanā),誓愿(Praṇidhi)。

对于说"吐火罗语"人民的文化及风俗习俗,我们知之不多。吐人在接受佛教前似乎是崇拜火的。在汉唐时代,他们的文化发展曾达到很高的水平。宗教上主要信仰佛教小乘派的"一切有部"(Sarvastiva-dins)。这一点我们可从 4、5 世纪龟兹(库车)出身的鸠摩罗什(Kumārajīva)在内地的活动得知。另外 7 世纪的玄奘在其名著《大唐西域记》中也有这方面概括的描述。根据汉文史料,我们知道古代车师—吐鲁番人也学习汉文,但用本族语言诵读之。

研究保存在不多原文文献中的人名表明,寺院的神职人员的名字多为梵文,而社会中下层人的名字或为吐火罗名字(如 Lariśka,阴性,指小,来自"爱情"一词;Wrauśke,阳性,指小,来自"乌鸦"一词),或词根为梵文,但词缀为吐语。有些名字显然为我们所不知道的属于非印欧语的前吐火罗人的语言,如:女人名 Tsyohkña,这里只有阴性字尾 -ña 为吐语。

关于吐语文献的年代,根据字体,多属于5—7世纪。在回鹘人于8、9世纪迁居塔里木盆地后,吐火罗人逐渐同化于回鹘人。

9.2 关于"吐火罗"名称

在新疆发现用不知名印欧语言写成的大量古代写本后,产生了对这些不知名语言的定名问题。

1907年,德国学者缪勒(F. W. K. Mueller)在其发表的上述论文中,根据回鹘文《弥勒会见记》(*Maitrisimit*)中的一则跋文,把这种新的语言定名为"吐火罗语"。跋文是这样说的:"此圣书《弥勒会见记》是由生于焉耆(Agnideša)的圣月法师(Aryacandra kši acari)从印度语制为吐火罗语,(之后)又由生于 Il Baliq(亦里八里?)城的法护法师(Prajnarakšita kši acari)从吐火罗语译为突厥语。"(参见 F. W. K. Mueller und E Sieg,"Maitrisimit und'Tocharisch'",SBAW,1916。)因为他们在新疆出土的文献中也发现了用甲种吐火罗语写成的同书残卷,又在回鹘文《弥勒会见记》中见有来自该种语言的借词(如甲吐 kši,乙吐 käṣṣi"法师"),于是认为这里回鹘文中的 toghri 同古代指大夏的 Toxaroi 是一回事,从而决定用"吐火罗"一名来称呼这种新发现的语言。

但这一名称在民族学方面引起了困难:回鹘文中的 toghri 一名在词源学上似与希腊文的 Toxaroi,梵文中的 Tukhara,汉文中的睹货逻/吐火罗有关,但这个民族居住在乌浒(Oxus)水(今阿姆河)的大夏(Bactria)国,其语言应为一种伊兰语[1]。而我们所研究的文献语言的

---

[1]事实上第二次大战后,在阿富汗发现了属于伊兰语系的大夏语(Bactrian)或称"真吐火罗语"(Eteo-Tokharian)。有可能迁居大夏的吐火罗人在当地操伊兰语人的影响下,逐渐丢弃了自己的母语,改说伊兰语。

·欧·亚·历·史·文·化·文·库·

发现地是距离大夏很远的新疆塔里木盆地的北部。此外,这种语言虽为一种印欧语,但不属于 satem 语组(像伊兰语一样),而是属于 centum(读成 kentum)语组。

所以有不少学者反对把这种语言称为"吐火罗语"。这里首先要提到法国学者列维(S. Lévi)的两篇论文,即《所谓乙种吐火罗语即龟兹语考》和《吐火罗语》(JA,1913,1933,载冯承钧译《吐火罗语考》)。另外,痕宁(W. B. Hening)的论文《焉耆与吐火罗人》("Argi and the Tokharians",BSOS,9,1938)具有重要的意义,它表明回鹘文献中指别失八里—焉耆地区的名字 toghri,在语源上与大夏的吐火罗人(Toch〔w〕arer)无关[1]。为此他认为把古代新疆的这种语言定名为"吐火罗语"是不对的。

痕宁在其另一篇论文《吐火罗语名称考》("The name of the Tokharian language",AM,new ser. ,I,1949)中仍坚持上述意见。这里更重要的是他令人信服地改正了上述回鹘文跋文中缪勒的错误读法:他把 Nakridiš 改读为 Agnideśa(词首的 A 字母被缪勒读成 Na,g/k 字母在回鹘文中写法一样)。这样,《弥勒会见记》的译者不是出生在(阿富汗的)Nagaradeśa(在阿富汗首府喀布尔附近),而是出生在新疆的焉耆(Agnideśa,意为"焉耆国",即玄奘所称的阿耆尼国)。

泽格后来建议只使用"吐火罗语"一名称呼甲种方言,因为只用这种方言翻译了《弥勒会见记》。

确切确定两种方言的相互关系也不是一件容易的事。甲种方言的文献都发现在塔里木盆地的东北部,即在吐鲁番及焉耆地区;而乙种方言不仅在西南地区,即库车及其附近发现,而且也在东北地区,即吐鲁番和焉耆地区发现。

对这一点,泽格作这样的解释:乙种方言是当地的语言,而甲种吐火罗语是佛教僧人从阿富汗带到新疆的。

泽格和泽格灵后又确定在甲种吐语中有称呼其语言的土名,即

---

〔1〕这一说法为时尚早。

ārsi 及词组 ārśi käntu"ārśi 语"，ārśi ype"arsi 国"，多数生格 ārśiśśi "ārśi 人的"。这一观点为德国另一伊兰学家舍德（H. H. Schaeder）所支持，他认为这个名字也见于 735 年鄂尔浑古代突厥碑铭中的 toquz ärsin "九姓 ärsin"。[1] 英国贝利（H. W. Bailey）教授认为 ārśi 是梵文 arya 一词的印度西北俗语形式，意为"圣，神圣的"。这一点也需进一步研究（"Ttaugara"，BSOS，Ⅷ，1936 及 "Recent work in Tokharian"，TPhS，1947）。

泽格认为甲吐语言是为佛僧带到新疆的观点（E. Sieg und W. Siegling，"Tocharische Sprachreste"）受到法国列维（见上述 1913 年的文章）、德国吕德尔斯（《新疆史地考》，《新疆史地再考》〔H. Lueders，"Zur Geschiuchte und Geographie Ostturkestans"，SPAW，1922；"Weitere Beitrage zur Gesch. u. Geogr. Ostturkestans"，SBAW，1930〕）及贝利（H. Bailey，BSOS，Ⅷ，1936）的驳斥。这些学者认为甲吐是当地焉耆的语言，乙吐是当地库车的语言。为此，列维建议用焉耆语一名称甲种吐语，用库车语一名称乙种吐语。泽格本人（见其论文《反正是吐火罗语》〔"Und dennoch Tocharisch"〕，SBAW，1937）后虽放弃了旧的理论，但又提出用"吐火罗语"一名来称呼甲乙两种语言。焉耆一名梵文称作 Agni，玄奘称为阿耆尼，汉文史料中作焉耆。泽格又十分牵强地把这解释为乙吐中 akeñe ypoy"边界之国"（与库车接界之国）之意。

关于"吐火罗"和"库车/龟兹"名字的问题，英年早逝的前苏联东方学家 Vorob'ev-Desyatovskiy 1958 年发表在《苏联科学院东方学研究所学术札记》（*Uchenye Zapiski Instituta Vostokovedeniya*，卷 16）上的关于乙种吐火罗语与梵文双语文献残卷的论文《新疆古文字文献》（"Pamyatniki Tsentral'noaziatskoy Pis'mennosti"）具有重要意义。这里梵文 tokharika "吐火罗人"对译成乙种吐火罗语时使用了形容词 kučanne"库车的"。他的结论是"库车"是乙种吐火罗的自称。这一点也为一件古代突厥语与乙种吐语的摩尼教赞美诗（为 von Gabain，Winter 发表在

---

〔1〕我过去在拙著《古代突厥文碑铭研究》中曾译为"九姓焉耆"，似应重新考虑。

《柏林吐鲁番文献》〔*Berliner Turfan-Texte*〕，Ⅸ，1958 年）所证明,那里使用古突的 küsän（曲先）一名来指称乙种吐语。

鉴于学界（特别在欧美）已广泛使用"吐火罗"一名来指称这两种方言,加之回鹘文献中也使用 Toghri 一名称呼甲种吐语,所以我认为吐火罗一名仍可使用。我们只需记住这个名字是如何产生的就可以了。克劳兹（W. Krause）在其《西吐火罗语法》（*Westtocharische Grammatik*）一书中建议使用东、西吐火罗语名字来代替甲、乙吐火罗语的名字,但这只是地理方面的考虑,与民族学无关。

乙吐文献不仅在西南（库车）地区发现,也在东北地区（焉耆、吐鲁番）发现,这点可解释为:乙吐语是传教语言,所以其佛教文献也在东吐语地区的焉耆传播,之后,东吐语也成为传教语言（与西吐语一起）。

甲吐语一般都书写得正规,正字法也规范。看来在（焉耆）雀尔楚克（Shorchuk）地方有个抄写文献的中心,那里出土的乙吐文献在正字法上也书写得比较规范;而库车出土的文献则往往新旧形式混合在一起。

关于两种方言中的底层（substratum）问题尚有待研究。哈隆（G. Haloun,ZDMG,91,1937）指出,居住在今巴里坤一带的乌孙人在公元前176 年左右曾从属于匈奴。汉文史料说"胡人"（Hu-Barbaren）与乌孙是碧眼赤发。南疆克孜尔千佛洞中的壁画也把"吐火罗"贵族画成兰睛白肤（与下层人相反）（当然这里要考虑到颜料的化学变化）。

许多学者还把吐火罗人与古代居住在我国河西走廊的月氏/月氏人（他们中的一部分在公元前 2 世纪被匈奴人打败并西迁到大夏）联系起来。我同意这一观点。古汉语"月氏"一名的古音似为 * kuci 之类的发音。从甘肃走廊的"姑藏"（kuzang,现武威的古名）到新疆吐鲁番的古名"车师"（kushi）,到库车的古名"龟兹"（kuci）,这些地名发音的近似绝不是偶然的。其次,事实上古代西域的佛教大师鸠摩罗什就把梵文的 Tokharika（吐火罗）一名译为"月氏"。

9.3 语言

前述吐火罗语（甲、乙两种）文献的发现,使得我们能对它们的结构和特点进行描述。

对于能符合现代语言学要求的共同吐语的全面描述,现在尚不具备条件。早年彼德森(H. Pedersen)的著作《从印欧比较语言学的观点看吐火罗语》(*Tocharisch vom Gesichtspunkt der indo-europaeischen Sprach-vergleichung*,1941),所据材料不足。比利时的古夫热尔(W. Couvreur)的简述较好(《吐火罗语语音和形态学概要》〔*Hooldzaken van de Tochaarse Klank-en Vormleer*〕,Loewen,1947),可惜其论述使用的为荷兰语,所以流传不广。对于甲种吐语的全面描述有 Zieg,Ziegling,Schulze 的《吐火罗语语法》(*Tocharische Grammatik*,1931)一书。在乙种吐语的研究方面,有克劳兹(Krauze)对动词和语音的研究以及兰尼(Lane)对体词和代词重要形态的研究。

20 世纪初在亚洲几乎同时发现了两种印度—欧罗巴语系的语言:1908 年的吐火罗语及 1916 年的赫梯(Hettite,在小亚细亚)语。关于赫梯语的印欧语性质,人们长期抱有怀疑态度。现在那种认为古代曾存在原始印度—赫梯语言,后来一方面发展出印欧语,另一方面发展出赫梯语的理论,已为大多数语言学家所否定。赫梯语以及与其相近的其他小亚细亚古代印欧语可能上溯到在空间和时间上已发生巨大变化的原始语言,属于这个原始语言的为其他印欧语,其中也包括吐火罗语。关于这个原始语言进化发展的认识可参见法国学者本旺尼斯(E Benveniste)的论文《吐火罗语与印欧语》("Tokharien et indo-europeen"),载《夏德纪念文集》(*Festschrift H. Hirt*,Bd. 2)。但对吐火罗语来说,学者从来不曾怀疑它是一支印欧语。

关于吐火罗语的系属问题:人们都知道在决定两种或更多语言是否有亲属关系,这要靠语法结构方面的一致及一系列语词,特别是亲属称谓和基数词、代词、身体部位词的一致来决定。就是在这方面,1908 年泽格、泽格灵决定了吐火罗语的印欧语性质。现举这方面的例词如下:

亲属名称

甲吐	乙吐	英语	汉文
pācar	pācer	father	父亲
mācar	mācer	mother	母亲
pracar	procer	brother	兄弟
ṣar	ṣer (< * sueser？)	sister	姐妹
ckācar	tkācer	daughter	女儿
se	soy	son	儿子

数词

wu	wi	two	二
tre	trai	three	三
kant	kante	cent	百

关于吐火罗语在其他印欧语中的地位,各家的意见不同。Gamkrelidze,Ivanov 认为吐语与 Celtic(如英国的爱尔兰语、威尔士语),Italic 语组相近。V. Georgiev 认为吐语与波罗的—斯拉夫、日耳曼语组成一组。总之,印欧比较语言学家大致认为在印欧语第一次分裂出 Anatolian(指小亚细亚的 Hittite 语)语后,第二次分裂就是吐火罗语的分裂。Georgiev 把吐语放在日耳曼和波罗的—斯拉夫语代表的北方语组中,而 Hamp 则强调日耳曼语与吐火罗语的相近。

作为 centum 语,吐语应属于印欧语中的西部语组,但中性字尾 -r 的存在,表明它属于南部语组。总之,印欧语西部语组的 centum 特点与南部语组的字尾 -r 交织在一起。吐语与原始日耳曼语的关系,可比较乙吐的 laks"鱼" = 原始日耳曼语的 laksaz"鲑鱼"。

另外,在吐语的历史发展上,它也曾受到伊兰语(Iranian)的影响,如甲吐 āmāc,乙吐 amāś "大臣" = 和田塞语的 āmāca;甲吐 puk"全部" = 舒格南(Shugnan)语(帕米尔山地我国塔什库尔干塔吉克自治县的主要语言)fuk。

非印欧语对吐火罗语的影响特别表现在词汇及其语法结构上的分析成分方面。与词干联系较弱的二级格字尾的产生,使人想起黏着语言(如突厥语)中相应的情况。在吐语和德拉维(Dravid)语(印度次大陆的古代语言)之间存在相当的并行现象。除黏着类型外,在这些语言中都存在名词区分两类,即有理性的(神、人)和非有理性的(事物)(在小亚细亚的赫梯语中也存在这一现象)。

除黏着语言型的变格外,古代突厥语似乎也存在与吐语的其他接触点。另外,有人认为吐语中存在的非印欧语的底层(substratum)可能与受到乌格尔—芬(Ugro-fin)语(指匈牙利与芬兰语)或高加索语的影响有关。W. Schulze 曾指出甲吐语中特殊的构词类型:ak-mal"眼 – 鼻子" = "面孔"(乙吐则为单一词 sarwana"面孔")。这种情况也存在于乌格尔—芬语(如匈牙利语 arc-orca"面孔" < arc"鼻子" + szaj"口")及高加索语中。

最后要提到有可能新疆塔里木盆地原住民语言对吐火罗语的影响(这表现在一些专名上)。对吐火罗人来到前当地人操什么语言的问题,目前我们尚不能说什么。

总之,吐火罗语在长期的发展中曾受到多种非印欧语的影响。吐火罗人的先人在其漫长的迁徙过程中曾接触过高加索语。也不能排除在他们迁往东方的过程中,接触过操乌格尔—芬语的民族。

9.4　简短的结语

目前世界只有少数学者研究吐火罗语,国外有关这方面研究的论著(多为用德、法文写成)也很难得到。以前我国只有季羡林教授在 20 世纪留学德国时从泽格先生学习过吐火罗语。他从 20 世纪 70 年代末起开始从事释读我国 1975 年在焉耆发现的甲种吐语的《弥勒会见记》的研究工作,并取得了很大的成绩。[1] 自他于今年去世后,这方面出现了后继乏人的状况。

关于这支特殊印欧语概论性的法文著作,有法国皮诺(G. -J.

---

[1]1959 年在哈密发现的回鹘文本子《弥勒会见记》前几章较完整,我曾应季老的要求,全部译成汉文,供他在研究此书的吐火罗语本时参考。

Pinault)教授的《吐火罗语导论》(*Introduction au Tokharien*),发表在 Lalies 7 (*Actes de la session de Linguistique d'Aussois*, 1985, Paris, 1989, pp. 5 – 224)。此书除对吐火罗语的语音、词法进行历史语言学的分析外,还包括总的材料和历史文化背景的介绍,以及对甲、乙两种语言文献的示范举例,是一部很好的关于吐火罗语的入门书。

德国出版了 W. Krause 和 W. Thomas 的《吐火罗语基础读本:语法和选文及字典》(*Tocharisches Elementarbuch.* Ⅰ: *Grammatik*; Ⅱ: *Texte und Glossar*, 1960—1964)。但此读本如无导师指导,并不好使用。有关吐语研究的参考书目录收在第 1 卷的开头处。之后 1985 年又有 Thomas 的《1960—1984 年吐火罗语研究目录》(*Die Erforschung des Tocharisches 1960—1984*)的出版。在缺乏字典的情况下,该读本后面的字汇(页 75 – 263)很有用处。人们知道,截至目前,2/3 的乙吐文献尚未刊布。对收藏在柏林的一小部分乙吐文献(约 70 个编号)的词汇,我们有一个很好的字典,那就是 Sieg, Siegling 于 1949 年出版的《乙种吐火罗语残卷——选文、德译文及字典》(*Tocharische Sprachreste, Sprache B*: *Die Udanalankara -fragmente*, *Texte*, *Uebersetzung und Glossar*, 1949)一书。该书又被 Thomas 收入(词汇未加翻译)他 1983 年出版的 *Tocharische Sprachreste. Sprache B*, *Teil I*: *Die Texte*, Bd. 1: nr. 1 – 116 der Berliner Sammlung, Goettingen, 1983 一书中。对研究甲种吐语来说(只限于 1921 年 Sieg, Siegling 刊布的甲种吐语残卷),有捷克学者 P. Poucha 的很不理想的字典可用(用拉丁文释义):《甲种吐语宝典》(*Thesaurus Linguae Tocharicae Dialecti A*, Praha, 1955)。

这些语文学方面的论著都未提供对这两种语言的完整描写,它们的历史比较研究及可靠完整的著作尚有待于未来。老资格的研究者有:除 W. Krause 和 W. Thomas (两位都是 Sieg 的学生,后者仅从事句法和文体学的研究)外,人们可受益于 Georges S. Lane, Werner Winter 的著作。后者尚处于积极的科研工作中。对于比利时学者 A. Van Windekens(1915—1989)的论著,人们应谨慎对待。他的法文著作题作《吐火罗语与其他印欧语的对比研究》(*Le tokharien confronte avec les*

autres langues indo -europeennes. Vol. Ⅰ: La phonetique et le vocabulaire
〔卷1:语音和词汇〕,Louvain,1976;Vol. Ⅱ,1:La morphologie nominale
〔卷2,1:词法——体词〕,1979;Vol. Ⅱ,2:La morphologie verbale〔卷2,
2:词法——动词〕,1982)。该书虽取材丰富,但是建立在不巩固的语
文学基础上,而且也不符合印欧语语言学方法学方面的要求。但我们
要知道,这是个非常困难的学术领域,我们不能要求过高。目前世界上
从事吐火罗语文献研究、刊布工作的如凤毛麟角。但我们也看到了希
望,那就是远在北极圈内的冰岛学者 Jorundur Hilmarsson(冰岛首府雷
克雅未克大学)的工作。他于1987年创办了世界第一个研究吐火罗语
的刊物:*Tocharian and Indo -European Studies*(《吐火罗语与印度欧罗巴
语研究》),已出版了十多期。人们从中可获取世界关于吐火罗语研究
的最新消息。不幸的是,听说 Hilmarsson 教授英年早逝,于数年前患病
去世。目前刊物由挪威学者接手续办。

缩写词

ABAW:Abhandlungen der Preussischen Akademie Wissenschaften,
Berlin(《普鲁士科学院论文集》)

ADAW:Abhandlungen der Deutschen Akademie Wissenschaften(《德
国科学院论文集》)

AM:Asia Major(《大亚洲》)

BSOS:Bulletin of the School of Oriental Studies,London(《伦敦大学
东方学院学报》)

JA:Journal Asiatique,Paris(法国《亚洲学报》)

JASB:Journal of Asiatic Society,Bengal(《亚洲学会孟加拉分会杂
志》)

MAB:Miscelanea Academiae Berolinensis,Berlin(《柏林科学院杂
纪》)

Mem. de l'Acad. Imp. des Sciences de St. -Petersbourg (《俄国圣彼
得堡科学院集刊》)

SBAW：Sitzungsberichte der Berliner Akademie der Wissenschaften
(《柏林科学院通报》)

SPAW：Sitzungsberichte der Preussische Akademie der Wissen-schaften(《普鲁士科学院通报》)

UAJb：Ural-Altaische Jahbuecher(《乌拉尔—阿尔泰年鉴》)

ZDMG：Zeitschrift der Deutschen Morgenlaendischen Gesellschft
(《德国东方学会会刊》)

（原刊于《吐鲁番学研究》,2010 年 1 期）

10　吐火罗人及其语言

　　吐火罗问题是新疆古代历史和语言方面最有兴趣的问题之一,也是最难解决的问题之一。这个问题的发现和提出,要归功于斯坦因(Stein)、勒寇克(Le Coq)、格伦威德尔(Gruenwedel)和伯希和(Pelliot)等人在新疆进行考古调查的结果。这些考古调查已为一个单独的学科——新疆考古学的诞生奠定了基础,同时也为新疆古代历史、语言、艺术史等方面的研究开辟了广阔的前景。吐火罗问题只是其中问题之一。由于它在新疆古代语言学、人种学和历史学方面的地位,所以一百多年来它一直引起世界各国东方学家的关注。

　　所谓吐火罗问题是在上一世纪初提出的。1890 年英国军官鲍威尔(Bower)在库车从当地农民手中购买到一些桦树皮写本。写本后来被送到印度。经研究后,知为迄今最古的梵文(Sanskrit)(印度古代书面语)写本,属 4 世纪。这一下子就引起了轰动。为此,俄国和英国当时驻喀什的领事彼德罗夫斯基(Petrovskiy)、马卡尔尼(Macartney)都奉各自国家政府的命令,努力搜寻当时偶然出土的古代写本。1893 年当时住在印度加尔各答的德裔梵文学家霍恩勒(Hoernle)首次作了阐明其内容的尝试。由于大部分写本是用印度学家熟悉的婆罗米(Brahmi)字母写成(除和田地区出土的一部分用佉卢Karoshthi 字母写成的以外),所以在释读文字方面未造成困难。除梵文/梵语外,很快学者们就从中区分出二种过去从来不为人知的古代语言。学者们暂称之为不知名语言 I 和不知名语言 II。对于语言 II,不久世界各国学者就达成了共识:是一种塞语(属印欧语系中的伊兰语族东支),因为这种语言的文献主要在和田地区发现,所以前面加一限定语"和田",以区别于其他塞语。对于语言 I 的定名,经过一百多年世界各国学者的争论,直到今天尚不能说已完全解决。目前大家都习惯称之为吐火罗语或带引号的"吐火罗语"。这种语言又分为 A（甲）和 B（乙）两个方言（实际上因它们之间区别很大，可视作两种有亲属关系的独立语言）。我本人长期以来主张称之为古代焉耆（甲种吐火罗语）—古代龟兹（库车）语（乙种吐火罗语）。下面再就吐火罗语命名问题简单介绍一下。

从一开始学者们已知道这是一种印欧语，但不是东方的伊兰语，而是像西方印欧语一样，属于像日耳曼、意大利语一样的 kentum 语组[1]。早在德国第四次考古队回国的次年，即 1907 年，德国著名东方学家缪勒（F. W. K. Mueller）（据说他通晓从大西洋到太平洋之间的主要语言）就发表了第一篇为这种语言定名的论文，题作《对新疆一种不知名语言定名的贡献》（"Beitrag zur genaueren Bestimmung der unbekannten Sprachen Mittelasiens", SPAW, 1907, S. 980 – 960）。他根据回鹘文《弥勒会见记》（Maitrisimit）一书中的一则跋文[2]，认为其中所说的 toxri 语就是中、西文献中提到的吐火罗语/tokhar。很明显，缪勒的定名无非是根据二者在语音上的近似。次年（1908 年），德国梵文学家泽格（E. Sieg）、泽格灵（W. Siegling）（后来主要从事吐火罗语的研究）发表题作《吐火罗语——印度斯基泰语，关于一种迄今不知名印度—欧罗巴语的初步研究》（"Tocharisch, die Sprache der Indoskythen, vorlaeufige Bemerkungen ueber eine bisher unbekannte indogermanische Literatursprach", SPAW, 1908, S. 915ff.）。这里两位学者把吐火罗语当做一种印度—斯基泰语显然是错误的。大家知道，古代希腊人所说的"斯基泰 Skythen"人等于古代波斯人所说的"塞人 Saka"。但他们对吐火罗语研究本身，作出了巨大贡献。他们除确定这种语言所具有的西部印欧语特点外，同时并区分出存在两种差别很大的方言：甲种/A 方言和乙种/B 方言。

---

〔1〕印欧语依照"百"这个词是以 k 或 s 起首而分为 kentum, satem 两大组，前者如西欧诸语言，后者如印度、伊朗、俄语等。

〔2〕那里说："（此书）为圣月大师从印度语制成为 toxri 语。智护大师又从 toxri 语翻译成突厥语……"

1913 年法国学者列维(S. Lévi)在《亚洲学报》上发表了著名论文《乙种吐火罗语为库车语考》("Le 'Tokharien B',langue de Koutcha", JA,1913,pp. 311 – 380)。他根据历史材料,令人信服地证明所谓乙种吐火罗就是古代龟兹(今之库车)的当地语言[1]。对研究吐火罗语名称具有重要意义的另一篇论著,为英年早逝的前苏联东方学家 V. S. Vorob'ev-Desyatovskiy 刊布的吐火罗语 B 方言和梵文两种语言对照的残卷,题作《中亚文字残卷》(载 Uchenye Zapiski Inst. Vost.〔东方学所学术札记〕,t. XVI,1958)。在此残卷中,梵文词 tokharika"吐火罗人"用吐火罗语 B 方言词组翻译时,使用了形容词 kucanne"库车的"。沃氏的结论是:kucanne 为吐火罗语 B 方言的自称。这一点也为不久前刊布的吐火罗语 B 方言与古突厥语对照的摩尼教赞美诗中,用古突厥语 Küsn(元代汉文文献中的"曲先")一名称吐火罗语 B 方言所证明(参见 Türkische Turfan – texte,IX,ADAW,1956)。这样,操吐火罗语 B 方言的人称自己的语言为"库车语"(回鹘语译者也随之这样称呼)。

之后,西格、西格凌虽承认 B 语应为库车语,但仍坚持 A 语应称之为吐火罗语。同时提出 A 语作为宗教语言是历史上从吐火罗斯坦(今塔吉克斯坦南部和阿富汗北部地区)带到焉耆、吐鲁番地区的[2]。

总之,为什么回鹘人称古代在焉耆、高昌一带使用的这种印欧语为 toxri/ 吐火罗语,这是个迄今尚不能满意回答的问题。事实上《九姓回鹘可汗碑》等粟特语文献也把焉耆一带称作"四 toxri"(ctβ'r twxry)。

有的学者提出吐火罗就是大月氏。英国剑桥大学已故的贝利(H. Bailcy)教授巧妙地解释说,从伊兰语的角度,Tokhar 一名中的 to,可解释为"大",khar 可对应"月氏"。希望我国汉语音韵学家能在这个问题上作出贡献。我们知道历史上大月氏确和吐火罗/ 吐火罗斯坦有关系。根据汉文史料,大月氏原居住在甘肃祁连山敦煌一带。公元前 2

---

〔1〕此文有冯承钧的汉文译文,载《吐火罗语考》,1958(如见于这种文献中的国王名字 Suwartep 正相当于《唐书》中的龟兹国王苏发叠等)。

〔2〕见西格的论文《反正是"吐火罗语"》("Und dennoch 'Tocharisch'",ABAW 1937,S. 130 – 139)。

世纪大月氏(或月氏)被匈奴击败后,西迁到吐火罗斯坦。其后代建立了著名的贵霜(Kushan)帝国,但汉文史书仍习惯上称之为大月氏。

我国唐代玄奘法师在《大唐西域记》中曾两次提到覩货逻(吐火罗),一为覩货逻国(今阿富汗北部的吐火罗斯坦),另一为覩货逻故国(在今新疆南部民丰县北部,约当今天的安得尔 Endere)。

我很欣赏贝利教授的"大月氏 = Tokhar"的理论。根据这一理论,许多说不清楚的问题都迎刃而解。许多年前我在前苏联《东方学问题》(1958?)上读到一篇关于大月氏西迁的文章。文章证明在两千年前从敦煌到西域南北道的生态环境远比今天要好,众多人员和牲畜通过是没有问题的(据我所知,晚至上一世纪 30 年代,大批哈萨克人连同牲畜一起尚能从哈密北巴里坤县东南迁到了敦煌一带,现为肃南阿克塞哈萨克自治县)。还有一个前人不注意的问题,就是从甘肃的姑藏(* Kuzan)到新疆吐鲁番的古名车师(* Kushi),到龟兹/库车/曲先(Kuci/Kucha/Kusan),到远达中亚费尔干(Fergana)的古都贵山(Kusan)城,再到贵霜/大月氏(Kushan)帝国。这些地名发音上的近似绝不是偶然的。这是否与月氏的古音 * Kushi/ * Kusi/ * Kuti 有关系?许多年前,当我在德国哥廷根(Goettingen)大学突厥学和阿尔泰学(现改名为突厥学和中亚学)研究所时,曾看到痕宁(Henning)一篇论文征求意见的打字稿(听说后发表在 Witfogel 的纪念论文集中)。这篇文章的核心内容是:根据古代小亚细亚和两河流域文献的记载,远在公元前三、四千年前,有说古代印欧语的 Kuti 和 Tukri 两支人(他们经常一起行动),从遥远的小亚细亚东迁到新疆和甘肃一带。痕宁认为这里的 Kuti 就是月氏,Tukri 就是回鹘文献中的 Toxri/Tuxri。

一些学者还认为保存在古代楼兰一带出土的近千件用佉卢文(Karoshthi)、世俗梵语(Prakrit)写成的木简中有近百个不明来源的词,为第三种吐火罗语(吐火罗 C),应为楼兰国的当地语言。最近我读到瑞士学者包默尔(C. Baumer)的德文新书《丝绸之路南道——湮没在塔克拉玛干沙漠中的古代文化》(*Die Suedliche Seidenstrasse - Versunkene Kuluren der Wueste Taklamakan*, 2002, Mainz, Philipp von Zabern 出版社），他也接受古代楼兰人说的语言为第三种"吐火罗语"的观点，并认为月氏是"吐火罗"的一部分。我则认为"吐火罗人"是月氏的一部分，而不是相反。

（原刊于《民族语文》，2006 年 6 期。）

11　古代和田塞语

近代新疆塔里木盆地考古学上的重大发现之一,为古代和田语文的发现和解读。19世纪末20世纪初以来,在和田及其周围地区以及敦煌千佛洞等地发现用一种古代婆罗米文(或称婆罗米文中亚直体)写成的大量写本残卷,是一种以前我们完全不知道的语言。开始时,人们既不懂这种语言,也不知如何称呼它,德人劳依曼(Leumann)开始时称它为"第二种语言"(Sprache Ⅱ),稍后又改称为北亚利安语(Nordarisch)。因他认为这种语言构成亚利安(印度—伊朗)语中的第三支(除印度和伊朗语外)。劳氏关于这种语言所占地位的观点虽然是错误的,所谓北亚利安一名也早已为人们所抛弃,但是他首先解读了这种语言。

实际上这种语言为一种东伊朗语,它在结构上具有更多的古代伊朗语的特点。因在词汇方面有许多印度语借词,所以使得初看起来不像伊朗语。

1914年挪威的斯坦·寇瑙(Stan Konow)发表题为《和田语研究》("Khotan Studies",刊于 *Journal of the Royal Asiatic Society*)的论文,证明了这种语言为古代和田地区当地居民的语言。由于它是一种古代塞(Saka)语,所以也称之为和田塞语,以示区别于其他塞语。

现存古代和田塞语文献多属3至11世纪初。参看贝利(H. W. Bailey)文,载《英国王家学会会刊》(JRAS),1972年第2期,103页。在语言方面存在方言(或时代上的)差别,据近些年来的研究,巴楚的塞语与和田塞语有很大的差别,代表一种较古的语言发展阶段。[1] 此外和田塞语本身又分为古代和田塞语和晚期和田塞语两个阶段,其间差

---

〔1〕但巴楚塞语使用北方古代龟兹、焉耆语的文字,即婆罗米字体中亚斜体。在文化J:属于古代龟兹—焉耆文化圈。

别变化很大。目前尚不见喀什塞语文献的发现。根据一些零散的材料,唐代喀什地区居民的语言也应为一种塞语。

目前刊布的古代和田塞语文献日益增多,内容有佛经、医学文献及世俗文书等。参看贝利(H. W. Bailey)、恩默瑞克(R. Emmerick)等人刊布的文书及译注。佛经有《金光明经》(*Suvamaprabhhsa -sutra*)、《僧伽吒经》(*Samghata -sutra*)、《佛本生赞》(*Jataka -stava*)、《普贤行愿经》(*Bhadracaryadesana -sutra*)、《金刚经》(*Vajracchedika -sutra*)、《无量寿经》(*Aparimitayus -sutra*)、《大般若经》(*Maha -prajnaparamita -sutra*)、《妙门经》(*Sumukha -sutra*)、《观自在菩萨赞》(*Avalokitesvara -stotra*)、《法华经》(*Saddharmapundarika -sutra*) 等;医学文献有著名的《*Siddhasara*》等。现存藏文的《于阗国史》等,有的学者认为应是译自古代和田语(原文已不传)。这里特别要提到一些用古代和田语写成的原作诗歌。例如一位古代和田诗人歌颂春天的诗(原写本现存苏联列宁格勒,编号为 E21),一位当时嫁到甘肃沙州的和田王 Shanira 的女儿写给其父母的怀念家乡的诗[1] (原写本现存法国巴黎,编号为 P2027),以及其他一些抒情诗。

用古代和田语写作的作家有实叉难陀(Siksananda)、提婆般若(Devaprajna)、尉迟尸罗(Vedyesila)等人。后者用诗歌体创作的《佛本生赞》长达六百多行,尤为珍贵。

关于和田一塞语文献及研究情况,详见恩默瑞克撰《和田语文献指南》(" A Guide to the Literature of Khotan", *Studia Philologica Bhuddhica*,东京灵友会刊,1979)。关于敦煌卷子中和田文书转写及译注情况,详见德莱斯登(J. Dresden)《和田文书卣目》。(载 *Acta Iranica*,XII,莱顿,1977)

(原刊于季美林主编《大唐西域记校注》,1985,北京,1004 – 1005 页)

_____

[1]见贝利的《和田文献》,第 4 卷,导言,第 13 节。

12　古代新疆塔里木盆地民族和语言考[1]

自从 20 世纪初新疆吐火罗语(按:我国学者一般称之为焉耆—龟兹语)发现、解读和命名以来,已过去一百多年;但是关于这种语言的许多基本问题,如名称、与其他族群语言的关系等仍然未能得到明确的(至少为大家公认的)解答。下面就一些有关问题发表我的看法,可能有助于问题的解决。这些问题对吐火罗学来说都是十分重要和有趣的,如说这种语言的人是如何称呼自己的,他们是如何被其他民族称呼的,以及这种语言使用的政治和社会环境等。此外,对于公元后一千年中这种(些)语言及其使用者社会、民族和语言学关系的研究,可能有助于弄清楚说吐火罗语的人是如何最后到达他们后来住地的。

12.1　甲种吐火罗语的(自己)命名问题

关于说甲种吐火罗语的人是如何称呼自己,或者他们是如何被其邻近民族称呼的问题,存在不少争论。Agni, Argi, Arśi, Twҳry 这些名字一度都被认为是当地的名称,或者是"甲种吐火罗王国"(其中心城市为焉耆,维吾尔语为 Qarashahar)当地名称的不同反映。

12.1.1　Agni

此为新疆焉耆的梵文名字,也写成 Agnideśa 或 Agniviṣaya(焉耆国)。这个地名普遍出现在新疆出土的梵文文献中,指焉耆。此外,图木舒克(Tumshuq)塞语文献中写作 agñ(y)e xšera"焉耆国"。这里要指

---

〔1〕此文据 D. Q. Adams 文 "Some Observations of Peoples, Places, and Languages in the Tarim Basin in the First Millennium AD"(《古代塔里木盆地民族、地名和语言考》,载 *Tocharian and Indo-European Studies*, 9, 2000)编译而成。作者说他要感谢研究新疆古尸的专家 J. Mallory 提出的有关语言学和民族学材料对考古学家了解史前新疆民族迁徙运动有所帮助的问题。译文中有关论文除英文外,为方便读者,德、法文的都译成中文。

出图木舒克语是一种新发现的东部伊兰塞语，它与和田塞语有很近的关系，地方在今南疆巴楚县境内。第三个证据就是 7 世纪著名汉族僧人玄奘路过该地时，称之为阿耆尼。英国的贝利认为是它是梵文 Agni 的汉文写法（Bailey，1985）。但玄奘是亲历其地之人，他很可能是亲耳听到当地的发音，而不是根据书面梵文转写的。

1937 年泽格（E Sieg）又从乙种吐火罗语文献中为 Agni 一名字找到一个证据。它是 1907 年被俄人 Berezovsky 从库车携回，并为法国学者列维（S. Lévi）于 1913 年所刊布[1]的一件写在木简上的行政文书。其中重要的是出现了龟兹（库车）王金花（Suvarṇapuṣpa）的名字，日期是此王在位的第五年。我们只知此王死于 624 年，在位时间不明，所以在位第五年所指确切年代不明。他死后，其长子金天（Suvarṇadeva）继位。[2] 法国的皮诺教授建议为 7 世纪的第一个 25 年（Pinault，1998：6）。由于金花王是个有名的历史人物，他在位的时间可能较长，所以该文书可定为比属于 641—656 年的乙种吐火罗语"过所"（通行证）要早三四十年（Pinault，1987）。该木简右边有破损，但至少正面破损不大。下面是列维刊布的原文（其中"sic"字样表示"原文如此"，是后加上的）：

r（1）... kc 'kṣumtsa［sic］ swarnabūspe länt' kṣu///

（2）/owä preke（y）urpāṣkeṃ sankrām = ne mäsk ñca///

（3）purnāyä ñ 'm（ś）amaṣkaṃ［sic］tsukäle（pe）ñä tärkäte（tuce）///

（4）akeñe ypoyämoko n' ñipne

v（1）käw... tsi ñ（c）yaśo（naka）ttse soyä（la）raṣk

---

〔1〕现在编号：俄国科学院东方学研究所彼得堡支所 SI P/139d。见 Pinault（1998）：Economic and Administrative Documents in Tocharian B from the Berezovsky and Petrovsky Collections. Manuscripta Orientalia，4：3 - 20.

〔2〕皮诺在 Pinault（1987：85）一文中根据库车千佛洞中墙上一处记有 12 生肖的文字，概算了金天的在位年代。金天在 646 年为其弟轲梨布驶所继位。王朝的第四位成员金果（Suvarnaphala）也见于吐火罗语 B（乙吐）文献（420b4）。他似为 Suvarnapuspa 之父。库车出土的梵文文献提到第二个 Suvarnapuspa 及 Vasuyasas，Artep（后一名为 Harideva 的吐火罗语形式？），以及 Tottika（为乙吐 * Tottike 的梵文化形式）的名字（Lueders，1940：167）。

·欧·亚·历·史·文·化·文·库·

´s ātuma///

(2)(p)urnakki procer purnakṣeme　　　　akeñe pi e///

(3)ṣṭakule　　　　　　tyutisāwä///

(4)atsiñe yoñiya tse śiñcake sutasomi procer ///

(5)r(ṣa)ṣṣe kaparcitayä śamaśkemtse tsukäle///

皮诺教授重新研究了该文书,并提供了他的下列修正本(他强调说仍是初步的):

r(1)p[i]kkc[e][sic] kṣu[ṃ]tsa Swarṇab uspe[sic] länte kṣu[ṃne] ///

(2)cauwᵃ preke Yurpāṣkai sankrāmne mäskeñca sā[nk] ///

(3)Purṇāyä ñ[e]m śamaśkeṃ tsukalememñᵃ tärkäte tuṃtse ///

(4)akeñe ypoyᵃ-moko Nāñiṣte

v(1)Käwotsiñe Yaśotarkontse soyä laraśk[e]　　　　śatumaṣ[e]///

(2)Purnakki procer Purnakṣeme　　　　akeñepi e///

(3)Ṣṭakule　　　　　tyuti sawä///

(4)atsiñe yoñiyatse Śiññcake Sutasomi procer ///

(5)... ṣeṣṣe kaśecitāyä śamaskeṃtse tsukäle k///

下面的译文是初步的:

正面

(1)在金花(Suvarṇapūṣpa)王统治的第五年///

(2)那时候,僧众在 Yurpāṣka 寺院///

(3)从 tsukäle[1] 释放了名叫 Purṇāya 的男孩。为此(证明人是)...///

(4)……焉耆(akeñe)国长老 Nāñiṣte

反面

(1)……Yaśonaka Purnakṣema 之爱子

―――――――――――――――――

[1]乙种吐语此字似有"抚养"之意。

（2）Purnakke

（3）Ṣṭakule 之兄弟

（4）

（5）

文书的确切含义虽然不清楚,但正面最后一行的意思是清楚的:
ypoyⁱⁱ-moko 似为某种官号。此官号的复数为 ypoymokonta,也出现在一
尚未刊布的"过所"及最近刊布的行政文书中(Pinault,1998)。那里它
被说成是 Santantirsi ypoymokonta,即为 Santantir(地名)的 ypoymokonta。
皮诺建议译后一字为"乡老"(Pinault,1998),并比做楼兰佉卢文书中
的 kitsaitsa(此字在印度西北俗语中有行政和法官的意思)。总之此字
似为地方官的称号。所以 akeñe(akeññe 形式更好)应为地名。因为
yurpashka 寺院地近焉耆(Pinault,1987),所以 akeñe 应指焉耆,也就是
Agnideśa(焉耆国)。[1]

12.1.2 Arg/Ark

Arg/Ark[2] 作为焉耆地名的证据来自伊兰语和汉文史料。伊兰语
方面有吐鲁番出土的中古波斯语文献中的 ʼrkcyk(*Mahrnamag*)和粟特
语文献中的 ʼrkcyk(*Nafnamak*)[3]。在古代于阗语中为 argina-(钢和泰
地理卷子,那里出现诸如 yirrūṃciṃna kaṃtha〔乌鲁木齐城〕,camaiḍa-
baḍaika nama kaṃtha〔名叫 Chamil-baliq 的城〕,arginva bisa kamtha〔位
于焉耆 Argina 的城〕,ʼermva bisa kamtha〔Erma 中的城〕,phalayaka ka-
mtha〔Bulayiq 葡萄沟城〕,tturpana kamtha〔吐鲁番城〕等地名)[4]。但
这些材料都不能绝对证明 Arg/Ark 就是焉耆。最好的证据来自粟特语
的《国名表》(*Nafnamak*)文献,那里 ʼrkcyk 一名紧跟在喀什、和田和库

〔1〕文书为焉耆官员书写,他当然知道自己国家的名称。由此知乙吐语也为焉耆的寺院共同
用语。

〔2〕Argi 的形式实际上不存在。只有在和田文的形容词形式 argina-中,可见到以 i-结尾的根
词。

〔3〕还有 *Mahrnamag* 187 行的 paδ manistan i Ark "在焉耆寺院中"。又见于一中古波斯语赞
美诗中:šhrʼyʼrq"焉耆城"。

〔4〕Bailey,1969:72,Ⅱ.22-23;时间分别为 856 到 1028(Mair,1990:27)。

车之后,显然第四个城市应是焉耆(Henning,1938),也就是所谓"四镇"之一。否则倒是令人奇怪的。从汉语历史音韵学的角度来看,焉耆是 Argi 的中古汉语的转写也是没有问题的。这一点也可从汉文文献中的"安息"(＜aršaka)、"鄯善"(＜Charchan)等得到证明(按:原文中的 ar 在现代汉语中都读成收鼻音的音节)。

12.1.3　Ārśī

有的学者认为甲种吐火罗语中的 Arśi 一名(如 arśi ype "Arśi 国",arśi kantu "Arśi 语")是指焉耆。此理论早在 1918 年就为泽格提出,后又为 Van Windekens 所支持(1941)。虽然后者早已放弃这种论点,但至今仍有人持此观点。关于 arśi 一词的正确解释早在 1936 年已为贝利,1938 年为痕宁所作出(贝利于 1947 和 1985 再次论及):该词是经过诸如和田塞语等伊兰语对梵文中的 ārya(神圣的)一词的翻译而形成的。造成这种混乱的原因主要是由于文献上下文的过于残破。在不同的甲种吐火罗语文献中,该词共出现 8 次,2 次(A－63a3,A－90a2)是作为格律名出现的,2 次(在同一写本,即《弥勒授记》〔*Maitreyavadanavakarana*〕A－229b7,A－236b1)是作为复合词 ārśi-käntu "圣语"出现的。根据上下文,它不是语言名字。在一未刊布的残卷中,出现 ārśi-ype "圣国"(Sieg,Siegling,Schulze,1931)。在后三处,该词可理解为民族名。但尽管如此,出现该词的所有文献都译自混合梵语(Hybrid Sanskrit),所以绝不能认为是指甲种吐火罗语,或指任何印度境外的语言或民族。所以我们有理由认为 ārśi 相当于和田文的 asi "和尚,比丘,ārya"(Bailey,1947),ārśi-ype 是梵文 aryadeśa "圣地"的同义词,而 ārśi-käntu 是梵文 āryabhāṣa "圣语"的同义语。总之,ārśi 一词与甲种吐语的名字没有关系。

12.1.4　结论和词源问题

所有证据都说明甲种吐火罗王国在公元第一千年后半期有两个名字:Argi 及 Arg/Ark(一为梵文,另一为伊兰语)。贝利试图调和二者(1985),认为梵文形式是世俗梵语 *aggi 的过度梵文化的形式,后者历史上反映的是伊兰语和汉语的 *argi。但他认为梵文的 Agni 是假设中的世俗梵语 *aggi 的非正确梵文化的观点,是不能令人信服的。其次,是不见具有这种意义的世俗梵语形式＊aggi。贝利还认为阿耆尼（Agni）是梵文化的形式，而不是当地的实际发音。这一点说服力也不大。他也未讨论乙种吐火罗语中的 akeñe 一名。

虽然二者发音相似，但历史上二词的含义不同。Arg/Ark 是城名，Agni 是国名。Agni 应为吐火罗语词。乙种吐火罗语的 akeññe 来自原始吐火罗语的＊ākeñye，后者相当于甲种吐火罗语的＊ākñi，它是梵文、图木舒克语、玄奘书中写法的原本。在吐火罗语中，＊akenye 的词源只有一个，那就是来自＊ake（乙种吐火罗语 āke，甲种吐火罗语 āk）"末端"（Sieg,1937）的形容词。此字应有"在边上"（比较乙种的 akañc,甲种的 akiñc,"远的"）之意，也就是指"边地"。

＊arka-(是伊兰语和汉语名字的原本),不管起源是吐火罗语抑或是伊兰语，都为"堡垒"或"垒"之意，来自原始印欧语的＊$h_2$erk"持有，包含"。可与亚美尼亚语的 argelum"持有"，希腊语的 arkeo"挡住"，拉丁语的 arceo"保持"，赫梯特语（Hittite）的 hark-"持有"作比较；特别是新波斯语的 arg/ark"小堡垒"，帕列维语的'rkpaty"堡主"。此字也可能在甲吐中为当地词语，而作为根词存在于乙吐 ārk-,意为"要做……"。我们可以认为伊兰语和汉语的名字来自甲吐对焉耆的称名，而这个吐火罗词可以追溯到原始吐人到达塔里木盆地之前借自伊兰语的"城垒"一词，就像乙种吐语中的 newiya"水渠"（Adams,1998）一词一样。[1] 这样，甲吐的＊Ark 可能是来自另一印欧语的借词。

12.2 Twχry:甲种吐火罗语别的（外部）称呼问题

12.2.1 问题的历史

在西域（中亚）命名问题上再也没有比"吐火罗"一名更复杂的了。

---

〔1〕贝利认为(1985)焉耆城名是吐火罗人到达以前月氏西迁的残留，这一观点很难被接受。另外，不能认为汉文和伊兰语的形式与具有"白"（甲吐 arki,乙吐 arkwi）的意义的词有关，虽然从音韵学的观点来看是可能的。还有，"白（城）"一名在吐语中是阴性，而 ārki 的阴性形式是 ārki$m$,来自更早的形式＊ārkinā。

提出问题的是 1908 年泽格、泽格灵的文章,那里根据回鹘文《弥勒会见记》(*Maitrisimit/Maitreyasamiti*)的一则题跋文,把甲吐等同于古典作家说的大夏(巴克特里亚〔Bactria〕)的 Tokharoi(吐火罗)。那则跋文说(据 1916 年 Mueller〔"Maitrisimit und Tocharisch", SPAW〕和 1949 年 Henning 文〔"The Name of the 'Tokharian' Language", *Asia Major*, NS I〕):änätkäk tilintin toxri tilincä yaratmis(从印度语制成吐火罗语),又 toxri tilintin türk tilincä aqtarmis(从吐火罗语译成突厥语)。因为《弥勒会见记》只存于甲吐语中,于是泽格、泽格灵作出如下 4 个结论:(1)回鹘文的《弥勒会见记》(*Maitrisimit*)是甲种吐火罗语 *Maitreyasamiti* 的译文;(2)甲种吐火罗语(Tocharian A)= toxri;(3) toxri = Tocharoi;(4)toxri(=甲种吐火罗语〔Tocharian A〕)人是来自吐火罗斯坦(Tocharistan =大夏〔Bactria〕)的移民。他们于是认定这种在新疆塔里木盆地新发现的印度—欧罗巴语为"吐火罗语"。他们始终坚持这个名字,虽然提不出多少论据。这里不可能详细介绍世界各国学者对这个问题正反两方面的意见。我只能说,对前两个结论,反对的比赞成的多;第三个只为一些学者接受,他们认为吐火罗人与 Tocharoi 祖先在他们居住在甘肃时存在关系[1];第四个一般无人赞成。第一及第二种意见似较有力量。对缪勒和泽格、泽格灵而言,梵文 > 甲种吐火罗语(toxri 语) > 突厥语是当然的顺序。如我们不接受他们的前两种意见,而提出梵文 > toxri tili(toxri 语) > 突厥语,或梵文(> toxri tili) > 甲种吐火罗语 > 突厥语,那样,所谓 toxri 语应为大夏的古典 Tocharoi 人使用的

---

[1]汉文史料中吐火罗被称作月氏。他们作为居住在甘肃一带的游牧民进入历史,公元前 2 世纪中期遭到匈奴人的攻击而西迁,最终到达大夏(巴克特里亚〔Bactria〕)。另一小部分——小月氏退保甘肃西南部的山区。汉代的历史学家认为月氏与吐火罗人是同一个民族。著名的汉文佛经的翻译家鸠摩罗什(Kumārajīva,其母出身库车王族)在 5 世纪初翻译梵文 Tukhara(= Tocharoi)为小月氏。7 世纪中期的玄奘说,鄯善(塔里木盆地东南)境内的 Saca(今之安得悦〔Endere〕)为睹货逻故国。这一点支持 Tocharoi 与吐火罗同一说,因为鄯善国的当地语言一般被认为是与甲、乙两种吐火罗语有很深关系的丙种吐火罗语(Tocharian C)。大约在同时,和田画家尉迟乙僧(Viśa Irasamgä)被汉族人视作胡(当时一般指称伊兰人)和睹货逻人(Bailey,1985)。藏语中 thogar 用来指西藏东北部(因小月氏住在那里?)和吐火罗(Tocharoi),但一次也用来指和田(Bailey,1985)。到 7 世纪时,吐火罗/thogar 一名已使用得十分宽泛,其原来的族的含义已不清楚。

东伊兰语,这种语言除少数极残的碑文外,没有留下什么书面的东西,虽然其他与其一起使用的东伊兰语,如粟特语、中古波斯语、中古安息语及华拉子模语留下了许多书面的东西。

缪勒为了强调《弥勒会见记》吐火罗语(toxri tili)本的作者圣月(Aryancandra)与大夏的关系,把其出生地读成 Nagaradeśa(今喀布尔南的 Jalalabad 地方),后为痕宁(Henning)纠正为 Agnideśa(焉耆国)。据我所知,痕宁的读法从未有人提出过挑战。那么,圣月的母语应为焉耆语,即甲种吐火罗语,而 Toxri 语应为其突厥语的名字。

12.2.2 "四 TWΓRY(吐火罗)"问题

当时这一称谓为泽格、泽格灵所不知道。使吐火罗(twɣry)问题更加复杂化的是该名字前又加上数字"四"作为地名。该地名首先出现于九姓回鹘可汗碑,也即哈喇巴勒哈逊(Qara Balgasun,回鹘汗国的首府)碑,此碑用粟特、古代突厥和汉文 3 种语文写成。碑文(粟特语部分)在历数回鹘可汗的功绩时,提到消灭了强大的吐蕃和四 twɣry(ctβ'r twɣr'kc'ny)军队。这里指 791—792 年在北庭和库车等地,回鹘对藏人及其同盟军之战。根据碑文的上下文,这里的 ctβ'r twγ'k 明显是在北庭或库车附近或在二者之间(Henning,1938)。其他两处提到"四 twγry"的是,一为用中古波斯语写成的摩尼教赞美诗,一为用突厥语写成的提到摩尼教教区的摩尼教书籍的跋文。中古波斯语的为:mry wh(m)n xwexsyd hmwc'g ('y) hwr's'n p'ygw(s) n'mgyn s'r'(r) ch'r twγryst'(n)(教师 Wahman,东方教区的导师,四吐火罗国的著名〔宗教〕首领……)(Henning,1938)。突厥语的为:mr wγmn γy'ryzd twrt twγry d'qy 'wlwγ mwz'k(教师 Wahman-hayaryazd,驻跸在四吐火罗的大主教)(Henning,1938)。

帕米尔以东摩尼教教区的名称是一个地理概念,而不是政治概念。"四吐火罗"军则为政治的,指一国或国家的四部分。而摩尼教教主在吐鲁番盆地的驻跸地高昌,则说明"四吐火罗是个地理概念"。另一个支点是 twɣry 语(twɣry tili)是焉耆的语言。这样,吐火罗的两个地方似在吐鲁番和焉耆(Agnideśa)。写于 800 年的粟特文 Mahrnamag(约与哈喇巴勒哈逊碑同时)文献提到隶属于回鹘帝国的塔里木盆地北部对摩尼教友好的小国统治者。这些国家可分为 5 组（Henning，1938）：

（1）panžkanθe xwaδay = Bisbaliq 别失巴里

（2）činankanθe xwaδay = Qoco 高昌

（3）'kwcyk sirtuši（'kwcyk = akucik） = Kucha 库车

    （a）kaše xšeδ = Kashghar 喀什

    （b）parwanč jaβγu = Aqsu 阿克苏

（4）arkčik xwataw = Qarashahr 焉耆

（5）'wcwrcyk xwataw（'wcwrcyk = ucurčik） = Uč 乌什

    如果我们把别失八里不算作在吐火罗语地区之内，那么其他 4 国（包括库车的 2 个属国）应组成"四吐火罗"。

    总之，我们认为，除《弥勒会见记》的材料外，其他回鹘、中古波斯、粟特语的材料说明：在新疆别失八里和库车之间（包括吐鲁番盆地）存在一个吐火罗（twγry）政治实体。《弥勒会见记》说明 twγry 一名不仅是政治实体名，也是语言名称。很可能它是焉耆当地的语言，至少回鹘人是这样称呼甲种吐火罗语的。因为这个回鹘词是某种中古伊兰语借词，所以很可能这个在中古波斯语和粟特语中与回鹘语有关系的词也是指甲种吐语。

12.2.3　吐鲁番（Turfan）

    如认为 twγry 的发音是 tuγre（或 toγre，tuγare，toγara 等），那么似乎构成 twγry 基础的 * twγr 留存在 Turfan（吐鲁番）一名中。twγr 的中古波斯语复数形式为 * twγr'n 或 tuγran（按：-an 为中古波斯语复数字尾）。音组 -γr- 在中古伊兰语中，特别在与元音 -u- 接近时不稳定，容易换位或者 -γ- 变为 -β-（波斯语名 Marv 来自古代伊兰语 Marγu-，但与其有关的河名波斯语是 Murγ-ab）（按：ab 为"水、河"之意）。所以 tuγran 可变为 turβan，再变为 turfan。吐鲁番一名的来源很可能是这样产生于第一个千年的后期。一件敦煌出土的属于 10 世纪的回鹘文写本作者——一位来自回鹘王国的使者（粟特人）自称为"turfan-liγ"（吐鲁番人）。其他两个稍晚一些的文献，一为摩尼教的，另一为景教的（都属于1200年以前),也提到吐鲁番一名(Mair,1990)。钢和泰和田塞语卷子(敦煌出土,写于865至1028年之间)中也有turpana kamtha(吐鲁番城)的字样。Turfan一名的产生也可能与通过汉语的中介有关,所以turpana kamtha所表现的中古波斯语>汉语>和田塞语,或者中古波斯语>汉语>回鹘语的转换情况,如考虑到吐鲁番盆地多民族、多语言的环境,那就不奇怪了。同样,现代维吾尔语中的Kucha(库车)是稍后借自汉语或粟特语,而代替稍早的回鹘语中的Küšan(曲先)(比较"高昌"一名后在维吾尔语中变为Qocho)。

12.2.4 关于伊兰语的TUΓRA-/TURA-

语音上同等的tuɣr-出现在伊兰世界的最西南部。在沙普尔(Sha-pur,266年)的多种语言的碑铭中,我们见有中古安息(Parthian)语的twgrn(tuɣran)(其中古波斯语、希腊语形式不存),其换位形式twrgstan(turɣastan)相当于中古波斯语的twrstn(turastan)和希腊语的tourēnē。这些表明现在位于巴基斯坦中南部的东俾路支斯坦与萨珊朝帝国的隶属关系,即为Sakan-shah的领地。在312年的波斯波里斯(Persepo-lis)的碑文中,同一地区写作tgwl'stn(tɣrastan,这里发生像粟特语一样的ɣ与u的换位现象)。这些tuɣran~turɣan人既不是吐火罗人,也不是伊兰人,而是说原印度次大陆Dravidian语的Brahuis人。考虑到原始伊兰语的-gr-(中古伊兰语*-uɣr-)可能在阿维斯塔(Avesta)语(按:即古代波斯语)中已变为-ur-,所以可以把新疆塔里木盆地的twɣr-及俾路支斯坦的twɣr-/twrɣ-/twr-与巴列维书(Book Pahlevi)/阿维斯塔语的tura-(伊兰人北方的宿敌的名字)联系起来,即指伊兰世界(Eranshahr)边界外的非伊兰人。

12.2.5 TWΓRY与TOCHAROI

总之,问题是:塔里木盆地的twɣry是否等同于大夏(巴克特里亚〔Bactria〕)的吐火罗(Tocharoi)?有两大理由反对这一理论。现在我们有大夏吐火罗人留下的碑文(公元第一个千年贵霜〔Kushana〕诸王的碑铭),语言为一种中古伊兰语(Middle Iranian)。再说,语音上也不完全符合:Tocharoi一名的第二辅音是清辅音,而在twɣry一名中则为浊辅音,且 Tocharoi 中 -r-前为长元音,twɤry 中则无元音。当然后来说中古伊兰语的吐火罗人也可能以前说另外一种语言,当他们迁居到大夏后,受到周围环境的影响而改说伊兰语。

公元前 2 世纪,中国的历史学家司马迁说:大宛(Fergana)以西直到安息(Arsacid)各国说不同语言,其风俗相似,语言可以互相听懂。

一般说来西部中亚流行中古伊兰语。司马迁的记述过于笼统。严格说来,这点不适用于大夏的吐火罗,因为后者并不紧靠大宛的南部,也不位于后者与安息之间。总之,不管吐火罗精英分子说什么语言,在他们离开甘肃两代人后,至少已变成操双语的了。对当时的中国访问者来说,好像都说一种语言。

反对 Tocharoi 等同于 twɤry 的观点也成问题。我们不知道 Tocha-roi 人如何称呼自己。最早的西方材料见于希腊和拉丁的作者。Strabo(1 世纪)引用 Apollodorus 的材料,提到 tocharoi(在大夏),Pliny(也为 1 世纪)称同一族人为 tagorae(通过希腊语中介)。而 Ptolemy(2 世纪)说 thogara 在甘肃(Ptolemy, Book Ⅵ, chapter 161),takhoroi 在粟特北部(Ⅵ.121)及 tocharoi 在大夏(Ⅵ.11)。

Tocharoi 的梵文名字的年代不十分清楚,总之在吐火罗人到达大夏之后,它们是 tukhara-、tuśara-、tokṣara-、tusara-、tuṣkara-(< *tukṣara)(详见 Bailey,1985:126)。汉文作睹货逻、吐火罗。伊兰语粟特语的名字为 'tɤw'r'k(见于约800年的 Nafnamak)及 tɤw'r'k,应来自较早的 *tuxarak 或 *tuɤarak。从粟特语产生和田塞语的 ttahvara。波斯—阿拉伯语为 tuxaristan/taxaristan。所有这些让我们构拟甲种吐火罗语的原始形式为 *tuɤra。

这里还要顺便提到敦煌出土的《西天路镜》一书(约属于公元第一个千年下半期)称高昌和龟兹(库车)之间的地方为月氏。该地只能是焉耆(Chen,1998)。总之,在中国传统上常把月氏与焉耆(Agnideśa)等同起来,也就是与大夏的吐火罗等同起来。

12.2.6 结论与词源

从语言学的角度,我认为 tuɤra-,tuɤara-历史上是指说伊兰语的民族。泽格、泽格灵使用此名命名塔里木盆地新发现的印度欧罗巴语是无可指责的。这不是说因为甲乙两种吐火罗语的使用者是大夏吐火罗人的后代,他们从甘肃西迁后又回到新疆,而是说他们原来就是有关系且是相邻的族群,只是被月氏—吐火罗人(Tocharoi)的西迁所分开罢了。月氏—吐火罗及甲乙两种吐火罗语使用者所属的较大的一组称呼自己(至少一部分)为 * tukre 并被伊兰人称作 * tuɣra-。

* tukre -/tuɣra - 一名可能为吐火罗或伊兰起源。如为吐火罗起源,那它被其伊兰邻人借用,用来泛指"非雅利安人"(non-Aryan)及中亚突厥、蒙古等伊兰民族的北方邻居。如果这个词是来自伊兰语,它当是被一支吐火罗人——月氏人借用为自称,在他们入住于伊兰人中间后。

在这种情况下,有些像历史上曾是说原始日耳曼人邻居的凯尔提克(Celtic)部落名 Volcae 一样,这个名字借入原始日耳曼语后成为对外族人的一般称谓,在古英语中 wealh 有"外族人,Welshman(威尔士人)"之意。在古高地德语中为 walah(说拉丁罗曼语的人)。

第二个假设对出现在甘肃的 Thogara 一名(Ptolemy, Book Ⅵ, chapter 16)未提出解释,但人们可设想是通过粟特语中介,也即 * tuɣara(城)。这两种假设都是可取的。

12.3　关于 Kucha(库车)一名

与焉耆国(Agnideśa)不同,我们知道库车王国的自称。一些属于7世纪的龟兹语"过所"(商队通行证)中有 kuśiññe orotstsc walo × × "龟兹大王某某"的在位年代。形容词 kuśiññe 来自名词 * kuśi,相当于汉文的"龟兹"(古代发音 Kuw-dzi),梵文的 Kuci,粟特语的ʼkwcyk/ʼkwcyq,和田语的 akuśi,早期突厥语(9世纪)的 Küšän(现代维吾尔语的 Kucha/Kuchar)。此名(梵文、汉文,可能也包括粟特文)最早出现在1世纪。中间辅音的变化反映原始吐火罗语的 * -c-变为见于乙种吐火罗语的-ś-,这种变化大概发生在公元后最初几个世纪。现代突厥语的发音 Kucha 可能来自汉文或粟特文。

应注意在汉代 * kuci 是国名(也可能是族名),而不是城名。唐代时它既是国名,也是城名。所以人们怀疑 * kuci(古代汉语龟兹 kuwd-zi)和月氏(中古汉语 ŋuat -tçia)或其变体禺氏等的相似,不是偶然的。古汉语的写法似乎表达了非汉语的 * guci 及类似的发音。因为月氏一名为汉人所知是在公元前第二个千年末(Lin,1998),我们要问这些汉文的写法在古汉语(不是中古汉语)中的发音是什么? 这是个非常困难的问题。中古汉语的发音可能是 * -ty-,而不是 * -c-,但古汉语的 -ty- 可能是非汉语的 -c-的最合适的代替音。如果库车(Kucha)与月氏(Yu-ezhi)二字有关系,那就说明吐火罗语中塞音浊声的消失不是发生在公元前一千年,这就为从原始印欧语到吐火罗语语音发展的绝对年代学的重建提供了另一论据。

12.4 Kᵘcaññe işcake

在过去 40 年关于大夏吐火罗与新疆塔里木盆地亲人关系讨论中的一个话题就是 tokharika = kᵘcaññe işcake。它见于一件梵语—乙种吐火罗语双语文书中(Vorob'ev -Desjatovskij,1958)[1]。关于这个问题的讨论参见 K. T. Schmidt 的文章(1994)。人们普遍认为这里的 tokharika 应为 tokharikā 的错字,意为"吐火罗女人"。根据梵文,kᵘcaññe işcake 应为"库车女人"之意。但这里存在不可克服的障碍。第一,kᵘcaññe 不是预料的"库车"一名的形容词形式,而应是 kᵘśiññe。第二,işcake 不是表示"女人"之词。此处梵文的 tokharika 应是格鲁吉亚语 t'oxarig -i, t'oxarik' -i, t'uxarig -i(Bailey,1950)一词的源头,意为大宛(Ferghana)的"汗血马"。如是这样,那么 işcake 应为"良种马"或与其相近的意义。而 kᵘcaññe 应为乙种吐火罗语中指称中亚城市霍占特(Khojand)的对应形式。不像 ārśi(以前误认为是焉耆之名)一名已退

---

〔1〕它不是像沃氏所说,是件双语字典,而是件梵语与乙种吐火罗语对照词汇,乙种吐语是前面梵语的翻译。可惜的是此件文书两种语言的文字太残,以致不能提供什么有用的内容。

出历史舞台,kʷcaññe iṣcake 一语值得进一步研究。

12.5　谁是 SAKA-RĀJĀ(塞王)?

吕代尔斯(Lueders,1940)刊布的一梵文文献(约属 7 世纪)[1],内中提到有三王隶属于龟兹(Kuci)。它们是 Bharuka-rājā(跋录迦王),Saka-rājā(塞王),Hecyuka-rājā(于祝王)。第一、第三地名分别相当于阿克苏、乌什,但第二(Saka/塞)则不明。英国的贝利教授两次讨论了这个问题,1982 年他说就是莎车。1985 年他说存在两个 Saka,一为莎车,另一为沿 Toshkan 河,位于阿克苏与乌什之间之地。这两种意见都不能令人满意。

说 Saka 是今莎车(Yarkand),历史上是站不住脚的。清代学者的这一错误是由于对文献理解的错误。再说《汉书》中的材料也不完全可靠,有时可发现明显错乱之处。根据各种材料判断,这里的塞王应位于叶尔羌河与喀什噶尔河的下游,今图木舒克—巴楚一带。通过这些年学者们对巴楚出土文献(所谓图木舒克塞语文献〔Tumshuqiese〕)的研究,我们知道那里的文化(宗教、文字等)与北部的龟兹文化是一样的(而与和田王国的不一样,虽语言与和田王国的语言同属于伊兰塞语系统)。为此,不像中亚伊兰语民族那样,称焉耆为 Ark/Arg,而是称为 Agni(agñye)(像龟兹人一样)。所有这些都说明巴楚—图木舒克属于龟兹/库车文化圈。所以这里的塞王与莎车没有关系。

12.6　结语

总结此文,我们的结论如下:第一, *Ārk 原为“堡垒”之意,为甲种吐火罗首府之名; *ākñi 原为“边界”之意,为说甲种吐火罗语的国家之名,梵文为 Agnideśa。*Ārk 也为大部分伊兰语邻和汉(但不包括乙

---

〔1〕H. Lueders, "Weitere Beitraege zur Geschichte und Geographie von Ostturkestan"(《对新疆历史与地理研究的再贡献》),*Philologica Indica*,1940.

种吐火罗、图木舒克或梵文)用作国名。Ārśi 一名与焉耆(Agnideśa)或甲种吐火罗无任何关系,实际此词为梵语,意为"神圣"。第二,甲种吐火罗语和人民以及大夏的吐火罗(Tocharoi)被伊兰人和回鹘人(至少在历史上)用同一名字称呼。也就是说,历史上同一名称被伊兰人作为一般对东北和东南部非亚利安人的称谓。Tocharoi 一名中增加的元音说明它至少是那组人的自称。可能该名也扩展到说乙种吐火罗语的人,如果他们也属于"四吐火罗"(tört tuɣri)范围内的话。

再有,在西边对龟兹王国的乙种吐火罗语名字是 kuśi,它是较早月氏(∗kuci,它是公元初被梵文和汉语借用时的发音:汉文龟兹 Kuci / kuwdzi)。这个月氏(∗kuci)似读作 ∗ŋu(a)dçia——Tocharoi/月氏的古汉语发音。另一方面,梵文 tokharika 与乙种吐火罗语 kʷcaññe iṣcake 的等同问题尚不能证明 Tocharoi 与吐火罗人有关。最后,在公元后第一个千年下半期从属于龟兹的塞王(Saka-rājā)王国是指汉代的莎车,相当于现在的巴楚(Maralbashi),而不是现在的莎车(Yarkand)。

总之,大夏的吐火罗(Tocharoi)与月氏(这一点为中国历史家所认定)、大夏的吐火罗与说甲种吐火罗语的人名称的等同,说甲种吐火罗语的人与月氏(根据《西天路镜》等汉文地理文献)以及库车和月氏的等同问题,都强烈支持当年泽格、泽格灵的论点,就是大夏的吐火罗(Tocharoi)和新疆塔里木盆地的吐火罗人(Tocharians)是一回事。尽管吐火罗一名可能不是地球上印欧语中最靠东的一支语言的最合适名字,但它也不是没有原因的。

13 若干古代突厥语的考释[1]

下面拟从哈萨克语的角度对若干古代突厥语词进行考释,敬请方家指正。

13.1 qïd-

2000 年 9 月,我应邀去土耳其伊兹米尔市参加了第四届国际突厥语研讨会后,又前往土耳其首都安卡拉访问了土耳其语言学会(Türk Dil Kurumu)。在那里,该会会长耶尔吉拉松(A. B. Ercilasun)教授赠送给我几册《突厥语研究年鉴》(*Türk Dili Araştırmaları yıllığı—Beleten*)。在 1993 年卷中(1995 年出版)我读到他一篇非常精彩的文章,名为"Bir kişi yanılsar oğuşı bodunı bişükine tegi qıdmaz ermiş"(汉译文:《一个人若犯错误,连其族人和摇篮中的婴儿都不放过》,阙特勤碑南面第 6 行,毗伽可汗碑北面第 4 行)。在这篇文章中,他旁征博引地讨论了鄂尔浑碑铭中这一句子中的动词 qıd-。在文章的末尾,他引用了马赫穆德·喀什噶里(Mahmud Kashghari)的《突厥语词典》(*Diwanu Lughat at-Turk*),并把动词 qıd-与名词 qïdïɣ(边缘、边界、界限)相联系。他说:"... 'qıd -' fiiline herhangi bir şeye kıyı, kenar, sınır, hudut yapmak anlamını verebiliriz. Bu anlamı metinimize tatbik edersek,şu sonucu elde ederiz: 'bir kişi yanılsa, kabilesine, milletine, evine, eşigine kadar kıyı yapmazmış.'"(汉译文:"'qıd-'一词有为某物定边之义。此词用在此处,应译为:'一人犯错误,连其部族、家庭、屋门也无限制。'")在我看来,他的考释仍未切中要害(此处暂不讨论他把这一句中的 bişük "摇

---

〔1〕此短文原为应国外一位哈萨克语词汇学家的邀请为其撰写的英文祝寿文章。汉文发表在《民族语文》2002 年第 4 期,英文发表在匈牙利科学院《东方学报》(*Acta Orientalia Hungarica*),2002 年,卷 55(4)。

篮"一词分别译为 eb"家"、eşik"门"二词的问题)。

需要指出的是,在过去一个多世纪中,许多突厥学家都错误地理解和翻译了这一动词。例如,最先解读鄂尔浑碑铭字母的丹麦著名语言学家汤姆森(V. Thomsen)在《鄂尔浑碑铭解读》(*Inscriptions de l'Orkhon Déchiffrées*,1896,第 116 页)一书中把这句话译成法文为:"Si un homme tombait en faute,ils ne s'avançaient pas jusqu'a...de sa race et de son..."(法译文的汉译文:如一人犯错误,他们连其民族都不能前进。)这里汤姆森错误地把 qıdmaz 译为"不能前进"或"不能向前走"。在他逝世前不久发表的德文译文(载《德国东方学会会刊》〔ZDMG〕,1924,卷 78,第 141 页)中,这一句子基本上翻译得与法文本一样:"und selbst wenn ein Mann(von uns)abfiel – die Besonnen innerhalb seines Geschlechtes oder seines Volkes auf Abwege zu bringen,haben sie doch nicht erreicht."(德译文的汉译文:如我们中的一人让本族中谨慎之人走入歧途,那就达不到〔目的〕。)

我手头上没有拉德洛夫(W Radloff)的德文译本(1894,1895,1897)。这里我不妨援引前述汤姆森法文书中的拉氏德译文:"(selbst)der sich irrende Mensch wagt sich nicht an die Ehre(den Schmuck)ihrer Weisen und ihres Volkes."(德译文的汉译文:连犯错误的人自己也不敢冒犯智者和人民的荣誉。)拉德洛夫把这一动词译为 wagt sich nicht"不敢"。

俄国马洛夫(S. E. Malov)的俄译文见其《古代突厥文献》(*Pamyatniki Drevnetyurkskoy Pis'mennosti*,1951,原文第 28 页,译文第 34 页):"No esli(otdel'nye litsa)iz tyurkov(i soblaznyalis'),to tselye rody(dazhe)do svoystvennikov(do brachnogo rodstva)ne otklonyalis'."(俄译文的汉译文:但如突厥人中〔个别人〕想做〔此事〕,那么整个氏族〔甚至连〕姻亲都不会偏离。)此处马洛夫把动词"qıd-"译作"偏离、脱离",也是错误的。

土耳其学者奥尔昆(H. N. Orkun)在其巨著《古代突厥碑铭》(*Eski Türk Yazıtları*,1987,第 25 页)一书中的土耳其语译文为:"Bir kişi yanılsa, soyu, kavmi, bışükine(？) kadar ilerlemez imiş. "（土耳其文的汉译文：一人犯了错误，其部落、氏族，直至摇篮[？]里的[婴儿]都不能前进。）奥氏的译文显然是转译自汤姆森的法文译文。

塔拉特·铁肯（Talat Tekin）教授在他的《鄂尔浑突厥语语法》（*A Grammar of Orkhon Turkic*, 1968, 第 231, 262 页）中将此词读作 ıqıdmaz, 并译作"庇护"。这也过于牵强了。在同一作者的《鄂尔浑碑铭》（*Orkhon Yazıtları*, 1988, 第 4 页）一书中，他将此词转写为 qııdmaz, 并译成现代土耳其语为"Bir kişi suç işlese, onun boyu(na), halkı(na)（ve）hısım akrabasına kadar（herkesi）öldürmez ermiş"（若一人犯罪，那就连其氏族、人民和亲族都不杀死）。这里人们无法理解"都不杀死"（öldürmez ermiş）这一短语译文的意思，在逻辑上它无法与上下文契合。在他的新书《鄂尔浑突厥语语法》（*Orkhon Türkçesi Grammar*, 2000, 第 219 页）中他转写为"Bir kişi yanılsar, uğuşı bodunı bişükinge tegi kıdmaz ermiş", 但没有给出译文。只是在其后附的词汇表中，作者将动词 qıd-译作 kıymak, öldürmek "杀死"。从其翻译的"杀死"一词，我们可以看出动词 kıymak 是 öldürmek 的同义词或是在意义上接近后者。

穆·耶尔根（M. Ergin）在其专著《鄂尔浑碑文》（*Orkhon Abideleri*, 1970, 第 2 页）中将这一句子译作"Bir insan yanılsa, kabilesi, milleti, akrabasına kadar barındırmazmış"（一人犯了错误，直到其部落、氏族和亲族都得不到庇护）。这里，我推测他是受到上述铁肯英文著作的影响，错误地译作"不让（他们）获得庇护"。

为了节省篇幅，我不准备引述冯·加班（von Gabain）教授和恰哈台（S. Çagatai）教授对此问题的意见。根据突厥语言的历史发展规律，qıd-相当于哈萨克语的 qıy-（就像 qod->qoy-"放置"，ked->kiy-"穿"等等）。从哈萨克语的角度来看，动词 qıd- 的词义非常清楚。在数种词义中，它还有"吝惜"，"同情、怜悯"之义。于是，我们可将全句译为"当一个人犯错误时，他们甚至不怜悯其族人，甚至摇篮中的婴儿"。

13.2 älp

在 20 世纪 50 年代，当我在马洛夫教授的《古代突厥文献》（*Pam-*

yatniki... 第 181 页）中读到著名的佛教文献《金光明经》关于舍身饲虎的故事时，我发现他译错了以下的句子："（ay, inim,）älp titgülük tawar älp iš näng inčip isig öztä ärtmäz"。他的俄文译文为：O brat moy! Geroy – kto zherstvuet svoim bogatstvom, geroyskoy eto delo（v otnoshenii bogatstva），no eto ne to, chto rasstat'sya so svoey zhizn'yu（哦，我的兄弟！能舍弃自己财富的人是勇士，这一事业是勇敢的〔对财富而言〕，但它在舍弃自己的生命时则不是如此）。我手头没有拉德洛夫关于此句的德文译文（出版于 1930 年），但我猜想马洛夫大约是依据他的译文。马洛夫只将 älp 理解为"英雄"。

我们知道，《金光明经》的回鹘文本译自义净的汉文本。汉文原文为"……一切难舍无过身"（参见日本大正藏本，No. 65, p. 451, Ⅱ column）。汉文原文的英译文似为：From all difficult（things）to give up, no one exceeds giving up one's own body（在要舍弃的所有难事中，无过于舍弃自己的身体）。德国诺贝尔教授的德译文是正确的：Vom allem, was schwer hinzugeben ist, geht keines über die Hingabe des eigenen Körpers hinaus（德文汉译文：在〔世界〕所有难舍弃的事物中，莫过于舍弃自己的身体）（参见 J. Nobel: *Suvarnaprabhasottama-sutra—Das Goldglanz-sutra, I-Tsing's Chinesische Version*, 1958, 第 337 页）。

因此，此句的回鹘文译文应这样译成汉文："（啊，我的兄弟！）（在这世界上）最难舍弃和最难做的事情莫过于舍弃自己的生命。"

在现代哈萨克语中 alıp 有"巨大、巨人"之义，其派生词 alpawıt 有"英雄"之义，二词与 älp 同源。

13.3　kiyeli

这一哈萨克语词义为"神圣的"。它来自古代突厥语的 küügälig。根据突厥语言历史语音发展的规律，位于两个元音之间的"-g-"音变为"-y-"。例如，igä > iye"主人"，tügä > tüye"骆驼"，而形容词词缀 -li < -lig。但我尚无法对 üü > i 的变化作出满意的解释。作为形容词或名词,küügälig 在古代突厥语文献中是一个很常用的词。德国茨木(P. Zieme)教授将它译作"Wunderbares Kommen","Zauberkräfte"(相当于梵文的 rddipada,等于汉文的"神通")(参见他的近作:*Altun Yaruq sudur, Vorwort und Das Erste Buch*,〔《回鹘文金光明经序和第一卷研究》〕,1996,第 220 页)。

这个词在《金光明经》中曾多次出现。但在土耳其学者卡雅(Ceval Kaya)出版的本书的新版本(1996)中,他并未认出这一词来,而是错误地将它分为两个词"kuo"和"kälig",并且没有给出译文。当我将回鹘文本与汉文本及诺贝尔的德文本对照时,我发现它除上述意思外,还有一意义为 Majestät(与汉文的"威力"相通)。

总的来说,哈萨克语仍然保留着一些古代突厥语的词汇部分,如使用在一种祈愿式语气中的 iygi"好"(körseygi edim "如我看见多好") < 古代突厥语的 ädgü "好",izgi "好" < ädgü/äzgü(后者 izgü 当是借自像哈卡斯语或裕固语那样的一种 Z-型突厥语);iyis"气味" < 古代突厥语的 ïdï-"发出气味" + -s 动名词缀。还有一点我想说明的是,当我年轻时,常在新疆听哈萨克人说一个短语——ïγar körsetiw"威胁"。ïγar 一词早在一千多年前就已出现在阙特勤碑中(东面,第 29 行:...ïγar elligdä ïγar qaγanlïγda yeg qïltïm)。我将此句译为:"我使他们(生活得)比有强大国家和汗国的人更好。"但遗憾的是,我未能在国内外出版的哈萨克语词典中查到这个词。

在写完此短文后,我很高兴地看到,在冯·加班教授的《波斯萨珊朝时代伊朗与突厥的关系》一文(载《剑桥伊朗史》〔*The Cambridge History of Iran*〕,vol. 3 - 1,1983,第 623 页)所列举的十几个突厥借自古代粟特语(一种已经消亡的中古东伊兰语)的词中,就有 ïγar 这个词,意为"强有力的"。

总之,在多年从事哈萨克民族的研究中,我认为哈萨克族不论在语言方面,抑或在民族学、人种学等方面都较多地保存了古代突厥人的特点。

14 高昌回鹘王国[1]

840 年蒙古高原的回鹘汗国内部爆发了争夺政权的内乱。其中的一派勾结西北方叶尼塞河上游的黠戛斯人攻下了"回鹘城"(Ordu Bal-iq),可汗被杀。到此,存在近一个世纪的回鹘汗国灭亡。

汗国灭亡后,除留在蒙古草原的以外,其余的一部分(13 部)回鹘人南下到长城附近,后逐渐与汉族或其他民族融合,另一部分向西迁移。后者中一部分"西奔葛逻禄"(Qarluq),也就是说到达中亚七河流域;一部分西迁到甘肃,建立甘州回鹘王国,11 世纪时(1026 年)亡于西夏(今酒泉附近的裕固族〔Yughur〕即其后裔);另一主要部分(15 部)到了新疆天山以北的别失八里(Bish Baliq,汉文称北庭,遗址在今吉木萨尔县护堡子),不久越过天山南下,占有吐鲁番盆地和焉耆、龟兹(今库车)地区,建立了高昌回鹘王国(约 850—1280 年),其首府先在别失八里,后迁至高昌。

高昌(回鹘文称作 Qocho)一名来自汉语"高昌",它是城市名,也是回鹘人对吐鲁番地区的称谓(遗址在今吐鲁番市东 Qara-khoja 的 Idiqut-shahri)。

吐鲁番盆地地处新疆塔里木盆地的东北部,自古以来就是东西交通的要道,是古代"丝绸之路"必经之地。该地区北面有天山山脉,博格达(Bogda)等主峰终年积雪,融化的雪水给盆地提供了充足的水源,加之土地肥沃,所以早在公元前 2 世纪就已是一个农业发达、人口众多的绿洲。主要农产品有小麦、大麦、水稻、玉米、豆类等粮食作物和棉花、葡萄、西瓜、哈密瓜(一种良种甜瓜)、芝麻等作物。

在王国所辖的天山以北地区则有辽阔的优良牧场,适宜畜牧业的

---

[1]此文是我 20 世纪 70 年代末应联合国教科文组织(UNESCO)《中亚文明史》编辑委员会邀请为该书第 4 卷撰写的。

发展,产马、牛、羊、骆驼。另外还有野马、牦牛、大头羊、黄羊、羚羊等野生动物。

吐鲁番地区原居民为操"吐火罗语"（一种特殊的欧罗巴语）甲种（A）方言的车师/姑师人。我国南北朝（420—581 年）后,有众多汉族人从内地迁居于此。汉族人麹嘉建立的麹氏王朝存在近一个半世纪之久（498—640 年）。汉族文化在这里有很大的影响。汉文史书说,5—6 世纪时吐鲁番地区同时使用"胡书"（当地民族文字）和汉文。学校中教授汉文著作《毛诗》、《论语》、《孝经》等,但用当地民族语诵读（《北史》卷 97）。

从当地出土有 8 世纪的突厥语文献来看,在回鹘人入居此地以前,当地似已有其他突厥人居住。大批回鹘人的迁入加速了该地区已经开始的突厥化的进程。

此外,尚有不少粟特人居住在吐鲁番地区。焉耆、龟兹地区的原居民也操"吐火罗语"（焉耆人像车师人一样说甲种方言,龟兹人则说乙种〔B〕方言）。这两个地区的经济文化也已有很高的发展水平,是塔里木盆地北缘著名的"城郭之国"。汉族僧人玄奘（600—664 年）在其著名的《大唐西域记》一书中对当时的龟兹国有下述的描述:"屈支国（旧曰龟兹）,东西千余里,南北六百余里。国大都城,周十七八里,宜糜、麦,有粳稻,出葡萄、石榴,多梨、奈、桃、杏,土产黄金、铜、铁、铅、锡。气序和,风俗质。文字取则印度,粗有改变。管弦伎乐,特善诸国。服饰锦褐,断发巾帽。货用金钱、银钱、小铜钱……伽蓝百余所,僧徒五千余人,习学（佛教）小乘教说一切有部。"

正如中国史籍《北史》卷 97 中所说,"自高昌以西诸国人皆深目高鼻",这 3 个地区的原居民在人种学上都属于高加索人种。回鹘人西迁到这里后,与当地原居民通婚,发生了民族间的融合。由于回鹘人和其他突厥人在政治上和人数上都占优势,所以当地原居民逐渐突厥化,回鹘—突厥语逐渐战胜了当地的"吐火罗语",成为通用语。但原居民在突厥化的过程中也在人种上和其他许多方面给予回鹘人以巨大的影响。在当地较发达的经济、文化的影响下,回鹘人逐渐舍弃游牧生活方式,转入定居的城市和农业生活,在吸收当地车师、焉耆、龟兹和汉族文化后,创造了光辉的回鹘文化。

高昌回鹘王国的最高统治者称"亦都护"(Idiqut〔<iduqqut"神圣之福"之意〕,此称号似借自以前居住这里的拔悉密〔Bashmil〕人),有"神圣的陛下"之意,对外称其国家为"大福大回鹘国"。亦都护下有9宰相、ulchi、tarqan、将军(sangun)、都督等高级官吏。有众多的名叫 el-chi、begi 的中下级官员。此外,有商人、手工业者和自由民。农村中有占有大量土地和水资源的地主阶级和受剥削的佃户。根据对出土回鹘文文书的研究,高昌回鹘社会中尚存在奴隶制的残余。摩尼教和佛教寺院也占有大量的土地,并有众多的依附农户为其服务。

王国与周围地区的国家和民族也建立了关系。在东方,当中国的契丹辽(907—1125 年)、金(1115—1234 年)和宋王朝(960—1279 年)建立后,高昌回鹘王国与它们之间有过频繁的交往,双方使节往还不断。后面提到的王延德出使高昌就是其中之一。此外,也存在密切的商业贸易关系。在西方,与另一突厥部葛逻禄(Qarluq)人(或样磨〔Yaghma〕人)建立的哈拉汗朝(Qarakhanids,10—13 世纪初)的关系则比较紧张。虽然双方都是突厥人,有共同的语言(只有一些方言上的差别)和文字(哈拉汗朝开始时也使用回鹘文),但因后来葛逻禄人皈依了伊斯兰教,而回鹘人则笃信佛教,所以双方势同水火。高昌亦都护对哈拉汗朝的扩张政策进行了坚决的抵抗,使得伊斯兰教的势力长期不能越过库车一线。

12 世纪时(1129 年)回鹘王国从属于西辽(1124—1211 年)。西辽在吐鲁番派驻"监国"。1209 年,高昌回鹘王巴尔术·阿尔忒·的斤(Barchuq Art Tegin)自愿归附成吉思汗的蒙古帝国。到 13 世纪末,高昌王东迁甘肃永昌县后,高昌回鹘王国实际上已不复存在了。

982 年(宋太平兴国七年)宋朝人王延德访问过高昌王国,他在其所著《使高昌记》中,对当时回鹘王国的情况作了下述记述:其都城高昌不降雨雪,天气十分炎热……盛夏时居民居于地下穴室中。住房多涂白粉……引天山融化的雪水灌溉田地。用水磨,产五谷,独无荞麦。

又说贵人食马肉,而其他居民则常食羊肉、野禽肉,演奏音乐时多用琵琶、箜篌。除农产物外,尚产白氎(棉花)。此外还谈到当地妇女的发饰和使用唐开元七年历。俗好骑射,喜爱游赏,出游时必带乐器。当地有佛教寺院50余所,寺内挂有唐朝的赐额,还有《大藏经》、《唐韵》、《玉篇》、《经音》等汉文书籍,并有敕书楼,藏有唐太宗之诏书。除佛寺外,还有摩尼寺和波斯僧。

王延德到高昌时,回鹘王狮子王正避暑于天山北麓,留其舅留守,于是王延德一行又北越天山到北庭,看到王、王后、太子的马群放牧在百里草原上,马按毛色分群放牧。这说明王族尚保持原来的游牧习惯。

王延德等一行在别失八里谒见了回鹘王,并向王后、太子等人赠送了礼物,出席了宴会,观看了戏剧。第二天,在乐队伴奏下,泛舟池(天池?)中。舟游第二日,王等一行还参观了唐贞观十四年(640年)建立的佛寺。别失八里城中多楼台卉木,居民皮肤白皙,面貌端正。(人民手艺)工巧,善治金银器及攻玉……(汉文原文为:"地无雨雪而极热,每盛暑,居人皆穿地为穴以处……屋室覆以白垩,有水源出金岭,导之周围国城以灌田园,作水碓。地产五谷,惟无荞麦。贵人食马,余食羊及凫雁。乐多琵琶、箜篌。出貂鼠、白氎,绣文花蕊布。俗好骑射。妇人载油帽,谓之苏幕遮。用开元七年历……好游赏,行者必抱乐器。佛寺五十余座,皆唐朝所赐额。寺中有大藏经、唐韵、玉篇、经音……有敕书楼,藏唐太宗明皇御札诏,缄锁甚谨。复有摩尼寺、波斯僧,各持其法,佛经所谓外道者也。……至七日见其王及王子侍者,皆东向拜受赐。旁有持磬者,击以节拜,王闻磬声乃拜。既而王之儿女亲属皆出罗拜以受赐。遂张乐饮宴为优戏至暮。明日泛舟于池中,池四面作鼓乐。又明日游佛寺曰应运大宁之寺,贞观十四年造……城中〔指别失八里〕多楼台卉木,人白皙端正,性工巧,善治金银钢铁为器及攻玉。善马直绢一匹。其驽马充食,才直一丈。贫者皆食肉。西抵安西,即唐之西境")(见《宋史》卷490《高昌传》)

根据回鹘文献本身的记载,高昌回鹘王在节日时坐在有珠宝装饰的台座(tauchang)上的金座(orgin)上,头戴王冠(didim),身穿红色外衣。

这一时期的阿拉伯、波斯史料中也保存有关于高昌回鹘王国的记载。如塔明·伊本·巴赫尔(Tamin Ibn Bahr)谈到建筑坚固的回鹘王都,有大铁门12个,王都附近有稠密繁荣的农村。加尔迪兹(Gardizi)说当时回鹘王信摩尼教,但城里也有基督教徒和佛教徒。他还谈到:"他们的国王身穿中国绸缎衣服,一般人则穿丝织的和棉布的衣服。衣服很宽大,遮盖全身,袖子宽,下摆长……"他在谈到当时一般回鹘人民时说:"居民都系腰带,带上挂着刀或短剑以及其他必需的东西。"(转引自雅库博夫斯基〔Yakubovskiy〕:《阿拉伯和波斯史料中关于9、10世纪吐鲁番回鹘王国的记载》,载 *Trudy Otdela lstorii Kul'tur i lskusstva Vostoka*,Ⅳ1947,Leningrad,pp. 423 – 443.)[1]

回鹘人迁到吐鲁番地区后,逐渐广泛使用回鹘文代替以前使用的古代突厥如尼文。随着城市生活和商业贸易的发展,回鹘语文也得到了更大范围的使用。用它不仅翻译了大量佛经,而且也广泛应用于社会生活的各方面。

高昌回鹘王国在文化方面受到汉族文化的很大影响,如在历法上采用汉族的天干、地支。回鹘文中许多有关文化方面的词语也多借自汉语。如 maka(汉文"墨")、bir (汉文"笔")、kuin(汉文"卷",也用意译自汉文的 tegzinch,来自动词 tegzin-"卷")等等。

上面谈到,早在漠北的游牧时期,回鹘汗国就已接受了摩尼教。西迁后,仍然信仰该教一个时期。说明这一点的,除上引王延德和伊斯兰史料外,还有吐鲁番地区摩尼教寺院遗址中发现的摩尼教壁画及许多带有(工笔画)插图的突厥语摩尼教文献,其中有赞美歌、忏悔文等。这些突厥语摩尼教文献为我们了解该教的教义提供了新的材料。

这时,回鹘人中也有信仰景教(基督教古代在亚洲的一个支派)

---

〔1〕目前我们十分缺乏关于这一时期高昌回鹘王国的史料。由于从10世纪初到13世纪初中国内地处于纷乱的"五代十国"(907—979年)和国力较弱的宋朝(960—1279年)时代,所以关于这时期吐鲁番地区的汉文史料不多。阿拉伯—波斯文的穆斯林史料也极少。而用回鹘文写成的文献在伊斯兰教传入该地区后(14—15世纪后)曾被大量毁掉。

的。在吐鲁番地区的景教教堂遗址曾发现描写"圣枝节"（Palm Sunday，复活节前的星期日）欢迎基督进入耶路撒冷城的仪式的壁画。另外，尚出土有突厥语的景教福音书。这些都说明景教也曾一度在回鹘人中流行。王延德提到的"波斯僧"，可能指景教教士（也可能指摩尼教或祆教僧侣）。另外回鹘文《伊索寓言》的翻译也似和景教有关系。

但回鹘人中流行最广的为当地流传已久的佛教。在当地原居民的影响下，回鹘人民接受了佛教，用回鹘语言翻译了大量的佛教经典。在佛教节日时，在寺院附近群众集会的地方，还用回鹘语演唱动人的佛教内容的剧本。高昌地区许多佛教寺院遗址、千佛洞的发现以及其他佛教遗物的出土也都说明了这一点。王延德说，高昌 50 余座佛寺中都有唐朝的赐额，他并访问了北庭贞观十四年（640 年）建立的佛寺。这还表明，以前从新疆传到内地的佛教，这时反过来又从内地传到高昌和北庭一带。

由于宗教关系，当时回鹘贵族上层（也包括一般群众）把建立佛寺，制作佛像、壁画或抄写经文看做是一种功德（回鹘文为 buyan），但实际上它们代表了当时回鹘的文化艺术水平。此外，这些壁画还反映出当时的生活状况：他们的住宅围有院墙，庭院中种有花木，男女手捧供花，男的着唐式衣冠，女子穿有唐草文样的中亚风格的广襟衣服。另外，男子腰带上挂有多种日常用具，着半长靴。

如果说壁画上一般反映的是贵族生活，那么普通人的生活则反映在大量的用回鹘文写成的各种文书中。这些文书反映了下层回鹘群众（主要是农民）受剥削的状况。这是我们研究当时社会历史的第一手材料。

在高昌回鹘王国时期，从梵文和当地古代焉耆语、库车语，特别是从汉文翻译了许多佛经。从目前所知道的出土回鹘文佛教文献来看，可以说当时有关佛教的主要经典（包括经、律、论三部）都已先后译成了回鹘语。其中主要为佛教大乘派的作品，如《金光明经》、《法华经》、《华严经》、《俱舍论安慧实义疏》等（都是译自汉文），但也有佛教小乘派的作品，如《弥勒会见记》（译自古代焉耆语）和阿含部的文献残卷等。在元代,并从汉文、藏文翻译了许多佛教密宗的作品,如《佛顶尊胜陀罗尼经》等。这里特别要提到生活在10—11世纪的回鹘佛经翻译大师胜光萨里都统(Singqu Sali Tutung)。他先后从汉文翻译《金光明经》、《玄奘传》等重要典籍为回鹘语。他的译文质朴流畅,语词丰富。这表明他不仅精通汉语文,而且也是一位运用本族语文的大师。此外,他还通晓梵文。

由于回鹘王国境内各种宗教并行,结果各种宗教间发生了融合的现象。其中特别值得注意的是,例如突厥语佛典中把梵天叫 Azrua(不用梵语的 Brahman),帝释叫 Hormuzda(不用梵文的 Indra)。这里佛教诸神被用回鹘人原来信仰的摩尼教神名称呼。这说明在佛教与摩尼教之间发生了某种融合的状况。再如当地摩尼教徒使用的一种日历。日历本身用粟特语写成。每日先写粟特语的七曜日的名称;然后,配列音写汉文的甲、乙、丙、丁等十干名称;再后,用粟特语写鼠、牛、虎、兔等突厥人使用的十二支兽名;最后,把汉文的金、木、水、火、土五行名称译为粟特语。每隔2日配列。这种日历反映了当地摩尼教徒融合粟特、汉、突厥3种文化为一体的状况。

总之,在高昌回鹘王国存在的4个多世纪的时期中,回鹘文化有了巨大的发展。在这一时期回鹘人的语言、宗教、艺术甚至日常生活等方面,都反映出各种文化的融合情况。

元代高昌回鹘亦都护王世系表

……

月仙·帖木儿(Yeshin Temir,12世纪上半期在位)

巴尔术·阿尔忒·的斤(Barchuq Art Tegin,12世纪末13世纪初在位)

怯失迈失(Kesmes,13世纪30年代末在位)

撒连·的斤(Salindi Tegin,1252年前在位)

玉古仑赤·的斤(Ogranch Tegin,1252年后在位)

马木剌·的斤(Mamuraq Tegin,1259年在位)

火赤哈尔·的斤(Qoshqar Tegin,1266年继位)

以下为迁到永昌后的世系：

　　纽林·的斤(1308—1318 年在位)

　　帖木儿·补化(Temir Buqa,1322—1330 年在位)

　　钱吉(Sanggi,1331—1332 年在位)

　　太平奴(1332—1352 年在位)

太平奴后，传承情况不明。据《元史》，尚有月律·帖木(Yuruk Temur?,到 1353 年)、其子桑哥(Sengge,1353—1370 年?)和不达失里(Budashiri,帖木儿·补化之子)等人。[1]

根据新出的回鹘文资料，尚可补充若干新的亦都护王名，可惜年代不明。

(此文英文本刊于联合国教科文组织出版的《中亚文明史》〔*History of Civilisations of Central Asia*〕第 4 卷,1998 年;此书的汉文版已出版,第 4 卷中的拙文是由南京大学的华涛先生译成汉文的。)

---

〔1〕根据"高昌王世勋碑"，马木剌·的斤为玉古仑赤·的斤之子，而非其弟。

15 试论塔里木盆地民族的融合
和近代维吾尔族的形成

在天山南部塔里木盆地有文字可考的两千多年历史上,以操突厥语的维吾尔(Uighur)族(古称回纥、回鹘)和其他突厥族入居这一地区为界限,可大致分为突厥化以前(自公元前 2 世纪左右到公元 8、9 世纪)和突厥化以后(8、9 世纪以后)两大时期。其间,8、9 世纪到 10、11 世纪为诸突厥族与当地原居民逐渐融合的时期。由于突厥人无论在政治上和总的人数上都占优势,结果塔里木盆地南北两大区都由突厥语替代了当地原居民的印度—欧罗巴语言。到了 15、16 世纪,由于整个塔里木盆地在政治、经济、文化、宗教和语言方面都归于统一,于是一个新的民族共同体——现代维吾尔族形成了。

15.1 回鹘西迁前塔里木盆地的一般情况

天山南部的塔里木盆地,为三面环抱高大山脉、地势向东北倾斜的巨大盆地。南面为昆仑山脉和喀喇昆仑山脉,西面和北面为号称"世界屋脊"的帕米尔和天山山脉,东南为稍低的阿尔金山,中间为在地质年代由于气候干燥和土地隆起由大陆湖形成的塔克拉玛干大沙漠。由周围高山冰雪融化形成的大小河流灌溉着分布在盆地南北边缘上的绿洲。它们是:北部沿天山山脉的哈密(古伊吾)、吐鲁番(古车师、高昌)、喀拉沙尔(古焉耆)、库车(古龟兹)、阿克苏(古姑墨、拨换)、喀什噶尔(古怯沙、竭叉)和南部沿昆仑山脉的叶尔羌(古莎车)、和田(古于阗)、婼羌(古鄯善)等。塔里木盆地从很古的时代起就已有人类居住。说明这点的是各地(如罗布地区和阿克苏一带)不断出土的属于新石器时代的石器。目前考古工作者尚未发现真正属于旧石器时代的遗址、器物。

从汉代起我国史籍(这里指汉文史籍)中开始出现关于新疆各绿

洲状况的记载。根据汉文史籍的记载,这时南疆各地区已进入有阶级的社会,具有比较发达的农业文化,同时佛教开始传入并使用文字,各个绿洲成为单独的所谓"城邦之国"。

《后汉书》卷88《西域传》关于1世纪的南疆状况有如下记载:"武帝时(公元前140—前87年),西域内属,有三十六国。汉为置使者校尉领护之。宣帝(公元前73—前49年),改曰都护。元帝(公元前6年至公元5年)又置戊己二校尉,屯田于车师前王庭。哀、平间,自相分割为五十五国。……建武中,皆遣使求内属,愿请都护……会匈奴衰弱,莎车王贤诛灭诸国,贤死之后,遂更相攻伐。小宛、精绝、戎卢、且末为鄯善所并,渠勒、皮山为于阗所统,悉有其地。郁立师、单桓、孤胡、乌贪之訾离为车师所灭。"

这样,到1世纪左右,南疆地区形成了下列几个主要的城邦之国:沿昆仑山脉北麓的南道有鄯善、于阗、莎车等国;沿天山山脉的北道有车师、焉耆、龟兹、疏勒等国。各个绿洲国家的规模、人口不等,有的户数达六七千,人口近十万(如龟兹),有的只有几百户,人口不超过几千(如且末)。

魏晋南北朝时期(3—6世纪),南疆地区的经济文化有了进一步的发展,市场上并开始使用货币。如《魏书》卷102记载:"……即后凉昌光所立白震之后。其王头系彩带,垂之于后,坐金狮子床。所居城方五六里。其刑法杀人者死,劫贼则断其一臂并刖其一足。赋税准地征租,无田者则税银钱。风俗、婚姻、丧葬、物产与焉耆略同……置女市,收男子钱入官。"

南北朝时期有数量很多的汉族人民进入吐鲁番地区。他们和当地人民一起在开发这块富饶的绿洲中作出了贡献。499年建立的高昌魏氏王朝统治这里达一个半世纪之久。

关于唐代(618—907年)南疆地区的情况,可以库车为例以见一斑。如玄奘所著《大唐西域记》卷1中说:"屈支国(旧曰龟兹)东西千余里,南北六百余里。国大都城,周十七八里,宜穈、麦,有粳稻,出葡萄、石榴,多梨、奈、桃、杏,土产黄金、铜、铁、铅、锡。气序和,风俗质。

文字取则印度,粗有改变。管弦伎乐,特善诸国。服饰锦褐,断发巾帽。货用金钱、银钱、小铜钱……伽蓝百余所,僧徒五千余人,习学小乘教说一切有部。"

《新唐书》卷221《龟兹传》与玄奘所记载的差不多。如:"龟兹一曰丘兹,一曰屈兹……横千里,纵六百里。土宜麻、麦、粳稻、葡萄,出黄金。俗善歌舞,旁行书,贵浮图法(按:即佛教)。产子以木压首。俗断发齐顶,惟君不翦发。姓白氏。居伊逻卢城。……置女肆,征其钱。"

关于这一时期南疆地区语言文字的使用情况,我国史籍只有笼统、片断的记载。如《北史》卷97说:"(吐鲁番地区)文字亦同华夏,兼用胡书。有毛诗、论语、孝经。置学官弟子,以相教授。虽习读之,而皆用胡语。"这是说在5、6世纪时,吐鲁番地区由于有大量汉族人居住,所以当地通行汉语文,但同时也通行胡书胡语(指当地民族语言文字)。到了7世纪,我国著名旅行家和佛教大师玄奘在其《大唐西域记》一书中,对此有了进一步的描述。如他说当时整个南疆地区都使用一种源自印度的婆罗米文字。如说焉耆(阿耆尼)地区"文字取则印度,微有增损";库车(屈支国)地区"文字取则印度,粗有改变",阿克苏(跋禄迦国)地区"文字法则,同屈支(库车)国,语言少异";喀什(怯沙)地区"而其文字,取则印度,虽有删讹,颇存体势,语言辞调,异于诸国";塔什库尔干(竭盘陀)地区"文字语言大同佉沙(喀什)国";和田(瞿萨旦那)地区"文字宪章,聿遵印度,微改体势,粗有沿革,语异诸国";叶城(斫句迦)地区"文字同瞿萨旦那国,言语有异"。(以上参见《大唐西域记》卷1、卷12。)

从上面玄奘的记述看来,关于当时南疆地区的文字使用情况谈得很具体,但关于语言情况说得不清楚。只知阿克苏和库车两地使用的语言基本一样;喀什、和田地区的语言与其他地区的语言不同;但塔什库尔干的语言与喀什的相同;叶城地区的语言和和田地区的语言有差别。但到底是些什么语言,玄奘未谈到。当然也不可能谈到(因为在7世纪世界上尚没有比较语言学)。

19世纪末20世纪初以来,由于南疆地区考古发掘工作的进行,发现了古代南疆居民语言的大量文献,这个问题才比较清楚了。经过一个多世纪世界各国学者的研究,今天我们可以有把握地作下面的分类:大致说来,塔里木盆地南缘的和田、巴楚(也包括喀什在内)一带使用一种属于印欧语系伊兰语族的中古东伊兰语(或几个方言),与现在塔什库尔干塔吉克自治县所使用的西格南(Shugnan)语,尤其是瓦汗(Wakhan)语有渊源关系,现在一般称它为古和田语;而塔里木盆地以北的库车、焉耆(包括吐鲁番)地区则使用另一种特殊的印欧语(它在印欧语系中的地位尚待研究),我们现在一般称之为古代焉耆—龟兹语[1]。古代焉耆—龟兹语虽为一种语言,但方言差别很大,估计两地人民只能勉强通话。

此外,在2—4世纪左右,在民丰(尼雅)到罗布泊一带(包括且末、婼羌)通行 Prakrit 语(一种古代西北印度方言),文字则使用佉卢文(Karosthi,一种源自阿拉美系统的文字)。在和田以东一些地方,还可能流行一种(或几种)藏语(或接近藏语的语言)。

关于古代塔里木盆地民族在人种学上的特点,前引《北史》卷97"于阗国"条说:"自高昌以西诸国人皆(按:原文为'等'字,当为'皆'字之误)深目高鼻。"证以现存南疆各地千佛洞壁画上的材料和现代维吾尔族在人种学上的某些特征,应认为《北史》上述记载是关于古代塔里木盆地居民人种特点的生动写照。

综上所述,我们可以看到,古代塔里木盆地在纪元后第一个千年期间居住着几个具有较高文化发展水平的,操不同语言的,一般说属于深目高鼻类型的民族集团。

15.2　回鹘西迁后塔里木盆地民族的融合及现代维吾尔族的形成

8、9世纪以后,由于大批操突厥语的回鹘人进入北部的吐鲁番、库车地区,和大批也操突厥语的葛逻禄人(包括一部分回鹘人)进入南部

---

〔1〕过去称为"吐火罗语"。由于近年在阿富汗北部发现了真正的古代吐火罗语(属伊兰语),现已不应用"吐火罗语"这个名称了。

的喀什地区,情况开始发生变化,从而宣告南疆塔里木盆地民族变迁的一个新时期的到来[1]。

744 年回纥取代突厥汗国(552—744 年)在漠北蒙古高原建立了回纥(后称回鹘)汗国(744—840 年)。840 年回鹘汗国被黠戛斯(Qir-ghiz)灭亡后,回鹘分 3 支迁移。一支(13 部约 10 万人)南下到长城附近,后逐渐与汉族和其他民族融合。一支西迁到甘肃,建立了甘州回鹘王国(后亡于西夏,今甘肃酒泉附近的裕固〔Yughur〕族即其后裔)。另有重要的一支西迁到了天山西部的葛逻禄(Qarluq)地区和天山北部的别失八里一带,不久越过天山南下占有吐鲁番盆地,建立了高昌回鹘王国(9 世纪中期—13 世纪中期),不久又扩大势力到焉耆、库车一带。

回鹘人西迁到新疆吐鲁番盆地和焉耆、库车以后,在当地较高文化的影响下,逐渐舍弃游牧生活,转入定居的城市和农业生活,在吸收了当地原居民(包括汉族)文化后,创造了光辉的回鹘文化。

982 年(宋太平兴国七年),宋朝人王延德访问了高昌王国,他在其《使高昌记》一书中,对当时回鹘王国的情况作了生动的描述:"地无雨雪而极热,每盛暑,居人皆穿地为穴以处……屋室覆以白垩,雨及五寸,即庐舍多坏。有水,源出金岭,导之周围国城,以溉田园,作水碾。地产五谷,唯无荞麦。贵人食马,余食羊及凫雁。乐多琵琶、箜篌。出貂鼠、白氎、绣文花蕊布。俗好骑射。妇人戴油帽,谓之苏幕遮。用开元七年历……好游赏,行者必抱乐器。佛寺五十余座,皆唐朝所赐额。寺中有《大藏经》、《唐韵》、《玉篇》、《经音》……有敕书楼,藏唐太宗、明皇御札诏敕,缄锁甚谨。复有摩尼寺、波斯僧,各持其法,佛经所谓外道者也。……至七日见其王及王子侍者,皆东向拜受赐。旁有持磬者,击以节拜,王闻磬声乃拜。既而王之儿女亲属皆出,罗拜以受赐,遂张乐饮宴,为优戏,至暮。明日泛舟于池中,池四面作鼓乐。又明日游佛寺曰

―――――――

〔1〕纪元前后,匈奴(其统治阶层说一种原始突厥语)势力虽曾一度统治南疆地区,但对当地的民族融合似未起什么作用。根据一些材料来看,西突厥时代情况有些不同。这时可能已有一部分突厥人开始转入定居。说明这一点的,就是吐鲁番地区出土有属于 8 世纪(维吾尔西迁前)用突厥语写成的文献。有人认为它们可能是拔悉密突厥人留下的。

应运太宁之寺,贞观十四年造。……城中(按:指别失八里)多楼台卉木。人白皙端正,性工巧,善治金银铜铁为器及攻玉。善马值绢一匹,其驽马充食,终值一丈。贫者皆食肉。西抵安西,即唐之西境。"(《宋史》卷490《高昌传》)

这一时期的阿拉伯、波斯史料中也保存有关于高昌回鹘王国的记载。如塔明·伊本·巴赫尔(Tamin Ibn Bahr)谈到建筑坚固的回鹘王都,有大铁门12个,王都附近有稠密繁荣的农村。加尔迪兹(Gardizi)说当时回鹘王信摩尼教,但城里也有基督教徒和佛教徒。他还谈到:"他们的国王身穿中国绸缎衣服,一般人则穿丝织的和棉布的衣服。衣服很宽大,遮盖全身,袖子宽,下摆长……"他在谈到当时一般回鹘人民时说:"居民都系腰带,带上挂着刀或短剑以及其他必需的东西。"[1]

回鹘人迁到吐鲁番地区后,逐渐广泛使用回鹘文代替以前使用的古代突厥如尼文。随着城市生活和商业贸易的发展,回鹘语文也得到了更大范围的使用。用它不仅翻译了大量佛经,而且也广泛应用于社会生活的各方面。同时在当地原居民的影响下,回鹘人民接受了佛教[2],用回鹘语言翻译了大量的佛教经典。回鹘文佛典多译自当地的古代龟兹—焉耆语和汉语。元代时也有译自藏文的。从目前所知道的出土回鹘文佛教文献来看,可以说当时有关佛教的主要经典(包括经、律、论三部)都已先后译成了回鹘语。其中主要为佛教大乘派的作品,如《金光明经》、《法华经》、《华严经》、《俱舍论安慧实义疏》等(都是译自汉文),但也有佛教小乘派的作品,如《弥勒会见记》(译自古代焉耆语)和阿含部的文献残卷等。在元代时期,并从汉文、藏文翻译了许多佛教密宗的作品,如《佛顶尊胜陀罗尼经》等。

总之,在高昌回鹘王国存在的400多年时期中,塔里木盆地北缘地区在民族、语言、宗教和文化方面都有了进一步的融合。

---

〔1〕转引自雅库博夫斯基:《阿拉伯和波斯史料中关于9、10世纪吐鲁番回鹘王国的记载》,载苏联艾尔米塔日博物馆1947年出版的《东方文化和艺术史分部论文集》,Ⅳ,423－443页。

〔2〕西迁后初期仍有一部分回鹘人信仰早在漠北时期就已传入(762年)的摩尼教。史料和出土文物表明这时也有少部分回鹘人信仰景教(基督教在亚洲的一派)。

另一方面,以南部喀什为中心,以葛逻禄部为核心的突厥人于 10世纪建立了著名的黑汗王朝(Qarakhnids,10 世纪—13 世纪初)。葛逻禄族是突厥汗国建立后出现的一个突厥部族。他们原占有阿尔泰山脉的西南、天山山脉的西北,即从准噶尔盆地到巴尔喀什(Balkhash)湖东南和伊犁河东部一带,共由 3 个氏族组成。当东西两突厥兴盛时,葛逻禄"三族当东西突厥之间,常视其兴衰,叛附无常"。突厥汗国灭亡时,葛逻禄部和另一突厥部拔悉密(Bashmil)曾起了很大作用。回鹘汗国建立时,一部分葛逻禄人附属回鹘汗国,但大部分没有归服,成为回鹘建国初期西方最大的敌对势力。以后,似因受回鹘的压力,葛部逐渐西移。8 世纪中期,他们已领有整个中亚七河流域和毗邻喀什的费尔干盆地。9 世纪时,他们已占有南疆的重要城市喀什。据伊斯兰史料,这时葛逻禄人中除占居民多数的牧民外,还有一部分人从事农业,有的并且住在城市里。

根据汉文史籍记载,840 年蒙古高原的回鹘汗国灭亡后,有一支回鹘人"西奔葛逻禄",也就是说到达以七河流域为中心的葛逻禄地区。虽然后来关于这部分回鹘人的具体情况不明,但他们可能散居在这一地区的东部,即从中部天山山脉博乐一带到伊犁河谷、伊塞克湖周围一带。他们在葛逻禄人中似未能形成重要力量,不久应被葛逻禄人所吸收。

黑汗王朝的第一个可汗据说为毗伽阙哈狄尔汗(Bilga Kul Qa-dirhan)。黑汗王朝初期,大汗驻地为巴剌萨衮(Balasagun)城(汉文史料的裴罗将军城),其副可汗驻怛罗斯(Talas)城。当中亚萨曼尼朝(Samanids,874—999 年)攻占怛罗斯城(893 年)后,其副汗将驻地迁到喀什。这期间有萨曼尼朝一王子(一说为伊斯兰教苏菲派教士阿不勒哈三·穆罕默德·喀力玛提〔Abul-hasan Muhammad Kalimati〕)因内部纷争逃到喀什。汗的侄子萨土克(Satuq)在其影响下,接受了伊斯兰教。不久,萨土克推翻了其叔父的统治,称萨土克·布格拉汗(Satuq Bughrahan)。

之后,萨土克·布格拉汗对巴剌萨衮尚未接受伊斯兰教的大汗进行圣战。萨土克·布格拉汗死于 955 年。其子木萨继位,于 960 年再次对大汗进行宗教战争,灭掉了大汗,自称"狮子汗"。(阿拉伯史家伊本·阿提尔〔Ibn Athir〕提到960年有20万帐突厥人皈依伊斯兰教应属于这一时期。)之后他又进军古代新疆佛教中心之一的和田地区。

但在北方,黑汗王朝遇到了巨大的阻力。当时信仰佛教的高昌回鹘王国的领地南边包括库车,东南到且末。高昌阿尔斯兰王("狮子王")对黑汗王朝的扩张进行了坚决的抵抗,致使伊斯兰教势力长期(直到13、14世纪)未能越过库车一线。

黑汗王朝在11世纪中期以帕米尔为界分裂为东西两部分。东部王朝包括七河流域、喀什、和田以及费尔干的大部分,西部王朝领有中亚河中地和西部费尔干。

13世纪初,东部黑汗王朝最后亡于乃蛮(Naiman)屈出律(Kuchluk)政权,而西部王朝则为华拉子模沙(Khuarazm Shah)所灭亡。

随同伊斯兰教的传入,黑汗王朝也开始采用阿拉伯字母作为自己的官方正式文字。例如11世纪著名语文学家马赫穆德·喀什噶里(Mahmud Kashghari)编著的《突厥语词典》(*Diwanu Lughut al-Turk*)中的古代突厥语词和诗歌、格言、谚语就是用阿拉伯字母写成的。同时期的另一名著《福乐智慧》(*Qutadghu Bilig*,作者为巴剌萨衮人尤素甫·哈斯·哈吉甫〔Yusuf Has Hajip〕),有人认为它是先用阿拉伯字母写成,以后才用回鹘文抄成的(现存回鹘文抄本属15世纪)。还有一些属于黑汗王朝时期的突厥语社会文书也是用阿拉伯字母写成的。此外,阿拉伯和波斯文化及阿拉伯语、波斯语开始对黑汗王朝的文化和语言发生影响。

这样,在10到12、13世纪期间,在南疆塔里木盆地南北两边形成了两个以突厥人为主体的政权,即南部以喀什为中心的黑汗王朝和北部以高昌为中心的高昌回鹘王国。由于这两部分突厥人不论在政治上和人数上都占优势,他们与当地原居民通婚融合的结果是:突厥语逐渐成为塔里木盆地地区的通用语言,原居民的语言逐渐消亡,不再使用了。当然在这一同化、融合过程中,原居民的语言也给战胜的突厥—维吾尔语以某种程度的影响,从而形成了现代维吾尔语区别于其他现代突厥语的主要特点。这些特点主要表现在语音上（如现代维吾尔语特有的元音弱化规律等），有时也表现在词汇和语法上。不仅如此，在南疆地区的地名上，也有所反映，例如："库车"在现代维吾尔语中叫 Kucar，来自 Kuca（汉文古代写作龟兹〔kutsi ~ kuci〕）+ 古代龟兹语 ri（"城市"之意），即 Kuca + ri > Kucar，意为"龟兹城"。"喀什"在现代维吾尔语中为 Qashqar，中古时为 Kashghar，来自 Kash（汉文古代写作佉沙〔Kash(a)〕）+ 古代和田语[1] ghar(i)（"地区，国家"之意），即 Kashghai > Kashghar > Qashqar，意为"佉沙国"。

总之，至迟到 11 世纪末，突厥语作为当地的通用语已基本上普及南疆的塔里木盆地。说明这点的最好材料是马赫穆德·喀什噶里在《突厥语词典》导言中所谈的情况。喀什噶里时代（11 世纪下半期），在南部的喀什地区突厥语虽已占绝对优势地位，但原居民的语言还未完全退出历史舞台。例如他这样写道："粟特人（Soghdaq）、Kanchak（佉沙？）人像 Arghu 人一样操两种语言（按：指突厥语及本族母语）……西藏人和和田人都不懂突厥语……在喀什附近有说 Kanchak 语的村子，居住在城市中的人则说王朝（按：指黑汗王朝）突厥语。"（转引自《突厥语词典》乌兹别克语译本，卷 1,65 - 66 页。）另外，现在我们见到的属于 10 世纪下半期或更晚一些的古代和田语文献也证明了这一点（参见克·格龙别赫〔K. Gronbech〕:《古和田语佛教文献》一书中贝利〔H. Bailey〕氏的导言，XI 页,1938 年）。

尽管如此，但当时塔里木盆地的客观形势尚不具备形成统一民族的条件。如上所述，以喀什为中心的黑汗王朝这时已信仰伊斯兰教，而北部以高昌为中心的回鹘王国则为佛教徒。由于宗教的不同造成文

---

〔1〕古代喀什也说这种语言或接近这种语言的方言。

化和心理状态的各异,在政治上双方势同水火,处于完全敌对的地位。[1]

这种情况直到 14、15 世纪的东察合台汗国时代才发生了变化。

13 世纪初(1209 年),高昌回鹘王巴尔术·阿尔忒·的斤(Barchuq Art Tegin)自愿归附成吉思汗的蒙古帝国。成吉思汗(死于 1227 年)生前曾把其征服的广大地区分封给其四子。次子察合台领有中亚河中地及巴尔喀什湖以东(伊犁河、楚河及塔拉斯河流域)的草原地区。南疆的喀什、莎车、和田地区初期归蒙古大汗直接统治,后也并入察合台汗国。高昌回鹘王国因对蒙古有功,受到成吉思汗的特别优待,仍保有其原来的统辖疆域。

13 世纪下半期,延续近 40 年之久的海都、都哇之乱,给予高昌回鹘王国以致命的打击。1270 年,高昌王国的首府别失八里被叛军攻陷,回鹘王亦都护退守高昌,不久又被迫亡命甘肃的永昌县(1284 年)。这时高昌回鹘王国已名存实亡,所辖领地也并入察合台汗国。

14 世纪上半期,察合台汗国又分裂为东西两部分。西部察合台汗国领有中亚的河中地。东部察合台汗国(也称蒙兀乌鲁斯)领有伊犁河谷及喀什、叶尔羌等地,首府为阿力麻里(遗址在今霍尔果斯附近)。但这时南疆的统治权实际操在杜格拉特(Dughlat)部[2]出身的阿米尔手中。14 世纪中期当元朝势力衰落后,北部的别失八里、吐鲁番、哈密等地也成为东察合台汗国的组成部分。

东察合台汗秃黑鲁·帖木儿(Tuqlugh Temir)在位时(1346—1363

---

〔1〕《突厥语词典》中收有许多关于当时对所谓异教徒维吾尔人进行征战的诗歌,就是这方面的明证。如下面两段诗歌:

我们竖征旗于马上,去征服回鹘人和塔特人,

我们像飞鸟一样,飞向贼人和恶狗。

(《突厥语词典》土耳其文版,卷 1,483 页。)

我们像急流奔驰,我们出现在城中,

我们毁坏佛寺,我们在佛像上拉屎撒尿。

(同上书,卷 1,343 页。)

〔2〕我认为现代南疆的所谓"多兰"人,即为此蒙古部后裔。"多兰"< Dolan < Doolan < Doghlan(-t 为蒙古语复数字尾)。哈萨克大玉孜部的 Duwlat 部落名也与此部的名称有关。

年),虽曾一度再次统一了整个察合台汗国,但不久就被河中地的帖木儿击退。据说秃黑鲁·帖木儿是一个虔诚的穆斯林,在他的强制下曾有16万东察合台汗属下的臣民皈依伊斯兰教。

另据16世纪维吾尔族历史学家米尔扎·海达尔(Mirza Haidar)在其名著《拉失德史》(Tarih-i Rashid)中所述,直到东察合台汗黑的尔·火者汗(Qizr Hojahan,约1389—1399年在位)对吐鲁番地区进行过多次圣战后,吐鲁番地区的维吾尔人民才被迫接受了伊斯兰教(参见该书罗斯〔Ross〕的英文译本,52页)。

但汉文史籍和伊斯兰史籍都证明,晚到15世纪上半期,吐鲁番人民仍有信仰佛教的。如明代陈诚的《西域蕃国志》(也称《使西域记》)中说:"吐尔番(按:即吐鲁番)……居人信佛法,多建僧寺。"另外,生活在14—15世纪的中亚历史学家哈菲孜·阿不鲁(Hafiz Abru)在其所著《史选》一书中,谈到帖木儿王朝(这里指帖木儿的儿子沙鲁赫〔Shahruh〕)的使节去明朝首都北京道经吐鲁番时(1420年),看到当地居民仍有为佛教徒的。

16世纪初,东察合台汗赛依德(Said,1514—1533年在位)将长期统治南疆喀什地区的杜格拉特部的势力逐出,并将东察合台汗国的政治中心从伊犁转到了喀什。史称赛依德后的东察合台汗国为喀什噶尔汗国(又因其统治者后来常驻叶尔羌,也称为叶尔羌汗国)。当时整个南疆塔里木盆地都在喀什噶尔汗国的统治下。米尔扎·海达尔谈到,当赛依德在位时,整个南疆塔里木盆地从喀什到哈密旅途十分安全,并且不对商人课税。

这里还应指出,作为蒙古成吉思汗后裔察合台汗一系的统治及一部分蒙古部落进入塔里木盆地,虽给南疆民族成分以某些影响,但并未能改变其基本进程。这些蒙古人早在14世纪初期就已完全突厥—维吾尔化了。例如14世纪阿拉伯旅行家伊本·巴图塔(Ibn Batuta)说,当时察合台汗怯伯(Kebek,1318—1326年在位)讲的已是突厥语,而不是蒙古语。他的兄弟塔尔马西仁(Tarmashrin,1326—1334年在位)在接见这位旅行家时也是用突厥语向他祝贺的。(转引自巴尔托里德《中亚突厥史十二讲》德文版,204 页。)

这样,到了 15 世纪末 16 世纪上半期,由于整个南疆塔里木盆地在政治、经济、宗教和文化、语文方面的统一,形成一个新的民族共同体——近代维吾尔民族的条件成熟了。这期间随着喀什噶尔汗国的建立,南疆塔里木盆地在政治、经济上是统一的(虽是在封建制度的条件下);在宗教上伊斯兰教已成为整个天山南路占统治地位的宗教;在语言和文字方面,前一时期两种书面语(北部以回鹘文为代表的书面语和南部以阿拉伯字母文字为代表的书面语)并存的局面,让位给统一的近代维吾尔书面语,也即我们通常所说的老维吾尔文或察合台书面语。

关于古代塔里木盆地民族的融合和维吾尔族的形成和发展是新疆史上的一个重要问题。以上只是根据作者掌握的一些史料,对这个问题提出个人的初步看法。不妥之处尚希方家批评指正。

(此文的英文版刊于英国《中亚评论》〔*Central Asian Servey*〕,vol. 3,1984。)

16 中国吐鲁番、敦煌出土
回鹘文献研究[1]

16.1 历史背景

19世纪末20世纪初首批前伊斯兰回鹘(古代维吾尔)文献的发现,是继蒙古鄂尔浑(Orkhun)河流域古代突厥如尼(Runic)文碑文发现之后又一轰动世界学术界,特别是突厥学界的大事。在皈依伊斯兰教以前,现代维吾尔族的先人曾信仰过佛教、摩尼教和景教(基督教在亚洲的一派),并曾把这些宗教的主要文献先后译为回鹘语。当伊斯兰教传入塔里木盆地(包括吐鲁番地区)后,这些非伊斯兰教的文献曾遭到有意识的大规模的毁坏。只是由于一百多年前,在塔里木盆地,特别是在吐鲁番地区进行考古发掘的结果,才有用多种古代文字和语言(其中包括古代维吾尔语)写成的文献出土。就出土的回鹘文献而言,其内容的多样性和语言的表现力都是十分惊人的(这里且不谈各地千佛洞中发现的美丽壁画)。所有这些都说明在前伊斯兰时代,维吾尔文化的发展曾达到相当高的水平。这些用古代维吾尔语写成的文献,不仅是维吾尔人民的宝贵文化遗产,而且也是世界突厥民族的共同财富,值得我们去了解和研究。这方面德国维吾尔学家们作出了重要的贡献。柏林科学院吐鲁番学研究中心(Akademienvorhaben Turfanforschung)的存在就是证明。

首先让我简单介绍一下历史背景。

约从公元前2世纪起,佛教就已繁荣在新疆塔里木盆地。公元前

---

[1]此文为我为2002年9月德国柏林科学院吐鲁番学研究中心召开的"重访吐鲁番——丝绸之路艺术和文化研究一百周年"国际会议准备的论文。原文为英文。这里所说的回鹘文献是指用回鹘文字、突厥如尼文字、摩尼文字、印度婆罗米文字、藏文、叙利亚文字写成的古代维吾尔语文献。

3 世纪印度孔雀(Maurya)王朝时,在阿育王(Ashoka)的支持下,举行了佛教史上著名的第三次结集,之后佛教开始向印度境外传播,从恒河流域传向西北的迦湿密罗(Kashmir)、犍陀罗(Gandhara)(这里在亚力山大大帝东征后为希腊人所统治)。就在后一地区,佛教的思想与希腊的美术相结合,于是产生了著名的犍陀罗艺术。在贵霜(Kushan)王朝(约公元前105年—公元2世纪)时期,佛教也已盛行在阿富汗和中亚一带。在贵霜朝的迦腻色迦(Kanishka)王在位时,举行了佛教史上的第四次结集。

关于佛教传入塔里木盆地的时间问题,我们没有可靠的史料。一般来说,佛教传入塔里木盆地要早于传入中国内地。我国著名的佛教学家任继愈教授认为,佛教传入内地是在公元1世纪60—70年代[1]。所以佛教传入塔里木盆地应早于那个时期。根据藏文文献《李国(和田)授记》,佛教早在公元前186—176年已传入和田。那里说:萨奴(Sanu)王19岁时建立了李国(于阗/和田)。他即位为李国第一代王时,佛涅槃已234年……建国后165年,当国王尉迟胜(Vijaya Sambhava)即位5年时,佛法在李国兴起。[2] 如按佛涅槃是在公元前490—480年之间计算[3],那么和田建国应在公元前256—246年之间,再除去建国后的165年和即位后的5年,那么公元前186—176年,即为佛教传入和田地区的时间。

从古代起,和田即为塔里木盆地南缘的著名佛教中心。5世纪前,许多汉族僧人所谓到"西域"取经,实际上他们只到达和田。在那里他们往往可以得到所需要的佛经。许多中国佛教史上著名的大师,如实叉难陀(Shikchananda)、疆良叶舍(Kālayaḍas)等人都来自和田。一些重要的佛典,如《华严经》甚至在和田编成。著名的佛教大师法显在5世纪初去印度取经时,曾在和田停留3个月,在当地参加了盛大的佛教节日。他在其名著《法显传》中曾这样描述:"其国丰乐,人民殷盛。尽

---

[1]任继愈:《汉唐佛教思想论集》,1973,中华书局,页2。

[2]R. E. Emmerick, *Tibetan Texts Concerning Khotan*,1967,p.2.

[3]见上引任书,页1。

·欧·亚·历·史·文·化·文·库·

皆奉法,以法乐相娱。僧众乃数万人,多大乘学……国主安堵法显等于僧伽蓝,名瞿摩帝,是大乘寺,三千僧共犍槌食……其国中十四大僧伽蓝,不数小者……”

关于佛教传入塔里木盆地北缘另一佛教中心库车的时间,最近德籍华裔学者刘茂才教授提出是在公元前 109 年。他的根据是我国史书《梁书》卷 40 中的一条记载,那里说:“(柳)之遴好古爱奇……献古器四种于东宫(指后来的梁武帝)……其第三种,外国澡罐一口,铭云‘元封二年,龟兹国献’。”澡罐为佛僧用具,汉文有时译作“军持”(梵文作 kuṇḍika)(Liu Mautsai: Kutscha und seine Beziehungen zu China...〔《前二世纪至后六世纪中国和库车的关系》〕)。近代考古证明,古代库车的原居民说一种印度—欧罗巴语系 kentum 语组的“吐火罗语”乙种方言的语言,我国通常称之为古代龟兹语。[1] 库车从古代起就有发达的经济和文化,我国另一著名佛教大师玄奘在其名著《大唐西域记》中对该地作了生动的描写:“屈支国(旧曰龟兹)东西千余里,南北六百余里。国大都城,周十七八里,宜糜、麦,有粳稻,出葡萄、石榴,多梨、柰、桃、杏……气序和,风俗质。文字取则印度,粗有改变。管弦伎乐,特善诸国……伽蓝百余所,僧徒五千余人,学习小乘教一切有部。”[2]

吐鲁番(高昌)地区从古代起也是重要的佛教中心。840 年,建国于蒙古草原的回鹘汗国被黠嘎斯人灭亡后,回鹘有 15 部西迁到吐鲁番盆地及其邻近地区,并在那里建立了存在四五百年之久的高昌王国(约 850—1250/1350 年)。位于塔里木盆地东北部的吐鲁番地区自古以来就是东西交通的要道,是古代“丝绸之路”必经之地,所以早在公元前 2 世纪就已是一个具有发达农业和文化的繁荣绿洲。该地的最早居民可能也是“月氏/吐火罗”(汉文文献写作“车师”)人,说所谓的“甲种吐火罗”语(与古代焉耆人说的方言一样)。根据当地出土有属于 8 世纪的古代突厥语文献来看,早在回鹘西迁以前,这里似已有说突

---

〔1〕参见拙文《古代龟兹、焉耆语》,载耿世民《新疆文史论集》,2001 年,北京。

〔2〕《大唐西域记校注》,1985,卷 1。

厥语的族群存在(特别是在西突厥汗国时代)。9世纪后,大批回鹘人的到来大大加速了该地的维吾尔化进程。史料证明,在回鹘人到来前,当地除原居民外,尚有不少汉族人、粟特人(所谓的胡人)等外来民。回鹘人迁居这里后,通过通婚,一个不同族群的同化融合过程发生了。由于回鹘和其他突厥人在政治和人数上都占优势,所以当地原居民逐渐被回鹘化,同时回鹘语战胜当地原居民的语言("甲种吐火罗"语、粟特语、汉语),成为这一地区的通用语言。当然在这一同化过程中,当地民族也在人种、文化和语言方面给回鹘人以影响(所谓的 substratum 成分)。[1] 在当地先进经济和文化的影响下,回鹘人逐渐放弃了游牧生活方式,而转向定居的农耕和城市生活,从而在10—14世纪时创造出灿烂的高昌文明。[2]

回鹘人迁居吐鲁番地区后,在当地原居民的影响下,逐渐放弃在漠北时期信仰的摩尼教而皈依佛教,并进行了颇具规模的佛经翻译工作。在佛教节日时,寺院附近举行群众集会。会上宣传、讲说劝人弃恶从善的故事,或表演动人的佛教内容的戏剧(回鹘文称 körünch)。这些都可以从当地出土的回鹘文写本和千佛洞中的壁画得到证明。982年,宋朝(960—1279)使臣王延德曾访问过高昌。他的《使高昌记》一书是我们了解、研究这一时期高昌王国情况的重要史料。例如,他在书中对当地作了如下的生动描写:(当地)不降雨雪,天气十分炎热……住房多涂白粉……引从金岭(天山)流下的雪水灌溉田地。使用水车。出产五谷,独无荞麦。贵人食用马肉,一般居民则常食用羊肉或禽肉。演奏音乐时多用琵琶、箜篌。俗好骑射,喜爱游赏,出游时必带乐器。当地有佛教寺院50余所。寺内藏有大藏经……王氏一行在别失巴里

---

〔1〕我认为现代维吾尔语中的所谓元音弱化问题(这是它区别于其他现代突厥语的最大不同点),就可能是受古代塔里木盆地已消失的语言的影响所致。这个问题值得进一步研究。但由于牵涉到多种古代语言知识的问题,对这个问题的研究并不是一件容易的事。在人种方面则特别表现在南疆居民的人种学特点上。现代维吾尔族的音乐、舞蹈也基本上继承了古代塔里木盆地原居民的遗产。

〔2〕参见拙文《试论塔里木盆地民族的融合和近代维吾尔民族的形成》、《高昌回鹘王国》,载耿世民《新疆文史论集》,2001,北京。

谒见了回鹘王,并出席了宴会,观看了戏剧……第二天又进行了其他参观、访问……城中多楼台花木,居民皮肤白皙,面貌端正。人民手艺工巧,善治金银器及攻玉……(《宋史》卷490)

这里特别要指出,早在10世纪,高昌王国就已有戏剧表演。古代焉耆语("甲种吐火罗"语)和回鹘语《弥勒会见记》(Maitrisimit)佛教原始剧本的发现就是这方面的有力证明。[1]吐鲁番地区柏孜克里克、吐峪沟、胜金口等地千佛洞中保存的佛教壁画也都说明当时佛教在当地香火茂盛的情况。回鹘贵族和一般回鹘群众都竞相修建寺院,捐施佛像、壁画,抄写佛经等。他们把这些视作"做功德"(回鹘文称 buyan äwirmäk),以此希望死后能升入天国。

我们知道在蒙古草原的回鹘汗国时代,摩尼教于762年曾被回鹘贵族尊为国教。[2]9世纪中期回鹘西迁后,仍信仰摩尼教一个时期。摩尼教在吐鲁番地区的最后消失,大概发生在11—12世纪左右。在信仰摩尼教时期,回鹘人从中古波斯语、安息语、粟特语翻译了许多该教的文献为回鹘语。所以在近代吐鲁番出土的文献中也有一部分用回鹘语写成的摩尼教文献。

关于景教(基督教在亚洲的一派)在回鹘人中的传播情况,我们知道得很少。吐鲁番北部的Bulayiq村(现称葡萄沟)在中古时期似为一重要的景教中心。20世纪初,德国考古队曾在那里发现了许多用叙利亚语、粟特语和回鹘语写成的景教文献残卷。此外,我们还知道在蒙古时代(13—14世纪),景教也在其他突厥民族,如汪古(Ongut)、克烈(Kereit)、葛逻录(Qarluq)等部中流行。

随同塔里木盆地(包括吐鲁番地区)的伊斯兰化,大量非伊斯兰教

---

[1]此外,也有比《弥勒会见记》更早的梵文剧本残卷在南疆出土。
[2]摩尼教为古代波斯人摩尼(Mani,216—277)于3世纪创立的二元论宗教,主张光明(善)与黑暗(恶)两种势力的斗争。一度在中近东一带传播得十分广泛。后来在到处受到迫害后,粟特人把它传入东方。8世纪中期被回鹘牟羽可汗接受为国教。

的古代文献遭到毁灭性的破坏。[1] 早在 8 世纪中期,当阿拉伯人占领撒马尔罕和布哈拉后,就在河中地(Mawarannahr)站稳了脚跟。751 年在塔拉斯(Talas)地方,唐朝和大食(阿拉伯)军队之间进行了决战。唐军战败,于是就为伊斯兰教势力进入塔里木盆地打开了大门。10 世纪时,以喀什为中心的喀喇汗朝(Karakhanids)皈依伊斯兰教。11 世纪时,作为古代佛教圣地和中心的和田在经过长期的宗教战争后也最终被征服。但喀喇汗朝在北方遇到了坚决的抵抗。当时信仰佛教的回鹘高昌王国的南部边疆是库车,东南达到且末。所以在一个相当长的时间内(直到 13 世纪),伊斯兰教势力未能越过库车一线。整个塔里木盆地的伊斯兰化到 15—16 世纪才基本完成。

在 19 世纪末 20 世纪初以前,人们不知道维吾尔族有前伊斯兰时期用古代维吾尔语写成的文献存在。当时人们普遍认为维吾尔族自古以来就信仰伊斯兰教。

早在 1890 年,英国陆军上尉鲍威尔(Bower)就因追缉逃犯来到库车。他偶然地从一当地农民手中买到用婆罗米文字写在桦树皮上的写本。后来,写本被送到印度加尔各答。当时住在那里的著名的东方学家霍恩勒(R. Hoernle)鉴定其为属于 4 世纪的梵文写本。这一发现立即在欧洲学术界引起了轰动。与此同时,俄国驻喀什的领事彼得罗夫斯基(N. F. Petrovsky)也在努力搜购和田和库车一带出土的写本和其他文物。之后,俄国驻乌鲁木齐总领事克罗特罗夫(N. N. Krotkrov)则致力于搜寻吐鲁番出土的写本和其他文物。所有这些写本和文物

---

〔1〕历史材料和考古发掘都证明了这一点。例如生活在 11 世纪的马赫穆德·喀什噶里(Mahmud Kashghari)在其名著《突厥语词典》中曾记录下了下面的诗歌:

kälginläyü aqtimiz 我们像洪水奔流,

kändlär üzä ciqtimiz 来到他们的城市。

furxan äwin yiqtimiz 我们毁坏其佛寺,

burxan üzä sictimiz. 我们在其佛像上拉屎撒尿。

德国考古队长 Le Coq 在其关于第二、三次考古发掘的通俗读物《新疆地下的宝藏》一书中,曾有下面一段记录:"……一当地农民告诉我说,在第一次德国考古队来到这里以前,一次他曾在一古代遗址中发现五大车那样的(按:指摩尼字母)写本,因为他害怕这些异教徒的东西会给他带来灾难,于是他把它们通通倒入河中……"(参见该书英文译本,页 58 - 59。)

都被送到圣彼得堡,保存在那里的亚洲博物馆,即现在的东方学研究所圣彼得堡支所。

1892 年,法国学者杜特罗依·德·兰(Dutreuil de Rhins)在和田巴扎尔上也买到写在桦树皮上的写本。这个写本在欧洲学术界引起了更大的轰动。关于这个写本,法国学者色纳(Senart)在 1897 年巴黎举行的东方学大会上作了专门的报告。这个写本属于更早的 2 世纪,文字是佉卢(Khroṣṭhī)文,语言是世俗梵语(Prakrit,也称犍陀罗语),内容为古老的佛教诗歌,即《法句经》(Dharmapada)。在同一大会上,俄国梵文学家奥登堡(V. Oldenburg)宣布,该写本的另一部分已到了圣彼得堡。

这些偶然的发现促使俄国、英国、德国和日本组织和派遣考查队去塔里木盆地进行考古发掘。所有这些考查队都取得了成果,获得了大量的古代写本和其他有价值的文物。由格伦威德勒(A. Gruenwedel)和勒寇克(A. von Le Coq)领导的 4 次德国考古队集中在吐鲁番地区工作。他们在吐鲁番地区的几乎所有重要的遗址进行了发掘,其中包括高昌古城、交河古城、柏孜克里克、木头沟、胜金口和吐峪沟。他们获得了大量的写本、木刻本(用勒寇克的话说用 17 种语言和 24 种文字写成)、壁画、塑像和其他文物。

16.2　对回鹘文献的研究

我国学者在塔里木盆地开展考古工作比较晚。参加 1927—1935 年中瑞(瑞典)西北考查团的中方成员,在工作中取得了不少成绩,特别是考古学家黄文弼教授对吐鲁番和塔里木盆地的考古工作作出了巨大的贡献。他的有关这方面的专著如《吐鲁番考古记》、《塔里木盆地考古记》等书至今仍未失去其价值。地质学家袁复礼教授除进行地质学考古工作外,购得了现存北京图书馆的回鹘文《玄奘传》的中国部分。

新中国成立后,从 1959 到 1975 年新疆博物馆先后在吐鲁番地区进行了 13 次发掘。此外,在 20 世纪 50 年代和 60 年代,新疆博物馆尚在南疆的尼雅、巴楚等处遗址进行了发掘,也取得了很大的成绩。1959年,新疆博物馆的东疆文物调查队获得了著名的回鹘文写本《弥勒会见记》。它是一农民在哈密天山名叫铁木儿图(Temirtu)的地方发现的。

中国学者从事回鹘文写本的研究也比较晚。1949 年秋,北京大学东方语言系首次设立现代维吾尔语言文学专业。1951 年中央民族学院(1993 年起改名为中央民族大学)成立后也设有维吾尔语专业。1952 年,两校的维吾尔语专业合并成立中央民院突厥语言文学教研室。80 年代末,教研室扩大为突厥语言文学系。总之,20 世纪 50 年代是建立有关教学、研究机构和培养有关人才的时期。由于众所周知的原因,像其他学科一样,中国的维吾尔学也中断了十多年(1964—1976)。"文革"后,从 1977 年起,在我的主持下,中央民族学院开办了古代突厥语文班,开始自己培养从事古代突厥语和古代维吾尔语教学和研究方面的专门人才,并编写出系统的有关教材(共 8 册——古代突厥碑铭选读 1 册,回鹘文献选读 2 册,黑汗王朝文献 3 册,外加语法和字典各 1 册)。[1]

下面我简单叙述一下中国在回鹘文献研究方面的情况。

16.2.1 关于回鹘佛教文献的研究

早在 1951 年,由于新疆赛福鼎(Seifuddin Aziz)先生的关心,保存在北京图书馆的回鹘文《玄奘传》部分得以影印出版。同年冯家昇教授(1904—1970,他原是辽史专家)[2]发表了《回鹘文〈菩萨大唐三藏

---

〔1〕这里我回想起一件插曲:我是 1949 年进入北京大学东方语言系学习维吾尔语的。大概在 1950 年前后,一天我偶然从前苏联塔什干出版的《东方真理》(Shärqi Häqiqät,1948?)杂志上,看到一篇题作《维吾尔伟大史诗——Chistini Ilik Bek》(作者似为伊兰学家 Bertel's)。于是我问老师和其他有关人士哪里可以找到史诗的原文。他们都说不知道。60 年代,我在德国著名的回鹘文大家缪勒(F. W. K. Mueller)的 Uigurica 第 4 卷中(页 680 - 697)偶然发现了这个故事的原文。原来它不过是佛本生故事之一。汉文原文见《无明罗刹集》。主人公的名字汉文作折吒,梵文作 Castana。

〔2〕20 世纪 40 年代,当他在美国国会图书馆工作时,曾跟纽约哥伦比亚大学的明格斯(K. Menges)学习过回鹘文。

法师传〉研究报告》。在这篇长文中,他同定了 23 叶比较完整的回鹘文译文,并讨论了回鹘文本翻译的年代等。1955 年他发表了 3 叶半木刻本回鹘文佛经《八阳神咒经》(《考古学报》,1955,9 期)。1962 年在我的帮助下,发表了《一九五九年哈密新发现的回鹘文佛经》一文(《文物》,1962,8 期)。1963 年他研究了吐鲁番交河一洞窟中墙壁上的如尼文刻文,题作《一九六〇年吐鲁番新发现的古突厥文》(《文史》,1963,3 期)。

在 1961—1962 年前后,应冯家昇教授的要求,民族所曾把 1959 年哈密发现的《弥勒会见记》的原本借到北京。我应冯先生之邀,曾用一年多的时间专门研究了这个写本。在此期间我完成了全部写本的拉丁字母转写和部分翻译工作。同时,在此期间,我还发现在此写本中尚混入属于另一文献的十几张叶子。之后,我同定它为著名的大型回鹘文佛教故事集《十业道譬喻花环》(*Daśakarmapathāvadānamālā*)。[1]

"文革"结束后,作者发表了下面一些有关回鹘文献的论文和专著:

早在 20 世纪 50 年代,我就开始研究回鹘文《玄奘传》的北京部分。但只在"文化大革命"后,我才有发表的机会。1979 年发表了《回鹘文〈玄奘传〉第七卷研究》(一)、(二),分别刊登在《民族语文》,1979,4 期和《中央民族学院学术论文集》(民族语文分册),1980;1979和 1980 年我在美国哈佛大学《突厥学报》(TUBA)3 卷和 4 卷上分别发表了题作《古代维吾尔语佛教文献〈圣救度佛母二十一种礼赞经〉残卷研究》、《古代维吾尔语原始剧本〈弥勒会见记〉(哈密本)第二幕研究》的论文;《回鹘文"亦都护高昌王世勋碑"研究》发表于《考古学报》,

---

[1]1953 年我大学毕业后,被分配在中央民族学院工作,任助教。大约在 20 世纪 50 年代中期,我偶然见到了德国葛玛丽(A. von Gabain)教授的《古代突厥语语法》(*Alttuerkische Grammatik*)。因那时我已有较好的现代维吾尔语和哈萨克语的基础,加之我在大学时选修过一个时期的德语,所以借助字典能看懂该书的某些内容。从此,我发现了突厥学的一个新天地——古代突厥—维吾尔语文学,十分着迷。后来我从俄国马洛夫(S. E. Malov)的《古代突厥文献》(*Pamyatniki drevnetyurkskoy pis'mennosti*)一书中也受益不浅。这里我还想指出,由于当时极"左"路线的干扰,我是在十分困难的条件下学习和研究古代突厥/回鹘语的。

1980,4 期(此文的法文本刊于法国《突厥学报》〔Turcica〕,1981,13 卷,
与 J. Hamilton 合著);《唆里迷(Solmi)考》(与张广达合著)刊于《历史
研究》,1980,2 期(内中刊布了《弥勒会见记》哈密本中一则长的跋
文);《回鹘文"土都木萨里修寺碑"考释》刊于《世界宗教研究》,1981,
1 期;《古代维吾尔语原始佛教剧本〈弥勒会见记〉(哈密本)研究》刊于
《文史》,1981,12 辑(此文被《中国戏剧起源》等书转载);《回鹘文"八
十华严"残卷研究》(一、二、三),分别刊登在《民族语文》,1986,3 期,
《世界宗教研究》,1986,3 期和《中央民族学院学报》,1986,2 期;20 世
纪 50 年代期间,我尚根据拉德洛夫和马洛夫刊布的回鹘文铅字排印
本,研究了回鹘《金光明经》,后来发表于 80 年代,分别题作《回鹘文
〈金光明最胜王经〉第六卷第十二品四天王护国品研究》(《中央民族学
院学报》,1986,3 期〔语言文学增刊〕)、《回鹘文〈金光明最胜王经〉第
九卷第二十五品长者子流水品研究》(《中国民族古文字研究》,1993,2
辑);《回鹘文"俱舍论"研究》(一)、(二)分别刊于《民族语文》,1987,1
期和《中央民族学院学报》,1987,4 期,英文版刊于《中亚学报》(CAJ),
1989,卷 33;《回鹘文大元肃州路也可达鲁花赤世袭之碑译释》载于《向
达先生纪念论文集》,1986,乌鲁木齐;《元回鹘文"重修文殊寺碑"初
释》载于《考古学报》,1986,2 期。此外,我和 H . J. Klimkeit 合作用德
文出版了《弥勒会见记》前 5 品(Das Zusammentreffen mit Maitreya,
1988)和《佛教启示录研究》(Eine buddhistische Apokalypse,1998)(耿 -
Klimkeit – Laut);另外我们三人发表了《弥勒会见记》的 10 品、11 品、
13 品、14 品、15 品,分别刊于《德国古代东方学研究》(AoF),1987,
1988,1991,Varia Turcica,1992,AoF,1993);第 16 品由我和 Klimkeit 教
授发表在哈佛大学《突厥学报》(TUBA),1985,卷 9;我们关于《十业道
譬喻花环》的研究发表在土耳其的《突厥语研究》(TDA),1993,2000 卷
中;最近为庆祝德国研究回鹘文献的专家 P. 茨木教授 60 寿辰,我在他
的祝寿论文集中发表了《兰州本俱舍论实义疏研究》一文。

　　我以前的学生卡哈尔(Kahar Barat)1990 年用法文发表了《胜光法
师是八阳经的译者?》一文(《法国亚洲学报》〔JA〕,1990,1 – 2 期);

171

1992 年他发表了《〈玄奘传〉第三卷研究》(哈佛《突厥学报》,卷 14);1993 年他成功地在哈佛大学通过了其博士论文《〈玄奘传〉第九卷研究》;最近听说他已在国外出版了他的博士论文(连同第十卷)。

1987 年我的前古代突厥语班学生 Israpil Yusuf,Abduqeyum Hodja,Dolqun Qämbiri 3 人也用维、汉文出版了《弥勒会见记》的前 5 品。

近来我以前的学生张铁山发表了几篇关于存于北京和敦煌的《阿含经》残卷的论文。牛汝极和法国的哈米勒屯(J. Hamilton)合作研究发表了甘肃省榆林窟中的回鹘文题跋文。去年 Tursun Ayup 和 Mäträhim Seit 用现代维吾尔文出版了俄国本《金光明经》全书。[1]

16.2.2　关于回鹘摩尼教文献的研究

20 世纪 70 年代末,我在茨木教授的文章《回鹘高昌王国摩尼教寺院经济文书》(载论文集 *Researches in Altaic Languages*,1975)的启发下,最终在北京历史博物馆找到并根据原件研究了黄文弼教授 20 世纪 30 年代从新疆携回的这件重要文书,于 1978 年发表了《回鹘文摩尼教寺院文书初释》(《考古学报》,1978,4 期;英文版刊于 CAJ,1991,vol. 35)。[2] 1982 年当我应 Klimkeit 教授的邀请访问波恩大学时,我们合作研究了保存在德国汉堡大学前亚研究所伊兰学部的一件关于吐鲁

---

〔1〕我相信像其他信仰过佛教的民族一样,历史上曾存在过回鹘文《大藏经》。W. E. Soothill, L. Hodous 在其《中国佛教术语字典》一书页 367a 中说,1294 年佛教《大藏经》曾被译成回鹘语,但未提出根据。最近西·特肯教授(S. Tekin)在其新著《古代突厥人的文字、书和纸……》(1993 年,页 47 - 48)中,关于这个问题,引用了著名意大利藏学家图齐(G. Tucci)1974 年写给他的一封有趣的信。信中说当他在西藏萨迦寺停留时,确实从寺中所存目录中看到"存有一套回鹘文大藏经"的字样。当他向有关人员打听现何处时,他们回答说,为了保护这套佛经,他们在附近山顶上特别修建了一所石头房子来收藏它。由于时间的关系,图齐未亲自上山去查看……

这里我回想起 20 世纪 60 年代中期我所经历的一段往事:大概在 1963—1964 年上半年,当社科院民族研究所的藏学家王森教授亲自指给我看图齐书(《西藏画卷》?)中那段关于萨迦寺保存有全套维吾尔文佛教《大藏经》的文字后,我和冯家昇教授商量,决定由我进藏进行实际调查。当考查经费批下来,我正准备动身时,所谓的"社会主义教育运动"开始了。我被派到四川省凉山彝族地区参加社教运动,从而失去了这次机会,成为我国维吾尔学研究中的一件极大的憾事。"文革"后,我曾多方托人打听,希望至少能弄到照片看看,都无结果。听说"文革"期间萨迦寺曾遭到"红卫兵"的破坏。

〔2〕这里我想顺便指出研究古文献中的一个普遍真理,那就是在前人研究的基础上重新进行研究要比第一个研究者容易得多。

番地区摩尼教寺院被毁的文书,后发表在德国的《中亚研究》(ZAS),1985,18卷。之后,又和 P. Laut 一起发表了两个摩尼教故事,分别刊登在《德国东方学报》(ZDMG)1987年、1989年卷中。

16.2.3 关于突厥语景教碑的研究

虽然从20世纪50年代以来吐鲁番地区没有出土景教文献,但在中国内地出土了一些重要的突厥语景教碑文。1996年我们发表了扬州出土的一件用叙利亚字母、古代突厥语写成的景教碑,题作《中国内地出土的景教墓碑》(刊于《乌拉尔阿尔泰学年鉴》〔UAJ〕,1996,14卷)。[1] 此外,牛汝极和 J. Hamilton 合作发表了内蒙古出土的两个短小的、用回鹘文写成的碑文(载法国《亚洲学报》〔JA〕,1994,vol. 282)。

16.2.4 关于回鹘文社会经济文书的研究

早在1954年冯家昇教授就发表了《元代畏兀儿文契约二种》(《历史研究》,1954,1期)。之后,他又发表了两篇关于买卖奴隶的文书,一篇题作《回鹘文斌通(善斌)卖身契三种》(《考古学报》,1958,2期),另一篇题作《回鹘文契约二种》(《文物》,1960,6期)。本文作者重新研究了冯先生的上述后二文中的文书,于1978年发表了《两件回鹘文契约的考释》(《中央民族学院学报》,1978,2期;英文本见 ZAS,1984)。同作者于1980年发表了4件短的回鹘文书(《文物》,1980,5期)。斯拉皮尔于1995年发表了一件1969年高昌遗址出土的回鹘文收钱文契(日本《内陆亚细亚言语研究》,1995,10期)。

最后我还想提到下面几种与回鹘文献研究有关的著作,它们是:

(1)耿世民:《敦煌出土突厥回鹘文献导论》,1994,台北。

----

〔1〕大概在20世纪80年代末,社科院民族所的蒙古学家昭纳斯图教授交给我这件墓碑拓片的复制件。因当时我不识叙利亚字母,所以不知碑文语言是叙利亚语抑或是突厥语。1992年当我在波恩停留时,古叙利亚语专家图巴贺(J. Tubach)教授告诉我该碑文语言为突厥语后,我才着手进行研究。经过一个多月的努力,我完成了碑文的拉丁字母转写和英文译文及考释,后我把论文的英文稿交给了 Klimkeit 先生。这是目前所知,文字最长的景教碑文。此文的德文本发表后,我惊奇地发现德文本所引用的德国著名汉学家和元史专家 H. Franke 教授关于碑文主人公的材料(引自四部丛刊本《金华黄先生文集》)竟存在多处对原文理解上的错误(德文本未用我引自同一文集并已正确译成英文的材料,参见我关于此碑研究的汉文文章)。

（2）耿世民:《回鹘佛教文献》,英文,刊于土耳其新土耳其研究和出版中心编辑出版的《突厥历史文化丛书》(*The Turks*), vol. 1, pp. 896 - 910, Ankara, 2002;土耳其文译文刊于 *Türkler*, cilt. 3, pp. 786 - 800, Ankara, 2002)。

（3）杨富学:《回鹘之佛教》,1998,乌鲁木齐。

（4）牛汝极:《维吾尔佛教文献》,2000,乌鲁木齐。

缩写字

AoF: Altorientalische Forschungen

CAJ: Central Asiatic Journal

JA: Journal Asiatique

TDA: Türk Dilleri Arastirmalari

TUBA : Türk Bilgisi Arastirmalari(Journal of Turkish Studies of Harvard Univ.)

UAJ: Ural-Altaische Jahrbuecher

ZAS: Zentralasiatische Studien

ZDMG: Zeitschrift der Deutschen Morgenlaedischen Gesellschaft

（原刊于《重访吐鲁番》〔Turfan Revisited〕,Berlin,2004 年。）

17　唆里迷考[1]

　　唆里迷是见于汉籍和突厥、阿拉伯文献中的我国新疆境内的古地名。这个地名之所以常被学者们提及，是由于它与 60 多年来学界热烈讨论的我国新疆的一种古代语言——所谓吐火罗语的定名问题密切相关。

　　所谓吐火罗语的定名的讨论，始于 20 世纪初年。这一讨论开始后不久就超出了定名范围本身。它牵涉到我国新疆古代历史地理、民族的分布与迁徙、东西文化交流等一系列问题。可以说，学界从探讨所谓吐火罗语的定名是否恰当开始，收到了远为意料所未及的成果。人们就新疆地区的许多重要城镇如库车、焉耆的古代名称的沿革进行了深入的探讨，唆里迷从而也成为人们瞩目的地名。而且人们进一步发现，唆里迷一名还经常出现在回鹘语、粟特语、和田语文献中。看来此名从见于 10 世纪的文书起，到明代初年纂修《元史》时止，前后沿用了达五六个世纪之久。此外，人们在考察新疆出土佛典的转译过程的时候，还看到唆里迷在传播佛教方面也曾起过重要作用。因此，研究唆里迷一名，对于了解中世纪新疆的地理沿革、不同语言的分布、佛教的兴衰过程都有一定的意义。

　　然而，唆里迷方位何在的问题，却由于缺乏文献记载而长期得不到明确的答案。柏林大学历史地理学教授赫尔曼（A. Herrmann）主编的《中国历史和商业地图》，唆里迷被置于别失八里/北庭和哈密之间，南距哈密较近之处。[2] 日本原早稻田大学名誉教授松田寿男及森鹿三编制的《亚洲历史地图》则在蒲类海（Bar-kol）之南注记了唆里迷，可

---

〔1〕此文原与张广达和写，载《历史研究》，1980 年，2 期。

〔2〕赫尔曼：《中国历史和商业地图》（*Historical and Commercial Atlas of China*），哈佛大学出版社，1935 年，第 46－47 图《1141 年时的东亚、中亚和南亚》，E2；第 49 图《蒙古帝国的开场——1234 年的边疆》，E2。

是旁边标上了"？"。[1] 近年法国高等研究院第四部研究员哈密屯（James Hamilton）教授发表论文《10 世纪仲云考》[2]，附有与安德烈（F. Andre）共同编绘的一幅《10 世纪中国西北地区和塔里木盆地的交通路线图》[3]，图中将唆里迷注记在两个地点：一在蒲类海，一在焉耆，但是两处都标上了"？"。这种情况表明，唆里迷的方位问题直到最近还没有得到明确的解决。[4]

本文拟就学界提出唆里迷一名的经过，前人对唆里迷研究的成果略作回顾，而后根据 1959 年我国哈密出土的回鹘文《弥勒会见记》（Maitrisimit）序品第 12 叶反面 30 行跋文提供的资料，试图为唆里迷的方位当在今天的焉耆添一佐证。

17.1 唆里迷一名的提出经过

唆里迷一名的被提出，如上所述，与 20 世纪初以来学界讨论所谓吐火罗语的命名问题有关。19 世纪末 20 世纪初，德、法、英、日等国的考古队在我国新疆发现了用北印度婆罗米字母的一种新疆变体书写的大量写体，但是，人们并不懂得用这种变体字母书写的语言。究竟应当怎样称呼和解读这种语言，自然引起了人们的注意。特别是德国人勒寇克（von Le Coq）等人率领的普鲁士吐鲁番考察队在 1904—1907 年间进行的第二次、第三次考古活动，搜集了大量珍贵文物，其中有梵文本中早已失传，汉籍中也不见著录的用这种不知名语言写成的《弥勒会见记》（Maitreyasamitinataka），另外还有内容与之相应的回鹘文本《弥勒会见记》。两相对照，自然有助于解读这种人所未知的语言，这

〔1〕松田寿男、森鹿三：《亚洲历史地图》，平凡社，1966 年，第 97 图。

〔2〕哈密屯：《10 世纪仲云考》（"Le Pays des Tchong-yun, Cungnl, ou Cumuda au Xe' siecle"），《亚洲学报》（JA），1977 年，第 351 - 379 页。

〔3〕哈密屯：上引论文，第 372 页后附地图。

〔4〕日本森安孝夫也在撰写《唆里迷考》的论文。见法国《突厥学报》（Turcica），1978 年滨田正美编写的《日本突厥学论著目录》，第 229 页。

也就更加激发了人们研究这种语言的兴趣。[1]

为了替这种语言定名,人们注意到了这一佛典的回鹘文本的跋文。

1907 年,柏林的突厥语学家缪勒(F. W. K. Mueller) 发表了一篇为这种语言定名的论文,称这种语言为吐火罗语。[2]。他这样定名,是根据新疆出土的《弥勒会见记》回鹘文本的一则跋文(勒寇克吐鲁番考古队编号吐鲁番 Ⅱ. S. 2)[3],全文如下:

毗婆娑派大师(ksi) 阿阇黎(acarya) 阿犁耶旃陀罗∕圣月(Ari-acintri = Aryacandra) 菩萨自印度语(Anatkak) 编[4] 为 toxri 语[5],

---

〔1〕从 20 世纪 20 年代起,所谓吐火罗语甲种方言的《弥勒会见记》及其他残卷被陆续刊布。其中 4 份残卷是由泽格(E. Sieg)、泽格灵(W. Siegling) 刊布的,见《吐火罗语残卷》(Tocharisehe Sprachreste),第 1 卷,柏林一莱比锡,1921 年,第 101 – 105 页,第 125 – 164 页,残卷编号 No No 212 – 216,251 – 310。该经回鹘文本后由葛玛丽(A. von Gabain) 刊出,见《弥勒会见记:一部佛教毗婆娑论经典的古突厥语本》(Maitrisimit , Die aittuerkisehe Version eines Werkes der buddhistsche Vaibhasika -Schule),第 1 卷,维斯巴登,1957 年,第 2 卷,柏林,1961 年。《弥勒会见记》是佛教说一切有部毗婆娑派的重要经典,这些残卷及其各语种编译本对于研究新疆的语言、文学、宗教、历史极端重要。参看穆尔路斯(E. Moerloose) 的最近论文《弥勒会见记剧本的吐火罗语本和古突厥语本中的见道(Darsanamarga)》("The Way of version 'Darsanamarga' in the Tocharian and old Turkish Versions of the Maitreyasamitinataka"),《中亚杂志》(CAJ),第 23 卷,第 4 期,第 240 – 249 页。

〔2〕缪勒:《论中亚的一种人所不解的语言的进一步定名》("Beitrag zur Genaueren Bestimmung der unhekannten Sprachen Mittelasiens"),载《普鲁士王家科学院学术会议报告集》(SPAW),1907 年,第 958 – 960 页。

〔3〕缪勒:上引论文,SPAW,1907 年,第 959 页。

〔4〕原文作 yaratmis,意为"制"。此处据伯希和的考订译为"编",参看伯希和《吐火罗语与库车语》("Tokharien et Koutcheen"),载《亚洲学报》(JA),1934 年,第 224 卷,第 54 页及注 1;冯承钧译:《吐火罗语考》,北京,中华书局,1957 年,第 93 – 95 页。

〔5〕toxri 为缪勒的转写,然而此字应当转写作 toghri。例如韩森(O. Hansen) 在其论文《哈喇巴喇哈逊的三体合璧碑的粟特语铭文考》("Zur Soghdischen lnschrift auf dem dreisprachigen Denk-mal von Karabalgaun",载《芬兰一乌古尔语学会学报》[Journal de la Societe Finno -Ougrienne]第 44 卷第 3 期,1930 年)中提及该碑文第 19 行有"不仅四 twghry[军] 及其他许多……而且强大的吐蕃军也全部地……"之语。韩森论文未得寓目,此据痕宁的论文《Agni 和"吐火罗语"》("Agni and the 'Tokharian'"),《伦敦大学东方研究院学报》(BSOS) 第 9 卷,第 3 期,1938 年,第 550 页转引。又,高昌出土编号 T. Ⅱ. D. 171 回鹘语摩尼教残卷中有"驻四 twghry 的慕阇(Mozak)"的记载。痕宁根据上述文献资料中出现的 twghry 等写法而推断此名最可靠的读音为 Tughri,参看痕宁上引论文,第 561 页。关于此名的各种异写,还可参看贝利(H. W. Bailey) 的论文 "Ttaugara",《伦敦大学东方研究院学报》(BSOS),第 8 卷,第 4 期,1935—1937 年,第 888 页;布萨格里(Bussagli) 的论文 "Note sulla forma Sogdiana'tghw'r'k",《东方研究杂志》(Rivista degli studi Orientali),第 22 卷,第 1 分册,1947 年。后一论文未得寓目。

177

大师阿阇黎 Prtaniarakst [1]（ = Prajnaraksita，智护）复从 toxri 语译为突厥语之经书《弥勒会见记》第十品《弥勒菩萨自兜率天下生世间品》终。[2]

缪勒根据这一题跋，把这种人所不知的 toxri/toghri 语定名为吐火罗语，从而使古代流行于我国新疆焉耆等地的这种 toxri/toghri 语言和吐火罗语的概念联系了起来。显然，缪勒在当时作出此一比附的理由无非是 toxri/toghri 与吐火罗的对音相近这一点而已。

次年，即 1908 年，德国梵语学家泽格与泽格灵在解读这种语言的同时，发表了两人合写的著名论文《吐火罗语考》[3]，赞同缪勒的命名。他们指出，这种语言实际上有两种变体，或者说两种方言。他们在这篇论文里刊布了甲种方言的《弥勒会见记》写本的几个片断，并继缪勒之后，把回鹘语题跋中的 toxri/toghri 语进一步联系起来。缪勒、泽格、泽格灵等人在语言学方面有渊博的学识和湛深的造诣，特别是后两位学者，在解读 toxri/toghri 语方面曾取得卓越的成就。这几位语言学家既然有崇高的学术地位，他们在 toxri/toghri 语定名方面又见解一致，而且互相唱和，自然对人们的认识产生了非同一般的影响。从此，这种人所不知的语言便和吐火罗语结下了不解之缘。时至今日，尽管不少学者一再提出这一定名是一种误会，但是人们狃于习常，仍然时时把古代曾经一度流行于我国新疆焉耆和库车等地的这两种语言称为吐火罗

---

〔1〕缪勒论文中原作 Prataniarakst，此处据伯希和之校订改正，参看伯希和上引论文第 54 页，冯承钧上引译本第 94 页。

〔2〕缪勒：上引论文，SPAW，1907 年，第 959－960 页及该论文所附图版。

〔3〕泽格、泽格灵：《吐火罗语为印欧斯基泰［月氏］语考——对前所不识的一种印欧书面语言的初步探讨》（"Tocharisch，die Sprache der Indoskythen，vorlaeufige Bemerkungen ueber eine bisher unbekannte indogemmnischeLiteratursprache"），载《普鲁士王家科学院学术会议报告集》（SPAW），1908 年，915 页以下。

语甲乙方言[1]。

然而,随着这种语言研究工作的进展,人们不断对这一定名的是否恰当产生了疑问。吐火罗作为古代民族,其活动早于用这两种方言编译佛典的时间至少五六百年,而且他们的活动范围也远离上述佛典出土的库车、焉耆、吐鲁番等地千余公里。时间和空间上存在着这样大的差距,若无其他强有力的证据,而仅凭回鹘文跋文中的 toxri/toghri 一名近似吐火罗发音这一点立论,即为 toxri/toghri 确定名称,自然使人很难完全信服,更何况 toxri/toghri 名与吐火罗在对音上也存在着语音学方面的窒碍[2]。

此后,缪勒、泽格为了证明 toxri/toghri 就是吐火罗而继续不断地撰文申述己见。1916 年,缪勒与泽格合撰《弥勒会见记与"吐火罗语"》一文,表示"仍然坚持吐火罗语这一命名"[3]。这篇论文的贡献在于两位学者刊布了大量《弥勒会见记》的所谓吐火罗语甲种方言残卷断片

---

〔1〕多年来,学界对所谓吐火罗语甲乙方言的各自流行范围,两种方言的各自当地名称,称之为吐火罗语是否恰当等问题展开了热烈的争辩。关于这些争辩的简单情况,参看季羡林《吐火罗语的发现与考释及其在中印文化交流中的作用》,载《中印文化关系史论丛》,北京,1957 年,特别是 192 – 196 页;克劳兹(W. Krause)《吐火罗语》("Tocharisch"),《东方学家手册》(Handbuch der Orientalistik)第 1 辑,第 4 卷,第 3 分册,莱顿,1971 年,特别是此书中论命名的一节,第 5 – 8 页。二次世界大战后,法国阿富汗考古队在阿富汗北部发现了著名的"大苏尔赫—柯塔勒碑"。经学者们研究,碑文是用希腊字母写的一种伊兰语。有的学者称之为真吐火罗语,参看马立克(A. Maricq)的论文《迦腻色迦大碑碑文和古代大夏语——真吐火罗语》("La grande inscription de Kaniskaet L'eteo-tokharien, L'ancienne Langue de la Bactriane"),《亚洲学报》(JA),第 246 卷,1958 年;同著者《大夏语或真吐火罗语》("Bactrien ou eteo-tokharien"),《亚洲学报》,第 248 卷,1960 年。后来的学者如邦旺尼斯特(E. Benveniste)、痕宁等人回避给予这种语言以名称,而仅仅称之以"大夏碑铭",参看邦旺尼斯特《大夏碑铭考》("Inscriptions de Bactriane"),《亚洲学报》,第 249 卷,1961 年;痕宁《大夏碑铭考》("The Bactrian Inscription"),《伦敦大学东方与非洲研究院学报》(BSOAS),第 23 卷,1960 年;同著者《苏尔赫—柯塔勒和色腻色迦》("Sukh-Kotal und Kaniska"),《德国东方学会杂志》(ZDMG),第 115 卷,第 1 期,1965 年。尽管上述学者的意见不尽一致,但贵霜时代的大夏地区语言或"真吐火罗语"系与我国中古前期新疆地区流行的 Toghri 语迥然不同这一点又得一证明。现在看来,应将乙种方言称为龟兹/库车语,甲种方言称为焉耆—高昌语。

〔2〕列维很早就指出 toxri/toghri 一名的发音无送气声,不同于吐火罗语的梵名 Tukhara,希腊语的 Tokharoi,汉语的吐火罗或睹货逻的发音。参看列维《吐火罗语》,《亚洲学报》(JA),第 222 卷,1933 年,第 5 页;冯承钧上引译本第 46 页。

〔3〕缪勒、泽格:《弥勒会见记与"吐火罗语"》("Maitreyasamit und 'Tocharisch'"),《普鲁士王家科学院学术会议报告集》(SPAW),1916 年,第 396 页。

和回鹘文本的相应断片,令人信服地证明了两种语言的文本虽然字句不尽一致,但是出于同源则无疑义[1]。

作为补充证据,两位作者表列了回鹘文本《弥勒会见记》其他品跋文11则,所有这些跋文大同小异,但其编号 No.48 的一份跋文无疑更为重要。作者因此特意将其复制为图版附于该文之内,并转写该跋文说:

> ……生于 Nakridis 国的大师(ksi)阿阇黎阿犁耶旃陀罗/圣月菩萨从印度语编为 toxri 语,生于 Ilbaliq 的大师、阿阇黎 Prtanyaraksit 复自 toxri 语译为突厥语的经书《弥勒会见记》……[2]

两位作者根据这条跋文,把他们转写的阿犁耶旃陀罗/圣月的生地 Nakridis 考定为 Nagaradesa/Nagridesa/Nakridesa,也就是法显、玄奘记载的那竭。人们知道,那竭位于今阿富汗贾拉拉巴德(Jalalabad)附近,即今喀布尔河流域。[3] 这样一来,将《弥勒会见记》从印度语编为 toxri/toghri 语的圣月变为那竭人,似又为 toxri/toghri 应当定名为吐火罗的假说增加了一条证据。

1918 年,缪勒又发表《Toxri 与贵霜》[4]一文。一如既往,作者再次通过刊布回鹘语经卷跋文来试图证明 toxri/toghri 与吐火罗的关系。在这篇论文里,缪勒刊布了 3 则回鹘语跋文。编号为吐鲁番Ⅲ、木头沟120 的《解救……一切有情……经》残卷跋文说,该经系自 Kuisan/Küsän 语译为巴楚(Barcuq)语。编号为吐鲁番Ⅲ、木头沟84—68 的《十业道譬喻花环》残卷跋文说,原经系自 Ugu küsän 语译为 toxri 语,复从 toxri 语译为突厥语。特别重要的是编号吐鲁番Ⅱ、胜金口 32 的残卷跋文:

---

[1]参看泽格、泽格灵:上引论文;又《吐火罗语残卷》,第 1 卷,第 255 页对该经内容及两种译本关系的论述。

[2]缪勒、泽格:上引论文,SPAW,1916 年,第 414 页,第 416 – 417 页。痕宁:《"吐火罗语"的名称》("The name of the 'Tokharian' language"),《泰东》(AM),新辑,第 1 卷,第 2 期,1949 年,第160 页。

[3]缪勒、泽格:上引论文,第 416 – 417 页。

[4]缪勒:《Toxri 与贵霜》("Toxri und Kuisan[Küsän]"),《普鲁士王家科学院学术会议报告集》(SPAW),1918 年,第 566 – 586 页。

我还要向在印度国(Änätkäk)创制毗婆娑论的伽鲁那竭哩婆（Karunakrivi)、僧伽跋陀罗(Sangrbtri)、瞿孥钵剌槃(Gunabribi)、末奴剌曷他(Manorati)等大师顶礼膜拜。

此外,我还要恭敬地向创制许多经书的索建地罗(Sakatili)……苏罗(. . . -isuri)、羯底伽(Kotiki)、摩咥哩制吒(Matraciti)、阿湿缚娑(Asvaku)等菩萨大师顶礼膜拜。

我还要向四曲先国(tört küsän)中(先前)对阐释佛教教义作出巨大贡献的佛陀罗西多(Budarakisiti)、萨缚罗西多(Srvarakisiti)、阿输加罗西多(Azukrakkisiti)等大师顶礼膜拜。

我还要向三唆里迷[üc Sulmida]……[1]

缪勒刊布上述 3 则回鹘语跋文,用意至为明显,他认为这些跋文中的 Kuisan/küsän,Ugu/küsän、Tört küsän 等地名中显现了汉代贵霜一名的对音,而贵霜自然与吐火罗有密切关系。可是,对我们来说,他刊布的跋文却有特别的意义:正是缪勒刊布的编号吐鲁番Ⅱ、胜金口 32 的跋文中,第一次使唆里迷的名字重见于世。然而很不巧,üc Sulmida 一词正出现于该跋文末尾断裂处。

缪勒将此词解释为"三 Sulmida"[2],他还说:"十分遗憾,原文恰在 Sulmida 或 Solmida 处碎裂。人们可否设想这应是 Calmadana = Cercen,亦即且末的名字呢?"[3]

17.2　前人对唆里迷一名的研究

为了考证所谓吐火罗语的定名,已经刊布的回鹘语跋文成为学者们反复研究的对象。学者们一致公认缪勒、泽格、泽格灵等语言学大家在考证《弥勒会见记》的两种语本的异同,判断其出于同源,解读所谓吐火罗语两种方言等方面筚路蓝缕,作出了不可磨灭的贡献。但是,对

〔1〕缪勒:上引论文,第 581–582 页,又图版Ⅱ。
〔2〕缪勒:上引论文,第 582 页。
〔3〕缪勒:上引论文,第 583 页。

于他们把 Toxri/Toghri 语定名为吐火罗语这一点,学者们发表了越来越多的不同意见。学者们通过反复研究回鹘语跋文,逐渐认清了缪勒等人倡导的吐火罗语一名实际是建立在 3 个脆弱的支点之上的:

(1)吐火罗语的定名最初仅仅根据回鹘语跋文中的 Toxri/Toghri 一名似与吐火罗的对音相近;

(2)其后发现回鹘语跋文中还有近乎贵霜对音的 Kuisan/Küsän 等名,而某些 Toxri/Toghri 佛典译自 Kuisan/Küsän 语,因而 Toxri/Toghri 语与吐火罗语有关;

(3)回鹘语跋文中毗婆娑派大师阿犁耶贤陀罗/圣月的生地最初被读为 Nakridis,其地被比定为喀布尔河流域贾拉拉巴德附近的那竭,因而圣月其人编纂的佛典亦当与吐火罗有关。

关于第一点,痕宁(W B Henning)认真研究了公元 800 年前后的粟特语《国名表》(Nafnamak)[1]以及其他文献中吐火罗一名的各种写法,指出回鹘语跋文中的 Toxri/Toghri 就其对音而言实际不能用以对应粟特语中的吐火罗的名称——' tghw' r' k。[2] 此外,痕宁根据大量资料进而证明,Toxri/Toghri 之地当在别失八里/北庭和龟兹/库车之间,或其部分区域[3],下辖别失八里/北庭、高昌、焉耆[4],也就是说,大致相当于吐蕃文献称为 Drugu 之地。[5] 这样,Toxri/Toghri 便和吐火罗脱离了关系。

关于第二点,羽田亨和伯希和早在 20 世纪 30 年代即针对缪勒旧说而证明 Kuisan/Küsän/Tört Küsän(四曲先/四苦先)等等都是龟兹/库

〔1〕痕宁:《Argi 和"吐火罗语"》,《伦敦大学东方研究院学报》(BSOAS),第 9 卷,第 3 期,1948 年,第 545 页以下。痕宁:《粟特语杂考》(Sogdica),伦敦,1940 年,第 8 - 9 页。

〔2〕见痕宁为编号 TⅡD94 的粟特语残卷所作的转写 b 栏,国名第 5,痕宁《粟特语杂考》,第 8 - 9 页。参看痕宁上引论文,第 545 页。

〔3〕痕宁:上引论文,第 559 页。

〔4〕痕宁:上引论文,第 560 页。

〔5〕托马斯(F. W. Thomas):《有关中国新疆的藏文文书:V》("Tibetan Documents Concerning ChineseTurkestan V"),原载《英国王家亚洲学会会刊》(JRAS),1931 年,第 807 - 836 页,特别是第 826 页。后收于托马斯:《有关中国新疆的藏文文书和文献》,第 Ⅱ 卷,伦敦,1951 年,第 267 - 306 页。参看痕宁上引论文,第 561 页。

车的对音,与贵霜毫无关系。[1]

关于第三点,1946 年 4 月,痕宁在纽约举行的美国东方学会上宣读了一篇论文,其主旨后来也发表在 1949 年问世的《"吐火罗语"的名称》一文中。[2] 痕宁在这篇论文中对于阿犁耶旃陀罗/圣月的出生地点的读法作出了重要的订正。如上所述,缪勒与泽格在 1916 年发表的合撰论文中,把阿犁耶旃陀罗/圣月的出生地读作 Nakridis = Nagaradesa = 那竭。痕宁指出,学界出于对缪勒的渊博学识的钦佩,对他在辨认用来源于粟特字母的回鹘文写成的卷子方面的才能从来没有怀疑过,然而,回鹘文文字的特点恰恰在于,任何干这一行的人都能够体验到,对这种文字的文献进行转写(特别在专名中),不出几页就可能发生某种差错。痕宁指出,缪勒在作出重大贡献的同时,恰恰在一个细枝末节处偶尔失误,对后来的研究工作产生了重大影响。

具体说来,在回鹘文中,字母"阿里夫"(')(a/ä)和字母 n 写在单词的中间位置的时候,两者是难以区分的。但是,两字母位于单词词首时,形状则有些不同。回鹘文的圣月出生地的第一个字母显然是"阿里夫"(')而不是 n。但看来缪勒为了证明其"吐火罗"理论,倾向于把词首的'(a)转写作 N'(Na)。此外,Kn,K',Kr 在早期回鹘文写本中也常因形近而混同。然而,在缪勒刊布的编号 No.48 的残卷跋文中,这 3 组字母是很容易区分的,即 Kr 应当订正为 Kn。因此,痕宁指出阿

〔1〕羽田亨:《论大月氏和贵霜》,原载《史学杂志》第 41 编第 9 号,1930 年,第 1025 - 1054 页,后收入《羽田博士史学论文集》,上卷,《历史篇》,京都,1957 年,第 538 - 561 页。关于 Küsän 既非贵霜,亦非高昌的讨论,见第 551 页以下。羽田亨此文的法译文刊布于 Bulletin de la maison franco-iaponaise,第 4 卷,1933 年。羽田亨:《吐鲁番出土回鹘文摩尼教徒祈愿文断简》,原载《桑原博士还历纪念东洋史论丛》,1930 年,后收入《羽田博士史学论文集》,下卷,《言语宗教篇》,京都,1958 年,第 325 - 347 页。关于 Küsän 的考证,见第 337 页以下。羽田亨此文的法译文刊布于《东洋文库欧文纪要》(MRDTB),第 6 号,1932 年。伯希和赞同羽田亨的考证,见伯希和:《评介羽田亨君论大月氏和贵霜一文》,《通报》,第 28 卷,1931 年,第 493 - 495 页,冯承钧译文改名为《畏兀儿文残卷中之地名》,载冯承钧译:《西域南海史地考证译丛》五编,北京,1956 年,第 14 - 16 页;伯希和:《吐火罗语和库车语》,《亚洲学报》(JA),1934 年,第 58 - 62 页,冯承钧上引译本,第 97 - 101页。

〔2〕痕宁:《"吐火罗"的名称》("The Name of the'Tokharian'language"),《泰东》(AM),新辑,第 1 卷,第 2 期,1949 年,第 158 - 162 页。

犁耶旃陀罗/圣月出生地的正确转写当作" Knydys，而不是N' krydys。[1]

显然，"knydys就是Agnidesa，也就是Agni之地。而Agni即玄奘《大唐西域记》记载的阿耆尼。人所共知，阿耆尼乃焉耆的梵语化名称。

这样，许多疑团涣然冰释。将《弥勒会见记》从印度语编为Toxri/Toghri语的大师阿犁耶旃陀罗/圣月并不是远在喀布尔河流域的那竭人，而是在Toxri/Toghri语流行地点之一——焉耆的土生土长的人物。

以上这些考证解脱了Toxri/Toghri与吐火罗之间的多年纠葛，有助于人们考虑唆里迷的地点，特别是痕宁关于阿犁耶旃陀罗/圣月的出生地为焉耆的考证。

1930年羽田亨发表《吐鲁番出土回鹘文摩尼教徒祈愿文断简》。[2] 作者在文中研究了日本京都大学文学部东洋史研究室收藏的两叶回鹘文文书，从第1叶的第12、13行中检出Solmilgh/Sulmilgh的名字。[3] 他在研究这一名字时联系到了缪勒从回鹘语跋文中读出的üc Sulmida/Solmida。作者指出，在缪勒刊布的回鹘语跋文中，此名正在一片断简之末，下文似已移于他纸，然次叶已不复存在，故缪勒当时疑其可能为Calmada = Cercen = 且末的对音，自亦无可厚非。现此名又见于回鹘语摩尼教徒祈愿文中，形作Sulmi/Solmi，可证Sulmida/Solmida中的-da当为突厥语中表示地点的接尾词。这一点还有缪勒刊布的文书中antada（在彼地）、Kuisan/Küsän ulusta（在曲先/苦先国）等附有-da、-ta表示位格的其他并列地名可证。[4] 由此可以断定，原来被缪勒设想为且末的Sulmi应当比定为唆里迷。

羽田亨还首先提出，回鹘语文献中的Sulmi/Solmi应当就是《元史·哈剌亦哈赤北鲁传》中提及的唆里迷国。该传称：

---

〔1〕痕宁：上引论文，第160页。

〔2〕羽田亨此文出处见上注文。

〔3〕羽田亨：上引论文，《羽田博士史学论文集》，下卷，《言语宗教篇》，第328页。

〔4〕羽田亨：上引论文，见上引著作，下卷，《言语宗教篇》，第335页。

哈剌亦哈赤北鲁，畏兀人也。性聪敏，习事。国王月仙帖木儿亦都护闻其名，自唆里迷国征为断事官。……从帝西征，至别失八里东独山，见城空无人，帝问："此何城也？"对曰："独山城。往岁大饥，民皆流移之他所。然此地当北来要冲，宜耕种以为备。臣昔在唆里迷国时，有户六十愿移居于此。"帝曰："善。"遣月朵失野讷佩金符往取之，父子皆留居焉[1]。

羽田亨据此而推断唆里迷当在元代别失八里附近，距今乌鲁木齐不远[2]。

对于羽田亨上述见解，伯希和表示完全赞同[3]。他补充了 11 世纪新疆喀什人马·喀什噶里编纂的《突厥语词典》中的有关资料，并发表他的个人见解说："惟此唆里迷所在未明，其地似在别失八里之东"[4]；又说：唆里迷当在"天山以北"，"不应距别失八里太远"[5]。此后在相当长的时期内，关于唆里迷的地望，学者们均从羽田亨、伯希和之说。

其后不久，英国的伊兰语学家贝利（H. W. Bailey）从和田语文献即所谓钢和泰卷子的和田语行纪部分的第 31 行，从巴黎藏敦煌卷子伯希和编号 2898 号文书的第 9 行中检出唆里迷这个地名[6]。痕宁也从赖歇尔特（Reichelt）刊布的《粟特语写本残卷》中检出此名[7]。痕宁还从粟特文书中看到，唆里迷自有城主称王，其地位与回鹘王相当，可见该

---

〔1〕《元史》，卷 124，本传，中华书局标点本，第 3046—3047 页。

〔2〕羽田亨：《我国的东方学和伯希和教授》，见上引著作，下卷，《言语宗教篇》。

〔3〕伯希和：《评介羽田亨君论大月氏和贵霜一文》，出处见前注文。

〔4〕伯希和：《评介羽田亨君论大月氏和贵霜一文》，出处见前注文，第 493 – 494 页；冯承钧译《西域南海史地考证译丛》五编，第 15 页。

〔5〕伯希和：《吐火罗语和库车语》，出处见前注文，第 58 页。冯承钧上引译本，第 98 页。按：距别失八里以东不远者当为独山城。徐松疑独山城为保惠城东北 90 里的古城，见徐松撰《西域水道记》卷 3，巴尔库勒淖尔所受水，道光刊本，卷 3，叶 26 上。

〔6〕贝利：《钢和泰藏杂卷考释》（"The Stäel-Holsteinmiscellany"），《泰东》（AM），新辑，第 2 卷，第 1 期，1951 年，第 1 – 45 页。唆里迷一名出现在该杂卷和田文部分贝利转写之第 31 行，见贝利论文第 3 页。贝利对此名的考释见该文第 21 – 22 页，该处提及伯希和编号 2898 号文书也有此名。参看痕宁：《Argi 和"吐火罗语"》，出处见前注文，第 557 – 558 页。

〔7〕赖歇尔特：《粟特语写本残卷》（Soghdische Handschriftenreste），第 2 卷，第 61 页，第 3 行，参看痕宁上引论文第 558 页。

城地位亦与高昌相若,并非总是臣属于高昌。[1] 痕宁强调指出,回鹘语跋文反映出唆里迷在传播佛教方面的重要性直与库车相埒,"这一点非常诱惑人们设想其地或为焉耆"。[2] 痕宁在另外一处又说,马合木·喀什噶里在其著作中列举回鹘五城时"居然会漏掉焉耆,这尤其令人不可思议,仅此一端就应当考虑将唆里迷比定为焉耆"。[3]

这里显示了痕宁的睿见卓识。然而由于缺少其他论据,或许也出于学术上的审慎,他没有进一步断言唆里迷就是焉耆。大概正是在他的影响下,以后的学者在考虑唆里迷的方位时,除哈密与别失八里/北庭之间某地之外,也把焉耆当做了可能的地区,例如,本文开头提及的哈密屯的论文中的附图就是这样处理的。

17.3　唆里迷当在焉耆的佐证

唆里迷的方位之所以不易被人们在上述地点中确指其一,症结在于文献提供的资料不足以供人们作出判断。在汉文史料中,前引《元史·哈剌亦哈赤北鲁传》中两次提及唆里迷国,但无一语述及其方位何在。在穆斯林史料中,比鲁尼(Biruni)在回元 421 年(公元 1030 年)后不久编纂成书的 *al-Qanun al-Mas'udi* 提及 S·lm·n。据米诺尔斯基(V. Minorsky)考证,这极可能是唆里迷(Solmi/Sulmi)一名之讹。[4] 比鲁尼书给出唆里迷及其他可资对比的若干地点的坐标度数如下[5]:

---

〔1〕痕宁:上引论文,第 558 页。

〔2〕痕宁:上引论文,第 558 页。

〔3〕痕宁:上引论文,第 569—570 页。痕宁还指出,在缪勒刊布的大约写于 820 年的摩尼文书 Mahrnamag(见《普鲁士王家科学院学术论文集》,APAW,1912 年)中,摩尼教东方教区领地有明确区划,其中也没有漏掉焉耆,因而马合木·喀什噶里书中之缺少焉耆更难令人理解。参看痕宁上引论文第 565–567 页。

〔4〕米诺尔斯基:《马尔瓦吉论中国、突厥人和印度》(*Sharaf al-zaman Tahir Marvazi on China, the Turks and India*),伦敦,1942 年,第 71 页。

〔5〕米诺尔斯基:上引著作,第 72 页。米诺尔斯基:《世界疆域志》(*Hudud al 'alam*),伦敦,1937 年,第 272 页注 1,1970 年 C. E. Bosworth 增订本页码同。

	经度	纬度
高昌	110°20′	42°
唆里迷	113°	43°
沙州(?)鄯州(?)	115°10′	40°20′
甘州	116°5′	39°

据此,唆里迷位于高昌东北偏东,看来似在天山之北[1]。然而,诚如米诺尔斯基一再指出的那样,比鲁尼给出的坐标度数多半是根据询问使节行人而得知的距离"推算得来",只有"相对的价值"[2],不足以判定确切方位。同样是在穆斯林文献中,其他资料显示的唆里迷的方位或与比鲁尼不同,或与比鲁尼相反。例如,成书年代晚于比鲁尼书的马尔瓦吉(Sharaf al-Zaman Trahir Marvazi)撰《动物的自然属性》(Taba'i'al-hayawan)的地理篇中国章第19节提及"……高昌之国,其地之中有唆里迷和高昌城为人所知"[3],此说即与比鲁尼书不同;在11世纪70年代我国新疆喀什人马·喀什噶里撰《突厥语词典》所附地图中[4],唆里迷被置于高昌以南,库车以东。

以上史料记载虽因互有出入而不能据以判定唆里迷的方位,但是却不约而同地反映了唆里迷的重要性。看来唆里迷的地位约与西域诸重要大城地位相等。尤其当地出生的马·喀什噶里在注释回鹘条时将唆里迷、高昌、彰八里、别失八里、养吉八里五城并列[5],并在地图中给出唆里迷的相对方位,使人们不能不想到唆里迷当在焉耆。

现在我们又在新疆出土的回鹘文文献中发现一条证明唆里迷当为焉耆或在焉耆附近的证据。这就是1959年在哈密发现的回鹘文《弥

---

〔1〕米诺尔斯基:《马尔瓦吉论中国、突厥人和印度》,第72页。

〔2〕米诺尔斯基:《马尔瓦吉论中国、突厥人和印度》,第72页。

〔3〕米诺尔斯基:上引著作,第18页,第19节A;米诺尔斯基手写阿拉伯原文,第6页,第23-24行。在阿拉伯文原抄本中,高昌作KhW,米诺尔斯基加音点作Khuju。

〔4〕该地图在《突厥语词典》抄本第21叶之后,图作圆形,被作者称为al-Da'ira。

〔5〕马·喀什噶里:《突厥语词典》,抄本影印本,安卡拉,1941年,第69叶,第11行;阿塔莱伊(B. Atalay)译土耳其语本,第1卷,安卡拉,1939年,第113页。

勒会见记》序文。该序文第12叶反面30行文字中的第3到17行与前引缪勒刊布的编号为吐鲁番Ⅱ、胜金口32的残卷跋文完全相同,而且更为完整。特别重要的是德国收藏本在"在三唆里迷"一句后残断的整段文字完好地保存在哈密本中。

　　下面是我国哈密本回鹘文《弥勒会见记》序文第12叶反面30行原文的拉丁字母转写、汉文译文和简单的注释。转写时使用国际上突厥学一向使用的拉丁字母。为了存真,在转写时不区分"s"和"sh","y"为表示与"i"对应的回鹘语中的后列元音。圆括号内的字母或文字为依文意补加上的。圆括号内的问号表示前面的字转写和译文无把握。

拉丁字母转写及汉文译文

（1）kim ymä tngri tngrisi burxan nirwanqa

　　　我还要向天中天佛涅槃后

（2）barmysta kin sazanta ulugh asagh

　　　在教义（的阐释方面）作出

（3）tusu qyltylar änätkäk iltäki waibas

　　　巨大贡献的[1],在印度国创制

（4）sasatar yaratdacy koyranagryawi sangabatri

　　　毗婆娑论[2]的伽鲁那羯哩婆[3]、僧伽跋陀罗[4]、

（5）kunaprabi manortai-da ulaty baghsylar

　　　瞿孥钵剌槃[5]、末奴曷剌他[6]等大师

（6）qu(tyn)ga yükünür mn(.) taqy ymä antada

　　　顶礼膜拜。此外,我还要恭敬地

（7）basa öküs türlüg nom

---

〔1〕原意为"利益"。

〔2〕当来自梵文 vaibhasika。

〔3〕似来自梵文 Karunagriva,意为"悲项"。缪勒认为来自 Karunagarbha,意为"悲藏"。

〔4〕当来自梵文 sanghabhadra,意为"众贤"。

〔5〕当来自梵文 gunaprabha,意为"德光"。

〔6〕当来自梵文 manoratha,意为"如意"。

向创制许多

(8) bitig itdilär yaratdylar

　经书的

(9) sakantili iswani-surikotiki

　索建地罗[1]、依湿婆罗苏罗[2]、羯底伽[3]、

(10) matarciti äswagosi-da ulaty bodi-

　摩喡哩制吒[4]、阿湿缚婆沙等菩萨大师[5]

(11) swt baxsylar qutinga ayayu agharlayu

　顶礼膜拜。

(12) yincürü yükünürmn(.) taqy ymä tört

　我还要向

(13) küsän ulusta baxsylar boltylar

　四曲先国中

(14) kim burxan sazininga ulugh asagh

　（先前）对佛的教义（阐释方面）

(15) tusu qyltylar. bodaraksiti sarwaraksiti

　作出巨大贡献的佛陀罗西多[6]、萨缚罗西多[7]、

(16) az-okrakasiti olarqa ymä yincürü

　阿输迦罗西多[8]等大师顶礼膜拜。

(17) yükünümn(.) kim ymä solmida

　我还要向三唆里迷国中

(18) ulusta öngrä baxsylar boltylar

　先前的大师

---

〔1〕当来自梵文 skandhila,意为"巨肩"。

〔2〕似来自梵文 isvarasuri,意为"自在主"。

〔3〕当来自梵文 godhika,意为"蜥蜴"。缪勒认为似为汉文中的迦丁。

〔4〕梵文作 matrceta。

〔5〕梵文作 asvaghosa,即"马鸣"。

〔6〕当来自梵文 buddharaksita,意为"觉护"。

〔7〕当来自梵文 sarvaraksita,意为"众护"。

〔8〕当来自梵文 asokaraksita 意为"无忧护"。

189

(19) drmakcm boghadati aryacantri acari-da

达摩羯忏[1]、婆伽多陀[2]、阿犁耶旆陀罗[3]、阿阇黎[4]

(20) ulaty baghsylar qutinga yincürü yükünür

等大师顶礼膜拜。

(21) (mn) (incip) ymä (üc) ärdinigä kirgünc

还有我敬信三宝的

(22) köngüllüg upasi cuu tas ygän tutuq

优婆塞曲·塔思·依干·都督

(23) nom (?) baghsylarda nomlugh saw isidü

听到法(?)师们的讲经后,

(24) täginip incä saqyncym bolty (:) älp bulghuluq

这样想到:

(25) kisi ätöz bultum (.) älptä älp

我(虽此世)得到了难得的人身,

(26) soqusghuluq üc ärdini birlä soqustum (.)

遇到了非常难遇到的三宝,

(27) amty yana bügün bar yaran yoq

(但)我仍把这今天存在明天

(28) bäksiz mängüs ätözüg bäkcä mängücä

不存在(和)并非永恒之身认为是

(29) saqynyp (,) ärtär baryr alqynur äd tawarygh

永恒的,(还)把这终将消失完竭的财物

(30) ürlüklükcä saqynyp üzütlüg azunluq

认为是常存的,而对灵魂界的……

从上面的哈密本序文可以清楚地看到,第18到20行明确指出阿

---

[1]似来自梵文 dharmaksama (?),意为"法忍"。或作 dharmakama,意为"法乐"。

[2]似来自梵文 bhagadatta,意为"福授"。这里回鹘文 drmakcm boghadati 也可能为圣月的称号。

[3]当来自梵文 aryacandra,意为"圣月"。

[4]来自梵文 acarya,意为"大师"。

犁耶旃陀罗/圣月为三唆里迷国中的大师之一。如前所述,痕宁既已将缪勒刊布的 No.48 跋文中阿犁耶旃陀罗/圣月的出生地订正为焉耆,则同经哈密本此处所说三唆里迷国的阿犁耶旃陀罗/圣月当与德国收藏本中所说焉耆国的阿犁耶旃陀罗/圣月同为一人可以无疑。[1] 至于这里的阿犁耶旃陀罗/圣月出生地名称改变的原因,我们认为是该书成书的时间与写本抄成的时间不同所致。缪勒刊布的 No.48 跋文从上下文看当为回鹘文《弥勒会见记》译成时——八九世纪[2]——原有的品末跋语,而我国哈密本则为经前后续的序文,从字体来判断似写于 10 世纪左右。[3] 时间不同而地名叫法有异。据此可为唆里迷即为焉耆或当在焉耆附近之说又增添一强有力的佐证。如果我们的这一看法无大错误,那么,可以这样说,焉耆又找回了一个久已失落的名称:在历史上,焉耆不仅先后叫做乌夷、阿耆尼(唐以前)、恰里斯(明末清初)、喀喇沙尔(清以后到现在),而且在 10—13 世纪时还叫做唆里迷。

---

〔1〕我国哈密本《弥勒会见记》其他多处跋文也说此经由阿犁耶旃陀罗/圣月从印度语制为 toghri 语。参见冯家昇:《1959 年哈密新发现的回鹘文佛经》,《文物》,1962 年,第 90 – 91 页。

〔2〕土耳其色那西·特肯(Sinasi Tekin)教授认为此经成书于 8 世纪中期。参见该氏发表在《德国东方学研究所通讯》(MIO),1970 年,第 16 期上的论文《回鹘文弥勒会见记成书的年代》("Zur Frage der Datiemng des Uig. Maitrisimit"),第 1320 页。

〔3〕哈密屯认为葛玛丽影印刊布的德国收藏本也属于 10 世纪。参见哈氏的书评,载《通报》,1958 年,第 442 页。

·欧·亚·历·史·文·化·文·库·

18 中国近年来
关于摩尼教的研究[1]

摩尼教为古代波斯国安息朝摩尼(Mani,216—277)在 3 世纪创立的宗教,主张光明(善)与黑暗(恶)两种势力的斗争。摩尼教徒的主要任务就是要把被物质世界俘虏的光明分子解放出来,使其进入光明天堂。摩尼教一度在中近东、北非和中亚地区流行甚广;在到处受到迫害后,于 762 年被回鹘尊为国教。

摩尼教从 6—7 世纪传入中国,到 15—16 世纪灭亡为止,在中国有近千年的历史。在中国内地它曾发展为第四大宗教,其地位仅次于儒、道、释,对中国历史、文化的发展有过很大的影响。

在中国,对摩尼教的研究开始于 20 世纪初。早在 1909 年蒋斧就发表了题作《摩尼教经残卷附摩尼教流行中国考》(载《敦煌遗书》)一文,内中刊布了一件敦煌出土的摩尼教经典。到了 20 年代,又有两位著名的中国学者王国维和陈垣先生,对散见于大量汉文史籍中的有关摩尼教史料,进行了扒梳整理。前者撰写了《摩尼教流行中国考》(《观堂集林》)一文(1921),后者发表了《摩尼教入中国考》(《陈垣学术论文集》)一文(1923)。同时许地山先生的论文《摩尼教之二宗三际论》则对摩尼教的基本教义进行了系统和科学的论述。

新中国成立后,由于"左"的思想的影响,在一个相当长的时期内,忽视了对宗教学(包括摩尼教)的研究。其间只有吴文良先生在东南沿海的福建发现了一些新的摩尼教文物。在十年"文革"期间(1966—1976),对宗教学的研究更是陷入完全停滞的状态。打倒"四人帮"后,由于中国政府实行了对外开放政策,宗教学(其中也包括摩尼教)的研究又重新开始起步,并取得了一定的成绩。

---

[1]此文为我在 1989 年夏在德国波恩举行的国际第二届摩尼教会议上所作的发言,后发表于该会议的论文集 *Studia Manichaica*,1992,Wiesbaden,pp.98 - 104,原文为英文。

下面我将分做两个部分来介绍近年来中国在摩尼教研究方面的成绩。

18.1 新疆地区新的考古发现和对回鹘摩尼教、摩尼教文献的研究

1980 年 10 月至 1981 年 7 月,新疆吐鲁番文管所对柏孜克里克千佛洞前的沙堆进行清理时,发现了新的洞窟,出土了用回鹘文书写的摩尼教故事(5 叶 10 面)和一件长 268 厘米、带有精美插图的粟特文摩尼教文献,以及新的摩尼教内容的壁画。关于这次发现的详细情况,可参看发表在《文物》(1985,8 期)中的《柏孜克里克千佛洞遗址清理简记》一文。[1]

1978 年耿世民研究、刊布了保存在北京历史博物馆的一件长约 270 厘米的回鹘文摩尼教寺院经济文书(共 125 行)。这件文书是当时高昌回鹘王国官府以官方文件的形式(上面盖有 11 处回鹘官印)颁发给摩尼教寺院的。文书反映出当时摩尼教寺院占有大量土地和众多的依附农户,以及寺院内部森严的等级制度等。例如,文书中一处规定寺院的依附农户每年要向寺院交纳 960 石小麦,84 石芝麻,24 石豆子,36 石小米;另一处规定要向寺院交纳的租子竟高达 4125 个"官布";此外,还要向寺院交纳棉花、甜瓜、苇子等物。此文的发表引起了国内外学者的注意。1981 年英国的刘南强(Samuel Lieu)先生在其题作《摩尼教寺院的戒律和制度》(载 *The Journal of Theological Studies*, vol. ⅩⅩⅩⅡ,1981)一文的第三部分(高昌新发现的文献)对耿文作了详细的介绍和评价。

之后,林悟殊教授和孙振玉先生依据耿文所提供的材料,分别发表了《从考古发现看摩尼教在高昌回鹘的封建化》(《西北史地》,1984,4 期)和《从古文书看高昌回鹘摩尼教——对"回鹘文摩尼教寺院文书"的再研究》(《西北史地》,1988,3 期)等论文。文中研究、讨论了高

---

[1]从《吐鲁番新出摩尼教文献研究》(2000 年,北京)一书来看,尚出土有用粟特语和回鹘语写成的其他摩尼教文献。不知该书的编者为什么舍近求远要请日本学者来进行研究?

昌地区摩尼教寺院封建化的问题。1985 年耿世民和德国波恩大学宗教学研究所所长 H. -J. Klimkeit 合作,研究发表了一件保存在德国汉堡大学前亚研究所的关于摩尼教寺院被毁坏的回鹘文文书(载 *Zentralasiatische Studien*,Bd. 18,1985)。前面提到的 1981 年在吐鲁番千佛洞发现的回鹘文摩尼教故事也已为耿世民和 Klimkeit,P Laut 合作发表在德国东方学会会刊(ZDMG,Bd. 137,1987；Bd. 139,1989),分别题作《摩尼与王子斗法——吐鲁番新出土的一件摩尼教突厥语残卷》和《摩尼教三王子故事残卷》。

对于回鹘摩尼教历史的研究有下列一些论文:

艾尚连:《试论摩尼教与回鹘的关系及其在唐朝的发展》(《西北史地》,1981,1 期)。

林悟殊:《回鹘奉摩尼教的社会历史根源》(《世界宗教研究》,1984,1 期)。

杨圣敏:《试论回鹘宗教思想的演变与改宗摩尼教》(《西北史地》,1986,3 期)。

陈俊谋:《试论摩尼教在回鹘中的传播及其影响》(《中央民族学院学报》,1986,1 期)。

艾文在指出一些学者关于摩尼教传入中国的时间错误后,提出摩尼教在唐朝的发展经历了 3 个阶段:从 694 年开始传入到 732 年唐朝第一次发布禁止令,是其发轫期。从 762 年回鹘牟羽可汗皈依摩尼教到他 780 年被杀,是摩尼教的兴盛时期。这期间摩尼教不论在回鹘地区抑或在中国内地都取得了重大发展。牟羽可汗被杀后,摩尼教受到了很大的打击。在 780—805 年间,在回鹘与唐朝的交往中,不见摩尼教的影响。从 806 年起,摩尼教在回鹘地区经过四分之一世纪的打击后,又重新获得了活力,参与了回鹘与唐朝的交往。林文对 8 世纪回鹘接受摩尼教的社会根源进行了探讨。他认为回鹘在帮助唐朝平定安史之乱后,内部社会急剧封建化,这就要求有一个较为完善的宗教来加强其统治;同时回鹘王室上层依靠信仰摩尼教的粟特商人经商致富,因此在国政和宗教信仰上不得不为其所左右,结果摩尼教成为回鹘汗国的国教。杨文也持有与林文类似的观点。他强调当回鹘社会从部落联盟转化为阶级社会时,需要一个新的更高级的宗教来代替原来信仰的原始的萨满教。陈文提出了一个有趣的问题。他认为 780 年发动政变、杀死牟羽可汗的顿莫贺达干(Tong Bagha Tarqan)代表反对摩尼教的旧的保守势力——萨满教势力。这也说明新的宗教——摩尼教在回鹘人中的传播不是一帆风顺的,其间经过了反复的甚至流血的斗争。

18.2　内地新的摩尼教遗址和文物的发现

建于宋代,位于福建省晋江县华表山东麓的草庵摩尼教寺院(已被列入省级重点文物保护单位),自 20 世纪 50 年代为吴文良先生发现后,又有一些人对其进行专门的研究,发表了论文。如林文明的《摩尼教和草庵遗迹》(《海交史研究》,1978,1 期),李玉昆的《福建晋江草庵摩尼教遗迹探索》(《世界宗教研究》,1986,2 期)。后一作者根据史料和近年来的考古发掘,提出草庵建于宋代(960—1279),而不是一般认为的元代(1279—1368)。另一方面他认为保存在草庵中的摩尼光佛像则制成于稍后的元代。此外,李文引用新的证据来证明泉州的摩尼教于唐代武宗(虽然他曾致力于消灭它)时传自内地。

1979 年考古工作者在草庵前 20 米处发掘出一件带有"明教会"3个汉字铭文的黑釉瓷碗和 60 多块瓷碗残片,其中 13 块上带有"明"、"教"、"会"铭文。之后,1982 和 1983 年,他们又在晋江县磁灶大树威古窑址,发现了带有同样"明"字铭文的黑瓷碗残片,字体和字模与前述黑瓷碗上的完全一样,从而证明"明教会"黑釉瓷碗为宋代磁灶大树威窑的产品。这一发现说明,晋江草庵寺是宋代摩尼教的重要寺院之一。由于寺院规模大,僧众多,因此特从瓷窑中定制食具。

此外,尚发现摩尼教墓碑 3 方,现存泉州海外交通史博物馆。

这里我想顺便提到 1985 年温玉成发表的《龙门天竺寺与摩尼教》一文(《中原文物》,1985,4 期)。文中根据河南省洛阳市郊区龙门寺沟村发现的宋元丰七年（1084）所立的"龙门山天竺寺修殿记"石碑（现存洛阳龙门文物保管所），提出龙门山天竺寺最初是摩尼教寺院的观点。但别的学者不同意温的观点，认为应是佛教寺院。

关于对汉文摩尼教文献的研究，这里首先应提到林悟殊教授在这方面的贡献。在1983—1987年间，他先后发表了下列重要论文：《敦煌本〈摩尼光佛教法仪略〉的产生》（《世界宗教研究》，1983，3期），《〈摩尼光佛教法仪略〉残卷的缀合》（《敦煌吐鲁番文献研究论集》，4辑），《〈摩尼教残经一〉原名之我见》（《文史》，1983，21辑），《摩尼教〈下部赞〉汉译年代之我见》（《文史》，1984，22辑）等。他在第一篇论文中对《仪略》产生的时代背景及其内容作了剖析，认为它并非中亚摩尼教经的汉文译本，而是唐玄宗时代在华的摩尼教传教师奉诏撰写的一件解释性的文件。在第二篇论文中，作者论证了《仪略》的大英图书馆部分和法国国家图书馆部分为同一部著作的前后两部分，中间并无缺字。在第三篇论文中，他提出现存北京图书馆的《摩尼教残经一》是摩尼7部著作之一 Pragmateia 的汉文译本。如果这一观点正确，那么勒寇克（Le Coq）发表在《高昌摩尼教文献研究》（Manichaica aus Chotscho）第3卷中的8号文献残卷则为同一文献的古突厥语译文。在第四篇文章中，作者根据中国史料提出《下部赞》应译成于768年至842年之间。此外，他还发表了《摩尼教入华年代质疑》（《文史》，1983，18辑），《〈老子化胡经〉与摩尼教》（《世界宗教研究》，1984，4期），《唐宋〈三际经〉质疑》（《文史》，1985，25辑）等论文（这些论文后都收入其论文集《摩尼教及其东渐》，1987，北京）。

关于研究中国内地摩尼教的论著，首先应提到庄为玑的《泉州摩尼教初探》（《世界宗教研究》，1983，3期）。该文根据泉州摩尼教遗迹和有关的史料，对摩尼教传入泉州的途径及其在泉州的活动作了考证。他认为泉州摩尼教有可能从海路传入。林悟殊在题为《宋代明教与唐代摩尼教》（《文史》，1985，24辑）的论文中，认为宋代的明教是唐代北方摩尼教的继续，是更加汉化的摩尼教，同时它也是与农民运动相结合的产物。林在其另一篇题为《宋元时代中国东南沿海的寺院式摩尼教》(《世界宗教研究》,1985,3 期)的论文中,论证了宋元时代中国东南沿海一带,除了以秘密形式出现的摩尼教外,还存在一种寺院式的摩尼教。这种寺院式的摩尼教得到统治者的承认而合法地存在着。他并认为这一事实进一步说明宋元时代对于秘密形式的摩尼教的取缔,其性质不是宗教迫害,而是封建统治者对农民反抗运动的镇压。历史学家陈高华在《摩尼教与吃菜事魔》(《中国农民战争史论丛》,1982,4 辑)一文中,认为不应把吃菜事魔与摩尼教等同起来,前者是当时对各种异端宗教的总称,摩尼教则只是其中的一种。研究摩尼教与中国农民起义关系的文章有:朱瑞熙教授的论文《论方腊起义与摩尼教》(《历史研究》,1979,9 期)。文中提出宋代摩尼教分为两支:一支为公开活动的,基本保持了摩尼教的旧貌;另一支为秘密的,由于长期在社会下层活动,已改变了摩尼教原来的教义,变成农民起义斗争的手段。方腊不是摩尼教徒,摩尼教徒在方腊的整个起义中并不起主要作用,等等。此外,韩秉芳发表了《传入中国的摩尼教是如何演化为秘密宗教的》(收入《宗教·科学·哲学》一书,1982,河南人民出版社)。最后我将提到下面几种关于摩尼教一般教义和历史的论著来结束这篇小文:林悟殊的《摩尼教的二宗三际论及其起源》(《世界宗教研究》,1982,3 期)和他的《古代摩尼教》(《外国历史小丛书》,1983),孙培良的《摩尼教及其东西传播》(《西南师范学院学报》,1979,4 期)及《摩尼与摩尼教》(同上刊,1982,2 期)。

19　回鹘文[1]摩尼教
寺院文书初释

19.1　摩尼教及其传入回鹘地区

摩尼教[2]于762年后传入当时居住在蒙古鄂尔浑河流域的回鹘地区。840年回鹘西迁新疆吐鲁番、焉耆、库车一带后,仍继续流行了一个时期。宋朝太平兴国六年(981年),王延德在高昌(今吐鲁番)地区尚见有摩尼寺(《宋史》卷490)。以后摩尼教逐渐为佛教所代替。十四五世纪后,在新疆天山以南地区,佛教又为伊斯兰教所取代。[3]

摩尼教传入后,曾得到回鹘统治阶级的大力保护。在漠北时期,并曾一度被尊为国教。摩尼教僧侣在那里享有种种特权,甚至参与政事和出任使节。[4]

后来,由于伊斯兰教长期在新疆占统治地位,各种属于非伊斯兰教的文献被有意识地大量销毁,所以目前出土的用古代维吾尔语写成的文献不多。摩尼教方面的东西更是少见,而且也多为宗教内容。对回鹘西迁后摩尼教传布的情况,特别是关于摩尼教寺院的经济情况,我们更是一无所知。这件摩尼教寺院文书则给我们提供了研究这方

---

〔1〕回鹘文为我国维吾尔族在8—14世纪使用的一种文字。它直接来源于粟特(又称窣利)文。回鹘文后来为蒙古族、满族采用后,逐渐演变为现代蒙文、满文。

〔2〕摩尼教为3世纪波斯人摩尼(216—274? 年)在祆教、佛教和基督教影响下所创立的宗教。它是一种主张明(善)与暗(恶)两种势力斗争的二元论宗教。一度曾得到波斯萨珊朝统治者沙普尔一世的保护。在瓦赫拉姆一世时被斥为异端加以禁止,同时摩尼本人也被处死。当摩尼在世时和死后不久,此教已传至叙利亚、小亚细亚、埃及和北非,以后更传至欧洲。在东方,摩尼教经中亚细亚传入新疆,并于7世纪末(唐延载元年)传入我国内地。

〔3〕伊斯兰教于10世纪下半期首先传入新疆南部的喀什地区。但在一个相当长的时期内(14世纪左右以前)其势力仅限于塔里木盆地的南缘一带。

〔4〕参阅新旧唐书《回鹘传》及《九姓回鹘可汗碑》(载《羽田博士论文集》,东京,1957年,第303-310页)。

面问题的宝贵资料。

这件文书是当时高昌地区回鹘官府以官方文件的形式(上面盖有11处回鹘官印)颁发给摩尼教寺院的,文书规定了摩尼教寺院占有的土地和享有的种种特权。特别值得注意的是,这件文书反映出当时摩尼教寺院对依附农户的惊人剥削。例如一处规定寺院的依附农户每年要向寺院缴纳 960 石小麦、84 石芝麻、24 石豆子、36 石小米(以每月80 石小麦、7 石芝麻、2 石豆子、3 石小米计算,文书第 26—28 行)。另一处规定要向寺院缴纳的租子竟高达 4125 个"官布"(文书第 35 行)。此外,还要向寺院缴纳棉花、苇子、甜瓜等物。

除大量的实物和货币地租外,文书还揭露出寺院中有许多被迫做无偿劳役的杂工,如放牧工、砍柴工、制毡工、养鹅工等。

从这件文书,我们可以看到寺院中等级森严,回鹘统治阶级为了维护其统治,曾赋予摩尼教寺院以大量土地和种种特权。

本文对有些中古波斯语(或粟特语)的专门术语,由于缺乏参考资料,尚不能解释,希望有关专家指正。

19.2　回鹘文摩尼教寺院文书的释读

这件文书是黄文弼先生在新疆进行考古工作时所得,图版曾刊于1954 年出版的《吐鲁番考古记》中(图版 89—94)。原件现存北京历史博物馆(编号为:总 8782T,82)。文书为卷子形式,现存部分长 270 厘米,高 29.5 厘米,前面部分残缺,只存 125 行。在现存部分中有些地方残损过甚,加之有些地方似在裱糊中又被错置,致使几处文义无法了解。但整个内容是清楚的,即为高昌地区回鹘官府颁发给摩尼教寺院的文书(前经冯家昇先生误定为摩尼教经)。[1]

文书上盖有同样汉字篆文红色方印 11 处。印为长方形,高 10 厘

〔1〕《吐鲁番考古记》,1954 年,北京,第 63 页。德国茨木曾解读文书中的一些句词,但因图版不清楚未能对全文进行诠释。见 P. Zieme:"Ein Uigurisher Text über die Wirtschaft Manich ischer Kloster im Uigurischen Reich",载 *Researches in Altaic Languages*,Budapest,1975,pp. 331 – 338。

米,宽9.5厘米。印文共4行,每行字数不等。以前黄文弼先生未能认出第三行。现经历史博物馆史树青同志协助辨识印文全文如下:

(1)大福大回鹘

(2)国中书省门下

(3)颉于(?)迦思诸

(4)宰相之宝印。

文书所用文字为一种早期的回鹘文(所谓回鹘文写经体)。字形上 γ 与 q、x 不加区分,s 与 š 不加区分,n 不带点。z 的右方有时加一点,表示 ž。另外,y、f、w 在字形上没有区别。从字体和语言特点来判断,文书的年代应属于 9—11 世纪。

现将回鹘文原文用拉丁字母转写、翻译如下[1](为了存真,在转写时不区分 s 和 š。圆括号内的字为依文意补加上的。…表示残缺字数不明。///表示应缺 3 个字母)。

拉丁字母转写

……

(1)qarγučlar kirz-ün qarγ…bolsar ymä ilkiä(?)

(2)qanikta kirsar yalnguz (man)istantaqï yarlïq

(3)birlä kirz-ün (.)kigür(sin)……däki türüčä

(4)ilki(?)däki törücä iš (ayγu) čï možak ilimγa tutuq

(5)išlätz-ün(.)taš syyt bars t(a)rqan tämir yaqšï tutz-un(.)

(6)………z-un(.)örtüngü bolsar ikägü

(7)…… a sru …… tsangaγ ikägü birlä

(8)…un(.)sačγuča ///lar … (öngtün balïq)(?)daγï išig (küčüg)

(9)(t)aγay bars ilimγa uz (iš)läz-ün(.)kidin balï(qtaqï)

(10)išig küčüg qumar bars t(a)rqan išläz-ün. baγ

(11)(borluq)yir suw qaq timäz-ün,uz itürz-ün(.)öngtün

---

〔1〕日本森安孝夫氏在其 1991 年出版的《回鹘摩尼教史研究》一书(《大阪大学文学部纪要》31－32 卷)中也刊布了这件重要文书,转写和译文与本文无大的区别。

(12) b(alïqtaqï baγ) borluq tüšsiz(?) bolsar taγay bars

(13) (ilimγa) (böz) ⋯ (qaw) rïqqa tägz-ün. kidin

(14) balïqtaqï iš (aγduq bolsar) qumar bars

(15) t(a) rqan qïïnγa qïz-(γutqa) tägz-ün(.) öngtüngi n(ätäg)

(16) yïγγu tirgü bar ärsär ilimγa tutuq yïγïp

(17) yaqšï tutz-un(.) (kidingi nätäg) y(ï) γγu tirgü bar ärsär qumar

(18) (barsnïng yumiš) čïsï (yaqšï tutz-) un(.) aγïlïqqa kirgüsin

(19) aγïlïqqa qočïsï w(?) ⋯ (q) a kirgüsin⋯tükäl

(20) kigürz-ün(.) ikägü b(irlä yaqšï) išlätz-ün yungl(azun)

(21) birlä tutz-un (.) öngtün yïngaq yir suw öküš üčün

(22) (ba) lïqtaqï ï tarïq quanbu yïγγu yir suwlar itgü qumar bars

(23) ⋯ (ö) ngtüngi kidingi (balïqtaqï) tütün dümän

(24) yir (suw) boznïng yaqa(sï) nïng altmïš iki quanbu üzä

(25) böz tägšürüp tngri yat(qu) kädgü böz bir(z-ün) (.)

(26) ay sayu iki änčmn tngrilärgä sakizär on šïq

(27) buγday yiti šïq künčit iki šïq burčaq üč

(28) šïq qonuq (birz-ün) liv tutz-un. ödmä(k)

(29) b(irz-ün) ⋯t(sang) ta basa iki iš ayγučïlar (birz-ün)

(30) uz uz-aγutqa (iš ayγu) čïlar liv tutz-un. mo(žakkä)

(31) liv birip tngrilär ašï suwsusï tängsiz bolsar iki

(32) xruxanlar öz ašï az-uqï birlä birip solmi

(33) manistan(ta) olurz-un(.) iš ayγučïlar qïïnγa

(34) qawrïqqa tägz-ün(.) (i) š ayγučï aγïlïqqa kirür bo(rluq)

(35) yir tüši tört ming yüz biš otuz quanbu bunq(y) (?)

(36) törüčä srwswyt qanikta kigürz-ün (.) manistantaqï

(37) (nä) täg türlüg iš küč bolsar iki xruxanlar iš

(38) ayγučïlar b(irlä iš) lätz-ün (.) kädma tikirmänning

(39) biš yüz quanbuda älig quanbu kädmägä birz-ün(.)

(40) taqï qalmïš tört yüz älig quanbu ärängä aspasi

（41）aspasančqa qïšqï ton ätük bolz-un. käbäz böz-i

（42）(ning) altmïš böz (aspasi) aspasančqa yayqï ton

（43）bolz-un(.) iki ančmn tngrilärning ašï boɣz-ï t(ängsiz)

（44）bolmaz-un. bir ay bir xruxan bir iš ayɣučï birlä

（45）turup yïčanïp aš boɣuz uz qïlturz-un. taqï bir

（46）(a) yda bir x(ruxan) bir iš ayɣučï birlä turup

（47）yïčanïp aš boɣuz uz qïlturz-un. qayu ayqï aš bo(ɣuz)

（48）aɣduq bolsar. ol ayqï xruxan iš ayɣučï birlä

（49）qawrïqqa tägz-ün(.) iki xruxanlar iš ayɣučïlar

（50）birlä turup yar(sïn) čïɣ aščïlarïɣ ötmäkčilärig qawïra

（51）turz-unlar. tngrilar xuanta olursar iki xruxan(lar)

（52）adaqïn turup ašïɣ suwsusïɣ iwrxani zmastikkä tägi

（53）tüz tägürüp. anta kin özläri xuanta olurz-un(.)

（54）manistanta nätäg iš küč bolup tngri možakkä

（55）ötükkä kil(sär) ilkidäki törüčä xruxanlar iš

（56）ayɣučïsz kirmäz-ün. iš ayɣučïlar ymä xruxan(sz)

（57）kirmäz-ün. xruxanlar iš ayɣučïlar birlä turup

（58）ötünz-ünlär. qam(a) ɣ araqï aspasi ärän oɣlansz

（59）tngrilar näčä är(sä) r angaru tapïnz-un. anta

（60）kin qalmïš qam(a) ɣ araqï oɣlan iwrxani zmastik(kä)

（61）tapïnɣučï b(ä) lgülük qïlïp xuanta uz tapïnturz-un (.) bu bitigin

（62）ärn tngrilär qïrqïn tngrilär manistanta ašansar

（63）x(u) anta ödmäkkä bir(är) ikirär küpcük tas suw k(ä) lürüp

（64）bor suw qïlïp tngrilärgä iwrxani zmastikkä tägi

（65）tüzü tägürz-un. sačrangu tngrilär nödmägä barsar ïšmïš

（66）minin öngi yïɣturz-un. qač (a) nda qanlu qïlɣu bolsar

（67）munï üzä qïlz-un (.) bu ïšmïš mingä tngri možak

（68）aftadan yaqmaz-un. qanlu qïlu bolsar tngri možak yrlïqï(nča)

（69）xruxanlar iš ayɣučïlar birlä turup qïlturz-un(.) iki

(70) ančmn tngrilärning iki tawatsi suwsušïnga možak

(71) aftadan yaqmaz-un (.) tngri možakkä aftadanɣa kim

(72) täggäli k(ä)lsär öz suwsušïn birz-ün.

(73) bir y(ïlqï)liv (?) buɣdaynïng söktisi bolur. iki yüz

(74) šsïq(.) bu iki yüz šïq söktidä yüz šïq sökti

(75) q(anglï tartɣučï) udlar yiz-un. yüz šïq sökti tngri

(76) možakning aftadannïng kawallarï yiz-ün. bu yüz šïq

(77) sökti yïɣmïš tutz-un. atlarɣa yizgü qaturz-un.

(78) üč ordudaqï yirlärig üc kišigä birz-ün.

(79) bir kün ygrmirär qaɣun manistanqa k(ä)lürz(ün.)

(80) ······

(81) kičig manistanta birz-ün. bu qaɣunuɣ yïɣmïs yïɣïp

(82) k(ä)lür(z-ün.)käcing(?) qïlsar yïɣmïš qawrïqqa tägz-ün(.)

(83) tngri možakka bir küri bising songun aftadan(?)(ɣa)

(84) bising songun. iki ancmn tngrilärgä bir täng

(85) songun birz-ün. öngtün kidin näčä manistan-

(86) lardaqï baɣ borluq yir suw iki iš ayɣučïlar

(87) uz itürüp. yana qaq yirläri näčä bar ärsär

(88) az öküš yaqaɣa birip yirig köntürüp bun

(89) tüšingä tägürz-ün. tüs kirür yirlärig uz

(90) itürüp tüšin ašz-un. iki iš ayɣučïlar

(91) iträ(š)mäzün. iträšip iš küč aɣduq qïlsar

(92) qïïnɣə qïzɣutqa tägz-ün. bu yir suw baɣ

(93) borluq sawïnga tngri možak aftadan xruxanlar

(94) qatïlmaz-un. iš ayɣučïlar bilz-ün(.) išs ayɣučï

(95) taɣay bars ilimɣa tutuqqa yumuščï kičigi qutadmïš

(96) ygan(.) iš ayɣučï qumar bars t(a)rqanɣa yumuščï

(97) (ki) čigi il körmiš. bu islärig iš ayɣučïlar

(98) uz qïlsar ögdigä ačïɣqa tägz-ün. aɣduq

203

（99）qïlsar üc yüz qïïnɣa tägz-ün（．）birär žyynkym

（100）···birlä qïzɣut birz-ünlär. manistantaqï

（101）äränlärig igäy čor basuk birlä bašta turup

（102）išlätz-ün. iš ayɣučïlar künlüg išin ayïtu turz-un（．）

（103）bir yil ygrmi qanglï qamïš manistanɣa kirz-ün（．）

（104）taqï qalmïš qamïš borluqlar sayu üläz-ün.

（105）iwrxani zmastik srxan ügälär igläsär körü t（urz-un）（．）

（106）ämlätküči y（umu）š birz-ün（．）otacï oqïp k（ä）lürüp otïn

（107）ämin iš ayɣučïlarda bk tutup alïp uz ämlätzün（．）

（108）qayu dintarlar igläp yïɣmïš isinmäsär üč yüz

（109）（qïï）nɣa tägz-ün（．）sawɣa（？）küčkün barz-un（．）

（110）mänlig sangün oglanï. arslan tonga inisi birlä

（111）kün kiä oɣlanï. ïɣaccï bolmïš. bu tört ilig

（112）kiši birär šïq käbäz ïdïp k（ä）lürz-ün. yar manistanta

（113）iki küri käbäz birz-ün. altï küri käbäz qoču manistan –

（114）qa k（ä）lürz-ün（．）···manistantaqï otungčïlar lalan

（115）kädtuɣmïš. lisa sabi körtlä. b（ä）g tur. bu üčägü

（116）bir kün birär yük otung k（ä）lürür. qutluɣ tonga qolmïš

（117）bu ikägü iki küntä bir yük otung k（ä）lürür. bu otungčï-

（118）larnïng otungïn k（ä）lürüp alɣučï yaqšï qutluɣ arslan（．）

（119）dintarlarnïng aš yig bolsar üc yüz qïïnɣa tägz-ün（．）

（120）manistan sanlïɣ otačïlar yaqši ačari inisi. oɣlï

（121）birlä. sürgünči toyin yapap oɣlï taz. qazčï yaɣtsin

（122）toyin kädizči oɣul bars. z-ïɣčïlar munča kiši manistan（ta）

（123）išläzün. otačïlar turqaq turz-un（．）balïq arqasïnta

（124）（t）oyin arqasïnta yrqan čoban yaqmaz-un. känt

（125）iši bolsar isläz-ün（．）adïn iškä yaqmaz-un.

汉文译文

……

（1）可让巡视的人进去。即使巡视的人

（2）要进入大（？）库，也只能按照摩尼寺的命令才能进去。

（3）要按照……规定和教法（？）规定，

（4）由管事的慕阇依林哈都督派用（寺院）收入，

（5）由塔斯·色特·巴尔斯·达干帖木儿好好保管（或译为保管钥匙），

（6）由……如加有封盖则由二人……

（7）由二人一起（开）库。

（8）（东城的）事情

（9）由 Taghay Bars Ilimgha 好好负责。

（10）西城的事情由 Qumar Bars Tarqan 负责。

（11）不要认为那里的葡萄园、土地是旱地，要让人好好耕种。

（12）东城的葡萄园如无收息，

（13）Taghay Bars Ilimgha 要受责罚

（14）西城的事情如（做得不好），Qumar Bars Tarqan

（15）要受到责罚。

（16）东边如有收集之事，由 Ilimgha Tutuq 收集

（17）（并）好好保管。（西边）如有收集之事，

（18）由 Qumar（Bars）（收集并好好保管）。把该入库的入库，

（19）……全部入库。

（20）（并）由二人（一起）派用，

（21）一起保管。由于东边的土地和水多

（22）……

（23）……

（24）……用租金中的六十二官布

（25）换成棉布，用作僧众的被褥（？）和衣用布。

（26）每月要各给二僧团僧众八十石小麦、

205

（27）七石芝麻、二石豆子、

（28）三石谷子作为食用。

（29）两个月值（直译：管事的）还要……

（30）供给工匠吃的。

（31）如高僧食用不够，

（32）二呼嘘唤要从自己的粮食中补给，

（33）并要（下派到）唆里迷/焉耆摩尼寺中，

（34）管事的并要受到责罚。管事的要把应入库的

（35）地租四千一百二十五官布

（36）按教规存入义仓。

（37）摩尼寺中所有事情由二呼嘘唤（和）

（38）二管事的共同负责。Kadma 磨房（收入的）

（39）五百官布中的五十官布留给 kadma 。

（40）剩下的四百五十官布

（41）用作寺僧和男女侍役的冬衣和靴子。

（42）棉布中的六十个用作男女侍役的夏衣。

（43）不要使二僧团的食用不够。

（44）一个月由一呼嘘唤和一管事的一起

（45）管理好（他们的）伙食。

（46）再一个月由（另外）一呼嘘唤和一管事的一起

（47）管理好伙食。如哪个月伙食

（48）不好，那个月的呼嘘唤和管事的要一起受到责罚。

（49）二呼嘘唤和管事的要

（50）共同监督懒散（？）的厨师（和）烤饼人。

（51）高僧用饭时，二呼嘘唤要站立

（52）侍候所有摩尼僧用饭后，

（53）然后他们自己才能用饭。

（54）摩尼寺中如有什么事要向高僧慕阇禀告时，

（55）按照教法，呼嘘唤不和管事的一起，

（56）不能入内（禀告）。管事的如不和呼嘘唤一起，也不能入内（禀告）。

（57）呼嘘唤要和管事的一起站着禀告。

（58）所有侍童（也）要侍候没有侍童的高僧。

（59）然后余下的所有

（60）侍童也要为 iwrxani zmastik（普通僧人）服务，侍候他们用饭。

（61）按此文书，

（62）男女僧尼如在摩尼寺用饭时，（除）烤饼外，

（63）还要供应一两杯淡（？）水制成的葡萄水

（64）给大、小摩尼僧。

（65）当个别僧尼外出化缘（？）时，要把其留下（？）的饭单另收起。

（66）当制作佳露时，要用此来做。

（67）高僧慕阇和拂多诞不要用此留下的面食。

（68）当做佳露时，要按照高僧慕阇的命令，

（69）由呼嘘唤和管事的一起来做。

（70）慕阇和拂多诞不要用二僧团的二杯茶子（？）饮料。

（71）谁来见高僧慕阇和拂多诞，

（72）要把自己的饮料献上。

（73）寺中一年食用小麦的麸子有二百石。

（74）这二百石麸子中一百石麸子

（75）用来喂（拉车的）牛。一百石麸子用来喂高僧

（76）慕阇和拂多诞的乘马。这一百石麸子

（77）由总管（yighmish）保管，加入马的饲料。

（78）要把三宫的土地交给三人（耕种）。

（79）每天要给摩尼寺各运交二十个甜瓜，

（80）三十个甜瓜给大摩尼寺，三十个甜瓜

（81）给小摩尼寺。这些甜瓜由总管收集送来。

（82）如有延迟（或缺少？），总管要受责罚。

（83）要供给高僧慕阇一斗上等（？）葱，供给拂多诞（？）……上等

（？）葱，

（84）供给二僧团一秤子葱。

（85）东西几个摩尼寺的

（86）果园、葡萄园、土地、水由二管事的

（87）使人好好整用。再有，所有旱地多少都要出租，

（88）并使人把地整好，

（89）算作基本租子。要使人好好耕种

（90）收租的土地，并要使租子增加。二管事的

（91）不要互相推诿。如互相推诿做坏了事情，

（92）要受到责罚。关于这些土地、果园的事，

（93）高僧慕阇和拂多诞（和）呼嚧唤不必过问。

（94）由管事的负责。

（95）管事的 Taghay Bars Ilimgha Tutuq 的助手为 Qutadmish Ygan，

（96）管事的 Qumar Bars Tarqan 的助手为

（97）Il Kormish 。如管事的把这些事做好了，

（98）要受到表扬。

（99）如做坏了，则要挨三百大板，并要各交绒锦……的罚金。

（100）摩尼寺中的男侍

（101）由 Igay Chor 和 Basuk 一起派用。

（102）管事的要监督每日的工作。

（103）一年要给摩尼寺运交二十车芦苇，

（104）再有，剩下的芦苇要按葡萄园分配。

（105）大小僧众生病时，要有人照看，

（106）请医生治疗。

（107）如僧众生病时，

（108）总管未照看好，

（109）要挨三百大板，并要被问罪。

（110）Manlig Sangun Oghlani,Arslan Tonga 之弟和

（111）Kun kia Oghlani,木匠 Bolmish,这四个（属于）王家人

（112）要各送交一石棉花，要给交河（地方的）摩尼寺送交

（113）二斗棉花，要向高昌摩尼寺送交

（114）六斗棉花。……摩尼寺中的柴工 Lalan Kadtughmish,

（115）Lisa Sabi Kortla, Bag Tur 这三人

（116）每天要各交一担柴。Qutlugh Tonga 和 Qolmish 二人

（117）每两天要交一担柴。

（118）负责让这些柴工运交柴火的人为 Yaqshi Qutlugh Arslan。

（119）如僧众的饭做生了，要挨三百大板。

（120）摩尼寺专用医生为 Yaqshi Ačari 及其弟、其子。

（121）放牧工为 Toyin Yapap 之子 Taz。养鹅工（？）为 Yaghtsin Toyin。

（122）制毡工为 Oghul Bars。所有这些人都要在摩尼寺做工。

（123）医生要常住（摩尼寺中）。

（124）巡逻的和村丁不要走近城后和僧众的后面。

（125）村镇有事，由他们来做，不要管别的事。

附注[1]

（1）前 8 行裱糊在文书的开头处，似不妥。

（2）qanik

词义不明。依上下文似为存放粮、钱之处。此处暂译作"库房"。

-ta

为位格、从格附加字，但在此文书中有好几处用作共同阿尔泰语方向格之意。试比较现代哈萨克语 qayda barasing？"你到哪儿去？"

（4）iš ayɣučï

此处译为"管事的"。ayɣučï 来自动词 ay -"说"加构成名词字尾

---

[1]每条附注前的阿拉伯数字表示文书中的行数。附注中所用缩写字意义如下：

AG：A von Gabain, Alttürkische Grammatik, Leipzig, 1950.

DTS：Drevnetyurkskiy slovar', Moskva, 1969.

TTT：Turkische Turfan-Texte，Ⅰ－Ⅶ，Berlin, 1929—1937.

USp：W Radloff, Uigurische Sprachdenkmäler, Leningrad, 1928.

ɣučĭ。此字也即《元史》卷 36、202 等处的"爱吾赤"、"爱护持"。如"沙津爱护持"当为回鹘语 šazin ayɣučĭ 的音译,意为"讲经师"。

možak

汉文文献中作慕阇,来自粟特文 mwck,为摩尼教高僧称号。

ilimɣa

似为称号。新疆黑汗王朝(840—1212 年)时有官号为 ilimɣa,意为"秘书长",似即此字(参见 O Pritsak:"Die Karachaniden",*Der Islam*,Bd. 31,Heft 1,1953,s. 24)。

(5)taš syyt bars tarqan

应为官号。tas 意为"外"。syyt 意义不明。bars 意为"虎"。tarqan 在汉文史籍中作达干、达官等。

yaqšĭ

意为"钥匙"。见《高昌译语》、《器用门》。汉语借词。

(6)örtüngü

似来自动词 örtün-"遮,盖"加字尾 gü,表示"封盖"之意。

(9)taɣay bars ilimɣa

当为官号。taɣay 意为"伯,叔,舅"(参见 USp. No. 2,11)。

(10)qumar bars tarqan

当为官号。qumar 是否与古代龟兹语 kumār"青年"(来自梵文 kumāra"儿子")有关? 如是,则应比上一官号低一级。

(13)böz

此处该字似在后来裱糊中被错置。意为"棉布"。

(22)quanbu

此处暂译作"官布"。关于此字近年 A. von Gabain 和 J. Hamilton 认为来自汉语"官布"(参见 A. von Gabain:*Das Leben im uigurischen königreich von Qočo im 9－14. Jahrhundert*,1973,Wiesbaden,Bd. Ⅰ,Nachtrag;J. Hamilton:"Un acte Ouïgour...",*Turcica*,tome Ⅰ,p. 52.)

(23)p

此字母似在裱糊中被错置。

（26）äncmn

此字来自粟特语 'ncmn，意为"僧团，僧众"。此字也见于回鹘文、摩尼文写成的其他回鹘摩尼教文献中，如，ikih ancman ddintarlar"二僧团之僧正"，iki ancman"二僧团"等（参见 Le Coq：*Türkische Manichaica*，Ⅲ，s. 36，43）。

šïq

应来自古汉语"石"（古音收 -k）。

（28）liv

似为伊兰语借词，意为"食物"（参见 TTT，Ⅷ，s. 110；DTS，p. 333）。

（32）xruxan

当为汉文摩尼教文献中的"呼嚧唤"，"译云教道首，专知奖劝"（参见《敦煌石室遗书》所收摩尼教残卷。原件影印本见《石室秘宝》）。

（32）solmi

当为《元史》卷124等处的唆里迷。据我国一未刊布的回鹘文文献的跋文，为今焉耆的回鹘名称（参见本书中《唆里迷考》一文）。

（35）bunky

似为伊兰语借词，意为"基本的"。

（36）sroshivt qanik

据日本粟特语专家吉田丰告诉森安孝夫说，为"义仓"之意。

（40）aspasi，aspasanc

来自粟特语 'sp'syh，意为"男侍役"。-anc 为粟特语构成阴性词字尾，如 upasi"男信徒"，upasanc"女信徒"（参见 AG，s. 347）。

（45）yïcan-

意为"照看，关心"（参见 AG，s. 309）。

（48）aɣduq

意为"坏"（参见 DTS，p. 17）。

（50）ötmäk

意为"烤饼"（参见《高昌译语》饮食门）。-ci 为表示行为者字尾。

（50）qawïr-

意为"督促"(参见 AG,s. 321)。

(51) xuan

似来自汉语"饭"。

(52) iwrxani zmastik

据森安氏说,此二字相当于《波斯教残经》中提到的"行者",为摩尼寺中的低级僧侣。

(52) iwrgani zmastik

词义不明。从上下文看,应为高级摩尼僧的称号。第二词似相当于汉文摩尼教文献中的"默奚悉德","译云法堂主"(详见 68 行注)。

(63) tas suw

词义不明。tas 意为"石头",另一古义为"不好的"(参见 DTS,p. 252)。

(63) sačrangu

此字来自动词 sač -"撒,散",加构词字尾-rangu。试比较现代维吾尔语 čačrangu"零散的"。

(65) nödmä

据森安氏说,Zieme 教授告他,此字来自粟特语 nwyδm',意为"邀请"。

(66) qaliu

似为汉语借词,但不知何所本。这里暂译为"佳露"(或"佳料")。我猜想可能是一种用粮食制作的饮料,像柯尔克孜人饮用的" boza "一样。

(66) min ~ mün

意为"汤"(参见 AG,s. 319)。

(68) äftadan

此字即汉文摩尼教文献中的"拂多诞",为摩尼教"传法者"之意。敦煌出土《摩尼光佛教法仪略》中列有摩尼教五级仪的音译和汉译如下:(1)十二慕阇(译云承法教道者);(2)七十二萨波塞(译云侍法者,亦号拂多诞);(3)三百六十默奚悉德(译云法堂主);(4)阿罗缓(译云一切纯善人);(5)耨沙彦(译云一切净信听者)。(转引自矢吹庆辉《摩尼教》,第 43 - 44 页。)

(70) tawatsi ~ tayatsi

词义不明。当为量词。似为汉语借词。德国 Zieme 认为来自汉语的"茶子"。

(73) sökti

意为"麸子"(参见 DTS,p. 610)。

(76) kawal

似来自波斯语 kawal "驮马"(参见 F. Steingass, *A coprehensive Persian-English dictionary*, p. 1063)。

(83) küri

为回鹘文社会经济文书中常见的容量词,似有"斗"之意。

(88) köntür-

应来自动词 kön-,加使动态字尾-tür,表示"使驯顺","整好"之意。

(88) yaqaγa bir-

意为"租出"(参见 USp. No. 2,11 中的 yaqaγa tut- "租入")。

(98) ačïγ

此处意为"褒奖"(DTS,p. 5)。

(98) ögdi

意为"称赞"(DTS,p. 379)。

(99) zyynkym öcügi

词义不明。似为刑具。

(105) saghan qya

据森安意见,此字如 iwrxani zmastik 一样,为摩尼寺中低级僧侣,相当于佛教中的"沙弥"。

(105) ügä ~ ögä

意为"智者"。比较回鹘宰相称号 il ügäsi,意为"国之智者",汉文作"颉于迦思"。

(108) dintar

来自粟特语 δynδ'r。为摩尼教一般僧正。

（108）yïɣmïš

来自动词 yïɣ-"收集"加词尾-mïš。此处为称号,暂译作"总管"。

（112）yar

即古代交河城,遗址在今吐鲁番西。

（113）Qočo

即古代高昌,遗址在今吐鲁番东。

（120）ačari

意为"法师",来自古代龟兹语 aśari,后者又来自梵语 ācārya。

（121）toyin

意为"僧人",来自汉语"道人"。

（122）zyɣči

词义不明。

（124）yarɣan

意为"巡逻者"（?）（参见 F. W. K. Müller:*Uigurica*,Ⅰ,s.918）。

（124）čoban

现代诸突厥语有"牧人"之意。此处当为《突厥语词典》中所释"村长助手"之意（参见 Besim Atalay:*Divanü Lügat-it-Türk*,t.Ⅰ,p.402）。

（124）känt isi（?）bolsar isläzün

译为"如有村事,就做村事"。

词汇表[1]

ačïq　褒奖　98

adaq　脚　52

adïn　其他　125

aɣduq　坏　48

aɣïlïq　财物　1

---

[1]汉译后的数字表示该词出现在文书中的行数。

214

tutuq　官职名（都督）

tükäl　全部　19

türlüg　各种　37

tüš　租子　35,89

tüšsiz(？)　无租子　12

tütün　dümän(？)　家户　23

tüz　正　53

tüzü　全部　65

ud　牛　75

uluɣ　大　80

uz　①工匠②好好地　9,29,45,47,61

uzaɣut　工匠　29

üč　三　27,78

üčün　为了　21

ügä　智者　105

ülä-　分配　104

üzä　用　24,67

xruxan　呼嚧唤　32,37,44,46,48,51,54,56

xuan　饭　51,53,61

yaɣ-　接近（用）　68,71

yaqa　租子　24

yaqaɣabir-　出租　88

yaqsï　①好②钥匙③人名　5,17

yar　地名（交河）　112

yarlïq　命令　68

yarqan　巡逻者　124

yalnguz　只,仅　1

ymä　也　1

yana　又　87

yayqï 夏天的 42

yi- 吃 75,76

yig 生的 119

y(i)grmi 二十 103

y(i)grmirär(?) 79

yir 土地 11,21,22,24……

yir suw 地水（土地） 11

yizgü 饲料 77

yïčan- 照顾 45,47

yïɣ- 收集 16,17,22,81

yïɣtur- 使收集 66

yïɣmïš 总营 77,81,82,

yïl 年 73

yïngaq 方向 21

yumïš 工作 18

yumïščï 助手 95,96

yungla- 用 20

yük 担,车（量词） 116,117

yüz 百 35,39,40,73……

z‐yɣčïlar （?） 122

zyykym （?） 99

（原刊于《考古学报》1978 年第 4 期,英文版刊于 *Central Asiatic Journal*,Vol.35,No.3‐4,1991,略有修改。）

·欧·亚·历·史·文·化·文库·

20　一件吐鲁番出土摩尼教寺院
被毁文书的研究[1]

　　保存在德国汉堡大学前亚研究所伊兰组的一封粟特语书信(编号为 M112)的背面写有一件回鹘文摩尼教文书,迄今尚未见任何人研究过。该研究所的格罗普博士(Dr. Gerd Gropp)为我们提供了这件文书的照片,在此特向他致以谢意。此外并蒙民主德国科学院慨允发表,在此也一并致以谢意。原件现存该科学院。这件文书很重要,因为它可以帮助我们了解吐鲁番地区摩尼教衰亡时期的情况,而关于这方面的文献(包括回鹘文献)是十分罕见的。早在 20 世纪 30 年代著名的粟特语专家痕宁(W. B. Henning)教授就曾请求另一名著名的突厥学家蒙格斯(K. H. Menges)研究这件回鹘文文书。后来痕宁根据蒙格斯提供的信息曾这样写道:"关于这件字体十分难认的草体回鹘文文书,根据蒙氏所说,内容似为一负责摩尼教寺院的僧人关于该寺院被占领、破坏以及他试图拯救寺院的报告。文书的年代可能并不太古老,可能属于蒙古时代。"[2]正面的粟特语书信年代比较早,即属于 763 年以后至 880 年以前,因为书信的内容反映出摩尼教内部 Mihriyand 和 Miklasikte 两派斗争的情况,并抱怨来自西方的"该死的叙利亚人";而突厥语部分则属于较晚的时期。[3]

　　此件回鹘文文书反映出一摩尼教僧人对摩尼教全盛时期寺院生活的回忆,和他致力于摩尼教寺院修复的努力。对摩尼教寺院装饰的被破坏、移走和用于装饰佛教寺院,该摩尼教僧人深感痛苦。这位虔诚的摩尼教僧人并寄希望于后人,说明摩尼教这时虽已失去往日的繁

---

　　[1]此文为我 1981—1983 年访德期间和 H. -J. Klimkeit 教授合写的一篇短文,原文为德文,载德国《中亚学报》(*Zentralasiatische Studien*),1985,卷 18。

　　[2]W. B. Henning:"Neue Materialien zur Geshichte des Manichaeismus", in: ZDMG 90 (1936), 17 f, Anm. 4.

　　[3]同上文,16 f. 据我们的研究,可能属于 10—11 世纪左右。

荣,但并未完全灭亡。

佛教寺院移用摩尼教寺院的装饰这一点,说明摩尼教艺术早已受到佛教形式的强烈影响。这一点可从吐鲁番出土的古典摩尼教艺术的残品中看到。[1]

文书写于摩尼教衰落时期。我们认为这是由于缺乏回鹘王室的支持的缘故。在当地强大佛教势力的影响下,回鹘西迁吐鲁番地区后,王室逐渐放弃原来信仰的摩尼教而皈依佛教,这导致摩尼教的衰亡。文书的作者在回顾经过"巨大的努力"才修复一所摩尼教寺院后,谈到在"第四阿尔斯兰毗伽天王"(törtünch ärslan bilgä tngri ilig)时为建立佛寺又毁坏了一座位于高昌老城东部的摩尼教寺院。

虽然文书的许多地方由于破损,文意不明,但从文书谈到摩尼教寺院的破坏和修复来看,这表明它属于吐鲁番地区摩尼教传播的后期。这时,摩尼教寺院和僧侣享受特权,拥有大量土地的时代早已一去不返了。后一点我们可以从 P. Zieme 教授和耿世民刊布的摩尼教寺院文书中看到。[2] 与此同时,佛教和摩尼教互相尊重、同时并存的时代也早已过去。后一点我们可以从吐鲁番地区交河古城出土的著名的回鹘文摩尼教《忏悔词》(T Ⅱ Y 59)中看到,那里禁止摩尼教徒亵渎佛教寺院。[3] 我们在此刊布的这件文书清楚说明了高昌地区摩尼教衰亡的重要原因,即得不到已皈依佛教的统治阶级的保护,因此摩尼教寺院受到了破坏和掠夺。而我们知道寺院在东方摩尼教的传播中起

〔1〕参见 A. von Le Coq:*Die buddhistische Spaetantike in Mittelasien* Ⅱ : *Die manichaeischen Miniaturen* (*1923*). Neudr. Graz, 1973; H. -J. Klimkeit:*Manichaean Art and Calligraphy* (*Iconography of Religions XX*). Leiden,1982.

〔2〕P. Zieme:"Ein uigurisher Text ueber die Wirschaft manichaeischer Kloester im uigurischen Reich",in: *Research in Altaic Languages*(Hg. Von der Ungarischen Akademi der Wissenschaften). Budapest, 1975,pp. 331 – 338;耿世民:《回鹘文摩尼教寺院文书初释》,《考古学报》,1978,4 期,页 496 – 516,英文本刊于欧洲 *Central Asiatic Journal*,1991,卷 35。

〔3〕A. von Le Coq:*Chuastvanift* (Abhandlungen der Preuss. Akad. der Wiss. 1910),Berlin, 1911,Anhang,27 ff.

着中心的作用。[1] 这是对"光明之教"的致命的打击,虽然它也多次企图进行修复重建。

下面是原文的拉丁字母转写和汉文译文。

拉丁字母转写

(1)...ɣöng-

(2)...(bä)dizlig qïš(laq)...

(3)...munta ta ulatï...aɣïr...

(4)...-üg uz qočuta yoq ti-...siz-ik idtü...

(5)...ärmiš. iki yüz älig tö(rt)...-(l)üp,anra-...

(6)...uz-ïnta. kidin ädti(?)tözlüg t-...-n aɣu yikäng(?)...

(7)...uluɣ ärtuq bk qatïɣ k(öngül) köksüz...

(8)taš qoštr käd oɣul qoštr bašlap b/// u il ädgüsin y-...-t///

(9)törtünč il bilgä tngri ilig oɣrïnta qap bars yïl-ïn k(ä) lip dintar bo-lup

(10)ažun tägšürsär, ang kičigi mn bodan winz(/yinz) kädoɣul šaɣan sï-a

(11)bu ïduq taš manistan-ïɣ upaɣ qï-a si-in küčüm yitmiščä ik-ä itip

(12)(i)gäläp turur ärkän kywan pɣlïɣ küü qoyn yïl-ïn törtünč ärslan

(13)bilgä tngri ilig süngülüg qaɣannïng yrlïɣïnga trkän tigin

(14)tngrim yana(?) äski ič balïqnïng öngdün yïngaq idmiš üč čakkurluɣ(?)

(15)wrxar-ïɣ köčürüp ästud(/rstud) wrz-int mož(a)k oɣrïnta mani-stan-ïɣ buz-up

(16)wrxar itip az-a(?)taqï ičtinki bin//k qunduw(?)kinu(/kiru) šaki manistan-

(17)(n)ïng idigin ymä söküp alïp wrxarq(a) üntürüp iltip, bu

〔1〕参见 J. P. Asmussen:Xuastvanift. Studies in Manichaeism, 1965, 260 – 261;S. N. C. Lieu: "Precept and Practice in Manichaen Monasticism", in: *The Journal of Theological Studies*, N. S. , Vol. XXXII,pl. I (1981),153 – 173.

ïduq uluɣ

(18) manistannïng uluɣ öz-intäki töpü luɣtu sulaɣ bädiz yangïn alïp

(19) wrxar-ïɣ idtürti. bu ötig-ig araulɣ(/asaulɣ) kadoɣul artuqraq oymaɣu

(20) täg ämgäk tägip umdun manistannïng yangïn ärsär ymä bitiyin kinki

(21) tïnlïɣ ymä uq-zunlar tip az qï-a bitiyü tägintim tngrim...

汉译文

(1) ……东(/前)……

(2) ……画堂(?)……

(3) ……以及尊重的……

(4) ……高昌所无的……

(5) ……二百五十……

(6) ……西(/后)……

(7) ……以最坚决之(心)……

(8) 以 tash 大师和 kad oghul 大师为首……为了国家的利益

(9) 当第四颉利毗伽天王(il bilgä tngri ilig)(在位)时,于甲寅年(954 年?)来到(这里)成为摩尼教僧人

(10)(并)转世(?)(后),作为最小的(僧人)我 bodan winz kado-ghul saghan sy-a

(11) 曾尽最大的力量修复了这座神圣的外摩尼教寺院。

(12) 当积万(kywan)星座的癸未年(983 年?),依照第四阿尔斯兰毗伽天王孙古律格可汗

(13)(arslan bilga tngri ilig süngülüg qaghan)之令,

(14) 王子殿下迁移了旧的位于内城东部建有三塔(?)的

(15) 佛寺,并毁坏 astud wrzint 慕阇时代(建立的)摩尼教寺院,

(16)(改)建为佛寺,并拆掉位于 Aza 的内 bin//k qunduw kinu chaki 摩尼教

227

（17）寺院的装饰，运到佛寺中去，并取走这座神圣的大

（18）摩尼教寺院的大堂（？）中顶上的 lughtu 塑像装饰

（19）来装饰佛寺。我 araulugh kad oghul 为此深感痛苦，

（20）（所以）我写下这座摩尼教寺院的样式，并为了让后人

（21）了解（这方面的）情况，特简短写下此呈文。（愿）天神（保佑）！

后记

此文寄出后，我们看到东德柏林科学院 W. Sundermann 教授发表在匈牙利出版的 *Acta Antiqua Academiae Scientiarum Hungaricae* 28，1983（J. Harmatta 主编的 *From Hecataeus to al-Huwarizmi* 一书），pp. 289－316 上关于研究此文书正面文字的文章，题作"Probleme der Interpretation manichaeisch-sogdischer Briefe"。希望将来有机会（或者由别人）在参考利用宗德曼教授文章的基础上，对本文书中许多不明之处加以进一步的研究。本文旨在引起学界对此文书的注意。

缩写字

ZDMG：Zeitschrift der Deutschen Morgenlaendischen Gesellschaft（《德国东方学会会刊》）

21　回鹘文主要文献
及其研究情况

回鹘一名为我国史籍上对唐代时期游牧在漠北蒙古高原一带古代维吾尔族的称呼(或更正确地说是汉文中的写法)。9世纪中期,回鹘汗国(744—840年)在黠戛斯人的攻击下灭亡。回鹘各部分3支西迁。其中重要的一支到了吐鲁番盆地,建立了高昌回鹘王国。不久又扩展其势力到今新疆焉耆、库车一带。这部分回鹘人在当地具有较高文化的原居民(古代龟兹人、古代焉耆—高昌人和汉族人)的影响下,逐渐从游牧转入定居的农耕生活,发展了城市和商业贸易,同时在文化方面也取得了长足的进步。

在高昌回鹘王国时期(约850—1250年),回鹘文[1]逐渐取代了漠北时期使用的古代突厥文(或称鄂尔浑文),用这种文字记录、创作和翻译了(主要从新疆塔里木盆地古代原居民的语言,其中包括汉语)许多作品。回鹘书面语有了进一步的发展,成为当时新疆和中亚地区通行的语文之一。

10世纪下半期,伊斯兰教首先传入新疆南部的喀什地区,到14、15世纪时已遍及整个天山以南的广大地区。随同伊斯兰教的传入,回鹘文逐渐废弃不用,而代之以阿拉伯字母的文字。

伊斯兰教传入新疆后,由于宗教上的偏见,各种属于非伊斯兰教的古代新疆民族文字的文献(其中包括回鹘文文献)曾遭到有意识的毁坏,所以目前保存下来的回鹘文文献不多,且多为宗教(佛教、摩尼教)方面的东西。20世纪初以来,由于在南疆各地进行考古发掘的结果,才有用各种新疆古代语文(包括回鹘语文)写成的文献出土。对这些出土古文文献的研究,大大丰富了我们关于古代新疆塔里木盆地历

---

〔1〕关于回鹘文各个时代的样品和不同的书体可参看拙文《回鹘文》,载《中国民族古文字图录》,北京,1990。

·欧·亚·历·史·文·化·文·库·

史、文化、语文方面的知识。通过对出土的回鹘文文献的研究,我们进一步了解了回鹘西迁后以吐鲁番地区为中心的高昌(吐鲁番古名)回鹘王国的社会、经济和文化方面的情况。下面分三个方面介绍回鹘文的来源和文献研究情况以及现存主要文献。

21.1　回鹘文的来源及其影响

回鹘文来源于中亚粟特文。最初使用粟特文字母拼写突厥语的可能是以七河流域为主要居住地的突骑施部(现存有 8 世纪用这种字母铸成的突骑施钱币);后来由于回鹘人广泛使用这种文字,所以一般就通称回鹘文了。根据 20 世纪 50 年代蒙古人民共和国乌兰浩木地方发现的八行回鹘文碑铭来看,早在回鹘西迁以前,这种文字似已开始为回鹘(或其他说突厥语的部族)人使用了(19 世纪末,俄国拉德洛夫曾把九姓回鹘可汗碑中的粟特文粟特语错误地当做最早的回鹘文,后来为德国缪勒所纠正)。回鹘文为西迁后回鹘人中不同信仰的教徒(佛教徒、摩尼教徒、景教徒、伊斯兰教徒)使用。它既用于碑铭中,也用于各种内容的写本中,元代时并用于木刻书中。

历史上回鹘文曾对周围其他民族的文化发展有过很大的影响。

史载契丹小字仿自回鹘文。元代时,回鹘文为蒙古族所采用,经过若干变化后,形成现代的蒙古文。如史载:"塔塔统阿畏兀(维吾尔)人也,性聪慧,善言论,深通本国文字……太祖(成吉思汗)……遂命教太子诸王以畏兀字,书国言(指蒙古语)。"(《元史·塔塔统阿传》)《元史·释老传》中说:"我国家肇基朔方,俗尚简古,未遑制作(文字)。凡施用文字,因用汉楷及畏兀字,以达本朝之言。"

16 世纪以后,满族又从蒙古族那里接受了这种字母,形成满文。

此外,回鹘文在 13—15 世纪期间也用作金帐汗国(或称钦察汗国)、帖木耳帝国和察哈台汗国的官方文字。[1] 例如现存金帐汗国时代的所谓"铁木耳库特鲁(Timur Qutlugh)扎令"、"托赫塔迷失(Toqtamish)扎令"等就是用回鹘文写成的。史载帖木耳"令书记官用回鹘文记其一切征战活动"。在帖木耳王朝时代,许多用突厥语写成的伊斯兰教内容的著作都被令用回鹘文重新抄写过(《福乐智慧》一书回鹘文维也纳本也属于这一时期)。阿拉伯史家依本·阿拉伯沙(约生活在 1388—1450 年)曾说:"察哈台人有另一种文字,叫回鹘文。它作为蒙古人的文字而为大家所知……用它写有委任状、命令、书函、诗歌、历史、故事以及成吉思汗的敕令。谁通晓这种文字,谁就不患贫困……"(转引自克拉普洛提〔Klaproth〕:《回鹘语言文字考》56 页。)

在中亚发现的用回鹘文写成的最晚文献是 1469 年费尔干苏丹奥买尔舍依赫(Omarshaih)给麻尔古朗地方长官米尔萨依特·阿赫买德(Mirsaid Ahmad)的奖令。

在新疆,回鹘文在吐鲁番、哈密一带一直使用到 14、15 世纪。这一点可从明代的《高昌馆泉来文》中看到。20 世纪初,在甘肃酒泉附近发现的回鹘文本《金光明经》则写成于 17 世纪(清康熙二十六年)。

21.2　回鹘文文献研究简况

19 世纪末 20 世纪初以来,由于新疆南部和甘肃敦煌等地发现了大量用回鹘文写成的各种内容的文献(宗教的和世俗的),于是一时形成了世界各国研究回鹘文文献的热潮。

早在 19 世纪上半期,德国学者克拉普洛提就根据传到欧洲的我国明代编写的回鹘文《高昌译语》一书的抄本,对古代维吾尔语文进行了研究,他在 1820 年出版了《回鹘语言文字考》(*Abhandlung ueber die Sprache und Schrift der Uiguren*,Paris,1820)。19 世纪下半期,匈牙利突

---

〔1〕几年前我在《乌拉尔—阿尔泰年鉴》(UAJb,1987)读到匈牙利学者 I. Vasary 教授写的一篇关于回鹘文在金帐汗国和中亚细亚使用情况的文章(原文为德文)。这篇文章写得很好。我曾撰文加以介绍,刊于《语言与翻译》,2003 年第 3 期。

厥学家万贝里(H. Vambery)和法国突厥学家巴外·德·古尔太依
(Pavet de Courteille)研究了用回鹘文写成的属于伊斯兰教时期的突厥
语文献。前者在 1870 年刊布研究了保存在奥地利维也纳城的回鹘文
本《福乐智慧》一书的部分内容,题作《回鹘语文献及福乐智慧》(*Uig-urische Sprachmonumente und das Kudatku Bilik*,Innsbruck,1870);后者研
究刊布了《升天记》(*Miraj-name*)、《圣徒传》(*Tazkira-i Awliya*)等。19
世纪末俄国著名突厥学家拉德洛夫研究刊布和翻译了回鹘文《福乐智
慧》全书和《乌古斯可汗传说》以及金帐汗国时期用回鹘文写成的其他
文书。这是回鹘文文献研究的第一时期。

20 世纪初以后,随同南疆地区大批回鹘文文献的出土,回鹘文文
献的研究也进入了一个新的时期。1908 年,德国缪勒(F. W. K. Muel-ler)刊布了第 1 卷《回鹘文献研究》(*Uigurica*,Ⅰ)。1910 年刊布了该
书的第 2 卷,1922 年刊布了第 3 卷。该书第 4 卷在他死后由冯·加班
(A. von Gabain)出版。德国勒寇克(A. v. le Coq)刊布了 3 卷《高昌出
土突厥语摩尼教文献研究》(*Tuerkische Manichaica aus Chotscho* Ⅰ,Ⅱ,
Ⅲ,1911,1919,1922)。之后德国突厥学家班格(W. Bang)和他的学生
冯·加班一起,在 1929—1934 年期间刊布了 6 册《突厥语吐鲁番文献》
(*Tuerkische Turfan-Texte*,Ⅰ-Ⅵ,拉赫马提〔G. R. Rahmati〕参加了第 6
卷的工作)。冯·加班在 1935、1938 年刊布了两篇关于回鹘文《玄奘
传》的研究。俄国拉德洛夫刊布了回鹘文佛经《十方平安经》(*Tisast-vustik*,1910),《观世音菩萨》(*Kuan-shi-im Pusar*,1911),《金光明经》
(*Altun Yaruq*,1913,与马洛夫一起)和《回鹘语文献汇刊》(*Uigurische Sprachdenkmaler*,1928,在其死后由马洛夫出版)。法国著名东方学家
伯希和(P Pelliot)在 1914 年刊布了《回鹘文本善恶两王子的故事》(*Le version Ouigoure de l'histoire de Princes...*)。土耳其学者拉赫马提(后
改名叫 Arat)刊布了《突厥语吐鲁番文献》第 7 卷(1937)和 2 卷回鹘文
医学文献(*Zur Heilkunde der Uiguren* Ⅰ,Ⅱ,1930,1932)。日本羽田亨
发表了《回鹘文天地八阳神咒经》(大正四年),《回鹘文译本俱舍论安
慧实义疏》(大正十四年)、《突厥语华严经断简》(昭和二十八年),等

等。此外,以上这些人还发表过其他一些关于回鹘文献残卷的研究,这里不再一一列举。

第二次大战后,经过一个时期的消沉后,从 20 世纪 50 年代起各国又恢复对回鹘文文献的研究刊布。德国汉堡大学著名女突厥学家冯·加班于 1957 年刊布了保存在西德梅因茨(第二次世界大战期间一部分回鹘文献从柏林转移到那里)的一部分《弥勒会见记》(*Maitrisimit*,1957),同时附有研究报告。1961 年她又刊布了同书保存在柏林的部分。4 次德国考古队从新疆弄走的仅回鹘文文献就达 1 万多件。虽然在第二次世界大战中存于柏林的其他新疆古代文物(如壁画、雕塑等)大部分都毁于炮火,所幸这部分文献受到的损失不大。当 50 年代后期,一度被前苏联运走的这部分文献送回德国(东德)时,在德国科学院东方学研究所领导下,重新成立了吐鲁番文献研究委员会,并进行了培养这方面研究人员的工作(由于战争和战后德国分裂为两部分,东德缺乏这方面的研究人员)。60 年代后期,东德科学院在总名为《柏林吐鲁番文献丛刊》(*Berliner Turfan-Texte*)的标题下,已刊布了七八大册回鹘文文献(尚不包括吐鲁番出土的其他语言文献)。德国这次对回鹘文文献的研究刊布不同于战前的地方,就是每种回鹘文文献,除导论、拉丁字母转写、德文翻译和注释等之外,尚附有全部图版(战前这种研究只附一两张图版或不附图版),为的是怕以后这些宝贵的文献毁于新的战争中。

法国从 20 世纪 50 年代起,在总名为《伯希和中亚考古丛刊》(*Mission Paul Pelliot*)的标题下,已陆续分册刊布了 20 世纪初伯希和在新疆考古时所获各种古代文物。回鹘文文献部分 1971 年刊布了一大册,其余部分不久也将刊布。

战后,特别是从 50 年代起,日本在研究回鹘文文献方面取得了很大成绩。他们专门成立了西域文化研究会,从事于以前日本大谷新疆考古队所得文物的研究,其中关于回鹘文文献的专门研究,收入该会出版的大部头著作《西域文化研究》第 4 卷中。日本山田信夫教授主要从事于回鹘文社会经济文书的研究。为了弄清楚这方面的情况,他遍访欧洲、苏联和土耳其的有关图书馆、博物馆。近几年,日本庄垣内正弘专门从事于保存在英国伦敦大英博物馆的斯坦因弄去的回鹘文佛教文献的研究。另外,梅村坦、小田寿典、森安孝夫等人也从事回鹘文文献的研究。

土耳其在战后也对研究回鹘文文献作出了贡献(战前他们在回鹘文文献研究方面只限于把德国有关这方面的研究翻译成土耳其文)。恰合台(Saadet Cagatay)研究了《金光明经》的一部分章节。拉赫马提(Rahmet Arat)离开德国回到土耳其后,主要从事于黑汗王朝文献的研究(如《福乐智慧》、《真理的入门》),对回鹘文文献研究不多(可能是材料限制所致)。这期间他只刊布了几种回鹘文文书。贾费尔奥格路(Caferoglu)编著了一本《回鹘语字典》。

美国在1969年刊布了大部头的回鹘文《俱舍论安慧实义疏》。

前苏联在20世纪50年代出版了马洛夫的《古代突厥文献》,内中收有一些回鹘文文献(其中大部分以前已刊布过)。近年吐古舍娃(Tugusheva)刊布了几种回鹘文文献(如《玄奘传》第10卷残篇等)。

我国冯加昇教授在新中国成立后曾发表了《回鹘文大唐三藏法师研究报告》、《元代畏吾儿文契约二种》、《回鹘文善斌(斌通)卖身契》等论文,对我国回鹘文文献的研究作出了贡献。我本人在近30年来用中、英、德文发表了一系列对回鹘文文献研究的论文和专著。

以上只是关于回鹘文文献刊布、研究的简略介绍。对于对回鹘语语言学方面的研究,这里我们不打算介绍了。因为这方面的论著多而散,而且和前一时期文献——鄂尔浑突厥文文献的语言分不开。这里只提出下面两种比较重要的著作:冯·加班的《古代突厥语语法》(*Alttuerkische Grammatik*,1941年第1版,1950年第2版,1974年又出了第3版)。此书已由我译成中文,最近由内蒙古教育出版社出版。A. M. Shcherbak 的《新疆10—13世纪突厥文献语法概论》(*Grammaticheskiy ocherkyazika tyurkskih tekstov* X—XIII *vv. iz Vostochnogo Turkstana*,1961)。

21.3　现存主要回鹘文文献

佛教内容的:

回鹘文佛经有 3 个来源。早期的佛经译自当地的古代库车语、焉耆语。如《弥勒会见记》的跋文中说“Aryacantri bodisvt kshi acari anatkak tilintin Toxri tilinca yaratmish. Prtyarakshit acari toxri tilintin turk tilinca awirmish Maitrisimit nom bitig”(《弥勒会见记》由圣月大师从印度文制成古代焉耆语,普拉提亚拉克西提〔智护〕法师又从古代焉耆语译为突厥语)等。许多佛教著作译自汉文,这一点表明当时汉族文化对回鹘人的影响。译自汉文的有《金光明经》、《俱舍论》、《玄奘传》、《八阳神咒经》等,如回鹘文《金光明经》的跋文中说“kinki boshutlugh bish baliqligh singqu sali tawghac tilintin turk -uyghur tilinca ikilayu awirmish”(后学的别失八里人僧古萨里又从汉语译为突厥—回鹘语)。后来(在元代)也有一些是译自藏文的。如《胜军王问经》中说“sanggashiri tubut tilintin yangirti uyghur tilinga aqtarmish”(桑加西里又从藏语译为回鹘语)。从现存回鹘文佛教文献来看,可以这样说,纵然不是全部大藏经(tripitaka),至少是大藏经中的经、论两部分的主要著作都已先后被译成回鹘语。目前发现的律部著作回鹘文译本较少,其原因可能是当时回鹘佛教界流行只用某种寺院语(如梵语或古代库车焉耆语)学习、诵读戒律。

回鹘文佛典主要为大乘教的文献,但也见有小乘教的文献(如阿含部诸经)。此外也译有一部分密教文献(多译自藏文)。从《阿弥陀经》被译为回鹘文来看,同汉族地区一样,佛教中的“净土宗”在回鹘人中也很流行,当时吐鲁番地区的回鹘人对阿弥陀佛很崇拜。

回鹘文佛经主要为写本,但也有木刻本。木刻本多属于元代。表明这点的为“蒙古式”的正字法。即文字上 t 和 d,s 和 z,q 和 gh 互相代替使用。木刻本中的页码多用汉字表示,这表明它们可能出自汉族工匠之手。

13 世纪蒙古时代,由于吐鲁番地区的回鹘王巴尔术·阿尔忒·的斤(Barchuq Art Tegin)自愿归属成吉思汗,所以王国内部的传统生活方式并未受到重大影响,为此在吐鲁番有属于 14 世纪的佛教文献被发现。最晚的回鹘文佛经是 17 世纪(清康熙二十六年,1687 年)在甘肃

·欧·亚·历·史·文·化·文·库·

写成的《金光明经》(kang-si yigirmi altinc yil altinc ayning sakiz yangi-si...bashlayu bitip,sakizinc ayning bish yigirmisinta bitiyu tolu qildim〔康熙二十六年六月初八开始写,八月十五日写完〕)。

迄今国内外已刊布的文献主要有:

佛教内容的

(1)《金光明最胜王经》(*Altun onglug yaruq yaltrighligh qopta kotrulmsh norn iligi atligh nom bitig*)

(2)《玄奘传》,全名为《菩萨大唐三藏法师传》(*Bodistw taito samtso acarining yorighin uqitmak atligh tsi in cuin tigmma kwi nom bitig*)

(3)《俱舍论安慧实义疏》(*Abidarim Koshvardi sastr*)

(4)《妙法莲花经》(普门品)(回鹘文所谓的 *Kuan-shi-im Pusar*)

(5)《八阳神咒经》(*Säkiz yükmak*)

(6)《华严经》(*Linhua cacak uzaki itigi yaratighi atligh sudur nom bitig*)

(7)《阿弥陀经》(*Amitaba-sutur*)

(8)《胜军王问经》(*Aryarajavavadaka-sutra*)

(9)《弥勒会见记》(*Maitrisimit*)

(10)《佛顶尊胜陀罗尼经》(*Alqu ayigh yawiz yollarigh artuqraq uz aritdaci...usnisa vicai atlgh darni*)

(11)《大云请雨经》(*Mahamegha-sutra*)

(12)《大方便佛报恩经》(* *Mahopaya utlisin yanturmsh sutur*[1])

(13)《慈悲道场忏法》(*Ksanti qilghuluq nom*)

(14)《金刚经》(*Kimqoqi/Vajracchedika-sutra*)

(15)《十方平安经》(意译)(*Tisastwustik*)

(16)《七星经》(*Yitikan-sudur*)

(17)《无量寿经》(*Amitayus-sutra*)

(18)《佛说大白伞盖总持陀罗尼》/《圣一切如来顶髻中出白伞盖

---

〔1〕前面带 * 号者为本文作者构拟的名字,回鹘文原文名字缺。下同。

佛母余无敌总持》(*Alqu ancu-layu kalmishlfiming usnir-laksanlarintin onmsh ati kotrilmish sitatapadra atlgh utsuqmaqsiz darni*)

（19）《般若波罗蜜多经》(*Prajnaparamita*)

（20）《十业道譬喻花环》（大部头佛教故事集）(*Dasakrmapadaawatanamal(a) nom bitig*)

（21）《方广大庄严经》(*Lalitavistara-sutra*)

（22）《瑜伽师地论》(*Yogacaryabhumi-sastra*)

（23）《阿含经》(*Agamas*)

（24）《龙树劝王诗》(**Nagarjuna iligig otlagma taqsut*)

（25）大量属于本生(jataka)、譬喻(avadana)的故事等。

关于回鹘文佛教文献的最新研究状况可参看不久前出版的艾勒维尔斯考格(Elverskog)的论著《回鹘佛教文献》(1997年)。内中介绍了约80种佛教文献。

摩尼教内容的：

（26）《二宗经》(*iki yiltïz nom*)

（27）《摩尼教徒忏悔词》(*Huastwanift*)

（28）许多赞美诗，等等。

景教内容的：

（29）《福音书》(*Evangelium*)（其中3个祆教僧朝拜伯利恒的故事）

（30）《圣乔治殉难记》，等等。

文学作品：

（31）《福乐智慧》（维也纳本）

（32）《真理的入门》

（33）《伊索寓言》残卷

（34）《五卷书》残卷

（35）《乌古斯可汗传说》

（36）古代吐鲁番民歌，等等。

医学文献：如 *Siddhasara* 等。

其他内容:

(37)亦都护高昌王世勋碑

(38)高昌图都木萨里造寺碑

(39)重修文殊寺碑

(40)许多社会经济文书、历法、两种语言对照的字典,等等。

最后,还要提及许多早期伊斯兰教内容的文献,如《帖木耳世系》、《圣徒传》、《升天记》、《心之烛》、《幸福书》,以及花拉子米(Khuaraz-mi)、鲁特菲(Lutfi)等人的诗篇,也是用回鹘文写成的。

回鹘文文献是维吾尔族人民历史上创造的一份珍贵文化遗产。过去由于种种原因,对这些文献重视、研究得很不够。今后有关方面应当关心这方面的工作,迅速改变我国在这一领域研究上的落后状况。当务之急首先是收集文献,流失到国外的要复制副本或拍摄胶卷。其次是培养这方面的专门研究人才。我们要按照历史唯物主义的观点,对这些文献进行整理、研究,"剔除其封建性的糟粕,吸收其民主性的精华",来发展民族的新文化。

(原刊于《图书评介》,1980 年 1 期)

22　维吾尔佛教文献[1]

佛教是世界三大宗教之一。历史上古代维吾尔族曾信仰佛教达千年之久,并把大量佛教文献翻译成古代维吾尔语(回鹘语)。当伊斯兰教传入新疆塔里木盆地后,维吾尔佛教文献逐渐消失、湮灭。只是由于 19 世纪末 20 世纪初以来在塔里木盆地(特别是吐鲁番地区)进行考古发掘的结果,才有许多新疆古代语文(包括古代维吾尔语文)的文献出土(其中也包括许多其他古代语文的佛教文献)。仅就古代维吾尔佛教文献而言,其内容的多样性和语言的表现力都给人以深刻的印象(且不谈书中的插图艺术和其他艺术品)。所有这些都表明,在维吾尔信仰佛教的时代,其文化的发展曾达到很高的水平。古代维吾尔佛教文献是现代维吾尔人民的一笔宝贵的财富,值得我们去研究、学习。下面我将根据近些年来在这方面新的研究成果,作一概括性的叙述。

22.1　佛教及其基本教义

佛教的创始人为释迦牟尼(Śākyamuni,约生活在公元前 565—前485 年),意为释迦族的圣者。他的名字是悉达多(Siddhārtha),姓乔答摩(Gautama)。他生在迦毗罗卫(Kapilavastu)城(遗址在今尼泊尔南部)。父亲名叫净饭王(Śuddhodana),是一小王国的国王。"佛"(梵文为 Buddha,回鹘文为 But ~ Burxan)意为"觉者",这是他成道后人们对他的尊称。他的母亲,王后摩耶夫人(Mahāmāyā)在他出生 7 天后即病逝,由其姨母大爱道(Mahāprajāpatī,也是他的继母)抚养成人。悉达

---

〔1〕此文英文原文"Uighur Buddhist Literature",是我应土耳其"新土耳其研究和出版中心"的邀请,撰写的一篇专文(Monograph)。考虑到现在大多数突厥民族都是伊斯兰教徒,对佛教不熟悉,所以加写了一节《佛教及其基本教义》。英文原本刊于 *The Turks*, vol. Ⅰ, pp. 896 – 910, Ankara, 2002。土耳其文译文刊于 *Turkler*, cilt 3, pp. 786 – 800, Ankara, 2002。

多是个聪明、敏感的孩子。作为王子,他受到良好的婆罗门传统教育,生活是幸福的,无忧无虑。他16岁时与王妃耶输陀罗(Yaśodharā)结婚,生有一子,名罗睺罗(Rāhula)。根据传说,当他29岁到皇宫外出游时,目睹了人间的一些悲惨情景。王子有感于人间的生、老、病、死的痛苦,加上对婆罗门教(古代印度占统治地位的宗教)的不满,于是决定放弃舒适的宫廷生活,到尼连禅(Nairañjanā)河畔林中进行苦修。经过6年苦修后,他毫无所获。于是他醒悟,认识到苦修也不是解脱之道。之后,他来到迦耶(Gayā)城郊,坐在一棵菩提树下沉思入定。就在那一夜的黎明时分,他终于觉悟得道。这一年他35岁。之后为了宣传他的教义,他来到波罗奈(Baranasi,今之Sarnath)城的鹿野苑(Migadāya)向5比丘(僧人)宣传他的学说。这就是所谓的"初转法轮"。在以后的岁月里,佛组织了他的教团(saṃgha),并不遗余力地在北印度和中印度恒(Ganges)河流域一带,宣传他的教义。他80岁时死于拘室那城(Kuśinagara)。

佛教继承古代印度的传统观念,认为人类(甚至包括神在内)都要经历无数的轮回(saṃsāra,即重生)。佛教的基本教义是:四谛(四种真理)、十二缘起(或因缘)、八正道。所谓四谛是:(1)一切皆苦;(2)苦的根源是贪欲(无明);(3)苦的结束是涅槃(Nirvāṇa,即存在的终了或解脱);(4)达到涅槃之道或方法。所谓十二缘起是指存在这一链条中的十二个环节。每一个环节是另一个环节存在的原因或条件。它们之间的相互关系通常表述如下:有此故有彼,此生故彼生,此无故彼无,此灭故彼灭。人类一切痛苦都是无明(无知)造成的。人类为了根除无明,就要摆脱掉存在(重生)的链条。八正道是:正见、正思维、正语、正业、正命、正精进、正念、正定。总而言之,佛教学说的核心思想是:(1)世界是无常的;(诸行无常);(2)世界是无我的(诸行无我);(3)生命的本质就是痛苦(一切皆苦);(4)从痛苦中解脱的唯一办法就是达到涅槃(寂静涅槃)。

在其长期的发展中,佛教内部产生出许多派别。约在公元前后产生了大乘佛教(Mahāyāna,回鹘文为Ulugh Kölüngü)。大乘佛教徒认为他们好比乘坐在一辆大车上,这辆大车可以让他们从轮回中解脱出来,并帮助他们达到涅槃。他们把旧的一派(上座部〔Theravadins〕)称作小乘佛教(Hīnayāna,回鹘文为 Kichig Kölüngü),认为后者只求个人的解脱,好比乘坐一辆小车来渡过人生存在的长河。大乘佛教崇拜菩萨(Bodhisattva,回鹘文为 Bodisatwa/Pusar)。所谓菩萨是指那些已经得道,但为了帮助别人得到解脱,宁肯继续留在这个世界上的伟大人物。此外,大乘佛教的另一学说是"空"(śūnyatā,回鹘文为 Yoq Quruq)。这种学说认为世界一切事物都是空幻。

22.2　佛教在印度境外和新疆的传布

公元前 3 世纪,在孔雀王朝(Maurya Dynasty)时代,在国王阿育(Ashoka)王在位时,举行了第三次佛教会议(结集)。之后,佛教开始从恒河流域传到西北印度的加湿弥罗(Kashmir)、犍陀罗(Gandhara)地区。在犍陀罗(此地在亚历山大大帝东征后为希腊人统治),佛教思想与希腊艺术相结合,于是产生了著名的犍陀罗艺术。在贵霜(Kushan)王朝时(约公元前 105 年—公元 2 世纪),佛教在今阿富汗和中亚南部十分盛行。在迦尼色迦(Kanishka)王时期,举行了著名的第四次佛教会议。

关于佛教何时传入塔里木盆地的问题,我们尚无确切的材料来说明。一般地说,佛教传入塔里木盆地应早于传入我国内地。任继愈教授认为佛教传入内地是在公元 1 世纪 60—70 年代。[1] 为此,佛教传入塔里木盆地应在此之前,即在公元以前。根据藏文《于阗(和田)国授记》一书的记载,佛教似早在公元前 186—前 172 年间已传入和田地区。如该书说:"于阗王萨奴(Sanu,按,即瞿萨旦那,意为'地乳')19岁时建立李国(按,即于阗国),他即位为李国第一代王时,佛涅槃已234 年……建国后 165 年,当国王尉迟胜(Vijaya Sambhava)即位五年

---

〔1〕任继愈,1973,页 2。

时,佛法在李国兴起。"[1]如按佛涅槃是在公元前490—前480年之间(见任继愈上引书,第1页),那么于阗建国应在公元前256—前246年之间。再除去建国后的165年和即位后的5年,即为佛教传入和田地区的时间。也就是说,佛教传入和田应在公元前186—前176年之间。

和田自古以来就是塔里木盆地南缘的著名佛教中心。汉文史籍记载,公元5世纪前许多汉族僧人曾去"西域"求经,而实际上只到达和田,在那里他们通常都能得到所要寻找的佛经。中国佛教史上一些著名的佛教大师也来自和田地区,如:实叉难陀(Shikchannanda)、疆良耶舍(Kālayaśas)等人。此外,某些著名的佛教典籍甚至是在和田地区编撰成的,如享有盛誉的《华严经》(Avataṃsaka -sūtra)。生活在4—5世纪的汉族著名佛教大师法显在去印度取经的路上,曾在和田停留数月。在此期间,他参加了庆祝佛教节日的活动,并目睹了当时和田地区佛教昌盛的情况。他在《佛国记》一书中这样写道:"其国丰乐,人民殷盛,尽皆奉法,以法乐相娱。僧众乃数万人,多大乘学……国主安堵法显等于僧伽蓝(saṃghārām)(寺院之意)。僧伽蓝名瞿摩帝(Gomati),是大乘寺,三千僧共犍槌食……其国中十四大僧伽蓝,不数小者……"[2]

至于佛教传入塔里木盆地北缘另一佛教中心——龟兹(今库车)的问题,德国汉堡大学的刘茂才教授认为早在公元前109年,佛教已传入龟兹地区。[3]他的根据是汉文《梁书》卷40中的一段记载:"(柳)之遴好古爱奇……献古器四种于东宫(按指后来的梁武帝)……其第三种,外国澡罐一口,铭云'元封二年(公元前109年),龟兹国献'。"而澡罐则为佛僧用具,汉文有时译作"军持",来自梵文 kuṇḍka。我们知道,公元8—9世纪前,古代库车居民讲印欧语系中的一种"吐火罗语"

---

〔1〕R. E. Emmerck,1967,p. 23. 日文译文见寺本婉雅:《于阗国史》,大正10年,22页。

〔2〕《法显传》,1958,页4-5。

〔3〕Liu Mautsai,1969,页20-21。

B方言(古代焉耆居民则讲"吐火罗语"A方言)。[1] 古代龟兹国的经济和文化也很繁荣发达。例如唐代著名高僧玄奘(602—664)在《大唐西域记》一书中这样写道:"(屈支——按即龟兹/库车)东西千余里,南北六百余里。国大都城,周十七八里,宜糜麦,有粳稻,出葡萄、石榴,多梨、奈、桃、杏……气序和,风俗质。文字取自印度,粗有改变。管弦伎乐,特善诸国……伽蓝百余所,僧徒五千余人,习小乘教说一切有(Sarvastivadin)部。"[2]

吐鲁番(古称车师、高昌)地区自古以来也是重要的佛教中心之一。公元840年当建国于蒙古草原的回鹘汗国被黠嘎斯(今柯尔克孜)人灭亡后,一部分回鹘人(古代维吾尔人)(15部)西迁吐鲁番地区,建立了高昌王国(约850—1250年)。吐鲁番位于塔里木盆地东北部东西交通的要道上,自古就是丝绸之路上的一所重镇。从公元前2世纪起,该地就已是一块具有发达农业和文化的繁荣绿洲。这里最古的居民(车师人[3])使用印欧语系的"吐火罗语"A种方言。从当地发现有公元8世纪以前的突厥语写本来看,在回鹘人迁移到吐鲁番地区以前,当地似已有突厥人住在那里(特别是在西突厥汗国时代)。大批回鹘人的到来加速了当地的突厥化(也即维吾尔化)的进程。此外,当地还住有许多汉族人和粟特人(所谓的胡人)。回鹘人迁入后发生了不同民族的融合过程。由于回鹘人和其他操突厥语的部族不论在人口数量上,抑或在政治上都占有优势,当地原居民逐渐被突厥化,回鹘语战胜当地原居民的语言,成为该地区的通行语言。但原居民也不是消失得无影无踪,他们不论在人种、文化上,抑或在语言上都给前者以

---

〔1〕所谓"吐火罗语"的发现和研究是20世纪初新疆考古发现的巨大成果之一。它是印欧语在中亚最靠东的语言,所以历来受到欧美印欧语比较语言学家的重视。参见拙文《古代龟兹、焉耆语》,载耿世民《新疆文史论集》(2001,北京)及《新疆古代语文的发现和研究》,载同一文集。所谓kentum是印欧语语言学使用的术语,指印欧语中"(一)百"这个数词是以k开头抑或s开头。西欧的印欧语多以k开头,所以属kentum语组,而亚洲的印欧语如印度梵文、诸伊兰语、斯拉夫语等则以s开头,属satem语组。

〔2〕《大唐西域记》,1985,卷1。

〔3〕我认为古代车师人与著名的月氏人有关系。

很大的影响。[1] 在当地原居民先进的经济、文化的影响下,回鹘人逐渐放弃传统的游牧生活方式,而转入定居的农业和城市生活,并创造出光辉的所谓高昌回鹘文明。

我们知道,在蒙古回鹘汗国时期,762 年摩尼教曾被回鹘统治阶级尊为国教。[2] 回鹘西迁吐鲁番地区后,在一段时期内仍保持对摩尼教的信仰。大约在 10—11 世纪期间,在当地原居民信仰的影响下,回鹘人逐渐皈依佛教并开始翻译佛教经典。[3] 当佛教节日时,在寺院附近举行各种活动,如讲经,演唱佛教故事和戏剧等。这些都为近代考古学家在当地发现的壁画、写本(有些带有插图)和其他物品所证明。公元 982 年,宋朝使臣王延德曾访问过高昌王国。他的《使高昌记》一书是了解这一时期的基本史料之一。书中生动记述了回鹘高昌王国的情况。他这样写道:其都城高昌不降雨雪,天气十分炎热……住房多涂白粉……引天山融化的雪水灌溉田地,使用水车。地产五谷,但无荞麦。贵人多食马肉,其他居民则常食羊肉和禽肉。演奏音乐时多用琵琶、箜篌。出产貂皮、棉花和绣文花蕊布。俗好骑射,喜爱游赏。出游时必带乐器。当地有佛教寺院五十余所。寺内藏有大藏经等佛教著作。王延德一行在别失巴里(高昌王的夏都)谒见了回鹘王,并向王后、太子赠送了礼物,出席了宴会,观看了戏剧。第二天继续参观游览。城中多楼台卉木,居民皮肤白皙,面貌端正。当地工艺水平很高,善冶金银铁器及攻玉……[4] 这里值得特别提出的是,早在 10 世纪左右,高昌就有戏剧演出。当地出土的一些戏剧残卷(如《弥勒会见记》等)就是这方面

---

〔1〕关于塔里木盆地原居民对现代维吾尔民族形成的影响问题(所谓的底层 substratum 问题)是个十分复杂的问题,它牵涉到关于古代塔里木盆地古代居民的语言、人种和文化等多种学科的知识,这里不能详谈。

〔2〕摩尼教为公元 3 世纪波斯人摩尼所创立的二元论宗教,主张明暗两种势力的斗争。一度传播甚广。当它在东、西方受到迫害后,其神职人员和教徒逐渐东移。公元 8 世纪被回鹘尊为国教。20 世纪初在吐鲁番地区发现了大量用古代安息语、帕列维语(中古波斯语)、粟特语和回鹘语写成的摩尼教文献。

〔3〕由于回鹘人先信仰摩尼教,之后才皈依佛教的,所以在回鹘佛教文献中一些佛教术语用的是粟特语,而不是梵语,如:梵天、帝释分别为 azrua,xormuzta(来自粟特语摩尼教文献中的 'zrw', xwrmwzδ),而不是梵文的 Brahma,Indra 等。

〔4〕汉文原文见《宋史》卷 490《高昌传》。

的证明。此外,现存的许多佛教寺窟(如柏则克里克、吐峪沟、克孜尔、库木图拉等)和壁画以及许多古代龟兹、焉耆语和回鹘语佛教文献的出土也都证明当时佛教在该地区繁荣昌盛的情况。不仅回鹘贵族,甚至普通百姓都竞相捐资修建寺院,制作佛像、壁画或抄写经文。他们把这些看做是一种功德(回鹘文称 buyan),并能把其转让给其他有关的人。[1] 所有这些都表明回鹘人在文化和艺术方面所达到的高度。

随同吐鲁番地区的伊斯兰化,佛教约于 15 世纪左右在当地消失。早在公元 8 世纪中期,阿拉伯人就占领了布哈拉(Bukhara)和撒马尔罕(Samarkand),从而在河中地(指阿姆河和锡尔河之间的地区,约当于今乌兹别克斯坦,阿拉伯文称 Mawarannahr)得到了立足之地。公元 751 年唐朝和大食(阿拉伯)军队在塔拉斯(Talas)进行决战。唐军战败,从而为伊斯兰教进入塔里木盆地打开了大门。10 世纪时,以喀什为中心的喀喇汗朝皈依伊斯兰教。11 世纪时,经过百年抗拒后,和田被迫接受伊斯兰教。但在北方,喀喇汗朝遇到了顽强的抵抗。那时,信仰佛教的高昌回鹘王国的南部边界是库车,东南达到且末。高昌阿尔斯兰(Arslan 意为狮子)对喀喇汗朝的扩张进行了坚决的抵抗。为此,在一个相当长的时间里(直到 13 世纪),伊斯兰教势力不能越过库车一线。[2] 根据米尔扎·海达尔(Mirza Haidar)作于 16 世纪的《拉史德史》(Tarih-i Rashidi)的记载,只是当东察哈台汗克孜尔和卓汗(Qizir

---

〔1〕关于转功德(回鹘文称 buyan äwirmäk)的习俗有的学者认为是古代中亚和新疆当地的产物,而不是来自印度。

〔2〕关于这一时期喀喇汗朝对信仰佛教回鹘人进行圣战(jihad)的情况,我们有确实可信的材料来加以说明,那就是 11 世纪喀什人马赫穆德·喀什噶里(Mahmud Kashghari)的名著《突厥语词典》(Diwan Lughat at-Turk),例如那里有如下的诗句:

bäškäm urup atlaqqa,	我们竖征旗于马上,
uighur daqï tatlaqqa.	去出征回鹘人。
oɣrï yawuz ïtlaqqa,	我们像飞鸟一样,
qušlar kibi učtïmïz.	飞向贼人和恶狗。
kälginläyü aqtïmïz,	我们像急流奔驰,
kändlär üzäč ïqtïmïz.	我们出现在城中。
furxan äwin yïqtïmïz,	我们毁坏佛寺,
burxan üzä sičtimiz.	我们在佛像上拉屎。

(引自《词典》的丹可夫英译文卷 1,页 395,270)

Hoja Khan）（在位时间约为 1389—1399 年）对吐鲁番地区进行多次圣战后,当地回鹘人才被迫接受伊斯兰教。[1]

不论汉文史料和伊斯兰史籍都证明,迟至 15 世纪下半期,吐鲁番人中仍有信仰佛教的。如明朝（1368—1644）使臣陈诚在其《西域番国志》一书中写道:吐尔番城,信佛教……僧堂佛寺过半,今皆零落。另外,中亚穆斯林史家哈菲兹·阿卜鲁（Hafiz Abru）在其《史选》一书中也谈到当铁木尔之子沙鲁赫（Shahruh）的使节团从北京回国,经过吐鲁番时（1420 年）,其成员看到当地居民仍有佛教徒。

22.3　维吾尔（回鹘）佛教文献的发现和研究

19 世纪末 20 世纪初以前,科学界不知道有维吾尔佛教文献存在。大多数人认为维吾尔人民从古以来就信仰伊斯兰教。

早在 1890 年,英国上尉包威尔（Bower）因追缉逃犯来到库车。他偶然从一居民手中买到写有婆罗米字母的桦树皮写本。之后,该写本送到印度加尔各答（Calcutta）。经过著名东方学家霍尔恩（R. Hoernle）教授的鉴定,该写本为属于公元 4 世纪的梵文古书。这就一下子引起了轰动。与此同时,俄国驻喀什领事彼特罗夫斯基（N. F. Peterovsky）也致力于搜购和田和库车等地出土的写本及其他古物。之后,俄国驻乌鲁木齐总领事克罗特阔夫（N. N. Krotkov）也在努力搜购吐鲁番出土的写本和其他文物。所有他们搜购的古物,后都送到圣彼得堡（St. Petersburg）,并保存在那里的亚洲博物馆。1892 年法国学者杜特罗依·德·兰（Dutreuil de Rhines）在和田巴扎尔（市集）上也买到一桦树皮写本。这一写本在欧洲引起更大的轰动。1897 年在巴黎举行的东方学家大会上,法国梵文学家色纳（Senart）作了关于此本的专门报告。他确定该写本为属于公元 2 世纪的《法句经》（*Dharmapada*）（佛教诗集）,文字是佉卢文（Kharosthi）,语言为古代印度西北俗语

---

〔1〕参见罗斯（Ross）的英译本 *The History of Moghuls of Central Asia*,1894,p. 52.

（Prakrit）。在同一会议上，俄国梵文学家奥登堡（V. Oldenburg）宣布该写本的另一部分存于彼得堡。

这些偶然出土的发现品促使俄国、英国、德国、法国、日本等国组织和派遣考察队去塔里木盆地，进行考古发掘。1898 年俄国科学院派出以克来门茨（D. A. Klementz）为首的考察队去吐鲁番。克来门茨考察队在高昌古城进行发掘，获得了不少古物（包括第一批出土的回鹘文献）。1900—1901, 1906—1908, 1913—1916 英国派出以斯坦因（A. Stein）（原为匈牙利人）为首的考察队去新疆和敦煌，获得更多的古物。特别是在其第二、第三次考察期间，他从敦煌取走了多达万件的各种古代语文写本（其中也包括突厥如尼文、摩尼文、回鹘文等古代维吾尔语写本）。他在吐鲁番也进行了发掘工作。

俄国和英国的成果刺激德国人急忙组织和装备了考古队去吐鲁番。从 1902 到 1907 年和从 1913 到 1914 年，德国先后派出以格伦威德勒（A. Grünwedel）和勒寇克（Le Coq）为首的四次考察队来新疆。前三次他们主要是在吐鲁番工作。第四次则在库车。在前三次考察期间，他们几乎考察发掘了吐鲁番地区的所有重要的遗址，包括古城高昌以及胜金口（Sengim）、木头沟（Murtuq）、柏则克里克（Bezeklik）、土峪沟（Toyuq）等地。他们获得了大量各种古代语文的写本（勒寇克说是 17 种语言，24 种文字）、绘画、雕塑和其他古物。他们从吐鲁番、库车等地石窟中切割下许多壁画，运到柏林后再重新拼装起来，在柏林民族学博物馆展出。[1] 在古代回鹘文献（用各种文字写成）方面，以德国获得的最多。现柏林科学院吐鲁番学研究中心收藏的回鹘文献编号已超过 5 位数。

法国政府也派出了以伯希和（P. Pelliot）为首的考古队去塔里木盆地。他们主要是在巴楚（Maralbeshi）和库车工作。在敦煌伯希和也获得了大量的汉文、藏文和回鹘文的写本。

当日本京都西本愿寺主持大谷光瑞（1996—1948）在伦敦从报纸

---

〔1〕可惜这些古代维吾尔人民的艺术珍品一部分毁于二次大战盟军对柏林的轰炸中。

上看到斯坦因在南疆地区考古所获成果时,引发他想了解佛教从印度经新疆传往中国和日本的愿望。于是他组织了三次考察队去塔里木盆地搜寻古物(1902—1904,1908—1909,1910—1914)。

在简述新疆考古考察的情况时,我们不应忘记瑞典的斯文赫定(Sven Hedin)和芬兰的曼涅海木(E. Mannerheim)的名字。他们在收集回鹘文写本和其他古物方面也作了或多或少的贡献。

1927—1935 年由瑞典和中国两国组成的中瑞西北考察团,在新疆工作期间收集了许多具有重要意义的考古文物。参加中瑞考察队的中国著名考古学家黄文弼先生对新疆考古事业作出了巨大贡献。此外,他也发现和购得了回鹘文文献,如现收藏在北京国家图书馆的回鹘文《玄奘传》就是由他携回北京的。

中华人民共和国建立后,从 1959 到 1975 年,新疆博物馆先后在吐鲁番进行了 13 次发掘。此外,在 50 年代和 60 年代,新疆博物馆尚在尼雅、巴楚等地进行发掘工作。1959 年以吴震先生为首的东疆文物队在哈密地区进行文物调查时,从当地一农民手中收集到了回鹘文《弥勒会见记》(Maitrisimit)。据说此写本出自天山一名叫铁木尔图(Temurtu)的地方。

这里我想顺便指出,由于地方居民对古代文物的价值缺乏认识,特别是出于对所谓"异教徒"东西的宗教偏见,许多珍贵的文物和写本被永远地毁掉了。例如,一些古代写本被剪做鞋样,珍贵的羊皮书因皮子质量好被用来缝制皮靴。勒寇克在其关于德国第二、第三次新疆考古工作的通俗读物《新疆地下的文化宝藏》[1]一书中这样写道:"(吐鲁番)当地一农民告诉我说,5 年以前(在第一次德国考古队到达前)他曾在一寺院的遗址中发现五车(现代维吾尔语为 araba)写本……他因害怕这些不祥的文字……于是全部把其倒入河中。"[2]

至于对于回鹘文写本的研究,早在 1899 年德裔俄国著名突厥学家

---

〔1〕德文原文题作《沿着在新疆的希腊足迹》(Auf Hellas Spuren in Ostturkistan)。
〔2〕该书英译本,页 58 - 59。

拉德洛夫（W. Radloff）就在克列门茨的《1898年俄国皇家科学院吐鲁番考察队报告》（*Nachrichten über die von der Kaiserlichen Akademie der Wissenschaften an St. Petersburg in Jare 1898 ausgerustete Expedition nach Turfan*）一书中，发表了第一批回鹘文佛教文献。在这批文献中有后来被同定出来的《八阳神咒经》（*Säkiz Yükmäk*）。从1908年开始，德国天才的东方学家缪勒（F. W. K. Müller）在柏林先后发表了划时代的4卷《回鹘文献研究》（*Uigurica*）（Ⅰ：1908，Ⅱ：1910，Ⅲ，1922，Ⅳ：1931）（第4卷在其逝世后由冯·加班整理出版）。另一位德国著名的突厥学家邦格（W. Bang）和他的女弟子冯·加班（Annemarie von Gabain）（汉文名字叫葛玛丽）一起出版了6卷本题作《突厥语吐鲁番文献》（*Türkische Turfan – Texte*）的回鹘文献研究（Ⅰ：1929，Ⅱ：1929，Ⅲ：1930，Ⅳ：1930，Ⅴ：1931，Ⅵ：1934）。拉赫马提（Rahmati）[1]参加了第6卷的研究工作。1937年他单独发表了同书的第7卷。1935年和1938年冯·加班在德国科学院《通报》（SPAW）上发表了两篇重要的关于回鹘文《玄奘传》的论文。1910年和1911年拉德洛夫分别刊布了回鹘文《十方平安经》（*Tišastvustik*）和《观世音菩萨》（*Kuan-ši-im Pusar*）（法华经第二十五品）。从1913到1917年拉德洛夫又和他的学生马洛夫（S. E. Malov）一起刊布了后者于20世纪初在我国甘肃省酒泉裕固族地区获得的重要回鹘文献《金光明经经》（*Altun Yaruq*）。令人遗憾的是他们发表这一文献时，不是用影印的方法刊布原文，而是按照他们的读法用新铸造的回鹘文铅字重新排版。1928年在拉德洛夫死后，马洛夫出版了他的遗著《回鹘文文献》（*Uigurische Sprachdenkmäler*）（内中包含一些回鹘文佛教文献，但主要为回鹘文社会经济文书）。1914年法国伯希和研究刊布了他本人从敦煌得到的回鹘文《善恶两王子的故事》（按此故事在20世纪70年代又为美裔法国学者哈米勒屯〔James Hamilton〕所重新研究刊布〕。1915年日本著名的中亚史家羽田亨研究刊

---

〔1〕原为前苏联塔塔尔人，后到德国留学。20世纪30年代初移居土耳其，改名为阿拉特（R. Arat），是著名的土耳其突厥学家。晚年主要是从事喀喇汗朝早期伊斯兰文献的研究。

布了大谷考查队携回的《八阳神咒经》，并在 1924 年发表了一篇关于《阿比达磨俱舍论实义疏》(*Abhidharmakośabhaṣyatīkātattvārtha -nama*)（为斯坦因在敦煌所得）研究的重要论文。

第二次世界大战不仅中断了回鹘文文献的研究，并且摧毁了四次德国考古队弄到柏林去的许多古物（特别是珍贵的壁画）。当盟军轰炸柏林时，前述民族学博物馆受到严重的破坏（因展出的许多珍品壁画都被牢固地装定起来，不易拆卸装箱运走）。所幸写本文献遭受的损失不太大（因它们被及时装箱运走，保存在德国各地的废矿井中）。

战后经过一个时期的消沉后，从 50 年代中期开始，德国又恢复了对回鹘文献的研究工作。这里我们首先要提到冯·加班的贡献。她在 1957 年出版了保存在梅因茨(Mainz)的《弥勒会见记》部分，为大型、华丽的影印本，并附有一册研究报告。1961 年她又以同样的办法影印出版了保存在东柏林的该写本的另一部分（也附有一册研究报告）。从上世纪 60 年代后期起，前东德科学院开始刊布题名为《柏林吐鲁番文献》(*Berlinder Turfantexte*)的专门研究吐鲁番出土文献的丛书。迄今已出版了 20 多大册。这次的出版不同于战前的是，每册后都附有文献的全部图版（战前每册一般没有图版或只有一两张图版），为的是害怕这些珍贵文物毁于新的战争中。这里我要特别强调柏林勃兰登堡科学院茨木(Peter Zieme)教授在研究回鹘文献方面所作出的突出贡献。他从 60 年代后期开始，至今已研究刊布了 10 余大册关于回鹘文献研究的专著和百余篇论文。其他德国的突厥学家如 Röhrborn, Scharlipp, Ehlers, Laut 等也都在这方面作出了各自的贡献。

在法国，在总名为《伯希和考察丛书》(Mission Paul Pelliot)的标题下，已出版刊布了 10 余册有关塔里木盆地古代艺术、考古和语言文献的专著。1971 年哈米勒屯作为博士论文重新研究刊布了《善恶两王子的故事》("Le conte bouddhique du bon et du mauvai prince en version ouigoure")。在他作为国家博士论文发表的另一专著《9—10 世纪敦煌回鹘文献》(*Manuscripts ouigurs du IXe—Xe siecle de Touen - Houang*, 1986, 2 卷)中也包含有一部分回鹘佛教文献。

在前苏联和俄罗斯出版的有关回鹘文佛教文献应提到下列几种：1951 年马洛夫在其《古代突厥文献选读》(*Pamyatniki Drevnetyurkskoy Pis'mennosti*)一书中，重新研究刊布了《金光明经》中的两个故事（舍身饲虎故事、张居道故事）。1991 年土古舍娃（L. Yu. Tugusheva）研究刊布了保存在俄国的回鹘文《玄奘传》部分。

在日本，我们要首先提到京都大学庄垣内正弘教授的 3 卷本专著《回鹘文阿毗达磨俱舍论实义疏研究》(1991—1993)。1998 他和土古舍娃、藤代节一起出版了《十业道譬喻花环》(*Daśakarmapathāvadāna - mālā*)一书。庄垣内尚发表有其他有关回鹘文献的论文。龙谷大学的百济康义研究发表了若干关于回鹘佛教文献的专著和论文。小田寿典教授是专门研究《八阳神咒经》的专家。1985 年森安孝夫研究发表了一件用藏文字母书写的回鹘佛教文献。梅村坦教授主要从事于回鹘历史和社会经济文书的研究。

拉赫马提·阿拉特教授从 1933 年移居土耳其后，主要从事于维吾尔伊斯兰早期作品的研究（如《福乐智慧》、《真理的入门》等）。对回鹘佛教文献研究具有重要意义的是他 1965 年发表的《古代突厥诗歌》(*Eski Türk Şiiri*)一书。书中有他从保存在伦敦大英博物馆的斯坦因收集品中挑选、研究、翻译的许多押头韵的佛教诗歌，具有很高的文学价值。恰哈台（S. Çağatay）教授 1945 年发表了前述《金光明经》中的两个故事。1974 年作为《柏林吐鲁番文献研究》第 3 卷，特兹江（S. Tezcan）刊布了一重要回鹘文献《因萨狄经》(*Das Uigurische Insadi - Sutra*)（此经迄今突厥学家们尚未能同定出它相当于大藏经中的何种经典，也不知 Insadi 一字读法是否正确以及意义为何。书中对伊斯兰教、基督教和摩尼教的责难引人注目）。1975 年他因撰写《玄奘传第十卷研究》而获博士学位。美国哈佛大学的土耳其裔突厥学家西·特肯（Şinasi Tekin）出版了两部关于回鹘文献的专著：《弥勒会见记》(*Maitrisimit Nom Bitig*)和《元代回鹘佛教文献》。1994 年土耳其青年学者喀雅（C. Kaya）出版了《金光明经》(导论、原文、索引)。另外，巴鲁秋（S. Barutçu）教授和奥勒马孜（M. Ölmez）教授也对回鹘文佛教文献的研究作出了贡献。一般说来,土耳其学者对鄂尔浑古代突厥碑铭更感兴趣,所以在这方面作出的贡献更多。

中国在回鹘文文献研究方面起步较晚。1951 年冯家昇教授发表了关于《玄奘传》(北京部分)的研究报告,题作《回鹘文写本菩萨大唐三藏法师传研究报告》(考古学专刊,丙种第一号);1955 年发表了《刻本回鹘文佛说天地八阳神咒经研究》(《考古学报》,9 期);1962 年在《文物》月刊(7、8 期)上发表了《1959 年哈密新发现的回鹘文佛经》等论文。1962 年本文作者就在前面提到的冯文中发表了一叶两面《弥勒会见记》的转写和翻译。就在这一年的前后,笔者完成了整个《弥勒会见记》哈密本的拉丁字母转写和部分汉文译文的工作。由于众所周知的原因,中国突厥学家们在"文化大革命"结束后才得以重新开始中断了 10 年的研究工作。1979 年以来,笔者先后发表如下关于回鹘文文献的论文和专著:《回鹘文玄奘传第七卷研究》一、二(分别刊于《民族语文》,1979,4 期和《中央民族学院学术论文集》,民族语文分册,1980),《圣救度佛母 21 种礼赞经残卷研究》(载《哈佛大学突厥学报》,1979,3 期),《弥勒会见记》哈密本第二品研究(同上刊物,1980,4 期),《回鹘文土都木萨里修寺碑考释》(《世界宗教研究》,1981,1 期),《古代维吾尔语佛教原始剧本〈弥勒会见记〉哈密本研究》(《文史》,12辑),《回鹘文八十华严残卷研究》(一、二、三,分别刊于《民族语文》,1986,3 期;《世界宗教研究》,1986,3 期;《中央民族学院学报》,1986,2期),《回鹘文阿毗达磨俱舍论残卷研究》一、二(刊于《民族语文》,1987,1 期;《中央民族学院学报》,1987,4 期),以及关于《金光明经》研究的论文 2 篇。与德国同行合作,用德文出版了两部专著,即《弥勒会见记》前五品的研究(*Das Zusammentreffen mit Maitreya*,1988,2 卷)和《回鹘文佛教启示录研究》(*Eine Buddhistische Apokalypse*,1998)。此外,还合作刊布了《弥勒会见记》第 10、11、13、14、15、16 品(分别刊于德国《古代东方研究》(*Altorientalische Forschungen*)、《〔德国〕突厥学研究》(*Materialia Turcica*)等刊物上)以及关于《十业道譬喻花环》残卷研究的论文。[1] 笔者的维吾尔族学生卡哈尔（Kahar Barat）、斯拉皮尔（Israpil Yusup）等中青年学者也在回鹘文献研究方面作出了喜人的成绩，前者1992年发表了《玄奘传》第3卷的研究，1993年他在美国哈佛大学成功地通过了《玄奘传》第9卷研究的博士论文；后者和克由木·霍加（Qeyum Hoja）一起出版了关于《弥勒会见记》前五品研究的专著。此外，张铁山近几年发表了若干篇关于回鹘文《阿含经》残卷的论文；牛汝极和法国的哈米勒屯一起发表了榆林千佛洞中的回鹘文题跋文研究和其他论文。

22.4 回鹘文主要佛教文献

像信仰佛教的其他民族一样，回鹘佛教文献由三部分组成，即经（Sutra）（佛的话）、律（Vinaya）（戒律）、论（Abhidharma）（注释）。这三部分文献总称为三藏经或大藏经（Tripitaka）（佛教三部经藏之意）。像信仰佛教的其他民族一样，我相信历史上回鹘人也曾拥有自己的大藏经。美国佛教学者 W. E. Soothill 和 L. Hodous 在《中国佛教术语字典》（*A Dictionary of Chinese Buddhist Terms*）页367中说"公元1294年，全部大藏经被译为回鹘语"，不知何所本。意大利著名藏学家图奇（G. Tucci）在其一部关于西藏的书（《西藏画卷》?）中说，当20世纪40年代，他曾在萨迦寺（日喀则地区）见到一部完整的回鹘文大藏经。西·特肯在他的近著《古代突厥人的文字、书籍、用纸……》（*Eski Türklerde Yazı, Kağıt, Kitap...* 1993, p. 47）一书中，引用了1974年图奇写给他的一封信，说道："1940年当我在西藏时，我在翻阅萨迦寺图书馆目录时，曾看到'回鹘语大藏经一套'的字样。当我询问这套书在何处时，寺中一负责僧人答道：'因为我们这里无人能读懂这些书，为了保护这些经卷，我们把它们送到山顶上专门建立的一石头房子中保护起来。'由于

---

〔1〕关于我个人这方面的详细著作目录，见耿世民《新疆文史论文集》，2001，北京，页481—495。

时间不够,我没有亲自去查看。所以我没有亲眼看到这些书。"〔1〕

回鹘佛教文献包括大、小乘作品。一般说来,回鹘佛教可分为两个时期:(1)9—12世纪(属于这个时期的文献有《弥勒会见记》、《十业道譬喻花环》、伦敦本《八阳神咒经》等);(2)13—14世纪(现存大多数文献属于这一时期)。这一分期相当于劳特的:1)前古典时期文献,2)古典时期(参见其博士论文:《早期突厥佛教及其文献》,1986)。

回鹘佛教文献有三大来源。早期多译自当地的古代语言如"吐火罗语"B方言和"吐火罗语"A方言。如《弥勒会见记》跋文中这样写道:……圣月菩萨法师从印度语制为吐火罗语。智护法师从吐火罗语译为突厥语的《弥勒会见记》……(完)(aryančandri bodiswt ksi ačari änätkäk tilintin toɣri tilinčä yaratmiš. prtyarakšit ačari toɣri tilintin türk tilinčä äwirmiš *maitrisimit* nom bitig...)之后,许多回鹘文献是译自汉文,如《金光明经》的跋文这样写道:后学的别失巴里人胜光萨里从汉语重新译为突厥语(... kinki bošɣutluɣ bišbaliïqlïɣ šïgqu säli tawɣač tilintin türk – uiɣur tilinčä ikiläyü äwirmiš)。元代时(1271—1368)一些文献译自藏语,如《胜军王问经》跋文中说:……桑噶室里又从藏语译为回鹘语(sanggsširi tübüt tilintin yangïrtï uiɣur tilingä aqtarmïš)。只有少数文献译自梵文。

劳特在其前引书中,提出所谓的"粟特论"。他认为突厥(回鹘)人是通过粟特人接受佛教的,并且最早的突厥(回鹘)佛经是译自粟特语。我不同意他的看法,因为迄今尚无证明这一点的材料。至于回鹘文献中一些粟特语术语,那是因为回鹘人在接受佛教前,曾信仰摩尼教并从粟特语翻译了摩尼教著作。当他们皈依佛教后,就使用已有的摩尼教词语来翻译佛教术语(如上述"梵天"、"帝释"等词)。此外,迄今我们尚未发现有直接译自粟特语的回鹘佛教文献。日本学者森安

---

〔1〕这里我想补充我个人经历的一个插曲:20世纪60年代,当已故藏学家王森教授告诉我图奇书中那条信息时,我决定亲自去西藏查看。当1964年秋我得到允许正准备出发时,全国所谓"社会主义教育运动"开始,紧接着就是10年"文化大革命"。所以直到现在这个问题也未能得到证实。"文化大革命"期间,听说萨迦寺遭到很大的破坏。

孝夫在其《突厥佛教的起源……》(载《史学杂志》,1989 年)也持有同样的观点。[1]

像在中国内地一样,在吐鲁番地区盛行对弥勒的崇拜和净土宗(对阿弥陀佛)的崇拜。

在古代维吾尔人信仰佛教的时期,曾涌现出许多著名的佛教学者和翻译家,如:智护(Prajnarakshit)、祥古萨里(Šingqu Säli)(胜光法师)、安藏(Atzang)、阿鲁浑萨里(Arghun Säli)、迦鲁纳答斯(Karunadas)、必兰纳室里(Prajnaśri)、嶼嶼(Kiki)、奇苏雅(Šisuya)、启心奴(Čisim Tu)、桑噶奴(Sangga Tu)等。

回鹘文佛教文献一般写在纸上,有时也写在木头或雕刻在石头上。写在或印在纸上文献的形制通常有下列几种形式:1)梵箧式(pustaka),即把纸裁成宽约 40 厘米,高约 20 厘米大小,两边或一边有穿绳用的小窟窿,首尾两端用木板夹住捆起。2)卷子形式,这是古代汉族书籍的传统形式,也为回鹘人所采用。即把一定尺寸的纸张粘成长卷,在卷尾固定一卷轴,以方便打开和卷起。3)折叠式,也是借自内地,即像手风琴那样折起。这种书式多用于木刻本文献。4)普通书册形式。

回鹘文佛教文献使用的文字主要为回鹘文(来源于晚期粟特文)。但也有少数写本使用婆罗米文(Brahmi)(一种源自印度后被古代塔里木居民广泛使用的文字)、藏文、粟特文和汉字。

回鹘文后来被蒙古族用来书写蒙古语变成蒙古文。满文又来自蒙古文。

有年代可考的最晚回鹘文写本属于 17 世纪,即清朝康熙二十六年,也即 1687 年。在上述马洛夫在甘肃裕固族地区发现的《金光明经》的跋文中说:"我从康熙二十六年六月初八开始书写……八月十五日书写完毕"(kang -ši yigirmi altïnč yïl altïnč aynïng säkiz yangïsï...

〔1〕日文题作《トルコ佛教の源流と古トルコ语佛典の出现》(《史学杂志》,1989),法文本题作"L'origine du bouddhisme chez les turcs et l'apparition des texts bouddhiques en turc ancien",in Actes du colloque Franco – Japonais,Kyoto,1990.

bačlayu bitip, säkizinč aynïŋ biš yigirmisintä bitiyü tolu qïldïm)

下面我拟对现存主要回鹘佛教文献加以介绍:

Ⅰ.经

(1)阿含经(Āgama)(为小乘佛教文献的总名),包括《长阿含》(Dīrghāgama)、《中阿含》(Madhyamāgama)、《杂阿含》(Samyuktāgama)、《增一阿含》(Ekottarāgama)。回鹘文阿含经残卷多出自敦煌和甘肃额齐纳黑城子(西夏故都)。

(2)诸方平安经(Tišastvusttik < Diśamsauvastikam?)。1910年为拉德洛夫所刊布,内容为二商人Trapusa和Bhlika向佛献给饮食,从而获得幸福的故事。

(3)《法集要颂》(Udanavarga)(教义诗歌集),用婆罗米字写成,相当于汉文、梵文的《法句经》(Dharmapada),为冯·加班发表在TT,Ⅷ。(此书全为用婆罗米字母写成的回鹘文献)

(4)《弥勒会见记》(Maitrisimit)。不论就内容、语言和时代古老而言,都是回鹘文最重要的佛教文献之一。早在1916年德国学者缪勒和泽格(E. Sieg)一起发表了题作《弥勒会见记和吐火罗语》("Maitrisimit und 'Tokharisch'", SPAW)的著名论文,从而,引起所谓"吐火罗语"问题。我在上面已经提到冯·加班教授对研究这一文献的贡献。1959年中国考古工作者又在新疆哈密地区发现了比德国本更加完整的本子。甲种吐火罗语(我国一般称之为古代焉耆语)原本为戏剧形式,名为Maitreyasamitiṇataka(ṇataka为梵文,戏剧之意),用散、韵两种文体交替写成。[1] 回鹘文本似已改成类似中世纪汉文文学的"变文"形式。回鹘文本虽仍在每品(幕?)前保留了演出场地[2](如"此[第二]幕在婆罗门巴德拉家中演出[原文为"理解"],回鹘文原文:amtï bu nomluɣ sawaɣ badri bramanning äwintä uqmïš krgäk),但已无曲牌名字。《弥勒

―――――――――――

[1]一些术语(如pancam...)以前被错误地解释为韵律名称,实际上应为曲牌名字。参见美国学者温特尔(W. Winter)的论文《"吐火罗语"戏剧的若干问题:其形式和技巧》,JAOS, vol. 75, no. 1, 1955.

[2]关于回鹘文《弥勒会见记》的文体问题,值得进一步深入研究。有的学者认为它是在听众前面配以挂图的说唱文学。

会见记》称其文体为"körünč"。这个词的意思很不好翻译。它来自动词 kör-"看,观看"。总之,是观看关于未来佛——弥勒的某种表演(?)、挂图(?)。我们知道,内地汉族的戏剧最终形成在 13 世纪的元代。历史上汉族戏剧曾受到塔里木盆地戏剧传统的巨大影响。

(5)《十业道譬喻鬘》(此处"鬘"为"花环"之意)(Daśakarmapathāvadanamālā),该文献为大型故事集。故事围绕十种"业"(行为)在老师和其弟子之间展开,语言质朴、生动。根据此书德国本残卷中的跋文,它是毗婆沙(Vaibhasika)派大师桑噶达沙(Samgha-dasa)从 Ugu-Küšän(乙种吐火罗语,也即古代龟兹语)译为甲种吐火罗语(回鹘语称之为 Toγri 语,也即古代焉耆语),一位名叫悉拉森纳(Śilasena)的大师又从(古代焉耆语)译为突厥语。[1] 这里顺便指出,1959 年在哈密发现的《弥勒会见记》中,也混入此书的部分残卷,已由笔者同定并刊布其中的一部分。在此之前,突厥学家们刊布的许多故事实际上都出自这部故事集。[2]

(6)现存有许多回鹘文本生故事,如:阿罗匿米(Araṇemi)本生、须大拏(Viśvantara)本生、善恶两王子的故事,陶匠本生等(在 Uigurica Ⅰ、Ⅱ、Ⅲ、Ⅳ,TT X 中刊布了许多这种故事)。不久我还将和他人合作刊布哈密发本《十业道》中的其他 4 个故事。这里我还想顺便指出,回鹘文本《善恶两王子的故事》并不是像哈米勒屯认为的那样,是译自汉文《大方便佛报恩经》,而是译自汉文本《双恩记》。[3]

(7)《佛所行赞》(Buddhacarita)

此为古代印度著名诗人马鸣(Aśvaghosa)创作的关于佛传的长诗。

---

〔1〕参见 P. Zieme,1992,pp. 21 – 22.

〔2〕这里我回想起许多年前发生的一段插曲:1949 年当我就读于北京大学东方语言学系时,一天偶然我从《东方真理》(Sharqi Haqiqat)(前苏联塔什干出版)读到一篇题为《维吾尔伟大史诗——奇斯提尼王(的故事)》。我问我的老师和其他维吾尔族知名人士,何处可以找到这个故事的原文。他们都说不知道。直到 60 年代,一天我突然在缪勒发表的《回鹘文献研究》第 4 卷(Uigurica Ⅳ),页 680 – 697 中,发现了这个故事。原来它是翻译的"佛本生"故事之一。该故事内容也见于汉文《无明罗刹集》。回鹘文这个故事即来自《十业道譬喻鬘》,该国王名字的正确写法应为 častana。

〔3〕荣新江《归义军节度使研究》,1996,页 384。

1928 年拉德洛夫在其遗著《回鹘文献》（编号 105）刊布了 57 残诗。1985 年，茨木刊布了柏林收藏品中 19 张刻本残卷，共 245 行，都押头韵。

（8）《观音经相应三譬喻故事》

这三个以押头韵的四行诗形式写成（或译成）的譬喻故事，是写在敦煌本回鹘文《实义疏》第一册的末尾。后为庄垣内教授研究刊布（1976，1982—1985）。

（9）《金光明经》（*Altun Yaruq*）

这是目前回鹘文佛经中篇幅最大、保存较完整的重要文献之一。回鹘文本译自义净的《金光明最胜王经》，梵文为 *Suvarṇaprabhāsasottama-sūtra*。回鹘文为 *altun önglüg yaruq yaltrïɣlïɣ qopta kötrülmiš nom ilig atlïɣ nom bitig*。其主要内容是讲哪里诵读和宣讲此经，哪里就将受到四大天王的保护。20 纪初德国考古队在吐鲁番已获得此经的许多残卷。但最完整的写本（不是很多人说的"木刻本"）为俄国马洛夫在我国甘肃酒泉地区所得。[1]

由于拉德洛夫和马洛夫在刊布（1913—1917）这部文献时，是用新铸成的回鹘铅字重新排版，未附任何图版，所以长期以来学者不知其庐山真面目（有人错误地说是木刻本）。直到 1982 年，百济康义和罗尔本（Röhrborn）研究刊布了两叶（四面）保存在瑞典的该经影印图版后，我们才看到其真面貌（这两叶是 30 年代中瑞考查团的瑞典考古学家 Bergman 所得，恰是马洛夫本所缺少的那两叶）。写本用楷书体写成，笔画很近于木刻本。译者为古代著名回鹘翻译家胜光法师（Šingqu Säli Tutung）。他生于别失巴里（Bishbaliq）（遗址在今乌鲁木齐北吉木萨尔县城附近），约生活在 10—11 世纪。他先后从汉文翻译了《金光明经》、《玄奘传》等古典著作。他的译文语言流畅，词汇丰富。他不仅精通汉文，而且是一位运用母语的大师。此外，他似也懂梵文。

---

〔1〕由于马洛夫在拼写发现地名时用的是甘肃方言，学界长期不知其确切地名。现知是"文殊沟"，位于酒泉西南约 15 公里。这里尚发现重要的回鹘文《文殊寺碑》，该碑已为笔者所研究刊布，见笔者《新疆文史论文集》，2001，北京。

下面我从回鹘文《金光明经》(26 品) 引用 4 行 7 言汉文原诗及其译文以见一斑：

汉文原文	回鹘文译文	回鹘文译文的汉文译文
祸哉爱子端严相	nä ada ärdi atayïm	这是什么灾祸,我的孩子
	körklä-kiä ögüküm	我的漂亮小儿子,
因何死苦先来逼	ölmäk ämgäk näčükin	死亡的痛苦为什么
	öngrä kälip ärttürdi?	先把你夺去?!
若我得在汝前亡	sintidä öngrä ölmäkig	我愿死在你的前面,
	bulayïn ay kün-kiäm	啊,我的小太阳!
岂见如斯大苦事	körmäyin ärti munitäg	我不愿见到这样
	uluɣ ačïɣ ämgäkig.	巨大的痛苦!

我们知道,翻译诗歌不同于翻译散文。前者要求注意其艺术性,而后者则要求忠实于原文。这里胜光为了生动再现诗句的感染力,他按照古代突厥挽歌体诗歌的传统,在翻译汉文 4 行原文诗时,把其扩大成 8 行,每行 7 音节。

在过去近一个世纪里,许多突厥学家研究了这一回鹘文重要著作。但迄今尚没有全书的校刊本出版。突厥学家们研究此书必须要懂古汉语或与汉学家合作,才能避免错误。例如 1994 年土耳其学者喀雅(C. Kaya)出版的《金光明经研究》一书,就不懂汉文"神通"一词的意义,并把此词的回鹘文译文 küügälig 拆成两个词 kuo 和 kälig。突厥语言大师马洛夫也因不懂汉文,在翻译其中的"舍身饲虎的故事"时犯了错误。[1]

(10)《维摩诘经》(Vmalakīrtinirdeṣa-sūtra)

根据汉文史料,早在公元 6 世纪此经(汉文名字也称《净名经》)已被翻译成突厥语,送给突厥佗钵可汗(Taspar/Taghpar Qaghan)。维摩(Vimalakirti)是古印度毗舍离(Vaiśali)国一著名的在家居士。据说一

---

〔1〕参见拙文《关于若干古代突厥语词的考释》,英文本题作"Notes on some Old Turkic words",分别刊于《民族语文》和匈牙利 AOH,2002 年。

天他称病在家,佛派文殊(Manjuśri)菩萨去问候,他与后者广泛讨论了佛教教义。他以其善辩的口才和对佛教教义的渊博知识而赢得后者的尊敬。2000 年德国的茨木教授刊布了该经保存在柏林和京都的残卷。

(11)《妙法莲华经》(*Saddharmapuṇḍarīka-sūtra*)

saddharma 意为"妙法",puṇḍarīka 意为"莲华"。全名意为"此美妙的经文像莲花一样的纯洁"。全经共 28 品。回鹘文本称《观世音菩萨》(*Kuanshi-im Pusar*)(梵文作 *Avalokiteśvara Bodhisattva*)。回鹘文本译自鸠摩罗什(*Kumarajiva*)(为生活在 4—5 世纪的库车佛教大师)的汉文本。吐鲁番出土许多此经的回鹘文残卷。

(12)《华严经》(*Buddhāvataṃsaka-sūtra*)

现存此经的三种汉文译本,即《四十华严》、《六十华严》、《八十华严》,分别由 40、60、80 品组成。此经认为世界是毗卢遮那(Vairocana)佛的显现,一微尘(paramanu)可以反映整个世界,一瞬间包含永远。学者们普遍认为此重要的大乘经典是在新疆和田地区形成的。笔者曾发表过此经回鹘文译文的残卷。其他学者刊布过此经的《普贤行愿赞》部分。

(13)《阿弥陀经》(*Amitābha-sūtra*)

也称作《西方净土庄严小经》,由鸠摩罗什于 4 世纪时译为汉文。此一卷本佛经简短地描写了阿弥陀佛所在的西方乐土及其美德,并宣传说谁常念颂他的名字,谁就能生于其国中。茨木教授刊布了此经的一些残文。

(14)《无量寿经》(*Amitāyus-sūtra*)

也称作《西方净土庄严大经》,由粟特僧人康僧铠(Samghavarman)译为汉文,共两卷。内容详细讲述了阿弥陀佛如何成道和如何拯救人类,以及阿弥陀佛的身体特征、所住极乐世界。此外,此经尚包含《阿弥陀经》所没有的 48 个誓愿。1986 年,法国哈米勒屯刊布了一叶残卷。

(15)《观无量寿经》(*Amitāyur-dhyāna-sūtra*)

一般简称《观经》(1 卷)，由和田学者疆良耶舍(Kalayaśas)于424—442 年间译为汉文。此经提出 16 种集中于阿弥陀佛及其国的观想。在日本大谷和柏林收集品中发现几叶此经的回鹘文残文。1985年,百济和茨木两人合作,用日文出版了元代回鹘著名学者巙巙(Kiki)以头韵诗的形式重新创作的此经。[1]

　　上述三经是净土宗(阿弥陀崇拜)最重要的经典。一些学者认为该学派是在中亚伊兰的影响下产生的。

　　(16)《大白莲社经》

　　此经的一部分(25 张,60 面,为梵笑式)现存北京,另一部分存柏林。不久后我和茨木将予以刊布。该经大小尺寸约为 27 × 21 厘米,每面写 10 - 11 行。根据写在一些叶子左方的回鹘文小字 Abitaki(< Abitaking < Amitabha-sutra),应为《阿弥陀经》的译音。经与后者原文对照,我们发现它与《阿弥陀经》毫无关系。此外,《阿经》仅为 1 卷,而此经则为 4 卷。所以它不是鸠摩罗什翻译的《阿经》,而是也属于净土宗的另一佛经。这里"Abitaki"仅作为标题书名。1983 年当我访问敦煌时,我在该地研究所看到同一文献的残卷,左方也写有同样小字 Abitaki,但同时用红墨写有"大白莲社经"5 个汉字。

　　我们知道以慧远为首的白莲社形成在公元 4 世纪,他同 123 位名士一起在阿弥陀像前发誓要过纯洁的生活,并在寺院和家中栽植白莲作为标志。白莲社在中国佛教净土宗的发展上曾起过重要的作用。这一派的信徒提倡要常常念颂阿弥陀佛的名字,死后可以去西方极乐世界。依我之见,保存在安卡拉和伊斯坦布尔,后为百济等人刊布的(也题作 Abitaki)的佛经残卷属于同一文献。这里我还想指出,1984 年在新疆鄯善县七格亭(Čigtim)一农民偶然发现了一些回鹘文残卷。其中一叶两面后为卡哈尔发表在《文物》(1987,5 期),题作《回鹘文慧远传残卷》。我认为也应为此经的一部分。

　　(17)《大涅槃经》(*Mahāparinirvāṇa-sūtra*)

---

〔1〕题作《ウイグル语の观无量寿经》,京都。

261

根据汉文史籍(《隋书》,卷 84,《突厥传》),此经早在 6 世纪就应突厥陀钵可汗之请,由刘世清译为突厥语。茨木在柏林收集品中发现了属于此经的两叶回鹘文残文。

(18)《般若婆罗米多心经》(*Prajñapāramitā-hṛdaya-sūtra*)

此处"心"字为"精华"、"概要"之意。此经一般认为是《般若婆罗米多经》的纲要。茨木在柏林收集品中同定出属于该经的若干残文。在一出自敦煌的元代回鹘文书信(为森安刊布)中,也提到此经作为礼品被送给居住在别处的回鹘人。

(19)《大般若婆罗米多经》(*Mahāprajñapāramitā-sūtra*)

据茨木说,在柏林收集品中也发现了此经的一叶木刻本残文。

(20)关于常啼(Sadāprarudita)和法上(Dharmodgata)的故事

此故事应与《般若》文献有关。回鹘文本为押头韵的诗歌形式,由西·特肯刊布在其《元代回鹘文献》(1980)一书中。它似为在汉文《放光般若经》的基础上从新创作的作品。

(21)《金刚般若婆罗米多经》(*Vajracchedikā Prajñapāramitā-sūtra*)

回鹘文名字为 Qimqoqi(来自汉文金刚经)。据茨木说,在柏林收集品中发现有此经的残卷。在新疆吐鲁番博物馆也存有此经的残文。此外,与此经有关的重要著作为《梁朝傅大士颂金刚经并序》,现存柏林。1971 年作为《柏林吐鲁番文献》(BT)卷 1,由哈宰(G. Hazai)和茨木研究刊布。

(22)《菩萨修行道》(*Bodhisattva-caryā*)

在法国巴黎国家图书馆存有此文献的若干册叶。内容与《般若经》有关,但不能确定其相应的汉文经名。1995 年由日本庄垣内教授刊布。

(23)《地藏经》(*Kṣitigarbha-sūtra*)

此经内容为赞颂地藏菩萨的神力。据说他是一位生活在释迦牟尼佛和弥勒佛(未来佛)之间时期的菩萨。他受前者的委托将拯救人类出苦海。

(24)《药师经》(*Bhaiṣajyaguru-sūtra*)

此经内容是赞颂药师佛。茨木在柏林收集品中同定出两片属于此经的残文。为译自汉文。

（25）《八阳神咒经》（*Säkiz Yükmäk Yaruq Sudur*）

回鹘文全名为 *tngri burxan yrlïqamïš tngrili yerli säkiz yükmäk yaruq bügülüg arviš nom bitig*《佛说天地八积阳神咒经》。一般认为它为中国制作的伪经。现存此经的回鹘文译本残卷多达 72 个之多。1934 年邦格、冯·加班、拉赫马提根据存于柏林、伦敦、彼得堡和京都的残本，刊布了一合成本（《吐鲁番突厥文献》卷 6）。日本学者小田寿典教授是研究此经的专家。根据他的意见，此经混有祆教（拜火教）的成分。

（26）《大方广圆觉修多罗了义经》

回鹘文译名为 *uluɣ bulung yïgaq sayuqï king alqïɣ tolu uqmaq atlɣ sudur*。斯德哥尔摩、柏林、彼德堡和京都存有此经的一些残文。

（27）《慈悲道场忏法》（*Kšanti qïlɣuluq nom bitig*）

汉文原本共 10 卷，相传梁朝（502—557）武帝为拯救其罪孽深重妻子的灵魂，请人制作。回鹘文译者名叫 Küntsün（应来自汉文胜泉）。1971 年罗尔本作为 BT Ⅱ 刊布了此经的一部分。1978 年，瓦令克（I. Warnke）女士通过了她的博士论文，题作《一悔罪的佛教文献》（"Eine buddhistische Lehrschrift über das Bekennen der Sünden"）。1983 年她刊布了此经的第 25、26 品。

（28）《佛说温室洗浴众僧经》

此经残卷现存柏林收集品中。

（29）《七星经》（*Yitikän Sudur*）

此经也为伪经，全名是《佛说北斗七星延命经》。回鹘文译名为 *tngri tngrisi burxan yarlïqamïš yitikän üzä öz yaš uzun qïlmaq atlɣ sudur nom bitig*。它译于元代并有木刻本残卷传世，由拉赫马提于 1936 年刊布在《吐鲁番突厥文献》第 7 卷中。

（30）《十王经》

此经也为伪经。内容为关于冥间十王依据死者生前的行为来判定他（她）的再生命运。在柏林和日本奈良保存有此经的带插图的

263

残卷。

(31)《佛顶心大陀罗尼》

回鹘文译名为 *tngri tngrisi burxan yrlïqamïš burxanlar töpüsi sudurlarnïng xartayi drni.∴ïduq drni nom bitig*。柏林和彼得堡收集品中存有此经的残卷,为卡拉(G. Kara)和茨木所刊布。

(32)《佛教教义问答》

此残卷现存法国巴黎国家图书馆,为用藏文字母写成。内容是关于四生(胎生、卵生、湿生和化生)、五道(趣)(天上、人间、畜生、地狱和饿鬼)的问答。1984—1985 为德国的毛额(D. Maue)和罗尔本所刊布。之后 1985 年又为日本森安孝夫所刊布。

(33)《因萨狄经》(*Insadi-sūtra*)

此经的经名读法不确定,其意义也不明。共 1121 行,为一名叫 Čisum-tu(Čisum 奴)的人所编。其中重要一部分是和自恣活动(pravāraṇa)(按印度传统是在三个月雨季隐居后举行)有关。此外,引人注目的是对摩尼(Mani)、圣母玛利亚(Madya Maryam)和穆罕默德(Maxamat)的责难,以及盼望未来佛弥勒的到来。这一点反映出 13—15 世纪吐鲁番地区复杂的宗教情况。全文在 1974 年作为 BT Ⅲ 由特兹江(S. Tezcan)刊布。

(34)《说心性经》(*Xin[köngül] tözin uqïtdačï nom*)

此经过去被一些学者认为是回鹘大师瓦蒲石大师(Vapšï Baxšï)所创制的原作。早在 1948 年,德国梵文学者鲁宾(W. Ruben)根据阿拉特(R. Arat)提供的初步译文,在《第三届突厥历史大会论文集》(Ⅲ. *Türk Tarih Kongresi Tebliğleri*)发表了题作《关于一个回鹘哲学家》("Bir Uygur Filosofu hakkinda")的论文,文后并附有当时住在土耳其的著名汉学家艾伯哈德(Eberhard)所写的文章《从汉学角度谈一回鹘文佛经》("Uygurca sutra hakkinda Prof. Eberhard'in Sinolojik mülalaalari")。1980 年,西·特肯在其《元代回鹘文献》一书中又重新研究了此经。此经是关于瑜伽宗(Yogācāra)"唯识论"的教义书。澳大利亚著名佛教学家德荣(de Jung)教授不同意特肯认为是原作的意见,而认为是译自汉文一不知名的"禅"(Dhyāna)宗文献。

(35)《父母恩重经》

译自同名汉文佛经,回鹘文译名为 *ögkä qangqa utlï säwinč ötüngülük nom*。

Ⅱ. 律(Vinaya)

(36)在 1996 年毛额出版其《古代突厥文献》第 1 卷(用婆罗米和藏文字母写成的文献)以前,关于回鹘佛教律部文献,我们几乎不知道什么。毛额在其书中同定出《业话》(*Karmavācanā*)、《律辩书》(*Vinayavibhaṇga*)以及其他关于僧尼生活规则的残卷。

Ⅲ. 论(Abhidharma)

(37)《俱舍论》(*Abhidharmakośa-śāstra*)(佛教哲学宝藏概要)

此书为印度佛教大师世亲(Vasubandhu)(400—480)所著,它不仅对研究小乘佛教具有重要意义,而且也是大乘佛教的主要文献。世亲是在小乘一切有部(Sarvāstivādin)教义的基础上撰写此书。一般来说,此书阐明了一切有部对于世界、生活和修行的观点。笔者发表了三叶关于保存在甘肃博物馆此论残卷的文章。[1]

(38)《俱舍论实义疏》

回鹘文译名为 *abidarmašastrtaqï činkirtü yörüglärning kingürü ačdačï tikisi*(俱舍论实义广释)。此书为安慧(Sthiramathi)(生活在 5—6 世纪)所撰写的对《俱舍论》的注释。回鹘文本译自汉文。但汉文本只存很小一部分。梵文原本早佚。回鹘文本的译者或编者名叫无念(Asmṛta)。关于此人的情况我们一无所知。

除斯坦因本(现存大英图书馆)外,笔者在若干年前同定了保存在甘肃博物馆的一个卷子本残卷。关于此本,笔者用英文撰写了一篇介绍文章发表在《Zieme 教授 60 寿辰纪念论文集》(2002)上。关于斯坦因本[2],早在 1924 年日本中亚学家羽田亨就发表了《阿毗达磨俱舍论

---

〔1〕见拙著《新疆文史论文集》。
〔2〕斯坦因本开头用汉文写有此书的汉文名字,所以不存在同定的问题。

实义疏研究》的专文[1]。1970 年西·特肯影印刊布了斯坦因本,前面写有简短的序言。1991—1993 年,庄垣内教授出版了研究此书的 3 卷本专著。土耳其学者巴鲁秋(Barutçu)发表了此书中关于"三无为"(üč itigsiz)的部分。

(39)《俱舍论本颂》(*Abhidharmakośakārikā*)

此《俱舍论本颂》残篇现存斯坦布尔大学图书馆。1981 年为百济康义研究刊布。

(40)《入菩提行疏》(*Bodhicaryāvatāra* 注释)

在柏林收集品中存有此书的木刻本残叶一片。后为茨木和拉室曼(S. Raschmann)所刊布。

(41)《成唯识三十论注》(*Triṃśikāvijāptimātratāsiddhi* 注释)

1986 年德国突厥学家沙尔里蒲(W. Scharlipp)在印度学家史米特浩森(L. Schmithausen)的帮助下同定出此文献(在此之前,曾被错误地当做《瑜伽师地论》),共 62 个残文,内容为讨论瑜伽宗关于解脱的理论。

(42)《妙法莲华经玄赞》

此残卷早在 1931 年就已为邦格和冯·加班所刊布,但不能同定为何经。1980 年日本龙谷大学的百济氏发现它原来是对《法华经》的注释,即《妙法莲华经玄赞》。

(43)《金花抄》

回鹘文为 *Kim-kaa-čaw*(来自汉文金花抄),为对《俱舍论》的注释,汉文作者名叫崇廙,《宋高僧传》有记载。

(44)《入阿毗达磨论注》(*Abhidharmavatara-prakaraṇa*)

7 个回鹘文残片由百济氏同定为对《入阿毗达磨论》的注释。梵本作者塞建地罗(Skandhila)(悟入),汉文本译者为玄奘。

(45)《缘起论》(*Pratītyasamutpāda*)残卷

此残卷共 8 页,为折叠式木刻本。由百济氏同定并刊布。

---

[1]载《白鸟库吉还历纪念东洋史论集》。

Ⅳ. 其他佛教文献

(46)《玄奘传》

此为现存比较完整的重要回鹘文佛教文献之一。回鹘文题作 *bo-distw taito samtso ačarining yorïqïn uqïtmaq atlïɣ tsi in čuin tigmä kwi nom bitig*。译自汉文《菩萨大唐三藏法师慈恩传》。此书为玄奘的弟子慧立和彦悰于 7 世纪所著,共 10 卷,为研究中亚和印度的重要史籍之一。19 世纪时它和玄奘另一名著《大唐西域记》一起被译成多种欧洲文字。但此书早在 10—11 世纪时就被胜光法师译成回鹘语。在前面介绍《金光明经》时,我们已谈到他在翻译汉文古典诗歌方面的造诣。现在我们再引用他翻译的一段古汉文散文,来说明他的高超汉文水平:

……鸠摩罗使未至间有一露形尼乾子伐阇罗忽入法师房来法师旧闻尼乾子善于占相即让坐问所疑曰玄奘支那国僧来此学问岁月已久今欲归还不知达不。

胜光的回鹘文译文如下:

... kumari iligning arqïšï samtso ačarïqa taqï tägmäz ötdä, bir yalïng ät'özlüg wačir atlɣ nigranti surt-oq samtso ačari pryaninga kirip käldi. samtso ačari öngrä äšidmiš bar ärdi; bu nigranti bir uz körünči ol tip. ötrü üskintä olɣurtup, sizinmišin ayïtdï inčä tip: män huintso uluɣ tawɣačlïɣ toyin. munta bišɣutqa kältim. yïllar aylar ärtgäli ürkič boltï. amtï öz ulušïmqa yanturu barɣuluq tapïm ol.

下面为胜光的回鹘文译文的汉译文:

当鸠摩罗国王的使臣尚未到达三藏法师时,有一裸身的名叫伐阇罗(还原为梵文)的尼乾子(还原为梵文)忽然进入三藏法师的房内来。三藏法师从前听说,这个尼乾子是位占相能手。于是让他坐在自己的面前,(向他)询问自己怀疑的问题道:"我玄奘是伟大中国的僧人,是到此学习来的。岁月已过去很久了。现在我打算回到自己的国家去……"

胜光的这段回鹘文译文十分流畅和忠实于原文。他在理解汉文原文方面无任何错误。我们知道,古汉文书籍都是没有标点符号的,词和词也不分开。对词句的正确理解完全依靠读者或译者的汉文水平。尤其对一位远居西北边陲的人来说,实在难能可贵。

写本于 20 世纪 30 年代在吐鲁番地区出土。从写本缺卷 1 和卷 10 最后部分来看,写本似被埋在地下(为了躲避宗教迫害?),头尾受潮而遭损坏。写本出土后,被商人分成 3 份,分别卖给中国、法国和俄国。1951 年在赛福鼎先生的关心下,保存在北京图书馆的部分已影印出版。中外一些学者(如冯·加班、冯家昇、Tugusheva、耿世民、Arlotto、Barat、Tezcan、Toalster、Zieme、Ölmez 等)都对此书的研究作出了贡献。

(47)忏悔文(Kšanti gitig)

在现存回鹘文献中,我们还应提到侥幸保存下来的一些忏悔文(多为原作)。关于忏悔文,学者们有两种意见。有的学者认为它们是在摩尼教影响下产生的(如著名的摩尼教忏悔文 Huastuwanift),另一些学者认为它产生在中亚本身(古代印度无此类东西),之后也为摩尼教所接受。一般说来,忏悔文由下列三部分组成:(1)简要的序言,(2)历述有关人士所犯或可能犯的罪行,接着是悔罪并乞求解救,(3)"转功德"(buyan äwirmäk),即把抄写佛经或捐施佛教内容的壁画或佛像的功德转让给活着或已去世的亲友。

(48)许多押头韵的原文诗歌

我们还应指出在现存回鹘文文献中,有约数千行押头韵的诗歌。在这方面,土耳其已故的阿拉特教授和德国的茨木教授作出了巨大贡献。前者在 1965 年出版了名著 *Eski Türk Şiiri*,后者刊布了两本专著:《回鹘押头韵的佛教诗歌》(*Buddhistische Stabreimdichtungen der Uiguren*,1985)和《吐鲁番和敦煌回鹘人头韵诗歌》(*Die Stabreimtexte der Uiguren von Turfan und Dunhuang*,1991)。

V.秘宗(喇嘛教文献)

现存回鹘文秘宗文献都属 13—14 世纪,并译自藏文。

(49)《圣军王问经》(*Ārya-rājāvavādaka-sūtra*)

(50)《白伞盖陀罗尼》(*Sitātapatrā-dhāraṇī*)

(51)《佛顶髻尊胜陀罗尼》(*Uṣnīṣa-vijaya-dhārazī*)

（52）《救度佛母 21 种礼赞经》(*Tārā-ekaviṃśatistora*)

（53）那罗帕(*Naropa*)的《死亡书》

（54）《文殊室利成就法》(*Mañjuśrī-sādhana*)

（55）《文殊室利名义经》(*Mañjuśrī-nāma-saṃgiti*)

（56）《千手千眼观音菩萨大陀罗尼》

（57）萨迦磐帝塔的《师训》(*Baxšï Yaratïɤ*)

Ⅵ. 医学文献

（58）一些出土的医学文献(如 Sidhasara)因与佛教有关,所以也应列入回鹘佛教文献。

上面介绍的现存回鹘佛教文献比起汉文、藏文或巴利(Pali)文多达数千卷佛典来,真是如同小巫见大巫,不可比拟。但我们不要忘记,从吐鲁番地区皈依伊斯兰教以来,已过去了五六百年。由于宗教偏见的关系,回鹘文佛经遭到毁灭性的破坏。现存回鹘文佛教残卷只不过占原回鹘文大藏经(Tripitaka)的百分之一(仅就经名而言,不是就数量的多少)。就是这百分之一的现存回鹘文佛教典籍,还是一百多年来三四代世界突厥学家们艰苦研究的成果。我们应珍惜这笔宝贵的文化遗产。荷兰中亚史家宽腾(L. Kwanten)教授对现存回鹘佛教文献曾给以公允的评价:"许多人认为中亚(按这里指回鹘)佛教文献只不过是翻译作品。但这种认识说明他们不熟悉这些文献的语言。许多回鹘文献(所谓译自汉文、和田文或梵文的译作)实际上都是为适应回鹘人的口味和观念,而进行的改作(adaptation)。回鹘学者并不局限于改作,他们也创作原文典籍,这表现在为一些佛教教义文献所写的导论部分中。"[1]

缩写字

ADAW: Abhandlungen der Deutschen Akademie der Wissenschften (德国科学院专刊)

SDAW: Sitzungsberichte der...(德国科学院通报)

---

〔1〕参见宽腾:《中亚史——500—1500 年》,1979,页 57。

SPAW：Sitzungsberichte der Preussischen... (普鲁士科学院通报)

TT：Türkische Turfan – Texte(突厥吐鲁番文献)

TUBA：Türklük Bilgisi Araştırmalar(Journal of Turkish Studies of Harvard University)

《文史论集》：耿世民《新疆文史论文集》,2001 年,北京。

23 古代维吾尔语说唱文学
《弥勒会见记》[1]

　　《弥勒会见记》(古代维吾尔语/回鹘语名字为 *Maitrisimit Nom Bitig*，以下简称《会见记》)是现存篇幅比较长的回鹘佛教文献之一，能与其相比的只有《金光明经》、《玄奘传》等少数几种文献。它对研究古代维吾尔语言、文学、文化和宗教等方面具有重要意义。早在 20 世纪初，德国考古队在吐鲁番地区已发现此书的残卷。1959 年在哈密发现了此书新的写本残卷，在数量上远远超过德国本(虽然仍不是完本)，它大大有助于我们进一步弄清楚该书的结构和内容。

　　《会见记》内容为关于佛教未来佛弥勒(回鹘文作 Maitri，梵文为 Maitreya)的事迹。早在 1919 年德国学者劳依曼(E. Leumann)就研究刊布了古代新疆和田塞语的同名本子。[2] 之后(1968)汉堡大学 R. E. Emmerick 又再次研究了该写本，出版了题作 *The Book of Zambasta*(《赞巴斯塔之书》)的专著(其中第 22 章专门讲述弥勒的事迹)。在他们的书中都谈到有关弥勒的其他佛教文献。这里首先是保存在《大譬喻经》(*Divyāvadāna*)中关于弥勒的譬喻故事。它不仅谈到弥勒的未来，而且讲到他的过去和妙声(Pranāda)王宝柱被毁之事(此柱虽在《会见记》中提到，但故事未展开)。其次引证了南传佛教巴利文的《长部》(*Dīgha-Nikāya*)第 26 章。那里说当弥勒出世时，人寿将增为 8 万岁，商佉 (Śankha)王将成为世界的统治者。这一点也见于《会见记》。劳氏引证的第三个文献是 *Anāgatavaṃsa*(《未来序》)。此外他尚讲到关

---

　　〔1〕此文是在我和德国波恩大学比较宗教学研究所已故所长 H. -J. Klimkeit 教授合著的德文《弥勒会见记》(前五品)(1988)一书前言的基础上补充改写而成的。德文原书题作 *Das Zusammentreffen mit Maitreya*，Teil Ⅰ，Ⅱ，1988，Wiesbaden.

　　〔2〕E. Leumann：*Maitreya-samiti, das Zukunftsideal der Buddhisten*(《弥勒会见记——佛教徒们的未来理想》)，Strassburg，1919. 同作者后又重新研究了该书，题作 *Das nordarische (sakische) Lehrgedicht des Buddhismus*(《佛教北亚利安[塞]语教义诗》)，Leipzig，1933—1936.

·欧·亚·历·史·文·化·文·库·

于弥勒的 5 个汉文本子。据《会见记》,早在释迦牟尼佛在世时弥勒已诞生,并被佛指定为继承人。根据藏文《大藏经》,弥勒被指定为未来继承人是发生在兜率(Tuṣita)天[1],而回鹘文《会见记》则强调是在人间[2]。

佛教中关于未来佛弥勒的传说,似应来自伊朗(特别是摩尼教)的影响,具体说可能和古代伊朗关于救世主(Saošyant)或摩尼教关于光明使者重返世上的观念有关。

《会见记》与称作《弥勒授记》(*Maitreya-Vyākaraṇa*)的文献有关。关于这点印度学者 P. C. Majumder 在其刊布的《圣弥勒授记》(*Ārya-Maitreya-Vyākaraṇa*)吉勒吉特残卷中已提到。[3] 但本书中描述的一些情节又不见于我们所熟知的汉文、梵文、藏文本中,这使它具有特殊的性质和意义。另外在一些人名方面也不同。如:《圣弥勒授记》中弥勒的父亲名叫妙梵(Subrahman),母亲名叫梵摩波提(Brahmāvatī)。但在本书中,弥勒的父亲名叫梵寿(Brahmāyu),母亲名则同上。关于弥勒降生的情节与佛传中的描写基本一样。总之,回鹘文《会见记》在迄今所知有关弥勒的文献中占有特殊地位。至于它与其他弥勒文献的具体关系,要等彻底研究所有有关弥勒的文献(包括本书)后,才能下结论。从宗教史的角度研究有关弥勒的文献表明,它曾受到伊朗古代思想的强烈影响。后者对佛教关于未来希望之神的产生发生了明显的

---

〔1〕此点为藏族学者白马茨仁格西见告。

〔2〕回鹘文《弥勒会见记》特别强调成佛必须在人间,甚至连天上的神仙如要成道,也必须先下生人间,然后才能成道。

〔3〕P. C. Majumder. in: Nalinaksha Dutt (ed.), Gilgit Manuscripts. Vol. Ⅳ. Calcutta, 1959, p. xxix ff.

作用[1]，这一点也反映在回鹘文本中。

在 1988 年出版的关于《会见记》的研究中，我们刊布、研究了该书哈密本的序章和正文 4 章。[2] 在此之前回鹘文《会见记》已为学术界所知。1957 和 1961 年葛玛丽（A. v. Gabain）影印刊布了保存在德国梅因茨和柏林两处的，德国吐鲁番考古队于 20 世纪初所获回鹘文《会见记》残卷（并分别附有研究报告各 1 册）。[3] 1980 年土耳其学者色那西·特肯根据葛玛丽的影印本出版了研究本，题作《〈弥勒会见记〉——佛教毗婆娑派著作的回鹘文译本》。[4] 在葛玛丽发表的附册中也概述了有关弥勒的其他文献，并对德国本的内容作了概括介绍。特肯的书对葛玛丽刊布的两部分写本进行了拉丁字母转写和翻译。但奇怪的是他不采用通常突厥学家使用的转写法，而使用研究粟特语文献的学者使用的拉丁符号换写法（Transliteration），给读者带来了不必要的不便。

《会见记》似为一种古代戏剧形式，因为它的古代焉耆语本本身就

<hr />

〔1〕可参看下面 4 人的论著：

E. Abegg：*Der Messiasglaube in Indien und Iran*（《印度和伊朗关于救世主的信仰》），1928. 同作者：*Der Buddha Maitreya*（《弥勒佛》），1946.

S. Levi：“Maitreya le consolateur”（《安慰者弥勒》），in：*Etudes d'Orientalisme* Ⅱ，1932，pp. 355 – 402.

W. Baruch：“Maitreya d'apres les sources de Serinde”（《西域出土文献中的弥勒》），in：*Revue de l'Histoire des Religions* CⅩⅩⅫ，1946，pp. 67 – 92.

P. Demieville. “ Le paradis de Maitreya ”（《弥勒的西方乐土》），in ：*Bulletin de l'Ecole francaise d'Extreme-Orient* ⅩLⅣ，1954，pp. 387 – 395.

〔2〕此外我们以单篇文章的形式发表了 10、11、13、14、15、16 等 6 品（分别刊于 AoF 14，15，18，20，*Varia Turcica* ⅪⅩ，JTSHU〔*Journal of Turkish Studies of Harvard Univ.*〕，vol. 9），1998 年又发表了 20 – 27 品，书名作《一种佛教启示录研究》（*Eine buddhistische Apokalypse*），德国 Opladen.

〔3〕A. von Gabain（Hg.）：*Maitrisimit—Faksimile der tuerkischen Version eines Werkes der buddhistischen Vaibhāṣika-Schule.* Teil 1 mit Beiheft Ⅰ，1957；Teil 2 mit Beiheft Ⅱ，1961.（《〈弥勒会见记〉——佛教毗婆娑派著作回鹘译本的影印本》）

〔4〕S. Tekin：*Maitrisimit nom bitig. Die uigurische Uebersetzung eines Werkes der buddhistischen Vaibhāṣika-Schule.* Teil 1：Transliteration，Uebersetzung，Anmerkungen；Teil 2：Analytischer und rueck-laeufiger Index. Berlin，1980.（《〈弥勒会见记〉回鹘文译本研究》）

叫做"戏剧"(nāṭaka)。[1] 回鹘文本每章(或"品")前都标明故事发生的场地,章末有概括其内容的章名。共由 28 章组成,即由 1 章"序"和 27 章正文组成。根据书中的跋文,回鹘文是从古代焉耆语(原文作"吐火罗语"〔toɣrï tili〕)译为突厥语(türk tili),而古代焉耆语是根据古代印度语制成的。但迄今尚未发现任何印度语原本。古代焉耆语的本子已为德国考古队所发现。跋文又说古代焉耆语本是由毗婆娑师(Vaibhāṣika)圣月(Āryacandra)从印度语制成(yaratmïš),回鹘文本则由羯磨师(Karmavācaka)智护(Prajñārakṣita)从"吐火罗语"语译成(äwirmiš)突厥语。所谓"制成"可能是指根据印度语本编成,而不是译本,也可能只是假托之辞。

回鹘文《弥勒会见记》据德国本可能译成于 9—10 世纪,而哈密本则抄成于 1067 年[2]。哈密本《会见记》于 1959 年在哈密天山区一个叫铁木尔图地方的遗址中偶然为一牧羊人发现。共 293 叶(586 面),字体为正规的写经体,形式为古代回鹘文佛经常用的梵箧(pustaka)型,长 47.5 厘米,高 1.7 厘米。每面书写 30 行或 31 行。每叶在第 7 和第 9 行之间画有直径为 4.6 厘米的圆圈,圆心留有直径为 0.5 厘米的穿绳小孔。捐施人名为鞠·塔石·乙甘·都督。[3] 首先研究哈密本《会见记》的为我国的冯家昇教授,他在 1962 年《文物》第 8 期上发表了题作《1959 年哈密新发现的回鹘文佛经》一文,其中刊布了我帮助转写和翻译的一叶两面原文。之后我在 1980 年哈佛大学美国《突厥学报》第 4 期发表了哈密本《会见记》第 2 章研究,1981 年在《文史》第 12 辑发表了题作《古代维吾尔语佛教原始剧本〈弥勒会见记〉(哈密本)研究》的长文。此外,我以前的学生斯拉皮尔等人 1987 年发表了前 5 品

〔1〕关于《会见记》的剧本性质问题,我早在 1981 年《文史》第 12 辑中发表的《古代维吾尔语佛教原始剧本〈弥勒会见记〉(哈密本)研究》一文中已有论述(此文后收入《新疆文史论集》中)。我现在的看法是:它似为一种看画讲说故事并可能带有某种表演的原始戏剧。可能近似于藏戏。总之,不能和现代的戏剧艺术等同起来。

〔2〕回鹘文此处作"羊年闰三月"(qoyun yïl žun üčünč ay)。

〔3〕如第 10 章跋文中有这样的文字:mn taš ygän tutuq maitri burxanqa tuš bolayïn tip bitidtim (我鞠塔石乙甘都督为能会见弥勒而让人抄写了[此经])。

的研究(新疆人民出版社)。

哈密本《会见记》似由数人抄写成。从字体上看有 3 种：一为书法熟练的回鹘文写经体，其次为细长、有力的字体，第三为笔法不太熟练的字体。现已发现两个抄写人的名字：一为第 10 章 8 叶反面第 10 行"mn waptsun šäli bitidim"(我法尊萨里书写)；在另一不知属于何章何叶的残片上写有"bars yïl ikinti ay yiti otuzqa mn tu tsupa äkä bitiyü tägintim"(我图[奴才?]粗帕爱凯于虎年二月二十七日写毕)的字样。

在哈密本《会见记》的序章中有一长段文字提到了古代印度和新疆塔里木盆地一些佛教大师的名字，这些都为前人所不知。我根据古代焉耆本译者圣月大师的出生地在德国写本中作"阿耆尼"(Agnideśa，即焉耆梵文化的名字——见玄奘《大唐西域记》卷 1)，在哈密本中他的出生地则改为"唆里迷"(Solmï)，从而得出结论：多见于穆斯林文献(如 11 世纪著名的《突厥语词典》)中的，学者长期不知其位于何处的唆里迷，就是焉耆。

这里不打算详细讨论写本在正字法和语言方面的特点。简而言之，写本的语言比较古老，有些接近摩尼教文献的语言，即附加成分中常以低元音代替通常的高元音(以 a/ä 代替 ï/i)。在转写方面，为了读者的方便，我们采取传统的国际突厥学拉丁字母。

关于与"吐火罗语"原本比较的问题，我们只是在德国现存吐语残卷对回鹘文相应部分有帮助的情况下加以引用。详细的对比研究要留给吐语和回鹘文专家合作来进行。最近听说新疆又发现了新的吐语残卷，希望能尽快予以刊布。[1]

哈密本在数量上多于德国本。经过与柏林本(胜金口本和木头沟本)相比较，中国本与德国本之间虽基本相同，但有些地方并不一致。二者可以互为补充。

葛玛丽教授认为《会见记》是在回鹘人所谓的新日(yangï kün，每

---

[1]1998 年季羡林教授与 W. Winter, G. -J. Pinault 合作用英文研究刊布了这部分新发现的吐语残卷，题作"Fragments of the Tocharian A Maitreyasamiti-nataka of the Xinjiang Museum, China"，Berlin – New York。在此之前，他曾用汉文在国内刊物上发表过一些研究成果。

年的弥勒节日?)时向佛教信徒们演唱的剧本。[1] 至于弥勒节日是否与新年在同一时间,这一点尚不能确定。汉堡大学华裔学者刘茂才教授在其《公元前 2 世纪到公元 6 世纪库车与中国的关系》一书中,关于当地庆祝新年的情况引有下列记载:"新年时举行七天斗兽游戏……此外日夜举行名叫苏幕遮的表演,演员们头戴动物面具,唱歌跳舞……这里苏幕遮可能相当于伊兰人的纳乌鲁孜(Naurōz)节……"[2]这里值得注意的是,在回鹘摩尼教徒中早有庆祝"伟大新日"(uluɣ yaŋï kün)的传统。这从茨木刊布的摩尼教文献可看出。[3] 那里谈到信仰摩尼教的回鹘统治者与贵族们都参加这一节日活动。至于这一节日的具体含义则不清楚。我们认为如果《会见记》的吐语本"根据印度语本制成"的说法只是一种假托,实则为当地产物,那就很可能是受到伊兰民族文化思想的影响所致。不管怎样,有一点是清楚的,在弥勒节日的"新日"举行有关仪式以庆贺迄今作为菩萨的弥勒将成为未来之佛。在这一天佛教信徒们将观赏或听赏带有挂图或表演的说唱,这就当然需要一个说唱弥勒故事的本子,于是我们的《弥勒会见记》就产生了。《会见记》虽性质上基本为小乘作品,但已见大乘的影响。这里信徒们追求的不仅是阿罗汉,而且也是菩萨理想,希望将来弥勒下生到人世时,能聆听他的教导,会见未来佛,从而成道并得到解救。

下面为回鹘文本《会见记》28 章内容的简单介绍:

序章,回鹘文称"敬章"(yükünč ülüš),为关于佛、法、僧的一般说教,还讲到 18 有学(śaiksa)和 9 无学(aśaiksa)。此外包含有其他重要的序文。

第 1 章,讲南印度(Dakṣiṇapātha)年已 120 岁的跋多利(Badhari)婆罗门举行施舍大会。

第 2 章,讲弥勒生于名叫梵寿的婆罗门家,自幼聪明过人,从师于

---

[1]附册 1,页 29。

[2]Liu Mau-tsai:*Kutscha und seine Beziehungen zu China vom 2. Jh. V. Bis zum 6. Jh. n. Chr.* 1969,p. 10.

[3]P. Zieme:*Manichaeisch-tuerkische Texte*,49,50,Anm. 438.

跋多利。后受其师的委托,弥勒和无胜(Ajita)等16位同学到中印度摩揭陀(Magadha)国婆萨纳迦(Pāsānaka)山去见释迦牟尼佛。后者回答了他们心中未说出的疑问,并向其说法。弟子们都获得不同程度的果报。弥勒受戒成为佛的弟子。

第3章,讲佛养母(也是其姨母)大爱道(Mahāprajāpatī)亲自种棉花,纺纱织布,做成僧衣,要送给佛,但佛让她送给僧众,并说送给僧众就等于送给他。

第4章,释迦牟尼佛预言未来佛弥勒的故事。弥勒听后向佛请求,原作此未来佛来解救受苦大众。

第5章,为对弥勒降生地翅头末城的描述。

第6、7两章,只存残叶。从残存的属于第6章最后一叶关于本章章名残文"……赞未来赡部洲……完"来看,仍为对未来弥勒降生地翅头末城的描写。

第8、9两章,似为描写弥勒在天上兜率天的情况。

第10章,章名题作"弥勒从兜率天下降人间完",哈密本此章保存较完整。在兜率天弥勒向众天神说法,并表示说自己要下降人世。弥勒选中的人间父母为婆罗门梵寿及其妻梵摩波提,梵寿为翅头末国赏伕王的国师。

第11章,主要是描述弥勒受胎降生的情况。弥勒降生时,天上人间都充满瑞象。新生儿生下后就能迈腿走7步,宣说这是他最后一次降生人间。在他降生的第5天,全翅头末城的百姓和赏伕王以及王室成员都向他致敬。7天后,弥勒母不幸去世。看相师对弥勒父亲说,此子不会留在家中,而终要离家学道。之后是关于弥勒学习的描述,老师就是其父。父亲对儿子的聪颖过人感到十分惊讶。弥勒生来就认识各种古代文字。

第12章,哈密本也十分残破。内容为弥勒因宝幢被毁而感万物无常。章末写有"弥勒菩萨因宝幢(毁坏)而对生死轮回产生恐惧完"的字样。

第13章,为"出家寻道",谈到弥勒妻苏摩娜(Sumanā)夜做噩梦。

弥勒认为,这预示他将离家寻道。之后是关于深闺的描写,弥勒加强了离家出走的决心。这里像释迦牟尼佛传记一样,弥勒于午夜时分乘车出走。路上遇见一僧人向他讲说解脱痛苦涅槃之道,于是弥勒出家为僧。他让驭手萨拉提(Sārathi)把车子和衣物带回家中,自己剃去须发,出家为僧。弥勒从帝释天手中接受了以前诸佛穿过的僧衣。

第14章,根据德国本,此章题作"走向菩提树下",主要讲弥勒在菩提树下静坐修行成正等觉。故事大致相当于佛传有关修行成道的描写。

第15章,题作"(弥勒菩萨)成无上正等觉完"。这里详细描述了弥勒菩萨成正果的情形,详细阐述了十二因缘。

第16章,题作"弥勒转法轮完"。这里描述了以赏佉王为首的84000贵人出家为僧的情形。弥勒向他们讲说四真谛、八正道。僧人们都因此破除烦恼,获预流果。此章插入了关于宝光佛时胜怨王和财许王的故事。像以前诸佛都有两大弟子一样,弥勒佛也有仙施和满愿两大弟子。接着是说弥勒父亲梵寿听说儿子成道后,也放弃国师的地位,和其他84000国师一起出家为僧。然后是弥勒子善意和其他84000童子也出家为僧,并获阿罗汉果。最后是赏佉王妻耶殊伐提和84000贵妇也出家为尼。

第17章,题作"弥勒佛进入翅头末城国完"。其中讲到富人善施(Sudhana)邀请弥勒佛和其他僧众用餐,并捐施一座大的寺院给僧众。

第18章,讲龙王水光(Jalaprabhāsa)一连7天向弥勒佛进行捐施。弥勒佛详细讲述了各种捐施和未来的转生,翅头末城听众听法受益。

第19章,讲到大迦叶(Mahākāśyapa)罗汉的事迹,讲到佛的兄弟王子难陀(Nanda)、天授(Devadatta)和富人吉护(Śrīgupta)。后者企图加害于佛。

第20至25章,为对大小地狱的描述。

第26、27章,十分残破,为对天界的描述。

最后,关于《会见记》的文体问题这里还想再说几句。葛玛丽教授早在其 1961 年出版的《高昌王国 850—1250》一书[1]（注意：不要与 1973 年出版的《高昌王国的生活》相混淆）页 73 - 74 曾这样写道："回鹘文《弥勒会见记》是戏剧艺术的雏形。在寺院附近举行的群众节日场合，通常是在正月十五日信徒们来朝拜圣地时，他们进行忏悔，向寺院做供奉，举行宗教仪式超度亡灵。晚上则聆听劝人从善的故事，或观赏挂有图画或有人物表演的（佛教）作品，如《弥勒会见记》或师傅和弟子之间的对话[2]。"这里重要的是对书中多次出现的 körünč 一词的理解。这个词来自动词 körün-"出现，现出" + 构成名词的字尾 -č，körün- 又来自动词词根 kör-"看，观看" + -ün（"看"的自动体）。从下面的例子可清楚看出 körünč 一词有"观赏，观看"之意，如：körünčlägülük qalïq（U，Ⅱ，22）"观赏某种事物之楼台"；körünčlägil inčgä yügürük atlarïɣ（TT，Ⅰ，124）"请观看那匹细小跑马"；ol tïnlïɣ otɣuratï maitri burxan bälgürär yangï kün küsänčig körüig körünč birlä tušar（《会见记》德国影印本叶 104，正面，6 - 10 行）"那人一定在弥勒显现的新日与想看的观赏之景相会"。最近我读到德国学者 K. Roehrborn 的题作《〈弥勒会见记〉是剧本吗？》（"Die alttuerkische Maitrisimit - Textbuch fuer theatralische Darstellungen?"，*Memoriae Munusculum*，1994），他不认为《会见记》是剧本。美国学者 V. Mair 在其 1988 年出版的《绘画和表演》（*Painting and Performance*）一书第二章中花了几页篇幅讨论了《会见记》的文体。他认为是指图说故事。"吐火罗语"文本书名本身就称为戏剧（nāṭaka）。此外，从"全体退场"、"幕间曲终"、"曲调名"等用语来看，也表明是戏曲。但无回鹘文本的每场演出的地点。回鹘文每章前虽表明了演出地点，但又缺少吐语本中的戏剧用语。我在 1981 年《文史》第 12 辑中曾发表了题作《古代维吾尔佛教原始剧本〈弥勒会见记〉研究》的一篇长文，说它是戏剧，但现在我比较倾向于说它是戏剧的雏形，或相当于敦煌发现的汉文变相、变文文体，或是"指图讲故事"。总

---

〔1〕此小册子我在很早曾译成汉文，发表在《新疆大学学报》，1980 年第 2 期。这里的汉译文可能与以前的略有不同，因我手头无《新大学报》。

〔2〕按，指《十业道譬喻花环》之类的作品。

之,这个问题尚有待于进一步的深入研究。

（原刊于《中央民族大学学报》,2004 年 1 期）

24 回鹘文"大元肃州路也可达鲁花赤世袭之碑"译释[1]

24.1 碑文的发现及其意义

现存回鹘文碑刻不多。据笔者所知,仅有蒙古人民共和国出土的"乌兰浩木碑"[2],新疆吐鲁番出土的"土都木萨里修寺碑"[3]、"亦都护高昌王世勋碑"[4],居庸关东西壁上的"造塔功德记"[5],以及这里译释的"大元肃州路也可达鲁花赤世袭之碑"。

"大元肃州路也可达鲁花赤世袭之碑"(以下简称"肃州碑")于1962年甘肃酒泉市扩建市区时由酒泉城东门洞墙内拆出,现存酒泉市文化馆。1976年中国社会科学院民族研究所史金波、白滨二同志携回该碑拓片。本文即据史、白二同志提供的拓片研究写成。"肃州碑"原高2.36米,宽约0.91米(后因修城支门洞用,碑被凿解为两部分,各宽0.45米左右)。碑文用汉文和回鹘文书写。汉文部分共23行(左石12行,右石11行),因长期嵌于墙内,磨损较少,保存较好。回鹘文部分共32行(左右二石各16行),因长期外露,磨损过甚,字迹难辨。其中右石(下面称作Ⅰ)仅有上边约1/3的部分,左石(下面称作Ⅱ)只上边

〔1〕此文原刊于《向达先生纪念论文集》,1986,新疆人民出版社。此碑最早的汉文译文刊于《民族研究》,1979,第1期。

〔2〕此碑(共8行)1961年由苏联谢尔巴克(A. M. Shcherbak)初步考释发表在苏联《东方碑铭学》(*Epigrafika Vostoka*,1961,No. ⅩⅣ,pp. 23-25),题作《蒙古发现的回鹘文碑铭》("Nadpis' na drevneuygurskomyazyke iz Mongolii")。

〔3〕此碑图版刊布在黄文弼《吐鲁番考古记》一书中。黄氏根据德国突厥学家葛玛丽(A. von Gabain)的意见,题作《布葛里克造寺碑》(参见该书页64)。参见《世界宗教研究》,1981,第1期上发表的拙文。

〔4〕参见拙文《回鹘文亦都护高昌王世勋碑研究》,1980,《考古学报》,第4期。

〔5〕参见村田治郎的《居庸关》,第1卷,页270-278。

约一半文字勉强可读。[1]

"肃州碑"因长期只民族文字部分暴露在外,所以过去很少为世人注意。仅 1933 年张维在《陇右金石录》中提到此碑,但错认为是蒙古文碑刻。1944 年,向达先生在《西征小记》一文中首次对此碑作了下列正确、详细的记述:"酒泉东门洞内西侧墙上各嵌石柱一枚,高约二公尺半,阔约半公尺,上俱镌回鹘字。三十二年夏东归,始克细览。疑此原是元代碑碣,一面汉文,一面回鹘字,修酒泉城时,解碑为二,用支门洞,另一面汉文嵌于墙内,遂不可见。"[2]

根据史、白二人的考证[3],"肃州碑"立于元顺帝至正二十一年(1361 年)。立碑人为党项(此碑汉文部分称之为唐兀,回鹘文部分第 3 行称之为唐古忒〔Tangut〕,即建立西夏政权〔1032—1227 年〕的主体民族)人善居。明洪武二十八年(1396 年)裴成扩展肃州旧城时剖成两半,并垒入城门洞内(垒入时,汉文在内,回鹘文在外)。此碑记录了一个党项族家族自西夏灭亡后,至元朝末年 150 多年间 6 代 13 人的官职世袭及其仕事元朝的情况,为我们了解元代河西走廊地区党项族的活动提供了珍贵史料。

此碑回鹘文部分,虽因长期(600 多年)暴露在过往行人停留休息的门洞内,磨损特甚,其史料价值不及较完整的汉文部分,但经过初步译释,我们认为它仍具有以下几个方面的学术价值:

(1)文化史方面:此碑内容虽为记述元代肃州党项族一个阀门世家的活动,但民族文字不使用西夏文而使用回鹘文回鹘语这点很值得注意。联系到立于大元泰定三年(1326 年)蒙古察哈台系喃答失太子不用蒙古文,而用回鹘文刻写"重修文殊寺碑"[4],这清楚表明回鹘族

---

〔1〕1952 年,当我乘卡车从西安去新疆路过酒泉时,曾第一次看到此碑。石碑尚嵌于墙内,过往行人多蹲在门洞内,背靠墙乘凉休息。

〔2〕载《唐代长安与西域文明》,三联书店,1987,页 343。

〔3〕参见史、白二氏《汉文大元肃州路也可达鲁花赤世袭之碑考释》,载《民族研究》,1979,第 1 期。

〔4〕参见耿世民《元回鹘文重修文殊寺碑初释》,载《考古学报》,1986,第 2 期;也载《新疆文史论集》。

及其文化在河西走廊一带的影响。根据汉文史籍记载,840年,在漠北蒙古草原存在近一个世纪的回鹘汗国(744—840年)内部爆发了争夺政权的内乱。其中一派勾结西北方叶尼塞河上游的黠嘎斯人(今柯尔克孜的祖先),攻下了汗国首府"回鹘城"(哈喇巴勒哈逊〔Qara-balgha-sun〕城),可汗被杀,汗国灭亡。回鹘人分3支逃散。一支(13部约10万人)南下到长城附近,后逐渐与汉族及其他民族融合。一支(15部)到了新疆别失巴里(Bishbaliq,即北庭,遗址在今乌鲁木齐东北吉木萨尔县境内),不久又越过天山,占有吐鲁番盆地,建立了高昌回鹘王国,史称"西州回鹘"。另有一支西南迁到甘肃河西走廊,建立了甘州回鹘王国,史称"甘州回鹘"。五代、宋、辽时期,后两支回鹘人都很活跃。高昌回鹘继承并发展了古代塔里木盆地的悠久佛教文化,创造了辉煌的高昌回鹘文明。11世纪时(1028年),甘州回鹘王国亡于西夏。元代(1279—1368)他们都从属于蒙古元朝的统治。13世纪下半期,由于蒙古西北诸王(海都、笃哇)发动反抗元朝大汗忽必烈的叛乱,高昌回鹘王亦都护被迫撤退到甘肃永昌县(1284年)。这时和以后都不断有一部分回鹘人从西面吐鲁番等地迁入,从而加强了河西走廊的回鹘势力。

回鹘西迁新疆和河西走廊后,逐渐采用以古代粟特文为基础创制的回鹘文取代漠北时期使用的古代突厥文(或称鄂尔浑文),用回鹘文字撰写和翻译了大量的文献(20世纪初以来新疆和甘肃敦煌、黑城子一带出土的许多回鹘文文献残卷就是证明)。回鹘语文有了进一步的发展,成为当时新疆、河西走廊和中亚地区有广泛影响的通行语文之一。史载契丹小字仿回鹘文创制。元代时,回鹘文为蒙古族所采用,后经一些变化,形成现代的蒙古文。16世纪后,满族又从蒙古族那里接受了这种字母,形成满文。14、15世纪后,由于伊斯兰教在新疆天山以南地区占统治地位,那里回鹘文逐渐废弃不用。但在甘肃走廊回鹘文一直使用到 17 世纪。[1]

回鹘文"肃州碑"表明,到元朝末期河西走廊一带的党项族已使用回鹘文作为自己的正式书面语文,同时也表明当时这里的党项人可能已融合到回鹘人中了。

(2)语文学方面:伊斯兰教传入新疆后,出于宗教偏见,各种属于非伊斯兰教的古代新疆民族文字文献(其中包括回鹘文文献)曾遭到大规模、有意识的毁坏,所以目前留存下来的回鹘文文献不多。回鹘文"肃州碑"的发现和释读为我们提供了研究古代回鹘语文新的宝贵材料。例如碑中的 utsyz"不可战胜的"(4 行),öngdün bölük "前锋"(6 行),tänilä-(或作 tangyla-)"奖赏,表彰"(8 行),käsig bägi"近侍官"(20 行),tüsü-"委任"(27 行)等词都不见或少见于其他回鹘文文献。此外,见于该碑中的一些汉语借词如 sügcü "肃州",qamcu "甘州",cau uu tay sangun"昭武大将军",cangsi langcung"长史郎中"等则为研究元代汉语西北方言音韵提供了资料。

(3)史料学方面:此碑的回鹘文部分虽在主要内容上与汉文部分一致,且不如汉文部分完整,但它在某些事实的叙述方面比汉文部分要详细、具体,可补汉文部分的不足。如汉文部分说这个党项家族中任第二代肃州路达鲁花赤的拉麻朵儿只有四子,长曰×××,次曰耳玉,又其次曰管布,季曰令只沙。这里因汉文有缺文,不知其长子名字,回鹘文则为"贯努普"(15 行)。再如,据碑文汉文部分,我们知道令只沙后袭肃州路达鲁花赤一职系由其兄让与。但究竟系其三兄中哪一位让与,汉文部分则未谈到。而回鹘文部分在记述这一情况时则较详细:"(长曰)贯努普,次曰耳玉,出家为僧,三曰管布,有病……"(15 行)据此我们可以确定,因令只沙的二兄出家为僧,三兄有病,他的职务只能由其长兄贯努普让与。此外,碑文的回鹘文部分还为我们提供了一些人名的正确拼音,如 Asa Kambu"阿沙干布"(汉文只写作阿沙),Qarigh

---

[1]例如 20 世纪初在甘肃酒泉附近裕固族(河西走廊回鹘人的后裔)地区发现的回鹘文本《金光明经》抄写于 1687 年(清康熙二十六年)。

Lama Torcy"哈里哥剌麻朵儿只"（汉文只写作"剌麻朵儿只"）等。

24.2 碑文的释读

"肃州碑"回鹘文部分所用文字为回鹘文后期碑刻体。像其他元代回鹘文文献一样,碑文在正字法上的特点是:s 和 š,č 和 ž 不加区分; s 和 z,d 和 t 在词间有时替换使用(也即一般应写 s,t 字母时,写成 z 和 d 字母);q 字母有时在左方加两点以与不加点的 ɣ 字母区分开;n 字母左方一般不加点。

下面为"肃州碑"回鹘文部分的拉丁字母转写、汉文译文和简单的注释。由于技术上的原因,也为了存真,在转写方面,不区分 s 和 š;另外,j = y ;y = ï(与 i 对应的后元音);c = č ;gh = ɣ。..为原碑中的标点符号。圆括号内的文字为依文意补加上的。……表示残缺字母数不明。/ 或///表示应缺 1 个或 3 个字母。圆括号内的问号表示前面的字转写或译文无把握。

拉丁字母转写

I

（1）kür(？) ulusda（？）ärtingü(？) üc……datmis bujanlygh cinggiz（qaghan）……

（2）ulugh monggol ulusylygh ärdinilig……külüg cinggiz qaghan……

（3）（ülgü）süz öküs süüsi cärigi birlä…… dip…… tangut yirintäki sügcü……

（4）as-a yirtincüdä ärtingü ügä tngri täg umugh(ligh) bujanlygh utsyz külüg……

（5）yig üstünki aghyr bujanlygh cinggiz qaghan qa//ri öz //im bolghay anga tirisip ötünüp……

（6）köngül-ländürü ydmys uzik bitigin bitig(ni) körüp köp cärig birlä öngdün bölüktä sancysty……

（7）//////lärig yandurup süü tägip tangut aghdurup alqyp joqadyryp

285

⋯⋯bodun(？)larygh arydy⋯⋯

（8）umughumuz cinggiz qaghan asa qambu körüp arduq ögirip usaqy adasynyng küc birmisin arduq tarughacy⋯⋯

（9）ayly kökli tngrilärgä oghsady（？）qutlugh bujanlygh adruq iki oghlanlary törüdi b(ä)l(gür)di. . tarughacy⋯⋯

（10）yalynlygh coghlugh yirtincü idizi säcän qaghan qanymyz ykän durt(？) törü yaragh islärin ködürü tangylady⋯⋯

（11）cyngharyp atyrdlap asa kambu sügcülugh(？)nyng törülüg islärkä. . cauu tay sangun tip sangun bolup arduq⋯⋯

（12）qarygh lam -atorcy bäg sügcütä tarughacy boldy ärsär. . qaraghyn täg ilin ulusyn asyryp jorydy. . ⋯⋯isi kö(dügi)⋯⋯

（13）köp bodungha asyghyn tususyn tägürdi arasynta. . ködürüp bäglig orun asa⋯⋯p⋯⋯

（14）ikinti qury(？) lam -a torcy bäg tarughacy bolup irdäkitin arduq (？)⋯⋯

（15）künüp(？) ikintisi irgü(？) tiyin bolup ücünc ykünbu(？) iglig bolsar. . tördünc⋯⋯

（16）⋯⋯ üc yil bägläp joryju aqasynyng（？）oghuly tisilbuqa birip⋯⋯

II

（17）özi jmä üc yyl bägläp qut azhunqa barsar（a）ltunlygh älp iki oghlany ügä budashirni⋯⋯törüdi. . bud(ashiri sügcü)tä tarughacy bolup ydmysynda. . bodun⋯⋯

（18）cikindämür sügcütä tarughacy bolmysynda. . ti（n）c qya（？）bu//////laryn ⋯⋯ ydmysynta ilkä köpkä asyghyn tägürüp. . cinggiz qaghannyng⋯⋯

（19）bas////özi qatyghlanyp bäg bolghu ücün. . baqsal（？）kö⋯⋯ taytu balyghqa cyqyp bardy. . incip sügcütin taytu balyghqa yidi birlä⋯⋯. .

（20）j（a）rlygh tägürüp käsig bägingä kitmisindä jasaghul qylypqaghan üksindä öngdün turghurdy（?）.. jasap samghau kisilärig jaqyn（?）……

（21）ol tyltaghyn qosyng käsig bäg bitig täbrätip ubuisining tongpunlyghqa bälgiläp（?）ydsar.. arqa（?）qamugh sing bägitläri birgärü bolup……

（22）umughumuz qaghan qannyng j（a）lyghy üzä ubuisita tongpun bolup ydmysynda.. oncy - a（?）jaruq（?）baslap ol jamuntaqy süü cärig birliklärig（?）……is küc birip……

（23）qamcu singta cangsi langcung bolz -un tip qaghan qanymyznyng isi（?）täg ulughy boldy.. aghalap singta cangsi langcung bolmysynda adyrtlap……bizig……bitgäcilärning……

（24）tapynca köngülcä singning islärin könisincä jorydyp tasdynqy ictinki ilkä ulusqa sygh tusu tägürdi ja.. talajnyng ärkligi qaghan qan isitip bilip tarughacy bo（lup）……

（25）jaghy（?）bolup bosgharu（?）oghrylar kälmistä jasap käntning irsägü bolup jangylaju kätürdi.. törün japa（?）jungcanluutaqy bodunlarygh turghur……

（26）irsal -anyng qatyghyn körüp ol oghrylar.. jaqyn baru umatyn kidin ……laju jadyp……lar jadylyp öngi bolmysynda jandurup bodunlarygh jana……

（27）öngi qylyp törü jasaq bolsarödüg……körmätin jasugh älp barny （?）qyynqatägürdi.. qaghan qanymyznyng tüsümiscä islär……

（28）jungcangluda tarughacy bolup öküs bodunlarqa asyghyn tususyn tägürdi arasynda ötüg……sin saqynyp

（29）……üc……balyghlygh……

（30）……

（31）……boldy……

（32）……bolz -un

汉文译文

I

（1）光荣（？）之国（？）……有福的成吉思可汗……

（2）大蒙古国宝贝的……著名成吉思可汗……

（3）同众多军队（来到）唐古忒地方肃州（时）……

（4）（阿沙……（归顺）世界上最睿智的、像上天一样的主上，有福的、不可战胜的、著名的……

（5）有无上福禄的成吉思可汗……

（6）（之后当）他见到送来的鼓励敕书后，（又）率众多军队在前锋作战……

（7）送回……后消灭了唐古忒，对……人民（？）则未……

（8）我们主上成吉思可汗见到阿沙甘布后十分高兴……以奖赏他先父的功劳……

（9）（阿沙甘布）生有似天神一样的有福的二子。（当他任）达鲁花赤时……

（10）完成了威严的、世界之主薛禅可汗（按：此处指元世祖）……的法制……

（11）（薛禅可汗）嘉奖（其功劳），让阿沙甘布除负责甘肃路政务外，又任其为昭武大将军……（阿沙甘布有二子，长曰哈里哥刺麻朵儿只，次曰……）

（12）哈里哥刺麻朵儿只任肃州路达鲁花赤时，像爱护眼珠一样爱护人民……

（13）为民众谋了许多利益。之间又（让其职务与弟……）

（14）当哈里哥刺麻朵儿只再次任达鲁花赤时比以前更……

（15）（刺麻朵儿只有四子，长曰）贯努普，次曰耳玉，出家为僧，三曰管布，有病，四曰（令只沙）……

（16）（令只沙）任职三年，让其职务与（兄之）子帖信普……

II

（17）（令只沙？）自己任职三年去世时，生有黄金一样的、勇敢的于迦普达实理(和)(善居)二子。普达(实理)在肃州任达鲁花赤时,对人民……(后又让其职务与帖信普之子赤斤帖木儿。)

(18)赤斤帖木儿在肃州任达鲁花赤时,(境内)升平,并为国为群众谋了利益,成吉思可汗的……

(19)(令只沙次子善居?)因自己努力尽职,后(奉召)去大都。当其从肃州路到达大都时……

(20)奉敕到近侍官那里。因护卫有功擢为御前服务。他护卫(可汗)(不)让……人走近……

(21)因此,近侍官上书(可汗)任其为武备寺同判,他与各省官员一起……

(22)当他依我们主上可汗的敕令被任为武备寺同判时……出了力……

(23)(后)又被任甘肃省长史郎中,成为我们可汗的重臣。当他任(甘州)省长史郎中时……

(24)正确处理了省中事务,并为内外民众和国家谋了利益。(今上)可汗听到其事迹后,(又)任他为(永昌路)达鲁花赤……

(25)当……贼人(?)来到时,他进行保卫,重又被擢升为守城官(?)使永昌路人民……

(26)贼人(?)看到(善居)坚决(的态度)不敢走近而散去时……

(27)他依法惩罚了有罪的人。他(完成了)(今上)可汗委任的职务……

(28)他任永昌路达鲁花赤时,为众多百姓谋了利益……

(29)……

(30)……

(31)……

(32)……

简单注释[1]

4 行:第一字似为 asa,与汉文"举立沙"一名不合。但又不是举立沙之子阿沙干布(见碑文 8 和 11 行)之名。

6 行:第五字 bitig 似为衍字。

8 行:第一字 umugh,原意为"希望"(DS,p.611),这里暂译作"主上",下同。

10 行:最后一字 tängilä-(或转写为 tangyla-)意为"奖赏,表彰",不见于其他回鹘文文献。

11 行:第一字 cynghar- 意为"弄清楚"(DS,p.149),与后面词 adyrtla-"区分"一起构成复合词,有"论功行赏"之意。

15 行:此处剌麻朵儿只三子(其第四子名字回鹘文阙如)名字分别为 künüp(?),irgü(?),ykunbu(?),分别相当于汉文部分的贯(?)××,耳玉,管布。

17 行:ügä budashir 当为汉文部分令只沙之长子名字"普达实理"的全名,第一字回鹘文意为"智者",汉文一般译作"于伽"。第二字来自梵文 buddhaśrī,意为"觉吉祥"。令只沙次子名字因此处字迹过于模糊,无法复原(是否为 irsägü?)。汉文部分其名字作善居。

19 行:taytu 当为汉文"大都"(指北京)的译音。

20 行:第三字 käsig(一般应写作 käzik),原意为"行列",即元代蒙古语"怯薛"(护卫)一词之所本。此处与下一字 bäg "官员"一起译作"侍臣"。

第八字 üksindä 当为 üsk(i)"在……之前"一词的语音换位。

第十二字动词 jasa- 此处当为"护卫"之意,比较同行第六字名词 jasaghul"亲兵"和后面第 25 行第六字。

第十三字 samghau,词义不明(按:现代哈萨克语 samghaw 有"自由翱翔"之意)。

---

〔1〕这里一般常见的古代回鹘词语不加注释。注释中所用缩写字 DS 为 Drevnetzurkskiy Slo-var'《古代突厥语词典》,Moskva,1969.

21 行:第三字 qosyn 在现代诸突厥语中意为"军队"(一般写作 qo-
syn 或 qosun)。此处似与下一字 käsig 合在一起表示"近卫军"之意。

22 行:第十四字 jamun 当来自汉语"衙门"。

24 行:第十五、十六两字意为"海王",不知何所本。是否为元顺帝
之另一称号?

25 行:关于第八字 irsäg(ü)一词的理解颇为困难,我曾一度释为
立碑人"善居"的回鹘文名字。经反复考虑后,此字似与古代回鹘语
ärsig(意为"勇士")为同一字,但后面的名词第三人称领属字尾是 ü,而
不是 i,则不好解释。

27 行:第十四字 tüsü-~tüšü-不为现行古代突厥语辞书著录。根据
明代所编《高昌杂字》,此字有"委任"之意(参见该书《通用门》tüsit-一
词的释义)。

附录:"肃州碑"汉文部分[1]

(1)大元肃州路也可达鲁花赤世袭之碑](2)将士郎云南嵩明州
判官段天祥撰](3)圆通慈济禅师肃州在城洪福寺住持定慧明书丹并
篆额](4)大□□,而三光五岳之气分;太明升,而四海六合之土照;大
圣作,而九夷八蛮之人服。此天理之必然,人物之功用也。唯我](5)
皇元,肇基朔漠,乘龙御极,志靖万邦。](6)太祖皇帝,御驾西征,天戈
一挥,五郡之民,披云睹目,靡不臣服。时有唐兀氏举立沙者,肃州阀阅
之家,一方士民咸 皆 感 化,举立沙瞻](7)圣神文武之德,起倾葵向日
之心,率豪杰之士,以城出献,又督义兵,助讨不服,忘身殉国,竟殁锋
镝。](8)太祖皇帝衿其响慕之心,悼其战死之不幸,论功行赏,以其子
阿沙为肃州路世袭也可达鲁花赤,以旌其父之功。](9)宪宗皇帝赐以
虎符。](10)世祖皇帝愈加宠赉,升昭武大将军,迁甘肃等处宣慰使。

---

[1]文中阿拉伯数字表示行数;]表示一行结束,其后下一行开始;□表示缺文,其中有字者
系依文意补入。

阿沙二男,长曰 刺 麻 朵 儿 只,次曰 管 固 儿 加 哥。刺麻朵儿只先授奉训大夫、甘州路治中,又升奉仪](11)大夫,肃州路达鲁花赤。莅政一考,思义让之心,逊其职与弟 管 固 儿 加 哥,管 固 儿 加 哥 仕事四载,复将前职归于其兄,受奉政大夫,依旧袭职,刺麻朵儿](12)只四子,长曰□□□,次曰耳玉,又次曰管布,季曰令只沙。□□□□□□□□□之职,授宣武将军,治郡三载,又慕其祖祢忠义之绩,思同 家](13)之和,以其职让与弟令只沙,受宣武将军。令只沙公平正大,名 满](14)朝廷,又升怀远大将军,甫视事间,又让其职与兄之子帖信普。不期 年,□□□□□□□□□□□□□命议,令只沙在职,莅政无私,最有声绩,备咨于](15)朝,复膺前职,受亚中大夫。在任四载,以其长男普达实理尚在髫龊,让 其 职 与 帖 信 普 之 子 定者帖木儿。定者帖木儿又逊与其叔父普达实理。普达实理](16)又让与帖信普之次赤斤帖木儿,受宣武将军,见居其职。其□□□□□□□□思□孝,非英雄豪杰之士,有大人君子之量,能如是哉!又令只](17)沙之次子善居,因其伯父管布无子,以善居为嗣,其人才德出众,德□□□□□……](18)主上□以近侍,授宣武将军,任武备寺同判。后除甘省郎中,授中宪大夫,翌赞□□□□□□迁永昌路达鲁花赤,牧民以仁惠之道,守己以正直之心,公事](19)细微必察,私意纤毫不行,民怀其德,吏服其廉,解组而归,以酬孝道,□□□□□□□其先祖之功,命工刻石,以记其事。予□蜀□□□□甘泉一](20)日□□□不复已,不揆鄙陋,奉之铭曰:](21)□□](22)太祖,驾御六龙,亲讨西夏,圣武威雄。因公献□,□风□□。□以世袭,用酬其功。子孙相继,奕叶兴隆。让□□□](23)□□以中。黔黎怀惠,政令乐从。齐家克孝,为国尽忠,子孙善居,念其祖宗。刻铭示后,休哉无穷。](24)至 正 二 十 一 年 岁次辛丑□……]

25 回鹘文《大白莲社经》残卷研究

现在只有少数回鹘文文献存留于世,所以任何回鹘文文献(即使是残卷)的发现都对突厥语文学,特别是对维吾尔语文学的研究具有重要意义,都是十分珍贵的材料。

回鹘文《大白莲社经》残卷于 20 世纪 30 年代前后在吐鲁番地区出土,后被人分割卖给法国、土耳其等国。其中若干叶为北京收藏。存于土耳其安卡拉民族学博物馆(Etnografya Muzesi, Ankara)的 5 叶(10 面),1984 年为 A. Temir, K. Kudara, K. Roehrborn 合作研究刊布[1]。另 5 叶(10 面)存于土耳其已故著名突厥学教授 R. Arat 的遗稿中,后由 O. Sertkaya, K. Roehrborn 刊布[2]。另有重要的一部分藏于法国国家图书馆(Bibliotheque Nationale),详情不得而知。北京收藏的这一部分来源不清楚,估计可能是 20 世纪 30 年代参加中国—瑞典西北考察团的中方成员购自吐鲁番。写本为小型梵箧式样,但无穿绳用的孔眼及其周围的圆圈,大小约为 27cm × 21.5cm。每面写 10 或 11 行。纸质细薄,呈黄褐色。上下天地画有红色线。文中阿弥陀佛等佛的名字通常用红笔书写。

写本为残卷。根据存有叶码(用回鹘字写在背面的左侧)的残叶来判断,它似为一多达 4 卷的佛经。在中国的这 2 叶属第 3 卷。

根据写本的语言特点,我认为该书成书或译成回鹘文在 10—11 世纪。但根据其字体和正字法特点,此写本则属于较后的 13—14 世纪。因写本所用的字体为蒙古时代使用的字体,不区分字母 q 和 gh, s 和 sh, 时有字母 t 和 d, s 和 z 混淆使用的情况。这些特点为元代(1279—

---

[1]A. Temir, K. Kudara, K. Roehrborn: "Die alttuerkischen Abitaki-Fragmente des Etnografya Muzesi"(《安卡拉民族学博物馆所藏回鹘文阿弥陀经残卷》), Ankara, *Turcica*, t. xvi, 1984.

[2]O. Sertkaya, K. Roehrborn: "Bruchstuecke der alttuerkischen Amitabha-Literatur aus Istanbul"(《伊斯坦布尔所藏阿弥陀经残卷》), UAJb, Bd. 4, 1984.

1368 年)回鹘文文献所特有。

在某些叶的背面左方,用回鹘小字写有 abitaki 几卷几叶的字样。Abitaki 应为汉文"阿弥陀经"的回鹘文拼音。经过与汉文《阿弥陀经》(由著名龟兹人鸠摩罗什于 4 世纪译成汉文,以下简称《阿经》)对照后,证明此书与《阿弥陀经》无关。另外,《阿经》仅有 1 卷,而此书则有 4 卷之多。所以它不是《阿经》的译本,而是内容属于阿弥陀佛崇拜的另一著作。Abitaki 一名此处仅用做书名代号。

1983 年我访问敦煌时,曾在敦煌艺术研究所看到一小片回鹘文残片,左方除用回鹘文写有小字 abitaki 外,旁边尚用红墨写有 5 个汉字"大白莲社经"。所以我认为此书应为《大白莲社经》的回鹘文译本。

我们知道,中国佛教的"莲宗"(白莲社)为生活在 4 世纪的庐山慧远所创立,主张崇拜阿弥陀佛。此派因在寺院的池塘里种植莲花作为象征而得名。此派在中国佛教史上又被称做"净土宗",提倡念唱阿弥陀佛的名字,就可死后生在"西方净土世界",因此而得名。

一些学者认为,大乘佛教中的这一学派及其主要著作是在古代伊朗宗教的影响下形成的。阿弥陀一名来自梵文 Amitābha,意为"无量光"。阿弥陀佛掌管光明的极乐天堂,生前常念唱阿弥陀佛名字的人死后会生在那里。

根据佛教传统,净土宗的 3 部主要著作是:(1)《阿弥陀经》,1 卷,内容是简单描述阿弥陀佛所在的西方极乐净土世界及其功德,并说唱念阿弥陀佛的人死后将生在那里;(2)《无量寿经》,2 卷,为粟特人康僧铠于 3 世纪译成汉文,书中详细讲述了阿弥陀佛如何成道和拯救众生,并增加了 48 愿;(3)《观无量寿经》,1 卷,由和田僧人疆良耶舍于 5 世纪译为汉文,书中提出了以阿弥陀佛及其"乐土"为中心的 16 种观想(回鹘文为 alti ygrmi qolulamaq)。

如上所说,本书无疑属于佛教净土学派的著作。其主要内容是提倡一种最简单易行的成道(死后生在西方极乐世界)方法:观想阿弥陀并称念其名,就能生在西方净土世界(这一内容也反映在这里刊布的 2 叶残文中)。总之,我们可作如下的结论:本书为回鹘人在信仰佛教时期译自汉文净土学派一种已佚的著作,它长达4卷之多。由于是残卷,无著者或译者的名字,也不知成书的确切年代。此书的出土说明,古代新疆塔里木盆地在盛行对弥勒未来佛的崇拜后[1],对阿弥陀佛的崇拜也曾盛极一时。[2]

下面为此书第3卷中2叶(4面)回鹘文的拉丁字母转写、汉文译文和简单的注释。

所用符号如下:

( )表示其中的文字为作者依上下文意补加的;

……表示所缺文字不详;

///表示缺3个字母;

..表示原文中用以表示标点符号的两短划。

拉丁字母转写、汉文译文

Ⅲ,17

正面

89(1)(qo)lunu täginürmn(..)……bulghaly tip

我请求……为了快快得(道)

90(2)yana inchä tip sözlägülük ol(..)mining ämty qayu öritmish

……

你也应这样说:我现在发起的

91(3)bodi köngülüm ärsär alqu qamaq töztin bl-……öngi

菩提心在所有性质上与别人

92(4)ödrülmish ärsär..ulaty ögmäk otun oghush……

的不同。并且赞美的俗域……

93(5)tutuqlantachy tutuqlanghuluq adraqlartyn(..)ymä alqu nom-

将被别人妨碍。还有所有之法

───────────

〔1〕参见收入耿世民论文集《维吾尔古代文献研究》(2003)中的有关回鹘文《弥勒会见记》研究的文章。

〔2〕我认为卡哈尔发表在《文物》(1987年第5期)上的《回鹘文慧远传残卷》也属于此书的一部分,但属于另一较古的抄本。

94(6)lar alqu barca mnsiz. . incä qalty kök qalyq······

　　都是无我的,就像天空

95(7)täng tüz tözlüg ärür(. .) käntü köngül tolu tükäl(yoq)

　　都是同样性质一样。因为心本身

96(8)qurugh tözlüg ücün ilkitin bärü toghmaqsyz······

　　的性质都是空的,所以从开始以来就是无生的······

97(9)q(a)lty alqu qamaq burxanlar bodistwlarning. . .

　　我要向所有佛、

98(10)qutynga köngül öritdilär ärsär mn······

　　菩萨起心(膜拜)那样,

99(11)······burxan qutynga köngül örit-. . .

　　也向······佛起心(膜拜)。

反面

abitaki ücünc yiti ygrm

阿弥陀(经)3(卷)17叶

100(1)mn ämty ayayu aghyrlayu q-······

　　我现在尊敬地(向阿弥陀佛膜拜)。

101(2)yükünü täginürmn ayaghuluq yduq-······

　　为向······叩头膜拜,

102(3)tip muny munculayu bodi köngül öritü tükäd(tüktä)

　　当人们这样发菩提心后,

103(4)incä tip qut kösüsh öritkülük ol(. .)biz. . ./

　　还要这样发愿:

104(5)ölgäli oghramysh ödtä alqu qamaq tytyq(antiraylar-)

　　当我们死亡时,所有障碍

105(6)ymyz qalysyz barca taryqzun kitzün. . tüz baqsh(ymyz)

　　都要完全消除。让我们

106(7)abita tngri burxanygh yüüz yügärü körgäli bolup

　　现在就能见阿弥陀佛,并能生在

107(8)ötrü suxawati tigmä ärtuqraq mängilig il ulushta

极乐世界。

108(9)toghghaly bolalym..biz baryp ol suxawati iltä togha

当我们生在那里后，

109(10)tükädtüktä yüüz yügärü samantabatri bodistw-

愿我们能得到普贤菩萨的

110(11)ning qut qolunmaqynga tükällig（bola）lym alquny

祝愿。

Ⅲ,48

正面

155(1)（a）dyn adayu……ymä abita burxan qut-

称名……并向阿弥陀佛

156(2)ynga tip sözlämish ärür(..)（yana）alty ygrmi qolulamaq

祈福（。）还有,在《十六观经》中

157(3)sudurta sözlämish ol..birök s（ä）n abita burxanygh

说过:如你不能观想阿弥陀佛,

158(4)ögäli saqynghaly umasar s（ä）n timin-ök ol abita burxan-

那就要立刻为称念阿弥陀佛的

159(5)nyng adyn adaghaly tip köngül üzä ömäk saqynmaq

名字,而以心观想（阿弥陀佛）。

160(6)qylghuluq ol..qayu ol köngül üzä ömäk sa（qynmaq）

怎样叫以心观想（阿弥陀佛）?

161(7)tip tisär..q（a）lty abita tngri burxannyng……

那就要清清楚楚地观想阿弥陀佛的

162(8)körkin ät'özin b（ä）giz b（ä）lgülüg ömäk sa（qynghuluq

ol）(..)

面貌和身体。

163(9)anyn taishing waibash shastarta sözlämish（bar）(..)

因此，大乘《毗婆沙论》中说道：

164（10）qayu kishilar burxan qutyn bulghaly（kösüsär）

若有人希望得到佛果，

（165）（11）（abita）tngri burxanygh ömish saqynmish（krgäk）（..）

那人就要观想（阿弥陀）神佛。

反面

abitaki ücünc säkiz älig

阿弥陀（经）3（卷）48 叶

166（1）……til üzä burxanlar adyn ada（sar）……

……以舌称名佛名……

167（2）burxanlarygh ömäk saqynmaq tigli ö-……

应知观想诸佛的（功德？）

168（3）bädük bolur tip bilmish krgäk.. qayular……

是巨大的。

169（4）bädük tip tisär.. angilki til üzä……

若问怎样巨大？首先，以舌……

170（5）adyn adap köngül üzä burxanlarygh（ömämäk）

称名，不以心观想诸佛。

171（6）saqynmamaq（..）ikinti köngülintä öp saqynyp（til üz-）

第二，以心观想，不（以舌）

172（7）ä adyn adamamaq（..）ücünc köngülintä ymä ök

称名（。）第三，以心

173（8）öp saqynyp til üzä adyn adamaq（..）törtünc

观想，又以舌称名。第四，

174（9）köngülintä ymä ömädin saqynmadyn til üzä

不以心观想，又不以舌

175（10）ymä ök adyn adamamaq ärür.. butitir［..］tört bädük

称名。这就是所谓的四大

176（11）（kö）ni momlar.. bu bädük（tört）nomlarta öngdü（n）

正法。这(四)大法中,先是……

简单的注释

一般回鹘语词和佛教术语不加注释。阿拉伯数字表示行数。所用缩写字如下:

DTS:*Drevnetyurkskiy Slovar'*(《古代突厥语词典》),1969

ED: G Clauson, *An Etymological Dictionary of Pre-Thirteenth-Century Turkish*(《13 世纪前突厥语词典》),1972

SH : Soothill,Hodous, *A Dictionary of Chinese Buddhist Terms*(《中国佛教术语字典》),1975

Skr. : Sanskrit(梵文)

Uig. : Uighur(回鹘文)

( )内为笔者补加的文字

[ ]内为应删去的文字

89. tägin-:其动词原意为"达到"。用做助动词时,表示说话人的身份低下,与用助动词 yarliqa-的意义(表示高贵)正好相反。

92. otun/utun : 据 DTS,p.619,此字有"坏,粗劣"之意。这一段因有缺文,句子的意义不太明了。

93. tutuqlan-:意为"限制"。

94. mnsiz : 为汉文"无我"的仿译 = Skr. ana-atman 。

97. bodistw :菩萨 < Skr. Bodhisattva.

102. bodi 汉文为"菩提",梵文为 Bodhi "完全的智慧 "(SH,p. 388b)。

104. tytyq(/tydyq/tydygh) antiray:为汉文 "障碍"的仿译 = Skr. antaraya " hindrance,obstruction"(ED,p.452),第一个词为回鹘文,第二个为梵文。

106. Abitaki: < 中古汉语 Abita/Amita(现代汉语" 阿弥陀") < Skr. Amitabha"无量光",为西方极乐世界(Sukhavati)之佛 。他的另外

一个名字为 Amitayus "无量寿",为大乘佛教净土宗最崇拜的佛之一。

106. yüüz yügä rü：根据上下文这里译作"现在,目前"。

107. suxawati："西方极乐世界" = Skr. Sukhavati。

109. Sanmantabatri："普贤" = Skr. Samantabhadra,其他回鹘文文献有时也写作 Pukin(< 汉语"普贤")。根据佛教传统,他和文殊菩萨一起是佛祖的左右侍者,骑白象。

155. adyn ada-:应读成 atyn ata-,元代回鹘文写经中常把词间词尾的 t 写成 d。

156. alty ygrmi qolulamaq sudur:逐字译为《十六观想经》,即汉文的《观无量寿经》,为佛教净土宗 3 部主要经典之一,由我国和田人疆良叶舍(Kālayaśas)于 424—442 年译成汉文。其内容主要讲述围绕西方净土的阿弥陀佛的 16 种观想。

sudur < Skr. sūtra,意为"经"。

163. taishing: < 大乘(Uig. ulugh kölüngü,Skr. Mahāyāna),为 1 世纪左右在印度和西域形成的佛教学派,其间我国新疆的和田(于阗)对此派的形成起了重要作用。

163. waibash shastar: < Skr. vibhāṣa - śāstra,汉文译为《毗婆沙论》,为迦旃延尼子(Kātyāyanīputra)撰写的大部头哲学著作,为僧迦浮提(saṅghabhūti)于 383 年译为汉文(SH,p. 305)。

词 汇

Abita　阿弥陀	alty ygrmi　十六
Abitaki　阿弥陀经	angilki　首先
ad < at　名字	anyn　因此
ada- < ata-　称名	aya-　尊敬
adraq　不同	älig　五十
aghyrla-　尊敬	ämty　现在
alqu　所有的	är-　是
alty　六	ärtuqraq mängikig il ulush　极乐世界

ät'öz　身体

b(ä)giz　清楚

baqshy　师父

bar　有

bar-　去

barča　所有的

bädük　大

birök　如果

biz　我们

blgülüg　清清楚楚

Bodi　菩提

Bodistw　菩萨

bol-　是，成为

bul-　得到，找到

Burxan　佛

ikinti　第二

Il　国

il ulush　国家

ilki　最初的

ilkitin bärü　起始以来

inčä　这样

käntü　自己

kit-　走开

köngül　心

körk　面貌

kishi　人

kök　蓝

köni　真，正

kör-　看见

kösü-　希望

kösüsh　愿望

krgäk　需要

mängi　快乐

mining　我的

mnsiz　无我

munculayu　这样

nom　法

oghra-　当……时候

oghush　域，界

ol　那个，它是

otun　世俗的

ö-　想

öd　时候

ödrül-　突出，不同

ög-　赞

ök　加强语气词

öl-　死

öngdü(n)　先，前

öngi　不同

örit-　起（心）

ötrü　之后

q(a)lty　正如

qalyq　天空

qalysyz　无余的

qamaq　所有

qayu　哪个

qolun-　乞求

qolula-　思想

·欧·亚·历·史·文·化·文·库·

qut 福

qyl- 做

Samantabatri 普贤

saqyn- 想

säkiz 八

s(ä)n 你

sözlä- 说

sudur 经

Suxawati 极乐世界

taishing 大乘

taryq- 散开

tägin- 表示自谦的助动词

täng tüz 一样的

tängri 上天

ti- 说

tigli 所说的

tigmä 所谓的

til 舌,语言

timin 就是,马上

tngri 上天

titir 即谓

tolu tükäl 全部

togh- 生

toghmaq 生(名词)

törtünc 第四

töz 性质

tutuqlan- 自持

tükäd- 完

tükällig 完整的

tytyq 阻碍

u- 能

ulaty 及

üčün 为了

ücünc 第三

üzä 以,用

waibash shastar 毗婆沙论

yana 还有,又

yduq 神圣的

yiti 七

ymä 也

ygrmi 二十

yoq qurugh 空无

yüüz yügäri 现在

yükün- 礼拜

（原刊于《民族语文》,2003 年 5 期）

26　回鹘文《八十华严》
残经研究(续)[1]

　　《华严经》(梵文作 Buddhāvataṃsaka)全名为《大方广佛华严经》(梵文作 Buddhāvataṃsakamahāvaipulya-sūtra)[2],意为"用诸花装饰之经",是佛典中一部具有重要意义的著作。梵文原文已不全,只有汉文本、藏文本存世。汉文本有 3 译。一为《六十(卷)华严》,为东晋佛驮跋陀罗(Buddhabhadra)于 418—420 年译出;一为《八十(卷)华严》,为唐代新疆和田人实叉难陀(Śikṣānanda)于 695—699 年译出;一为《四十(卷)华严》(前二本最后"入法界品"的单译),为唐代般若(Prajñā)于 795—798 年译出。此经中的一些章品(如十地品)作为单经早在 1、2 世纪时已存在。最后编集成大部头的经书似在 4 世纪,地点当在新疆塔里木盆地南缘的和田地区。[3]

　　《华严经》的思想来自早期佛教的缘起论(pratītyasamutpāda),其中心人物是大日佛,也即毗卢遮那佛(Vairocana),主张世界万物(所谓法界〔dharmadhātu〕)因果关系(所谓缘起)的绝对相对性,宣说一切即一,一即一切,一微尘映世界,一瞬间含永远的思想。

　　回鹘文《华严经》残卷以前已有发现并刊布。1911 年俄国拉德洛夫在题作《观世音菩萨》一书的附录三中发表了"不知名"回鹘文佛经 84 行。[4] 后经日本石滨纯太郎研究知为《四十华严》中的《普贤行愿

---

〔1〕回鹘文《八十华严》残经研究的第一部分发表于《民族语文》1986 年第 3 期,后收入《新疆文史论集》,2001,中央民族大学出版社。这里刊布的第二、三部分原载《世界宗教研究》1986 年第 3 期和《中央民族学院学报》1986 年第 2 期。

　　此经原来的梵文名似应为 Gaṇḍavyuha,回鹘文作 uluɣ bulung yïngaq sayuqï ärtingü king alqïɣ burxanlarnïng linxua čäčäk üzäki itigi yaratïɣï(意为"大方广佛的用莲花做的装饰")。

〔3〕H. Nakamura:*Indian Buddhism*,*A survey with bibliographical notes*,1980,pp. 194 – 197.

〔4〕W. Radloff:*Kuan-si-im Pusar*,1911,pp. 103 – 109.

·欧·亚·历·史·文·化·文·库·

品》残叶。[1] 1953 年日本羽田亨发表《突厥语华严经断简》一文[2]，属《四十华严》第 33 卷的 5 叶半(11 面)。1982 年德国茨木教授发表也属于《四十华严》末尾部分《普贤行愿品》的 12 行跋文。[3] 属于《八十华严》的目前只知有 1983 年日本学者百济康义和小田寿典刊布的 9叶残文，分别属于第 36、38、40 卷。[4] 回鹘文《八十华严》译自汉文。关于《八十华严》回鹘文译本的译者目前尚无材料证明。从回鹘文《四十华严》译者为安藏来看[5]，《八十华严》的译者也可能是他。安藏是元代著名维吾尔学者，北疆别失八里人。

下面刊布的 2 大张 8 面回鹘文木刻本残卷属《八十华严》第 14 卷、第 22 卷。原件现存甘肃省博物馆，编号为 10562。据称出自敦煌千佛洞。高 34.7 厘米，长 45 厘米，为折叠式，每面写 26 行。纸质厚硬，呈黄褐色，四边画有红格线。边上用小字写有 awatansaka üčünč čir ikinti ülüš(华严三帙二册)字样，似为元代刻本。文字属后期回鹘文木刻体，字形上区分 q 与 ɣ,s 与 š。n 字母有时在左方加一点。词尾 z 在字形上像 i(y)。时见元代回鹘文文献中常见的 t 与 d,s 与 z 替换使用的现象。[6]

下面为拉丁字母转写、汉文译文、汉文原文和简单的注释。圆括号内的文字为依文意补加的，…… 表示残缺字母数不明，原标点符号"、、"改为".."。

---

〔1〕石滨纯太郎:《回鹘文普贤行愿品残卷》,载《羽田博士颂寿纪念东洋史论丛》,1950,页63 – 73。

〔2〕《羽田博士史学论文集》,下卷,页 183 – 205。

〔3〕P. Zieme:" Zum uighurischen Samantabhadracaryaprazidhqna", *Studia Turcologica Memoriae A. Bombaci Dicta*,1982,pp.601,603 – 604.

〔4〕《回鹘文译本八十华严残简》,载《佛教文化研究纪要》第 22 辑,页 176 – 205。

〔5〕引文中的 arasang 应改为 antsang。

〔6〕根据残卷旁边的回鹘文小字 awatansaka,虽知为《华严经》,但长时间找不到其相应的汉文部分。后偶读德国学者 I. Warnke 的博士论文《回鹘文慈悲道场忏法研究》(*Eine buddhistische Lehrschrift ueber das Bekennen der Sueden-Fragmente der uighurischen Version des Cibei-daochang -chan-fa*,Berlin,1978),在第 52 页见有回鹘文 onküin bir čir qïlturup bütürtdi(十卷成一帙)的句子,猛然领悟残卷中的"华严二帙四册"当为"第十四卷"之意。后果然在《八十华严》第 14 卷中找到了与其相应的汉文部分。

拉丁字母转写、汉文译文

I A

（1）köni tüzüni tuymaqïɣ bulmïšlarïn körkitürlär azuča ymä birär nomuɣ bil-

（或在某个没有佛的国土中）显示出成正觉者。或在某个

（2）mätäčilärning ulušïnta anta yig soqančïɣ nomluɣ aɣïlïqlarïɣ noml-ayurlar. . bölmäk-

不知法的国土中,在那里讲说妙法藏,

（3）siz adïrmaqsïz iššiz simäksiz bolup bir kšanning ikin arasïnta on bulung

不加区分地未做何事地于一念之间遍及十方,

（4）yïngaqlarta tüzü tolu bolurlar. . qltï ay tngrining y（a）ruqï yašuqï alqu-

如月光普照一切一样,

（5）ta barča tüzü yapa bolmïštäg. . ülgülänčsiz al altaqlar üzä tïnlɣlar-

以无量方便为众生

（6）qa asïɣ tusu qïlurlar. . olar ontïn sïngarqï yirtinčülärtä kšan kšan sayu

带来利益。（又）在十方世界中在每一瞬间

（7）burxan qutïn bulmïšlarïn körkitirlär. . köni nomluɣ tilgänig äwirmišlärin . .

显示出成道者,显示出转正法轮、

（8）nirwanɣa kirmišlärin ulatï šarirlarïn kingürü bölmiš yaṭmïšlarïn kör-

入涅槃及广泛分布舍利骨者。

（9）kitürlär. . azuča ymä sarwaklarning prtikabutlarning yolïn körkitürlär. .

或显示出声闻、独觉之道,

305

(10) azuča burxan qutïn bulup tüzü iḍig[1] yaratïɣ üzä iḍilmišlärin

或显示出成佛后以一切庄严进行了装饰。

(11) körkitürlär. . muntaɣ ačïp yaṭïp üč kölüngü nomuɣ ülgülänčsiz klpö(d)tin tïnlɣ-

这样传布三乘教法,从无量劫中广度众生。

(12) larïɣ kingürü osɣururlar. . azuča ymä körkitürlär urïlarnïng qïzlarnïng ät'öz-

或显示出童男童女之身、

(13) in tngrilärning luularnïng ulatï asurilarnïng ät'özlärin ulatï maxoragi-

天龙和阿修罗之身以及摩睺罗伽等之身,

ⅠB

awaḍansaka ikinti čir törtünč ülüš üč otuz

(华严二帙四册二十三)

(1) ta ulatïlarnïng ät'özin(.) olarnïng säwigläri taplaɣlar iyin barčaɣa

随其所爱,悉另得见。

(2) körkitürlär(,) tïnlɣlarnïng boṭlarï blgüläri öngin öngin birikmäz (.) yorïɣu-

众生身相各不相同,

(3) luq išläri ünläri äksügläri ymä ülgülänčsiz bolur. . muntaɣ alqunï barča

行业、声音也(都)无量。之所以能使这一切

(4) közündürgäli umaqlarï talui tamɣa atlɣ samati dyanning čoɣluɣ yalïn-

都显现出来,(那是)因为有名叫海印的三昧的威严

(5) lïɣ ritilïɣ küči üzä ärür. . sözlägäli bolɣuluqsuz burxanlar ulušïn

---

[1] ḍ 表示应读成 t, ṭ 表示应读成 d。

maḍar-

神力之故。他们严净不可言说的佛之国土，

（6）lar arïturlar (.) alqu qamaɣ ančulayu kälmišlärgä tapïnurlar udunurlar.. učsuz-z

供养一切如来（佛）。

（7）qïṭïɣsïz uluɣ y（a）ruq yaltrïqlarïɣ ïṭurlar.. ymä ök ülgülänčsiz tïnlɣlarïɣ

他们发出无边、巨大的光芒，解救出无限众生。

（8）osɣururlar qutɣarïrlar.. bilgä biligi ärksinmäki saqïnɣuluqsïz sözlägülüksüz

其智慧、自在不可思议，

（9）bolur.. nom nomlamïš sawï sözi tïṭïɣsïz tutuqsuz bolur (.) bušï čɣsapt särinmäk

其说法的词语没有任何障碍。其在布施、斋戒、忍耐、

（10）qatïɣlanmaq ulatï dyan bilgä bilig al altaɣ riti bögülänmäktä ulatï nom-

精进,及禅定、智慧、方便、神通等法

（11）larta muntaɣ alqunï barča ärksinmäkläri buda awatansaka atlɣ samati dyan-

中感到一切都自在,是因名叫佛华严的三昧

（12）nïng küči üzä ärür.. bir pramanuta samati dyanɣa kirip.. alqu pramanu-

之力故。他们在一微尘中入三昧,成就一切微尘定。

（13）lartaqï dyanɣa tükällig bolurlar.. ol oq pramanular ymä ök üklämätin

那微尘也不增加,

II A

（1）birtä älp saqïnɣuluq burxanlar ulušïn tüzü körkitürlär.. ol bir pramanu-

在一粒（微尘）中全现难以思议的佛土。在那一粒微尘

307

(2) nïng ičintäki öküš tälim burxanlar ulušïnta azuča ymä bolur burxanlïɤï

内的众多佛土中,或有佛

(3) azuča ymä bolur burxansïzï azuča ymä bolur kkirliki. . azuča ymä

或无佛,或有污浊

(4) bolur arïɤï süzüki. . azuča ymä bolur kingi uluɤï azuča ymä bolur tarï

或洁净,或广大或狭小,

(5) kičigi. . azuča ymä bolur iḍilüri azuča ymä bolur arḍayurï. . azuča

或制成或破坏,

(6) ymä bolur köni turḍačïsï. . azuča ymä bolur arquru turtačïsï. . azu ča ymä

或有正住者或有傍住者,

(7) qltï öng körtüktäki quyaš ödtäki sarïɤ täg bolur. . azuča ymä qltï

或像旷野炎热时之火焰,

(8) tngri yirintäki xormuzta tngrining toorïntäg bolur. . nätäg ärsär. . bir

或如天上帝释之网。

(9) pramanuta körkitmiš közünturmiši. . alqu pramanularta barčata ymä

什么是在一粒微尘中所显现的,也就是在一切微尘中

(10) antaɤ oq bolur. . bu uluɤ atlïɤ küülig alqu ïduq äränlär samati dyan os-

所显现的。这些有名的诸圣人都具有三昧解脱之

(11) maq qutrulmaq riti bögülänmäklig küčlüglär(.) birtä alqu burx- anlarga tapïn-

神通力。若要供养一切佛,

(12) ɤalï udunɤalï kösäsärlär samati dyanɤa kirip riti riti küükäligig turɤurup

那就入三昧起神变,能以一手

(13) bir iligin üč mïng uluɣ mïng yirtinčütä tüzü tolu qïlïp tüzü

遍及三千大千世界。

II B

awatansaka ikinti čir törtünč ülüš tört otuz

（华严二帙四册二十四）

(1) yapa alqu ančulayu kälmišlärgä tapïnɣalï uṭunɣalï uyurlar. . ontïn sïngar-

普遍供养一切诸如来。十方所有

(2) qï qayu barïnča yig soqančïɣ xualarïɣ türtägü yïṭlarïɣ usatmïs

最美妙的花、涂香、

(3) yïṭlarïɣ. . satïqsïz ärdinilärig. . munï munčulayu alqunï barča ilig-

末香等无价之宝都这样从其手中

(4) lärintin öntürüp bodi sögüt artunïntaqï alqu baštïng yig

出，供养菩提树中最

(5) ayaɣuluqlarɣa tapinurlar udunurlar. . satïɣsïz ärdinilig tonlarïɣ

受尊敬者。无价宝衣、

(6) äsringü soɣančïɣ yïṭlarïɣ ärdinilig tuuɣlarïɣ. . kušatrilarïɣ. . silip-

各种妙香、宝旗、幡、盖、

(7) larïɣ. . alqu barča iḍiglig körklärig. . čin altun üzäki xua-

所有装饰物、真金做成之花、

(8) larïɣ. . ärdini üzäki käriglärig. . alqunï barča qalïsïz aya-larïntin

珠宝做成之帐，都无遗漏地从其手心中降落。

(9) yaɣïtular. . ontïn sïngarqï qayn barïnča alqu yig soɣančïɣ ädlärig. .

十方所有诸妙物

(10) üzäliksiz ayaɣuluqqa ayaɣalï ančulaɣlï tägimligig. . ayalarïntïn

（和）应该奉献给无上尊者的东西，也都

(11) barča bir qalïsïz yaɣïtïp bodi sögüt öngdünintä tutup burxanlarga tapïn-

309

无遗漏地从其手心落下，拿在（手中）在菩提树前

（12）urlar udunurlar.. ontïn sïngarqï alqu qamaɣ oyun bäṭizlärig.. čang köwrük

供养诸佛。（还有）十方诸伎乐、钟、鼓、

（13）kkim.. qongqawlarïɣ.. bir arïslïɣ ärmäzig..barčanï äṭiz ḍüktä säwiglig

琴、箜篌（等）非一类（乐器）演奏悦耳的……

汉文原文

（《八十华严》第 14 卷《贤首品》第十二之一，据频伽精舍本天一第 60 叶反面）[1]

于彼示现成正觉　或有国土不知法　于彼为说妙法藏　无有分别无功用　于一念顷遍十方　如月光影靡不周　无量方便化群生　于彼十方世界中　念念示现成佛道　转正法轮入寂灭　乃至舍利光分布　或现声闻独觉道　或现成佛普庄严　如是开阐三乘教　广度众生无量劫　或现童男童女形　天龙以及阿修罗　乃至摩睺罗伽等　随其所乐悉令见　众生形相各不同　行业音声亦无量　如是一切皆能现　海印三昧威神力　严净不可思议刹　供养一切诸如来　放大光明无有边　度脱众生亦无限　智慧自在不思议　说法言辞无有碍　施戒忍进及禅定　智慧方便神通等　如是一切皆自在　以佛华严三昧力　一微尘中入三昧　成就一切微尘定　而彼微尘亦不增　于一普现难思刹　彼一尘内众多刹　或有佛或无佛　或有杂染或清净　或有广大或狭小　或复有成或有坏　或有正住或旁住　或如旷野热时焰　或如天上因陀网　如一尘中所示现　一切微尘悉亦然　此大名称诸圣人　三昧解脱神通力　若欲供养一切佛　入于三昧起神变　能以一手遍三千　普供一切诸如来　十方所有胜妙华　涂香

---

〔1〕此段汉文原文前讲：尔时文殊师利菩萨说无浊乱清净行大功德已，欲显示菩提心功德故，以偈问贤首菩萨曰：我今已为诸菩萨，说佛往修清净行，仁亦当于此会中，演畅修行胜功德。尔时贤首菩萨已偈答曰：……

末香无价宝　如是皆从手中出　供养道树诸最胜　无价宝衣杂妙香　宝幢幡盖皆严好　真金为华宝为帐　莫不皆从掌中雨　十方所有诸妙物　应该奉献无上尊　掌中悉雨无不备　菩提树前持供佛　十方一切诸妓乐　钟鼓琴瑟非一类　悉奏和雅妙音声

ⅢA

（1）yana tngi tngrisi burxanta artuq yig üstünki köngülüg öritip sansïz saqïšsïz adruq adruq

……又对天中天佛起增上心,持无数各

（2）önglüg（tngridäm）ärdinilig aɣï barïmlarïɣ tutup yorïɣuluq yolïnta yaṭïp tüldäp ančulayu kälmiškä tapïɣ

色（天）宝,敷扑在其要走的路上,供奉如来（佛）。

（3）uduɣ qïltïlar..yana tngri tngrisi burxanta arïɣ süzük köngülüg öritip sansïz saqïšsïz

又对天中天佛起清净心,持无数

（4）adruq adruq önglüg tngridäm ärdinilig tuuɣlarïɣ tutup ančulayu kälmiškä arn（a）yu aɣïrlayu utru bartï-

种种色天宝旗,尊敬地迎接如来（佛）。

（5）lar..yana tngri tngrisi burxanta artuq yig üstünki ögrünč säwinčlig kögülüg tuɣurup sansïz

又对天中天佛生增上欢喜心,持无数

（6）saqïšsïz adruq adruq önglüg tngridäm itig yaratïɣlïɣ yiwiklärig tutup kirtütin kälmiškä tapïɣ

种种色天庄严资具,供奉如来。

（7）uduɣ qïltïlar..yana tngri tngrisi burxanta artančsïz kirtgünč köngülüg tuɣurup sansïz saqïš（sïz）

又对天中天佛生不坏信心,持无数

（8）adruq adruq önglüg tngridäm ärdinilig psaklarïɣ tutup kirtütin kälmiškä tapïɣ uduɣ qïltïlar..

种种色天宝鬘,供奉如来。

311

(9) yana tngri tngrisi burxanta oɣšatɣuluqsuz ögrünč säwinč köngülüg tuɣurup sansïz saqïššïz

又对天中天佛生无比欢喜心，持无数

(10) adruq adruq önglüg tngridäm ärdinilig pralarïɣ tutup kirtütin kälmiškä tapïɣ uduɣ qïltïlar. .

种种色天宝幡，供奉如来。

(11) yüz mïng kolti nayut asnaki sanïnča alqu tngri urïlarï turulmïš yawalmïš öčmiš amrïmïš usal-

百千亿那由他阿僧祇数一切天子以温顺、寂静

(12) sïz sïmtaqsïz köngülläri üzä sansïz saqïššïz adruq adruq önglüg tngridäm oyunlarïɣ tutup yig

（和）无放逸之心，持无数种种色天乐，

(13) soɣančïɣ ün yangqularïɣ öntürüp kirtütin kälmiškä tapïɣ uduɣ qïltïlar. . yüz mïng kolti-i

奏出十分美妙的声音，供奉如来。百千亿

ⅢB

awatansaka üčünč čir ikinti ülüš säkiz ygrmi

（华严三帙二册十八）

（1）nayut sanïnča sözlägäli bolmaɣuluq ašnutïn bärü tužit orduta turḍa čï alqu bodiswtlar

那由他数不可说的、先前以来住在兜率天宫中的诸

（2）quwraɣï üč oɣušlartïn ärmiš ašmïš nomtïn tuɣmïš（.）alqu nizwanilïɣ yorïqlartïn öngi

菩萨众，以超过三界法所生的、离诸烦恼行所生的、

（3）ötrülmäktin tuɣmïš（.）tïtïɣsïz tuḍuqsuz tüzü yapa bolmaqlïɣ köngültin tuɣmïš（.）ärtingü täring

无碍全心所生的、甚深方便法所生的、

（4）al altaɣlïɣ nomtïn tuɣmïš（.）ülgülänčsiz king uluɣ bilgä biligtin tuɣmïš（.）bk yrp arïɣ süz-

无量广大智所生的、因坚固清净

（5）ük kirtgünč üzä üklägülük asïrɣuluq bolmïš（.）saqïnɣuluqsuz
sözlägülüksüz ädgü yïltïzlartïn

信所增长的、不可思议善根

（6）önmiš tuɣmïš（.）asanki sanïnča usanmaq tägšürmäk blgürtmäk
üzä tükällig bolmïš（.）burxanlarɣa

所生的、阿僧祇数善巧变化所成就的、供奉诸佛之心

（7）tapïnmaq udunmaqlïɣ köngültin blgülüg bolmïš（.）išsiz aimäksiz
nom qapïɣlarï üzä

所出现的、为无作法门

（8）tamɣalaɣuluq bolmïš（.）alqu tngrilärningintin önmiš ärtmiš alqu
tapïɣ uduɣ yiswikläri üzä

所印证的、超过一切诸天的所有供奉资具，

（9）tngri tngrisi burxanɣa tapïɣ uduɣ qïltïlar..paramitlartïn tuɣmïš
alqu ärdinilig silip-

供奉天中天佛。（再者以）从波罗蜜所生的一切宝盖、

（10）lar（.）alqu burxanlarnïng adqanɣu oɣušïntaqï arïɣ süzük
uqmaqtïn tuɣmïš alqu xualïɣ

从一切佛境界清净理解所生的一切华帐、

（11）käriglär（.）tuɣmaqsïz nom taplaɣtïn tuɣmïš alqu aɣï barïmlar..
wzir nomɣa kigürdäči

从无生法喜所生的一切财宝、入金刚法

（12）tïṭïqsïz tuḍuqsuz köngültin tuɣmïš alqu qongraɣuluɣ toorlar..
alqu nomlarïɣ yilwigä

无碍心所生的一切铃网、把一切法理解为幻景之心

（13）oɣšatï uqmïš köngültin tuɣmïš alqu bk yrp yïḍlar..alqu
burxanlarnïng adqanɣu oɣuš

所生的一切坚固香、遍布称为一切佛境界

313

ⅣA

（1）tigmä ančulayu kälmišlärning orunïnta tuzü yapa bolmaqlïɤ köngültin tuɤmïš alqu

如来处之心所生的一切

（2）burxanlarnïng qamaɤ ärdinilig soɤančïɤ orunlarï（.）burxanlarɤa ärinmäksiz ärmägürmäksiz tqpïnmaq

佛所有妙位、从不懈怠

（3）udunmaqlïɤ köngültin tuɤmïš alqu ärdinilig tuuɤlar.. alqu nomlarïɤ tülgä oɤšatïuqmïš

供奉佛之心所生的一切宝旗、从把一切法理解为梦幻

（4）ögrünč säwinčlig köngültin tuɤmïš burxanlarnïng ärgülük turɤuluq[1] alqu ärdinilig ordu

之欢喜心所生的佛住一切宝宫殿、

（5）qaršïlar（.）yapšinmaqsïz ädgü yïltïztïn tuɤmïš tuɤmaqsïz ädgü yïltïztïn tuɤmïš alqu

从无着善根所生（及）无生善根所生一切

（6）ärdinilig linxualïɤ bulïtlar.. alqu bk yrp yïdlïɤ bulïtlar.. alqu učsuz qïdïɤsïz

宝莲花云、一切坚固香云、一切无边

（7）önglüg xualïɤ bulïtlar.. alqu adruq adruq önglüg yig soɤančïɤ aɤï barïmlïɤ bulïtlar.. alqu

色华云、一切种种色妙宝云、一切

（8）učsïz qïṭïɤsïz arïɤ süzük čintan yïdlïɤ bulïtlar.. alqu yig soɤančïg itiglig yaratïɤ-

无边清净旃檀香云、一切妙庄严

（9）lïɤ ärdini sïlïplïɤ bulïtlar.. alqu küyürgü yïdlïɤ bulïtlar.. alqu soɤančïɤ psaklïɤ bulït-

---

〔1〕原文写作 turɤuluqï。

宝盖云、一切烧香云、一切妙鬘云、

（10）lar. . alqu arïɣ süzük itig yaratïɣ yiwiklig bulïtlar. . bu munča itig yaratïɣlar barča

一切清净庄严资具云,这些庄严

（11）tolp nom oɣušïnta tüzü yapa boltïlar(.) bu munïtäg osuɣluɣ alqu tngrilärningintä

都遍布一切法界。他们就这样以超过诸天的

（12）önmiš ärtmiš tapïɣ yiwikläri üzä tngri tngrisi burxanɣa tapïɣ uduɣ qïltïlar(.)

供奉资具供奉天中天佛。

（13）alqu bodiswtlarnïng birining birining ät＇özlärintin öngin öngin sözlägäli

从诸菩萨每一身体生出种种不可言说的

ⅣB

awatansaka üčünč čir ikinti ülüš toquz ygrmi

（华严三帙二册十九）

（1）bolmaɣuluq yüz mïng kolti nayut sanïnča bodiswtlar önüp blgüläp nom oɣušïnta kök

百千亿那由他数菩萨,像充满法界

（2）qalïɣ oɣušïnta barčata tïqmïš täg tolp boltïlar. . olarnïng köngülläri üč ödki

虚空界那样多。他们的心等于三时

（3）burxanlarnïng i birlä t(ä)ngikmišlär(.) tätrülmäksiz nomtïn tuɣmïšlar(.) ülgülänčsiz

诸佛之心,从无颠倒之法所产生,为无量

（4）ančulayu kälmišlärning küčläri üzä adištit qïlïlmïšlar (.) tïnlɣlarɣa inčgülüg

如来之力所加护,向众生开示

（5）äsängülüg yoluɣ ačḍačï körkitḍäčilär(.) sözlägäli bolmaɣuluq aḍ

315

winičan padar-

安稳之道,具足不可言说名味之句?

(6) ɣa tükälliglär.. ülgülänčsiz nomlarta tüzügä kirmišlär.. alqu drni tigmä

普入无量法,从一切陀罗尼

(7) tuḍruɣ nomluɣ b/kišar uruɣtïn tuɣmïšlar.. alqïnčsïz tükädinčsiz tïlangurmaq ädrämlärning

种子中生无穷尽辩才之宝藏,

(8) aɣïlïɣï bolmɣïšlar.. qorqïnčsïz köngüllüglär uluɣ ogrunč säwinč köngülüg turɣurup

心无畏惧,生大欢喜心,以不可言传的无量无尽

(9) sözlägäli bolmaɣuluq ülgülänčsiz alqïnčsïz tükädinčsiz činkirtü ögdi ästäp tigli

的真实赞叹来

(10) nomlar üzä qanïnčsïz toṭumsuzïn kirtütin kälmišig ögdilär külätilär(.)

不知满足地赞美如来。

(11) anta ötrü alqu tngrilär ulatï alqu bodiswtlar quwraɣï körtila r..kirtü-

之后一切诸天及诸菩萨众看见

(12) tin kälmiš ayaɣqa tägimlig köni tüzüni tuymïšnïng saqïnɣalï sözlägäli

如来尊者正等觉不可思议

(13) bolɣuluqsuz yalnguqlarnïng arasïnta titimligning anïng ät'özi ülgülänčsiz

人中之英雄,其身无量

汉文原文

(《八十华严》卷22第23品,频伽精舍本天二第6叶反面第3行

起,《大正藏》卷10,页118上栏9行起)

　　……又于佛所　起增上心　持无数种种色天宝衣　敷布道路
供养如来　又于佛所　起清净心　持无数种种色天宝幢　奉迎如来
　又于佛所　起增上欢喜心　持无数种种色天庄严具　供养如来
又于佛所生不坏心　持无数天宝鬘　供养如来　又于佛所　生无比
欢喜心　持无数种种天宝幡　供养如来　百千亿那由他阿僧祇诸天
子　以调顺寂静　无放逸心　持无数种种色天天乐　出妙音声　供
养如来　百千亿那由他不可说　先住兜率宫　诸菩萨　以从超过三
界法所生　离诸烦恼行所生　周遍无碍心所生　甚深方便所生　无
量广大智所生　坚固净信所增长　不思议善根所生起　阿僧祇善巧
变化所成就　供养佛心之所现　无作法门之所印　出过诸天　诸供
养具　供养于佛　以从波罗蜜所生一切宝盖　于一切佛境界　清净
解所生　一切华帐　无生法忍所生一切衣　入金刚法　无碍心所生
　一切铃网　解一切法　如幻心所生　一切坚固香　周边一切佛境
界　如来座心所生　一切佛宝妙座　供养佛不懈心所生　一切宝幢
　解诸法如梦　欢喜心所生　佛所住一切宝宫殿　无着善根　无生
善根所生　一切宝莲华云　一切坚固香云　一切无边色华云　一切
种种色妙衣云　一切无边清净旃檀香云　一切妙庄严宝盖云　一切
烧香云　一切妙鬘云　一切清净庄严具云　皆遍法界　出过诸天供
养之具　供养于佛　其诸菩萨一一身　各出不可说百千亿那由他菩
萨　皆充满法界虚空界　其心等于三世诸佛　以从无颠倒法所起
去量如来力所加　开示众生安稳之道　具足不可说名味句　普入无
量法　一切陀罗尼种中　生不可穷尽辩才之藏　心无所畏　生大欢
喜　以不可说无量无尽如实赞叹法赞叹如来　无有厌足　尔时一切
诸天及诸菩萨众　见于如来应正等觉不可思议人中之雄　其身无量
(不可称数现不思议种种神变　令无数终生心大欢喜……)

简单注释[1]

Ⅰ A

1. köni tüzüni tuynaq：为"正等觉"的回鹘文译文。

2. azuča：此处意为"或者"。

yig soγančïγ：相当于汉文中的"妙"。

3. išsiz simäksiz：此词不见于其他回鹘文文献。其意义相当于汉文中的"无功用"。根据此经的另一残文（卷22，Ⅲ B，7行），作 išsiz sïmaqsïz，则相当于汉文中的"无作"。现依后者翻译。

kšan：来自梵文 kṣaṇa"瞬间"。

4. tüzü tolu bol-：意为"遍及"，与下一行的 tüzü yapa bol-同义。

5. al altaq：意为"方便"，佛教用语，梵文作 upāya 。

6. asïγ tusu：意为"谋利益"。

7. burxan qutïn bul-：意为"成佛"、"成道"。

8. šarir：意为"舍利"（骨），来自梵文 śarīra 。

yat-：正规形式应为 yad-"分布"。

9. sarwak：意为"声闻"，来自梵文 śrāvaka 。

pratikabut：意为"独觉"，来自梵文 pratyeka-buddha 。

11. kölüngü：意为"车子"、"乘"，相当于梵文 yāna 。三乘意指"声闻"、"独觉"、"菩萨"。

klp：意为"劫"，来自梵文 kalpa 。

13. asuri：汉译"阿修罗"，来自梵文 asura 。

maxoragi：汉译"摩睺罗伽"，来自梵文 Mahoraga 。

Ⅰ B

1. . . .ta ulatïlarnïng. . .：注意此处用连接词 ulatï 加复数字尾表示"等等"的用法。

2. bot：正规形式为 bod，与后一词 blgü 一起表示汉文中"形相"

---

〔1〕一般回鹘语词及常见佛教术语不加注释。注释前的罗马数字表示页数（A 为正面，B 为反面），阿拉伯数字表示行数。

之意。

3．yorïɣuluq iš：相当于汉文中的"行业"一语。

ün äksüg/ägsük：相当于汉文中的"音声"一语。

4．talui tamɣa atlɣ samati dyan：佛教术语，译作"海印三昧"或"海印定"，喻佛的三昧（定）有如海洋，深远无比，梵文作 sāgara -mudrā -samādhi 。samati 来自梵文 samādhi"三昧"。dyan 来自梵文 dhyāna 。

5．ritiliɣ küč：意为"神力"。riti 来自梵文 ṛddhi"神力"。

mad-/mada-：正规形式应为 mat-/mata-。此字不见于其他回鹘文文献。根据汉文原文，当为"严"之意。

7．ït-：正规形式当为 ïd-"放（光）"。

10．bögülänmäk：意为"神通"，与前一词 riti 构成复合词。

12．pramanu：来自梵文 paramāṇu"微尘"。

ⅡA

5．idilür：正规形式当为 itilür，为动词 it-"做"的被动态动名词形式。

7．öng körtük：依汉文为"旷野"之意。

sarïɣ/sarïq：依汉文为"火焰"之意。此处似有"海市蜃楼"之意。

11．birtä：此处具有"假若"之意。

12．riti küügälig：应相当于汉文的"神变"。

ⅡB

2．yït 应作 yïd，与前一字一起表示"涂香"之意。

4．artun：此字不见于其他回鹘文文献。依汉文当与前一词一起构成复合词，表示"树木"之意。

baštïng yig：意为"最"。

6．silip：此字来源不明，依汉文当为"盖"之意。来自梵文 śilpa"艺术品"？

10．aya-ancula-：复合动词，意为"奉献"。

12．oyun bätiz：依汉文为"伎乐"之意。

13．kkim：来自汉文"琴"。

319

aris：依汉文当为"类"之意。

ätis-：正规形式应作 ätiz-"演奏（音乐）"。

ⅢA

1－2：此处回鹘文译文与汉文原文不尽相符。第 2 行中的 tngridäm，根据下文补加。

4．arna-aɣïrla-复合动词，相当于汉文"奉"字。

utru bar-：意为"迎接"。字面意思"迎面走去"。

8．psa：来自粟特语 p'k"花环"。

9．pra：来自梵文 pṛ？

11．kolti：意为"亿"，来自梵文 koṭī。

nayut：意为"最大数目"，汉文译作"那由他"，来自梵文 nayuta。

asanki：意为"无数"，汉文译作"阿僧祇"，来自梵文 asaṃkhyeya。

tolur-yawal-：依汉文当为"调顺"之意。

usalsïz sïmtaqsïz：相当于汉文的"无放逸"。

ⅢB

1．tužit：汉文作"兜率天"，来自梵文 tuṣita。

2．üč oɣuš：汉文译作"三界"，梵文作 trilokya，指欲界、色界、无色界。

nizwani：来自粟特文 nyzβ'n。

3．öngi ötrül-：意为"离开"。

4．bk yrp：意为"坚固"。

6．usmaq：正规形式应为 uzmaq"善巧"。

tägšürmäk：此字古意为"变"，与后一词一起表示"变化"之意。

7．iššiz sïmaqsïz：汉文译作"无作"，是否来自名词 iš"事情"和动名词 sïmaq"破坏"，后加否定附加字？

nom qapïɣï：汉文译作"法门"，意指通过习修佛法而得佛果之门户。

9．从ⅢB 第 2 行"菩萨众"直到此行复合动词"供奉"为止是一句话，主语"菩萨众"，谓语"供奉"，余为修饰语，修饰"供养资具"。

paramit：汉文译作"波罗蜜多"，来自梵文 pāramitā,意为"到达彼岸"。

silip：汉文作"盖"，来自梵文 śilpa"装饰"？

10．adqanɣu oɣuš：正规形式应为 atqanɣu oɣuš,汉文译作"境界"。

11．wzir：来自梵文 vajra"金刚"。

12．yilwi：此处相当于汉文的"幻"。

ⅣA

2．ärinmäksiz ärgürmäksiz：依据汉文当为"不懈怠"之意。

11．回鹘文译文从ⅢB第9行末尾的"宝盖"直到ⅣA第10行中的"庄严资具云"为此长句的主语，共17个,谓语为"遍布一切法"。

ⅣB

3．i：此处当为代替被修饰语"三世诸佛之心"的符号。这种用法不见于其他回鹘文文献。

4．adistit：通过古代焉耆语 adhiṣti 来自梵文 adhiṣṭhita"加护"，后加助动词构成动词。

5．w(y)aničan：相当于汉文中的"味"字,也译作"文"字,来自梵文 vyañjana。

padar：意为"句子"，似来自梵文 pada。

7．tudruɣ：正规形式当为 tutruɣ, 当为"陀罗尼"一词的回鹘语译名。

b/kišar：此字第二个字母不清楚,似为外来语借词。

tïlangurmaq ädräm：意为"辩才"。

9．ästäp：意为"赞"，当来自梵文 stava。

13．titimlig：意为"坚忍的"（*Drevnetyurskiy Slovar'*〔《古代突厥语词典》〕,p. 556）。

27　扬州景教碑研究[1]

27.1　景教在突厥人中的传播

中亚和东亚出土的基督教碑文是研究 9—14 世纪景教[2]在亚洲传播的重要史料。早在 19 世纪末俄国赫沃勒森就刊布过中亚七河地区(Semireche,地在今哈萨克斯坦巴勒哈什湖以南)出土的许多叙利亚语景教碑文。[3] 俄国著名突厥学家拉德洛夫研究刊布了出自同一地区的用叙利亚字母、古代突厥语写成的一些景教碑文。这表明该地区出土的较早碑文是用叙利亚语写成的,之后才较多用突厥语写成。这些碑文为我们了解景教在亚洲 500 多年的传播历史提供了材料。随着时间的推移,又有新的材料的发现。[4] 一些七河一带出土的墓碑也入藏于西方国家的博物馆并被刊布过。[5] 俄国在 20 世纪关于这些碑文的研究工作也在西方的刊物中刊布过。[6]

在我国新疆,在伊犁地区的古代景教中心阿里马力附近也出土了

---

〔1〕此文德文原文题作"Eine neue nestorianische Grabinschrift aus China",发表在德国《乌拉尔—阿尔泰学年鉴》(Ural-Altaische Jahrbücher)1996 年卷 14 中,署名耿世民,H. -J. Klimkeit, P. Laut。大约在 20 世纪 80 年代末,中国社会科学院民族研究所的昭那斯图教授把此碑拓片的复制件交我研究。我因当时不识古代叙利亚字母,所以也不知碑文是用古代叙利亚语抑或古代突厥语写成。1992 年秋当我在德国波恩时,现在德国 Halle 大学任职的古代叙利亚语专家 J. Tubach 教授告知我碑文的语言为古代突厥语,我才学习认识古代叙利亚字母并开始研究此碑。经过近一个月时间的学习、研究,初步完成了碑文的拉丁字母转写和翻译工作。之后,我把研究的结果用英文写成初稿交给已故的 Klimkeit 先生(时任波恩大学比较宗教学系主任)。最后由他和 Laut 先生整理成德文文章发表。

〔2〕景教为基督教在亚洲的一派,西文称 Nestorianism。

〔3〕S. Chwolson 1886,1890,1897。

〔4〕关于新的突厥语景教碑文的发现可参见 Djumagulov 1968 年的专著,该书后面并附有其他俄文参考书目。

〔5〕参见 Hjelt 1909,Nau 1913a – b,Thacker 1966 – 67。

〔6〕参见 Klein 1994。

重要的景教墓碑。可惜迄今尚无人研究过。另外,学界也早就知道在内蒙古地区也发现过用叙利亚字母、古代突厥语写成的景教碑,可惜都十分简短。[1]

在我国内地也曾发现过景教碑。它们属蒙古时代(1264—1386)。有趣的是它们和其他碑文一起在南方的海港城市泉州(马可波罗所称的 Zaiton)发现,并且其中也有用两种语言(汉语和突厥语〔突厥语用叙利亚文〕)写成的。[2] 造成这种情况的原因是,蒙古当局要向过境南方城市的货物征税,为此他们常委派出身景教徒的突厥人出任有关部门的官员。[3]

这里我们研究的用汉文和突厥语写成的双语景教碑,即属于此类碑文。但它不是出自我国南方城市泉州,而是出自东部地区的江苏省扬州。该地是位于长江北大运河畔的著名内陆港口城市。关于中世纪该地有景教教会和景教徒的存在,早见于 14 世纪天主教方济各(franziskan)教士鄂本笃(Odorich von Pordenone,他于 1314 年动身来中国)的报道。他的《游记》(Relatio)作于 1330 年,内中包含有"关于中国(天主教)教会情况的许多重要材料"[4]。此外,该书也包含有关于景教徒的材料。[5] 在谈到长江(原文为扬子江)时,他说:"从那里过江,我来到一名叫 Ianzu(扬州)的城市,那里是我们兄弟(按:指方济各

---

〔1〕参见 Groenbeck 1939 – 40。

〔2〕参见村山七郎 1963,1964;木夏一雄 1964。

〔3〕参见 Lieu(刘南强)1980。刘在该文(71 页)据 Moule 1938,页 LV,引马可波罗对泉州的描写说:"在那里进行大宗的珠宝贸易,许多满载商品和来往印度诸岛的船只到达那里。"关于马可波罗对泉州的描述也可参看 Cordier 1903,vol. 2,pp. 234 – 245. Kawerau 1983,53 在一本德文专著中关于泉州有下列记述:"泉州是中世纪世界最大的国际港口之一,它和印度、阿拉伯诸国和埃及进行频繁的对外贸易。著名的旅行家马可波罗(1290)和易本·巴图塔(1346)都在那里逗留过。随同对外贸易一起,外来宗教也随之传入。首先是伊斯兰教(这一点我们从易本·巴图塔的描述可以得知),其次是摩尼教和基督教……在 14 世纪初(天主教)方济各会在泉州城建有多处教堂,景教十字架和墓碑的发现说明东方叙利亚教会(按:即景教)也在当地存在。一部分墓碑的碑文为叙利亚文和突厥语。年代多属 1277—1313 年间……这表明中世纪中国南部的基督教徒的寺院语言为叙利亚语,而中国北方的汪古(Ongut)部(为一信仰基督教景教派的突厥部族)则使用突厥语。这似表明在公元 1300 年左右泉州为一东方叙利亚教会主教的驻地。"

〔4〕参见 Troll 1966,143。

〔5〕参见 Yule 1913。

323

会教士)的驻地。那里并有三所景教徒的教堂。"[1]法国伯希和(P. Pelliot)谈到他发现的一件属于 1317 年,涉及一景教教堂的敕令时这样写道:该教堂于 13 世纪末由一名叫 Abraham 的富商建立。[2] 可惜伯希和关于这一问题未作进一步的说明。总之,它应相当于由来自中亚撒马尔罕(Samarkand)的景教主教萨尔吉斯(Mar Sargis)在长江下游建立的 7 座教堂之一。[3]

27.2　扬州景教碑的发现

关于扬州景教碑的首次报道见于 1989 年王勤金发表在《文物》月刊第 6 期上的文章,题作《元延祐四年也里世八墓碑考释》。[4] 文章中说:"此碑出土于扬州城西扫垢山[5]南端,为农民挖土时发现。调查时未见墓穴迹象和其他遗物。该碑通高 29.8 厘米,宽 25.8 厘米,厚 4 厘米,系青石制成。"王氏在文中只限于转录了碑文右方的 3 行汉文,对左方的 12 行外国文字只正确地说是叙利亚文,而未说是用何种语言写成。该碑现存于扬州博物馆。1994 年杨钦章在一篇题作《元代景教会及其在华南沿海地区的信徒》的文章中,虽简短地讲到此碑,但也未涉及此碑的突厥语部分。[6] 碑文中记有两个日期。一为元延祐四年三月初九日(1317 年 5 月 20 日),即墓主也里世八(Elisabeth)夫人去世的日子,也即立碑的日子。这一日期和碑文的突厥语部分的记述是吻合的。如果汉文部分三月初九似为立碑日子的话,那么突厥语部分则明确指出是死亡(执行上帝的指令)的日子。此外,汉文部分尚提到下葬的日子:五月十六日(1317 年 7 月 25 日),即在死后两个多月后。由此我们可推知碑文或立于这两个日期之间,或立于稍后于下葬的日

---

〔1〕引自 Moule 1930,pp. 245 – 246。

〔2〕参见 Pelliot 1914,638,Grousset 1970,762,注 26。

〔3〕参见 Moule/Giles 1915；Ligeti 1972。

〔4〕我是在我们的德文本文章发表后才看到王氏的文章的。据昭那斯图教授说,是扬州博物馆的朱江先生向他提供的拓片复制件。王氏文章后也附有一张该碑文的图版。

〔5〕德文原文此处有误,不是"西扫垢山"。

〔6〕Yang 1994。杨文因发表在罗马,未能寓目。

子。碑文突厥语部分的开头和结尾都使用简短的叙利亚语宗教套语。这一点表明古代叙利亚语仍是中国突厥族景教徒的宗教通用语。突厥语结尾部分的 amin yin wamin"阿门,啊,阿门!"是叙利亚景教教会最常使用的祝愿词语。此外,该祝愿词语对摩尼教徒来说也不陌生。[1] 比起迄今发现的仅有一两行叙利亚文、突厥语写成的其他景教碑来(仅为"此为某某人之墓"一句话),此碑是目前发现的字数最多的叙利亚文、突厥语景教碑,碑文共 12 行,具有重要的历史、语文学的价值。特别是碑文中提到的死者死后在天堂将会见的三圣女 Sarah,Rebekka,Rahel,据我们所知,是首次出现在突厥语景教碑中。此外,碑文使用的语言为回鹘语(古代维吾尔语)也不使人感到意外(详见后面的注释部分),因为在蒙古时代,回鹘语是当时的国际通用语。

碑石上部所刻图像十分引人注目。置于莲花座上的景教十字架图形[2]虽常见于亚洲景教艺术中,但十字架和莲花座两旁衬以天使图像则十分罕见。天使略显粗壮的腿像鱼鳍[3],并有四个翅膀。左方的天使每只手只有四指。值得注意的是天使的类似头盔(上面有小型十字)的头饰,这点是迄今从未见过的。

根据碑文,墓的主人名叫 Elisabeth(汉文作也里世八,突厥语作 Älišbä),她是大都(今北京)名叫忻都[4]的官员之妻。因为这对夫妻的名字在基督教界是很普通的名字,所以很难根据名字来确定他们的

---

〔1〕参见 Böhlig 1985。

〔2〕唐代和元代中国景教徒通常使用十字架作为标志(参见 Moule 1931)。他还指出,作为十的符号在元代还具有人类学和宇宙学的意义。他引用一"约属于 1281 年"的,出自晋江(译音,穆勒作 Chikiang)的汉文碑文,内中说:"十这个数目字为人身体的图形。他们(指景教徒)立其于房中,画在教堂中,戴在手上,挂在胸前。他们认为它是四方位和天顶、天底的指示器……这里十字形与主要方位点具有确定的联系,它用作护身符,具有魔力……"(穆勒前引书,80-81。)

〔3〕类似的"鱼鳍"也见于扬州出土的属于 1342 年拉丁文基督教墓碑上的天使图像上(图见 Troll,1967,32;比较 Rouleau 1954,Peitinger 1991,69)。据 Peitinger,碑文属 1344 年。

〔4〕来自 Hindu("印度人"之意)。

325

身份。[1] 碑石的质地和碑文突厥语部分的内容及长度都说明夫妻二人或女主人并不是"普通的蒙古人"[2]。忻都似为元仁宗时代（1312—1320）在扬州任职的官员。关于他的情况，我们只在黄溍的《金华黄先生文集》（四部丛刊本）（七）卷 24 中找到简短的材料。那里在《宣徽使太保定国忠亮公神道碑》中说："（其父）故荣禄大夫宣徽使答失蛮以延祐四年九月五日薨于位，享年六十……其先西域人，系出哈剌鲁（按：即突厥葛逻禄〔Qarluq〕部）氏，曾祖马马赠集贤学士、正奉大夫……祖阿里赠资德大夫、司农卿……父哈只，赠荣禄大夫、司徒柱国，追封定国公……公少袭父职，为宝儿赤（按：为一种宫廷御膳官），世祖甚爱重之。……仁宗践阼，首命金宣徽院事……累阶荣禄大夫……生三子一女……子男三人，长买奴，累官河南江北等处行中书省平章政事……次忻都，资善大夫，上都留守，兼本路都总管府达鲁花赤，后公十八年卒。次怯来，资善大夫，同知宣徽院事……"[3]据此，答失蛮生于1258年，死于 1317 年。忻都死于 1335 年。忻都妻应生于 1284 年，死于1317 年。可惜汉文史料中未谈及忻都任职扬州的情况，也未提到其妻也里世八的名字。也里世八似为一突厥（如信仰景教的汪古部或克烈部[4]）出身的妇女。

---

〔1〕Ălišbä 这一名字也见于不同的景教碑文中：Chwolson 1890，86（Nr. 49，8），99（Nr. XⅦ〔132a〕）；Chwolson 1897，37（Nr. 193），38（Nr. 197），44（Nr. 240），47（Nr. 257）。忻都（Hindu）一名在景教碑中也常见：Chwolson 1897，87（Nr. 50，9〔75〕），96（Nr. Ⅱ〔50〕）；Chwolson 1897，28，28（Nr. 114，120），32（Nr. 145），36（Nr. 36）。

〔2〕见王文，页 573。

〔3〕此文德文本此处转引德国著名汉学家 Herbert Franke 1981 年所写题作《一仕事蒙古大汗的哈剌鲁突厥家族》（"Eine qarluq-türkische Familie im Dienste der mongolischen Grosskhane"，载 Röhrborn/Brands 编 *Scholia*）一文，也同样引用《金华黄先生文集》同一刊本同卷材料，但许多地方与本文所引文字不同，不知何所本。如其中所说"忻都曾任宫廷御膳官、司农卿"等。此文德文本在引用富兰克上述文章时作了下列概述：忻都为答失蛮次子。答失蛮为出自葛逻禄（Qarluq）部的基督教徒突厥人。该答失蛮生于 1258 年，死于 1317 年，死于北京。他曾在忽必烈汗（1260—1294）、铁穆耳（1294—1307）、海山（1307—1311）和布颜图（1312—1320）时代历任高官。他有三子，也都在元代任高官。其次子忻都（1297—1335）依其家族传统先在宫廷任御膳官宝儿赤……之后任司农卿等职。1328 年在云南省任左丞……忻都死于元统三年九月十七日（1335 年 10 月 4 日）……有妻三人，各出自丁果察、芒果、白燕果三个家族……云云。（引自富文页 76-77。按，富文我未能寓目。）

〔4〕参见 Kawerau 1983，50-51；Grousset 1970，413-419。

关于此碑建立的元仁宗(布颜图)时代,我们知道这时蒙古统治者已在一定程度上汉化,并对儒教采取开放提倡的政策。仁宗时,亲汉族的一派人取得了巨大影响,他们认为只有适应汉族精英及其历史的传统,才能确保蒙古统治。[1] 这样做就必然导致佛教势力的加强和牺牲其他宗教(如景教)的利益,虽然仁宗也像其他蒙古统治者一样,任用一些突厥族出身的景教徒官员。[2] 我们还知道,在仁宗即位时,于1312 年 5 月 31 日曾颁布一道命令,令一新建的基督教寺院改建为佛教寺院。[3] 作为信仰景教的突厥人,忻都是否是因这件事而调任扬州的,我们不得而知。

27.3　扬州景教碑的释读

下面为碑文的拉丁字母的换写(上列)和转写(下列):

(1) bšmh　　　　mrn　　　　yšw'　　　mšh'

　　 b(a)šm(e)h　m(a)r(a)n　išo　　　m(e)š(i)ha

(2) [']lksndrws　　　　x'n　　s'xyš　　yyl　　myng　　'lty

　　 [a]l(e)ks(a)ndros　han　　saqïš　　yïl　　mïng　　altï

(3) ywz　　yygrmy　　skyz　　yylynt'　　twyrq　　s'xyš

　　 yüz　　yigrmi　　säkiz　　yïlïnta　　türk　　saqïš

(4) yyl'n　　yyl　'wčwnč　　'y　twkwz　　y'ngyt'　　t'twlwx

　　 yïlan　　yïl　üčünč　　ay　toquz　　yangïta　　tatuluq

(5) l[?]w( )s　　smšnyng　　　'yšlygy　　'lyšb'　　x'twn

　　 lu(šu)s(ï)　　s(a)mšanïng　　ešliki　　älišba　　hatun

---

〔1〕参见 Franke/Trauzettel 1968,237。

〔2〕参见 Rachewiltz 1983。

〔3〕根据穆勒刊布的材料,该命令说:"也里可温(按,指基督教徒)擅自在原属金山寺的地方建立十字寺,实属非法。十字寺应予拆除。画家刘高以前曾为白塔寺作画,现应去为(金山寺)作佛、菩萨、天龙等像于墙上。官员应为其准备一切所需物品。金山(佛)寺要恢复原貌。庚辰日(5月 27 日)为保护金山寺又颁布盖有帝印的特许状说,也里可温不得为此争论,否则将受严惩。"(Moule 1930,152 - 153。)

(6) 'wtwz   'wyč   y'šynt'   tngry   y'rlygyn   pwtwrwp
    otuz   üč   yašïnta   t(ä)ngri   yarlïɣïn   bütürüp

(7) y'š   xwty   'twyzy   pw   syn   qbr'   'yčynt'
    yaš   qutï   ätözï   bu   sïn   q(a)bra   ičintä

(8) yyr   "ldyl'r   'wyzwty   mngw   wštm'xt'xy
    yer   aldïlar   özüti   m(ä)ngü   uštmaqtaqï

(9) sr'   rpq'   rhyl   'ryk   xwnčwl'r   pyrl'   ywrt
    s(a)ra   r(i)pqa   r(a)hel   arïɣ   qunčular   birlä   yurt

(10) 'wrwn   twtwp   myng   myng   yyl(?)   'tš'gy   pwlswn
     orun   tutup   mïng   mïng   yïl(?)   ...   bolzun

(11) 'wyrk' č   'wydl'rk't'gy   yat   xylylmyš   pwlswn
     ürkäč   ödlärkätägi   yat   qïlïlmïš   bolzun

(12) 'myn   yyn   w'myn
     amin   yin   wamin

左方 12 行突厥语部分的汉译文如下：

（1）以我们主耶稣基督的名义（此句为叙利亚语）。（2）亚历山大大帝历一千六（3）百二十八年（,）突厥历（4）蛇年三月初九（1317 年 5 月 20 日）大都（5）留守（?）萨木沙之妻也里世八（伊丽莎白）夫人（6）三十三岁时执行了上帝的命令（亡故）。（7）她的生命之福和身体安置在此墓中。（8）她的灵魂将与天堂中的（9）萨拉、丽菩恰［和］腊菏勒［三位］圣母（10）同在，千年万岁……（11）［并］直到永远为［后人］所记忆。（12）阿门，阿,阿门！

右方 3 行汉文转录如下：

（1）大都忻都妻也里世八之墓

（2）三十三岁身故五月十六日明吉

（3）岁次丁巳延祐四年三月初九日

27.4　注释

27.4.1　突厥语部分

2－4行:关于景教碑通常使用塞留克(Seleukid)历和十二生肖历,参见 Bazin 书,413－429。

4行:twkwz/toquz:碑文中有几处该写舌根辅音 x 的,写成舌后辅音 k。除这里外,尚见于9行的 'ryk(arïɤ)。

5行:lw( )s(ï) s(a)mša:第一个字母初看似为 n,左方表示 l 的下斜线不清楚。但根据汉文,忻都曾任上都留守,此处似为"留"字的 lu(缺后面的两个字母 šu)。后面的 s(ï)可理解为第三人称领属附加字尾。这里就和汉文原文说忻都曾任上都留守相吻合了。但这里尚遗留上都和大都的关系问题。是否在历史上某个特定时期,上都和大都是一回事?萨木沙似为忻都的教名,但找不出其相应的景教名字。

5行:ešlik(妻子):本来 eš 即为"妻子"之意,-lik 附加成分表示"某某一类"之意。这里是否表示也里世八为忻都之妾的意义?

6行:tängri yarlïɤï bütür-:原意为"执行上天的旨意(命令)",这是景教墓碑对于"死亡"的一般说法,也常见于其他突厥语景教碑。

7行:k(a)wra<叙利亚语 qabra(CSD 489a)"墓"。

8行:uštmaq<粟特语'wšm'x(DS 617)"天堂"。

9行:这三位圣女 sr',rpq',rhyl 分别是 Abraham,Isaak,Jakob 之妻 Sarah,Rebekka,Rahel,参见 TS 2724,3966,3879。

10行:此行中的 'tš'gy 词义不明。但全句的意义是明确的,即"愿也里世八的灵魂在天堂里千年万岁……"

11行:qïlïl-为动词 qïl-"做"的被动态形式。但动词 qïl-的被动态形式通常为 qïlïn-。qïlïl-形式多见于元代(1279—1368)及较后时期。

27.4.2　汉文部分

丁巳年,即火蛇年。

延祐:为元朝仁宗(1312—1320)的年号。仁宗名字为布颜图(意

为"有福的"＜回鹘文 buyan"福"＋蒙古语形容词附加成分 -tu。buyan
＜梵文 punya)。仁宗另一名字为爱育黎拔力八达(Ayurbarwada)。

缩写字[1]

AASF：Annales Academiae Scientiarum Fennica

Agr：A. von Gabain：Alttürkische Grammatik(《古代突厥语语法》).
Wiesbaden,1974.

CSD：A Compendious Syriac Dictionary...Ed. By J. Payne Smith. Re-
print Oxford, 1979.

DTS：V. M. Nadeljaev［Et Alii］(edd.)：Drevnetjurkskij Slovar'(《古
代突厥语词典》). Leningrad, 1969.

ED：Sir Gerard Clauson：An Etymological Dicionary of Pre-Thirteenth-
Century Turkish, 1972.

MAIS：Memoires de l'Academie Imperiale des Sciences de St. Peters-
bourg. (《俄国科学院报告》)

MIO：Mitteilungen des Instituts für Orientforschung (Berlin) (《柏林
东方学所纪要》)

ROC：Revue de l'Orient Chretien(《东方基督教评论》)

TP：T'oung Pao

TS：R. Payne Smith：Thesaurus Syrianus. 2. Oxford 1901.

---

〔1〕为方便读者,德、法、俄文(英文除外)论著附以汉文译名。

28　喀喇汗王朝与喀什噶里的
《突厥语词典》

　　接受伊斯兰教是维吾尔历史上具有转折意义的事件。随同新的宗教,一种不同于以前的文化,一种新的文学产生了。目前,我们尚不能具体确定这种新文学产生的时间,我们甚至也缺乏关于喀喇汗王朝(Qarakhanids)皈依伊斯兰教的可靠史料。但我们知道早在公元10世纪就已出现如法拉比(al-Farabi,死于950年)(Farab 遗址在今哈萨克斯坦东南部)这样突厥出身的具有很高文化水平的伊斯兰哲学家。

　　突厥伊斯兰文学的最初信息见于11世纪突厥伽色尼王朝(Ghaznavids)[1]马速得(Mas'ud)(马赫穆德之子,1031—1040年在位)的宫廷诗人马奴齐赫里(Manuchihri)的诗作(波斯语)中。他在其献给某突厥贵人的颂诗中说:

　　　　ba – rahi turki mana ki hubtar gu'i 愿您以突厥方式,以您说得
　　最好的语言,

　　　　tu shi'ri turki bar – hvan mara u shi'ri ghuzi. 吟诵突厥诗歌和乌
　　古斯诗歌!

　　可惜我们不知道这里马奴齐赫里所说"突厥诗歌"的具体含义。估计他所说的"突厥诗歌"应和前伊斯兰时期和伊斯兰初期的突厥诗歌相去不远。

　　显然,真正突厥文学的发展只有在突厥人占优势的地区才有可能。正如波斯伊斯兰文学的产生与发展和波斯萨曼尼朝有关一样,突厥伊斯兰文学的产生与发展和历史上第一个突厥伊斯兰王朝——喀喇汗王朝有关。随同突厥葛逻禄(Qarluq)部和其他突厥部皈依伊斯兰教,在天山南支东西两侧(此时在北部的热湖和七河一带与南部的喀

---

　　[1]哈孜那王朝(过去译为哥疾宁王朝)的建立者为马赫穆德(Mahmud),他原是中亚萨曼尼王朝(Samanids)突厥奴隶之子。哈孜那王朝领有阿富汗、波斯和西北印度的大部分。

什地区,居民几乎都已是突厥人或已突厥化的人了)于10世纪下半期建立了喀喇汗王朝。从此,佛教、摩尼教或景教影响退出这些地区,或者至少不能像在回鹘王国时代那样在文化方面起重大影响了。特别当喀喇汗王朝占有河中地(Mawrannahr)以后(那里从公元8世纪起伊斯兰教就已传入),便更加有利于伊斯兰文化的传播。

但在这一时期的突厥文学中尚未见波斯文学中存在的那种前伊斯兰时期和伊斯兰时期之间截然分开的情况。在波斯,在前伊斯兰书面语(2—7世纪使用的帕列维〔Pahlavi〕语,又称中古波斯语〔Middle Persian〕)和新波斯语(8—10世纪后的伊斯兰书面语)之间的差别是很大的。而喀喇汗王朝突厥书面语与蒙古鄂尔浑碑铭和高昌回鹘王国书面语之间的差别不大(只存在方言的差别)。开始时,喀喇汗王朝书面语中阿拉伯、波斯语借词不多,前伊斯兰传统依然存在。说明这一点的为同属于11世纪下半期的两部最早伊斯兰突厥文学作品:马·喀什噶里(Mahmud Kashghari)的《突厥语词典》(*Diwanu Lughat al-Turk*)(内收有9000多个突厥词和许多格言谚语及诗歌片段)和尤素甫·巴拉萨衮(Yusuf Balasaghun)的长诗《福乐智慧》(*Qutadghu Bilig*)。前一著作(晚于后者几年编成)收录有很古的材料,在很大程度上保留了前伊斯兰突厥传统。后者(虽仍然可见到突厥传统的影响)已受到新的伊斯兰文化和波斯文学的明显影响。[1]

《突厥语词典》和《福乐智慧》之后的文学作品中值得一提的只有尤格纳基(Yugnagi)的劝喻诗《真理的入门》("Atäbätul Haqayiq")(过去有人读作"Hibätul Haqayiq"《真理的献礼》)和阿赫买德·亚萨维(Ahmad Yasavi)的《箴言诗集》("Diwani Hikmat")。后两种篇幅较短,艺术水平也较低。这无疑和喀喇汗王朝的衰落有关。这时喀喇汗王朝已分裂为两部分:王朝的东部为西辽(黑契丹)所占领,而西部则相继

---

〔1〕维吾尔古代文学可分为前伊斯兰时期和伊斯兰时期两大期。前者又分为前回鹘时期和回鹘时期。前回鹘时期包括用古代和田—塞语、古代焉耆—龟兹语写成的文献(内有纯文学作品)。伊斯兰时期又可分为早期(10—12世纪的喀喇汗王朝时期)、前古典时期(13—14世纪的察哈台文学)和古典时期(15—16、17世纪的察哈台文学)。实际上,就书面语而言,古典时期一直延续到20世纪初。维吾尔现代文学始于20世纪初以后。

成为塞尔柱朝和花拉子模沙的附庸。西部的统治者虽也为突厥人,但其属下居民则大部分为伊兰人。在西部的花拉子模(阿姆河三角洲地区、咸海南部和东部)住有许多乌古斯、土库曼、康里、克普恰克部突厥人。乌古斯部后随塞尔柱诸王迁居波斯和小亚细亚。花拉子模学者扎马赫舍利(Zamakhshari,死于 1143 年)的名著《阿拉伯语手册》(*Muqaddimat al-Adab*)中,不仅包括有波斯语,也包括有突厥语。总之。花拉子模及锡尔河下游地区是当时突厥文化的另一中心,例如最早的《可兰经注释》(*Tafsir*)就完成于蒙古入侵前的花拉子模。下面我们重点介绍《突厥语词典》一书的情况。

《突厥语词典》(*Diwanu Lughat al-Turk*)(以下简称《词典》)是一部对研究维吾尔族等操突厥语民族语言、历史、文化具有巨大意义、百科全书性质的巨著。作者是喀喇汗王朝(10—13 世纪初存在)时期著名学者马赫穆德·喀什噶里(全名为马赫穆德·依本·阿勒胡赛因·依本·穆罕默德·阿勒喀什噶里 Mahmud ibn al-Husayn ibn Muhammad al-Kashghari)。他于公元 1072—1077 年在巴格达用阿拉伯文写成此划时代的著作[1],并把它献给当时的阿拔斯王朝(黑衣大食)哈里发穆克塔狄(al-Muqtadi)(1075—1094 年在位)。

关于喀什噶里的生平目前我们知道的不多。他约于 11 世纪上半期生于今吉尔吉斯共和国伊塞克湖附近一个名叫巴尔斯汗(Barskhan)的地方。他出身于喀喇汗王朝王室成员的家庭,后似因王朝内部斗争被迫离开王朝的首府喀什噶尔,而辗转来到了巴格达。他因出身王族,所以年轻时曾受到良好的教育,精通突厥语和阿拉伯语文。在《词典》的序言中关于自己他曾这样写道:"我周游过他们(指突厥人)的许多城市和草原。我研究了他们的方言和诗歌,即突厥(Turk)人、土库曼—乌古斯(Turkman-Oghuz)人、处月(Chigil)人、样磨(Yaghma)人和柯尔克孜(Qyrqyz)人的方言和诗歌。我精于语言,善于辞令。我受过

---

[1]关于《词典》写成的年代,《词典》中的材料是有矛盾的。这里我们吸收了国外最新的研究成果,定为 1077 年,而未采用传统的 1074 年(回历 466 年)的说法。

良好的教育,出身高贵,并擅长使用长矛。我完全掌握了他们中的每一个方言。我把这些方言材料系统地记录在一本内容广泛的书中。"

由于某种政治原因,喀什噶里后来流亡到了巴格达。[1]

除《词典》外,他还著作有名为《突厥语语法宝鉴》一书,可惜未能流传下来。

《词典》唯一写本现存土耳其伊斯坦布尔国家图书馆。全书 638 页,于 1265 年,由波斯萨维地方人 Muhammad b. Abu Bakr(后移居大马士革)据原写本抄成。写本在第一次大战前为阿里·艾米里(Ali Emiri)在一旧书店偶然发现。1917—1919 年由土耳其学者礼法特(Kilisli Rif'at)首次铅印刊布(3 卷本)。1928 年由德国阿拉伯学家布罗克曼(C. Brockelmann)按照拉丁字母顺序,翻译出版了其中所含单词的突厥语—德语译本,题做《中世纪突厥语词典——据 M. Kashghari 的 Diwanu Lughat al-Turk》(*Mitteltuerkischer Wortschatz nach Mahmud al-Kashgharis Divan Lughat at-Turk*,Budapest-Leipzig,1928)。原书 1941 年由土耳其语言学会影印出版(1 卷本)。1939—1941 年出版了 3 卷本现代土耳其语译本(外加一册索引),译者为贝·阿塔来(Besim Atalay)。之后又有乌兹别克文本、维吾尔语本、英文本等文本问世。其中以丹阔夫(R. Dankoff)和开利(J. Kelly)1982—1985 年由美国哈佛大学出版的 3 卷本英文译本最具权威性,题作《突厥语方言概要》(*Compendium of the Turkic Dialects*,3 volumes)。

下面我们简单介绍英文版的情况。

第 1 卷内容:前言,缩略语和主要参考书,关于换写(Transliteration)和转写(Transcription)规则的说明,译者的导论(详见下),《词典》原书的译文。

第 2 卷内容:《词典》其余部分的译文。

第 3 卷内容:《词典》中出现的单词按英文字母顺序排列的索引和

[1]参见普利察克(O. Pritsak)的文章《喀喇汗王朝》("Die Karachaniden"),Der Islam,Bd. 31,Heft Ⅰ,1953,页 40。

英文译文;附录1:《词典》的语法纲要;附录2:《词典》中诗歌和格言谚语中的特殊形式;附录3:诗歌和格言谚语中的方言形式;最后为原书的影印件。

英文版另一特点是:在译文的每一页的边上,除标有原写本的页码外,还给有原词的拉丁字母转写形式,并用大写英文字母 D、G、N、P、V 分别表示该词为"方言"、"语法"、"人名或地理名称"、"格言谚语"、"诗歌",十分方便读者。

下面再扼要介绍译者撰写的导论内容。导论由 13 部分组成,它们是:(1)原写本的描写,(2)英文译本的翻译原则,(3)关于作者、书名、内容,(4)原书成书的年代,(5)关于书名,(6)原书使用的墨水和墨色,(7)后人(共 15 人)的补订,(8)历史学家 Badraddin al-A'ni 使用过《词典》的情况,(9)《词典》流传、发现和研究的历史,(10)写本中的错误,(11)《词典》的结构,(12)突厥语与阿拉伯语,(13)《词典》中语音学。

《词典》由两部分组成。第一部分是绪论。在绪论里作者论述了突厥语的重要性,介绍了各突厥语族的地理分布(包括一幅具有重大科学意义的圆形世界地图)、各突厥语方言的特点以及突厥人当时使用的文字等。第二部分,也就是《词典》的本文,是按照阿拉伯词典学传统编成。具体地说就是按照阿拉伯词典学家依不拉音·依斯哈克·本·依不拉音·阿勒法拉比(Abu Ibrahim Ishaq b. Ibrahim al-Farabi)(请注意不要与中世纪突厥著名哲学家法拉比相混)的《阿拉伯语词典》的模式编成。像阿拉伯词典学家在诠释词语时喜欢引用贝都因(Beduyin)阿拉伯人民间诗歌、格言谚语一样,马·喀什噶里为了说明词义,也常引用当时流行的突厥诗歌和格言谚语,从而提高了《词典》的文学价值。此外,《词典》还包含古代塔里木盆地和高昌王国以及世界其他突厥部族历史、地理、文化、民族学等方面的许多珍贵材料。[1]

关于马·喀什噶里编著《词典》一书的目的,他自己说是由于当时突厥人在伊斯兰世界的巨大影响,促使阿拉伯人要学习突厥语,因而编写此书。我们知道当时在伊斯兰世界的东部存在由穆斯林突厥人建立的 3 个王朝:喀喇汗王朝、哈孜那王朝和塞尔柱王朝。组成塞尔柱王朝核心力量的突厥乌古斯(Oghuz)部这时已深入波斯东北部的呼啦珊(Khorassan)地区,并散布到波斯的其他地区,最后于 1055 年进入巴格达——阿拔斯朝哈里发的首府。哈里发曾授予其首领托古里勒别克(Tughril beg)以"苏丹"和"东西方之王"的称号。喀什噶里在《词典》序言中这样写道:"万能的真主已使太阳幸运地升起在突厥人的星座之上,并使天空围绕着他们转动……把统治当代民众的缰绳交到他们的手中。"

《词典》是一部划时代的突厥学和突厥语言学著作,就其对当时突厥语语音、语法的科学理解及其系统性来说,都已达到了时代的高峰。由于此书的发现和出版,世界突厥语言学(特别对古代突厥语研究来说)较以前进了一大步。

《词典》在文学方面的价值:根据粗略统计,《词典》中共引用了约200 多首民间诗歌。这些诗歌内容非常广泛,有的是歌唱劳动和爱情的,有的是歌唱大自然风光的,也有是歌颂英雄、描写战斗场面的。这些诗歌结构严谨,语言朴素,比喻生动。200 多首诗歌中约四分之三为四行诗,其余为双行诗。四行诗中,一般每行由 7 音节组成,多为 4 + 3 的格式(也有每行 8 音节的,即 4 + 4 的格式)。脚韵一般由附加字尾构成,最常见的形式为 aaab,即 1、2、3 行押韵。也有一些是其他形式。从内容看,每首四行诗构成一个整体,可看做独立的作品,但其脚韵系统使我们认为它们可能是组成更大诗篇(如史诗)的片断。关于这方面的内容,请参阅拙著《古代维吾尔诗歌选》(1982 年,新疆人民出版

---

〔1〕关于这方面的情况参见拙文《喀喇汗王朝时期维吾尔文学述略》,载耿世民《新疆文史论集》,2001 年,北京。

社)和拙文《黑汗王朝时期维吾尔文献》一文(载耿世民《维吾尔古代文献研究》,2003 年,中央民族大学出版社)。

关于描写大自然风光的:

Türlük chechäk jazyldy	百花盛开,
Barchin jadym kärildi	像织锦的地毯铺开,
Uchmaq järi körildi	展现出天堂之地,
Tumlugh jana kälgüsüz.	严寒将不再到来。

Qar buz qamugh ärüshdi	冰雪融化,
Taghlar suwy aqyshdy	山水奔流,
Kökshin bulyt örüshdi	青云升起,
Qajghuq bolup ükrishür.	像一叶扁舟游动。

Jaghmur jaghyp sachyldy	雨水落散,
Türlüg chechäk suchuldy	百花放苞,
Jinchü qaby achyldy	如珍珠张开外壳,
Chindan jypar joghrushur.	檀香和麝香共放奇香。

Qulan tükäl qomutty	野马奔驰,
Arqar suqaq jumutty	雌雄羚羊成群,
Jajlagh tapa ämitti	它们奔向夏季牧场,
Tizikin turup säkrishür.	列队雀跃。

Qyzyl sarygh arqashyp	红、黄花儿簇拥,
Jäpkin jashyl tergäship	紫的绿的互相攀绕,
Bir bir gärü jörgäship	它们缠绕一起,
Jalnguq any tanglashur.	人们羡慕它们。

Jaruq julduz togharda	启明星升起时,

Udnu kälip baqarmän   我醒来看到，

Satulaju sajraship   鸟儿在歌唱，

Tatlygh ünün qush ötär.   声音十分美妙。

下面是几首关于爱情的诗歌片断：

Üdik mini qamytty   爱情激动了我，

Saqynch manga jumytty   思念涌向了我，

Könglüm angar amytty   我的心萦注于她，

Jüzüm mening sargharur.   我的面庞枯黄了。

üdik mäni küchäjür   思念令我

Tün kün turup jyghlaju   日夜哭泣，

Kördi közüm tawraqyn   而我看到的

Jurty qalyp aghlaju.   只是匆匆离去的驻地痕迹。

Jüknüp manga imlädi   他向我敬礼示意，

Közüm jashyn jämlädi   他擦去我的眼泪，

Baghrym bashyn ämlädi   他医治我心头的创伤，

Älkin bolup ol kächär.   但他又像过往的旅客离去。

Ajdy sening udu   他说，为了见你一面，

Ämgäk tälim ydu   我经历了多少困苦，

Jumshar qatygh udu   硬石因而变软，

Könglüm sanga jügrük.   我的心奔向你。

Jalvyn anyng közi   他的眼睛有魔力，

Jälkin anyng özi   他的灵魂是旅客，

Tolun ajyn jüzi   他的容貌是圆月，

Jardy mäning jüräk.　　　　　他使我的心碎。

《词典》中描写战斗的诗歌占有相当位置。夜间的偷袭,骑兵的迅速出现和消失,为撤退而伪装进攻的战术等激烈战斗场面都描写得十分生动。有描写黑汗王朝阿尔斯兰特勤(Arslan Tegin)与雅巴库(Yabaghu)部之间的战争,有关于反对回鹘佛教徒和唐古特人的战争。下面我们引证其中描写与回鹘佛教徒战斗的若干首,它们可能是长篇史诗的一部分:

Bächkäm urup atlaqqa　　　　我们竖征旗于马上,
Ujghur daqy tatlaqqa　　　　去出征回鹘人,
Oghry jawuz ytlaqqa　　　　我们像飞鸟一样,
Qushlar kibi uchtymyz.　　　　飞向贼人和恶狗。

Aghdy qyzyl bajraq　　　　　红旗招展,
Toghdy qara topraq　　　　　尘土冲霄,
Jätshü kälip oghraq　　　　　奥格拉克人突然到来,
Toqshup anyn kächtimiz.　　　我们战斗因此来迟。

Kimi ichrä oldurup　　　　　坐在小船中,
Ilä suwyn kächtimiz　　　　　我们渡过伊力河,
Ujghur tapa bashlanyp　　　　我们驰向回鹘人,
Mynglaq ilin achtymyz.　　　　劫掠了蒙拉克部人。

Kälginläjü aqtymyz　　　　　我们像急流奔驰,
Kändlär üzä chyqtymyz　　　　我们出现在城中,
Furhan äwin jyqtymyz　　　　我们毁坏佛寺,
Burhan üzä sichtimiz.　　　　我们在佛像上拉屎。

Tünlä bilä bastymyz	我们进行夜袭，
Tägmä jangaq pustymyz	我们从各方伏击，
Käsmälärin kästimiz	我们剪去额发，
Mynlaq ärin bychtymyz.	我们斩杀蒙拉克人。

关于悼念英雄艾尔统阿的挽歌：

Alp är tonga öldimu	英雄艾尔统阿死去了吗
Isiz azhun qaldymu	罪恶的世界留下了吗
Ödläk öchin aldymu	命运之神报仇了吗
Ämdi jüräk jyrtylur.	真令人心碎！

Jaghy otyn öchürgän	他熄灭了敌人的战火
Toydyn any köchürgän	他从营地赶跑了敌人
Ishlär üzüp kechürgän	他办事果断
Tägdi oqy öldürür.	他箭无虚发。

Turghan ulugh ishlaqa	他好行义举
Tergi urup ashlaqa	他热情待客
Tumlugh qadyr qyshlaqa	在严寒的冬季
Qodty ärig umduru.	他使人们充满希望。

Ärdi ashyn taturghan	他殷勤好客
Jawlaq jaghygh qachurghan	曾把凶恶的敌人赶跑
Oghraq süsin qajtarghan	他曾击退奥格拉克人的军队
Basty ölüm ahtaru.	如今死神把他夺去了。[1]

---

〔1〕此处引用的诗歌都和 1982—1984 年出版的《字典》英文版（R. Dankoff：*Compendium of the Turkic Dialects*）校对过。由于技术上的原因，这里 j 表示 y，y 表示与 i 对应的后元音，另外，ch = č，gh = ɣ，sh = š。

此外,《词典》中保存有大量关于古代塔里木盆地历史、文化、民俗等方面的丰富材料。例如它向我们证明,当时(11世纪)新疆南部喀什地区虽已基本突厥化了,但当地原居民的古老语言(一种类似帕米尔塔什库尔干语言〔特别是其中的瓦汗〔wakhan〕方言〕的东部伊兰语)尚未完全消失。关于这一点,喀什噶里这样写道:"……粟特(Soghdaq)人、坎恰克(Kanchak)人、阿尔古(Arghu)人使用两种语言(按,指突厥语及本族母语)……西藏人有自己的语言。和田人也有自己的文字和语言,他们都不懂突厥语……在喀什噶尔附近有说坎恰克语的村子,居住在城市中的人则说王朝(按,指喀喇汗王朝)突厥语(Haqaniya Turk tili)。"(《词典》土耳其文版,卷1,页29–30)关于当时的政治势态,《词典》也为我们提供了第一手材料。当时伊斯兰教的北部边界是库车。例如他在说明库车一名时说"这是维吾尔人的边界"(《词典》土耳其文版,卷1,页404。除特别指出的以外,下面的引证都引自土耳其文版)。乌斯米塔里木河是一条由穆斯林国流入维吾尔人地区的大河,并在那里没入流沙(同上书,同卷,页130)。他在谈到塔里木盆地北部高昌回鹘(维吾尔)王国的城市时说,高昌是城名,也是整个地区名(同上书,卷3,页219,238)。当时维吾尔地区5座重要城市,它们是:Sulmi(唆里迷,按,即焉耆,参见拙文《唆里迷考》,载《新疆文史论集》,2001)、Qocho(高昌)、Janbaliq(占八拉)、Bishbaliq(别失八里)、Yangibaliq(新城,样吉巴里)等(同上书,卷1,页113)。喀什噶里在谈到维吾尔人时,总是把他们与佛教联系在一起,并引用了一些关于伊斯兰教徒向佛教徒维吾尔人进行圣战的诗歌片段。

《词典》中也有许多有趣的有关民族学方面的材料。当时伊斯兰教虽已传入(10世纪中期),但古代传统的民族信仰仍存在。例如书中谈到突厥人仍崇拜女神"乌买"(Umay,按,此字已见于8世纪的古代突厥碑铭中)。说她是婴儿在母胎时的保护神,并引用格言说"Umayqa tapinsa,oɣul bolur"(谁敬信乌买,谁就得了)(同上书,卷1,页123)。还谈到当人们听到有婴儿出生时,不是问是男孩或女孩,而是问:"Tilkümü tuɣdy azu böri mü?"(生下的是狐还是狼?)(同上书,卷1,页

341

429）。

关于文化方面，喀什噶里告诉我们当时所有突厥人都使用回鹘文，并在书中给出了回鹘文字的样品。这一点也为 20 世纪初南疆莎车出土的属于喀喇汗朝的一批社会文书所证实（有的文书的证人用回鹘文签名）。在解释"qamdu"一词时，他说为约 4 肘长、1 拃宽的棉布，上盖维吾尔汗之印，用作货币，每 7 年修补洗净 1 次，并重新盖上官印（同上书，卷 1，页 418；英文版，卷 1，页 317）（实际上此字来自回鹘文的 quanbu"官布"，该词是高昌回鹘王国文书中常用的货币名称）。这里再举一个可帮助我们了解当时突厥文化生活的有趣的例子。《词典》在解释"ulatu"一词时说："这是放在胸前用来清洁鼻子的丝绸布。"这一点说明突厥人使用手帕有悠久的历史，并可能是受汉族文化影响所致。[1]

最后，顺便提及《词典》对研究古代哈萨克语——克普恰克的意义。上面说过《词典》对研究整个古代突厥语的重大意义。此外，《词典》在多处提到了哈萨克的先人——克普恰克（Qypchaq）人、康里（Qangly）、吉蔑（Yemek）突厥人，《词典》并对 50 多个克普恰克语进行了解释。可惜至今尚无人对这方面的材料进行系统的研究。

（原刊于《中央民族大学学报》，2009 年第 6 期）

---

〔1〕近些年国际突厥学界对《突厥语词典》的研究取得了很大的进步。波兰著名突厥学家 E. Tryarrski 出版了全面研究《词典》的专著，可惜因该书是用波兰文写成，影响不大。土耳其学者 R. Genc 在其《从喀什噶里的〈词典〉看 11 世纪的突厥世界》（*Kashgarli Mahnud'a Gore* Ⅺ. *Yuzyilda Turk Dunyasi*，1997）一书中较全面地研究了《词典》。我国学者也在《词典》研究方面作出了成绩。

29　察哈台语文献述略[1]

　　所谓察哈台文献(文学)是指中亚伊斯兰突厥文学时期用察哈台书面(文学)语写成的文献。其流行地区为中亚河中地(Transoxanien/Mawarannahr)、呼拉珊(Khurasan,今伊朗西北部)的文化中心,如撒马尔罕(Samarkand)、赫拉特(Herat)、布哈拉(Bukhara)、希瓦(Khiwa),以及今乌兹别克斯坦的费尔干(Fergana)盆地和我国新疆地区。除上述地区外,这种东突厥书面语也在克普恰克草原(金帐汗国)、印度,甚至小亚细亚的奥斯曼帝国流行。

　　土耳其文学史家阔普鲁律(Fuad Köprülü)在其专文《察哈台文学》("Çagatay edebiyati",载《伊斯兰百科全书》[*Islam Ansiklopedisi*], Ⅲ, Istanbul,1945,页 278 以下)中,根据波斯历史学家和 Ibn Battuta 的零散材料,试图证明察哈台文学早在帖木耳时代(13—14 世纪)已在河中地、伊朗产生。由于没有属于这个时代的文学作品流传下来,所以我们不知道这些失传的作品是否真的用察哈台语写成。我们知道,阔氏认为属于帖木耳时代的《升天记》(*Mi' rajnama*) 及 Faridaddin ' Attar 的《圣人传》(*Tazkiratu' l-awliya*) 的语言不属于察哈台语,而属于前期的花拉子模(Huarezm)突厥语。

　　除个别情况外,一般说,察哈台语文学始于 14—15 世纪,并一直持续到 20 世纪初(在新疆则一直到 1949 年)。

　　关于察哈台文学史,现有两本专著。一为匈牙利突厥学家 Jozsef Thury(1861—1906)的《突厥文学史》(Budapest,1904),可惜该书是用匈牙利文写成,流传不广。另一种为上述阔氏的长文。该长文概述了 13—19 世纪时期中亚伊斯兰突厥文学的发展。此外,意大利突厥学家

---

〔1〕撰写此文时,主要参考了艾克曼(J. Eckmdnn)教授发表在《突厥语文学基础》(*Philologiae Turcicae Fundamenta*)卷 Ⅱ,1964 年的德文文章。

Alessio Bombaci 的《突厥文学史》(*Storia della literature turca*,1956,现有 Melikoff 的法文译本)也有专章论述这一主题。另外,我年轻时曾认真阅读和翻译了乌兹别克学者马拉也夫(Mallayev)的《乌兹别克文学史》(*Uzbek Adabiyati Tarihi*)(可惜书稿被人民文学出版社给弄丢了),书中大部分是论述察哈台文学的。还要提到 E. R. Rustamov 的俄文书《15 世纪上半期乌兹别克语诗歌》(莫斯科,1963,367 页)。该氏首次尝试论述察哈台文学一个时代的诗歌。下面拟分 4 个部分对察哈台文学进行介绍:

一、15 世纪:(1)帖木耳时代,(2)那瓦依(Nawayi)的前辈时期,(3)那瓦依时代;

二、16 世纪:(1)河中地舍班尼朝(Shaybanid)时代,(2)费尔干(Fergana)和喀什(Kashghar)地区,(3)巴布尔(Babur)时代;

三、17—18 世纪:(1)布哈拉(Bukhara)地区,(2)希瓦(Khiva)地区;

四、19 世纪:(1)希瓦地区,(2)浩罕(Khokand)地区。

29.1   15 世纪

29.1.1   帖木耳时代

帖木耳(Timur)于 1370 年建立了一个庞大的帝国,其首府为撒马尔罕(Samarkand)。帖木耳致力于首府的建设,发展贸易,并通过恢复水利设备,促进农业的发展。他所采取的措施取得了良好的效果,特别在其后人的时代(1405—1506 年)表现得非常明显。

帖木耳用武力建立的政权,在他死后(1405 年)很快就分裂了。由于帖木耳王朝统治者兄弟之间的不和,这种局面更加严重了。结果帖木耳死后半个世纪,除河中地和呼拉珊(Khrasan)外,只有伊朗的几个省份仍在其后代的手中。

经过一番内斗后,帖木耳之子沙鲁赫(Shahruh)从 1409 年继位为王(在位至 1447 年),同时把其首府从撒马尔罕迁移到赫拉特(Herat),

而把撒马尔罕交给其长子乌鲁伯(Ulugh Beg,1409—1449)治理。国土的其余部分则由家族的其他成员治理。因为他们都承认沙鲁赫的地位,所以王国仍保持统一。这期间河中地和呼拉珊仍能保持安定,相对来说,人民安居乐业(虽从当时的种种史料中,我们仍可看到下层人民受剥削的情况)。

以上的情况促进了科学、文化和文艺以及波斯文学(不久又加上突厥文学)的繁荣。当时的文化中心是撒马尔罕和赫拉特。撒马尔罕的繁荣与乌鲁伯的统治时代相合。在他治下,发展了科学,特别是天文学、数学、几何学。他把诸如 Qadizada Rumi,Mu'inaddin Kasani,Ghiyas-addin Jamshid 等天文学家聘请到他建立的高校任教,并建立了观象台,配备了观测星象的精密仪器,著名的天文表(Zich-i jaded-i Sultani)就是在乌鲁伯的领导下制定出的,表中给出了约 1018 个星座的位置。他也保护了许多诗人,如 Sakkaki,Lutfi 等人。撒马尔罕城作为整个伊斯兰世界的学术中心,就是在乌鲁伯去世后仍未失去其地位。各地追求学识的学子纷纷来到这里的高校求学,其中也包括著名的那瓦依(Al-ishir Nawayi)和贾米(Jami)。

赫拉特于 1363 年曾被帖木耳夷为平地,后又为其子沙鲁赫所重新建设。沙鲁赫虽喜爱文学和爱护诗人,但他本人未曾写过诗。他对历史则非常感兴趣。著名历史学家亚孜狄(Yazdi,《胜利书》〔*Zafarnama*〕一书的作者)就生活在他的宫廷中。15 世纪下半期白卡拉(Husayn Bayqara,1469—1506)当政时代,是该城的繁荣时期,成为当时东方世界最重要的文化中心之一。他建筑了新的华丽宫殿。那瓦依对城市的建设也作出了贡献。

15 世纪也是中亚文学的黄金时期。在帖木耳朝,首先是波斯文学,其次是突厥文学得到了繁荣。这一点在某种程度上要归功于帖木耳朝某些统治者的提倡和保护,他们中有些人也喜爱诗歌。

察哈台文学在 15 世纪下半期,特别在那瓦依的作品中达到了其古典形式的顶峰。比起花拉子模汗国和金帐汗国文学来,察哈台文学表现出明显的多样性。它包含有伊斯兰波斯文学所有诗歌的种类。此

345

外,它还有突厥诗歌特有的如 tuyugh 形式(为押 aaba 韵的四行诗)。在作家诗歌中也见有民间诗歌的影响。

29.1.2 那瓦依的前辈时期

帖木耳时代第一位著名的诗人是萨卡基(Sakkaki)。他生于 14 世纪下半期,死于 15 世纪上半期。他曾是撒马尔罕乌鲁伯的宫廷诗人。根据那瓦依的著作《名人集录》(*Majalisu 'n-nafa'is*),萨卡基出生在河中地,在撒马尔罕,其诗作享有盛名。现存他的作品不多。只有其《诗集》(*Diwan*)的残卷,其唯一写本存于大英博物馆。其中的一首嘎则勒(Ghazel)写道:

> Sakkaki yyghlap köz yashyn yaz yamghury teg yaghdur,
> Yätkürgil any,ay saba,yüzi gül-i handanyma!
> 萨卡基哭泣,泪水像春天的雨水流淌,啊,酒侍,
> 请把美酒拿给我(心爱的),她面庞如微笑的玫瑰!
> Köydürsä ne tang yshq oty Sakkaki wujudyn,
> Nachar köyär pahta,bäli,nar qashynda.
> 多么奇怪,当萨卡基爱情之火烧灼其身体,
> 是的,你看,它就像棉花在火边燃烧。

在那瓦依之前的另一位诗人是鲁特非(Lutfi)。关于其生平,我们知道的很少。只知道他约于 768/1366—1367 年生于赫拉特,死于 867/1462—1463 年,享年 99 岁,死后葬于他家的花园。鲁特非一生追随中亚著名苏非派(Sufism)领袖(sheikh)Shihabaddin Hiyabani 的周围。他除突厥语外,尚精通波斯语和阿拉伯语。他因其突厥语和波斯语诗歌作品而享誉河中地、伊拉克和呼拉珊。那瓦依对他评价甚高,称他为"语词之王"(maliku 'l-kalam)。鲁特非除《诗集》(*Diwan*)外,尚有诗体故事《玫瑰与春天》(*Gul u Nawruz*)存世。受沙鲁赫之令,他曾把亚孜狄的《胜利书》用马斯纳维(masnavi)的形式译为察哈台语。

鲁特非长于写嘎则勒体的抒情诗,诗中常用成语、比喻。如:

> sevingändin gül öz tonygha syghma,
> kim any yüzüngä nisbat qylur.

玫瑰因爱而激动不已，

人们把它与你的面庞相比。

dilbar saghynmaghan jihaty bu firaq emish,

közdin yyraq bolsa, köngüldin yyraq emish.

迪丽巴未想到这是离别，

从眼前走去，就是从心中远去。

鲁特非是创作拉马勒（ramal）格律（－v－／－v－／－v－）的 tuyugh 四行诗的能手：

syndy köngül shishäsi gham tashydyn,

qan sirayat qyldy ich u tashydyn.

qorqaram, sen häm vafasizlar tegin,

bolmaghay sen ichi küfr u tashydyn.

心房的玻璃在愁苦的石头上破碎，

内外都在不停地流血。

我怕你也像无信的人一样，

里外都无信赖。

长诗《玫瑰与春天》的情节如下：纳乌沙德（Navshad）国王法鲁赫（Farruh）有一子，名叫那乌鲁孜（Navruz）。一天他在梦中梦见一美丽少女向他献酒。她的名字叫古丽（Gul），是法尔哈尔（Farhar）国人。于是那乌鲁孜就爱上了梦中的少女，下决心外出去寻找少女。

路上他遇见一商队，队中有一青年，名叫布勒布勒（Bulbul），两人成为朋友。那乌鲁孜从后者那里知道古丽是 Mushkin（Farhar 国苏丹）的女儿，于是派布去古丽那里探听情况。这时古丽正出席宴会，但心中闷闷不乐。于是布勒布勒以那乌鲁孜的名义向她唱求爱的歌。古丽爱上了那乌鲁孜。但她的奶母苏珊（Susan）为此斥责了她。于是古丽拒绝了布的建议。后苏珊后悔自己的行为，同意布介绍古丽认识那乌鲁孜。古丽派布去那乌鲁孜那里。

这时候，那乌鲁孜在朋友走后，陷入巨大的思念痛苦中。在得到他父亲的同意后，那乌鲁孜与布一起来到 Farhar 国，两个恋人在苏珊家中见了面。

一天,中国皇帝的使者来到 Farhar 国,要古丽出嫁中国。Mushkin 苏丹同意让女儿随同使者去中国。那乌鲁孜得知此事后,尾随在使团的后面。在将近中国边境时,在一个风暴之夜,他得到机会找到古丽,两人一起逃走了。但路上他们迷失了道路,又被中国驻守边境的士兵抓获,并被带到中国皇帝的面前。中国皇帝友好地接待了他们,并依照中国的习惯,把他们送到了庙中。但他们二人趁机又逃走了。中国皇帝一气而死。

当这对恋人继续赶路时,在海边他们遇到了巨人和巫师 Najdi。他们上了船,但船遭遇风暴,破沉了。结果二人分离。古丽被浪吹到了阿丁(Aden)国的海岸,被当地苏丹的人救了起来。她冒充是中国的公主。苏丹膝下无子女,于是收她做女儿。这期间那乌鲁孜被风吹到了也门(Yemen)国。在海岸上他遇到了一位年迈的渔夫,后者接待了他。渔夫后来把那乌鲁孜作为奴隶卖给该国的大臣。大臣把他引荐给也门苏丹,受到苏丹的宠爱,在宫中担任了要职。

二苏丹互相敌对,也门苏丹发兵进攻阿丁。这时候,那乌鲁孜被委任为军队的统帅,但他让老将巴赫兰(Bahram)担任统帅。当两军对阵时,巴赫兰叫阵,让阿丁人快快派人出阵对决。这时候,古丽突然出阵,杀死了巴赫兰,并继续向也门人挑战。恰在这时,那乌鲁孜像一头雄狮一样,来到战场。古丽马上认出了他,一下子从马上掉了下来。那乌鲁孜见状后,也大叫一声,从马上摔下,晕了过去。见此情景,周围的人大惊失色,四处逃散。人们向两个晕过去的恋人喷洒香水。二人苏醒后,幸福地互相拥抱。结果双方国王停止了敌对,互相成了朋友。去麦加朝圣的日子到了,那乌鲁孜和古丽一起也去麦加朝圣。

Mushkin 得知其女与那乌鲁孜一起逃走的消息后,派人去寻找,并把此事通知了法鲁赫,但寻找无结果。就在这一年,两位苏丹也到麦加朝圣。就在做 tavaf(围绕 Kaaba 行走)时,两个恋人认出了他们的父亲。两位父亲同意了那乌鲁孜和古丽的婚事。

朝圣回来后,四国的国王集会一起,商量他们儿女的将来。法鲁赫国王提议,四国合为一国,让那乌鲁孜当国王,他们愿意同那乌鲁孜和古丽一起生活,春天住在 Navshad,夏天住在 Farhar,秋天住在也门,冬天住在阿丁。这一建议得到了大家一致的同意。那乌鲁孜把国家治理得繁荣昌盛,并扩大影响直到中国的和田、乌兹别克、拜占庭(Byzanz),甚至到达法国。所有这些地方都向那乌鲁孜送去贡品。

诗作最后以歌颂 Iskander Mirza(伊朗 Shiraz 城国王)结束。这里鲁特非把他看做是其理想的化身,说:"当那乌鲁孜达到自己的目的,他也取得了成功。当他取得了(四)国的土地,他(指 Iskander)也赢得了苏丹们的土地。"

故事中的人物都具有高尚的人格。两位主角那乌鲁孜和古丽战胜一切困难,终成眷属。他们之间爱情的结局不是悲剧性的,而是幸福的。这里他们的父母不是破坏他们幸福的残暴之君。那乌鲁孜忠于爱情。他有战胜一切困难的勇气,他从年少时就热爱科学,追求知识。他善于从困境中寻找出路,他使国家和人民过着幸福的生活。古丽也具有一位美丽妇女所具有的美德。她不仅美丽,而且聪明,有活力。她像男人一样勇敢。当情况需要时,她可以杀死凶猛的狮子或敌军的统帅。她爱恋那乌鲁孜始终如一。她为了爱情,而舍弃了王位。

长诗的格律为 hazaj (v - - - / v - - - / v - -)。

下面再举一段关于风物的描写:

> muhalil yel qopup chayqaldy darya,
> qyyamatdyn qatyq kün boldy payda.
> bulut kökräp yashyn andaq chaqyldy,
> ki darya naft teg otqa yaqyldy.
> Degäy sen chaldy Israfil suryn,
> Vä yahud ashtylar tufan tanuryn.

> 逆风吹起,大海卷起巨浪,
> 比世界末日还坏的日子已出现。
> 乌云翻滚,雷声轰鸣,
> 大海像大火燃烧。

　　　　你说,斯拉非尔要擂起战鼓,

　　　　或者洪水要打开火洞。

　　这一时期的其他诗人尚有:Ata'i, Hujandi(《优雅书》〔*Latafatna-ma*〕),Hwarezmī(《爱情书》〔*Muhabbatnama*〕),Sayyid Ahmad(《爱之书》〔*Ta'ashshuqnama*〕),Gada'i 等人。

29.1.3　那瓦依时代

　　15 世纪上半期,中亚至少存在 3 个文学中心,它们是:撒马尔罕城的乌鲁伯的宫廷、赫拉特城的沙鲁赫的宫廷和设拉孜(Shiraz)城的 Iskander Mirza 的宫廷。15 世纪下半期文学、艺术的中心主要是白卡拉(Husayn Bayqara,沙鲁赫之子)的首府赫拉特。他的长期统治(1469—1506)促进了文化、文学的繁荣。在文学领域,波斯语占统治地位。波斯语在突厥知识界十分普及。那瓦依在其《两种语言的讨论》(*Muhakamatu'l-lughatayn*)中说,这是突厥人在精神方面的优势,而波斯人都不太掌握突厥语。实际情况并不如此。正如土耳其学者阔普鲁律在其专文《察哈台文学》(页 299 以下)中所说,这主要是因为呼拉珊地区城市和农村中波斯居民占优势之故。

　　15 世纪下半期察哈台文学的主要代表人物为白卡拉和那瓦依(Alishir Nawayi)。前者为统治赫拉特的国王,一生生活放纵,嗜酒如命,留有一《诗集》(*Diwan*)和一册文论(*Risala*)。巴布尔在其《回忆录》中,有关于这位统治者的描述。

　　察哈台文学最出色的代表人物是那瓦依,他于 1441 年 2 月生于赫拉特(呼拉珊的首府,现属阿富汗),为一移居该城的回鹘(维吾尔)家庭的后代。其先人曾服务于帖木耳王朝,其父名叫 Kichkinä Bakhshi,为一有学问的人。他的家族也与文学有渊源,其叔父 Mir Sa'id 是诗人,其兄弟 Muhammad Ali 精于音乐,擅长书法,同时也是诗人。那瓦依从小就受到良好的教育,喜爱诗歌。他与白卡拉是同窗好友。

　　那瓦依曾被迫中断学业。沙鲁赫死后(1447 年),赫拉特一度陷于混乱中。那瓦依一家被迫离开赫拉特,流亡到伊拉克。他们曾路经 Taft 城,那里生活着著名的历史学家亚孜狄(Sharafaddin Ali Yazdi)。

那瓦依在《名人集录》(*Majalisu 'n-nafa'is*)一书第二章中谈到他见到亚孜狄的情况。他们下榻的旅馆的近处是亚孜狄的修道院。一天早上,孩子们去修道院的庭中玩耍。亚孜狄想知道他们是谁。当他呼唤孩子们时,只有那瓦依走近,并回答了问题。亚氏称赞了那瓦依。那瓦依的父亲和其他大人也都走了过来,向学者致敬。这时那瓦依才知道那人就是大名鼎鼎的亚孜狄。

1452 年呼拉珊恢复秩序后,那瓦依一家又回到了赫拉特。他父亲被派往 Sabzavar 任地方官(hakim),那瓦依留在赫拉特继续学业。

1456 年 10 月国王 Abu'l-Qasim Qabur 去 Meshhed,白卡拉与那瓦依陪同。1458 年 3 月国王去世,白卡拉去了谋夫(Merv),而那瓦依仍留在 Meshhed,继续学业。他住在依麻木 Riza-Medrese 学院,那里有藏书丰富的图书馆,他还在那里结识了许多著名的学者和诗人。

1464 年那瓦依回到了赫拉特。后来,由于某种原因,那瓦依来到撒马尔罕。他在其《真实的惊奇》(*Hayratu al-abrar*)第 11 章中谈到他年轻时在该城遭遇到的贫困。他在 Ahmad Haji Beg 的帮助下,最后在 Fazlullah Abu'l-Laisi 学院安顿了下来,并在那里学习了两年。

当白卡拉在 Abu Sa'id 死后(1469 年)继承呼拉珊王位时,他马上请其友人那瓦依回到赫拉特。那瓦依在"糖节"(Shakar Bayrami,4 月 14 日)到达赫拉特,并当即作为礼物呈上他的著名赞诗(qasida)*Hilaliya*(《白屈菜》)。

那瓦依的官员生活从此开始。开始时(1469 年)他的官位并不高,为掌印官(muhrdar)。1472 年任政府顾问官,负责处理有关突厥民众的事务。

从 1482 年起,那瓦依逐渐不大过问政务。在 1483—1485 年间,他主要从事他的巨著《五部书》(*Hamsa*)的写作。1487 年那瓦依被派到 Astrabad,做了 15 个月的地方官。回到赫拉特后,被任为"近侍官"(muqarrab al-hazrat as-sultani)的闲职。

那瓦依从此全身心地投入了创作。在 1488—1501 年间,他完成了 11 部著作,并完成了他的 4 个文集(Diwan)的编著工作。

那瓦依因心脏病发作,死于 1501 年 1 月 3 日。7 天后国家为他举行了突厥式的葬礼(ash),国王、王子及众多名人出席了葬礼。那瓦依一生未婚。

那瓦依一生尊波斯伟大诗人、学者贾米(Jami)为师。后者也极力称赞其学生的天赋和人道主义。那瓦依生前并积极从事社会公益事业,修建学校、医院、礼拜寺、旅店等等。他生前尽力保护了许多文学家、诗人、艺术家。

那瓦依一生共留下 30 种著作,其中 2 种为用波斯语写成,一为诗集(Diwan)(1496 年),一为《谜之书》(*Risala-i mu'amma*,1492 年)。其波斯语著作的笔名为 Fani。

那瓦依的第一部诗集(Diwan)由别人编成。诗人自己编写的第一部诗集名叫《开始的新事物》(*Bada'i'u'l-bidaya*),收入 842 首诗作。他亲自编写的另一部诗集名叫《结束的稀少》(*Navadiru'n-nihaya*)。

最后一部诗集名叫《意义的宝库》(*Haza'inu'l-ma'ni*),作成于诗人的晚年。它又分为 4 集,按照诗人的 4 个年龄段,分别编为:(1)《童年的特殊》(*Gara'ibu's-sighar*),收入诗人 20 岁前的诗作;(2)《青年时期的少见》(*Naradiru'sh-shahab*),收入 20—35 岁的诗作;(3)《成年的新事》(*Bada'iu'l-vasat*),收入 35—45 岁的诗作;(4)《年迈的益处》(*Fava'idu'l-kibar*),收入 45—60 岁的诗作。这些文集也以《四部集》(*Chahardiwan*)闻名。

那瓦依另一伟大的作品为《五部书》(*Hamsa*),完成于 1483—1485 年。

在那瓦依以前,波斯诗人 Nizami 和 Amir Husrav Dihlavi 虽已写有《五部书》,但那瓦依的《五部书》并不是模仿前人之作,而是赋予每部书以新的文采。《五部书》的名字如下:

第一部名叫《真实的惊奇》(*Hayratual-abhrar*),完成于 1483 年,共约 4000 个双行诗,格律为 sari'(– vv – / – vv – / – v –)。

第二部为名叫《法尔哈德和西琳》(*Farhad u Shirin*)的爱情叙事诗,共约 5780 个双行诗。格律为 hazaj(v – – – /v – – – /v – –)。长

诗由 53 章组成,前 10 章为导言,正文从第 11 章开始。故事内容简介如下:

中国皇帝名扬四海,是位正义的统治者。但他有件遗憾的事,就是膝下无子。最后上天听到他的乞求,赐予他一子,名叫法尔哈德。此子天赋极高,10 岁时已学会所有学科,并精于武艺和骑马术,14 岁时已完全成为一个男子汉。但法尔哈德常感闷闷不乐。皇帝为了让儿子快乐,于是让人修建了 4 座瑰丽的宫殿。王子对建筑工程很感兴趣。他从 Qarun 处学习加工石料的技术,从 Mani 处学习绘画。但王子对在四季宫中的生活并不满足。于是皇帝决定把王位让给儿子,但被儿子拒绝了。

一天,皇帝向法尔哈德展示国库中的珍宝,其中一个盒子引起了王子的注意。盒子中有亚历山大(Iskandar)的魔镜,这个魔镜可向窥看的人展示其命运。但盒子的盖子打不开。听说只有住在希腊一洞中的智者苏克拉底(Sokrates)知道打开盒子的秘密,于是王子要去希腊寻找这个秘密。经过长时间的犹豫后,皇帝终于同意派人陪同王子去希腊。

经过长途跋涉,他们终于到达希腊的山上,并从智者 Suhayl 处得知苏克拉底居住的洞穴所在地和到达那里的道路。但路上有许多艰难险阻,其中之一是口喷火焰的毒龙。法尔哈德让同伴回去,他只身前往。他用 23 根利箭射杀了火龙,进入了洞中。在那里他读到了这样的碑文:“谁杀死火龙,进入洞中,要搬走一块大的圆石。石下有宝物,然后拿取石下的剑和盾。”法尔哈德取得苏来曼魔剑和魔盾后,返回到同伴处。第二个危险是巨人 Ahriman。法尔哈德用苏来曼剑和盾战胜了巨人,并在他的宫中得到了苏来曼指环,把它戴在自己的指上。第三个任务是到达被魔法看守的亚历山大宫,找到魔镜。法尔哈德在 Chidher 的帮助下,完成了任务。魔镜向他展示了去苏克拉底洞穴的道路。法尔哈德找到苏克拉底,并从他那里知道如何打开盒子的秘密后,就回到了中国。法尔哈德打开盒子后,在盒子中看到一幅草地、山崖和人们在山中开凿运河的情景。此外,他在镜中还看到了自己和一位美丽的少女。法尔哈德马上爱上了那位少女,并失去了知觉。当他苏醒过来时,已不见少女的踪影。

对少女的思念使法尔哈德病倒了。根据医生的建议,皇帝把法尔哈德送到一个气候好的岛上疗养。但途中发生了船毁事件,巨浪把法尔哈德卷走,被一商船救起。后商船又遇见海盗,法尔哈德战胜了海盗,最后到达了也门(Yemen)。在这里,法尔哈德结识了一个见多识广,名叫沙普尔(Shapur)的人。法尔哈德未告诉他的朋友关于他的身份和镜子的事,只说他梦见一个美丽的地方,现在他要去那里。沙普尔告诉法尔哈德那个地方就是阿尔明尼亚(Armenia)。

法尔哈德和沙普尔二人一起去了阿尔明尼亚,并找到了要找的地方。当地人民正在开凿一条运河,要把水引到女王 Mihin Banu 的宫中。当法尔哈德看到人们使用原始工具开凿运河,不可能完成任务时,就主动帮助他们制造新式的工具。用新式工具,一天可以完成 200 个工人在 3 年中也完成不了的工程。法尔哈德的本领很快就传到了宫中。于是女王和侄女西琳一起来到工地,观看这位外来的匠人是如何工作的。当法尔哈德认出西琳就是他在魔镜中看到的那位美女时,马上晕了过去。他被抬到宫中。西琳和沙普尔在旁守候了两天两夜。当第三夜,两位守护人打瞌睡时,法尔哈德苏醒过来,他羞愧难当,于是马上离开了宫廷,来到了工地。在法尔哈德的努力下,工程很快就完成了。运河起用的那天,西琳骑的马突然失蹄跌倒。法尔哈德迅速跑过去,把人和马一起背过了运河。人们为运河完工举行了庆祝宴会。宴会上法尔哈德与 10 位少女进行文艺比赛,并一一战胜了她们。这时西琳在屏幕后观看,激动地从屏幕后走出,坐在法尔哈德的身旁,两人欢喜不止。但西琳怕人们议论,不敢嫁给法尔哈德。法尔哈德变得神经错乱。

这时候,伊朗国王胡斯劳(Husrav)派人来向西琳求婚,遭到拒绝,于是发兵侵犯阿尔明尼亚国,兵围 Mihin Banu 女王的城堡。法尔哈德发射巨石,轰击敌人。敌人设计俘获了法尔哈德,把他送到胡斯劳处。胡斯劳要求法尔哈德放弃对西琳的爱情,并把他囚禁在一城堡中。这时法尔哈德记起苏克拉底教给他的一句魔语,以此解开了镣铐,牢门也自动地打开。法尔哈德自由地在附近闲逛,看守人因喜欢他,也不加干涉。

西琳思念法尔哈德。依照沙普尔的提议,她写信给法尔哈德。胡斯劳得知此事后,下令捉拿传送信件的人,沙普尔被捉。胡斯劳从信中知道西琳热恋着法尔哈德,而讨厌他本人,于是他让一老妪对法尔哈德谎说西琳已自杀身亡。法尔哈德听后,神经错乱,坠崖而亡。

于是胡斯劳再次求婚。西琳应 Mihin Banu 的请求,同意了婚事。她被带到法尔哈德亲手建设的一城堡中。人们聚集来欣赏她的美貌。胡斯劳的儿子西路亚(Shiruya)看到西琳后,也马上爱上了她。于是西路亚杀死其父,向西琳求婚。西琳提出了条件,让他把法尔哈德的遗体送到她的房间。她紧紧抱住法尔哈德,睡在他的身旁,后因过度悲伤而死去。西琳的死震惊了 Mihin Banu,她也死去。这时候,法尔哈德的父亲也在中国去世。法尔哈德的弟弟继位,听到在阿尔明尼亚国发生的一切后,派大臣巴赫兰(Bahram,他是法尔哈德的友人)去征讨西路亚。西路亚投降。巴赫兰让 Mihin Banu 的一个亲属继承阿尔明尼亚的王位。巴赫兰也未返回中国,而是和沙普尔一起做了隐者,在法尔哈德和西琳的墓前了却了余生。长诗以悲剧结局而结束。

第三部完成于 1484 年,名叫《莱拉与马季农》(*Layla u Majnun*),约为 3500 个双行诗,格律为 hazaj 的变体(v − − −/v − − −/v − −)。

第四部名叫《七星座》(*Sab'a-i sayyara*),约 5000 个双行诗,格律为 hafif(vv − −/v − v −/vv −)。

第五部名叫《亚历山大的城墙》(*Sad-i Iskandari*),作于 1485 年,约 7000 个双行诗,格律为 mutaqarib(v − −/v − −/v − −/v −)。

此外,那瓦依在完成《五部书》之前,尚写有 2 部著作。一是完成贾米《四十遗训》的翻译,名叫 *Chilil Hadis*(1481 年)。另一作品名叫《捐赠》(*Vaqfiya*),为散文体(夹有诗句),叙述了那瓦依一生捐助的公益建筑。

在完成《五部书》后,那瓦依又翻译了据说是 Imam Ali 的箴言集

《珍珠的散落》(*Nasru'l-la'ali*),改名为《宝石的串起》(*Nazmu'l-javahir*,1485 年)。

那瓦依从 Astrabad 回到赫拉特后,完成了一部小的散文著作《伊朗国王的历史》(*Tarih-i muluk-i Ajam*,1488 年)。

1490—1491 年,那瓦依开始撰写著名的文学史著作《名人集录》(*Majalisu 'n-nafa'is*)。这是一部对研究 15 世纪中亚察哈台、波斯文学具有重要意义的著作。

在文学史著作中还应提到他的《Sayyid Hasan Ardashir 的生平》(*Halat-i Sayyid Hasan Ardashir*,1490—1491 年)及《Pahlavan Muhammad 的生平》(*Halat-i Pahlavan Muhammad*,1494—1495 年)。

那瓦依的《诗律的天平》(*Mizanu 'l-avzan*)一书为讨论阿拉伯、波斯诗歌格律"阿鲁孜"(aruz)的专著,书中也涉及一些突厥诗歌特有的形式,如 tuyugh,qashuq,turki 等。

1499—1500 年那瓦依完成了名著《两种语言的评论》(*Muhakama-tu 'l-lughatayn*)。在此书中,他为突厥语丰富表现力而辩护。

那瓦依的最后一部著作为《心之所爱》(*Mahbubu'l-qulub*,1500 年),为押韵的散文体,其中夹有许多诗句,令人想起萨迪(Sa'di)的《玫瑰园》(*Gulistan*)和贾米(Jami)的《春园》(*Baharistan*)。

总之,那瓦依是使用突厥语各民族的骄傲,他的影响远达整个中亚(包括金帐汗国)、印度和小亚细亚的土耳其。

属于这一时期的第三位诗人,为哈米迪(Hamidi)及其长诗《尤素甫和扎里哈》(*Yusuf u Zaliha*)。

29.2 16 世纪

29.2.1 河中地舍班尼朝(Shaybanid)时代

以克普恰克(Qypchaq)部大汗乌兹别克(Özbek,1312—1340 年)名字为名的乌兹别克人原住在河中地的北部。15 世纪时在术赤(Juchi)后代 Abu'l-Hayr(死于 1462 年)的领导下,乌兹别克人强大起来。在其孙子舍班尼(Shaybani,1451—1510年)时代,乌兹别克人变得十分强大,侵占了布哈拉和撒马尔罕,在白卡拉死后(1506年)并占领了赫拉特。舍班尼朝存在于1506—1598年间。它完全继承了在中亚流行的书面语——察哈台语。这一时期的重要诗人,就是舍班尼本人。他生于1451年,在其祖父阿布哈依尔死后,继位为汗,其重要著作为他的诗集(Diwan)。这里只举他讥笑 Ürgänch 人的一首柔巴依(ruba'i)小诗为例:

> ürgänch ichidä barchasy jahil ermish,
>
> Islam yolyda barchasy kahil ermish,
>
> mundagh Shibani kelip turghanda,
>
> lutfidin anyng barchasy ghafil ermish。
>
> 在乌尔干赤所有人都无知,
>
> 对伊斯兰的事业摇摆不定,
>
> 当舍班尼到来时,
>
> 也无人知道他的思想。

其他诗人尚有 Muhammad Salih,Ubaydallah Khan 等人。

29.2.2　费尔干和喀什地区

察哈台书面语也是费尔干和喀什地区的书面语。这时期统治喀什的两位汗 Sa'id Han(死于1533年)和其子 Abd ar-Rashid Han 也都是诗人,写有察哈台语和波斯语的作品,可惜未能流传下来。此外,这里要特别提到著名历史学家 Haydar Mirza Dughlat(1499—1551年)。他是莫乌勒斯坦(Moghulstan)汗尤奴斯(Yunus)汗的孙子和著名的巴布尔(Babur)的表兄弟。他是名著《拉施德史》(*Tarikh-i Rashidi*,对研究14—16世纪中亚历史具有重要的意义)的作者。该书原用波斯语写成,后由他本人译为察哈台语。该书由两部分组成:(1)察哈台朝历史,从 Tughlugh Timur 汗即位(1347—1348年)写起;(2)个人的经历。他的另一察哈台语著作为《世界之书》(*Jahannama*)。

29.2.3　巴布尔及其后继人

巴布尔(Zahiraddin Muhammad Babur)在中亚争夺权力的斗争失败

后,于1526年在印度建立了大蒙兀儿国。从那时以后,在几百年间,突厥语和波斯语一起成为印度的重要书面语之一。巴布尔是继那瓦依之后最伟大的作家。他于1483年生于Ahsi(费尔干地区),1530年死于当时印度首府Agra。巴布尔不仅是一位卓越的政治家、诗人,更是一名突出的突厥语散文作家。他的回忆录《巴布尔之书》(*Baburnama*)享誉世界。全书由3部分组成:(1)费尔干时期(1494—1503年);(2)喀布尔时期(1505—1508及1519—1520年);(3)印度时期(1525—1529年)。书中讲述的时代,从其童年起,一直到他生命的最后时刻,实际上该书也是他的自传,具有重要的文学和历史价值。巴布尔的回忆录可称为中亚文化的宝库,它不仅为研究费尔干、河中地、阿富汗、印度的历史、地理提供了宝贵的材料,而且为研究16世纪上半期突厥人、蒙兀尔人、阿富汗人、印度人的生活习惯、民间文学和文化提供了材料。其语言自然流畅,堪称突厥语散文的典范。

关于《巴布尔之书》有下列容易找到的本子:(印度)Haydarabad本子,由Annette S Beveridge刊布:The Babur-Nama, being the autobiography of the Emperor Babar, the founder of the Moghul Dynasty in India, written in Chaghatay Turkish; now reproduced in facsimile from a manuscript belonging to the late Sir Salar Jang of Haydarabad, and edited with a preface and indexes(= Gibb Memorial Series Ⅰ), London-Leiden, 1905; 1993年由美国哈佛大学中近东语言文化系刊布的察哈台文拉丁字母转写本和英文译文(Z. M. Babur Mirza: Baburname);由著名突厥学家Reshit Rahmeti Arat于1943年刊布的现代土耳其语译文(Gazi Zahiruddin Muhammed Babur: Vekayi—Babur'un Hatirati);不久前由日本间野英二教授刊布的日文译本;以及1997年由王治来根据俄文本翻译的中文本;等等。

29.3　17—18世纪

舍班尼朝(Shaybanid)末代统治者阿不都拉(Abdallah)最后一次统

一了中亚地区(华拉子模、布哈拉、巴勒赫、撒马尔罕、塔什干),通过建立高等学校(madrasa)和修筑水利,对该地区的文化和经济建设作出了贡献。1598 年他去世后,舍班尼朝为阿斯塔尔罕朝(Astarkhanid)所取代。后者统治布哈拉汗国直到 1785 年。

一方面受到游牧的哈萨克人和卡尔梅克蒙古人的入侵,另一方面由于乌兹别克部落头目的不服从,导致了布哈拉汗国政权的衰微及华拉子模,即希瓦(Khiwa)汗国的崛起。由于个别统治者如 Abd al-Aziz Khan(1645—1680)的努力,其后继者 Subhan Quli Khan(1680—1702)一度曾把其权力扩大到华拉子模、费尔干和喀什。但他未能打破乌兹别克贵族的权力和统一中亚突厥人。乌兹别克贵族仍是独立的,政权实际上掌握在所谓 Ataliq(大臣〔Vezir〕)手中。1709 年乌兹别克苏丹国(浩罕汗国)从布哈拉汗国独立出去只是这种态势的自然结果。

经济状况的混乱加重了政治和行政的崩溃;连年的战争导致水利设施的破坏和年久失修;中亚的通道贸易由于转向西伯利亚通道和新的海路发现而进一步走向衰败;税务繁重,人民生活困难、贫困;居民的文化生活水平低下;伊斯兰教在当地生活中的作用越来越重要,在数量很少的高等学校中只教授神学方面的课程。在华拉子模地区,稍后在 17 世纪也在费尔干、喀什地区,察哈台语比波斯语更占优势,而在布哈拉地区波斯语不论在行政还是文学方面都占有优势。

目前对 17—18(包括 19)世纪察哈台文献的研究尚处于起步阶段,对其尚缺少编目登记,大部分文献尚未刊布。一些作家只知道名字,其作品尚未发现,或者只知道作品的名字,而不知道其作者。可喜的是近年来乌兹别克斯坦学者在这方面取得了突出的成绩。

17—18 世纪的察哈台语文献多为诗歌,散文作品不多,科学作品只有少数为人们所知。17 世纪最有名的察哈台语作家为希瓦汗国的 Abul 'l-Ghazi Bahadur Khan。他于 1603 年生于汗国的首府 Ürgänch。经过许多挫折失败后,他最终登上汗位(1644—1663)。阿不勒哈兹是位受到良好教育的人。他精通波斯语、阿拉伯语,并对突厥历史具有丰富的知识。他一生撰写了 2 部重要的关于突厥历史的著作:《土库曼世系》(*Shajara-i Tarakima*)和《突厥世系》(*Shajara-i Turk*),后一书因其去世由其子阿奴沙汗(Anusha Han)完成。《土库曼世系》为参考波斯史家拉施德艾丁(Rashidaddin)和其他 20 种史书撰写的关于土库曼乌古斯人的历史,具有很强的传说色彩。《突厥世系》一书的内容除讲述突厥、蒙古历史外,主要叙述 Yadgaroghli 汗以后舍班尼后代统治华拉子模的历史。内容为从亚当(Adam)到成吉思汗的历史,成吉思汗及其子孙的历史,土兰(Turan,广义的中亚)、哈萨克斯坦、克里米亚、中亚(河中地)以及华拉子模地区舍班尼朝的历史。该书的第一部分取自拉施德艾丁的世界史,但有所补订。他说他在撰写此书时参考了 17 种关于成吉思汗的书籍(Chengiznama)。两书的语言简朴、易懂。例如他在《土库曼世系》一书的导言中谈到他为什么要用突厥语写作时说:Bu kitapni oqughuchi vä tinglaghuchi albatta türk bolghusi turur. Bäs türklärgä türkäna aytmaq käräk,tä olarning barchasi fahm qilghaylar(ed. Kononov, p. 1)(此书的读者和听者当然都是突厥人,为了让他们明白,人们对突厥人应讲突厥语)。他在《突厥世系》一书中又说:Bu tarihni yaxshi vä yaman barchalari bilsun tep türki tili birlän ayttim. Türkini häm andaq ay-tip men kim besh yashar oghlan tüshünür(为了让所有的人都能理解,我用突厥语讲述了此历史书。我使用的突厥语,连 5 岁的孩子也能明白)。

   阿布勒哈兹与巴布尔有许多共同点:两个人都是当权的统治者,都留下了自己撰写的著作,都使用简朴的突厥语。不同点是后者撰写了回忆录,前者撰写了历史著作。在精神世界方面后者高于前者(参见意大利著名突厥学家 Bombaci《突厥文学史》,页 199)。

   关于《突厥世系》比较好找的本子是法文译本:Petr I. Desmaisons: *Histoire des Mongols et des Tatares par Aboul-Ghazi Behadour Khan*, St.-Pe-tersbourg,1871(我国有罗贤佑的中文译本:《突厥世系》,中华书局,2005);关于《土库曼世系》有 A. N. Kononov 于 1958 年刊布的俄文本,题作 *Rodoslovnaya Turkmen. Sochinenie Abu-l-Gazi Khana Khivinskogo*, Moskva-Leningrad,1958(书中并附有对于该书的语法研究)。

29.4　19 世纪

一般说来,中亚的衰败情况在 19 世纪中仍在继续。三汗国(布哈拉、希瓦、浩罕)常年的内争削弱了它们反抗俄罗斯的力量。1876 年俄国完成了对整个中亚的合并。这期间值得一提的作者(诗人)有希瓦地区的 Mu'nis, Agahi, Kamil;浩罕地区的 'Umar Khan 及其子 Muhammad Ali Khan 及女诗人 Nadira, Mahzuna, Uvaysi 等;最后还要提到当时比较有名的作家 Gulhani, Haziq, Mahmur, Muqimi 以及 Furqat(此人经过长期的流浪生活,最后于 1893 年定居在我国新疆的莎车城,1909 年在当地去世)等人。[1]

〔1〕这里,我想起一件非常遗憾的事情:1953 年酷暑假期,我挥汗从乌兹别克文翻译了 Mallayev 的《乌兹别克文学史》(*Uzbek Adabiyati Tarihi*)全书(此书实际上是本关于察哈台文学史的书),后交给人民文学出版社,就石沉大海般地丢失了(我也未留底稿)。后来我从意大利学者 Bombaci 的《突厥文学史》一书中得知,这是一本他本人也给予很高评价的书。关于 18—19 世纪在新疆撰写的察哈台语文献,请参考拙文《现存阿拉伯字母文字维吾尔语主要文献》,载拙著《新疆历史与文化概论》,中央民族大学出版社,2006 年,页 325 – 331。

·欧·亚·历·史·文·化·文·库·

30 试论维吾尔语书面语的发展

维吾尔语书面语从我们确知的最早文献(8 世纪的鄂尔浑如尼文文献)算起,已有一千多年的历史。本文试就目前所掌握的材料,结合本族人民的历史,对维吾尔语书面语发展的几个主要阶段作初步的探讨。

30.1 古代维吾尔语书面语的特点

汉文史籍上,对维吾尔人民的自称——Uyghur 一词在不同时代用不同的汉字转写:隋代写韦纥,唐、宋时写回纥、回鹘(或迴鹘),元以后写畏兀儿(或畏兀),现代则改写为维吾尔。

根据史料的记载,7 世纪到 8 世纪时,维吾尔人游牧在今蒙古人民共和国的色楞格河(Selenga)及鄂尔浑河(Orhun)流域一带。8 世纪中期(744 年)后,维吾尔取代突厥的地位崛起于漠北,建立了强盛一时的封建游牧性质的回纥汗国。840 年在黠戛斯人(今之柯尔克孜)的攻击下,汗国崩溃,维吾尔人一部分留居原地,另一部分分别往南往西两个方向迁移。向南的迁至甘肃的河西走廊,后来发展为现在的裕固族(Sarygh Yughur < Sarygh Uyghur"黄维吾尔");向西的迁到了新疆,越过天山进入吐鲁番盆地,以后逐渐遍及南疆各地。

在鄂尔浑时期,用维吾尔语写成的第一批文献产生了,文字是用在此以前已为突厥人使用的鄂尔浑如尼文(它的得名是因为用这种文字写成的碑铭主要在鄂尔浑河流域发现,而其字形又很近似古代北欧如尼文)。这个时期的文献现存的主要有"回纥英武威远毗伽可汗(747—759)碑"(又称"葛勒可汗碑"或"磨延啜碑")、"九姓回鹘爱登里罗泊没密施合毗伽可汗(Toquz uyghur tängridä bolmïš alp bilgä qaghan)圣文神武碑"（一般简称为九姓回鹘可汗碑)[1] 以及所谓的"苏吉(Suji)碑"等。

文献的性质(墓志铭)说明,这一时期维吾尔语书面语使用的范围还有很大的局限性。从语言特点方面看,它与稍前的东突厥汗国时代的文献(如著名的"阙特勤碑"、"毗伽可汗碑"、"暾欲谷碑"等)的语言基本上没有什么差别。其主要特点可归纳如下:

语音方面:

(1)元音之间及音节尾古音 d 的保留。例如:adaq"脚",bädük "大",qod-"放,置";比较现代维吾尔语的 ayaq,büyük,qoy-。

(2)元音之间及音节尾古音 b 的保留。例如:säbin-"喜悦",sub "水",äb"房子,家";比较现代维吾尔语的 söyün-(< söwün- < säwün- < säbin-),suy-im"我的水"(< suwïm < subïm),öy(< öw < äw < äb)。

(3)前、后窄元音 i 和 ï 的区分。例如:at-ïm"我的马",yärim ~ yir-im"我的土地";比较现代维吾尔语的 et-im(< at-ïm),yer-im(< yär-im)。在现代维吾尔语里 i 和 ï 约在 15 世纪后已合并成一个音位,没有区分。

(4)带有第三人称领属附加字 -i/-ï ~ si/-sï 的名词后如加格附加字时,在领属附加字和格附加字之间出现嵌音 -n-,例如:ič-i-n-dä"在其内部";比较现代维吾尔语的 ič-dä。

语法方面:

(1)名词的客体格附加字为 -(i) g/-(ï) ɣ,例如:altun-ïɣ"把金子",tämür-ig"把铁";比较现代维吾尔语的 altun-ni,tömür-ni。

(2)使用特殊的工具格附加字 -(i) n/-(ï) n,例如:tämürr-in"用铁";现代维吾尔语则用后置词 bilän。古代工具格附加字只保留在少数时间副词中:qïš"在冬天",yazïn"在夏天"。

(3)位格和从格附加字不加区分,都用 -dä/-da ~ -tä/-ta 表示:an-ta kidin"那以后";比较现代维吾尔语的 an-din kiyin。

---

[1]此碑一般认为属回鹘保义可汗(808—821)时代。

（4）使用特殊的方向格附加字 -gärü/-ɣaru，-kärü/-qaru（意义不同于抽象的与格附加字 -ga/-ɣa，kä/qa），例如：tabɣač qaru"向中国"；比较现代维吾尔语的 juŋgo-ɣa。古代方向格附加字只保留在现代维吾尔语的少数方位副词中：yuquri"上面"（<*yo/*yu-qaru），ilgeri"前面"（<il-gärü）。

（5）使用 -(i)pan/-(ï)pan 形式的副动词，例如：bar-ïpan"去"；比较现代维吾尔语的 berip（<barip<barïp）。

（6）动词的条件式附加字为 -sär/-sar，例如：bar-sar"如果他去"；比较现代维吾尔语的 bar-sa。

（7）使用独特形式的形动词 -täči/-tačï，-(i)gmä/-(ï)ɣma，例如：qïl-tačï"要做的"，bar-rïɣa"要去的"。

词汇方面：

有许多已为现代维吾尔语不用的古语词，例如：ögüz"河流"，sü"军队"，bodun"人民"，balïq"城市"等。除有少数汉语借词（如 quŋčui"公主"，sängün"将军"等）外，其他语言借词很少。[1]

30.2　西迁后中古维吾尔语书面语的特点

19 世纪末 20 世纪初以来，新疆南部地区古代原居民语言文献的发现，使我们对这个地区古代的居民及其语言的分布、使用情况有了比较清楚的认识。大致说来，塔里木以南的和田到巴楚一带（包括喀什）为古和田人的住地，使用一种中古伊兰语的东部方言，也就是通常所说的古和田语（或称和田—塞种语）；塔里木以北的龟兹（今库车）、焉耆、吐鲁番地区的居民则使用一种不同于古和田语而在印欧语系中

---

〔1〕另外，我们认为鄂尔浑时期的古代维吾尔语是属于 s 音化的语言（不同于现代维吾尔语属于 š 音化语言），有三点理由：（1）现代裕固语也为 s 音化语言：kisi"人"，bes"五"，Gus"鸟"（比较现代维吾尔语的"kiši，bäš，quš"）。（2）"磨延啜碑"中许多词以 s 代替现代维吾尔语的 š：tüs-"落下"，bisinč"第五"（但另一些词也有为 š 的）。（3）西迁后初期写成的摩尼教文献（如"摩尼教徒忏悔词"）及大部分早期回鹘文佛教文献中 s，š 不分。

占独特位置的所谓"吐火罗"语。[1] 此外,在吐鲁番等地还有不少汉族人、粟特人居住。[2]

840年,当维吾尔人越过天山进入南疆地区后,在当地原居民较高文化的影响下,逐渐从游牧转向定居的农业生活,再经过一段融合、吸收的过程,创造了以吐鲁番盆地为中心的9世纪到13世纪的光辉的"回鹘文明"。另一部分维吾尔人(以牙格马〔Yaxma〕部为核心)于10世纪末以喀什为中心建立了著名的黑汗王朝。

应当指出,南疆地区突厥化的过程并不是只在9世纪中期维吾尔人西迁以后才开始的。史料表明,早在西突厥汗国初期(6世纪中叶后),地接各突厥游牧部落的吐鲁番、焉耆、库车就已开始了这一过程。7世纪末到8世纪中期,上述3个地区又包括在操突厥语的突骑施(Türgiš)人的影响范围内。吐鲁番地区出土的用所谓回鹘文(更确切些应称为后期粟特文)铸成的突骑施钱币及吐鲁番发现的属于8世纪的突厥语文献也有力地说明了这一点。[3]

在此以后,对这一进程影响较大的是另一突厥部落——葛逻禄(Qarluq)人。历史上,葛逻禄人曾与维吾尔人发生过密切的关系,其语言也十分接近古代维吾尔语(当然存有某些方言差别)。根据汉文、古代维吾尔文史料及波斯史家 Muhammad Awfi 的记载,葛逻禄人在8世纪初期曾与维吾尔人建立过联盟关系,共灭东突厥汗国,以后,葛逻禄脱离联盟,西迁到今七河流域。[4]

关于葛逻禄人进入南疆地区的情况、时代我们虽无具体史实说

---

〔1〕由于近年来新的发现和研究,现已肯定真正的吐火罗语为古代居住在阿富汗北部的居民的语言,与古和田语一样,它是一种中古伊兰语东部方言,现学界一般称之为大夏语。为此,以前误称为"吐火罗语"(分甲、乙两方言)的新疆地区的古语言应分别改称古代焉耆语、古代龟兹语。

〔2〕如5—7世纪金城(今兰州)汉族人鞠嘉建立的高昌(吐鲁番)鞠氏王朝曾存在近一个半世纪之久(498—640年)。

〔3〕参见《羽田博士史学论文集》下卷,24—26页;A. von Gabain: *Alt-türkisches Schrifttum*(《古代突厥文献》),1950年。F. W. K. Müller: *Uigurica* Ⅱ,s. 95.

〔4〕参见《新唐书·葛逻禄传》;"磨延啜碑"北面第11行(载 С. Е. Малов: *памятники Древнетюркской Письменности Монголии и Киргизии*〔《蒙古和吉尔吉斯古代突厥碑文》〕,1959);В. В. Бартольд: *Туркестан в эпоху Монгольского Нашествания*(《蒙古入侵时期的突厥斯坦》),第100页译自 Awfi《故事集》(*Jawqmi' al-Hikqyat*)一书的材料。

明，但阿拉伯、波斯史家报道，早在 8 世纪时葛逻禄人已出现在毗邻南疆喀什地区的费尔干盆地。[1] 10 世纪成书的波斯地理学著作《世界的边地》谈到南疆的乌什是葛逻禄人的住地。[2] 此外，该书又给我们描绘了当时天山以南地区各突厥部落分布的大致情况：牙格马部居住在以喀什为中心的最南边，北边是维吾尔部（原书称 Toquzɣuz），中间是葛逻禄部。

综上所述，可以认为，新疆南部地区突厥化的过程开始于 6、7 世纪西突厥及稍后突骑施统治的时代，8 世纪中期葛逻禄人及随后维吾尔人进入该地区后，又大大加速了这一进程。外来民族与当地原居民同化、融合的结果是，以维吾尔语、葛逻禄语为核心的突厥语（严格说来它们只不过是古代东部突厥语的两个方言）成为当地的通行语言，原居民的语言逐渐废弃不用，但给前者以某些影响，留有一定的痕迹（这一点下文将谈到）。

这样，至迟到 11 世纪末，突厥语作为当地通用的语言已基本上普及南疆各地。说明这点的最好的材料是 11 世纪维吾尔著名语言学家马·喀什噶里（Mahmud Kašɣarī）在其巨著《突厥语词典》里的导言中所谈到的情况：喀什噶里时代（11 世纪下半期）在南部的喀什地区突厥语已占绝对优势地位，但原居民的语言还未完全退出历史舞台，例如他曾这样写道："……粟特人（Suɣdaq）、känčäk 人（怯沙？）像 Arɣu 人一样说两种语言（指突厥语及本族母语——本文作者按）……藏人和和田人都不大懂突厥语……在喀什有说 känčäk 语的村子，居住在城市中的人则说王朝（指黑汗王朝——本文作者按）突厥语。"[3] 另外，现在我们所见到的 10 世纪下半期（958—972 年）的古和田语文献[4]也证明了这一点。

---

〔1〕*Исторпя Узбекской ССР*，T. I，238 页，1955 年。

〔2〕V. Minorsky：Hudud al－Alam，"The Regions of the World"，*A Persian Geography*，98 页，1937 年。

〔3〕Махмуд Кошгарий：*Девону луготиттурк*（乌兹别克文译本），T. I. 65－66 页，1960 年。

〔4〕K. Groenbech：*Monumenta linguarum Asia Maiors*，T. Ⅱ（古和田语佛教文献）中 H. Bailey 之导言，Ⅺ页，1938 年。

在 9 世纪到 13 世纪的时期中,南疆地区形成了维吾尔两大文化、文学中心,即北部的吐鲁番(包括天山北的别失八里)和南部的喀什,产生了大量的书面文献。这一时期维吾尔书面语使用的范围比前期扩大了,它既用于行政公文中,也用于文学创作、宗教典籍的翻译及民用契约等方面。语法结构和词汇也比前一时期大大发展和丰富了。北部文献保留至今的大多为宗教内容(佛教、摩尼教、景教)的翻译作品,如《金光明最胜王经》(*Altun yaruq*)、《玄奘传》、《俱舍论安慧实义疏》、《摩尼教徒忏悔词》(*Chuastuanift*)、《福音书》残卷等;文学作品中目前见到的仅有《伊索寓言》残篇及若干首古代吐鲁番民歌。南部文献中有著名的长篇(88 章,一万两三千行)韵文《幸福的智慧》(*Qutadɣu Bilig*)、《突厥语词典》(内中除对每个突厥语词作解释外,并收集了当时流传在南疆及其邻近地区的民歌及格言谚语各 300 多首)、阿赫买德·尤格纳几(Ahmad Yugnaki)的哲理诗《真理的入门》(*Atabatul Haqaiq*)等。

这一时期维吾尔书面语在南、北两中心的文献中一般都称作"突厥语"(Türk tili)。北部文献中则有时又称作"突厥—维吾尔语"(Türk-Uyɣur tili)。例如生活在这一时期的维吾尔佛教文献翻译大师别失八里人详古舍利都统在其译自汉文的回鹘文《玄奘传》中写道:"... yana tawɣač tilintin biš balïqlïɣ Sïŋqu säli tutuŋ tawɣača tilintin türk-uyɣur tilinča ikiläyü äwirmiš."(别失八里人详古舍利都又从汉语译成突厥—回鹘语。)[1]而在其译自汉文的另一部佛教文献《金光明最胜王经》的跋中写道:"... kinki bošɣutluɣ biš balïqlïɣ Sïŋqu säli tutuŋ tawɣač tilintin türkuyɣur tilinčä ikiläyü äwirmiš."(后学的别失八里人详古舍利都统又从汉语译成突厥—回鹘语。)[2]南部中心的作者,12 世纪的尤格纳几则称其作品的语言为喀什语(tamamī ärür kašɣarī til bilä"用喀什

〔1〕《回鹘文菩萨大唐三藏法师传》,23b 页,19－22 行,1951 年北京影印本。
〔2〕В. В. Радлов,С. Е. Малов 刊印的回鹘文《金光明经》(*Suvarnaprabhsa*),Т. Ⅲ－Ⅳ,344 页,9－12 行,1914 年。

语写完了〔这部作品〕")。[1]

这一时期文献的语言虽仍保留有许多前一时期的特点〔如保留上述鄂尔浑时期语言特点语音方面的第（1）、第（3）、第（4）和语法方面的第（4）、第（6）和第（7）中的 -(i) gmä/-(ï) ɣma 形式等〕，但已有不少变化。假如说前一时期文献语言中所反映出的古代维吾尔书面语与突厥汗国书面语之间的差别不大的话（也可能是因受到后者的传统影响所致），那么在这一时期的书面语中维吾尔语区别于其他亲属语言（如乌古斯、克普恰克语组诸语言）的主要特征就已经确立了。

这一时期书面语的主要特点可以归纳如下：

语音方面：

元音间及音节尾的古代 b 变成 w，例如：säwin-"喜悦"，suw"水"，äw"房子，家"，tawɣač"中国"；比较前期的 säbin-，sub，äb，tabɣač。

语法方面：

（1）新的从格附加字 -din/-dïn，-tin/-tïn 确立，例如：tawɣač tilintin"从汉语"。

（2）新的客体格附加字 -ni/-nï 出现〔与前期的 -(i)g/-(ï)ɣ 同时使用〕。

（3）使用新的形动词形式 -gü/-ɣu（及其扩展的形式 -gülük/-ɣuluq），-gli/-ɣlï，例如：käl-gü(lük)"要来的"，bar-ïɣlï"要去的"。

（4）过去时形动词形式 -gän/-ɣan 开始出现，但只用在如 ärkän"是"等少数词中。

（5）使用副动词形式 -ginčä/-ɣïnča，例如：bar-ɣïnča"直到去以前"。

（6）动词条件式附加字 -sä/-sa 开始使用（与前期的 -sär/-sar 并用），例如：barsa"如果他去"。

（7）关系代词 kim（<人称代词 kim"谁"，用来构成直接补语副句和修饰语副句）出现和广泛使用，例如：öŋi aš išgü yoq，kim ol barsïɣ

---

〔1〕С. Е. Малов：*Памятннкн Древне-тюркской письменности*（《古代突厥文献》），317 - 321 页《真理的入门》片断，第 459 行，1951 年。

tirgülük"没有能救活那只虎的其他食物"。

词汇方面：

除增加许多新的汉语借词(如：yuŋla-"用"〔<汉语"用"+构成动词的附加字-la〕,suy"罪",xua"花",wapšï"法师",buši"布施",bändiŋ"板凳"等)外,还有不少新疆原居民语言的借词,如维吾尔佛教文献中使用的wačir"金刚", čantal"旃陀罗"等许多佛教术语就是通过古焉耆、龟兹语的wašir,candäl来自梵文的vajra,candāla。[1] 在南部文献中开始出现阿拉伯、波斯语借词(如：dunya"世界",din"宗教",dost"朋友",dušman"敌人"等)。

另外,在这一时期的文献中也反映出如下的方言差别(一部分可能为各突厥部落方言残迹的反映)：(1)在南部文献(如《突厥语词典》、《幸福的智慧》)中,一些词的元音之间及音节尾的d写成齿间音[ð],如：aðaq"脚",aðïn"其他的",qoð-"放,置",代替北部文献的adaq,adïn,qod-。(2)一些文献(主要是南部的)中元音之间及音节尾的y代替另一些文献(主要是北部的摩尼教文献)中的n,如：ayïy-anïy"坏,恶",čïɣay-čïɣan"贫困",qoy-qon"羊"。(3)在大部分摩尼教文献中,名词的领属人称附加字及副动词中的连接元音为宽的ä/a,代替通常的窄元音i/ï,如：köz-äm"我的眼睛",bol-ap"是"(副动词)(比较其他文献的közim~küzüm,bolïp~bolup)。值得注意的是这一特点也为现代维吾尔语的喀什方言所有：köz-äm,bol-ap(现代维吾尔书面语为közüm,bolup)。(4)在用婆罗米文(古龟兹、焉耆文)写成的佛教文献中,宽的圆唇元音ö/o可以出现在词的非第一音节中：ohol"儿子",közöm"我的眼睛"(其他文献为oɣul,közim~közüm)。这一特点也为现代维吾尔语的罗布方言所有：oɣol,köz-zör(<köz-lör<köz-lär)"眼睛的多数"。(5)马·喀什噶里还谈到当时的和田方言中一些词的词首

---

〔1〕关于新疆古代居民语言对维吾尔书面语的影响问题,牵涉到多种古代语言的专门知识,需要作长期的专门研究。这里再提出值得注意的一点：现代维吾尔语区别于其他突厥语的最大特点之一的元音ä/a位于i前的弱化规律就很可能是受古龟兹、焉耆语的影响所致。

出现辅音 h,如:hata"父亲",hana"母亲";其他文献为 ata,ana。[1]

这一时期书面语的另一特点是多种文字系统并用。除南、北通用的源自粟特文的回鹘文以外,还使用摩尼文及婆罗米文(这两种文字可能只限于在一定的宗教范围内使用)。南部的喀什由于伊斯兰教的传入(10 世纪下半期),后来开始使用阿拉伯字母。从新疆发现有鄂尔浑如尼文文献(如米兰出土的军事文件等)看来,西迁后的初期,这种文字曾继续使用过一个时期。

应当指出,以回鹘文为代表的这一时期的维吾尔书面语(或称中古维吾尔书面语)当时及以后曾对周围各民族(尤其是中亚各突厥族)书面语的发展发生过很大的影响。例如 13 世纪到 14 世纪的中亚华拉子模突厥书面语(也有人称之为前察哈台书面语)及 15 世纪后的中亚察哈台书面语就是在这一时期维吾尔书面语的直接影响下形成的。这一点我们可以从属于前者的作品如华拉子米(Xarazmī)的《爱情书》(*Mahabbat-namä*)、库特布(Qutb)的《胡斯劳与西琳》(*Husraw u Shirin*)及属于后者的作品如那瓦依(Nawayi)、巴布尔(Babur)等人的作品中清楚地看出。

回鹘文也曾用作蒙古帝国(后来演变成现在的蒙古文)及稍后金帐汗国的官方文字。在中亚,回鹘文一直使用到 15 世纪下半期。[2]甚至一部分察哈台语的文学作品(如 Lutfi,Atai 等人的诗作)及某些纯粹伊斯兰教的文献[3]也是用回鹘文写成的。

30.3 近代维吾尔语书面语的特点

在 13 世纪到 15 世纪蒙元及察哈台汗国、东察哈台汗国(伊斯兰史家通常所说的 Mogolistan)统治的时期里,由于以喀什、莎车、和田为中

---

〔1〕见喀什噶里上引书,68 页。
〔2〕如1469 年中亚费尔干苏丹 Omarsheix 给麻尔格兰(Margelan)守将 Mirsaid Ahmäd 的达尔罕(Tarxan)奖令还用回鹘文写成。
〔3〕如《升天记》(*Miraj-namä*),《圣贤传》(*Tezkere-yi awliyä*),《心之蜡》(*Siraj Al-kulub*),《幸福书》(*Baxtiyarnamä*)等。

心的南部地区和以吐鲁番为中心的北部地区长时期在政治、宗教方面的不统一,出现了早在前一时期已露端倪的两种书面语形式并存的局面。我们知道,以喀什、莎车、和田为中心的南部地区由于伊斯兰教的传入,大约从 11 世纪末 12 世纪初起,其书面语就已用阿拉伯字母书写(但在正字法上受到回鹘文正字法的影响,如用 n + k 的双字母表示 ŋ,词的第一音节中元音的拼写法:a + o 表示 o,u;a + i 表示 i,e 等);[1]而北部的吐鲁番、别失八里及哈密等地则仍信仰佛教,使用回鹘文。这种局面一直保持到 14 世纪到 15 世纪北部地区的居民也开始皈依伊斯兰教时为止。[2] 开始时,南、北两种书面语形式之间的差别仅表现在使用的文字不同以及词汇中有无阿拉伯、波斯语借词。以后随着时间的推移,一方面,这一时期南部书面语由于改用阿拉伯字母文字,更多地反映了当时实际语言的变化,阿拉伯、波斯语借词比重日渐增大;另一方面,这一时期北部书面语则仍基本上保有旧的传统形式。这就进一步加深了两者间的差别。这种两种书面语形式并存的局面一直持续到 16 世纪北部地区也完全伊斯兰化为止。

在南部地区,由于当时波斯语、阿拉伯语在当地文化、文学领域内占统治地位,造成这一地区的知识界热衷于用波斯语、阿拉伯语写作而轻视本族语言的不良倾向。11 世纪《幸福的智慧》的作者尤素甫·哈斯哈吉普(Yusuf xas xajip)所开创的用本族语言进行写作的范例没有被继承下来。例如这一时期南部地区用阿拉伯语写作的作者有雅库普·萨卡几(Yaqub Sakakī,13 世纪,其作品为《科学的钥匙》〔*Miftahul ulum*〕)、贾马勒·卡尔西(Jamal Qaršī,13 世纪下半期到 14 世纪初)等人,用波斯语写作的作者有米尔扎·海达尔(Mirza Haidar)等

---

〔1〕例如上面提到的《幸福的智慧》一书就有人认为原书可能是先用阿拉伯字母写成的(见Малов:《古代突厥语文献》,224 页)。现存该书的回鹘文抄本则是 15 世纪的。

〔2〕根据 16 世纪初期维吾尔历史学家 Mirza Haidar 在其著名的《拉施德史》(*Tarikh-i Rashiidi*)一书所述,吐鲁番地区只是在东察哈台汗 Xizr Xoja-xan(死于 1336 年)时代方才开始皈依伊斯兰教(见该书 E. Denisson-Ross 的英文译文:*A History of the Moghuls of Central Asia*,52 页,1894 年)。另外,明代陈诚的《使西域记》也说"吐鲁番……居人信佛法,多建僧寺"。

人。[1] 这种情况无疑在相当程度上妨碍了维吾尔书面语的发展。这也说明目前我们较少见到这时期南部维吾尔语文献的原因。

属于这一时期的文献,北部有《乌古斯可汗的传说》和明代的《高昌译语》、《高昌杂字》、《高昌馆来文》(它实际上是译自汉文的死板译文,对研究这一时期的语法价值很小)及某些民间契约;南部文献有拉布乌孜(Rabɣuzī)的《先知的故事》(*Qisasul Anbiya*)及鲁特菲(Lutfī)、萨狄丁·喀什喀里(Sadidin Kašɣarī)的诗篇等。[2]

一般说来,从中古维吾尔书面语过渡到近代维吾尔书面语的过程发生在这一时期。为此,也可以说现代维吾尔书面语的主要结构系统在此时期确立。

这一时期书面语的主要特点可以归纳如下:

语音方面:

(1)元音之间及音节尾古音 d 过渡到 y,例如:adaq > ayaq“脚”,bädük > büyük“大”,qod- > qoy-“放,置”。

(2)元音之间及音节尾古音 b(中古为 w)变为 y 或消失,例如:säbin- > säwin- > söyün-“喜悦”,äb > äw > öy“房子,家”,sub > suw > su“水”(但有 suy-im“我的水”的形式)。

(3)圆唇元音及双唇辅音前的 ä/a 变为 ö/o,例如:yaruq > yoruq“光”,tämür > tömür“铁”,Qamul > Qomul ~ Qumul“哈密”(其第一音节中的古音 a 尚保留在汉语译音中)。

(4)带有第三人称领属附加字 -i/-ï, -si/-sï 的名词后如加格附加字时,领属附加字和与格附加字之间的古代嵌音 -n- 消失:ič -i-ndä > ič -i-dä“在其内部”。[3]

语法方面:

---

[1]南部地区用阿拉伯、波斯语写作的先例早从前一时期的作者喀什噶里就已开始了。另外,现已失传的 11 世纪喀什人 Abdal-Ghafir 的《喀什史》也可能是用阿拉伯语写成。

[2]由于特殊的历史原因,一般说中亚察哈台书面语文献也能帮助我们说明这个时期南部维吾尔书面语的特点。

[3]关于标志现代维吾尔书面语主要特点之一的古代、中古时期的 i/ɣ 是否已在近代维吾尔语里合并为一个音位 i 的问题,因缺乏足够语言事实说明,这里暂且不谈。

（1）古代客体格附加字 -(i)g/-(ï)ɣ 完全为 -ni/-nï 所代替。

（2）古代方向格附加字和与格附加字合并为一种（-gä/-ɣa, -kä/-qa）。

（3）动名词形式 -mäk/-maq 广泛使用。

（4）副动词形式 -gäč/-ɣač 出现。

（5）动词简单过去时第一人称多数字尾 -dük/-duq 开始使用（代替古代、中古的 -timiz/-tïmïz）。

（6）-p 形式副动词广泛使用（古代的 -pän/-pan 只偶然保留在南部文献的诗歌中，这可能是因韵律的要求所致）。

（7）动词条件式附加字为 -sä/-sa。

（8）使用由 -ä/-a, -y（副动词形式）+ durɣan 构成的现在时形动词（现代维吾尔语又进一步发展成为 -i 或 -y + diɣan）。

词汇方面：

南部文献中使用大量阿拉伯、波斯语借词、词组及某些语法形式。北部文献中也出现了少量阿拉伯、波斯语借词。

30.4　结束语

16 世纪开始，统一叶尔羌王国的建立及后来清政府的统一全疆，对近代统一维吾尔书面语的建立和进一步发展起了巨大的作用。全疆在政治、经济、文化和宗教（伊斯兰教）上的统一，最终结束了前一阶段南、北两种书面语形式并存的局面。也正是从此时起，在新的历史条件下，维吾尔文学及书面语又经历了一个新的繁荣、发展的阶段，先后产生了如赫尔克提（Xirqiti）、札里利（Zälili）、诺比提（Nobiti）及那札里（Nazari）等优秀作家以及大批译自波斯语的文学作品。

这里要顺便说明的是，以那瓦依[1]为代表的中亚察哈台书面语曾

---

〔1〕关于那瓦依的先人是维吾尔人的记载见《拉施德史》，乌兹别克科学院东方学研究所藏抄本，No.1430,1216 页，转引自 A. A. Semenov：《那瓦依和胡赛因苏丹的相互关系》一文，载 *Issledovaniya po istorii kul'turi narodov vostoka*（《东方各民族文化史研究》），莫斯科，1960。

给予 16 世纪后的维吾尔书面语以巨大影响。由于察哈台文学作品在新疆的广泛传播和影响以及维吾尔诗人们对华丽的辞藻和文体的努力追求,这一时期维吾尔书面语中充斥着大量阿拉伯、波斯语词及语法形式,从而使书面语(尤其在诗歌中)严重地脱离人民群众的口语。这种情况直到 19 世纪中期以后的毛拉·沙克尔(Molla Shakir)、毛拉·比拉勒(Molla Bilal)的作品中才有所转变。在这两位作家的作品中,人民群众的口语开始被运用到书面语中,使书面语在一定程度上接近了活的口语。

(原刊于《中国语文》,1963 年第 4 期)

31　现代维吾尔语及其研究[1]

关于现代维吾尔语的首次报道属于 J. von Klaproth，他在 1806 年在 Ust'-Kamennogorsk（东哈萨克斯坦省）地方从一其母语为维语的吐鲁番人那里记录了 87 个词（《维吾尔语言文字考》〔*Abhandlung ueber die Sprache und Schrift der Uiguren*〕，Berlin，1812，pp. 16 – 23）。之后为匈牙利人 H. Vambery（1832—1913）、俄人 I. N. Berezin（1814—1896）和 N. I. Il'minskiy（1822—1896）。前二人刊布了几封用阿拉伯字母书写的旧书面语的信。Vambery 的材料来自喀什（题作《察哈台语研究》〔*Chagataische Sprachstudien*〕，Leipzig，1867）。Berezin 的材料来自阿克苏（题作《突厥语读本》〔*Tureckaya Chrestomatiya*〕，Bd. Ⅰ，Kazan，1867）。对研究口语比较重要的是 Il'minskiy 刊布的材料，他在 Orenburg 有机会研究了一个喀什人的语言（《突厥—塔塔尔语教程导论》〔*Vstupital'noe chtenie v kurs turecko-tatarskago yazyka*〕，Kazan，1862）。

但维吾尔语文学的真正研究开始于 19 世纪第三个 25 年，即阿古柏（Yaqub-beg，1864—1877）时代，这时欧洲人比较容易进入该地区。

由英国人 R. B. Shaw（他是派往阿古柏的 Forsyth 考察团的成员）开始，他首先出版了（1875—1877）第一个现代维语（书面语）语法（他称之为 Turki 语，以喀什和莎车当时的书面语为基础）并带有读本。之后继续出版了字典（1878）和历史文献。下一个研究者为 F. Grenard（为 J. -L. Dutreuil de Rhin 1890—1895 年法国新疆考察团成员），他刊布了许多原文材料（多为和田方言）和一小字典（可惜用的是阿拉伯字

〔1〕此文为根据 20 世纪 60 年代我从普里察克（O. Pritsak）发表在《突厥语文学基础》（*Philologiae Turcicae Fundmenta*，vol. Ⅰ，1959）第 1 卷中的《现代维吾尔语》（"Das Neuuigurische"）一文所作笔记整理而成。原文为德文。普氏为世界著名突厥学家，乌克兰人。他一生著作甚多，20 世纪五六十年代曾主编《乌拉尔—阿尔泰学年鉴》。其成名著作为《喀喇汗王朝历史研究》。60 年代移居美国，长期在哈佛大学任教。

母）。德国柏林阿拉伯学家 Martin Hartmann（1851—1918）于 1902—1903 年在当地研究了喀什和莎车方言。他用精确的拉丁转写字母刊布了两篇材料。匈牙利学者 I. Kunos 刊布了从一个去布达佩斯的莎车人那里记录下的莎车语材料。对喀什、莎车方言的全面研究应归功于两位瑞典学者：Gustaf Richard Raquette（1871—1945）及其学生 Gunnar Jarring。1896—1921 年间 Raquette 作为瑞典布道团成员在新疆工作。布道团用"Turki"语（旧书面语）出版的各种书刊是个很大的贡献。Raquette 的著作涉及的只是喀什—莎车方言。他刊布了维语课本、许多原文材料、维—英字典和英—维字典等。所有这些著作有一个共同的缺点：他依据的是有文化的毛拉的发音和他们使用的"书面语"。Jarring 以其博士论文"Studien zu einer Osttuerkischen Lautlehre"（《维吾尔语语音研究》，1933）开始了他的突厥学研究。在这篇论著里他奠定了科学研究喀什—莎车方言语音的基础。在这本书中他用阿拉伯字母和拉丁转写字母发表了几个喀什方言原文材料（附有英文译文）。1936 年他又刊布了一些材料。之后他出版了 4 卷本的《维吾尔方言材料》（*Materials to the knowledge of Eastern Turki*，1935 年记录于 Kashmir 的斯里那加〔Srinagar〕），也主要为喀什—莎车方言，但也包括和田（卷 1）和库车（卷 2）方言的材料。他正在准备这些材料的字典（按，已于 20 世纪 60 年代出版）。Hartmann 的书 *Chaghataisches* 中包括有一些阿克苏方言的材料。N. Katanov 收集的阿克苏材料可惜迄今尚未刊布。马洛夫（S. E. Malov）也收集有一些喀什、阿克苏、和田以及于田（Keriya）方言的材料。

北部方言的科学研究由拉德洛夫（W. Radloff，1837—1918）奠下了基础。他在其《突厥语言材料》第 6 卷中刊布了他于 1862—1863 年收集的塔兰其语材料（Kopal 和伊宁次方言）。由于拉氏主要发音人随他一起去了 Barnaul（按，位于阿尔泰地区——拉氏当时工作之地），并在那里受到新的语言环境的影响，所以在一些材料中语音上有错误（这一点已为 W. Bang 所指出，参见该氏的 *Altaische Streiflichter?* 〔《阿尔泰语的侧面反映？》〕，Louvain，1910 一文）。N. N. Pantusov（1849—1909）

发表了许多塔兰其语的材料（可惜多为阿拉伯字母的"书面语"），他于1883—1908 年当过七河省的特派官员。拉德洛夫的学生，哈卡斯族人 N. F. Katanov(1862—1922)于 1890—1893 年受俄国地理学会和俄国科学院的委派到新疆作过语言学和民族学的调查。他到过伊犁、吐鲁番、哈密、喀什、阿克苏。他生前只发表过几篇材料（为吐鲁番、鲁克沁和哈密方言），大部分材料（共 2384 张用俄文字母转写的材料和 934 张俄译文）在其死后流到了德国柏林（原匈牙利研究所突厥学组）。Bang 把刊布这批重要材料的任务交给了他的学生 K. H. Menges。后者分两部分刊布了 Katanov 的关于吐鲁番、鲁克沁、哈密的材料，并附有德文译文。德国吐鲁番考察队（按，指 1902—1914 年的 4 次德国考古队）对研究北部方言也有贡献。虽然其队员 G. Huth 的材料尚未刊布，但其第二次(1904—1905)、第三次(1905—1907)、第四次(1913—1914)考察队领队 Le Coq(1860—1930)的记录准确的材料构成了我们关于库车、吐鲁番方言的基本材料。此外，他根据 Kara-khoja 居民的读音发表了著名的"礼书"(Li-kitabi,用阿拉伯字母)。

1908 年拉德洛夫受中亚研究俄国委员会的委派派他的学生马洛夫(1880—1957)去新疆（他除了库车和伊宁外到了所有地方）、甘肃。马洛夫于 1909—1911 及 1913—1915 在那些地方进行了语言学的研究。他特别注意研究了哈密、罗布方言和裕固语。马氏只是在其死前不久才发表了他的大部分材料：1954 年出版了哈密材料（附有字典），1956 年出版了罗布方言材料（附有字典）等。

十月革命后 N. A. Baskakov, A. K. Borovkov, V. M. Nasilov 等人对维吾尔语的研究也作出了贡献。巴氏和纳氏合编出版了第一部《维吾尔语—俄语词典》(1939)，后面附有巴氏撰写的维语语法纲要。波氏编写和出版了第一部《维语课本》(1935)。纳氏出版了第一部《维吾尔语语法》(1940)。

1921 年居住在俄属中亚的东突厥人召开代表会议，会议也有新疆代表参加。会议决定采用历史名称 Uighur 作为族名。在此以前这个民族没有统一的名称（在俄属中亚他们自称塔兰其〔Taranchi，"种地

377

者"之意），在中国新疆则按居住地称作喀什人〔Kashgharliq〕，吐鲁番人〔Turfanliq〕，哈密人〔Qomulliq〕等）。

如大家所知，著名的中亚历史学家 W. Barthold 不赞成这一决定。他认为"维吾尔人"（回鹘人）的住地从来不曾达到南疆地区的西部（zum westlichen Teile Kashghariens）。维吾尔一词只适用于现在仍信仰佛教之"黄维吾尔人"（见《中亚突厥史十二讲》德文版，柏林，1935，页247）。当然巴氏没有注意到，除甘肃回鹘王国（847—1031）外，在中国新疆（按，指高昌）还存在另一回鹘王国，它曾存在一个相当长的时期（847—1270 或 1325）；它的两个首府是：古老的文化中心高昌（Qocho，粟特语 Chinanjkat"中国城"，汉文高昌，稍后为火州，现为吐鲁番之 Kara Khoja）和别失八里（Bishbaliq，粟特语 Panjikat"五城"，汉文北庭，其遗址约在今之古城或奇台附近〔按，应为吉木萨尔〕）。但广大南部和西部地区历史上也曾属于回鹘汗国（按，指建国于蒙古草原时期之回鹘汗国，约 760—840）。这一点像我们从"Mahr-namag"（按，指在吐鲁番出土的一中古波斯语文献）中所知道的那样，该文献中有下列回鹘省份：Panjikand（＝Bishbaliq＝北庭），Chinanchkand（＝Qocho＝高昌），'kw（＝Küšän＝库车，按，即回鹘文文献中提到的 Ugu-küšän），Kash（＝喀什），Parwan（＝Barman＝阿克苏），'rk（＝Karashahr＝焉耆）以及'cwr（＝Uch＝乌什），实际上包括了整个中国新疆（比较 W. B. Henning 发表在 BSOS，Bd. 9:3，1937—1939，页 566 - 571 中的文章）。（以下省略了关于自治区的成立、面积、地理环境等大家熟知的知识。）

现代维吾尔人是个混合种族，在人种学分类上属短头印欧帕米尔—费尔干型（brachycephalc europaide Pamir-Ferghana-Typus），带有不同量的蒙古人种（Mongoloide）成分。总的来说，在人种学方面与乌兹别克人很近。印欧成分来自该地区的古代民族（大部分说印欧语）。除纪元前之月氏和乌孙人（其族属和语言尚不清楚）外，这里古代住有操伊兰语之塞人（Saka，后来主要居住在和田地区）、粟特人（Sogdian）、所谓的吐火罗人（操 kentum 型之印欧语，甲种方言之中心为焉耆＝Agni，乙种方言之中心为库车）以及印度居留民。喀什的当地居民（M.

Kashghari 称他们为 Känchäk 人）似也为印欧种（按，应属塞人的一支）。纪元后最初几个世纪中佛教从和田传布到全区。

从 6 世纪中叶起，伊犁地区为西突厥和突骑施活动的中心。其北部游牧有葛逻禄人（Qarluq）。7 世纪中期起汉族人重新立足于新疆。该地区早在公元前 108 年到公元 2 世纪就属于中国。当两突厥（按，指第一和第二突厥）汗国灭亡后，中国于 657 年于该地设"四镇"（和田、别失八里、库车和喀什）。这时有藏人、拔悉密人（Bashmil）、回鹘人与他们在此争雄。"四镇"于 657—670 年和 692—760 年左右属中国。670—692 年及 790—860 年西藏人企图占有该地区。8 世纪初拔悉密部占有别失八里。745 年后蒙古草原之新主人——回鹘统治这里。他们于 762 年接受了摩尼教。840 年回鹘人被黠戛斯人（Qirghiz）逐出蒙古草原后，他们在新疆东部建立了两个王国：高昌王国（847—1270 或 1325）和甘州王国（847—1031，其后裔为"黄维吾尔人"）。在这两个王国中他们都舍弃了游牧传统，接受了城市文化，用回鹘语创作和翻译了大量的佛教和摩尼教文献。

766 年葛逻禄人占有七河地区。从那里，他们中的主要部落 Chigil（处月？），Tuxsi 和 Yaghma（样磨）占有新疆北部和西部地区（首先是伊犁地区）。从他们中产生了对突厥语言史特别重要的喀喇汗王朝（840—1212）。葛逻禄人建立喀喇汗王朝后占有喀什地区。当他们作为第一个突厥王朝于 960 年皈依伊斯兰教时，喀什就成为新疆伊斯兰教的中心并同时成为伊斯兰突厥语（参见本书中的喀喇汗朝语部分）的摇篮（这时喀喇汗王朝之统治阶层已成为定居者了）。971 年（按，应为 11 世纪）作为新疆佛教摇篮的和田也被喀喇汗朝征服并伊斯兰化了。

除了这两个突厥主要因素（葛逻禄人在西部，回鹘人在东部）外，1062 年左右（据 M. Kashghari）在新疆尚有其他突厥成分，如在巴楚（Barchuq = Maralbashi）一带游牧的恰鲁克人（Charuq）、该区西北部的城市民阿尔古人（Arghu）以及北部的游牧民 Chomul（仲云？）人。

可惜，关于这些部族语言特点的不完全的材料，使我们不能追溯

·欧·亚·历·史·文·化·文·库·

现代维吾尔语各种语法现象在总体上与古代和中古突厥语原初形式的关系。不管怎样,现代维吾尔语至少是其-y-(< -d-)(按,指古代语之 adaq 变为 ayaq "脚")之特点应归功于葛逻禄组的样磨语和 Tuxsi 语(处月人的语言像回鹘语一样是-d-语)以及阿尔古人和仲云人的语言。从他们那里(也从古回鹘语那里)渊源了现代维吾尔语中很常用的未来时分词形式-ɣu。带 i 的附加字尾在一些方言(首先是南部方言)中的变化(按,如 kirip/kiräp "进入"的副动词形式)表明其和古代突厥语"n-方言"(按,依"坏"一词是 anïɣ 还是 ayïɣ 而区分为 n/y 二方言)(可能为突骑施语:ï/i > ä)的后代或古突厥语婆罗米(Brahmi)字母文献(ï/i > o/ö)有关。

突厥在这个已突厥化的地区之统治后为蒙古所代替,直到 1758 年为止。该地区的这两部分(按,指喀喇汗朝和回鹘王国)先是属于蒙古帝国(1227—1260),稍后是在已突厥化的察哈台一支的统治下(1260—1347)。这一点与其说是在居民的语言特点上,不如说是在其人种上表现得更明显。因为蒙古人本身在这里很快就突厥化了。现代维吾尔语中的蒙古语借词很少。当塔尔马西林(Tarmashirin,1326—1334 年在位)皈依伊斯兰教后,该地区很快就最终伊斯兰化了(包括吐鲁番地区)。佛教仅保留在居于甘肃的"黄维吾尔人"(裕固族)中。

1347 年后(首先是帖木耳死后),该地区分裂成众多小邦,在那里是所谓的和卓起主导作用(和卓一词为波斯语 hwaja,他们从西辽侵入时〔1141 年〕起就自居为伊斯兰居民的保护者)。从 15 世纪末开始他们也是新疆地区的世俗统治者,直到 1680 年西蒙古人占有该地区为止。由于崇拜伊斯兰波斯文化的和卓统治的结果,作为察哈台汗国中心的这一突厥地区反而无助于所谓察哈台语和文学的产生和发展。察哈台文学繁荣在中亚西部的赫拉特、撒马尔罕等地(参看本书的察哈台语部分)。由于该地区长期在文学上完全依赖以波斯语(或较小程度的阿拉伯语)作为书面语的伊斯兰文化,结果是现代维吾尔语中充满了波斯—阿拉伯语成分。只是当清朝于 1759 年把西蒙古从新疆逐出后,突厥语才又成为书面语,并在后期察哈台语(古代宾格字尾-ɣ

及代词性字尾 -n 的消失，副动词形式 -ɣunča 以及第一人称多数过去时 -duq的使用等）的影响下继续发展着。自然这时也进入了许多汉语文化方面的借词。

上面简单的叙述表明，现代维吾尔人的族源是多么复杂。人们可以这样认为：作为现代维吾尔语突出特点之一的元音后退同化（如 balïq"鱼"变为 beliq）应为非阿尔泰语之底层（substratum）影响所致。

（原刊于《语言与翻译》，2002 年第 3 期）

32　金帐汗国
（哈萨克历史研究）

　　金帐汗国（Altyn Orda）是中亚哈萨克历史上的一个重要时期。13—15 世纪建立在中部欧亚大草原上的金帐汗国也称钦察（克普恰克，Qypchaq）汗国。中部欧亚草原在穆斯林文献中一般称作"克普恰克草原"（Dasht-i Qypchaq/Dala-iQypchaq）。下面对此作简要的介绍。

　　1216—1218 年成吉思汗将其领地分封给诸子和诸弟。长子术赤（Juchi）的封地原在额尔齐斯（Irtysh）河上游到阿尔泰山一带，之后接受命令征服钦察草原。

　　蒙古大规模的征战活动，因成吉思汗的死去（1227 年 8 月）而暂时中止。但不久草原贵族又重新开始了征服活动，因为远方的财富对蒙古草原贵族来说具有更大的吸引力。

　　1235 年举行草原大会（Kurultai），会上选举成吉思汗第二子窝阔台（Ugedei）即大汗位，并决定西征。统帅是巴图（Batu，成吉思汗的孙子，其长子术赤的第二子）。

　　1236 年春，7 万精兵集中于额尔齐斯地区，并开始西征。秋天，巴图到达伏尔加（Volga）河流域布尔加尔/不里哥耳（Bolgar）国的边界。同年末整个地区被征服，城市被毁，人民部分被杀戮，部分逃入北方的森林和俄罗斯地界。1237—1241 年间，蒙古大军又摧毁了东欧的广大地区，其中包括里海和黑海地区广阔的克普恰克草原及 Tavrik 半岛。之后大军越过喀尔巴阡（Karpaty）山脉进入波兰、匈牙利、塞尔维亚（Serbiya），到达与意大利隔海相望的亚得里亚（Adriat）海岸。之后蒙古大军缓缓回师，回到黑海以东的草原地区，这里有足够广阔的草原来从事他们习以为常的游牧生活。也就是在这里，于 1242 年奠定了金帐汗国的基础。

　　汗国按照游牧民族的传统分为东西两部分。东部以术赤的长子窝耳多（Orda）为首，也称窝耳多乌鲁斯（Orda Ulus）；西部以巴图为首，也称巴图乌鲁斯(Batu Ulus)。在史料中,一般说,白帐汗国指巴图汗国,蓝帐汗国指窝耳多汗国。至于现在史学界通称的金帐汗国一名似最先只为俄罗斯编年史家所使用。

这个新的国家是当时(中世纪)版图最大的国家之一,它东界额尔齐斯河岸,西达喀尔巴阡山,到达多瑙(Dunay)河下游;南部包括克里米亚半岛、北高加索地区以及阿姆河(Amu Dariya)三角洲、华拉子模地区。在北部,金帐汗国的边界受限于把草原与森林隔开的自然界线。伏尔加河一带的原布尔加尔汗国与巴施基尔(Bashkir)牧地也包括在其领土内。此外,位于伏尔加河上的原布尔加尔首府——大布尔加尔城经过修复后也成了金帐汗国的第一个政治中心,在这里铸造了第一批金帐汗国的钱币。

开始时,金帐汗国并不是完全独立的国家,它只是大蒙古帝国(东从太平洋沿岸,西到东欧和伊朗)的一部分,是成吉思汗长子术赤的封地(ulus),在行政和政治上从属于首府在哈拉和林(Karakorum)的蒙古大汗,每年要向大汗交纳一定的贡品。帝国版图如此辽阔,各地在政治、经济生活方面是如此不同,这导致帝国的统一不可能维持长久。早在 13 世纪 60 年代,当第五代大汗忽必烈(Hubilay)把首都从哈拉和林迁到北京,并按中国传统改称帝国为元朝时,帝国分裂的命运就已注定了。

1257 年别尔哥(Berke,巴图之弟)即位,他首先皈依了伊斯兰教。之前,草原的人民信仰萨蛮教(Shamanism),崇拜祖先和自然精灵。

继承其位的为 Mengu-Timur(1266—1280)。他为了讨草原贵族的欢心,下令停止了伊斯兰教的传播。

金帐汗国正式独立始于金帐汗国的第四代汗 Mengu-Timur 时期。这时的金帐汗已不需要大汗的官方承认,在其首府萨莱(Saray)铸造的钱币只铸金帐汗的名字,而不铸蒙古大汗的名字。当然这时候各乌鲁斯(术赤〔Juchi〕、察哈台〔Chagatai〕、窝阔台〔Ogetai〕、旭列兀〔Hulagu〕)也不再向中央政府交纳贡金。

金帐汗国诸汗必须出自术赤家族。汗位的继承按父传子或侄的

·欧·亚·历·史·文·化·文·库·

传统,但也常见以武力或阴谋夺权的情况。汗国的第二号人物为所谓的大别克(Bekleribek),由汗在有影响的世袭游牧封建主中任命。他也是汗国内的关键人物,享有巨大的权力;通常他也是军队的统帅。其余官职尚有:大臣宰相(Vezir,主要管理经济、财务),下设各行政部门,称为狄万(Diwan);以及各级中、下级官员,如城市首领、市场监督人、海关人员、法官、税收人员,等等。国家的行政划分仿自蒙古军队建制。全国领土分为左右两部。右部在西方,称白帐(Aq Orda);左部称蓝帐(Kök Orda),在东方。各大封建领主都有自己的封地,据说有 70 个之多。再下面还有万户长、千户长、百户长、十户长之分。各级封地都有严格的界线和一定的迁移路线,一般是南北向,夏天迁向北方,冬天回到南方。军队在需要时,从各地征召。

在 Mengu-Timur,Tuda-Mengu,Tulabugha 和 Toqta(脱脱)在位期间,地方封建势力逐渐得到了加强,同时分离主义的倾向也逐渐抬头。这里最突出的是大臣诺盖(Noghai,他也是成吉思汗的后裔)。他在别尔哥汗时代,任大别克(Bekleribek)兼军事统帅。他实际上是汗国的第一号人物,Tuda-Mengu,Tulabugha 实际上只是傀儡。1290 年他扶持脱脱即汗位。为感谢诺盖,后者把克里米亚半岛赐给了他。脱脱即位后,试图限制诺盖过大的权力。1300 年诺盖军队在第涅泊(Dnepr)河下游被击败,诺盖本人也被杀。

14 世纪,金帐汗国再次成为强国,对邻国构成威胁。它不断对俄罗斯、立陶宛、波兰、匈牙利、塞尔维亚、多瑙河、布尔加尔、拜占庭、伊朗进行征战,并一度与东方蒙古大汗发生冲突。

脱脱在准备征讨俄罗斯时死去,继其汗位的为其侄子乌兹别克(Uzbek)汗(1312—1342)。他在位期间,伊斯兰教得到进一步的传播。为此汗国加强了与中亚、近东伊斯兰教政权(如统治叙利亚、埃及的奴隶王朝 Mamlukid)的联系。同时汗国的经济、文化有了进一步的繁荣,首府萨莱城人口达到 7 万之多。这在当时是个很大的数字。乌兹别克汗对不服从他的俄罗斯大公(knyaz)采取严厉的措施,如 1318、1326、1330 年先后诛杀了 Mikhail,Aleksandrovich,Tverskoy 等大公。

乌兹别克的后继者为贾尼别克（Janibek）。之后为其子 Berdibek（1357—1359）。之后为长达 20 年的混乱时期。在此期间先后有数十位汗上台又下台，有的只在位几个月，甚至几天。之后是强权人物马麦（Mamay）当政，但他因不是成吉思汗的后裔，而不敢称汗。

之后是汗国的著名人物托赫塔米施（Toqtamysh）当政。他在中亚瘸子帖木耳的支持下，重新统一了金帐汗国，并在 1382 年一度占领了莫斯科。后来由于与帖木耳发生不和，导致连年的战争，金帐汗国城乡遭到很大的破坏。

15 世纪中期后，金帐汗国正式分裂为数个政权：东部的哈萨克汗国，西部的喀山（Kazan）汗国（1438—1552）、克里米亚汗国（1441/1442—1783）、阿斯特拉罕（Astrakhan）汗国（1466—1556）、西伯利亚汗国、诺盖汗国等。

金帐汗国从 1242 年建立到 15 世纪中期，存在约 200 年之久。

它对现代哈萨克民族的形成有过巨大的影响。有的学者甚至认为，如无蒙古的征服和金帐汗国的统治，现代哈萨克民族早在 13 世纪就已可能形成。

关于金帐汗国的文化、生活材料，我们知道的更少；只是近些年来的考古发掘给我们提供了一些实物资料。

金帐汗国的居民是驳杂的。蒙古人只占少数，因为在征战活动结束后，多数参战的士兵都回到了蒙古高原。金帐汗国中的主要居民为早已居住此地的克普恰克/钦察（Qypchaq）人（俄罗斯编年史称为波罗卫茨〔Polovets〕人，欧洲文献称为库曼〔Cuman〕人），语言属于阿尔泰语系突厥语族的克普恰克语组。他们对汗国的语言和文化发展起了决定性的作用。这里要顺便指出，早在 13、14 世纪，现代哈萨克语的主要特点已形成，如以词首的 j 代替其他突厥语词首的 y（jyl ~ yyl"年"），以 s 代替其他突厥语词间、词尾的 sh（tas ~ tash"石"），以 w/y 代替其他突厥语音节尾的 gh/g（baw ~ bagh"园子"，tiy- ~ teg-"触"），以 iw/yw 代替其他突厥语动词尾的 gü/ghu（keliw ~ kelgü"来"，baryw ~ baryghu"去"）等等。现代哈萨克语方言也在一定程度上反映了哈萨克族族源的不同成分。

这里我想引用德国已故著名突厥语文学家葛玛丽(A von Gabain)教授《〈库曼语汇集〉的语言》("Die Sprache des Codex Cumanicus")一文(载 *Philologiae Turcicae Fundamenta*, t. Ⅰ, 1959)中的一段克普恰克语的基督教赞美诗来加以论证我的观点。

原文哥特字母的拉丁字母规范转写:

Saghynsamen bahasyz qanyny (,)

kim Xrystoz töktü sö(y)üp quluny (,)

tyyal(may)men yashymny.

kim unutghay muncha yigilikni,

kim ichip tatly choqraq suwny,

toydyrdy janyny.

(这里拉丁字母转写第 3、5、6 行中古代语言音节尾的 -d 变为 -y 和 -ly = 现代的 ty。)

汉文译文:

当我想到无价的鲜血,

基督为爱其奴仆而流洒,

我禁不住我的眼泪。

谁能忘却这样的好处,

当他饮了这甜甜的泉水,

而使心灵得到了满足。

属于金帐汗国时代的重要文献除了《库曼语汇集》外,尚有库特布(Qutb)的长篇叙事诗《胡斯劳与西琳》(*Husraw u Shirin*)以及托赫塔米施(Toqtamysh)、库特鲁克·铁木尔(Qutlugh Temir)等的敕令等。

汗国境内的居民大致可分为两部分:定居民和游牧民。游牧民成分较单一。城市居民成分很复杂,主要由各国商人、俘虏、来自各国的工匠等组成。在汗国的北方尚住有 Bolgar 人、Bashikir 人、Mordva 人、Burtas 人、Cheremis 人等。在南部的华拉子模地区住有塔吉克人和土库曼人。在北高加索和克里米亚(Krimiya)有阿兰(Asy)人、Lezgin 人、

Armenia 人、希腊人等。此外尚有许多俘虏、奴隶,他们多出自俄罗斯人、立陶宛人、波兰人、匈牙利人,以及来自各国的商人等。官方语言为克普恰克语,文字为回鹘文(Uighur Script,为古代回鹘人借自古代粟特文的一种文字。现代的蒙古文又借自回鹘文)。后来当乌兹别克(Uzbek)汗在位时(1312—1341)再次传入了伊斯兰教,从而加强了波斯、阿拉伯语文的影响。金帐汗国早期的首府为布尔加尔城(前布尔加尔人的故都)。之后金帐汗国在伏尔加河口处建立了新首都萨莱(Saray,来自波斯语,意为“宫殿”)。在 14 世纪时,据说金帐汗国境内约有 110 座大小城市,如 Saray,Saray al-Jedid,Saraychik,Khuarezm,Bolgar,Azak(位于 Azov 沿岸),Kazan,Derbent,Krim 等。还要指出的是,丝绸之路,这条连接中古时期东方和欧洲的政治、商业大动脉也经过汗国境内。我们知道在元代,蒙古帝国在全国境内设有完备的驿站制度是十分有名的,每隔 25 ~ 30 公里(骆驼一天所走的路程)就设有驿站,这里有专人为过路旅客提供饮食、驿马,管理客栈、水井等事宜。

现代考古材料也证明了金帐汗国的发展水平。

金帐汗国崩溃后,后来在其境内发展、形成了哈萨克、塔塔尔、巴施基尔、诺盖、楚瓦施等操突厥语的民族和其他民族。

附录:金帐汗国世系表

Juchi——金帐汗国的建立者,成吉思汗的长子,死于 1227 年

Batu(1241—1255)——术赤第二子

Sartaq——巴图子,死于 1255 年

Ulaghchi(1255—1256)

Berke(1256—1266)——巴图之弟

Mengu-Timur(1266—1280)

Tuda-Mengu(1280—1287)

Tulabuga(1287—1290)

Toqta(1290—1312)

Uzbek(1312—1341)

Tinibek(1341)

Janibek(1341—1357)

Berdibek(1357—1359)

Kulna(1359 春—1359 秋)

Nowruz(1359 秋—1360 春)

Khyzyr(1360 春—1361 春)

Timur-Khoja(1361 春)

Ordumelik(1361 春)

Kildibek(1361 夏—1362 夏)

1361 年马麦(Mamay)起事,金帐汗国以伏尔加河为界分裂成两部分:左岸属萨莱,右岸直到德涅波尔属马麦。

下面略去 1361—1378 年的分裂时期(其间先后有 13~14 位汗)。1380 年秋马麦溃灭后,汗国恢复了统一。

Toqtamysh(1380—1395)

Timur-Qutlugh(1396—1401)

Shadibek(1401—1407)

Bulat-Saltan(1407—1410)

Timur-han(1410—1412)

Jelal ad-Din(1412)

之后,又为分裂成多个汗国的时期。

(原刊于《伊犁师范学院学报》,2007 年 3 期)

33　金帐汗国克普恰克哈萨克语文献研究（一）
——《库曼语汇集》

　　哈萨克语在世界语言分类上属于阿尔泰语系突厥语族克普恰克（Qypchaq）语组。有学者认为克普恰克（我国史籍写作"钦察"）一名早在公元 8 世纪已出现在古代突厥碑铭中。穆斯林地理学家在 9 世纪称现哈萨克斯坦地区为"克普恰克草原"（Dasht-i Qipchaq/Dala-Qi Qipchaq）。中世纪欧洲人称克普恰克人为库曼（Cuman/Kuman）人。俄罗斯编年史则称之为"波罗卫茨"（Polovits）人。13 世纪后，该地虽成为蒙古成吉思汗长子术赤（Juchi）的领地——金帐汗国（Altun Orda）（因术赤早于他父亲一年死去，所以实际上成为术赤次子巴图〔Batu〕的领地），但对克普恰克草原的民族形成进程并未产生大的影响。进入克普恰克草原的蒙古人不久就被突厥—克普恰克化了。到了 15 世纪，以贾尼别克（Janibek）和克烈（Kerey）为首的王子由于不满阿布勒哈依尔（Abulkhayr）大汗的统治，率其属下迁到今哈萨克斯坦草原的东南部七河流域一带，后成为哈萨克汗国。随着汗国势力变得强大，哈萨克一名也逐渐在草原上流行开来。

　　《库曼语汇集》（*Codex Cumanicus*）为研究中古世纪哈萨克语的重要文献。其唯一的写本现存意大利威尼斯市圣马可（St. Marcus）教堂图书馆。此书为意大利诗人、藏书家皮特拉卡（Petrarca）从一名叫 Antonius de Zinale 的人处获得，并于 1362 年和其他藏书一起送给当时的威尼斯共和国。因写本的第一行上写有 1303 年的字样，人们认为此书应写于 1303 年到 1362 年之间。该写本应出自意大利人和德意志人之手。欧洲历史文献记载，早在 1314 年，在今伏尔加河（11 世纪《突厥语词典》的作者马·喀什噶里称为 Itil 河）下游的"鞑靼"（Tartar）教区已有基督教 17 个弗朗西斯派教堂。根据另一记载，金帐汗国大汗乌兹别克（Uzbek）在 1338 年曾向该派传教师捐赠一块修建教堂的土地。

　　写本似由两部分合成,共 82 叶(164 面)。前 55 叶(110 面)与其余叶(56 – 82 叶,111 – 164 面)字体不同。前者为意大利人书写,后者为德意志人写成。

　　写本由语法变化表、拉丁—波斯—克普恰克语词汇表、克普恰克语—德语词汇表(共约 2680 个词),以及译自拉丁文的基督教赞美诗和 40 多个谜语构成。写本所用字体为所谓的"骨折体(Fraktur)拉丁字母",也即德文的哥特花体字母,很不好识读。写本似由几个不同人的抄本合成。

　　早在 19 世纪末期,该书就引起欧洲学者的注意,发表了一些重要的研究论著。1936 年丹麦著名突厥学家格隆别克(K. Gronbech)把全书影印出版,题作 *Codex Cumanicus*,前面并有格氏所写的长篇导言(据笔者所知,北京国家图书馆善本部藏有该书 1 册)。

　　德国突厥学家葛玛丽(A. von Gabain)教授在其发表在《突厥语文学》(*Philologiae Turcicae Fundasmenta*,1964)第 2 卷,题作《库曼文学》("Kumanische Literatur")的德文文章中,认为该书于 1294/1295 年写于克里米亚(Krimiya)的索勒哈特(Solhat)城,1303 年在金帐汗国的首府,位于伏尔加河下游的萨莱(Saray)城寺院中抄成。她并认为写本第一部分——拉丁—波斯—库曼语词汇写于 1330—1340 年间。另一部分宗教文字(基督教诗篇)为 14 世纪由德意志人弗朗西斯派教士在南俄寺院写成。这些教士后在写本的空白叶中补写上语法条目、谜语等,然后把两部分合在一起。之后,写本为意大利商人所得,又加上了波斯语—库曼语对照词汇。写本的主人为那个名叫 Antonius de Ziuale/Zinale/Finale 的人,而不是以前认为的那样,是 Petrarca 的遗物。由于克里米亚意大利商人与波斯呼拉珊(Khorasan)省的商业关系密切,所以在《汇集》中可以看到伊朗/波斯文化和伊斯兰教的影响。

　　从《库曼语汇集》一书,我们可以看到,现代哈萨克语区别于其他突厥语支的主要语言特点,早在 13、14 世纪已经形成,如以词首的 j 代替其他突厥语词首的 y (jyl ~ yyl "年"),以 s 代替其他突厥语词间、词尾的 sh (tas ~ tash "石"),以 w/y 代替其他突厥语音节尾的 gh/g （baw ~ bagh"园子", tiy- ~ teg-"触"），以 iw/yw 代替其他突厥语动词尾的 gü/ghu（keliw ~ kelgü "来", baryw ~ baryghu"去"）等等。

除此以外，《汇集》在文学方面的价值是，书中集有 46 则谜语和许多译自拉丁文的基督教诗篇。下面我们各从这两部分中引证一些已见一斑。

谜语（括号内的为规范化的库曼语）[1]：

（40）

awzum achsam öpkäm korunir(körinir) 我张开嘴时就露出肺，

ol eshik achsa ot korungan(köringen) 开门就看见火。

比较现代哈萨克语谜语：

awzyn ashsang, ökpesi körinedi 它一张嘴，就露出肺

esik pen ot 那是门和火。

（24）

olturgani oba jer 坐上的是奥包之地

basqani bagir(baghyr) chänäk 脚踏上的是铜碗

ol üzenggi 那是马蹬。

比较现代哈语谜语：

otyrghanym oba jer 我坐的是奥包之地

basqanym baqyr shanaq 脚踏的是铜磨斗

ol üzenggi 那是马蹬。

（38）

bu bardy izi jox 它行走无痕迹

ol kemä dir 那是船。

（29）

icher, jer 它吃完，喝罢

ininä kirer 进入穴中。

---

[1]在拉丁字母转写方面，我使用 y，表示与 i 对应的后元音；用双字母 ch, sh, gh 表示上面戴"帽子"的 c, s 及表示后颚音的 gamma 符号。

ol bichak(pyshaq)	那是刀子。

再如下面一首谜语,为四行诗的形式,每行 7 或 5 音节,每 2 行押同一头韵。

uzun aghach bashynda	在高高的树顶上
ulugh bitiw bitidim.	我写好一篇大文章。
känsän owlum kälgäy däp	我自己的儿子要来到
känsän turup sahladym.	我自己在这里等候。
ol qarmaq bilä balyq dyr.	那是钓钩和鱼。

sändä mändä yoq	你没有,我没有
sängir tawda yoq	山顶上也没有。
ütlü tashda yoq	有孔的石头上也没有
kipchäkdä yoq	荒野上也没有。
ol qush süt dir.	那是鸟奶。

(此谜语第 4 行似漏掉一元音 ü。)

biti biti bitidim	我写着写着写了一封信
besh aghachgha bitidim	我写在五块木头上
köni su(w)um yuurdym	我揉搓着水银
kök yipekim chyrmadym	我缠绕我的一块蓝丝绸
ol kinä dir	那是散沫花。

以上谜语引自奥地利学者提茨(A. Tietze)的《库曼语谜语及突厥民间文学》(*Koman Riddles and Turkic Folklore*,1966)一书和葛玛丽的《库曼文学》一文。

诗篇和赞美诗:

原文哥特字母的拉丁字母规范转写与汉文译文

(1) saghynsamen bahasyz qanyny (,)	当我想到无价的鲜血,
kim Xrystoz töktü sö(y)üp	基督为爱其奴仆而流洒,
quluny (,)	

tyyal(may)men yashymny.　　　我禁不住我的眼泪。

kim unutghay muncha yigilikni,　谁能忘却这样的好处,

kim ichip tattly choqraq suwny,　当他饮罢这甜甜的泉水,

toydyrdy janyny.　　　　　　　而使心灵得到了满足。

(2) yezus, tattly ech yamansyz egech,　耶稣,你甜蜜,无邪

　　ne qyynar sen ech yazyqsyz egech　你毫无罪过,为何折磨自
　　　　　　　　　　　　　　　　　己

　　öz nezik boyungny.　　　　　嫩弱的身体。

　　men qaraqchy, sen kök xany egech　我是乞丐,你是天上之王

　　men yamanly, sen ayypsyz egech　我不好,你无辜

　　eltir sen xachymny.　　　　你背负着我的十字架。

(3) ech bolmachy nemege nek berding　你为何为此小事献出自
　　　　　　　　　　　　　　　　己(的生命)

　　muncha ulu baxa, nek töleding　你为何付出这样大的代
　　　　　　　　　　　　　　　　价

　　e zhomart xanghynam!　　　我亲爱的慷慨之王!

　　ancha my köp söwmekden esirding　你如此眷爱众生

　　kim xachqa minmege uyalmading　你毫不迟疑(为他们)背
　　　　　　　　　　　　　　　　上十字架,

　　e tattly beygim!　　　　　我亲爱之主!

(4) minding xachqa kim biz de mineli　你背负十字架,让我们也
　　　　　　　　　　　　　　　　背上它,

　　söwding bizni kim seni söyeli　你爱我们,让我们也爱
　　　　　　　　　　　　　　　　你,

　　dünyeni unutup.　　　　　让我们忘掉这个世界。

　　qanyng töktüng kim biz yuw　你流血,让我们洗净

（y）naly

emgek tart（t）yng kim biz arynaly　　　你受苦，让我们干净

yazuqlarny qoyup.　　　　　　　　　得以赎罪。

（5）yürüp yüg（ü）rüp armayyn　　　我们不知疲倦地到处

yetmege　　　　　　　　　　　奔跑

uchmaqtaghy elbek mengü toygha　　要赴富裕、永恒的天堂之

　　　　　　　　　　　　　　　宴，

bolush，kim baraly，amen.　　　　请帮助我们到达那里，阿

　　　　　　　　　　　　　　　门！

　　以上诗段的脚韵形式为：(1)a a a　a a a；(2)b b a　b b a；(3)c c

d　c c d；(4)e e f　e e f；(5)g g h。

　　再如歌颂圣母玛丽亚的片段：

awe uchmaqnyng qapaghy　　　　啊，天堂之门

tirilikning aghachy！　　　　　　生命之树！

yämishing bizgä teyirding　　　　你带给我们你的果实

Yesusni qachan tu（wu）rdung.　　你何时让耶稣诞生了。

awe Maria kim bizgä　　　　　　啊，玛丽亚，你在这世上

tu（wu）rdung bu jahanda　　　　给我们，生下了（耶稣）

any kim tängri tu（wu）rur　　　　是上天让他生下

psalmo nechik aytyptur.　　　　　我们为他唱赞歌。

sö（y）ünch bizgä　　　　　　　对我们这是喜讯

dünyägä tirilik beriliptur（ur）　　给世界带来了生命

Christus bizgä toghupturur　　　为我们圣母玛丽亚

ary qyz mariamdan　　　　　　生下了基督。

yulduz quyashny toghurdy　　　星星生下了太阳

394

quyash tirilikni kältürdi	太阳带来了生命
ärdäm äksik bolmady	圣母玛丽亚
ary qyz mariamdan	品德高尚。

再如：

Yesu bizim yuluqnamyz	耶稣是我们的赎罪人
söyüshlikning tuttruqamyz	爱是我们的希望
kökni yärni sän yarat(t)yng	你创造了天和地
song zamanda kishi boldyng.	你在最后成为了人。

tamu qapaqyny buzup	你打破了地狱之门
tutghunlarny sän qutqardyng	你拯救了内中的俘虏
tushmanny yändächi bolup	你战胜了敌人
atanga tängdäsh olturdung.	你同你父平等坐下。

osh ol rähimingä körä	按照你的仁慈
yamanymyzny kächirgil	原谅我们的罪行
muradymyzgha täyirä	让我们达到目的
yüzing körgüzüp toydyrghyl.	请现身满足(我们的愿望)。

这几段的脚韵形式为：a a b b, c d c d, e f e f……

从其他诗段（Yesu bizim yuluqnamyz 中的第 5 段）中使用的动词 quwanalym didäringä"我们高兴看到他"，和集合数词 üchöwgä"向三位一体"（第 6 段）也可看到《汇集》诗歌中的语言已非常接近现代哈萨克语。

上面的引文还表明诗歌在古代克普恰克人中十分流行。不论在谜语抑或诗歌中，常用的艺术手法有对仗、头韵、脚韵或音节格律。特别是押头韵可以说是古代突厥诗歌的主要特点之一。

总之，《库曼语汇集》一书是那个时代（13—14 世纪）和地区（克普恰克草原）的产物。如果当时基督教传教士真的取得成功，那么将完全改变辽阔哈萨克草原的历史、文化面貌。

最后我想指出,对哈萨克族和汉族学者来说,独立研究《库曼语汇集》一书是困难的。不像 11 世纪喀什学者马·喀什噶里(Mahmud Kashgari)的《突厥语词典》(*Diwanu Lughat at-Turk*)和 13 世纪成书的《木哈纳字典》(*Ibni-muhenna Lughti*)以及同时代在埃及奴隶(Mamluq)王朝(因由奴隶出身的克普恰克人建立而得名)编写的克普恰克语—阿拉伯语字典那样,为用阿拉伯语解释突厥语词的字典,只涉及两种语言,《汇集》牵涉到古克普恰克语、拉丁语、古意大利、古德语、波斯语等多种语文,其中的基督教诗篇、赞美诗、讲道文等内容,对我们来说也是陌生的,加之拼写法的不规范,所有这些都为我们研究此书带来了巨大困难。但俗话说得好,事在人为,在科学的大道上从无捷径可走。年轻一代的哈萨克学人只要在前人研究成果的基础上努力钻研,我相信定会取得成绩的。

按:完成此文后,我看到德国达·德吕勒(Dagmar Druell)女士的博士论文《库曼语汇集——其产生与意义》(*Der Codex Cumanicus-Entstehung und Bedeutung*,1979 年作为德国保洪木〔Bohum〕大学历史研究丛书第 23 卷出版)一书。该书由下列 4 章组成:(1)导论;(2)此前关于本书的研究史;(3)本人的研究成果:导言、成书的时间、成书的地点、作者、成书的时代背景;(4)结论以及参考文献等附件。

作者另辟蹊径研究了此书,过去的研究者多从语言学的角度进行研究,作者首次从具体分析书中提到的各种商品的名称,从当时南俄和克普恰克草原的贸易背景来研究此书,提出了新的见解。现简要介绍其《结论》内容如下:

关于《库曼语汇集》产生的时间、地点和作者这 3 个问题,研究者之间都存在不同的意见。作者认为首先要解决的,是时间问题。到目前为止,以前的研究者如 Kuun,Hunfalvy,Jirecek,Bang 等人都对书前的 1303 年到底是原写本抑或是抄本完成的时间问题,未能给以明确的回答。1924 年俄国学者 Samoylovich 和 Malov 根据书中保存的拉丁语和波斯语月份对照名称,首次提出原书成书于 1294 年或 1295/1296 年,因为书中阳历的拉丁语月名与阴历的波斯语月份不合。在作者新的研究中,使用了更精确的西历与回历的对照表,结果发现《汇集》的第一部分应成书于1292到1295年之间。为此,她认为1303年7月11日应为写本其余部分开始抄写的时间。1942年匈牙利学者Gyorffy撰文认为,现存的《汇集》写本是在1330年完成的。作者认为对这一结论,应从使用纸的形式和水印方面来进一步地证实。作者研究后认为,现存意大利威尼斯圣马可图书馆的写本产生于14世纪中期。

关于写本第一部分写成的地点,至今无一致的意见。通过对历史、商贸、政治背景和商品名称的研究,她认为《汇集》完成在克里米亚半岛的Kaffa城。作者为一意大利热那亚城人(Genuese)。因为只有热那亚商人在13世纪末期,不仅与波斯的蒙古伊尔汗国的商人有贸易往来(这反映在《汇集》中的波斯语部分),而且和蒙古金帐汗国的商人有来往(这反映在《汇集》中的库曼语部分)。

《汇集》的第二部分,即基督教讲道文、赞美诗和库曼语—德语字典部分,应为原始写本。作者首次从语文学(philologisch)的角度,研究了这部分中古德语词,认为其作者是来自德国东中部的传教士。

结论是:考虑到金帐汗国的历史情况,作者认为,只有13世纪末到14世纪中期这段时间才能为《库曼语汇集》一书的产生创造政治和宗教方面的条件。

(原刊于《新疆师范大学党报》,2005年3期)

34 金帐汗国克普恰克哈萨克语文献研究(二)
——《乌古斯可汗传说》

在以前发表的《哈萨克古代文献研究》系列论文中,我们已大致介绍了现存的古代克普恰克—哈萨克语文献。[1] 下面我们拟介绍另一著名的文献——《乌古斯可汗传说》。

《乌古斯可汗传说》(*Oguz-nama*,以下简称《乌诗》)是流传在克普恰克草原和中亚广大地区的一部散文体英雄史诗。现存唯一回鹘文写本藏法国巴黎国民图书馆(Bibliotheque Nationale),编号为 Suppl. turc,1001(所谓舍费〔Ch. Schefer〕收藏本)。写本用草体回鹘文写成,首尾部分残缺,大小为 19 厘米 × 13 厘米,共 21 叶,42 面,每面 9 行。在第 1 面第 2 行 ushbu turur(这是)二字后画有一公牛像。在第 5 面第 9 行 ushbu turur 二字后画有一鸟图。在第 6 面第 4 行 ushbu turur 二字后画有一独角兽像。

写本在书写法上有下列特点:

(1)像其他元代(13—14 世纪)用回鹘文写成的文献一样,d 和 t,s 和 z,q 和 gh 常替换使用。

(2)区分 s 和 sh(在 s 字母右方加两点表示 sh)。

(3)也像其他回鹘文文献一样,第一音节中元音 ö 或 ü 一般写成 o 或 u,即前面不加一斜划。

(4)在许多以 y 起首的词中,常以 ch(应读作 j)代替 y。这一特点反映出该写本抄写于哈萨克斯坦七河地区,抄写人属于操 j 方言(像现代哈萨克语一样)的人。写本语言属于晚期古代克普恰克语。

由于写本开头部分残缺,所以原书名题作什么已不能得知,我们根据其内容,暂称作《乌古斯可汗传说》。其主要故事情节如下:

---

[1]包括用回鹘文写成的伊斯兰教宗教文献《圣徒传》、《升天记》、《心之烛》等在内。

英雄乌古斯一生下就不同凡人,40天后就长大成人。他生相怪异,脸是青的,嘴是红的,眼睛也是红的,全身长满了毛。他有公牛一般的腿,狼一般的腰,黑貂一般的肩,熊一般的胸。英雄乌古斯为人民除害,在森林中杀死了吞噬人畜的独角兽。一天,乌古斯在一处膜拜上天,这时从空中射下一道光,比日月还亮。光中有个姑娘,一人坐在其中。姑娘十分漂亮,她笑时,天也笑,她哭时,天也哭。乌古斯爱上了这位姑娘,娶了她。生下三个儿子,长子名叫太阳,次子名叫月亮,三子名叫星星。

一天,乌古斯又在一个树窟窿中看见一位姑娘,她也十分漂亮,"眼睛比蓝天还蓝,发辫像流水,牙齿像珍珠"。乌古斯也爱上了这位姑娘,娶了她。生下三个儿子,名字分别叫做天、山、海。

之后,英雄乌古斯做了国中的可汗。他对属下诸官和百姓宣称:"我是你们的可汗,你们拿起弓、盾随我征战。让族标作为我们的福兆,让苍狼作为我们的战斗口号。愿铁矛如林,愿狩猎地野马成群。让太阳作为我们的旗帜,让天空作为我们的庐帐!"

之后,乌古斯可汗开始了征战活动。东方(右方)阿勒通汗(金汗)表示自愿归服,于是乌古斯可汗与他结成了朋友。西方(左方)乌鲁木(罗马)皇帝进行反抗,于是乌古斯可汗率大军征讨。一天早上,当他们扎营在冰山脚下时,一只大苍狼在亮光中出现。苍狼自愿为乌古斯大军带路。在亦得勒河(伏尔加河)畔,双方大军进行了激战。乌古斯可汗获胜,乌鲁木皇帝败逃。

之后,乌古斯可汗又征服了女真,最后还征服了身毒(印度)、唐古特(西夏)、沙木(叙利亚)、巴尔汗(西辽)。

史诗的末尾叙述乌古斯可汗分封其领地给诸子:三子在东方,三子在西方;并把前三子从东方拾来的金弓断成三截分给他们,把后三子从西方拾来的三只银箭分给他们。最后告谕诸子:"三兄长是弓,弓射箭","三弟弟是箭,箭要服从弓"。

关于乌古斯的故事也见于14世纪波斯史家拉施德艾丁(Rashidaddin)的《史集》(*Jamiah al-Tawarih*)和17世纪中亚史家阿不勒哈兹

（Abulghazi）的《突厥世系》（*Chejre-i turk*）等书中，不过故事情节较简单并且被打上了伊斯兰教的烙印。这里乌古斯已变成虔诚的穆斯林。他为了传布伊斯兰教曾起兵反抗他的异教徒父亲——哈拉汗（黑汗）。后者使我们想起新疆和中亚历史上著名黑汗王朝（10—12世纪）的称号"哈拉汗"。原故事中所有不符合伊斯兰教义的东西都已消失不见。在《史集》和《突厥世系》两书所载这个故事的变体中，又以后一变体比较接近回鹘文本。它显然经过了阿不勒哈兹的加工。通过仔细比较研究，我们认为阿不勒哈兹所据原本和巴黎回鹘文本应共同出自一个更古老的本子。

另外，尚存有用察哈台语写成的所谓《乌古斯可汗之书》（*Oghuz-nama*）。

不久前土耳其学者奥尔昆（H. N. Orkun）在土耳其发现了另一个关于这个故事的诗体本残卷。关于此本写成的时间和地点都不太清楚。

《乌诗》按其内容可分为两个部分。第一部分包括史诗的开头部分（直到乌古斯成为可汗）和结尾部分（大臣乌鲁克·吐鲁克做梦及其后的部分）。第二部分主要叙述乌古斯可汗的征战活动。

史诗第一部分反映了古代突厥人民中流传的关于本族起源和创世说的神话以及某些古老的风俗习尚。像其他民族一样，在古代突厥人中应流传有关于本民族来源的各种神话或传说，类似这方面的东西也为我国古代史籍所著录。例如《周书》卷50《突厥传》中就记有下列突厥起源的神话："突厥者，盖匈奴之别种，姓阿史那氏，别为部落。后为邻国所破，尽灭其族。有一儿年且十岁，兵人见其小，不忍杀之，乃刖其足，弃草泽中；有牝狼以肉饲之。及长，与狼合，遂有孕焉。彼王闻此儿尚在，重遣杀之。使者见狼在侧，并欲杀狼，狼遂逃于高昌国之北山。山有洞穴，穴内有平壤茂草，周回数百里，四面俱山，狼匿其中，遂生十男。十男长大，外托妻孕，其后各有一姓，阿史那即一也……或云，突厥之先，出于索国，在匈奴之北，其部落大人曰阿谤步，兄弟十七人，其一曰伊质泥师都，狼所生也……泥师都既别感异气，能征召风雨，娶二妻，云是夏神、冬神之女也。一孕而生四男：其一变为白鸿，其一国于阿辅水、剑水之间，号为契骨……其一居践斯处折施山，即其大儿也。山上仍有阿谤步种类……遂共奉大儿为主，号为突厥。"

此外，穆斯林史家如朱外尼等的著作中也载有类似的故事。

关于乌古斯的 6 个儿子名叫"太阳"、"月亮"、"星星"和"天"、"山"、"海"，应和古代突厥—克普恰克人的创世说观念有关。

这一部分的其他一些情节则反映出古代突厥中萨满教（Shamanism）的残余。如史诗末尾提到竖立两根木杆，木杆顶上各放一金鸡、银鸡，木杆下面各拴一黑羊、白羊。类似情况我们可在西伯利亚雅库特人中见到。19 世纪末曾在雅库特人中长期生活过的突厥学家别卡尔斯基（E. Pekarskiy）谈到，雅库特人常在空地上竖立两根木杆，木杆间拉上绳子，然后把要宰杀献给精灵的牲畜拴在杆下（见别卡尔斯基著《雅库特语字典》卷 3，页 2040）。我们还知道在突厥和蒙古族中流行的萨满教是非常崇拜树木的。黑羊、白羊问题无疑也与萨满教有关。在某些尚处于原始社会发展阶段的民族（如西伯利亚的楚克奇人）中有所谓白萨满（主治病）和黑萨满（主驱鬼）之分。

关于史诗中苍狼引路的情节，我们认为应和突厥族原始图腾崇拜有关。前引《周书·突厥传》已反映出这个问题。同传尚有"（突厥）旗纛之上，施金狼头；侍卫之士谓之附离（按，即 böri 一词的音译），夏言也狼也；盖本狼生，示不忘旧"的记载。

史诗的第二部分主要叙述乌古斯的征战活动。这些情节无疑在某种程度上反映了历史事件。但我们不应忘记史诗是文学作品，而不是历史。为此，我们认为过去一些研究《乌诗》的学者试图把史诗的主人公乌古斯可汗与某个历史人物，如匈奴单于冒顿、蒙古成吉思汗等联系起来，是不必要的。像其他形式的文学作品一样，史诗也不表现具体的历史事件和历史人物。它是在民间长期流布过程中，经过许多代无名作者的加工、锤炼，逐步形成的。当然这并不排除可在史诗中看到某些间接反映出的历史事件影子的可能性。

史诗第二部分中另一引人注意之点，是对许多著名突厥部族（包括个别非突厥族）的名字作民间词源学（popular etymology）的解释。在乌古斯可汗的征战过程中,他得到了所属各部的帮助。这里,各部族的名字都被与各该部族首领的某种行为联系起来加以解释。如克普恰克（Qypchaq）部名被解释为"空树干",是制造独木舟帮助乌古斯渡河的人的名字;康里部名被解释为"高车"（在古代突厥语中,"qangly"意为"车子"）,他是发明高车运载战利品的人;萨克拉夫（saqlav,按,此词原为"斯拉夫"一词的阿拉伯语的复数形式）被解释为"守卫者"（乌古斯给斡罗斯别克起的名字）;等等。

　　总之,史诗这一部分中提到的许多国家和部族名字,在某种程度上反映出当时克普恰克人对周围其他民族的了解以及与他们之间的关系。

　　下面我们试对史诗的形式和语言作初步分析。

　　《乌诗》虽为散文形式,但一些地方也夹杂有韵文部分。例如下面一段为 8 音节的诗歌形式,并押脚韵:

> män sänlärgä boldum qaghan,
> 我是你们的可汗,
> alalyng ya taqy qalqan;
> 你们拿起盾和弓箭随我征战;
> tamgha bizgä bolsun buyan,
> 让族标成为我们的福兆,
> kök böri bolsunghyl uran;
> 让苍狼作为我们的战斗口号;
> tämür jydalar bol orman,
> 让我们的铁矛像森林一样,
> aw yärdä yürüsün qulan;
> 让野马奔驰在我们的猎场。
> taqy taluy taqy mürän,
> 让河水在我们的土地上奔流,
> kün tügh bolghyl kök quryqan。

让太阳作旗帜,蓝天作庐帐。(96－102)

再如大臣乌鲁克·吐鲁克下面一段话是由 13 音节构成的诗句:

　　ay qaghanum sängä yashaghu bolsunghyl uzun,

　　啊,我的可汗,愿你万寿无疆!

　　ay qaghanum sängä törülük bolsunghyl tüzün;

　　啊,我的可汗,愿国家法制公正!

　　bängä kök tängri bärdi tüshümdä käldürsün,

　　愿上天在梦中示我的应验!

　　talay turur yärni urughunggha bärdürsün。

　　愿您征服的国土子孙永传!(323－327)

　　另外,史诗中有许多句子表面似为散文,但我们稍加注意分析,当即发现它们之间有很强的节奏感。例如:

　　 oshul oghulnung önglüki chyraghy kök ärdi,

　　这男孩的脸是青的,

　　aghyzy qyzyl ärdi,

　　嘴是火红的,

　　közläri al

　　眼睛是鲜红的,

　　sachlary qashlary qara ärdilär ärdi。

　　头发和眉毛是黑的。(5－7)

　　实际上这段文字不仅节奏感很强,同时也可看做一首四行诗,即 1、2、4 行押同韵。

　　再如下面一个状语成分后连用 3 个简单动词,表示时光的流逝:

　　qyryq kündün song　　　　　　四十天后,

　　bädüklädi　　　　　　　　　　他长大了,

　　yürüdi　　　　　　　　　　　走路了,

　　oynady。　　　　　　　　　　玩耍了。(11－12)

尚有:

　　künlärdän song,　　　　　　　过了许多白天,

kächälärdän song,	过了许多夜晚,
yigit boldy.	他长成为一个青年。(17－18)

bu chaghda,	在这个时候,
bu yärdä,	在这个地方,
bir ulugh orman bar ärdi.	有一座大森林。(19)

ya birlä,	用弓,
oq birlä,	用箭,
shungqarny öltürdi.	他射死了兀鹰。(42)

此外,许多对仗句子的使用也加强了史诗的节奏性。

总之,根据上面的分析,我们认为《乌诗》在特定曲调的伴奏下应是可以吟唱的。

此外,《乌诗》在语言方面有下列一些特点:

(1)《乌诗》是用一种晚期中亚突厥语写成的,并带有克普恰克—哈萨克语的特点。说明这一点的有:它既保有一些古代突厥语的特点,如 adugh"熊", adaq"脚", bädük"大"(比较现代哈萨克语中的 ayuw, ayaq, büyük)等,又有许多近代语言的形式,如 ayghyr"儿马", qoy-"放", atny"把马"(比较古代突厥语中的 adghyr, qod-, atygh)等。

(2)有许多元代蒙古语借词,如 jyda"矛"(古代突厥语为 süngü), mürän"河流"(古代突厥语为 ögüz), tüshmel"大臣"(古代突厥语为 buyruq, ilügäsi), chaq"时间"(古代突厥语为 öd)以及 nükär"同伴", uran"战斗口号", shirä"桌子"等等。

(3)总的来说,《乌诗》在词汇方面很近于 15 世纪左右在北京编成的《高昌译语》一书。

(4)在一些词中,词首用 j-(文字上写成 ch-)代替其他突厥语的 y,如 jol"路", jarbar-"乞求"(比较回鹘语的 yol, yarbar-)。这一特点反映出写本的抄写人应为操突厥语克普恰克语组语言(如哈萨克语、柯尔克孜语)的人。

根据上述 4 点,我们同意法国伯希和氏的意见,他认为原写本是在元代用回鹘文写成的,现存的巴黎本则是 15 世纪左右在今哈萨克斯坦七河一带抄成的[1]。

　　《乌诗》因其内容的古老和语言的质朴,早已引起国内外学者的注意。早在 19 世纪初期,荷兰学者狄茨(Dietz)就已翻译刊布了史诗的部分译文,题作《新发现的乌古斯史诗》[2]。以后又陆续有拉德洛夫(Radloff)[3]、里札·奴尔(Riza Nur)[4]、伯希和(Pelliot)[5]、班格(Bang)和拉赫马提(Rachmati)[6]等人进行考释和翻译。1959 年苏联谢尔巴克(Shcherbak)又刊布了新版[7]。

　　以上我们对《乌诗》的内容、形式结构、语言方面作了初步介绍和分析。《乌诗》是现存不多的古代克普恰克语文献之一,它对我们研究古代突厥—克普恰克人的历史、文学和语言具有重要意义,值得我们今后进一步深入研究。

（原刊于《伊犁师范学院学报》,2006 年 4 期）

---

　　[1]参见伯希和(P. Pelliot)发表在 1930 年《通报》上的文章的最后一段。

　　[2]狄茨(Dietz):《新发现的乌古斯史诗》,哈勒—柏林,1819 年。

　　[3]拉德洛夫(W. Radloff):《福乐智慧》(回鹘文影印本),圣彼得堡,1890 年,191 - 192 页影印了《乌诗》写本的前 8 页;拉氏 1891 年出版的同书满文字母排印本,X - XIII 页为《乌诗》的德文译文。

　　[4]里札·奴尔(Riza Nur):《乌古斯之书——突厥人的史诗》,(埃及)亚历山大港,1928 年。

　　[5]伯希和:《回鹘文乌古斯可汗传说的考释》,载《通报》,1930 年,卷 27,247 - 358 页。

　　[6]班格(W. Bang)和拉赫马提(R. Rachmati):《乌古斯可汗传说》,载《德国科学院纪要·语文学历史学部》,1932 年,25 期,683 - 724 页。

　　[7]谢尔巴克(A. Shcherbak):《乌古斯之书》,莫斯科,1959 年。

35 金帐汗国克普恰克哈萨克语文献研究(三)

——《爱情书》等

35.1 《爱情书》

在库特布(Qutb)的长诗《胡斯劳与西琳》[1]后的另一宫廷诗篇为花拉子米(Hwarazmi)的《爱情书》(*Muhabbatnama*)。关于这位诗人的生平事迹我们知道的很少。根据其名字,他应来自花拉子模(Hwarezm)。长诗是他于回历754年公元1353年在今哈萨克斯坦锡尔河(Syr Darya)中游城市西格钠(Syghnaq,即今 Qyzyl Orda),在当地人金帐汗国领主和加别克(Hwaja Beg)的宫中写成的。现存的用回鹘文写成的唯一抄本保存在英国大英博物馆,编号是 Or 8193。另外也发现有较晚期的阿拉伯字母抄本。

诗人在诗的结尾部分这样写道:

mahabbatnama sözin munda ayttym,	我讲了《爱情书》的故事,
qamughyn Syr yaqasynda bitidim.	我在锡尔河畔写完所有这些。
bu daftar kim bolup tur Misr qandy,	此书是埃及的蜜糖,
yeti yüz elli tört ichrä tükändi.	完成于(回历)754年。

花拉子米像14—15世纪生活在金帐汗国内的其他诗人一样,也精通波斯语。据土耳其著名学者兼外交家阔普鲁吕(F. Köprülü)的意见(见该氏发表在土耳其文《伊斯兰百科全书》中的"察哈台文学"词条),花拉子米是在其晚年时完成这篇长诗的。长诗由11篇书信(na-

---

[1]关于库特布的长诗《胡斯劳与西琳》,参见拙文《哈萨克古代文献研究(一)》,载《伊犁师范学院学报》,2005年,4期。

ma)组成。其中除第4、8、11篇用波斯语写成外,其余用金帐汗国的书面语——克普恰克突厥语写成(但带有很多的乌古斯语成分)。主题是对男女情人英俊、美丽的描写。每篇书信的结尾为对侍酒者(saqy)的招呼。除个别例外(3首 Gazal),全诗用 masnavi 形式(2行押同韵)、阿鲁兹(aruz)格律中的哈扎吉(hazaj)韵律写成,即 v − − −/v − − −/v − −(每行诗由1个短音节、3个长音节,1个短音节、3个长音节,1个短音节、2个长音节组成)。

下面列举几段以见一斑:

qara meng al yangasynggha yarashur	黑痣很配你红色的面颊
bashym dayym ayaqynggha yarashur	我的头常向你的脚低下。
	(164a)

……

qatygh külsäng mägär aghzyng belürgäi	你大笑,张开了嘴
peri körsä seni mändäg telürgäi	仙女看见你,将像我一样疯狂。(164b)

……

kel ay saqy ke(1)tür payman bizgä	侍者,给我们拿酒杯来
inayatlar qylyr janana bizgä	让美人款待我们。
ichäli badany janan yüzigä	让我们为美人的丽貌干杯
xyzyr suwyn sachaly jan yüzigä	让我们把福水洒向她的脸庞(171a)

……

ay-a ne mehriban 'ahdy wafasyz	她的话语多么无信
jihan yeldäg ömür küldäg baghasyz.	世界像风,生命像灰一样无价值。(171b)

在语言方面该诗已显露出许多现代哈萨克语的特点,如:tatly“甜的”,sözlü“话语的”,ay yüzli “月面的”;形容词 ädgü“好”(比较现代哈语的 iygi < äygü > iygi);连词 taqy “再”;动词 ayman-“怕”,yuban-“安

407

慰";带有第三人称领属附加字的方向格(ay) nuryna"向月光",mülkinä "向财产";动词愿望式第一人称,如 bashlayyn"愿我开始"等等。

长诗的结尾有抄写人下面的一段跋文:

qutlugh bolsun, tarih sekiz yüz otuz beshdä, chychqan yyl rajab ayning altysynda Yezd shahrynda Mir Jalal(id)din buyurghan üchün bu faqyr Mansur baqshy bit(i)di. (仅此祝福! 我满速尔师爷于[回历]835 年,鼠年拉加卜月六日在业兹德城受米尔·贾拉里丁之令书写[此书]。)

35.2 《蔷薇园》

金帐汗国时期的另一长篇叙事诗为赛非·萨莱依(Saifi Sarayi)的《蔷薇园》(Gulistan, 原名为 Gulistan bi't-turki)。作者出生在金帐汗国的首府萨莱(Saray)城(遗址在今伏尔加河下游的伏尔加格勒附近),后移居埃及。793/1391 年他受大臣巴特哈斯别克(Bathas Beg)的委托,把波斯著名诗人萨迪(Sadi)的著名长诗《蔷薇园》译成突厥—克普恰克语。该书由两部分组成:第一部分为萨迪的《蔷薇园》的改作;第二部分为 14 世纪突厥诗文的集录,其中也包括塞非·萨莱依本人的诗作。萨莱依应为当时金帐汗国享有盛誉的诗人。他曾在萨莱或花拉子模受到良好的教育,精通突厥和波斯文学。该书的唯一写本现存荷兰莱登(Leiden)大学图书馆(编号 Cod. or. No.1553)。

关于作者,诗中有这样的诗句(7v)[1]:

> özinä bolup mubarak bu kitab,
>
> 此书会给他带来幸福,
>
> da'im alsun naf' mundan shayx shabb!
>
> 愿青年人从中常获利益!
>
> äygü aty bady birlä köp zaman,
>
> 愿他的美名长远与清风同在,

---

[1]括号内数字表示页数,r,v 表示正、反面。

taza bolsun bu gülistan-i jinan!

愿此天堂一般的蔷薇园永远洁净!

bu gülistan baghbany ol ädib,

这美妙诗篇的蔷薇园园丁,

kim Sarayi Sayf erür nazmi gharib.

就是诗人塞非·萨莱依。

　　谈到此书成书的原因时,作者说,初夏的一天,他和一些学者坐在蔷薇花丛中谈话,有人建议他把萨迪的《蔷薇园》译成突厥—克普恰克语。他接受要求,翻译了此书。但他在翻译时,只对原文的散文部分进行了忠实的翻译,而对诗体部分则作了创造性的改作。

　　诗中他对当时的一些诗人作了这样的评语:

jihan shairlary,ey gulistan(u) bagh,

哎,世上的诗人,蔷薇园和花园,

kimi bulbul durur sözdä,kimi zagh.

有些是夜鹰,有些是乌鸦。

kimi tuty bigin chäznär shäkärni,

一些人像鹦鹉学舌,

kimi lafzy bilän örtär dürärni.

一些人用话语覆盖珍珠。

kimining sözläri mäwzun-u shirin,

一些人的诗歌带有韵味,

kimining lä'iq-i täshrif-u tahsin.

值得赞扬。

kimi özgäning äsh'arin mänim der,

一些人抄袭别人的诗句,

kimi halwa kibi shalgham chubin yer.

一些人咀嚼萝卜渣像糖浆。

kimi ma'ni qoyup lafzin tüzätür ,

一些人追求无意义的华丽辞藻,

kimi wäznin buzup san'at közättür.

一些人卖弄技艺,破坏了韵律。

……

还应指出现代哈萨克语语音方面的特点在诗中已有所反映,如以 kichi(35r 8)"小",ulu(147v 1)"伟大"代替古代的 kichig,ulugh 等(比较现代哈萨克语的 kishi,uly)。

关于此书的研究、出版情况,简单介绍如下:

1954 年土耳其学者 Feridun Nafiz Uzluk 影印刊布了保存在荷兰莱登(Leiden)大学图书馆的该书唯一写本(编号 Cod. or. No. 1553),题作《塞非·萨莱依的蔷薇园译文》(*Seifi Serayi Gulistan Tercumesi*, Ankara, 1954)。早在 19 世纪荷兰学者胡茨马(M. Houtsma)就在其《一种突厥语—阿拉伯语字典》(*Ein tuerkisch-arabisches Glossar*, Leiden, 1894, p. 7)一书中提到此书。后匈牙利突厥学家图里(J. Thury)在其论著中也详细介绍了此书(*Torok nyelvemlekek a* ⅩⅣ. *Szazad vegeig*, Budapest, 1903, p. 52)。此外,土耳其学者 Fuad Köprülü 在其名著《突厥文学史》(*Turk edebuyati Tarihi*)和《察哈台文学》("Cagatay Edebiyati", *Islam Ansiklopedisi*, Ⅲ)中提到了它。意大利著名突厥学家 A. Bombaci 在其名著《突厥文学史》(*Storia della Letteratura Turca*, 此书有 Melikoff 翻译的法文版)中介绍了此书。匈牙利察哈台语文学家 J. Eckmann 在其论文《克普恰克文学》("Die Kiptschakische Literatur", *Philogiae Turcicae Fundamenta* Ⅱ)、《奴隶王朝克普恰克文学》("The Mamluk-Kipchak Literature", *Central Asiatic Journal*, Ⅷ, 1963)等文中都有所介绍。最后应提到匈牙利学者 A Bodrogligeti 的专著《萨迪蔷薇园的 14 世纪突厥语译本》(*A Fouteenth Century Turkic Translation of Sa'di's Gulistan* 〔*Sayfi Sarayi's Gulistan Bi't-Turki*〕, 1973)一书。可惜他只发表了全书的拉丁字母转写和词汇,未进行英文翻译。

总之,赛非·萨莱依是金帐汗国的优秀诗人之一。他和库特布、花拉子米一起组成金帐汗国文坛上一组璀璨的明星。

35.3 《天堂之路》

在库特布、花拉子米和赛非·萨莱依作品之后的另一巨著是《天堂之路》(*Nahju'l-Faradis*)。此书为散文体,内容为伊斯兰教方面的。作者的名字和成书的时间都不知道。现存写本(伊斯坦布尔、巴黎)都无这方面的材料。根据 19 世纪末塔塔尔族学者马尔加尼(Shihabaddin Marjani)所藏私人写本(现已佚),一般认为作者为马·阿里(Mahmud Ali)。他可能出生在花拉子模的克尔德尔(Kerder)城,后移居金帐汗国。此书可能写于萨莱城,成书时间不明。马尔加尼写本上的 759/1358 年和伊斯坦布尔写本上的 761/1360 年,应为写本的最晚成书时间。

此书由 4 章(bab)构成,每章又分为 10 节(fasl)。主要内容如下:

第一章,先知穆罕默德的生平事迹:(1)先知的生平和家庭;(2)第一次天启;(3)最初传教时遇到的困难;(4)先知从麦加(Mekka)到麦地纳(Medina);(5)先知的奇迹;(6)先知进入麦加;(7)先知的升天;(8)先知到访天堂和地狱;(9)先知借助天使的力量战胜异教徒;(10)先知之死。

第二章,诸哈里发(Halifa)的生平和事业,神圣家族和四依玛目(Imam):(1) Abu Bakr;(2) Omar;(3) Osman;(4) Ali;(5) Fatima;(6) Hasan 和 Husayn;(7) Imam Abu Hanifa;(8) Imam Shafi'i;(9) Imam Malik;(10) Imam Ahmad Hanbal。

第三章,善行:(1)学习宗教学;(2)祈祷;(3)施舍;(4)斋戒;(5)朝圣(麦加);(6)孝敬父母;(7)遵守饮食规定;(8)遵守教规;(9)不睡觉静思;(10)知足。

第四章,恶行:(1)不正当的流血行为;(2)嫖妓;(3)酗酒;(4)傲慢;(5)说谎、造谣;(6)贪恋俗世;(7)伪善;(8)仇恨;(9)骄傲;(10)趣味低级。

总之,此书为一通俗的伊斯兰教读物,中间穿插一些引人入胜的故事。下面引其中一个故事:一天,一人来到先知处,向先知抱怨他的父亲。他说:"我关心我的父亲,并供给他一切生活必需品。但一天我父亲趁我不在家时,拿了我的钱花掉了。"于是先知叫来了那人的父亲。先知看到这是一位白发的老人,躬背驼腰,拄着拐杖,向先知致意。先知说:"你儿子向我抱怨你的行为。"老人答道:"当我年轻力壮时,儿子是弱小的。我不需要什么人的帮助,但儿子需要我的帮助。那时我从不吝惜一切,来抚养我的儿子。现在他长大成人了,他变得强壮,我则日益衰老。现在我需要儿子的帮助,但他拒绝帮助我。"先知听后,用手揩去老人的泪水,说道:"就是石头听到这些话,也要落泪。"于是先知说了三遍:"我的孩子,你应孝敬你的老父,不要吝惜你的钱财!"

35.4 其他作品

《升天记》(*Mi'rajnama*):不论在语言方面,抑或在内容方面,佚名作者的此书都与《天堂之路》相近。它可能是从同名波斯文著作译成的。内容简介:(1)先知夜行到耶路撒冷(Yerusalem)。在升天之夜,先知身旁出现了 Gabriel 及 Michael,各同 7 万天使一起。他们给先知牵来了名叫 Buraq 的坐骑。它比骡子小,但比驴大。穆圣骑此坐骑,到达耶路撒冷。在那里,以 Abraham,Moses 及 Yesus 为首的先知在等待他。他们一起祈祷。这里穆圣起了依玛目(Imam)的作用。(2)升天。祈祷完后,穆圣借光明之梯,升到天上。他在 Gabriel 的指引下,参观了七重天。在那里,穆圣会见了各个先知,观看了各种奇迹,并见到了安拉(Allah)。(3)访问天堂和地狱。(4)最后,Gabriel 让先知坐在他的翅膀上,飞到了 Qaf 山上。

《头骨记》:或称《关于苏丹头骨的长诗》(*Dastan-i Jumjuma Sultan*),或称《头骨故事》(*Qissa-i Jumjuma*),或简单称为《头骨记》(*Jumjumanama*),为一篇幅不大的宗教故事集。约在 770/1368—1369 年为某一 Husam Katib 所著。它特别在金帐汗国享有盛誉。长诗为 masnavi 形式,为 ramal 格律,即 $-\text{v}--/-\text{v}--/-\text{v}-$(一长一短两长,一长

一短两长,一长一短一长)。内容为讲述耶稣(Jesus)及头骨的故事。耶稣在荒野里拾到一头盖骨。他复活了他。从头骨的讲述中,我们得知他曾是一位统治七方的强大的苏丹。由于他曾拒绝先知艾里亚斯(Elias)的劝告,而被打入地狱受苦。只有他的头骨因为对穷人、属下公正、怜悯,所以得救。头骨活了很久才死去。此书似根据阿塔尔(Fa-ridaddin Attar)的波斯文同名诗篇改作写成。

《正义的钥匙》(*Miftahu'l-'adl*):为散文体的法学(Fiqh)著作,是献给某个叫铁木尔(Timur)的王子的。作者的出生地和写作的时间都不清楚。内容为讲述公正统治者的故事。例如下面的一个故事:从前有一个皇帝,他治国公正。一天,他对大臣说,他要去朝圣,问大臣是否愿意同他一起去。大臣答道:"陛下,你离开王位去朝圣,如人民起来闹事怎么办?"皇帝说:"不,人民不会闹事。现在请你给我买一个朝过圣的人的功德,以便我能最早与朝过圣的人一起复活。"于是大臣派人去寻找这种人。最后找到了一个人。那人说:"在某处居住有一位隐者,他曾先后步行去麦加朝圣二十次。去找那个人,就从他那里为苏丹购买朝圣的功德吧。"苏丹问那人说:"你能卖给我一次你朝圣的功德吗?"隐者说:"你给多少钱?"苏丹说:"我出一千金币。"那人说:"一千金币太少。"苏丹说:"那我出一万金币。"那人说:"噢,苏丹大人,什么叫朝圣? 如你给我一个小时的正义,那我就把二十次的朝圣功德卖给你。"苏丹说:"一个小时的正义的功德是什么?"隐者说:"一个小时正义的功德要比所有人的祷告还要多。"

35.5 金帐汗国的敕令

35.5.1 托赫塔米施(Toqtamysh)汗敕令(1393 年)

(1) toqtamysh sözüm

（我）托赫塔米施的话

(2) yaghaylagha

（波兰大公）牙噶拉（阁下）。

（3）ulugh orungha olturghan ergeyin

为通知我已即大（汗）位，

（4）anglatu qutlu buqa hasan basly ilchi-

曾派去以库特鲁·布哈、哈三为首的使节。

（5）ler iydük erti(.) sen taqy kelechingni

你也向我们派来了使节。

（6）bizge iyding erti. Burunghy yyl begpolat hoja madyn

前年他们曾抢先向帖木耳处派去以

（7）basly bir neche oghlanlar begis turduchaq birdi

别克坡拉特、火加米丁为首的几位王子和

（8）dawud basly begler edügü atly kisini t(e)mirge aldyr-

以别机思土尔度恰克、比尔地

（9）tyn chyqarup iymisler(.) ol til birle kelti erti(.)

达五德为首的官员以及名叫艾度居的人。

（10）olarnyng ala köngül bile til aynyp(?) il qyryghyngha

他们心怀恶意,食言来到国界时,

（11）y(it)e kelgente anglap yyghylyp sanchysmagh(gh)a

（我）得知（此事）,于是集合（大）军

（12）turghanta ol yaman kisiler burun tebiregin-

作战时,由于那些坏人的挑唆(?),

（13）tin il tarpyp ol is taqy ol chaqly bolghan ergeyi ol erti(.)

人民骚动了。事情就是那样。

（14）tengri bizni y(a)rlyqap dusmanlygh qylghan begpolat hoja madyn

由于上天保佑,（与我）为

（15）begis turduchaq birdi dawud basly oghlanlar beglerni

敌的,以别克坡拉特、火加、别机思

（16）mungghal-(t)ty emti bu yaghuny anglatu hasan tulu hoja basly

等为首的王子官员失败了。

（17）ilchilerni iydük emti taqy bolsa

为通报敌情现派去以哈三为首的使节。再有，

（18）bizge baqar illerning chyqyslaryn chyqarup barghan

把属于我们的人民的税收交给使节，以

（19）ilchilerge bergil hazinege t(e)gürsünler(.) basa

入国库。还有，

（20）burunghy yosuncha bazergan ortaqlaryng taqy yörüs

依照从前的规定，你们的商人可以继续

（21）süngler(.) ulugh ulusnyng turusyngha taqy yahsy-

往来！愿对大国的生活有好处！

（22）sy ol bolghay tip altun nisanlygh y(a)rlygh

特写此盖有金印的敕令。于

（23）tut(tuq)(.) taqaghu yyl tarih yiti yüz toqsan bes-

鸡年，(回历)795年

（24）te rejep ayynyng sekiz yangyta ordu tana-

七月初八，在 Tana 城之

（25）ta erürte bitidimiz.

官廷。

注释：

此重要金帐汗国外交文件(用回鹘文写成)现存波兰国家档案馆。
我根据原文中的 s 字母都不带两点，所以都转写为 s 而不是 sh。

2 行：yaghayla 为当时立陶宛—波兰国大公。

6－8 行：这几个名字不好确定是几个人的名字。

10 行：我把此行中的第 6 个字转写为 aynyp,不是以前各家转写的
inip,译为"食言"。参见现代哈萨克语的 aynuw。

24 行：tana 为城市名,位于今克里米亚半岛近处,不是顿河。

35.5.2　铁木尔·库特鲁克的敕令(1397 年)

（1）temir qutlugh sözüm

（我）铁木尔·库特鲁克的话

（2）ong qol sol

给右方、左方

（3）qolnyng oghlanlarygha

诸王子,

（4）tümen ed(i)gü baslygh myng yüz on

给以万户长艾地居为首的千户百户十户长

（5）beglerlerige ichki kentlerining qazi

诸官,给内城的哈孜、

（6）müftilerigha meshayih sufilerigha

穆福提,给舍赫、苏非,

（7）diwan bitigchilerige tamghachy tart-

给庭中书记官、掌印官,

（8）naqchylargha yortar ishlenchi yolawchy-

给行走使者,

（9）largha bökewül tutqawullargha yamchy

给宫廷保卫官,给驿站官、

（10）süsünchiler quschy barschylargha

供食官、管理猎鹰和老虎者,

（11）kemechi köprükchilerge bazarda

给管理船只、桥梁诸官,给市场管理诸官!

（12）turghanlargha (.) bu yarlyghny tuta turghan

持有此敕令的

（13）muh(a)m(m)edning öbeke atalary burun-

穆罕买德的先人,

（14）ghy kechgen sayyn han chaghydyn biri bire

从已故萨因(巴图)汗时代以来,

（15）yarlygh rast tarhanlygh yosunycha yörüp

根据答尔罕的规定,

（16）atasy haji bayram hojany

其祖父哈吉·白蓝木·火加

（17）bizing han aghalarymyz soyurqap

就得到我们兄汗的恩赐，

（18）tarhan qylghan chergesin anglata ötündü

并根据他的请求，我们恩准穆罕买德

（19）erse ötülin yöp körüp muhammed

享有答尔罕的

（20）bizing soyurqal bolup tarhan bolup

待遇。

（21）tursun tidimiz bu kündin ilgeri qyrym

从今以后克里米亚

（22）bile qyrq yerning tömenide sudaq atlygh

及"四十地"下方的苏达克城

（23）kentning jiwarynda burunghy zamandyn

周围从来享受

（24）berü mütehaddir t（a）rha（n）bolghan yndyrchy salasy

答尔罕待遇的谷场、村子

（25）bile meshhur bolghan salasydyn sher'i qabala

及有名的村子，都按规定，

（26）yosunycha yer suwlary bile muhammedning

其土地、水及穆罕买德

（27）oghlanlary ilki haji muhammed we mahmud-

诸子中的长者哈吉·穆罕买德和马赫穆德

（28）[ny] azad tarhan bolsun（.）bularnyng yer suw-

都享有自由答尔罕的待遇。对其土地、

（29）larynga bagh baghchalarygha hammam tegirmen-

园子、打谷场、水磨、

（30）lerge tasarruf qyla turghan yerlerige

417

他们领有的地方、

（31）burundyn qalghan azadlarygha basa sala-

前代剩下的空地,以及他们的村子、

（32）larygha sabanchy ortaqchylarygha kim

农户等

（33）kim erse küch ugha tegürmesün yolsuz

都不得强行摊派,不得非法

（34）yerde nemelerini tartyp

收取什么,

（35）almasunlar borla tamghasy inkinchi üskü

不得征收葡萄园税、农业税、

（36）bal qurty anbar maly yndyr haqqy

蜜蜂税、仓库税、打场税、

（37）tabanlygh qysmet qubur yasaghy qalan müsemma ……税、

qubur 税、qalan 税以及

（38）salyq·borch harach almasunlar barur kelüride

各种劳役。当他们来往

（39）kirür chyqaryda qyrymda kefede qayuma

于克里米亚、凯费诸地

（40）türlüg erse aluryda sattaryda tamgha

进行买卖时,不纳印税、

（41）tartnaq almasun tarhanlygh tabanlygh yol

秤税,不得征收过路税、

（42）haqqy qarawulluq tilemesünler tawar qara-

守望税,不得使用其牲畜

（43）laryn ulaq tutmasun qonaq tüsül tüsürmesün-

为驿畜,不得在其家中住宿,

（44）ler süsün ulufe tilemesünler qayuma

不得要求其提供饮食、饲料,

（45）türlüg zahmet we muäawenet we awaryzat-

不得制造任何困难。

（46）lardyn masun we mahrus bolsunlar inch

要保护他们,

（47）turup tynchlygh bile sham u sabah ewqaty

使其安居乐业,使其早晚

（48）sheriflerde bizge taqy bizing

为我们,为我们的

（49）urugh urughymyzgha duäa alqys

子孙后代祈祷、祝福!

（50）ite tursun tip tuta tururgha

为此赐予他们

（51）altun nishanlygh al tamghalygh

盖有金印的

（52）yarlygh birildi(.) tarih sekiz yüzde

敕令。回历 800

（53）bars yyly shaban ayynyng altynchy

虎年,8 月 6

（54）künide özi suwyning kenaryda

日,于德涅波(Dniepr)河畔

（55）müjaweranda erürde bitildi.

木加卫兰(地方)写成。

注释:

原文用回鹘文写成,现存奥地利国家图书馆。在正字法方面,可见到元代回鹘文的强烈影响。在转写时已作了规范化的变动。另一方面,敕令中使用的阿拉伯—波斯语借词较多。这可能和敕令的书写地在克里米亚一带有关。

（原刊于《伊犁师范学院学报》,2006 年 1 期）

36　哈萨克族的语言和文字

哈萨克族具有悠久的历史。哈萨克族语言属于阿尔泰语系突厥语族克普恰克(Qypchaq,或作钦察)语组。虽然以哈萨克(Qazaq)这一族称称谓的哈萨克族形成在 15 世纪左右,但在此之前,她已经历了一个很长的历史发展阶段。哈萨克族是以古代突厥克普恰克部为核心,融合吸收了原居住在哈萨克地区的古代塞人、乌孙人、康居人和西突厥诸部,13 世纪后(金帐汗国时代)又融合了一部分蒙古部落而发展形成的。在种族上基本为蒙古人种,但混有少量的高加索人种成分。

约从公元前 4、5 世纪到公元元年前后,在欧亚大陆(Eurasia)草原上活跃着西方古典作家称之为斯基泰(Scythian)人、萨尔马特(Sarmat/Sauromat,我国和古代波斯人称之为塞〔Saka〕)人的部族,他们善于骑射,工于制造具有动物纹样的青铜器。在人种上属于深目高鼻的高加索人种,在语言上主要属于伊兰语系。我国古代史籍中提到的居住在伊犁河流域的塞人和乌孙人应是这一游牧部族的一部分。他们构成了现代哈萨克族最早的族源之一。

古代活动在我国北方和西北方的著名游牧民族匈奴人也是哈萨克族源的一部分。公元前 3 世纪,在以今内蒙古鄂尔多斯(Ordos)为中心的蒙古草原,建立了匈奴政权。匈奴的首领称单于(相当于后来突厥时代的可汗),其核心部落由李骎部(像后来突厥汗国的阿史那部、回鹘汗国的药罗葛部一样)和其他有影响的部落组成。公元前 59—前 49 年,匈奴内部发生动乱,分裂为两部。一部称南匈奴,为首的是呼韩邪(前 58—前 31 年),另一部分是以他的兄弟郅至(前 56—前 36 年)为首的北匈奴。前者于公元前 52 年归顺汉朝。而郅至在汉朝政府的压力下,退到今哈萨克斯坦东南部的咸海和热湖之间一带。之后,又不断有匈奴人西迁,有的更西进到达欧洲。有的学者认为他们与西方史料中的匈人(Hun)为一回事。

关于匈奴人的语言,许多学者认为属于古代突厥语。[1] 如果说前一时期(阿尔泰共同语)为假设构拟的话,那么到匈奴时期,我们已经有了少量文献资料。在汉文史籍中保存有一些用汉字记录下的匈奴人的官号及个别的词语。在欧洲也保存有一些匈人(Hun)语言的材料。

一些学者对保存在我国《晋书》中的一句匈奴诗进行了研究。在《晋书》卷95《佛图澄传》中记载了下面一事:当前赵首领石勒要征讨后赵刘曜时,石勒问僧人佛图澄关于这次出兵的结果。后者说了一句匈奴箴言诗:"秀支替戾冈,仆谷劬吐当。"事件发生的时间为4世纪。汉文的解释是:秀支,军也;替戾冈,出也;仆谷,刘曜胡位也;劬吐当,捉也。全句的意思为:"你出兵时,就会捉住仆谷。"到目前为止,有兰斯铁(G. J. Ramstedt)、巴赞(L. Bazin)、葛玛丽(A. von Gabain)、塔拉特·特肯(Talat Tekin)等人的构拟。虽然各人构拟的具体语词不同,但都是以古代突厥语为基础的。

美国哈佛大学的普里察克(O. Pritsak)教授则主张欧洲的匈人操一种不同于一般突厥语,而类似古代布勒加尔(Bulghar)语或现代楚瓦施(Chuwash)语类型的突厥语。这种特殊类型的突厥语(如词尾以r,l代一般突厥语的z,s/sh)在某些方面接近蒙古语,如"姑娘"为xer,"石"为chul(蒙古语chuluu)。一般其他突厥语则分别为qyz,tas/tash。

根据《隋书》的记载,所谓铁勒(一般认为是唐代之前汉文对突厥〔Turk〕一名的另一种写法)于6世纪时,已分布在西从里海东到蒙古高原的广大地区。在后来的西突厥汗国(6—8世纪)时期,整个哈萨克斯坦地区也包括在其统治范围内。现在可以肯定地说,从那时起,哈萨克斯坦的突厥化进程就已经开始了。

俄国古代突厥碑铭学家克里亚施托尔内(S. Klyashtorny)认为克普恰克一名在8世纪的古代突厥碑铭中已出现。穆斯林地理学家早在9

---

〔1〕加拿大汉学家兼中国民族史家蒲立本(E. Pulleyblank)教授主张匈奴人说羯(Ket)语——一种古西伯利亚语。

世纪就称现哈萨克斯坦地区为"克普恰克草原"(Dasht-i Qipchaq/Dala-yi Qipchaq)。13 世纪后,该地虽成为蒙古成吉思汗长子术赤(Juchi)的领地——金帐汗国(因术赤早于他父亲一年死去,所以实际上成为术赤次子巴图〔Batu〕的领地),但对克普恰克草原的民族形成进程并未产生大的影响。进入克普恰克草原的蒙古人不久就被突厥—克普恰克(元代写作"钦察")化了。到了 15 世纪,以贾尼别克(Janibek)和克烈(Kerey)为首的王子由于不满阿布勒哈依尔(Abulkhayr)大汗的统治,率其属下迁到哈萨克斯坦草原的东南部七河流域一带,后成为哈萨克汗国。随着汗国势力变得强大,哈萨克一名也逐渐在草原流行开来。

关于哈萨克语言的历史分期及其主要文献,可作如下的初步划分:

(1)阿尔泰共同语(公元前 4、5 世纪以前)(为阿尔泰语言学家的构拟时期);

(2)上古突厥语(公元前 3、4 世纪—公元 4、5 世纪)(表现在汉文和欧洲古籍中留下的匈奴/匈人的词语);

(3)古代突厥语(6—10 世纪)(蒙古高原和中亚塔拉斯河谷一带发现的古代突厥文碑铭);

(4)中古突厥语——金帐汗国时期的克普恰克语(10—13、14 世纪)(《库曼〔1〕语汇集》〔Codex Cumanicus〕,托赫塔米施〔Toqtamysh〕、库特鲁克·铁木尔〔Qutlugh Temir〕等金帐汗的敕令,以及萨莱依〔Saifi Sarayi〕的《蔷薇园》〔Gulistan〕、库特布〔Qutb〕的《胡斯劳与西琳》〔Khusraw wa Shirin〕等);

(5)近、现代哈萨克语(15—18 世纪)(带有克普恰克语特点的察哈台文文献,以及从 19 世纪依布拉依·阿勒亭萨林〔Ibray Altinsarin〕、阿拜·库南巴也夫〔Abay Qunanbayev〕开始的近现代哈萨克作家的作品)。

这里我想顺便指出一个问题,就是长期以来在哈萨克知识界存在

---

〔1〕"库曼"为中世纪欧洲人对克普恰克人的称呼。

一种错误的观点,认为只有用现代纯粹哈萨克语写成的作品,才能算做哈萨克语文献。我们知道,在历史上许多民族的书面语和口语都是脱节的。哈萨克族的情况也不例外。例如 18 世纪中玉兹的阿布来(Ablay)汗写给清朝政府的公文的语言基本上是察哈台书面语,只是有时才透露出某些哈萨克语的特点(如以词首的 j-代替正规察哈台语的 y-)。

现代哈萨克语的基本特点虽然早在 13、14 世纪已经形成,但真正反映在书面语里是从 19 世纪的阿拜才开始的。

关于古代突厥语及其碑文的研究,现在已构成突厥语文学/哈萨克语文学的一个单独分支。这里我只向大家推荐两部奠基性的著作:德国突厥语文学大师葛玛丽(Annemarie von Gabain)教授的《古代突厥语语法》(Alttuerkische Grammatik,由我翻译的汉文本已由内蒙古教育出版社出版)和俄国马洛夫(S. Malov)的《古代突厥语文献》(Pamyat-niki Drevnetyurkskoy Pis'mennosti)。

关于金帐汗国克普恰克语及其文献的情况,详见拙文《回鹘文在金帐汗国和中亚的传播》(载《语言与翻译》,2003,4 期),以及美国哈佛大学普里察克(O. Pritsak)教授的《克普恰克语》("Das Kiptschakische"),葛玛丽教授的《库曼语汇集的语言》("Die Sprache des Codex Cumani-cus"),(载《突厥语文学基础》卷 1〔Philologiae Turcicae Fundamenta,I〕)和艾克曼(J. Eckman)教授的《克普恰克文学》("Die Kiptschakische Lit-eratur",载同上书,卷 2)。

早在 13、14 世纪,现代哈萨克语的主要特点已形成,如以词首的 j 代替其他突厥语词首的 y(jyl ~ yyl"年"),以 s 代替其他突厥语词间、词尾的 sh(tas ~ tash"石"),以 w/y 代替其他突厥语音节尾的 gh/g(baw ~ bagh"园子",tiy- ~ teg-"触"),以 iw/yw 代替其他突厥语动词尾的 gü/ghu(keliw ~ kelgü"来",baryw ~ baryghu"去")等等。

这里我想指出,现代哈萨克语中尚保存有一些不见于其他现代突厥语的古老词语。下面仅举一两个例子说明:

kiyeli,这个哈萨克语词义为"神圣的"。它来自古代突厥语的

küügälig。根据突厥语言历史语音发展的规律,位于两个元音之间的"-g-"音变为"-y-"。例如,igä > iye"主人",tügä > tüye"骆驼",而形容词词缀 -li < -lig 。但我尚无法对 üü > i 的变化作出满意的解释。作为形容词或名词,küügälig 在古代突厥语文献中是一个很常用的词。德国茨木(P. Zieme)教授将它译作"Wunderbares Kommen","Zauberkraefte"(相当于梵文的 rddipada ,等于汉文的"神通")(参见他的近作:*Altun Yaruq sudur*, *Vorwort und Das Erste Buch*〔《回鹘文〈金光明经〉序和第一卷研究》〕,1996,页 220)。

这个词在《金光明经》中曾多次出现。但在卡雅(Ceval Kaya)出版的本书土耳其文新版本(1996)中,他并未认出这一词来,而是错误地将它分为两个词"kuo"和"kälig",并且没有给出译文。当我将回鹘文本与汉文本及诺贝勒的德文本对照时,我发现它除上述意思外,还有一意义为 Majestaet(与汉文的"威力"相通)。

再如,哈萨克语使用在一种祈愿式语气句子中的 iygi"好"(körseygi edim"如我看见多好"——事实上并未看见)< 古代突厥语的 ädgü "好"(土耳其语为 iyi, ädgü > iwgü > iwwü > iyi);izgi"高贵的"< ädgü/äzgü(izgü 当是借自像哈卡斯语或裕固语那样的一种 Z-型突厥语[1]);iyis"气味"< 古代突厥语的 ydy-"发出气味" + -s 动名词缀。

另外,我想指出哈萨克语中尚保留一些在其他现代突厥语中早已不用的中亚地区已死亡古代语言(如粟特语)的借词,如 tamuq"地狱"、yghar"强有力的"等。

当我年轻时,常在新疆听哈萨克人说一个短语——yghar körsetiw"威胁"。yghar 一词早在一千多年前就已出现在阙特勤(Kül Tegin)碑中(东面,第 29 行):...yghar elligde yghar qaghanlyghda yeg qyltym"我使他们(生活得)比有强大人民和汗国的更好"。但遗憾的是,后一词

---

〔1〕如"脚"一词,古代突厥语为 adaq,现代突厥语一般为 ayaq ;但裕固语等则为 azaq。

我未能在国内外出版的哈萨克语词典中查到。[1]

哈萨克方言的研究在语言实践和理论方面具有重要意义。方言研究使我们能更全面、深入地了解该语言的结构系统,认识它的历史,追溯其语法范畴的发展道路。在语言历史的研究工作中,如能将方言材料和古代文献及亲属语言的材料很好地结合起来,将会给我们许多宝贵的启示。有的时候正是方言里保存了该语言的古老词语或语法形式。如在哈萨克一些方言中以 bigiz"锥子"代替文学语言中的 biz。按照突厥语言中辅音 m,b 的转换规律,这个词应是其他突厥语中的 migiz ~ mügiz"兽角"一词的变体。由此不难推知最早锥子是用骨角制成的。另外在方言中以 chanda"有时候"一词代替文学语言中的 an-da-sanda。这个方言词给我们提供了了解文学语言中 qashan"何时"一词词源的材料(ch 音位是 sh 的词首变体):qay + shan。除此以外,方言的研究也有助于我们了解哈萨克文学语言与诸方言土语之间的关系,从而可以更好地促进其健康的发展。

一般说我国哈萨克语是较为统一的,各地区之间在语言方面差别不大。西从伊犁,东到哈密的巴里坤和甘肃省的阿克塞,南从天山,北到阿尔泰山,哈萨克族人民可以毫无困难地交谈。

根据以前的几次调查材料,可以把我国哈萨克语初步划为两个方言,即东北方言和西南方言。东北方言包括的地区较广,人口也较多,它在我国哈萨克文学语言的形成和发展过程中过去和现在都起着主导作用。属于这个方言区的有伊犁哈萨克自治州的阿尔泰专区、塔城专区、新源和尼勒克两直属县,以及自治州境外的布尔塔拉蒙古自治州、乌鲁木齐县、木垒哈萨克自治县、巴里坤哈萨克自治县、甘肃省阿克塞哈萨克自治县等地。这个方言的主要特点是词首以 ch-代替书面语中的 sh-。属于西南方言的有自治州的特克斯、察布查尔、霍城、伊宁、

────────────

〔1〕我手头无古代粟特语字典。写完此短文后,我很高兴地看到在冯·加班(von Gabain)教授的《波斯萨珊朝时代伊朗与突厥的关系》一文(载《剑桥伊朗史》〔The Cambridge History of I-ran〕,vol. 3 - 1,1983,页 623)所列举的十几个突厥借自古代粟特语(一种中古东伊兰语)的词中,就有 yghar 这个词,意为"强有力的"。

绥定等直属县(按旧的行政区划即除新源、尼勒克两县外的整个伊犁专区)。这个方言的主要特点除词首的为外,词间往往以 l 代替东北方言的 d。值得注意的是我国哈萨克语方言的差别与部落结构有密切关系。属于东北方言的有克列依、乃蛮及黑宰三个主要部落;属于西南方言的有阿勒班、苏万两个部落。在伊犁各直属县(如伊宁、察布查尔)经常可以碰到这种情况,黑宰与阿勒班两部落的人虽然居住在一个县内(一般说各有其一定的居住区),但在语言方面的某些差别表现得很明显。

另外,应当指出的是东北、西南两方言的差别不仅表现在语言方面,同时也表现在居民的服饰、饮食及其他生活习惯方面。例如克列依部落妇女头饰除 kiymeshek 外,尚使用 shylawysh,而阿勒班部落的妇女一般只戴用 kiymeshek。另一方面阿勒班部落男子戴的白色卷边毡帽及姑娘们戴的獭皮帽(qungdyz börik)又不见于操东北方言的克列依、乃蛮部落等等。

东北方言由于分布地区的辽阔,周围环境的影响,其内部当然也存在着土语的差别。这方面的深入研究尚有待于将来。

关于哈萨克斯坦方言的研究,目前尚没有一致的意见,有人(S. Amajolov)将其划分为东北、西南和西部三个方言,并认为这种划分与过去哈萨克人分为三大玉兹有关。另外有人(J. Doskarayev)主张划分为西北、东南两大方言。有人(N. T. Sawranbayev)分为 sh,d(北部和西部)及 ch,l(南部和东南部)两大方言组。个别人(G. Musabayev)则否认哈萨克语有方言存在。

下面介绍历史上哈萨克族使用文字的情况。

根据近年来哈萨克地区考古发掘的材料来看,哈萨克族先人(如七河一带的古代塞人、乌孙人)早在公元前即已使用某种形式的文字。如不久前在哈萨克斯坦阿拉木图附近的伊斯克库尔干(Issik Kurgan)墓葬中出土了一个银碗(属公元前5—前4世纪),碗底镌有2行约由25 或 26 个符号组成的铭文。1968 年,在哈拉托玛(Karatoma)墓葬出土的一石具(属公元前3—前4世纪)上刻有4个符号和分离词符号,符号的重复和存在分离词符号说明应为文字符号。1963 年阿克塔斯特(Aktasti)Ⅰ号墓葬出土的三角石(属 4—5 世纪)上刻有约 30 个符号。从同一符号的多次重复来看,也应为文字。上述发现都属同一地区,即七河东南伊犁河中游右岸一带,也即古代塞人和乌孙人居住的地区。关于伊斯克库尔干银碗等铭文的文字形式和语言,目前尚不能释读。[1]

后来,哈萨克族又曾先后使用过 3 种文字,即古代突厥文、后期粟特文和阿拉伯字母的文字。

一,古代突厥文。古代突厥文的得名,是因为这种文字首先为建立突厥汗国(552—744 年)的突厥人所使用。又因为用这种文字写成的碑铭主要在今蒙古人民共和国鄂尔浑河流域发现,而在外形上又近似古代北欧的如尼文(仅外形相似而已,两者并无渊源关系),故有人称之为鄂尔浑如尼文。又因这种文字的碑铭也在西伯利亚叶尼塞河流域发现,所以也称之为鄂尔浑—叶尼塞文。哈萨克先人(西突厥诸部)曾使用过这种文字。汉文史籍《周书·突厥传》中"其书字类胡"的记载似即指这种文字。

古代突厥文是一种音素、音节混合型文字[2],即既不是纯粹的音

---

〔1〕这方面目前有两种意见:一为哈萨克斯坦的 A. S. Amanjolov(阿曼交洛夫)的意见,他认为是古代突厥文和古代突厥语。参见其论文:"Runopodobnaya nadpis' iz sakaskovo zahoroneniya bliz Alma-Ati"(《阿拉木图附近塞人墓葬中类似如尼文的铭文》,载《哈萨克共和国科学院通报》1971,No. 12,str. 64–66)。另一观点以前苏联科学院东方学研究所的 I. M ~ D'yakonov(狄亚科诺夫)、V. A. Livshits(李夫西茨)、S. G. Klyashtorniy(克里亚施托尔内)为代表。他们在对银碗铭文进行研究后发表了如下的意见:"铭文刻在银碗底部,年代似比银碗本身要晚。铭文共 2 行,由 25 或 26 个符号组成。第二行符号较少,或者其中一些已磨灭不存……25 个或 26 个符号中有 16 个或 17 个为不同符号,这说明它为文字性质的东西。16 个或 17 个符号中 8 个到 9 个似为阿拉美字母,个别符号可与 Kariy 文及小亚细亚文字母相比,一些符号近似突厥如尼文字母。但我们认为铭文不可能以古代突厥如尼文为基础进行释读。很可能铭文是用一种早期字母系统(不能排除阿拉美字母来源的可能性)写成。"(转引自 K. A. Akishev〔阿基谢夫〕:"Kurgan Issik—Iskusstvo sakov kazahstana"《伊斯克库尔干——哈萨克斯坦塞人的艺术》。大致相同的意见参见后面所引李夫西茨的文章,84–85 页)。

〔2〕最近有人(如西德的普里查克〔O. Pritsak〕)重新研究,认为它是一种纯粹的音节文字。参见荷兰莱登 1963 年出版的《东方学手册》第 5 卷《阿尔泰学》第 1 分册《突厥学》中该氏所撰《古代突厥语》一章。

素（字母）文字，也不是纯粹的音节文字。它一般由38个符号构成（各地发现的碑铭和写本之间字母符号数目不尽相同，同一个音也往往用不同符号表示），每个符号表示一个元音或一个带有元音的辅音（其中4个符号表示元音，其余表示辅音）。它来源于粟特文的草体字母[1]，但在传入后，古代突厥人又有个别的发明、创造。如外形像"箭"的字母 ↑ 表示音节 oq（或 uq，qu，qo），而在古代突厥语中"箭"字为 oq；外形像"弓"的字母 D 表示辅音 y 或音节 ya（或 ay），而在古代突厥语中"弓"字为 ya；外形像"毡房"的字母 ö 表示前元音词中的辅音 b 或 äb；而在古代突厥语中"毡房"、"房子"为 äb（此字经过若干发展阶段变成现代哈萨克语的 üy，即 äb > äw > öw > öy > üy）。古代突厥文字母最大的特点是用两套字母表示 b、d、ng、l、n、r、s、t 8 个辅音，一套专门与前列元音拼在一起，另一套专门与后列元音拼在一起。一般是横写，从右到左（也有个别文献是从左到右的）。词组与词组之间使用两点（:）分开。在个别碑文中也使用表示元音 a 的符号作为分隔词或词组的符号。

目前在哈萨克地区发现的古代突厥文碑铭约有十几个，对研究古代哈萨克人民的历史、文化和语文具有重要意义。

古代突厥文后来逐渐被废弃不用，变成了无人能释读的"死"文字。19 世纪末期，在今蒙古人民共和国鄂尔浑河流域发现了用这种文字写成的阙特勤碑、毗伽可汗碑等字数较多的大碑（这两个碑铭的背面都同时刻有汉文），于是就为解读这种"谜"一般的文字提供了可能性。1893 年 12 月 15 日，丹麦著名语言学家汤姆森（V. Thomsen）成功地解读了这种文字，从而开创了突厥语文学中一个新的重要研究领域。[2]

二，后期粟特文（也称回鹘文）。今哈萨克地区七河一带从古代起

---

〔1〕关于这方面的最新研究，可参看 V. A. 李夫西茨的论文《古代突厥如尼文的起源》，载《苏联突厥学》1978 年第 4 期。

〔2〕关于古代突厥文碑铭发现和解读的详细情况以及现存的主要碑文，请参阅拙文《古代突厥文碑铭的发现和解读》，载《西北民族研究》2004 年第 3 期。

就住有许多粟特人[1]，例如我国 7 世纪佛教大师和旅行家玄奘在其名著《大唐西域记》一书中谈到碎叶（原书作"素叶"）城[2]时说："城周六七里，诸国商胡杂居也。"11 世纪我国维吾尔族学者马·喀什噶里（Mahmud Kashghari）在其名著《突厥语词典》中谈到七河地区另一城市巴拉萨衮（Balasagun）城[3]时也说："巴拉萨衮城住有粟特人，他们穿突厥人的衣服，遵从突厥人的习惯。"[4]又说："居民说粟特语和突厥语。"[5]大约在 8 世纪左右，当地西突厥部族（如突骑施部）似已采用粟特文来拼写自己的语言（证明这点的有七河一带出土的铸有粟特文"突骑施可汗"字样的钱币）。这种文字后来因为被回鹘（古代维吾尔）人广泛使用，所以一般也称为回鹘文。13—15 世纪，这种文字曾用作金帐汗国的正式文字，例如现存金帐汗国时代的《铁木尔·库特鲁克扎令》、《托赫塔米施扎令》、花拉子米的《爱情书》以及史诗《乌古斯可汗传说》（现存巴黎的回鹘文本似在今七河地区抄写成书）等文学作品就是用这种文字写成的。

这种文字由大约 19～23 个符号组成。根据时代的早晚，字母数目有所不同。例如在早期，字母 s 和 sh，n 和 a/ä（在词间），z 和 zh，x 和 q，gh 是不加区分的。后期才在相应字母的左、右方加一点或两点以示区别。早期文献中有时 y 和 w 也不加区分。此外，字母因在词中出现的位置（词首、词中、词尾）不同而有不同的形式。字母 z 不和后面的字母连写。书写时是竖写，从左到右。常用的标点符号是两点（:）或一点（.），较少用四点（多表示段落）。

此外，从七河一带出土许多用叙利亚（Syriac）文书写的景教（基督

---

〔1〕粟特人为古代居住在原苏联乌兹别克斯坦布哈拉、撒马尔罕一带，具有很高文化水平的长于经商的伊兰民族。我国史籍一般通称为胡或商胡。

〔2〕据近年来学者们新的考证，遗址应在今哈萨克斯坦南部托克玛克城西南 8 公里处之阿克—贝西姆（Aq-Beshim），而不是旧说托克玛克城。参见 G. Clauson（克劳森）："Aq-Beshim-Suyab"《阿克—贝西姆—碎叶》，载 BSOAS，1961，No.4。

〔3〕据考证，遗址当在今哈萨克斯坦东南部布拉纳。参见张广达：《碎叶城今地考》，载《北京大学学报》（哲学社会科学版），1979 年第 5 期，第 78 页。

〔4〕见该书 Besim Atalay（贝色木·阿塔莱）土耳其语译本 *Diwanu Lughat-it-Turk*，cilt I，s.471。

〔5〕见该书 Besim Atalay（贝色木·阿塔莱）土耳其语译本 *Diwanu Lughat-it-Turk*，cilt I，s.30。

教在亚洲的一支）墓志铭（只有一小部分是突厥语,余为叙利亚语）来看,12、13世纪时,当地的一部分哈萨克先民也曾使用过叙利亚文。

三,阿拉伯字母文字。伊斯兰教早在金帐汗国的别尔克（Berk）汗（1255—1266年在位）时期即已传入哈萨克地区,特别是在乌兹别克（Uzbek）汗（1312—1340年在位）时代更得到了进一步的传布。[1] 随同伊斯兰教的传入,哈萨克族先民也逐渐采用阿拉伯字母（波斯式的阿拉伯字母,增添表示p,ch的字母）来拼写自己的语言。由于当时所谓察哈台文（15—19世纪在中亚广泛使用的一种用阿拉伯字母书写,在拼写法上受到回鹘文强烈影响的中亚突厥书面语）对草原地区的影响,哈萨克民族语的特点尚不能充分得到反映。严格说来,使用阿拉伯字母文字的哈萨克书面语形成在19世纪下半期,这期间诗人阿拜的创作活动和最早的几种哈萨克文报刊（如 *Dala Walayati*〔《草原报》〕, *Ayghap*〔《呐喊》〕等）起了重要的作用。

十月革命后,前苏联哈萨克共和国在1917年曾对以阿拉伯字母为基础的哈萨克旧文字进行过改革,去掉了一些不必要的字母。1924年再次对阿拉伯字母的文字进行了部分改革。这种经过两次改革的阿拉伯字母文字一直使用到1929年拉丁化时为止（1941年后又从拉丁字母改为斯拉夫字母）。在我国,哈萨克族人民至今尚在使用这种改革后的阿拉伯字母文字。字母表由29个字母和1个软音符号组成。

我国哈萨克族自1965年开始一度使用以汉语拼音为基础的拉丁字母新文字（由33个字母组成）,1980年以后又恢复使用阿拉伯字母文字。

（原刊于《西北民族研究》,2006年2期）

---

〔1〕参见 W. Barthold（巴尔托尔德）: *12 Vorlesungen ueber die Geschichte der Turken Mittelasiens*（《中亚突厥史十二讲》）,1935年,176页以下。

37 试论中国哈萨克语方言的划分

  方言研究在语言实践和理论方面具有重要意义。方言研究使我们能更全面、深入地了解该语言的结构系统,认识它的历史,追溯其语法范畴的发展道路。在语言历史的研究工作中,如能将方言材料和古代文献及亲属语言的材料很好地结合起来,将会给我们许多宝贵的启示。有的时候正是方言里保存了该语言的古老词语或语法形式。如在哈萨克一些方言中以 bigiz"锥子"代替文学语言中的 biz。按照突厥语言文字中辅音 m,b 的转换规律,这个词应是其他突厥语中的 migiz ~ mügiz"兽角"一词的变体。由此不难推知最早锥子是用骨角制成的。另外在方言中以 chanda"有时候"一词代替文学语言中的 anda-sanda。这个方言词给我们提供了了解文学语言中 qashan"何时"一词词源的材料(ch 音位是 sh 的词首变体):qay + shan。除此以外,方言的研究也有助于我们了解哈萨克文学语言与诸方言土语之间的关系,从而可以更好地促进其健康的发展。

  再有,哈萨克语东北方言中存在一些以 d 起首的词,如 duz"盐"、dengiz"海"等(相当于书面语中的 tuz,tengiz),反映了历史上操突厥语的乌古斯方言部落对克普恰克草原民族和语言的影响。在我国哈萨克方言中尚存在 yghar"强有力的"一词。这个词也见于 8 世纪的古代突厥文碑铭中(阙特勤碑东面第 29 行)。

  一般说我国哈萨克语是较为统一的,各地区之间在语言方面差别不大。西从伊犁,东到哈密的巴里坤和甘肃省的阿克塞,南从天山,北到阿尔泰山,哈萨克族人民可以毫无困难地交谈。

  根据几次的调查材料,可以把我国哈萨克语初步划为两个方言,即东北方言和西南方言。东北方言包括的地区较广,人口也较多,它在我国哈萨克文学语言的形成和发展过程中过去和现在都起着主导作用。属于这个方言区的有伊犁哈萨克自治州的阿尔泰专区、塔城专区、新源和尼勒克两直属县,以及自治州境外的布尔塔拉蒙古自治州、乌鲁木齐县、木垒哈萨克自治县、巴里坤哈萨克自治县、甘肃省阿克塞哈萨克自治县等地。属于西南方言的有自治州的特克斯、察布查尔、霍城、伊宁、绥定等直属县(按旧的行政区划即除新源、尼勒克两县外的整个伊犁专区)。值得注意的是我国哈萨克语方言的差别与部落结构有密切关系。属于东北方言的有克烈依(Kerey)、乃蛮(Nayman)及黑宰(Qyzay)三个主要部落;属于西南方言的有阿勒班(Alban)、苏万(Suwan)两个部落。在伊犁各直属县(如伊宁、察布查尔)经常可以碰到这种情况,黑宰与阿勒班两部落的人虽然居住在一个县内(一般说各有其一定的居住区),但在语言方面的某些差别表现得很明显。

下面就语音、语法及词汇三个方面简单介绍一下东北、西南两方言的差别。[1]

(1)语音方面

第一,舌后鼻辅音 ng 后 da 的交替。

东北方言	西南方言	汉译
tangday	tanglay	上颚
mangday	manglay	前额
tyngdaw	tynglaw	听
öngdew	önglew	修理
qongdanyw	qonglanyw	上膘
tengdik	tenglik	平等
angdyw	anglyw	窥
tangdaw	tanglaw	挑选
angdaw	anglaw	明了
tüngdik	tünglik	蒙古包上的天窗
jyngdaw	jynglaw	秤

---

〔1〕由于技术上的原因,文中用 y(在辅音后)表示与 i 对应的后元音,用双字母 ch,sh,ng,gh 分别表示相关的舌叶辅音和后颚辅音。

第二,某些词词首的 d/t 交替。

东北方言	西南方言	汉译
dengiz	tengiz	海
düziw	tüziw	直的
dize	tize	膝盖
dizgin	tizgin	马缰绳
duz	tuz	盐
düzgen	tüzgen	长在沙漠地带的一种草

第三,西南方言中指示代词 ol (o), bul (bu), qay 后面的 jaq"方面"一词读成 yaq。

东北方言	西南方言	汉译
bul jaqqa	buyaqqa	朝这边
ol jaqqa	o yaqqa	朝那边
qay jaqta	qayaqta	在哪边

第四,西南方言中某些最常用的以 l 结尾的动词在构成过去时形动词时,可以脱落。

东北方言	西南方言	汉译
qalghan	qa(l)ghan	留下的
salghan	sa(l)ghan	装上的
kelgen	ke(l)gen	来到的
alghan	a(l)ghan	拿到的

(2)语法方面

第一,西南方言中,动词第二人称命令式有 -ghyn/ -ging, -qyn/ -kin 或 -yng/ -ing 的形式(表示语气温和的命令),而东北方言只有以 -yngyz/ -ingiz 结尾的敬体命令式。

东北方言	西南方言	汉译
baryngyz	barghyn/baryng	您去!
kelingiz	kelgin/keling	您来!
aytyngyz	aytqyn/aytyng	您说!

第二,西南方言中,动词第一人称命令式多数形式除有与东北方言相同的 -(a)yyq/-(e)yik,-(a)lyq/-(e)lik 的形式外,尚有在动词词干后加附加成分 -(a)ly/(e)li 构成的独特形式。

东北方言	西南方言	汉译
barayyq	baraly	让我们去吧!
keleyik	keleli	让我们来吧!
aytayyq	aytaly	让我们说吧!
bereyik	bereli	让我们给吧!

第三,西南方言中,名词的工具共同格附加成分除有与东北方言共同的 -men-ben-pen/ menen-benen-penen 外,尚有 mynan(及其变体)的形式。

(3)词汇方面

东北方言	西南方言	汉译
jongyshqa	bede	苜蓿
chöljer	meynen	旱地
tayynca	tana	一岁牛犊
chelek	mosy	水桶
bulyq	soqa	犁
ülken shyny	kese	大碗
küpana	shömele	小草垛
otaw	üymek	大草垛
shylawysh	bas oramal	哈族妇女用的头巾
därte	aghlop	车辕
sabaq	baya	(麦)秆儿
tynyshsyz (mazasyz)	baya-chaya	不安静
biydaydyng kelegi	baqal	没打净的麦穗
arba shegiw	arba qosyw	套车
öngdi	ärli	漂亮的
may sholpy	kepser/käpser	漏勺

jaqyndaw	chendew	走近
kelegey	mangghyz	牛奶未煮开时上面的油
shap ayyl	chandyrayyl	马肚带
anda-sanda	chanda	有时候
boydaq biydäy	qodyra biydäy	野麦子
mashaq	älep	饲料
bormyy kömbe	qonaq	玉米
ataghash	mama aghash	拴马桩
süyretki	qabirgha cana	木撬
mätche	belaghash	橡木
tabyn	tada	牛群
süzgi	ötkerme	笊
torsyq	tulup	两面无毛的皮囊（盛液体用）
tulup	mes	外有毛,内无毛的皮囊（盛固体用）
shylapshyn-elegen	kirchi	盛污水的盆
tartpa	calghy	长把大镰刀
taraq（aghash）	tyrma	耙
muz sheker	nawat	冰糖
tawyqtyng balapany	chöje	鸡雏
awyz üy	dalan üy	外屋
bul	kezdeme	布
taba	kömbe qazan	平底铁锅
asqabaq	kewe	南瓜
bawyrsaq	toqash	油炸的小饼
apiyanshy	pängi	抽鸦片的人
mäsi	chetik	没底的皮鞋

另外,应当指出的是东北、西南两方言的差别不仅表现在语言方

·欧·亚·历·史·文·化·文·库·

面,同时也表现在居民的服饰、饮食及其他生活习惯方面。例如克列依部落妇女头饰除 kiymeshek 外,尚使用 shylawysh,而阿勒班部落的妇女一般只戴用 kiymeshek。另一方面阿勒班部落男子戴的白色卷边毡帽及姑娘们戴的獭皮帽(qungdyz börik)又不见于操东北方言的克列依、乃蛮部落等等。

东北方言由于分布地区的辽阔,周围环境的影响,其内部当然也存在着土语的差别。这方面的深入研究尚有待于将来。

关于哈萨克斯坦方言的研究,目前尚没有一致的意见,有人(S. Amajolov)将其划分为东北、西南和西部三个方言,并认为这种划分与过去哈萨克人分为三大玉兹(jüz)有关。另外有人(J. Doskarayev)主张划分为西北、东南两大方言。有人(N. T. Sawranbayev)分为 sh,d(北部和西部)及 ch,l(南部和东南部)两大方言组。个别人(G. Musabayev)则否认哈萨克语有方言存在。

(原刊于《民族语文》,2005 年 6 期)

38　哈萨克文化述略[1]

　　笔者从 1950 年开始接触哈萨克族人民（1949 年我考入北京大学东方语文系，学习突厥语；1950 年秋第一批从新疆来到北大学习汉语文的青年中就有十多位哈族青年，他们中有的成为我的好朋友）。1952—1953 年我在塔城额敏县北部上湖乡哈萨克地区参加土改，进一步学习了哈萨克语。1953 年夏回到中央民族大学后接受校方分派的任务，开办了我国第一个哈萨克语言文学专业。在长达半个多世纪的时间里，我个人的兴趣主要集中在两个方面，一为对哈萨克语文、历史、文化的学习研究，另一为对古代突厥语文学（Old Turkic Philology）和古代西域语文、历史、宗教、文化的学习研究。

　　以前笔者曾发表过关于哈萨克族历史和语言的若干论著。[2] 这里在参考有关论著的基础上[3]，结合个人的经历对哈萨克族广义上的文化作一概述，尚希方家指教。

　　本文拟分两部分加以论述：

　　第一部分是关于哈萨克人风俗习惯、传统的论述，分为：民族乐器与舞蹈；饮食文化；好客传统；民族服饰；生育与儿童；殡葬仪礼；蒙古包文化；婚礼仪式；民族娱乐；纺织品；民族图案；手工艺；饮食用具；架鹰

---

〔1〕这里采用国际突厥学字母（Internatinal Turcological Alphabet）拼写哈萨克语。由于技术上的原因，y 字母除表示辅音外，在辅音后则表示与前元音 i 对应的后元音，也即上面加两点的 i；ä，ö，ü 分别表示与 a，o，u 对应的前元音。辅音字母方面用双字母 ch，gh，ng，sh 表示相应的辅音。

〔2〕《现代哈萨克语法》（1989，中央民族大学出版社）、《Qazyrki Qazaq Tili》（现代哈萨克语——前一书的哈文简缩本）（1999，民族出版社）、《维吾尔与哈萨克语文学论集》（2007，中央民族大学出版社）以及关于哈萨克历史研究的论文（《伊犁师范学院学报》，2007，3 期，2008，1 期，2009，1 期）等。

〔3〕这里主要参考了土耳其文的《哈萨克文化》（*Kazak Kulturu*）一书，作者为叶尔嘎里也娃（Jannat Ergalieva）和沙库扎乌勒（Nurhat Shakuzadauly），2000 年出版（据我所知，此书尚无哈萨克文版出版）；S. E. Äjighaliy 主编：*Qazaq Halqynyng Dästürleri men Ädet-ghuryptary*（《哈萨克人民风俗习惯》），1 - tom，2005，Almaty 等。

狩猎;4 种主要牲畜对哈萨克人的意义;节日;亲属关系;民间信仰。

第二部分是关于哈萨克人民族价值的介绍,分为:语言与文字;语言艺术;对唱;语言大师;玉兹的划分;部落与氏族;汗;历史文物;哈萨克地区美丽的自然景观;哈萨克历法;占卜与圆梦。此外为方便读者,后附一张简单的历史年表。

第一部分,这里以"民族乐器"开篇,择要加以论述。哈萨克民族历史上使用的各种乐器及其特点:这里首先介绍 sherter(一种弹奏乐器,来自动词 shert-"弹奏")、dombyra(冬不拉)、qobyz(阔布孜)、dawul(哈萨克鼓)、sybyzghy(笛子)、jetigen(一种七弦乐器)。

在饮食文化一节中要介绍 besparmaq(手抓肉)、qazy(马肠子)、myypalaw(哈萨克抓饭)、manty(包子)、tushpara(水饺);各种奶制品:qurt(酸奶疙瘩)、qaymaq(奶皮子)、irimchik(奶酪)、sarymay(黄油);特别享有盛誉的哈萨克饮料:qymyz(马奶子)、shubat(骆驼奶)、ayran(酸奶);各种汤食(sorpa):jas sorpa,aq sorpa,külshe sorpa,bozbash 等;各种面制品:nan(馕)、kespe köje(稀面条)、laghmian(拉条子)、taba nan(烙饼)、bawyrsaq(包乌尔萨克,圆形小油炸果)、shelpek(油饼)、quymaq(油炸薄饼)等。

好客传统:像其他游牧民族一样,哈萨克民族也有良好的好客传统。按照传统,客人分为 3 种:一为"上帝的客人",即偶然路过投宿一夜的客人;二是远道来的亲戚;三是"不速之客"。特别是对第一种客人,哈萨克人都是竭诚接待。这一点在 18、19 世纪许多欧洲旅行家的书中都有记载。如 18 世纪德国民族学家约翰·格奥尔吉(Johann Georgie)在其《鞑靼各族人民》一书中这样写道:"他们(按,指哈萨克人)对外边来的客人非常友好,并尽其所有进行招待。他们为客人专门宰羊,亲手喂以'手抓肉'……"笔者年轻时,不论在阿尔泰地区,或是在伊犁新源县那拉提乡的 Aq Özen 夏牧场,都有这方面的亲身体会。在古代,客人进入毡房前,一定要把矛、箭筒、棒棍等武器挂在帐外,只拿折起的鞭子进入蒙古包。因为哈萨克人相信,鞭子在手,魔鬼就不敢靠近。

民族服饰:哈萨克民族服装也具有鲜明的民族特点。各主要部落间这方面存在差异。这一点也为笔者在我国哈萨克地区发现:例如我国阿尔泰地区的克列依(Kerey)部落妇女头饰除 kiymeshek 外,尚使用 shylawysh,而伊犁地区的阿勒班部落的妇女一般只戴用 kiymeshek。另一方面阿勒班部落男子戴的白色卷边毡帽及姑娘戴的獭皮帽(qungdyz börik)又不见于居住在北部的克列依、乃蛮(Nayman)部落等。这里顺便提到《哈萨克文化》一书中载有由 R. Shamkenova 撰写的《(哈萨克妇女)使用 kiymeshek 的传统》一文,专门谈到此种头饰的历史意义和在各地的变化。

哈萨克人非常喜爱孩子。像哈萨克谚语所说:bala bar üy—bazar, bala joq üy—mazar(有孩子的家是市场,没孩子的家是坟场)。他们更喜欢生有男孩,因为哈萨克家庭的系谱树是依照男方计算的。当然家中生有女孩也是件喜事。孩子在 7 岁以前是任其自然成长时期,7—12 岁是受教育时期,25 岁算成人,这时青年人不论体力和智力都已成熟。下面简单提到有关这方面的仪礼。孩子出生礼(shildehana):婴儿的出生不仅是个体家庭,同时也是氏族部落的喜庆之日。定畜仪式(besire beriw):孩子出生后,要为他指定一匹专用小马驹(或其他牲畜),该牲畜不能随便骑乘或宰杀。起名礼(at beriw):一般由家庭或氏族老者起名。婴儿满 40 天时要庆贺,男孩在第 37—39 天举行,女孩在第 42—44 天举行。然后举行"摇篮礼"(besik toy)。哈萨克族信仰伊斯兰教后,男孩子在 5、7、9 岁时要举行割礼(sünnet),等等。

婚礼:通常男孩 12—15 岁,女孩 9—13 岁时,是说亲的年龄;男的 19—25 岁,女的 16—19 岁为结婚的年龄。如男方看中某家女孩,就要派人说亲。如得到同意,男方要送给女方一匹马和帽子、耳环、戒指作为聘礼,同时女方要在毡房的墙上挂一鞭子,直到正式举行婚礼不能取下。这里我作为突厥语文学家顺便对哈萨克"走姑娘"(uryn baryw,完全交纳聘礼后,正式婚礼前,小伙子在未婚妻处过夜)这一习俗进行词源学方面的解释:词组 uryn baryw,意为"像小偷一样地去",ury(小偷,来自古代突厥语的 ughry/oghry),加古代突厥语工具格词缀

-(i/y)n,相当于现代哈萨克语的 urylarsha baryw。至于繁复的正式婚礼,由于篇幅所限,这里省略。这里还要提到哈萨克族中特有的"婚嫂制"(Amenggerlik,丈夫死后寡妇要嫁给其兄弟),英文叫 levirate。

葬礼:人死后在下葬前,首先要通知有关亲属参加葬礼。尸体要由 7 人清洗擦干。男人清洗 3 次,女人要洗 5 次后,再裹以白布,准备下葬。安葬后要举行宴会(哈萨克语叫 as)。之后又有三日、七日、四十日、百日、周年的忌日。

蒙古包文化:千百年来为了适应游牧生活方式,哈萨克族牧民创造了特有的蒙古包(kigiz/kiyiz üy)或称毡房子。按其宽大度,可分为 4、6、18 块(哈萨克语称为 qanat"翼")的,30 块的称作 altyn orda"金帐"。

新婚年轻夫妇的蒙古包称 otaw üy。蒙古包的四壁由称作 kerege 的木制的带网眼的扇面组成。房顶由称作 shangyraq 的顶架构成,用于采光和遮雨。曲椽(uwuq),一般为 60 至 120 根,用来撑起毡房的顶圈。毡房的中央为炉灶。毡房的右侧放床,左侧为放置什物的地方。毡房对着门的上方称为上座(tör),为尊贵客人的位置。

民族娱乐:哈萨克族的娱乐形式各种各样,主要有赛马(at jarysy)、姑娘追(qyz quwar)、叼羊(kökpar)、摔跤(küres)等。姑娘追游戏:在节庆日子选定一定的距离,男女青年并行骑乘,去时男方可任意对女方取笑,甚至亲吻,在回跑时,女方则用力追打。叼羊为哈萨克、柯尔克孜等牧民的特有集体运动:把宰杀的山羊放在一定的地方,人们骑在马上抢夺。摔跤:哈萨克摔跤没有年龄和重量的限制,胜者被授予"摔跤手"(balwan)的称号。

谈到哈萨克音乐文化,首先要提到"曲子"(küy)以及名叫 terme、tolghaw 等的各种曲调。此外,摇篮曲、佳儿佳儿(jar-jar,婚礼歌)、出嫁歌(synsuw)、安慰歌(jubatuw)、揭盖头歌(betashar)、挽歌等也可归入这里。

节日:主要有"春分节"(nawryz,春分时举行)、马奶节(qymyzmurunduq,每年五月初举行)、麦草节(sabantoy,九月举行)、冬宰节

(soghymbasy,为过冬屠宰牲畜)。接受伊斯兰教后,又增加了肉孜节(开斋节)、库尔班节(宰牲节)。

手工艺品:在长期的生活实践中,哈萨克人民用金、银、石、骨、木材、畜毛等制造各种日用品及工艺品。金属工艺品有镯子(bilezik)、戒指(jüzik)、耳环(syrgha)、项链(alqa)等。有些金属制品带有动物纹样,这应是沿承哈萨克的先人——古代塞人的传统。擀毡子是哈萨克妇女的一项主要家庭作业。之前要把牲畜毛击打成细毛,然后制作各种毡制品:毡制的帽子、靴子、挂毯(tüskiyiz)、坐毯(syrmaq)等,有的并绣有各种颜色、各种式样的图案。此外,生活用具也多用牲畜皮子、木头制成。

哈萨克族自古以来为游牧民族,不言而喻,牲畜在其生活中占有重要地位。所谓四畜是指:羊、马、牛、骆驼。哈萨克人并认为它们各有其主宰的神祇:主宰羊的为 Choban Ata,主宰马的为 Qambar Ata,主宰牛的为 Zengi Baba,主宰骆驼的为 Oysul Qara。

关于历法:哈萨克族中也使用古老亚洲的纪年传统——十二生肖,即(1)tyshqan(sychghan)[1]鼠(子);(2)syyyr(ud)牛(丑);(3)barys(bars)虎(寅);(4)qoyan(tawyshghan)兔(卯);(5)ulu(luu)龙(辰);(6)jilan(yylan)蛇(巳);(7)jylqy(yont)马(午);(8)qoy(qoyn)羊(未);(9)meshin(bichin)猴(申);(10)tawyq(taghyqu)鸡(酉);(11)iyt(yt)狗(戌);(12)dongyz(tonguz)猪(亥)。关于月份计算,苏联解体(1991年)前,使用俄语即国际通用的月份名,之后恢复传统的月份名字:(1)qangtar;(2)aqpan;(3)nawryz;(4)kökek(säwir);(5)mamyr;(6)mawsym;(7)shilde;(8)tamyz;(9)qyrküyek;(10)qazan;(11)qarasha;(12)jeltoqsan。

第二部分我以"哈萨克民族语言文字"开篇,其次要讲到哈萨克民族的部落结构、哈萨克汗国的形成,以及宗教信仰等问题。

像其他突厥语一样,哈萨克语在类型学上属黏着语,在系谱上属

---

[1]括号内为古代突厥语。

阿尔泰语系突厥语族克普恰克语组。虽然哈萨克民族形成在 15 世纪，但在此之前，它已经历了一个很长的历史发展阶段。它是以古代突厥克普恰克部为核心，融合吸收了原居住在哈萨克草原的古代塞人（乌孙人、康居人、粟特人）和西突厥诸部，13 世纪后（金帐汗国时代）又融合了一部分蒙古部落而发展形成的。在人种上基本为蒙古人种，但混有少量的高加索人种成分。这方面在语言上也有反映，如 bala "小孩"，ajun "尘世"，tamuq "地狱"，yghar "强力" 等来自古代伊兰语（Irani-an）的词汇。现代哈萨克语具有很强的表现力。哈萨克族善于讲话、出口成章这一特点，早已引起如拉德洛夫（W. W. Radloff, 1837—1918）院士等世界突厥学家的注意。

哈萨克人的语言艺术尚表现在丰富的格言谚语、民间故事、英雄故事、史诗（包括长篇叙事诗）、对唱（aytys）、谜语、绕口令等方面。

文字：根据近年来哈萨克地区考古发掘的材料来看，哈萨克族先人（如七河一带的古代塞人、乌孙人）早在公元前即已使用某种形式的文字。如 20 世纪 60 年代在哈萨克斯坦阿拉木图附近的伊斯克库尔干（Issik Kurgan）墓葬中出土了一个银碗（属公元前 5—前 4 世纪），碗底镌有 2 行约由 25 或 26 个符号组成的铭文。从同一符号的多次重复来看，应为文字。可惜目前尚不能释读。后来，哈萨克族又曾先后使用过 3 种文字，即古代突厥文、后期粟特文和阿拉伯字母文字。

古代突厥文的得名，是因为这种文字首先为建立突厥汗国（公元552—744 年）的突厥人所使用。又因为用这种文字写成的碑铭主要在今蒙古人民共和国鄂尔浑河流域发现，而在外形上又近似古代北欧的如尼文（仅外形相似而已，两者并无渊源关系），有人称之为鄂尔浑如尼文。又因这种文字的碑铭也在西伯利亚叶尼塞河流域发现，所以也称之为鄂尔浑—叶尼塞文。哈萨克先人曾使用过这种文字。它一般由38 个符号构成（各地发现的碑铭和写本之间字母符号数目不尽相同，同一个音也往往用不同符号表示），每个符号表示一个元音或一个带有元音的辅音（其中 4 个符号表示元音，其余表示辅音）。它来源于粟特文的草体字母，但在传入后，古代突厥人又有个别的发明、创造。如外形像"箭"的字母表示音节 oq(或 uq,qu,qo),而在古代突厥语中"箭"字为 oq;外形像"弓"的字母 D 表示辅音 y 或音节 ya(或 ay),而在古代突厥语中"弓"字为 ya;外形像"毡房"的字母 ð 表示前元音词中的辅音 b 或 äb,而在古代突厥语中"毡房"、"房子"为 äb(此字经过若干发展阶段变成现代哈萨克语的 üy,即 äb > äw > öw > öy/üy)。古代突厥文字母最大特点是用两套字母表示 b、d、ng、l、n、r、s、t 8 个辅音,一套专门与前列元音拼在一起,另一套专门与后列元音拼在一起。一般是横写,从右到左(也有个别文献是从左到右的)。词组与词组之间使用两点":"分开。目前在哈萨克地区发现的古代突厥文碑铭约有十几个。最近在在乌鲁木齐市北吉木萨尔县二工河地方发现的古代突厥文刻铭具有重要的意义(这是迄今在北疆地区发现的唯一古代突厥文碑刻)。

后期粟特[1]文(也称回鹘文,后来的蒙古文、满文又借自回鹘文):13—15 世纪期间这种文字曾用做金帐(或称钦察)汗国的正式文字,例如现存金帐汗国时代的《铁木尔・库特鲁克(Temir Qutluq)扎令》、《托赫塔米施(Toqtamys)扎令》、花拉子米的《爱情书》以及史诗《乌古斯可汗传说》等文学作品就是用这种文字写成的。

这种文字由大约 19～23 个符号组成。根据时代的早晚,字母数目有所不同。例如在早期,字母 s 和 sh,n 和 a/ä(在词间),z 和 zh,x 和 q,gh 是不加区分的。后期才在相应字母的左、右方加一点或两点以示区别。早期文献中有时 y 和 w 也不加区分。此外,字母因在词中出现的位置(词首、词中、词尾)不同而有不同的形式。字母 z 不和后面的字母连写。书写时是竖写,从左到右。常用的标点符号是两点":"或一点".",较少用四点"::"(多表示段落)。

此外,从七河一带出土许多用叙利亚文字书写的景教(基督教在亚洲的一支)近千个墓志铭(一部分写突厥语,大部分写古代叙利亚

---

〔1〕粟特人的原居地在今乌兹别克斯坦撒马尔罕、布哈拉地区,8—11 世纪在今哈萨克斯坦东南七河地区居有大量的粟特移民,他们后来融入哈萨克族中。

语)来看,10—14 世纪时当地的一部分哈萨克先民也使用过叙利亚文字。

阿拉伯字母文字:伊斯兰教早在金帐汗国的别尔克汗(Berk Khan,1255—1266 年在位)时期即已传入哈萨克地区,特别是在乌兹别克汗(Özbek Khan,1312—1340 年在位)时代伊斯兰教更得到了进一步的传布。随同伊斯兰教的传入,哈萨克族先民也逐渐采用阿拉伯字母(波斯式的阿拉伯字母)来拼写自己的语言,即所谓的察哈台文(15—19 世纪在中亚、新疆广泛使用的一种用阿拉伯字母书写的中亚突厥书面语)。

十月革命后,前苏联哈萨克共和国在 1917 年曾对以阿拉伯字母为基础的哈萨克旧文字进行过改革,去掉了一些不必要的字母。1924 年再次对阿拉伯字母的文字进行了部分改革。这种经过两次改革的阿拉伯字母文字在前苏联一直使用到 1929 年拉丁化时为止(1941 年后又从拉丁字母改为斯拉夫字母)。在我国,哈萨克族人民至今尚在使用这种改革后的阿拉伯字母的文字。字母表由 29 个字母和 1 个软音符号组成。

众所周知,哈萨克汗国和哈萨克民族形成在 15 世纪。16 世纪中期以后,由于汗国版图的扩大和各地经济生活的不同,汗国内部逐渐形成大(uly)、中(orta)、小(kishi)三个玉兹(jüz)。关于哈萨克汗的选举仪式使人想起我国古书中关于古代突厥汗国选举可汗的记载。

在历史文物方面,这里首先要提到不久前考古学家在哈萨克斯坦阿拉木图附近的伊斯克库尔干(Issik Kurgan)墓葬中出土的金人(属于公元前 5—前 4 世纪),以及诸如讹达拉(Otrar)、巴拉萨衮(Balasagun,10—12 世纪中亚著名喀喇汗王朝的早期首府,唐代汉文史籍称裴罗将军城)等中古时期历史名城的遗址和阿·雅萨维(Ahmed Yasawi)、阿尔斯兰巴普(Arslanbab)、阿依霞比比(Aysha Bibi)陵墓等。

宗教:像欧亚大陆北部的其他民族一样,古代哈萨克人中流行萨满教(Shamanism),崇拜大自然界的高山流水。巴克司(baqsy,巫师)在群众中享有很高的地位。萨满教的习俗尚保留在哈萨克族的一些仪礼上,如新媳妇进门要首先从火上迈过。

据有关资料的记载,14世纪时在金帐汗国的首府萨莱(Saray)一带,曾存在过十几座基督教的教堂和许多神职人员,基督教在当地相当活跃。现存意大利威尼斯市的克普恰克语古文献《库曼语汇集》(*Codex Cumanicus*,内中收有许多基督教的赞美诗,库曼为当时欧洲人对克普恰克突厥人的称呼),就是一个很有力的证明。前面提到的七河一带出土的大量景教墓志铭也证明了这一点。在喀喇汗王朝时期(11世纪)伊斯兰教首次传入哈萨克人中。生活在12世纪的苏菲派诗人阿·雅萨维即出生在今哈萨克斯坦中南部的雅萨(Yasa)城,其陵墓在今奇木坎特(Chimkent)。在金帐汗国时代,伊斯兰教再次传入哈萨克草原。

哈萨克人关于圆梦有下列说法:梦见白羊,要有好友出现;梦见鹅,要见到父母;梦见面粉,要交好运;梦见蛇,很快要得到爱情;梦见房子,要开始新的生活;梦见狼,要有敌人;梦见生肉,很快患病;梦见鸡蛋,将遭遇不测;梦见狐狸,将要受骗;梦见猫,要遇见不喜欢之人;梦见血,要与亲人相遇;梦见老鼠,要发财;梦见针,要获得爱情;梦见刀子,要生男孩;等等。

此外,哈萨克地区有许多著名的风景区,如高达7010米的天山高峰汗腾格里(Hantengri),巴勒哈什(Balhash)湖(深达26米,南北长约22公里),位于哈萨克斯坦北部的布拉拜(Burabay)湖(据民间传说,该湖因湖中有白色驼羔而得名),位于哈萨克斯坦东部的马尔卡湖(Markakoel,长38公里,宽19公里),以及位于我国阿尔泰专区布尔津县北部的旅游胜地哈纳斯(Hanas)湖等。

附:

哈萨克历史年表

公元前529年:波斯帝国居鲁士大帝越过锡尔河出征塞—马萨盖特人;

公元前518年:波斯帝国大流士大帝征讨塞人;

公元前 4 世纪:希腊亚历山大出征中亚河南部哈萨克斯坦;

公元前 4 世纪—公元 3 世纪:匈奴帝国;

公元前 3—2 世纪:乌孙与康居国;

公元 3—5 世纪:民族大迁徙时代;

552 年:突厥汗国建立;

6—9 世纪:哈萨克斯坦南部城市文化发展;

603 年:突厥汗国分裂为东、西两部;

702 年:突骑施汗国建立;

705—812 年:阿拉伯大军入侵;

756 年:突骑施汗国灭亡;

766—940 年:葛逻禄汗国;

8—9 世纪:回鹘汗国;

9—11 世纪:乌纪(Oghuz)汗国;

9—11 世纪:乞篾(Kimak)汗国;

965 年:基辅罗斯与乌纪灭哈扎尔(Hazar)汗国;

907—1212 年:喀喇汗王朝(Qarakhnids);

960 年:喀喇汗朝皈依伊斯兰教;

11—13 世纪:克普恰克(Qypchaq)汗国;

1219—1220 年:讹达拉(Otrar)城被毁;

1219—1224 年:成吉思汗蒙古大军入侵中亚和哈萨克草原;

1227 年:成吉思汗亡;

1243 年:金帐汗国建立;

1398 年:铁木尔阿米尔入侵金帐汗国;

15 世纪:白帐汗国(Aq Orda)分裂为诺盖(Noghay)汗国和游牧乌兹别克汗国;

1459—1466 年:哈萨克汗国建立;

1681—1688 年:准格尔汗国入侵哈萨克土地;

18 世纪:陶凯(Tewke)汗实施"七法令"(jeti jarghy);

1720—1730 年:"大灾难年代"(aqtaban shurundu);

18—19 世纪:中玉兹的克列依、乃蛮等哈萨克部落迁居中国新疆北部地区;

1731 年:小玉兹汗阿布勒哈依尔(Abulhayyr)归属俄罗斯;

1771—1781 年:中玉兹阿不来(Abylay)汗即位;

1819 年:大玉兹一部分归并俄罗斯;

1822 年:俄国颁布《西伯利亚法案》并废除汗权;

1835—1865 年:哈萨克族第一位受到欧洲西方教育的学者乔坎·瓦力汗诺夫(Choqan Walihanov)生活的年代;

1845—1904 年:哈萨克族著名诗人 Abay Qunanbay 生活的年代;

1896—1901 年:铺设西伯利亚铁路;

19 世纪末—20 世纪初:大玉兹的阿勒班、苏万等哈萨克部落迁居中国伊犁地区;

1907 年:西伯利亚、中亚和哈萨克人民获得选举权;

1914—1918 年:第一次世界大战;

1917 年:十月革命爆发;

1927—1931 年:铺设土西(Turksib)铁路;

1922 年:苏联(苏维埃社会主义共和国联盟)成立;

1925 年:苏维埃哈萨克社会主义共和国建立;

1941—1945 年:伟大的卫国战争(第二次世界大战);

1954 年:中国哈萨克伊犁自治州成立;

1991 年:苏联解体和哈萨克斯坦共和国成立;

1997 年:哈萨克斯坦共和国首府从阿拉木图迁到阿斯塔纳。

(原刊于《伊犁师范学院学报》,2009 年 3 期)

39　维吾尔学大师葛玛丽(Annemarie von Gabain)教授逝世10周年

今年是德国维吾尔学大师葛玛丽(安娜玛丽·冯·加班〔Annemarie von Gabain〕,世界突厥学界都亲切称她为 Maryam apa〔玛丽亚木大妈〕,1901. 7. 4—1993. 1. 15)教授逝世 10 周年,特撰写此文以资纪念。

我曾在我的《新疆文史论集》的后记中写过下面一段话:"现在回想起来,50 年代中期,我在一次偶然的机会中接触到德国著名古代突厥语文学大师葛玛丽的《古代突厥语语法》(*Alttuerkische Grammatik*)。因当时我已有较好的维吾尔、哈萨克等现代突厥语的基础,又曾在大学时选修过一个学期的德语,所以借助字典勉强能看懂该书的一些内容(此书除语法外,尚附有文选和小词典),引起了我对这方面的浓厚兴趣,并从此与古代突厥语文学结下了不解之缘。"

20 世纪 70 年代后期,当我国实行对外开放政策后,我把我的一篇新发表的论文《回鹘文摩尼教寺院文书初释》的抽印本寄给她后,立即接到她的回信,并给以热情的赞扬、鼓励,同时向德国同行们宣传我在回鹘文献研究方面所取得的一点成绩。由于她的宣传推荐,我在 1981 年年初获得德国洪堡基金会(A. Humboldt-Stiftung)的研究金,作为访问学者留德 3 年。我第一次见到她本人是在 1981 年 7 月汉堡大学为她举行的八十寿辰祝寿会上。我代表中国突厥语研究会致了贺词,并向她转达了由鲍尔汉主席签名的邀请她访问中国和新疆的邀请信。葛玛丽教授虽一生从事维吾尔学的研究,但此前未曾有机会访问新疆(20 世纪 30 年代,她虽到达了北京,但由于当时的局势,未能进入新疆)。这次(1982 年秋)访问中国(特别是新疆),给她留下了极深刻的印象。在访华期间,她在北京和新疆作了《维吾尔族的古代佛教艺术》、《中世纪以来中亚的古代突厥回鹘文献》、《德国乌拉尔—阿尔泰学会的科学活动》等学术报告(以上三文载中国突厥语研究会出版的

《突厥语研究通讯》1983年第9期），并参观访问了吐鲁番绿洲及其名胜古迹。其间她并受到赛福鼎先生的接见。访华后她在德国学术界作过多次演讲报告，对新中国在各方面所取得的成就大加赞扬，逢人便说"过去我的研究都来自纸上，而这次是活生生的实地考察"。

访问新疆归来后，德国波恩大学请她作学术报告。我和妻子刘学贞也到会聆听了报告。会后她请我们在莱茵河边的小咖啡馆里喝茶，畅谈她访问新疆的观感。这时我发现她的耳朵已有些背。我最后一次见到她，是1992年秋。1992年我去柏林接受德国总统Weizensack颁发的洪堡基金会授予我的"世界知名学者奖"，第四次来到德国。这时两德已经统一，原柏林科学院古代史和考古研究所中的吐鲁番文献研究组扩大单独成立了直属于科学院的吐鲁番学研究中心。彼特·茨木（Peter Zieme）博士（现为该中心主任）陪同我们专门驱车去柏林郊外一所养老院看望老人（这时老人的亲属已把她从阿尔卑斯山下的Anger小村安排到柏林养老院——老人一生未婚）。当时给我的印象是她精神矍铄，身体健康。我们并一起合影留念。分别时，老人送我一册她战前出版的《回鹘文八阳神咒经》留作纪念。在谈话中她向茨木教授提出，有空时接她去柏林菩提树下大街8号（柏林科学院院部所在地）再看看吐鲁番出土的回鹘文献。想不到几个月后（1993年1月15日）就去世了。

葛玛丽1901年7月4日生于莫尔欣根（Moerchingen，Lothringen地区，现属法国）。少年时期随军（其父是德国将军）先后就读于德国梅因茨（Mainz）、布兰德堡（Brandeburg）等地的小学和中学。1920年中学毕业后，先入科技大学学习数学和自然科学。1923年转向文科，进入柏林大学，师从E. Haenisch和O. Franke教授，学习汉学。1925年起跟威里·邦格（Willi Bang）学习突厥语言学，并开始一起研究、刊布4次德国考古队所获得的古代维吾尔语佛教、摩尼教文献。1930年以汉学论文《汉代陆贾的"新语"研究》获博士学位。在此以前她已作为助手进入柏林科学院工作。

她1928年开始发表学术论文。1929—1934年，与邦格合作发表刊布了 6 大卷《吐鲁番突厥（回鹘）文献》(*Tuerkische Turfan-Texte*)（第 7 卷，内容关于天文、历法，由 Rashid Rahmeti Arat 发表刊布）。这 6 卷的内容如下：卷 1：占卜书（似汉文的《易经》，有八卦图，但不是其译本或改作本；似为已佚的同类书的译文）。卷 2：摩尼教文献（内容为回鹘牟羽可汗入教记残卷，具有重要的历史价值）。卷 3：摩尼大赞美诗（为百余段〔四行〕押头韵的诗歌，具有重要的文学价值）。卷 4：忏悔词（关于这种文体是古代新疆固有的，抑或来自外域的影响，这是一个尚未解决的问题，可参看 C. Weber 最近出版的《印度和回鹘人中的佛教忏悔文》〔*Buddhistische Beichten in Indien und bei den Uiguren*, 1999〕一书）。卷 5：两篇佛教文献残卷。其一原题作“佛经残卷”，1980 年日本百济康义教授同定其为《妙法莲华经玄赞》（参见日本《佛教学研究》36, 1980）；另一为关于“信”的十种解释。卷 6：《八阳神咒经》（为对多个回鹘语本子的拼合研究本）。

与此同时她尚发表《回鹘文摩尼教中有关风神的残卷》(“Ein uigurisches Fragment ueber den manichaeischen Windgott”, 1928)、《回鹘文残卷研究》(“Uigurische Studien”, 1930)等论文。

1931—1932 年访问中国。在滞留北京期间，她研究了 1930 年我国袁复礼教授（他作为地质学家参加了中国—瑞典西北科学考察团到过新疆）从新疆携归的，保存在北京图书馆的回鹘文《玄奘传》，同时也研究了保存在法国巴黎记美（Guimet）博物馆的另一部分《玄奘传》，于 1935 年发表《回鹘文玄奘传第五卷研究》，1938 年发表了《回鹘文玄奘传中的书信》等研究成果。

20 世纪 80 年代民主德国做了一件功德无量的好事，那就是把战前发表在德国柏林科学院会议报告上的有关吐鲁番回鹘文献的研究论文收集在一起，出版了三大册名叫《德国吐鲁番研究语言学成果》(*Sprachwissenschaftliche Ergebnisse der deutschen Turfan-Forschung*)的书。这就极大方便了读者（回想我在五六十年代，为了寻找这些论著，几乎跑遍了北京所有的著名图书馆，苦不堪言，而且找不全）。

上述对回鹘文献的研究工作，为她 20 世纪 30 年代末期撰写的划时代著作《古代突厥语语法》(*Alttuerkische Grammatik*)打下了坚实的基础。此书是历史上第一部古代突厥(回鹘)语法,因取材丰富,立论正确,已成为世界突厥学界的经典著作。1941 年出版第 1 版,1950 年出版第 2 版,1974 年出版修订第 3 版。此书也是她 1939 年取得教授资格(Habitalation,一种德国特有的教制)的专著。这里我想顺便提起关于此书汉文译本的一段往事:我早在 20 世纪 50 年代就把此书翻译成汉文。"文革"期间(60 年代后期)新疆博物馆某先生把我的手稿借去十多年(听说他曾让人复写了若干份),改革开放后经我再三查询、催促,才幸运地把手稿找回(但已被弄得破烂不堪)。此书汉文本已收入内蒙古大学呼格吉勒图教授主编的《阿尔泰学丛书》中。

《吐鲁番突厥(回鹘)文献》第 8、9、10 卷在战后发表刊布。卷 8 (1954),为对 15 种用婆罗米字母(一种古代印度字母)写成的回鹘佛教文献的研究,有的为梵语——回鹘语的对译,有的为用回鹘语一种语言写成。这批文献对研究中古时期维吾尔语的语音结构具有十分重要的价值。卷 9(1958),为用摩尼字母写成的龟兹语(古代库车语,也称乙种"吐火罗语")和回鹘语对照的摩尼教赞美诗,其重要性是不言而喻的。卷 10(1959),为对关于旷野(Atavaka)夜叉譬喻故事的研究,此故事语言生动、流畅,引人注目。

在缪勒(F. W. K. Mueller)去世后,1931 年葛玛丽整理出版了缪勒的《回鹘文献研究》(*Uigurica*)第 4 卷。此书包含有 4 个本生故事,特别是第一个关于恰斯塔那(Castana)王的故事,其语言的质朴、生动,使人不相信它是译作。这里我回想起许多年前发生的又一段插曲:1949 年当我就读于北京大学东方语言文学系时,一天我偶然从前苏联塔什干出版的《东方真理》(*Sharqi Haqiqat*)杂志上读到一篇题为《维吾尔伟大史诗——奇斯提尼王的故事》("Uyghurlarning Ulugh Dastani-Chistini Ilik Bek")的文章。我问我的老师和其他维吾尔族知名人士,何处可以找到这个史诗的原文。他们都说不知道。直到 60 年代,一天我在翻阅从科学院图书馆借来的缪勒的《回鹘文献研究》第 4 卷时,突然发现了这个故事。原来它是从古代焉耆语翻译的"佛本生故事"之一。该故

451

事内容也见于汉文《无明罗刹集》。回鹘文这个故事似来自回鹘文大部头故事集《十业道譬喻鬘》。

1935—1937 年在新成立的土耳其安卡拉（Ankara）大学任教。1939—1945 年在柏林大学任突厥学教授。1946—1949 年在地近德奥边界的 Bad Reichenhall 地方博物馆研究大战期间从柏林转移到这里的回鹘文《弥勒会见记》（*Maitrisimit*）写本，这为她后来（1957、1961 年）出版两大册有关该写本的影印件和研究报告奠定了基础。1949 年起，任汉堡大学突厥学和佛教学教授，直到 1966 年退休。

二战后，1947 年东德科学院刚刚成立，她应 R. Hartmann 教授的邀请，发表了题作《古代突厥回鹘文献》（"Alttuerkisches Schrifttum"）的重要讲演（1950 年发表在《柏林科学院会议报告·哲学—历史部分》）。

20 世纪 50 年代末 60 年代初发表了下列重要论文：《古代突厥—回鹘语》（1959，载《突厥语文学基础》〔*Phililogiae Turcicae Fundamenta*〕，以下简称《基础》，卷 1）、《古代突厥回鹘文学》（1964，《基础》卷 2）、《古代突厥回鹘的书写文化和印刷术》（1964，《基础》卷 2）、《前伊斯兰时期古代突厥回鹘文学》（1963，载荷兰莱登出版的《东方学手册》〔*Handbuch der Orientalistik*〕）等。

20 世纪 60 年代以后，葛玛丽教授的研究主要转向对维吾尔历史、文化、宗教和艺术的研究。在这些方面也取得了辉煌的成果。早在 20世纪 40 年代末 50 年代初她就发表了诸如《古代突厥人生活中城市的作用》（1949，*Der Islam*）、《维吾尔人的早期历史》（1952，载《东亚自然与民族学协会通讯》〔*Nachrichten der Gesellschaft fuer Natur - und Voelkerkunde Ostasiens*〕、《突厥回鹘人中的佛教》（〔"Buddhistische Tuerkenmission"〕，1954，载 *Asiatica*〔F. Weller 教授纪念论文集〕）、《中亚的佛教》（1961，载《东方学手册》）、《高昌回鹘王国》（1961 年美因茨科学院出版，由我翻译的汉译文载《新疆大学学报》1980 年第 2 期）、《吐鲁番收集品中的印刷术》（1967，载《德国科学院会议报告》人文科学类）、《高昌王国的生活》（2 卷，1973 年，此书有邹如山的汉文译本，书前载有我写的对葛玛丽教授的简单介绍）、《中亚学导论》（1979）等许多重要著作。在对古代维吾尔艺术研究方面,除了前面提到的《维吾尔的佛教艺术》外,尚有《回鹘文十王经中的木刻插图研究》等。

葛玛丽教授对现代突厥语言文学也有浓厚的兴趣:早在 20 世纪 40 年代就出版了《现代乌兹别克语法》,并撰有关于现代维吾尔文学、哈萨克游牧生活等的论文。

她生前曾两次(1962—1963,1975)受到邀请访问日本。

老人从汉堡大学退休后,迁居德奥边界附近的 Anger 乡村居住,直到 1991 年。

她生前共发表论著 344 种,其中书评 204 种,约占 59.3 %。由此可见她对书评的重视。另外,听说尚留有不少未发表的遗稿,如《塔里木盆地的古代诸国》等。

葛玛丽教授长期(1964—1976)担任德国乌拉尔—阿尔泰学会(Societas Uralo-Altaica)的主席,并长期负责主编该会机关刊物《乌拉尔—阿尔泰年鉴》(*Ural-Altaische Jahrbuecher*)的工作。她也是国际著名的阿尔泰学组织"阿尔泰学常设委员会"(Permanent International Altaistic Conference,简称 PIAC)创始人之一,1971 年被授予 PIAC 金奖。她并先后当选为匈牙利、芬兰、土耳其、英国等国科学院的名誉院士。

最后要特别指出的是:葛玛丽教授不仅学问渊博,是名副其实的维吾尔学一代宗师,而且更令人钦佩的是人品高尚、无私、乐于助人、提携后学,更值得我们(中外学者)学习(这方面的例子很多,例如 Nicholas Poppe 战后在德国几乎处于绝境时,曾得到她的慷慨帮助;20 世纪 30 年代,现任 PIAC 秘书长的美国印第安纳大学 D. Sinor 教授在撰写他的著名论文《突厥人中的佛教》一文时曾得到她的无私帮助;她的直接、间接的学生 Rochrborn,Zieme 等人也都提到她曾把自己关于回鹘文《玄奘传》等文献的拉丁字母转写提供给他们作研究参考)。她对我本人更是关怀备至,生前不断寄书赠文,1989 年并在欧洲著名刊物《中亚学报》(*Central Asiatic Journal*) 第 33 卷第 3—4 期上发表专文《中华人民共和国的维吾尔学研究——介绍突厥学家耿世民教授》,表扬我在突厥学和维吾尔学方面所取得的一些成绩。老人去世时正值我患脑病,住进医院。时间如梭,今年已是她逝世 10 周年的日子,特写此文,以作纪念。

（原刊于《西域研究》,2003 年 4 期）

40　德国的吐鲁番学研究[1]

在 16 世纪海路交通发达之前,东西方间的主要交通线是通过丝绸之路,即通过新疆塔里木盆地南北两道进行的。在南北两道的绿洲居住着鲜为人知的,有的早已消亡的民族。这些民族在历史上曾创造了一度十分辉煌的历史和文化。19 世纪末 20 世纪初当地偶然出土的古代文物,使得世界各国学术界对这一地区产生了兴趣,英、德、法、日等国先后组织、派遣考察队来塔里木盆地进行发掘。德国 4 次吐鲁番考古队(1902—1914 年)在吐鲁番、库车、焉耆等地获得了大量的写本、壁画和其他珍贵文物。德国科学院并决定成立专门的“东方委员会”来有计划地整理、研究、刊布这些文物。于是在柏林菩提树下大街(Unter den Linden)8 号德国科学院的地下室专门开辟了 4 个大房间(8—11号)来收藏这批文物(不久又在其他楼层增添了几个房间)。与此同时聘请了印度学、伊兰学、汉学、突厥学、叙利亚学等有关专家专门从事这方面的研究工作。另一方面,德国柏林民俗学博物馆则负责 4 次考古队所获艺术/文化品的保管和研究工作。由于各方面的专家大多集中在柏林科学院、柏林民俗学博物馆和柏林大学,这就大大方便了研究工作的进行,专家们能相互切磋,取长补短。

著名的印度学家和佛教学家格伦威德勒(A. Gruenwedel)亲自参加和领导了德国第一次(1902—1903 年)、第三次(1905—1907 年)吐鲁番考古队的工作。他凭借对佛教和佛教图像学的渊博知识,成功地诠释了许多在库车和吐鲁番发现的佛教壁画的内容。由于格氏本人也是一位

---

〔1〕因作者已写有专文介绍近年来德国科学院吐鲁番学研究中心的情况(载《西域研究》2003 年第 2 期),所以本文侧重于早期(20 世纪 30 年代前)德国吐鲁番研究的活动。撰写此文时参考了葛玛丽教授《(德国)第一代吐鲁番写本研究者》一文(载 H. Klengel, W. Sundermann〔ed.〕:*Aegypten-Vorderasien-Turfan. Probleme der Edition und Bearbeitung altorientalischer Handschriften*〔《埃及—前亚—吐鲁番:古代东方写本的编辑和整理问题》〕,Berlin,1991)。

画家,他不顾当地恶劣的自然、物质和照明条件,做了大量的临摹或素描,从而给我们留下了一笔宝贵的财富。特别是当二次大战中这些壁画原件大部毁于盟军轰炸后,他的临摹对研究古代新疆千佛洞壁画就更加珍贵了。他留下的重要论著有:《1902—1903 年冬在高昌及其附近地区考古工作报告》("Bericht ueber aechaeologische Arbeiten in Idikutschari und Umgebung im Winter 1902—1903", in *Abhandlungen der Bayrischen Akademie der Wissenschaften*, Muechen, 1905);《新疆的古代佛教遗迹——1906—1907 年库车、焉耆和吐鲁番考古工作报告》(*Altbuddhistische Kultstaetten in Chinesisch-Turkistan*, *Bericht ueber archaeologische Arbeiten von 1906 bis 1906 bei Kucha*, *Qarashahr und in der Oase Turfan*, Berlin, 1912)等。

另一位对吐鲁番学研究作出重要贡献的德国学者是勒寇克(A. von Le Coq)。他参加并和格氏一起领导了第二、三、四次德国吐鲁番考古队的工作。勒氏也来自柏林民俗学博物馆,他除通晓回鹘(古代维吾尔)语外,也是研究摩尼教和古代东方形象语言(壁画等)方面的专家。他的主要著作是 3 大册《高昌出土回鹘摩尼教文献》(*Tuerkische Manichaica aus Chotscho*, in *Abhandlungen der Preussischen Akademie der Wissenschaften*, Ⅰ : 1911, Ⅱ : 1919, Ⅲ : 1922, Berlin)。当时所谓德国科伦摩尼教写本(Koelner Codex)尚未在埃及发现,人们关于摩尼教的知识主要是来自其反对派(如罗马天主教神父奥古斯丁〔Augustnus〕)的驳论,加之出土的回鹘摩尼教文献多为残片,这就给研究工作带来了巨大困难。在附有德文译文的第 1 卷发表后,由于受到某些人不公正的批评,在其余 2 卷中就未再附有译文,这对古代维吾尔学来说不能不说是个损失。勒氏对新疆学的另一巨大贡献是先后出版了 7 巨册关于柏孜克里克、克兹尔千佛洞艺术品的研究:《新疆佛教古代晚期文物的研究——雕塑》(*Die buddhistische Spetantike in Mittelasien*, I Plastik, Berlin, 1922),《摩尼教细密画研究》(*Die manichaeischen Miniaturen*, Berlin, Atlas zu den Wandmalerien, Berlin, 1924),《新疆发现的新的壁画作品(一)》(与 E. Walschmikdt 合作, *Neue Bildwerke*, Ⅰ, Berlin, 1926),同上书(二)(Ⅱ, Berlin, 1928),同上书(三)(Ⅲ, Berlin, 1933)(这 7 巨册 20

世纪 70 年代由奥地利格拉斯〔Graz〕大学又重印过）以及题作《高昌》
（*Chotscho*, *Berlin*, 1913）的大型画册等。除这些精美、华丽的出版物外，
凡是参观过当年柏林民俗学博物馆模拟克兹尔、柏孜克里克千佛洞按
原样尺寸大小布置的大型壁画展览者，都叹为观止（这些壁画都是 20
世纪初被德国考古队切割运到柏林的）。由于壁画在墙上固定得太
牢，二次大战时未能及时拆下装箱运走，后来大部毁于盟军空军的轰
炸中。2003 年在日本京都龙谷大学举办的，由日本西域研究学者与陶
瓷专家合作，根据战前德国出版的图录复原烧制出的吐鲁番伯孜克里
克第九窟大型壁画展览，给人们留下了深刻的印象。这里还要着重指
出，由于条件和时代的限制，我们目前不能说对这些新疆古代艺术品
的诠释和研究已经够了。

此外，他的专文《回鹘文研究导论》（"Kurze Einfuehrung in die uig-
urische Schriftkunde", 1919）以及对古代维吾尔语《忏悔书》（*Chuastuan-
ift*）等古文献的研究，至今尚未失去价值。

另一位对吐鲁番出土文献研究作出巨大贡献的，为柏林民俗学博
物馆东亚部主任缪勒（F. W. K. Mueller）教授。据说他通晓从大西洋到
太平洋广阔地域的主要语文。在吐鲁番出土的许多古代文字中，他首
先弄清楚了回鹘人使用的漂亮、美丽的摩尼文来自福音体（Estrangelo）
文字。他又确认回鹘文源自粟特（Soghdian）文，蒙古文来自回鹘文，满
文又来自蒙古文。缪氏生前共出版 4 大册《回鹘文献研究》（*Uigurica*
Ⅰ-Ⅳ, Berlin, 1908—1931）（第 4 卷在他逝世后由葛玛丽整理出版）。
这里顺便指出，长期以来新疆维吾尔族人士中广为流传的所谓《奇斯
提尼王史诗》（*Chistini ilig bek dastani*）实际上出自缪氏刊布的《回鹘文
献研究》第 4 卷（页 680-697）。后经学者研究，知道它来自回鹘文另
一大部头著作《十业道譬喻鬘》，其汉文本见于汉文大藏经《无明罗刹
集》）。这里还要强调指出，缪氏还是一位出色的粟特语专家，在这方面
也发表过许多重要的论著。

另一位德国著名的突厥学家是威·邦格（Willi Bang）教授。他早
年是位研究古代英语的专家，后来对古代突厥语文献研究产生了兴趣

（可能和 20 世纪初新疆吐鲁番地区出土大批古代维吾尔语写本有关）。他不仅是回鹘（古代维吾尔）文专家，也是一位突厥语比较语言学家。他对吐鲁番学的贡献是他和其女弟子葛玛丽一起出版的 6 大册《吐鲁番突厥（回鹘）文献》（*Tuerkische Turfan-Texte*，Ⅰ－Ⅵ，1920—1934）以及许多其他有关论著。

20 世纪最伟大的吐鲁番学—维吾尔学家是德国汉堡大学的安娜玛丽·冯·加班（Annemarie von Gabain，汉文名字葛玛丽）教授。葛玛丽 1901 年 7 月 4 日生于莫尔欣根（Moerchingen，Lothringen 地区，现属法国）。少年时期随军（其父是德国将军）先后就读于德国梅因茨（Mainz）、布兰德堡（Brandeburg）等地的小学和中学。1920 年中学毕业后，先入柏林科技大学学习数学和自然科学。1923 年转向文科，进入柏林大学，师从海涅什（E. Haenisch）和福兰克（O. Francke）教授，学习汉学。1925 年起跟威里·邦格（Willi Bang）学习突厥语言学，并开始一起研究、刊布 4 次德国考古队所获得的古代维吾尔语佛教、摩尼教文献。1930 年以汉学论文《汉代陆贾的"新语"研究》获博士学位。在此以前她已作为助手进入柏林科学院工作。

她 1928 年开始发表学术论文。1929—1934 年，与邦格合作发表刊布了 6 大卷《吐鲁番突厥（回鹘）文献》（*Tuerkische Turfan-Texte*，第 7卷：内容关于天文、历法，由其学生塔塔尔族人 Rashid Rahmeti Arat 发表刊布）。这 6 卷的内容如下：卷 1：占卜书（似汉文的《易经》，有八卦图，但不是其译本或改作本；似为已佚的同类书的译文）。卷 2：摩尼教文献（内容为回鹘牟羽可汗入教记残卷，具有重要的历史价值）。卷 3：摩尼大赞美诗（为百余段〔四行〕押头韵的诗歌，具有重要的文学价值）。卷 4：忏悔词（关于这种文体是古代新疆固有的，抑或来自外域的影响，这是一个尚未解决的问题，可参看 C. Weber 最近出版的《印度和回鹘人中的佛教忏悔文》〔*Buddhistische Beichten in Indien und bei den Uiguren*，1999〕一书）。卷 5：两篇佛教文献残卷。一为原题作"佛经残卷"，1980 年日本百济康义教授同定其为《妙法莲华经玄赞》（参见日本《佛教学研究》36，1980）；另一为关于"信"的十种解释。卷 6：《八阳神咒经》(为对多个回鹘语本子的拼合研究本)。

与此同时她尚发表《回鹘文摩尼教中有关风神的残卷》("Ein uigurisches Fragment ueber den manichaeischen Windgott",1928)、《回鹘文残卷研究》("Uigurische Studien",1930)等论文。

1931—1932年访问中国。在滞留北京期间,她研究了1930年我国袁复礼教授(他作为地质学家参加了中国—瑞典西北科学考察团到过新疆)从吐鲁番携归的、保存在北京图书馆的回鹘文《玄奘传》,同时也研究了保存在法国巴黎记美(Guimet)博物馆的另一部分《玄奘传》。于1935年发表《回鹘文玄奘传第五卷研究》,1938年发表了《回鹘文玄奘传中的书信》等研究成果。

20世纪80年代民主德国做了一件功德无量的好事,那就是把战前发表在德国柏林科学院会议报告上的有关吐鲁番回鹘文献的研究论文收集在一起,出版了三大册名叫《德国吐鲁番研究语言学成果》(Sprachwissenschaftliche Ergebnisse der deutschen Turfan-Forschung)的书。这就极大方便了读者(回想我在五六十年代,为了寻找这些论著,几乎跑遍了北京所有的著名图书馆,苦不堪言,而且找不全)。

上述对回鹘文献的研究工作,为她20世纪30年代末期撰写的划时代著作《古代突厥语语法》(Alttuerkische Grammatik)打下了坚实的基础。此书是历史上第一部古代突厥(回鹘)语法,因取材丰富,立论正确,已成为世界突厥学界的经典著作。1941年出版第1版,1950年出版第2版,1974年出版修订第3版。此书也是她1939年取得教授资格(Habitalation,一种德国特有的教制)的专著。(由我于20世纪50年代翻译的此书汉文本已收入内蒙古大学呼格吉勒图教授主编的《阿尔泰学丛书》中,由内蒙古教育出版社于2004年出版。)

《吐鲁番突厥(回鹘)文献》第8、9、10卷在战后发表刊布:卷8(1954),为对15种用婆罗米字母(一种古代印度字母)写成的回鹘佛教文献的研究,有的为梵语—回鹘语的对译,有的为用回鹘语一种语言写成。这批文献对研究中古时期维吾尔语的语音结构具有十分重要的价值。卷9(1958),为用摩尼字母写成的龟兹语(古代库车语,也称乙种"吐火罗语")和回鹘语对照的摩尼教赞美诗,其重要性是不言而喻的。卷 10(1959),为对关于旷野(Atavaka)夜叉譬喻故事的研究,此故事语言生动、流畅,引人注目。

在缪勒(F. W. K. Mueller)去世后,1931 年葛玛丽整理出版了缪勒的《回鹘文献研究》(*Uigurica*)第 4 卷。此书包含有 4 个本生故事,其中特别是第一个关于恰斯塔那(Chastana)(不是 Chistini)王的故事,其语言的质朴、生动,使人不相信它是译作。她 1935—1937 年在新成立的土耳其安卡拉(Ankara)大学任教,1939—1945 年在柏林大学任突厥学教授。1946—1949 年在地近德奥边界的 Bad Reichenhall 地方博物馆研究大战期间从柏林转移到那里的回鹘文《弥勒会见记》(*Maitrisimit*)写本,这为她后来(1957,1961 年)出版两大册有关该写本的影印件和研究报告奠定了基础。1949 年起,任汉堡大学突厥学和佛教学教授,直到 1966 年退休。

二战后,1947 年东德科学院刚刚成立,她应哈特曼(R. Hartmann)教授的邀请,发表了题作《古代突厥回鹘文献》("Alttuerkisches Schrifttum")的重要讲演(1950 年发表在柏林科学院会议报告——哲学—历史部分)。50 年代末 60 年代初发表了下列重要论文:《古代突厥—回鹘语》(1959,载《突厥语文学基础》〔*Phililogiae Turcicae Fundamenta*〕,以下简称《基础》,卷 1)、《古代突厥回鹘文学》(1964,《基础》卷 2)、《古代突厥回鹘的书写文化和印刷术》(1964,《基础》卷 2)、《前伊斯兰时期古代突厥回鹘文学》(1963,载荷兰莱登出版的《东方学手册》〔*Handbuch der Orientalistik*〕)等。

20 世纪 60 年代以后,葛玛丽教授的研究主要转向对古代维吾尔历史、文化、宗教和艺术的研究。在这些方面也取得了辉煌的成果。早在40 年代末 50 年代初她就发表了诸如《古代突厥人生活中城市的作用》(1949,*Der Islam*)、《维吾尔人的早期历史》(载《东亚自然与民族学协会通讯》〔*Nachrichten der Gesellschaft fuer Natur-und Voelkerkunde Ostasiens*〕,1952)、《突厥回鹘人中的佛教》(〔"Buddhistische Tuerkenmission"〕,1954,载 *Asiatica*〔F. Weller 教授纪念论文集〕)、《中亚的佛教》(1961,载

《东方学手册》)、《高昌回鹘王国》(1961 年美因茨科学院出版,由我翻译的汉译文,载《新疆大学学报》,1980 年第 2 期)、《吐鲁番收集品中的印刷术》(1967,载《德国科学院会议报告》人文科学类)、《高昌王国的生活》(2 卷,1973,此书有邹如山的汉文译本,书前载有我写的对葛玛丽教授的简单介绍)、《中亚学导论》(1979)等许多重要著作。在对古代维吾尔艺术研究方面,1987 年出版的《维吾尔(古代)绘画的形式语言》(*Die Formensprache der uigurischen Malerei*)一书,为她 1982 年访华期间所作的报告。此外,尚有《回鹘文十王经中的木刻插图研究》等。

德国吐鲁番学对世界学术界的另一重大贡献是关于"吐火罗语"(古代龟兹、焉耆、车师语)的释读和研究。吐火罗问题是新疆古代历史和语言方面最让人有兴趣的问题之一,也是最难解决的问题之一。这个问题的发现和提出,也要归功于德国学者。在吐鲁番等地出土的各种古文字写本中,有很多是用印度学家熟悉的婆罗米(Brahmi)字母写成的(除少量用佉卢〔Karoshthi〕字母写成的以外),所以在释读文字方面未造成困难。除梵语外,学者们很快就从中区分出 2 种过去从来不为人知的古代语言。学者们暂称之为不知名语言Ⅰ和不知名语言Ⅱ。对于语言Ⅱ,不久世界各国学者就达成了共识:是一种塞语(属印欧语系中的伊兰语族东支),因为这种语言的文献主要在和田地区发现,所以前面加一限定语"和田",以区别于其他塞语。

对于语言Ⅰ的定名,经过一百多年世界各国学者的争论,直到今天尚不能说已完全解决。目前大家都习惯称之为吐火罗语或带引号的吐火罗语,即"吐火罗语"。这种语言又分为 A(甲)和 B(乙)两个方言(实际上因它们之间区别很大,可视作两种有亲属关系的独立语言)。我本人长期以来主张称之为古代焉耆—车师语(甲种吐火罗语)和古代龟兹(库车)语(乙种吐火罗语)。下面就吐火罗语命名问题简单介绍一下。从一开始学者们就已知道这是一种印欧语,但不是像东方的伊兰语、斯拉夫语,而是像西方的印欧语一样,属于像日耳曼、意大利语一样的 kentum 语组[1]。早在德国第四次考古队回国的次年,即 1907 年,缪勒就发表了第一篇为这种语言定名的论文,题作《对新疆一种不知名语言定名的贡献》("Beitrag zur genaueren Bestimmung der unbekannten Sprachen Mittelasiens", SPAW, 1907, S. 980 – 960)。他根据回鹘文《弥勒会见记》(Maitrisimit)一书中的一则跋文[2],认为其中所说的 toxri 语就是中、西文献中提到的吐火罗语(tokhar)。很明显,缪勒的定名无非是根据二者在语音上的近似。次年(1908 年),德国梵文学家泽格(E. Sieg)、泽格灵(W. Siegling,后来主要从事吐火罗语的研究)发表《吐火罗语——印度斯基泰语,关于一种迄今不知名印度—欧罗巴语的初步研究》("Tocharisch, die Sprache der Indoskythen, vorlaeufige Bemerkungen ueber eine bisher unbekannte indogermanische Literatursprach", SPAW, 1908, S. 915ff.)。这里两位学者把吐火罗语当做一种印度—斯基泰语显然是错误的。我们知道,古代希腊人所说的"斯基泰"(Skythen)人等于我国史籍和古代波斯人所说的"塞人"(Saka)。但他们对吐火罗语研究本身作出的贡献是巨大的。他们除确定这种语言所具有的西部印欧语特点外,并区分出存在两种差别很大的方言:甲种/A 方言和乙种/B 方言。早在 20 世纪 30 年代初,在当时已满头白发的印欧比较语言学家舒尔茨(W. Schulze)的协助下,泽格和泽格灵就出版了第一部《吐火罗语法》(Tocharische Grammatik, 1931)。

1913 年法国学者列维(S. Lévi)在《亚洲学报》上发表了著名论文《乙种吐火罗语为库车语考》("Le 'Tokharien B', langue de Koutcha", JA, 1913, pp. 311 – 380)。他根据历史材料,令人信服地证明所谓乙种吐火罗语就是古代龟兹(今之库车)的当地语言[3] 对研究吐火罗语名称具有重要意义的另一篇论著,为英年早逝的前苏联东方学家 V. S.

---

[1]印欧语依照"百"这个词是以 k 或 s 起首而分为 kentum, satem 两大组,前者如西欧诸语言,后者如印度语、俄语等。

[2]那里说:"(此书)为圣月大师从印度语制成为 toxri 语。智护大师又从 toxri 语翻译成突厥语……"

[3]此文有冯承钧的汉文译文,载《吐火罗语考》,1958 年(如见于这种文献中的国王名字 Suwartep 正相当于《唐书》中的龟兹国王苏发叠等)。

Vorob'ev-Desyatovskiy 刊布的吐火罗语 B 方言和梵文两种语言对照的残卷,题作《中亚文字残卷》(载 *Uchenye Zapiski Inst. Vost.*〔《东方学所学术札记》〕, t. ⅩⅥ, 1958)。在此残卷中,梵文词 tokharika"吐火罗人"用吐火罗语 B 方言词组翻译时,使用了形容词 kucanne"库车的"。沃氏的结论是:kucanne 为吐火罗语 B 方言的自称。这一点也为不久前刊布的吐火罗语 B 方言与古突厥语对照的摩尼教赞美诗中,用古突厥语 Küsän(元代汉文文献中的"曲先")一名称吐火罗语 B 方言所证明(参见 von Gabain, W. Winter:"Türkische Turfan -texte", Ⅸ, ADAW, 1956)。这样,操吐火罗语 B 方言的人称自己的语言为"库车语"(回鹘语译者也随之这样称呼)。

之后,泽格、泽格灵虽承认 B 语应为库车语,但仍坚持 A 语应称之为吐火罗语。同时提出 A 语作为宗教语言是历史上从吐火罗斯坦(今塔吉克斯坦南部和阿富汗北部地区)带到焉耆、吐鲁番地区的。[1]

总之,为什么回鹘人称古代在焉耆、高昌一带使用的这种印欧语为吐火罗语(toxri),这是个迄今尚没有满意回答的问题。事实上《九姓回鹘可汗碑》等粟特语文献也把焉耆一带称作"四 toxri"(ctβ'r twxry)。

有的学者提出吐火罗就是大月氏。英国剑桥大学已故的贝利(H Bailey)教授巧妙地解释说,从伊兰语的角度,Tokhar 一名中的 to,可解释为"大",khar 可对应"月氏"。希望我国汉语音韵学家能在这个问题上作出贡献。我们知道历史上大月氏确和吐火罗/ 吐火罗斯坦有关系。根据汉文史料,大月氏原居住在甘肃祁连山敦煌一带。公元前 2 世纪大月氏(或月氏)被匈奴击败后,西迁到吐火罗斯坦。其后代建立了著名的贵霜(Kushan)帝国,但汉文史书仍习惯上称之为大月氏。

我国唐代玄奘法师在《大唐西域记》中曾两次提到睹货逻(吐火罗),一为睹货逻国(今阿富汗北部的吐火罗斯坦),另一为睹货逻故国(在今新疆南部民丰县北部,约当今天的安得尔〔Endere〕)。

---

[1]见泽格的论文《反正是"吐火罗语"》("Und dennoch 'Tocharisch'", ABAW, 1937, S. 130 – 139)。

我很欣赏贝利教授的"大月氏 = Tokhar"的理论。根据这一理论,许多说不清楚的问题都迎刃而解。许多年前我在前苏联《东方学问题》(1958?)上读到一篇关于大月氏西迁的文章。文章证明在两千年前从敦煌到西域南北道的生态环境远比今天要好,众多人员和牲畜通过是没有问题的(据我所知,晚至20世纪30年代,大批哈萨克人连同牲畜一起尚从哈密北巴里坤县东南迁到了敦煌一带,现为肃南阿克塞哈萨克自治县)。还有一个前人不注意的问题,就是从甘肃的姑藏(* Kuzan)到新疆吐鲁番的古名车师/姑师 (* Kushi),到龟兹/库车/曲先 (Kuci/Kucha/Küsän),到远达中亚费尔干(Fergana)的古都贵山(Kusan)城,再到贵霜/大月氏(Kushan)帝国,这些地名发音上的近似绝不是偶然的。这是否与月氏的古音 * Kushi/ * Kusi/ * Kuti 有关系? 许多年前,当我在德国哥廷根(Goettingen)大学突厥学和阿尔泰学(现改名为突厥学和中亚学)研究所时,曾看到德国著名伊兰学家痕宁(B. Henning)一篇论文征求意见的打字稿(听说后来发表在 Wittfogel 的纪念论文集中)。这篇文章的核心内容是:根据古代小亚细亚和两河流域文献的记载,远在公元前三四千年前,有说古代印欧语的 Kuti 和 Tukri 两支人(他们经常一起行动),从遥远的小亚细亚东迁到新疆和甘肃一带。痕宁认为这里的 Kuti 就是月氏,Tukri 就是回鹘文献中的 Toxri/Tuxri。

一些学者还认为在古代楼兰一带出土的近千件用佉卢文(Karoshthi)、世俗梵语(Prakrit)写成的木简中有近百个不明来源的词,为第三种吐火罗语(吐火罗 C),应为楼兰国的当地语言。最近读到瑞士学者包默尔(C. Baumer)的德文新书《丝绸之路南道——湮没在塔克拉玛干沙漠中的古代文化》(*Die Suedliche Seidenstrasse—Versunkene Kuluren der Wueste Taklamakan*,2002,Mainz,Philipp von Zabern 出版社),他也接受古代楼兰人说的语言为第三种"吐火罗语"的观点,并认为月氏是"吐火罗"的一部分。我则认为"吐火罗"是月氏的一部分,而不是相反[1]。

德国对新疆出土梵文写本研究的贡献也是很大的。此外,古代新疆佛教寺院使用一种混合梵文(Hybrid Sanskrit)是世界独一无二的,这种文献只在塔里木盆地发现。当时担任德国科学院秘书长的吕德尔斯(H. Lueders)及其夫人(也是梵文学家)在这方面的研究,为世界印度学作出了辉煌的贡献。许多在印度本土早已消失的作品,借助吐鲁番等地的新发现得以重见天日。在吕氏倡议下成立的《新疆出土梵文文献字典》编辑处直到今天仍在德国大学城哥廷根(Goettingen)继续进行卓有成效的工作。德国学者对印度学另一重要分支——对新疆出土的用佉卢(Karoshti)文、犍陀罗语(古代印度西北方言)写成的文献的研究也作出了贡献。

在对新疆出土的汉文、藏文、呗哒(Hephtalite)文、叙利亚文的研究方面,有老一代著名汉学家福兰克(O. Francke)对吐鲁番沮渠安周碑的最早研究,另一位福兰克(A. Francke)先生对藏文文献的研究,韩森(O. Hansen)对7件所谓呗哒文献的研究(不过近来学者们认为应为大夏语文献),卢克(A. Ruecker)教授对叙利亚语圣经(Peschitta)的研究,等等。

最后还要提到德国化学家李希特(O. Richter)对吐鲁番出土纸的研究。根据他的研究,造纸的材料不是像内地常使用的桑树皮,而是使用当地产的材料。有时尚可认出注入纸浆时框格上留下的植物叶脉。写本用纸表层往往涂有一层发光的物质。

(关于近年来德国科学院吐鲁番学研究中心的活动,请参看拙文《德国柏林科学院吐鲁番研究中心介绍》,载《西域研究》2003年第2期。)

---

[1]近几年国际上又再次掀起对所谓"吐火罗"问题的讨论高潮。这方面的专著有梅维恒(V. Mair)主编或撰写的《塔里木古尸研究论文集》(*A collection of Papers on The Mummified Remains Found in the Tarim Basin*,*The Journal of Indo-European Studies*,1995,23)、《新疆青铜和早期铁器时代的居民》(*The Bronze Age and Early Iron Age Peoples of Eastern Central Asia*,1998)、《塔里木古尸——古代中国与来自西方最早民族之谜》(*The Tarim Mummies—Ancient China and the Mystery of the earliest Peoples from the West*,2000)及王炳华主编的《新疆古尸》(2001)等。

41 法国的维吾尔学

　　法国的突厥学和维吾尔学研究具有悠久的历史传统。法国的早期突厥学研究可上溯到 16 世纪。但只是在路易十四(1638—1715)在位和"青年语言学派"创立时期,法国才出现第一批真正熟悉突厥语的人。19 世纪以前,法国突厥学主要限于对奥斯曼土耳其语实用方面的研究。早在 1820 年法国著名东方学家雷木扎(Abel-Remusat)在题作《鞑靼语言研究——满洲、蒙古、维吾尔、藏语语法、文献考》(*Recherches sur langues tartars, ou Memoires sur differens points de la grammaire et la literature des Mandchous, des Mongols, des Ouigurs et Tibetains, I. Paris*)一书中就研究了维吾尔语。同年当时侨居巴黎的德裔学者克拉普劳特(K. Klaploth)在巴黎出版了《回鹘(古代维吾尔)语言文字考》(*Abhandlung ueber die Sprache und der Uiguren*)。书中根据保存在巴黎的明代四译馆的《高昌译语》和《高昌馆来文》全面研究了古代维吾尔书面语。此书至今尚未失去价值(1985 年由 W. Scharlipp 教授撰写前言又再版过)。19 世纪末,巴外·德·库尔泰依(Pauet de Courteille)是法国第一个专门从事近代维吾尔书面语,即察哈台语(也称旧维吾尔书面语)研究的专家。他翻译、出版了若干纳瓦依(Alisher Nawayi)等中世纪、近代维吾尔诗人、学者的著作。

　　早在 1890 年以杜特瑞·德·兰(Dutruils de Rhins)和格列纳(F. Grenard)为首的法国考察队就在南疆进行考古调查工作。后来由格氏出版的三大卷本《新疆考察报告》(第 1 卷:考古;第 2 卷:文学〔包括一些著名的维吾尔民间长篇叙事诗〕;第 3 卷:历史)至今尚有参考价值。

　　之后上述学者开创的研究西域(新疆)的传统为法国著名汉学家、蒙古学家、维吾尔学家伯希和(Paul Pelliot)所继承和发展下来,他在 1906—1909 年在新疆和敦煌的考古调查对汉学和维吾尔学的研究作出了重要贡献。20 世纪 30 年代(1931)他在给法国雪铁龙(Citroen)汽车厂新疆考察队出发前所作的报告《高地亚洲》(*La Haute Asie*,同年在巴黎出版)中,高度概括介绍了新疆两千年的历史,至今对我们仍未失去价值(此小册子有我翻译的汉文本刊布于社科院民族所出版的《民族史译文集》,6 辑,1978 年)。此外他尚研究了著名的回鹘文献《两王子的故事》和《乌古斯可汗的传说》。

这期间在突厥语言学领域,以印欧比较语言学为样板的突厥语比较研究的发展,导致产生了如让·德尼(Jean Deny)这样的研究突厥语的大师(他曾任巴黎东方语言学院的校长)。他虽未发表直接关于维吾尔语文的专著,但他的大量论著,特别是 20 世纪初期出版的多达 1200 页的《土耳其语法》至今仍对研究维吾尔语法有重要参考价值。

德尼和伯希和是近代法国突厥学的两位泰斗。他们二人都是知识渊博而又著述甚多的学者。他们的学生来自许多国家。法国突厥学的形成和创立都直接或间接归功于这两位学者。后来接任伯希和担任法兰西学院中亚讲座首席教授的韩百诗(L. Hambis)在 20 世纪 70 年代后期主编出版了专门题写汉文书名《西域》(法文题作 *L'Asie Centrale*)的大型专著,书中图文并茂地介绍了新疆的古代历史、文化和语文(当年敦煌研究院的常书鸿先生和我曾讨论过将此书转法为汉的问题,后因常先生去世未果)。这里且暂不提诸如列维(S. Lévi)、费里奥扎(Felliosat)、皮诺(J. Pinault)等法国学者对"吐火罗语"(焉耆—龟兹语)研究的贡献。

让我们先来简要介绍一下现代法国突厥学的主要教学研究机构。

法国最老的突厥教学中心之一,为国立巴黎现代东方语言学院(L'Ecole Nationale des Langues Orientales Vivantes de Paris)中的突厥语教研室。早期负责人为让·德尼教授。1949 年后(德尼去世后)由路易·巴赞(Louis Bazin)教授负责。

从 1950 年起在法国高等研究学院(L'Ecole Pratique des Hautes Etudes,在索邦〔Sorbonne〕内,但编制上与巴黎大学分开)第四组设立了突厥历史和语文学研究部。其研究题目的一半是古代突厥语文方面的,如对蒙古和叶尼塞河上游的古代突厥、回鹘碑铭、写本(特别是敦煌发现的部分）的研究。

国立巴黎大学突厥学研究所也是著名的突厥学中心。研究所图书室藏有突厥学方面的参考书达 12000 册，其基础主要是让·德尼的遗书。该研究所不仅从事教学工作，它也是一个与法国国家科学研究中心（Centre National de la Recherche Scientifique，相当于我国的科学院）有关系的研究机构。

在巴黎之外，尚有两个进行突厥学教学和研究的中心。一个是法国南部的艾－昂－普洛万斯（Aix-en-Provence）大学，另一个是斯特拉斯堡（Strassburg）大学。

在突厥学和维吾尔学研究方面，我们必须提到法国国家科学研究中心（C. N. R. S.）。这个机构属下的中亚研究所曾与我国新疆文物考古研究所进行过卓有成效的合作，在塔里木盆地进行了发掘工作。另外该中心所属的敦煌研究部的哈米勒屯（James Hamilton）教授专门从事古代维吾尔历史、文献的研究（下面将重点介绍）。让·保罗·鲁（Jean-Paul Roux）先生不仅是专门研究突厥民族古代宗教史方面的专家，而且出版过若干部有关中亚历史文化的专著。包拉塔夫（P. N. Poratav）是研究突厥民间文学和通俗文学方面的专家。这里还要顺便提一下巴赞先生的高足萨比娜·特勒班扎（Sabine Trebinjac）女士关于维吾尔十二木卡姆音乐研究的专著。

总之，法国突厥学研究在各个方面都已开始取得很大的成绩，其研究领域涉及整个突厥学。最后还要提到，在依莱·梅丽阔夫（Irene Melokoff）夫人的倡仪并在斯特拉斯堡大学和法国国家科研中心的大力支持下，法国从 20 世纪 60 年代起就出版了专门的突厥学刊物——《突厥学》（Turcica），已出版了 30 几卷。我本人曾于 80 年代初在该刊物上发表题为《回鹘文高昌王世勋碑研究》的论文。

下面我重点介绍 3 位直接和维吾尔语文研究有关的法国同行，他们是路易·巴赞（L. Bazin）、热·基饶（R. Giraud）和哈米勒屯（J. Hamilton）。

路易·巴赞教授长期以来担任法国突厥学会会长、法兰西学院院士、国立东方语言文明学院（前面提到的现代东方语言学院）名誉教授、法国高等实验学院第四部主任、法中友协会长等职。他1920年12月29日生于法国卡昂（Caen）。1942—1945年在法国国立东方现代语言学院师从德尼教授学习突厥语。1945年毕业后被法国外交部派往土耳其首都安卡拉工作，直至1948年才回国。回国后被聘为法国国立东方现代语言学院的突厥语教授，继承其师德尼先生的教席。此后，一直在该校任教直到1990年退休为止。

路易·巴赞先生一生著述甚多，涉及突厥学的各个方面。他的国家博士（doctor d'etat）论文《古代突厥历法研究》（*Les systemes chronologiques dans le monde turc ancien*）旁征博引（包括许多古代突厥文、回鹘文的材料），对古代突厥人的历法进行了深入的研究。该论文于1972年在巴黎第三大学通过，曾打印若干份分送世界各主要大学。我1981年在德国哥廷根大学停留期间，曾从该大学图书馆借出复制了一份。1991年此书由匈牙利科学院正式出版，达700多页。他认为突厥历法是以阴—阳历和十二生肖历为基础，在中国历法的影响下形成的，批判了过去学者们主张的十二生肖纪年的突厥起源论。此外，1989年在哈米勒屯教授的编辑下，出版了他的论文集，题作《突厥族、字和人》（*Les Turcs, les mots, des hommes*）。书中收集了他的主要重要论文约50篇，其中与维吾尔学有关的如：(1)对《晋书》中两句匈奴诗的构拟；(2)对敦煌发现的如尼文占卜书的研究；(3)古代回鹘天文学研究；(4)关于《突厥语词典》成书的年代，(回鹘汗国时期)"苏吉碑"考释；等等。（可惜有些重要论文未收入，如20世纪50年代发表的《拓跋语研究》、《古代突厥碑铭》等。后一篇论文征得作者的同意，将作为附录收入拙著《古代突厥文碑铭研究》一书中。）本人在1982年访问巴黎大学时曾受到巴赞先生的热情接待。

另一位法国维吾尔学研究者为基饶先生，他因研究第二突厥汗国历史及其大臣暾欲谷碑文，而为学界所称道。根据元代欧阳玄《圭斋集·偰氏家传》说暾欲谷是维吾尔偰氏家族的先人，所以这里我把他对暾欲谷碑的研究列入维吾尔学范围。

　　基饶于 1906 年 8 月 29 日生于阿尔及利亚。由于他的学识和二次大战中积极参加法国的抵抗运动,所以 1944 年他被法国临时政府选派外国从事文化工作。在提供让他挑选的工作对象中,他毫不犹豫地选择去安卡拉,因为以凯末尔革命而革新的土耳其早已吸引了他。

　　基饶先作为安卡拉语言学院法语教学的负责人,之后又作为该市政治学院的法语教授在土耳其生活了 18 年(直到 1962 年),同时致力于土耳其语的学习和研究。当巴赞 1945 年刚从巴黎国立东方语言学院毕业,因公到达安卡拉并见到基饶时,他们之间结下了深厚的友谊。

　　这一时期基饶的科学兴趣主要在研究现代土耳其语和土耳其文学。他在这方面有很高的造诣。当时他与法国突厥学大师让·德尼也有通讯往来,并在科学研究上接受后者的指导。

　　作为拉丁语专家和法语语言学家,基饶对历史语言学有很深的了解。他也对土耳其语历史保有浓厚的兴趣。可能是在巴赞的影响下,1945 年左右基饶开始研究蒙古鄂尔浑碑铭中的巴音卓克图碑(暾欲谷碑)。此碑文刻在两块碑石上,约属于 725 年,记述了暾欲谷这个年近80 岁的突厥汗国重臣的生平事迹。暾欲谷是第二突厥汗国(从 680 年起)颉跌利施(Elterish)、默啜(Qapaqan)两代可汗的军事统帅和第三代毗伽可汗(Bilga Qaghan)的岳父,他曾受教育于中国。由于碑文直言不讳和主人公是汗国的铁腕人物,所以引起基饶的注意。

　　基饶用了 12 年的时间对此碑进行了深入细致的研究。以前关于此碑的研究只有汤姆森(W. Thomsen)和拉德洛夫(W. Radloff)的本子。虽然这两位前辈是突厥学的大师,但当时对古代突厥语尚无系统知识,特别是古代突厥学的宝库——11 世纪喀什噶里(Mahmud Kashghari)所著的《突厥语词典》尚未发现,所以他们的研究不能不带有一定的局限性。为此,基饶根据他所看到的照片和拓本对该碑重新进行了诠释。当芬兰学者阿勒托(P. Aalto)1958 年刊布《蒙古古代突厥碑文材料》(内有此碑较清楚的照片)一书时,基饶的研究专著已完成并付印。

　　尽管有许多物质方面的困难,但早在 1957 年年底基饶已完成对暾欲谷碑的研究工作,并于 1958 年作为博士论文提出。由于印刷方面的原因,基饶的两部书的出版又拖延了两三年。这两部重要著作为:《蓝突厥汗国——颉跌利施、默啜和毗伽可汗统治时代(680—734 年)》(巴黎 1960 年版),《巴音卓克图碑——校勘本》(巴黎 1961 年版)。

基饶在这两部著作中重新研究了有关古代突厥人及其碑铭文献的许多历史和语言学问题。当然,基饶的著作中也有个别的错误。此外,图书资料的不完备也影响了研究工作的质量。但有一点是肯定的,就是今后不论谁从事这方面的研究,都不能避开他的论著。一些重要问题由他首次提出并给予了某种程度成功的解决。是他第一个发现和分析了碑文作者使用的相当严格的拼写法规律。这些规律可以帮助解决那些迄今仍不能确定的词句和改正过去释读上的错误(这一点不仅限于暾欲谷碑,也适用于其他古代突厥文碑铭)。

1962 年基饶回到法国后在斯特拉斯堡大学从事突厥学的教学工作。1964 年他成为该大学突厥学教研室的负责人。是他给该大学突厥学研究所的创建打下了基础。

基饶于 1968 年 5 月去世。

第三位法国的维吾尔学家是哈米勒屯教授。他已于 2003 年 5 月 29 日在巴黎去世,享年 82 岁,世界维吾尔学界失去了一位优秀的学者和同行。在 2002 年秋柏林举行的"重访吐鲁番——纪念丝绸之路文化和艺术一百周年"国际会议上,他的题作《吐鲁番出土佛教木杵 III 研究》的专题报告曾受到与会各国学者的赞许。会后在游览柏林附近皇家园林城市波茨坦时,他尚步履矫健,谈笑风生。当我 2003 年 6 月接到法国亚洲学会的讣告时感到十分突然,不相信这是真的(听说他是在一次突然摔倒后去世的)。

哈米勒屯于 1921 年 3 月 14 日生于美国堪萨斯州托皮卡(Topeka)市一个普通家庭。他的青少年时代正值 1929—1932 年美国经济大萧条时代,经历了许多磨难。1939 年他中学毕业后,于 1939—1941 年就读于堪萨斯大学劳伦斯(Lawrence)分校,学习工程技术。1941 年年底太平洋战争(珍珠港事件)爆发后,他弃笔从戎,参加了美国海军。

1942—1945 年在美国驻土耳其首都安卡拉和伊斯坦布尔使领馆工作，任海军副官。在此期间开始接触突厥语——土耳其语。

1945 年他返回美国。1946 年奉调学习日语，后到日本任职到 1947 年。战后，由于美国大学执行国会的"GI Bill of Rights"法案，大批士兵复员入学，学员爆满，教学质量下降。他对此不满，加之受到他父亲热爱法国文化的影响，于是决心到法国巴黎深造。1947—1949 年入巴黎大学。1949—1951 年在巴黎现代东方语言学院学习汉语、日语、突厥语。1951 年在法国著名汉学家和佛教学家戴密微（P. Demieville）教授的指导下，于 1954 年完成《五代回鹘（古代维吾尔）史》（ *Les Ouigours a l'epoque des Cing Dynasties d'apres les documents chinois* ）的博士论文，于 1955 年出版（我国有我校阅的耿昇的汉文译本。1988 年出版了此书法文的补正版）。另外，1971 年他又以《敦煌本回鹘文善恶两王子的故事》（ *Le conte bouddhique du bon et du mauvais prince en version ouigoure* ）获突厥语文学博士学位（此书曾两次被译成土耳其文出版）。1983 年以《敦煌 9—10 世纪回鹘文写本研究》（两大卷）（ *Manuscrits ouigours du IXe - X^e siecle de Touen -houang* ）获法国国家博士学位。1990 年和英国西木斯－威廉木斯（N Sims -Williams）合作出版了专著《敦煌 9—10 世纪突厥—粟特语文书》（ *Documents turco -sogdiiens du IXe - X^e siecle de Touen-Houhuang* ）。

哈米勒屯教授从 1955 年开始在法国科研中心（CNRS，相当于法国科学院）任职，历任助研、研究员、研究室主任等职。哈氏一生热爱法国文化，喜欢说法语，他的绝大多数论著都是用法文写成的。他一生未婚。于 1974 年正式加入法国国籍。1989 年退休后，仍笔耕不辍。我本人 1981 年曾受到他的邀请访问巴黎，并在巴黎第三大学作了题为《中国突厥学的研究》的学术报告。1981 年我和他合作发表了《回鹘文高昌王世勋碑研究》（"L'inscription ouigoure de la stele commenorative des Iduq qut de Qocho"，载法国《突厥学报》〔 *Turcica* 〕1981 年第 13 期）。1987 年他曾作为社会科学院考古所的客人访问过北京和新疆。

哈米勒屯的文风有些像法国汉学和中亚学大师伯希和（Paul Pelliot），论文中的注释有时超过本文章本身，旁征博引，深入细致。他一生除专著外，尚发表论文数十篇，其中重要的有《九姓乌古斯与十姓回鹘考》。在这篇论文中，他从突厥语言学的角度，论证所谓古代突厥碑文中多次出现的 Toquz Oghuz（九姓乌古斯）实际上就是汉文史籍中的"九姓"。"九姓"源自 toquz oghush（意为"九姓，九个氏族"），也就是说 oghush"姓氏，氏族"一词因受到前面词 toquz"九"中尾音 z 的类比同化影响，从而也变成 oghuz。这一点正与汉文史籍相符（在汉文史籍中只载有"九姓"或"九姓铁勒"，而不见"九〔姓〕乌古斯"）。所谓"九姓"（突厥文称"九〔姓〕乌古斯"）实指"九姓铁勒"或"铁勒九姓"。回纥（回鹘）只是九姓铁勒之一。回鹘一般自称十姓回鹘（On Uighur）。另外，他在《突厥如尼文碑铭中 k.c.n 地名考》一文中考证了古代突厥文毗伽可汗碑东南面 k.c.n 这一长期不解的地名为 käcin，也就是姑藏，即凉州，也即今之甘肃省武威。

他的其他重要论文尚有：

《敦煌发现的"钢和泰卷子"考》（*T'oung-Pao* 46,1958）

《吐鲁番交河遗址出土回鹘文地契考释》（*Turcica* 1,1969）

《梵蒂冈藏叙利亚文突厥语景教主教印章考》（*Journal Asiatique* 260,1972）

《敦煌出土汉文和古代突厥如尼文写本考》（合著）（*Turcica* 4,1972）

《古突厥文占卜书跋文考》（*Turcica* 7,1975）

《突厥如尼文 *Khutukh -ula* 碑文研究》（合著）（*Journal Asiatique* 263,1975）

《（古代新疆）仲云部考》（*Journal Asiatique* 265,1977）

《占卜书中二卦考释》（*P. N. Boratav* 祝寿集,1978）

《851 和 1001 年间和阗王系考》（《敦煌学研究》Ⅱ,1979）

《突厥碑文中 *qyz qoduz* 考释》（合著）（*Turcica* 11,1979）

《敦煌突厥语写本》（*Journal Asiatique* 269,1981）

《9—10 世纪于阗年代学》（《敦煌学研究》Ⅲ,1984）

473

《回鹘文 *shäli* 和 *tutung* 称号考》(*Journal Asiatique* 272,1984)

《敦煌回鹘文文献概述》(巴黎 *Singer-Polignac* 基金会组织的敦煌壁画和写本研讨会论文集,1984)

《蒙古发现的三体文字哈拉巴喇哈逊碑考》(法日中亚文献研讨会论文集,1990)

《敦煌 *Pelliot Ouigour* 16 *bis* 编号写本新释》(意大利 *A. Cadonna* 教授召开的"丝绸之路的文明"国际讨论会论文集,1992)

《988,989,1003 年回鹘摩尼教历书考释》(*L. Bazin* 教授祝寿论文集 *Varia Turcica* 9,1992)

《关于敦煌出土回鹘文献的年代问题》(《吐鲁番、和阗和敦煌国际讨论会论文集》,1996)

《论突厥的起源》(*Turcica* 30,1998),等等。

最后还要提到:2001 年在 Louis Bazin 和 Peter Zieme 二位教授的编辑下出版了庆祝他八十寿辰的论文集《从敦煌到伊斯坦布尔——哈米勒屯祝寿集》(*De Dunhuang A Istanbul—Hommage A James Russell Hamilton*,比利时 Brepols 出版社出版),内中收有 21 篇有关论文(包括我的一篇小文《中国图瓦语研究》)。

耿世民教授简介及著作目录

耿世民教授简介

　　耿世民,男,汉族,江苏省徐州市铜山县人,生于 1929 年 11 月 28 日,新中国第一代民族语文学家,中央民族大学哈萨克语言文学系、维吾尔语言文学系教授,国际知名古突厥语文学家,国务院学位委员会 1989 年批准的博士生导师,享受国家特殊贡献津贴的专家。1949—1952 年就读于北京大学东方语言文学系维吾尔语科,1952 年全国高校院系调整时转至中央民族学院民族语言文学系维吾尔语专业,1953 年毕业留校任教至今。

　　他毕生献身于民族语文教学与研究事业,于 1953 年创办了我国的哈萨克语言文学专业,讲授哈萨克语、现代哈萨克语语法等课程,并编写了相应的教材。1956—1958 年,前苏联专家 E.捷尼舍夫(E R Teni-shev)受聘来中央民院突厥语研究班讲课时,耿任其助手,并承担该班的部分教学任务。1976 年受新疆维吾尔自治区有关领导的委托,主持开办了我国第一个"古代突厥/回鹘语专业班",担任主要教学任务,并编著了我国第一套系统的"古代突厥/回鹘语教材"(共 8 册,包括《古代突厥文碑铭选读》1 册、《回鹘文献选读》2 册、《黑汗王朝时期文献选读》3 册、《总词汇》1 册、《古代突厥/回鹘语文献语法》1 册)。这个班的开办和系列教材的编写,为我国"古代突厥/回鹘语文学"人才的培养和研究工作作出了贡献。该班学生中,相当部分已成为有成就的教授、专家。1985 年起招收"古代突厥/回鹘文献研究"方向硕士研究生,1993 年起招收博士研究生,为我国突厥语文学队伍的建设作出了重要贡献。

　　语言田野调查在其教学、科研活动中占有重要地位。1952 年曾赴新疆伊犁、塔城地区调查维吾尔语和哈萨克语。1955、1956、1959 年 3 次参加新疆少数民族语言调查。1956 年在我国首次科学、准确地判断出阿勒泰地区的一小部分蒙古人所操语言是图瓦语,并在我国首次记录了该语言的大量第一手材料;在此后,多次前往新疆、甘肃、青海等省区,调查研究古代文献及维吾尔、哈萨克、裕固、撒拉等语言。这些材料的研究发表引起了国内外学者的关注。

耿世民教授除精通和通晓古代突厥、回鹘语及现代维吾尔、哈萨克、乌孜别克、卡拉卡勒帕克、塔塔尔、土耳其等多种古、今突厥语言外,还通晓英、俄、法、德、日等多种主要外语。

他的科研领域,20 世纪 70 年代后期以前为现代哈萨克语与古代突厥/回鹘语;70 年代后期以来是以古代突厥/回鹘语文学(philology)为主,兼顾新疆古代语文、历史、文化和宗教学。近几年从事古代和田塞语与"吐火罗语"(古代库车—焉耆语)的学习研究。

他用汉、英、德、维吾尔、哈萨克等语文出版了《维吾尔古代文化和文献概论》、《回鹘文〈弥勒会见记〉研究》、《敦煌突厥回鹘文书导论》、《现代哈萨克语法》等专著 20 余部,受联合国教科文组织之约请为该组织主编的《中亚文明史》第 4 卷撰写了《高昌王国》一章,受国际东方学协会之约请为该会主编的《突厥语文学基础》第 3 卷撰写了《突厥汗国》一章;用中文、维吾尔文及英文、法文、德文、日文等文字发表《回鹘文亦都护高昌王世勋碑研究》、《回鹘文〈俱舍论〉残卷研究》、《试论塔里木盆地民族的融合和近代维吾尔族的形成》等论文近 200 篇。首次直接从原文翻译出版了古代突厥文突厥汗国碑铭、回鹘汗国碑铭以及 11 世纪维吾尔著名学者尤素甫·哈斯·哈吉甫的《福乐智慧》。另外,翻译出版了世界著名学者用法文、德文、英文、日文、俄文等文字撰写的《高地亚洲》(〔法〕伯希和)、《中亚简史》(〔原苏〕巴尔托里德)、《古代突厥语语法》(〔德〕葛玛丽)、《西域文化史》(〔日〕羽田亨)、《西域文明史概论》(〔日〕羽田亨)等名著 10 余部。

先后有 6 部(篇)论著获得中国社科院、国家民委和北京市颁发的优秀科研成果一、二等奖。其中《大唐西域记校注》(合著)一书除获得国家新闻出版署全国古籍整理一等奖等数项一等奖外,还获得陆文星韩素音中印友谊奖。2004 年,他的论文集《维吾尔古代文献研究》获北京市第八届哲学社会科学优秀成果奖一等奖,2010 年他的论文《回鹘文〈阿弥陀经〉残卷研究》(载匈牙利科学院《东方学研究》,2006 年,59卷)获国家民委所属高等民族院校科研成果特等奖。

此外,曾多次应邀赴国外著名大学的突厥学、中亚学、东方学、宗教学中心讲学和从事研究工作,其中包括德国的波恩大学、梅因茨大学、法兰克福大学,美国的印第安纳大学,法国的巴黎大学,英国的伦敦大学亚非学院,丹麦的哥本哈根大学,日本的京都大学,土耳其的安卡拉大学等等。历时较长的出国讲学研究有 4 次:1981—1983 年在德国的哥廷根大学、波恩大学,1987 年在波恩大学,1991—1992 年在美国印第安纳大学,1992—1993 年在波恩大学。并多次出席国际上有关突厥学、中亚学、阿尔泰学、东方学、考古学、摩尼教、景教以及“丝绸之路”方面的学术研讨会,为会议提交的学术论文受到与会者的赞赏。

世界公认的古代突厥语文学奠基人、世界古代突厥语文学泰斗、国际乌拉尔—阿尔泰学会主席冯·加班(A. von Gabain,汉名葛玛丽)教授在评价他时说:“过去我们曾为日本同行在研究维吾尔古代文化方面所取得的成就感到高兴。其中最著名的是羽田亨教授,他发表了许多有关中亚语文学和历史学方面的论著。现在我们的中国同行也在研究中亚和古代维吾尔文化方面取得了很大成就,其中有代表性的是耿世民教授。……耿世民教授可称为真正意义上的‘语文学家’(Philologe)。在此较短的时间内他发表了众多的有关中亚突厥/回鹘(古代维吾尔)语文献、佛教和摩尼教以及现代哈萨克语方面的论著,从而在很大程度上丰富了我们关于中亚和古代突厥语文的知识。我们衷心希望中华人民共和国的同行取得更大的成果并继续和加强这方面的国际合作。”(原载欧洲《中亚学报》〔Central Asiatic Journal〕1989年卷 33)

由于耿世民教授在古代突厥语文献研究方面作出的贡献,1992 年被世界著名学术机构之一的德国洪堡基金会(Humbodt-Stiftung)授予

"国际知名学者奖"。这是一项非常的荣誉,至今中国获此项奖的仅二人(另一位为理科学者)。世界阿尔泰学最高学术机构国际阿尔泰学常设会议(Permanent International Altaistic Conference,简称 PIAC)2000年在比利时彼特斯海姆举行的第 43 届年会上,在他本人未出席的情况下一致通过决议,将该年度的 PIAC 金质奖章授予他,以表彰他在阿尔泰学、突厥语言学,尤其是古代突厥语文学研究方面所作出的贡献。PIAC 金奖是世界阿尔泰学界的最高奖项。该学会成立 50 多年来,至今只有 20 余位学者获得此奖。他是迄今获此奖项唯一的中国学者。这两项大奖标志着耿世民教授的学术成就已获得国际学界的普遍承认,从而为我国在阿尔泰学、突厥学研究方面赢得了崇高的荣誉。

2000 年 10 月 20 日,土耳其共和国阿塔土尔克文化语言历史最高研究院语言研究院学术委员会举行会议,一致通过决议,选举耿世民教授为该语言研究院荣誉院士,以表彰他在突厥语言研究方面取得的成就。

耿世民教授 1953—1979 年任助教,1979 年起任副教授,1985 年起任教授,1989 年被国务院学位委员会评为博士生导师。历任教研室主任,院、系职称评定委员会学科评审组成员,国家民委职称评定委员会学科评审组成员,中国阿尔泰学研究会名誉会长,中国维吾尔古典文学和十二木卡姆研究会名誉会长,中国突厥语研究会历届副会长,中国维吾尔历史文化研究会常务理事,中国民族语言学会、中国中亚文化研究会、中国《福乐智慧》研究会理事,中央民族大学中国少数民族语言文学学院阿尔泰学研究中心名誉主任,中国《新疆通史》编委,土耳其大型丛书《突厥民族》编委,国际摩尼教研究会名誉顾问,美国《哈佛大学突厥学报》顾问,土耳其《突厥语研究》、《现代突厥语研究》、《突厥学》顾问,北京外国语大学《亚非研究》顾问等职。

耿世民教授著作目录

（至 2009 年）

专著

1.《乌古斯可汗的传说——古代维吾尔史诗研究》，乌鲁木齐：新疆人民出版社，1980；[维吾尔文版]与吐尔逊·阿尤甫合作，北京：民族出版社，1980；[哈萨克文版]与马坎合作，北京：民族出版社，1986。

2.《语言学概论》（马学良主编，参著），武汉：华中工学院出版社，1981。

3.《古代维吾尔诗歌选》，乌鲁木齐：新疆人民出版社，1982。

4.《维吾尔古代文化和文献概论》，乌鲁木齐：新疆人民出版社，1983。

5.《大唐西域记校注》（季羡林主编，合著），北京：中华书局，1985。

6.《哈萨克语简志》（与李增祥合著），北京：民族出版社，1985。

7.《现代哈萨克语语法》，北京：中央民族学院出版社，1989。

8.《敦煌突厥回鹘文书导论》，台北：台湾新文丰出版公司，1994。

9.《敦煌学大词典》（季羡林主编，参著），上海：上海辞书出版社，1998。

10.《现代哈萨克语》[哈萨克文]（与马坎、朱玛泰合著），北京：民族出版社，1999。

11.《鄂尔浑—叶尼塞碑铭语言研究》（与阿不都热西提·亚库甫合著），乌鲁木齐：新疆大学出版社，1999。

12. *Das Zusammentreffen mit Maitreya. Die ersten fünf Kapitel der Hami-Version der Maitrisimit. Teil* Ⅰ: *Text, Übersetzung und Kommentar*; *Tell* Ⅱ: *Faksimiles and Indices.* (《弥勒会见记研究》) [两卷] (von Geng Shimin und H-J Klimkeit), Wiesbaden, 1988.

· 欧 · 亚 · 历 · 史 · 文 · 化 · 文 · 库 ·

13. Eine buddhistische Apokalypse. Die Höllenkapitel (20 – 25) und die Schluβkapitel (26 – 27) der Hami-Handschrift der alttürkischen Maitrisimit. Unter Einbeziehung von Manuskriptteilen des Textes aus Säŋim und Murtuk. Einleitung, Transkription und Übersetzung. (von Geng Shimin,Hans-Joachim Klimkeit und Jens Peter Laut)(《一种古代维吾尔语佛教启示录研究》),Opladen & Wiesbaden,1998.

14. *History of Civilizations of Central Asia*,Vol. Ⅳ(《中亚文明史》第4卷,M Asimov and C E Bosworth 主编,*The Uighur Kingdom of Kocho*〔《高昌回鹘王国》〕一章,200 – 206 页),联合国教科文组织编委会,巴黎,1998。

15.《新疆文史论集》,北京:中央民族大学出版社,2001。

16.《维吾尔古代文献研究》,北京:中央民族大学出版社,2003。

17.《中国大百科全书》(语言文字卷,参著),北京:中国大百科全书出版社,1988。

18.《古代突厥文碑铭研究》,北京:中央民族大学出版社,2005。

19.《回鹘文社会经济文书研究》,北京:中央民族大学出版社,2006。

20.《新疆历史与文化概论》,北京:中央民族大学出版社,2006。

21.《古代维吾尔文献教程》,北京:民族出版社,2006。

22.《维吾尔与哈萨克语文学论集》,北京:中央民族大学出版社,2007。

23.《回鹘文哈密本〈弥勒会见记〉研究》,北京:中央民族大学出版社,2008。

24.《古代突厥语法》,北京:中央民族大学出版社,2009。

译著

1. 尤素甫·哈斯哈吉甫《福乐智慧》(译自回鹘文)(与魏萃一合译),乌鲁木齐:新疆人民出版社,1979。

2.〔苏〕巴尔托里德《中亚突厥史十二讲摘要》(译自德文),收入同作者的《中亚简史》,乌鲁木齐:新疆人民出版社,1980。

3.〔苏〕巴尔托里德《中亚简史》(译自英文),乌鲁木齐:新疆人民出版社,1980。

4.〔日〕羽田亨《西域文化史》(译自日文),乌鲁木齐:新疆人民出版社,1981。

5.〔德〕葛玛丽《古代突厥语语法》(译自德文),呼和浩特:内蒙古教育出版社,2004。

6.〔日〕羽田亨《西域文明史概论(外一种)》,北京:中华书局,2005。

7.〔日〕羽田亨《中亚简史(外一种)》,北京:中华书局,2005。

校注评介

1.〔德〕勒寇克《中国新疆的土地与人民》(校注并介绍作者),北京:中华书局,2008。

2.〔德〕瓦勒德施米特《犍陀罗、库车与吐鲁番》(校注并介绍作者),北京:中华书局,即刊。

教材

1.《古代突厥语文献选读》油印本,(7册,总词汇1册),中央民族学院少数民族语言文学系,1978—1980。

2.《古代突厥语文献语法》油印本(与魏萃一合编),中央民族学院少数民族语言文学系,1980。

3.《汉译哈翻译教材》,油印本(与马坎合编),中央民族学院少数民族语言文学系,1980。

4.《现代哈萨克语语法》,油印本(汉文·修订本),中央民族学院少数民族语言文学系,1981。

5.《现代哈萨克语语法》,油印本,(哈文·修订本)中央民族学院少数民族语言文学系,1981。

论文

1.《新发现的图瓦语情况介绍》,《民族语言调查通讯》,1957,7 期。

2.《古代维吾尔人的语言和文字》,《少数民族语文论集》(1),北京:中华书局,1958。

3.《哈萨克语文及其研究》,《少数民族语文论集》(2),北京:中华书局,1958。

4.《维吾尔古典长诗〈福尔智慧〉》(与胡振华合撰),《新疆文学》,1963 (3)。

5.《试论维吾尔语书面语的发展》,《中国语文》,1963(4)。

6.《谈谈维吾尔古代文献》,《新疆文学》,1963(4)。

7.《〈突厥语词典〉及其作者》(与胡振华合撰),《新疆文学》,1963 (5)。

8.《谈谈维吾尔族古代文字和文献》,《图书评介》,1978(4)。

9.《佛教在古代新疆的传播》,《新疆大学学报》,1978(2)。

10.《古代维吾尔族汉文翻译家僧古萨里》,《图书评介》,1978 (2)。

11.《两件回鹘文契约的考释》,《中央民族学院学报》,1978(2)。

12.《回鹘文摩尼教寺院文书初释》,《考古学报》,1978(4);英文版刊于欧洲《中亚学报》卷 35,1991(3 - 4)(关于此文,英国塞缪尔·李奥曾专门撰文介绍,刊于英国牛津大学《宗教研究》卷 52,1981)。

13.《古代维吾尔史诗〈乌古斯可汗的传说〉》,《图书评介》,1979 (3)。

14.《黑汗王朝时期维吾尔文学述略》,《新疆文艺》,1979(3)。

15.《新疆古代语文的发现和研究》,《新疆大学学报》,1979(2)。

16.《〈大元肃州路也可达鲁花赤世袭之碑〉回鹘文部分译释》,《民族研究》,1979(1)(此碑的详细考释见《向达先生纪念论文集》,乌鲁木齐:新疆人民出版社,1986,第 440 - 454 页)。

17.《回鹘文〈玄奘传〉第七卷研究》(上),《民族语文》,1979(4)。

18.《回鹘文〈玄奘传〉第七卷研究》(下),《中央民族学院学术论文集》(民族语文分册),中央民族学院科研处编,1980。

19.《回鹘文主要文献及其研究情况》,《图书评介》,1980(1);维吾尔文版刊于《突厥语研究》,1983(2)。

20.《突厥文碑铭述略》,《考古学参考资料》,1980(3-4)。

21.《回鹘文〈亦都护高昌王世勋碑〉研究》,《考古学报》,1980(4);法文版与 James Hamilton 合著,载《突厥学报》(Turcica),1981,卷 13。

22.《几件回鹘文书译释》,《文物》,1980(5)。

23.《唆里迷考》(与张广达合撰),《历史研究》,1980(2)。

24.《古代新疆和突厥、回鹘人中的佛教》,《世界宗教研究》,1980(2)。

25.《古代维吾尔族文字和文献概述》,《中国史研究动态》,1980(3)。

26.《哈萨克族的文字》,《民族语文》,1980(3)。

27.《古代突厥文主要碑铭及其解读情况》,《图书评介》,1980(4);维吾尔文版刊于《突厥语研究》,1982(1)。

28.《我国文学宝库中的一颗明珠——介绍 11 世纪维吾尔族长诗〈福乐智慧〉》,《边塞》,1980(1)。

29.《回鹘文买卖奴隶文书的考释》,《民族语文论集》,北京:中国社会科学出版社,1981。

30.《回鹘文土都木萨里修寺碑考释》,《世界宗教研究》,1981(1)。

31.《古代维吾尔语佛教原始剧本〈弥勒会见记〉(哈密写本)研究》,《文史》第 12 辑,1981;转载于《中国戏剧起源》,上海:上海知识出版社,1990。

32.《世界的语言及其分类法》,《语言学概论》,武汉:华中工学院出版社,1981。

33.《我国的语言系属(阿尔泰语系)》,《语言学概论》,武汉:华中工学院出版社,1981。

34.《世界语言的分类》,《语言学概论》,武汉:华中工学院出版社,1981。

35.《关于古代维吾尔文学的分期问题》,《古代维吾尔诗歌选·导论》,乌鲁木齐:新疆人民出版社,1982。

36.《试论维吾尔古典诗歌中的韵律和形式》,《古代维吾尔诗歌选·附录》,新疆人民出版社,1982(此文另收入《少数民族诗歌格律》一书,拉萨:西藏人民出版社,1986)。

37.《哈拉汗王朝历史简述》,《新疆社会科学》,1982(1)。

38.《试论塔里木盆地民族的融合和近代维吾尔民族的形成》,《新疆历史论文集》续集,乌鲁木齐:新疆人民出版社,1982。

39.《介绍安·玛丽·冯·加班——西德著名突厥学家》,《突厥语研究通讯》,1982(7)。

40.《1981年至1983年访德简况》,《突厥语研究通讯》,1984(1)。

41.《古代突厥文》,《中国民族古文字研究》,1984。

42.《回鹘文》,《中国民族古文字研究》,1984。

43.《古代龟兹、焉耆语》,季羡林主编《大唐西域记校注》,北京:中华书局,1985。

44.《古代和阗塞语》,季羡林主编《大唐西域记校注》,北京:中华书局,1985。

45.《元回鹘文重修文殊寺碑初释》,《考古学报》,1986(2)。

46.《回鹘文〈大元肃州路也可达鲁花赤世袭之碑〉研究》,《向达先生纪念论文集》,乌鲁木齐:新疆人民出版社,1986。

47.《回鹘文〈金光明最胜王经〉第六卷〈四天王护国品〉研究》,《中央民族学院学报》,1986(3)(语言文学增刊)。

48.《回鹘文〈八十华严〉残经研究》,《民族语文》,1986(3)。

49.《甘肃省博物馆藏回鹘文〈八十华严〉残经研究》(一),《世界宗教研究》,1986(3)。

50.《甘肃省博物馆藏回鹘文〈八十华严〉残经研究》(二),《中央民族学院学报》,1986(2)。

51.《回鹘文佛教原始剧本〈弥勒会见记〉第二幕研究》,《西北民族研究》,1986(1)。

52.《回鹘文〈阿毗达磨俱舍论〉残卷研究》(一)(二),分别刊于《民族语文》,1987(1),《中央民族学院学报》,1987(4);英文版刊于欧洲《中亚学报》卷33,No. 1 - 2,1989。

53.《享有世界声誉的〈突厥语词典〉》,《中国少数民族历史故事集》,银川:宁夏人民出版社,1988。

54.《阿塞拜疆语》,《中国大百科全书》(语言文字卷),北京:中国大百科全书出版社,1988。

55.《土库曼语》,《中国大百科全书》(语言文字卷),北京:中国大百科全书出版社,1988。

56.《冯·加班(葛玛丽)(Annemarie von Gabain)》,《中国大百科全书》(语言文字卷),北京:中国大百科全书出版社,1988。

57.《马洛夫(Sergey Efimovich Malov)》,《中国大百科全书》(语言文字卷),北京:中国大百科全书出版社,1988。

58.《突厥文碑铭汉译文》,林幹著《突厥史》,呼和浩特:内蒙古人民出版社,1988。

59.《敦煌出土回鹘文文献介绍》,《语言与翻译》,1989(2,3,4)。

60.《试论哈萨克语方言的划分》,《现代哈萨克语语法》,北京:中央民族学院出版社,1989。

61.《回鹘文》(图版53 -77为回鹘文各个时代和不同书体的样品),《中国民族古文字图录》,北京:中国社会科学出版社,1990。

62.《敦煌出土回鹘文文献介绍》(续),《语言与翻译》,1990(1,2,3)。

63.《回鹘文〈圣救度佛母21种礼赞经〉残卷研究》,《民族语文》,1990(3)。

64.《回鹘文〈玄奘传〉及其译者胜光法师》,《中央民族学院学报》,1990(6)。

65.《谈维吾尔文佛典》,《季羡林 80 华诞纪念论文集》(下卷),南昌:江西人民出版社,1991。

66.《回纥文碑文汉译》,林幹、高自厚著《回纥史》,呼和浩特:内蒙古人民出版社,1994。

67.《回鹘文〈金光明最胜王经〉第九卷〈长者流水品〉研究》,《中国民族古文字研究》第 2 辑,1993;另刊于《突厥语言与文化研究》,北京:中央民族大学出版社,1995。

68.《耿世民教授自述》,《中国社会科学家自述》,上海:上海教育出版社,1997。

69.《丝绸之路上的古代语文》(摘要),《1990 年联合国教科文组织在乌鲁木齐市举行的丝绸之路国际讨论会论文集》,中国社会科学院考古所编,1997。

70. "Qädimqi Uigurcä buddhistik äsär 'Ārya -trāta -buddha -mātrika -vimsati -pūga -stotra -sūtra' din fragmentlar"(《古代维吾尔文佛教文献〈圣救度母 21 种礼赞经〉残卷研究》), *Journal of Turkish Studies*《哈佛大学突厥学报》) Vol. 3,1979,pp. 295 - 302.

71. "Qädimqi Uygurcä iptidayi drama piyesasi 'Maitrisimit' (Hami nushasi)ning ikinci pärdäsi häqqidiqi tätqiqat"(《古代维吾尔文原始剧本〈弥勒会见记〉〔哈密写本〕第二幕研究》), *Journal of Turkish Studies*(《哈佛大学突厥学报》) Vol. 4,1980,pp. 101 - 130.

72. "Recent Chinese Research in Turkish Studies"(《近年来中国突厥学的研究》), *Materialia Turcica* (德国《突厥学报》), Bd. 6,1980/1983,Bochum,pp. 102 - 106.

73. "L'inscription ouïgoure de la stèle commémorative des Iduq qut de Qočo "(《回鹘文亦都护高昌王世勋碑研究》) (with J Hamilton), *Turcica*(Revue d'Etudes Turques) (法国《突厥学报》), Tom ⅩⅢ,1981,pp. 10 - 54.

74. "Recent Chinese Research in Turkic Studies"(《近期中国的突

厥学研究》）, Central Asian Survey（英国《中亚评论》）, Vol. 1, 1982, pp. 105 – 109.

75. "On the Fusion of Nationalities in the Tarim Basin and the Formation of the Modern Uighur Nationality"（《试论塔里木盆地民族的融合及现代维吾尔民族的形成》）, *Central Asian Survey*（英国《中亚评论》）Vol. 3, 1984, pp. 1 – 14（Oxford）；另载于 *Materialia Turcica*, Bd. 7/8, 1981/1982, Bochum.

76. "A Study of Two Uighur Contracts of the Yuan Dynasty（1211—1368）"（《元代两件回鹘文书的研究》）, *Zentralasiatische Studien*（德国《中亚研究》）, Bd. 17. 1984, pp. 7 – 18.

77. "Das 16. Kapitel der Hami-Version der Maitrisimit"（《〈弥勒会见记〉第十六品研究》）（with H J Klimkeit）, *Journal of Turkish Studies*（《哈佛大学突厥学报》）, Vol. 9, 1985.

78. 《福乐知惠》, 日本《中国少数民族文学》, 1985。

79. "Die Turksprachen Chinas und lhre Erforschung"（《中国的突厥学及其研究》）, *Materialia Turcica*（德国《突厥学报》）Bd. 12, pp. 22 – 39, 1986, Bochum.

80. "Die uighurische Xuan-Zang Biographie, ein Beitrag zum 7. Kapitel"（《回鹘文〈玄奘传〉第七品研究》）（with H J Klimkeit）, *Zentralasiatische Studien*（德国《中亚研究》）19, 1986, pp. 254 – 277.

81. "Zerstörung manichäischer Klöster in Turfan"（《一件关于吐鲁番摩尼教寺院被毁文书的研究》）（with H J Klimkeit）, *Zentralasiatische Studien*（德国《中亚研究》）, Bd. 18, 1985, pp. 7 – 11.

82. "Manis Wettkampf mit dem Prinzen. Ein neues manichäisch - türkisches Fragment aus Turfan"（《摩尼与王子斗法——吐鲁番新出土的一件摩尼教突厥语残卷》）（with H J Klimkeit, J P Laut）, *Zeitschrift der Deutschen Morgenlän- dischen Gesellschaft*（德国《东方学报》）, Bd. 137, Heft Ⅰ, 1987, pp. 44 – 58.

83. "Turkic Languages in China and their Studies"（《中国的突厥语

及其研究》), *Newsletter of PIAC*(《国际阿尔泰学常设委员会通讯》),
No. 17,1987.

84. "Der Herabstieg des Bodhisattva Maitreya vom Tuṣita‑Götterland
zur Erde. Das 10. Kapitel der Hami‑Handschrift der Maitrisimit"(《弥勒菩
萨从兜率天降生——〈弥勒会见记〉第十品研究》)(with H J Klimkeit,J
P Laut), *Altorientalische Forschungen*(德国《古代东方研究》)14,1987,2,
pp. 350 – 376.

85. "Das Erscheinen des Bodhisattva. Das 11. Kapitel der Hami‑Hand‑
schrift der Maitrisimit"(《弥勒菩萨的显世——〈弥勒会见记〉第十一品
研究》)(with H J Klimkeit,J P Laut), *Altorientalische Forschungen*(德国
《古代东方研究》) 15,1988,2,pp. 315 – 366.

86. "A Study of one newly discovered folio of the Uighur Abhidharma‑
kośa‑śāstra"(《新发现的回鹘文〈俱舍论〉残卷研究》), *Central Asiatic
Journal*(欧洲《中亚学报》), Vol. 33, No. 1 – 2, 1989, Wiesbaden,
pp. 36 – 45.

87. "Die Geschichte der drei Prinzen. Weitere neue manichäische
Fragmente aus Turfan"(《摩尼教三王子故事残卷》)(H J Klimkeit,J P
Laut 合撰), *Zeitschrift der Deutschen Morgenländischen Gesellschaft*(德国
《东方学报》) Bd. 139,Heft 2,1989,Stuttgart,pp. 328 – 345.

88. "Recent Studies on Manichaeism in China"(《中国近年来关于摩
尼教的研究》), Gernot Wiessner 和 Hans‑Joachim Klimkeit 编 *Studia
Manichaica*:Ⅱ. *Internationaler Kongress zum Manichäismus* 6 – 10 August
1989,St. Augustin/Bonn(《摩尼教研究——1989 年第二届国际摩尼教
会议论文集》) 1992,Wiesbaden,pp.98 – 104.

89. "Uigurische Vierzeiler aus Kuchar"(《库车维吾尔民歌研究》)
(with K Reichl), *Materialia Turcica*(德国《突厥学报》),Bd. 15,1989/
1991,Bochum,pp. 55 – 87.

90. "Notes On an Ancient Uighur Official Decree lssued to a Mani‑
chaean Monastery"(《回鹘文摩尼教寺院文书研究》), *Central Asiatic*

Journal(欧洲《中亚学报》), Vol. 35, No. 3 - 4, 1991, Wiesbaden, pp. 209 - 230.

91. "On the Language and Script of Qazaq in China"(《中国哈萨克族的语言文字》),*Türk Dilleri Araşırmaları*(土耳其《突厥语研究》),Cilt 1,1991,Ankara,pp. 121 - 130.

92. "Die Weltflucht des Bodhisattva. Das 13. Kapitel der Hami-Handschrift der Maitrisimit"(《弥勒菩萨的出家修行——〈弥勒会见记〉第十三品研究》)(with H J Klimkeit,J P Laut),*Altorientalische Forschungen*(德国《古代东方研究》)18,1991,2,pp. 264 - 296.

93. "Der Gang zum Bodhi-Baum. Das 14. Kapitel der Hami-Handschrift der Maitrisi-mit"(《弥勒菩萨在菩提树下打坐修炼——〈弥勒会见记〉第十四品研究》)(with H J Klimkeit,J P Laut),Jean-Louis BACQUÉ-GRAMMONT et Rémy DOR 编 *Varia Turcica*,*XIX*:*Mélanges offerts à Louis Bazin par ses disciples,collègues et amis*(《突厥学论文集——路易·巴赞先生祝寿论文集》), L'HARMATTAN, Paris, 1992, pp. 25 - 35.

94. "Der Gang zum Bodhi-Baum. Das 14. Kapitel der Hami-Handschrift der Maitrisimit"(《弥勒菩萨在菩提树下跌坐修炼——〈弥勒会见记〉第十四品研究〔补遗〕》)(with H J Klimkeit,J P Laut),*Materialia Turcica*(德国《突厥学报》)16,1992/1993,pp. 25 - 47.

95. "Sarig Yugur Materials"(《裕固语研究》)(with Larry Clark),*Acta Orientalia Academiae Scientiarum Hungaricae*(《匈牙利东方学报》), Tomus XLVI(2 - 3),1992/1993,pp. 189 - 244.

96. "Das Erlangen der unvergleichlichen Buddhawürde. Das 15. Kapitel der Hami-Handschrift der Maitrisimit"(《弥勒菩萨成道——〈弥勒会见记〉第十五品研究》)(with H J Klimkeit,J P Laut),*Altorientalische Forschungen*(德国《古代东方研究》20,1993,1,pp. 182 - 234.

97. "Nachtrag zum 'Das Erlangen der unvergleichlichen Buddhawürde. Das 15. Kapitel der Hami-Handschrift der Maitrisimit'"

(《弥勒菩萨成道——〈弥勒菩萨会见记〉第十五品研究〔补遗〕》)
(with H J Klimkeit,J P Laut), *Altorienta lische Forschungen*(德国《古代东方研究》)20,1993,pp. 416 – 432.

98. "Prolegomena zur Edition der Hami -Handschrift der uigurischen Daśakarmapathāvadānamālā" (《回鹘文〈十业道譬喻鬘〉研究导论》) (with H J Klimkeit,J P Laut), *Türk Dilleri Araştırmaları* (土耳其《突厥语研究》),Cilt 3,1993,Ankara,pp. 213 – 230.

99. "Eine neue nestorianische Grabinschrift aus China"(《中国新发现的景教碑研究》) (with H J Klimkeit, J P Laut), *Ural -Altaische Jahrbücher*,Neue Folge, Band 14 (《乌拉尔—阿尔泰学年鉴》卷 14), 1996,pp. 164 – 175.

100. "Materials of the Tuvinian Language in China(Ⅱ)"(《中国图瓦语研究〔二〕》), *Acta Orientalia Academiae Scientiarum Hungaricae* (《匈牙利东方学报》),Vol. 53(1 – 2),2000,pp. 47 – 63.

101. "Materials of the Tuvinian Language in China(Ⅲ)"(《中国图瓦语研究〔三〕》),《2000 年土耳其第四届国际突厥学会议论文集》(即出)。

102. "Aus der Einleitung der uigurischen Daśakarmapathāvadānamālā" (《回鹘文〈十业道譬喻鬘〉序品残卷研究》) (with J P Laut), *Türk Dilleri Araştırmaları*,Cilt 10：*Festschrift for Prof. G. Kara*(《卡拉教授祝寿文集》). Istanbul/Berlin,2000,pp. 5 – 15.

103. "Die alttürkischen Steppenreiche (552—745)"(《古代突厥汗国》), *Philologiae et Historiae Turcicae Fundamenta*,T. Ⅰ (《突厥语文学和历史学基础》,卷 1,即《突厥语文学基础》〔PhTF〕卷 3),Berlin,2000,102 – 124.

104. "Materials of the Tuvinian Language in China(Ⅰ)"(《中国图瓦语研究〔一〕》),Louis Bazin 和 Peter Zieme 主编 *De Dunhuang à Istanbul*,*Hommage à James Russell Hamilton*(《哈米勒屯教授八十寿辰纪念论文集》),2001,Brepols,pp. 43 – 62.

105. "Materials of the Tuvinian Language in China(IV)"(《中国图瓦语研究〔四〕》), *Türk Dilleri Araştırmaları*(土耳其《突厥语研究》), Cilt 11,2001,Istanbul,pp. 5 – 21.

106. "Materials of the Tuvinian Language in China(V)"(《中国图瓦语研究〔五〕》), *Türkoloji Dergisi*(土耳其《突厥学杂志》),Cilt X VI,1. Sayı 2003,Ankara.

107. "On the Lanzhou version of the Uighur Abhidharmakoś abhāsya-tīkā Tattvārtha"(《回鹘文〈俱舍论实义疏〉兰州本研究》),Mehmet Ölmez/ Simone -Christiane Raschmann 主编 *Splitter aus der Gegend von Turfan. Festschrift für Peter Zieme anläßlich seines 60. Geburtstags*(《彼·茨木教授六十寿辰纪念文集》),Istanbul & Berlin,2002,pp. 75 – 85.

108. "Uighur Buddhist Literature"(《回鹘佛教文献》),Hasan Celal Güzel,C Cem Oguz 及 Osman Karatay 主编 *The Turks*, vol. 1, Ankara, 2002,pp. 896 – 910.

109. "Budist Uygur Edebiyatı"(《回鹘佛教文献》), *Türkler*, Cilt 3, Ankara,2002,pp. 786 – 800.

110. "Çin'de Turkoloji çalışmaları"(《中国的突厥学研究》), *Yeni Türkiye*,Sayı 43 (*Türkoloji ve Türk Tarihi Araştırmaları Özel Sayısı*) ,2002, pp. 114 – 119.

111. "Notes on Some Old Turkic Words"(《若干古代突厥语词的考释》),*Acta Orientalia Academiae Scientiarum Hungaricae*(《匈牙利东方学报》),vol. 55(4),2002,pp. 335 – 338.

112. 《各国收藏的回鹘文文书概况》,《语言与翻译》,2002(1)。

113. 《现代维吾尔语及其研究成果》,《语言与翻译》,2002(3)。

114. 《伯希和考察团的新疆旅程及其考古成果鉴定》,《新疆文物》,2002(1 – 2)。

115. 《若干古代突厥词的考释》,《民族语文》,2002(4)。

116. 《关于古代塔里木盆地文化和艺术大型国际会议在德国柏林举行》,《西域研究》,2002(4)。

117. 《新书介绍:读〈回鹘文在金帐汗国和中亚的传播〉》,《语言与翻译》,2003(4)。

118. 《新疆考古学述略》,《新疆文物》,2003(1)。

119. 《古代突厥语扬州景教碑研究成果》,《维吾尔语古代文献研究》,北京:中央民族大学出版社,2003;德文本载《乌拉尔—阿尔泰年鉴》1996年卷14。

120. 《回鹘文〈大白莲社经〉残卷(二叶)研究》,《民族语文》,2003(5)。

121. 《吐火罗语(古代焉耆、库车语)》,《新疆文物》,2003(3-4)。

122. 《德国柏林科学院吐鲁番研究中心介绍》,《西域研究》,2003(2);《民族研究信息》,2003(1-2)。

123. 《维吾尔学大师葛玛丽教授逝世十周年》,《西域研究》,2003(4)。

124. 《中国景教历史及其文献研究》,《民族研究信息》,2003(3)。

125. 《〈丝绸之路南道〉——淹没在塔克拉玛干沙漠中的古代文化简介》,《民族研究信息》,2003(3)。

126. 《〈丝绸之路南道〉(德文)评介》,《民族研究》,2004(5)。

127. 《法国著名维吾尔学家哈米勒屯》,《民族研究信息》,2004(1)。

128. "The Study of Uighurica from Turfan and Dunhuang in China"(《吐鲁番和敦煌出土回鹘文文献研究》),D Durkin-Meisterernst,S-Chr. Raschmann,J Wilkens,M Yaldiz,P Zieme 等编 *Turfan Revisited-First Century of Research into the Arts and Culture of the Silk Road*,Berlin,2004,pp. 95-99.

129. "Study of the Two Folios of the Uighur Text 'Abitaki'"(《两叶回鹘文〈阿弥陀经〉研究》),*Acta Orientalia Academiae Scientiarum Hungaricae*(《匈牙利东方学报》),vol. 57,No. 1,2004,pp. 105-113.

130. "Neue Ergebnisse der Maitrisimit-Forschung(Ⅰ)"(《〈弥勒会见记〉研究新成果一》)(with Jens Peter Laut, Georges-Jean Pinaul),

Zeitschrift der Deutschen Morgenländischen Gesellschaft(德国《东方学会刊》),Bd. 154,Heft 2,2004,pp. 347 - 369.

131. "Neue Ergebnisse der Maitrisimit-Forschung Ⅱ: Struktur und Inhalt des 26. Kapitels"(《〈弥勒会见记〉研究新成果二：第二十六卷的结构和内容》)(with Jens Peter Laut,Georges-Jean Pinault),*Studies on the Inner Asian Languages*(日本《内陆亚细亚言语研究》),vol. ⅩⅨ,2004,pp. 29 - 94.

132.《古代维吾尔说唱文学〈弥勒会见记〉》,《中央民族大学学报》,2004(1)。

133.《古代突厥文碑铭的发现和解读——纪念汤姆森解读古代突厥文 110 年》,《西北民族研究》,2004(3)。

134.《西方回鹘史研究的简短回顾》,《西域研究》,2004(3)。

135.《吐鲁番出土回鹘文木版印刷品》,《吐鲁番学研究》,2004(1)。

136.《吐火罗人及其语言》,《民族语文》,2004(6)。

137.《〈古代印度和中国新疆——语言和文化的接触〉新书评介》,《语言与翻译》,2004(2)。

138.《近年来国外对古代突厥碑文的研究》,《科学研究动态》,2004 年创刊号。

139.《古代和田塞语》,《新疆文物》,2004(2)。

140.《吐鲁番出土的古代维吾尔文献》,《吐鲁番学研究》,2004(2)。

141.《回鹘文〈大白莲社经〉另二叶研究》,《中央民族大学学报》,2005(1)。

142.《论哈萨克语文学》,《伊犁师范学院学报》,2005(1)。

143.《维吾尔族的古代书写文化》,《喀什师范学院学报》,2005(2)。

144.《阿拉伯和波斯史料中的高昌王国(9—10 世纪)》,《吐鲁番学研究》,2005(2)。

145.《我与维吾尔学》,《新疆大学学报》,2005(4)。

146.《金帐汗国克普恰克语文献》,《伊犁师范学院学报》,2005(4)。

147.《哈萨克古代文献〈库曼语汇集〉》,《新疆师范大学学报》,2005(3)。

148.《试论中国哈萨克语方言的划分》,《民族语文》,2005(6)。

149.《阿尔泰共同语与匈奴语》,《语言与翻译》,2005(2)。

150. "Materials on the Tuvinian Language (5)", *Altajskie jazyki i vostoČnaja filolo-gija*, Moskva, 2005, pp. 499 – 503.

151.《哈萨克族的语言与文字》,《西北民族研究》,2006(2)。

152.《克普恰克语文献》(二)(三),《伊犁师范学院学报》,2006(1,4)。

153. "Fragmente der uigurischen Dašakarmapathāvadānamālā(2)" (《回鹘文〈十业道譬喻鬘〉残卷研究〔二〕》)(with Jens Peter Laut, Jens Wilkens), *Ural-Altaische Jahrbücher*, Bd. 20, 2006, pp. 146 – 169.

154. "Fragmente der uigurischen Dašakarmapathāvadānamālā(3)", (《回鹘文〈十业道譬喻鬘〉残卷研究〔三〕》)(with Jens Peter Laut, Jens Wilkens) *Ural-Altaische Jahrbücher*, Bd. 21, 2007, pp. 124 – 140.

155.《哈萨克历史研究(一)——金帐汗国史》,《伊犁师范学院学报》,2007(3)。

156.《回鹘文〈大白莲社经〉残卷研究》(3)(4),《语言与翻译》2007(4 – 5);《新疆师范大学学报》,2007(4)。

157. "Study on the Uighur Text Abitaki (4)", *Journal of Turkish Studies*, vol. 31/Ⅱ, Harvard University, 2007, pp. 231 – 236.

158.《回鹘文〈大白莲社经〉一叶残卷研究》(4),《语言与翻译》,2007(4)。

159. "Study on Abitaki (4)", *Türk Bilig*, 2007(14), pp. 177 – 183.

160.《近代外国探险家在新疆》,《吐鲁番学研究》,2007(1)。

161.《勒寇克与德国第四次吐鲁番考古队》(《中国新疆的土地与

人民〉序），《中国新疆的土地与人民》，北京：中华书局，2008年。

162.《哈萨克历史研究（二）——哈萨克汗国与哈萨克族》，《伊犁师范学院学报》，2008（1）。

163.《土耳其学界对古代突厥语文学的研究》，《亚非研究》第2辑，北京，2008。

164.《回鹘文〈十业道譬喻故事花环〉残卷研究》（3），《新疆大学学报》，2008（1）。

165.《回鹘文〈十业道譬喻故事花环〉残卷研究》（4），《喀什师范学院学报》，2008（1）。

166.《回鹘文〈大白莲社经〉一叶残卷研究》（3），《西北民族研究》，2008（1）。

167.《回鹘文〈大白莲社经〉一叶残卷研究》（5），《新疆师大学报》，2008（4）。

168.《古代突厥文的解读》，《吐鲁番学研究》，2008（1）。

169.《哈萨克历史三千年》，《伊犁师范学院学报》，2009（1）。

170.《哈萨克文化述略》，《伊犁师范学院学报》，2009（3）。

171.《瓦勒德施米特教授及其对新疆古代语文学及艺术研究的贡献》，《新疆师范大学学报》，2009（3）。

172.《古代和田塞语概要》，《语言与翻译》，2011（1）。

173.《说吐火罗语》（待刊）。

174.《吐火罗语语法概要——甲种吐火罗语》（待刊）。

175.《吐火罗语语法概要——乙种吐火罗语》（待刊）。

176.《喀喇汗朝与〈突厥语词典〉》，《中央民族大学学报》，2009（6）。

177.《吐火罗人——他们是谁？从何处来？住在何处？》（待刊）。

178.《古代库车吐火罗人的佛教》（待刊）。

179.《古代新疆塔里木盆地民族和语言考》（待刊）。

180.《试论古代维吾尔文学史及其文体》（即刊）。

181.《古代维吾尔文学述略》（即刊）。

182. "Uighur Studies in China"(《中国的维吾尔学研究》), *Studia Orientalia*(*Finland*)91:*Festschrift for Dr. H Halén.*(即刊)。

183. 《匈奴及其语言》(即刊)。

译文

1. 〔苏〕洛孜也夫、哈山诺夫《论维吾尔文学语言中的词汇问题》(译自维吾尔语),《中国语文》,1954(5)。

2. 〔苏〕伊凡诺夫《语言的发生学分类法》(译自俄文),《语言学论文选辑》,1958(5)。

3. 〔苏〕吉洪诺夫《回鹘文化与风习》(译自俄文),《民族史译文集》,第 6 集,1978。

4. 〔法〕伯希和《高地亚洲》(译自法文),《民族史译文集》,第 6 集,1978。

5. 〔法〕路易·巴赞《热·基饶与法国突厥学》(译自法文),《民族译丛》,1979(3)。

6. 〔德〕葛玛丽《高昌王国(公元 850—1250 年)》(译自德文),《新疆大学学报》,1980(2);维吾尔文版载《新疆大学学报》(维),1980(3)。

7. 〔日〕松田寿男《塔里木盆地诸国》(译自日文),《考古学参考资料》,1980(3 - 4)。

8. 〔法〕路·巴赞《法国的突厥学研究》(译自法文),《阿尔泰语文学论文选集》,1980。

9. 〔德〕奥·普里察克《匈奴人的文化和语言》(译自德文),《民族译丛》,1989(5)。

10. 〔德〕葛玛丽《中华人民共和国的维吾尔学研究——介绍突厥学家耿世民》(译自德文),《突厥语研究通讯》,1993(2)(德文原文刊于 *Central Asiatic Journal*〔欧洲《中亚学报》〕vol. 33,No. 3 - 4,1989)。

11. 〔日〕石滨纯太郎《新疆古代语文佛典的发现和研究:回顾与展望》,《维吾尔与哈萨克语文学论文集》,北京:中央民族大学出版社,2007。

12.〔丹麦〕汤姆森《鄂尔浑和叶尼塞碑铭的解读——初步概述》（译自法文）,《黑龙江民族丛刊》,2009(2)。

书评、新书介绍、通讯报道

1.《介绍唐莉博士的英文新书 *A Study of Nestorian Christianity in China*》(2002),《民族研究信息》,2003(3)。

2.《读书札记——*István Vásáry, Bemerkungen zum uigurischen Schriftum in der Goldenen Horde und bei den Timuriden*,1992(〈回鹘文在金帐汗国和铁木耳汗国的传播〉)》,《语言与翻译》,2003(4)。

3.《在中国阿尔泰语言学会成立会议上的发言》,欧亚学网站,(www. eurasianhistory. com),2004。

4.《在中央民族大学维吾尔语言文学系建系庆祝会上的发言》,欧亚学网站,2004。

5.《Marcel Erdal, *A Grammar of Old Turkic*》(2004),《中央民族大学学报》,2005(3)。

6.《中国吐鲁番和敦煌发现回鹘文文献研究》,《重访吐鲁番——丝绸之路文化和艺术研究一百周年》,柏林:Dietrich Reimer Verlag 出版社,2004。

7.《A Melek Özyetgin, *Orta Zaman Türk Dili ve Kulturu Üzerine İncelemeler* 2005(〈中世纪突厥语言与文化研究〉)》,欧亚学研究网站,2005。

8.《A Melek Özyetgin, *Altın Ordu, Kırım ve Kazan Sahasına ait Yarlık ve Bitiklerin Dil ve Uslup İncelemesi* 1996(〈金帐汗国敕令研究〉)》,欧亚学网站,2005。

9.《A Melek Özyetgin, *Eski Türk Vergi Terimleri* 2004(〈古代突厥税制研究〉)》,欧亚学网站,2005。

10.《A Melek Özyetgin, *Ebū Hayyān, Kitābu'l-Idrāk li Lisāni'l-Etrāk*

2001(〈阿布·海严《学习突厥语之书》研究〉)》,欧亚学网站,2005。

11.《德国著名维吾尔学家罗伯恩教授在中央民族大学讲学》,欧亚学网站,2006。

12.《哈喇汗王朝时期的几件社会经济文书》,《回鹘文社会经济文书研究》(附录),北京:中央民族大学出版社,2006。

13.《察合台语及其文献》,《新疆历史与文化概论》(附录1),北京:中央民族大学出版社,2006。

14.《吐火罗语(古代龟兹、焉耆语)》,《新疆历史与文化概论》(附录2),北京:中央民族大学出版社,2006。

15.《大开本德国出版新书〈重访吐鲁番〉介绍》,《新疆历史与文化概论》(附录6),北京:中央民族大学出版社,2006。

16.《日文书介绍〈西域文化研究〉Ⅰ,Ⅳ卷》,《新疆历史文化概论》(附录10),北京:中央民族大学出版社,2006。

17.《古代新疆一所寺院图书馆及其命运》,欧亚学网站,2006。

18.《塔里木盆地的木乃伊》,《新疆历史与文化概论》(附录9),北京:中央民族大学出版社,2006。

19.《俄文〈古代和中古早期的新疆〉》,《新疆历史与文化概论》(附录7),北京:中央民族大学出版社,2006。

20.《中亚东部青铜和早期铁器时代的居民》,《新疆历史与文化概论》(附录8),北京:中央民族大学出版社,2006。

21.《法文新书〈西域史专题研究——根据当地原始材料研究中亚民族和宗教中的摩尼教〉》,《新疆历史与文化概论》(附录5),北京:中央民族大学出版社,2006。

22.《德国慕尼黑民族学博物馆发现一批新疆和田出土文物》,欧亚学网站,2007。

23.《新疆古代语文佛典的发现和研究——介绍日本学者石滨纯太郎教授的文章》,《维吾尔与哈萨克语文学论集》(附录3),北京:中央民族大学出版社,2007。

24.《回鹘文〈金光明经〉研究——介绍拉施曼(S-Ch Raschmann)

博士的新著》,《新疆师范大学学报》,2008(3)。

25.《世界突厥语系民族及其历史》(教学大纲·2008 年第二学期为在北京外国语大学土耳其专业学生所作)(待刊)。

26.《介绍近代奥斯曼帝国与日本军国主义觊觎中亚及我国新疆的两种新书》,欧亚学网站,2009。

主要参考书目录[1]

一、近代对新疆的科学考察

斯坦因.西域考古记.向达,译.上海:商务印书馆,1935.

伯希和(法国).伯希和西域探险记.耿昇,译.昆明:云南人民出版社2001.

耿世民.新疆考古学述略(介绍伯希和新疆考古成果).新疆文物,2003(1).

耿世民.德国柏林科学院吐鲁番学研究中心介绍//耿世民.维吾尔古代文献研究.2004.

Le Coq(勒寇克).新疆地下的宝藏.乌鲁木齐:新疆人民出版社,2001.

Le Coq . Von Land und Leuten in Ost – Turkestan in Ost – Turkestan (新疆的土地和人民——德国第四次吐鲁番考古队报告和经历): Berichte und Abenteuer der IV. Deutschen Turfan – Expedition, Leibzig, Otto Harrassowitz ,1928.

J A Dabbs . History of the discovery and exploration of Chinese Turkestan . The Hague,Mouton & Co. ,1963. (该书是最重要的讲述各国对新疆进行考古调查的概论书)。

Hans – Joachim Klimkeit . Die Seidenstrasse(丝绸之路). Koeln ,Universitaet Verlag,1988(此书的汉文译本:克林凯特著,赵崇民译:《丝绸古道上的文化》,新疆美术摄影出版社,乌鲁木齐,1994).

Frances Wood. The Silk Road . London , The Folio Society,2002 .

二、漠北蒙古高原时期的历史文化

1.史料

---

[1]为了读者的方便,这里把德文、法文、俄文文章或书名译为汉文。英文、日文未译。

（1）古代突厥碑铭

耿世民.突厥文碑铭译文∥林干.突厥史.呼和浩特:内蒙古人民出版社,1988:245-286.

耿世民.古代突厥文碑铭研究.北京:中央民族大学出版社,2005.

Aalto, Materialien zu den alttuerkischen lnschriften der Mongolei（蒙古古代突厥碑铭材料）.

Helsinki Suomalais - Ugtilainen Seura, 1958.

R Giraud, L'incription de Bain Tsokto,Edition critique（暾欲谷碑校刊本）,Librairie d'Amerique et d'Orient, Paris, 1961.

S E Malov, Pamyatniki drevnetyurkskoy pis'mennosti. Moskva - Leningrad,Uzdatel'stvo Akademii Nauk SSSR, 1951.（古代突厥文献）

S E Malov, Pamyatniki drevnetyurkskoy Pis'mennosti Mongolii i Kirgizii,（蒙古和吉尔吉斯斯坦的古代突厥文献）,Moskva - Leningrad:, Uzdatel'stvo Akademii Nauk SSSR, 1959.

A von Gabain, Alttürkisohe Grammatik. Wiesbaden, Otto Harrassowits,1973.（《古代突厥语法》,此书有耿世民的汉文译本,题作《古代突厥语法》,2004 年,内蒙古教育出版社）。

Talat Tekin, A Grammar of Orkhon Turkic, Th Hague. Uralic and Altaic Series,1968(69).（鄂尔浑突厥语法）

S G Kliashtornyy, Drevnetyurkskie Runicheskie Pamyatniki kak Istichnik Po Istorii Sredney Azii, Izd. "Nauka", 1964.（此书的汉文一本:克里亚施托尔内著,李佩娟译,《古代突厥鲁尼文碑铭——作为中亚史料的古代突厥如尼文献》,哈尔滨,黑龙江教育出版社,1991）。

小野川秀美.突厥碑文译注.满蒙史论丛.第四,1943.

柴田武.鄂尔浑碑文的发现和研究.东洋学报,1947,20(2).

（2）汉文史料(二十四史,中华书局标点本)

《魏书》卷 103,《北史》卷 98 中的《高车传》。

《隋书》卷 84,《北史》卷 99,《旧唐书》卷 199 下,《唐书》卷 217 下中的《铁勒传》。

《周书》卷50,《隋书》卷84,《北史》卷99,《旧唐书》卷194上、下,《唐书》卷215上、下中的《突厥传》《西突厥传》。

岑仲勉.突厥集史.北京:中华书局,1958.

沙畹.西突厥史料.冯承钧,译.北京:中华书局,1958.

冯家昇,程溯洛,穆广文.维吾尔族史料简编(上册).北京:民族出版社,1960.

E Chavannes. Documents sur 1e Tou – kiue(Turcs) occinenentaux(西突厥史料), Paris, Maisoneuve,1941.

Liu Mau – tsai. Die chinesischen Nachrichten zur Geschichte der Ost – Tuerken(T'u – kue). Ⅰ – Ⅱ,Wiesbaden:Otto Harrassowits,1958.(东突厥历史的汉文材料)

(3)拜占庭史料

G Moravcsik. Byzantino – turcica . 2. Aufl. Bd. Ⅰ – Ⅱ. Berlin,1958.(拜占庭关于突厥的史料)

2.专著和论文

马长寿.突厥人和突厥汗国.上海:上海人民出版社,1957.

护雅夫.古代トルコ民族史研究(Ⅰ - Ⅲ).东京:山川出版社,1967 – 1997。

护雅夫.古代游牧帝国.东京:山川出版社,1976.

林干.突厥史.呼和浩特:内蒙古人民出版社,1988.

林干,高自厚.回纥史.呼和浩特:同上出版社,1994.

岑仲勉.突厥集史(上下册).北京:中华书局,1958.

小野等.支那周边史(上册).东京,1943.

羽田亨.唐代回鹘史研究∥羽田博士史学论文集(上册).京都:同朋舍,1957.

耿世民.古代突厥文碑铭研究.北京:中央民族大学出版社,2005.

A Bernshtam. Sotsial'no – ekonomicheskiy stroy orkhono – yeniseyskikh tyurok Ⅵ – Ⅷ vekov(6—8 世纪鄂尔浑叶尼塞突厥人的社会经济结构),Moskva – Leningrad,1946.

J Deny, et al. . Philologiae Turcicae Fundamenta（突厥语文学基础）
（Ⅰ－Ⅲ）. Wiesbaden ,1959－1964－2000.

Geng Shimin. Die alttuerkischen Steppenreiche（552－745）（古代突
厥草原汗国）, in Philologiae Turcicae Fundamenta , vol. Ⅲ,
Berlin, 2000.

Rene Giraud, L'Empire des Turcs Celestes（680－734）（第二突厥汗
国史）, Librairie d'Amerique et d'Orient , Paris , 1960.

N Gumilev. Drevnie Tyurki（古代突厥人）,Moskva,1967.

Gok － Turk Hakanliklari（突厥汗国）,Islam Ansiklopedisi（伊斯兰
百科全书）,128. cuz , pp . 164－179,Istanbul,1976.

Colin Mackerras, The Uighur Empire：According to the Tang Gynastic
Histories, Canberra , Austra,oan National Univ. Press,1972.

S G Klyashtoriy. Les points ligieux dans l'histoire des Turcs sancients
（古代突厥历史中若干有争议的问题）, in Philologiae Turcicae Funda-
menta , vol. Ⅲ , Berlin , 2000.

W Scharlipp. Die fruehen Tuerken in Zentralasien（中亚早期的突
厥）,Darmstadt,1992.

W Scharlipp. Leben und Kultur der alten Tuerken in der Steppe（突厥
汗国的生活和文化）, in Philologiae Turcicae Fundamenta , vol. Ⅲ ,
Berlin , 2000.

以及 Yeni Turkiye 出版的 The Turks（6 volumes , Ankara , 2002）
中的有关论文等等。

三、回鹘西迁以前和以后时期的新疆历史文化

1.史料（汉文二十四史中的史料见中华书局标点本）

（1）19 世纪末以来新疆塔里木盆地出土的、用古代焉耆语、古代龟
兹语、古代和田塞语、巴楚塞语、古代突厥—回鹘语、汉语、梵语、尼雅俗
语、粟特语、中古波斯语等古代语文写成的大量各种内容的文献、文书
残卷。

（2）汉文正史中的记载：史记、汉书、后汉书、南齐书、魏书、北周

书、北史、隋书、新旧唐书、宋史……以及大唐西域记、玄奘传、法显传、高僧传、通典、唐会要、太平御览等史籍中关于西域地区的记载。

（3）希腊等古典作家如普托勒梅（Ptolemaios）、希罗多德（Herodotus）等人关于古代塔里木盆地情况的记载。

（4）阿拉伯穆斯林作者 Kashghari，Qarshi，Ibn al－Athir，Gardizi，Juwayni，Rashid al－Din 等人关于新疆地区的记载。

2．专著和论文

安部健夫．西回鹘史研究．京都，1955．(此书有宋肃瀛等译的汉文本，乌鲁木齐，1985)

羽田明．西域．东京，1969．

图说世界文化史大系．第13、26卷，东京，1960．

岩波讲座：世界历史（六）．东京，1971．

冯承钧，译．吐火罗语考．北京，1957．

耿世民．维吾尔族古代文化和文献概论．乌鲁木齐：新疆人民出版社，1983．

耿世民．新疆文史论集．北京：中央民族大学出版社，2001．

耿世民．维吾尔古代文献研究耿世民．北京：中央民族大学出版社，2003．

羽田亨．西域文明史概论．耿世民，译．北京：中华书局，2005．

羽田亨．西域文化史．耿世民，译．北京：中华书局，2005．

余太山．西域通史．郑州：中州古籍出版社，2003．

《维吾尔族简史》编写组．维吾尔族简史．乌鲁木齐：新疆人民出版社，1989．

新疆社会科学院民族研究所编．新疆简史．乌鲁木齐：新疆人民出版社，1980．

苗普生，田卫疆．新疆史纲．乌鲁木齐：新疆人民出版社，2004．

H W Bailey. Khotanese Texts, IV, London, 1955. (古和田文献，其中的导论部分)

C E Bosworth. I1ek－Khans（Karakhinids），The Encyclopaedia of

Is1am（New Edition），vol，Ⅳ，fasc，57 - 58，1970，p . 1113 - 1117.（《哈拉汗王朝》）.

R Dankoff . Compendium of Turkic Dialects, Harvard Univ. Press,1982.

R Emmerick . Tibetan Texts Concerning Khotan , London,1967.

A von Gabain. Das Uigurische Koenigreich von Chotscho, 850—1250, SPAW,1961.（850 - 1250 年高昌回鹘王国）（耿世民的汉文译文载《新疆大学学报》,1980,第 2 期）

A von Gabain. Das Leben im uigurischen Koenigreich von Qocho (850—1250)，2 vols, Otto Harrassowitz,Wiesbaden, 1973.（高昌王国的生活）（此书有乌如山译的汉文本《高昌回鹘王国的生活》,吐鲁番,1989）

A von Gabain. Alttürkisches Schrifttum, SDAW, 1950. （古代突厥文献）

A von Gabain. Nichtislamische altturkische Literatur , Handbuch der Orientalistik, Bd. V, Absch. 1, 1963. （古代突厥前伊斯兰文献）

A von Gabain. Die alttürkische Literatur , Philologiae Turcicae Fundamenta , vol. II, 1964. （古代突厥文献）

A von Gabain. Alttürkische Schreibkultur und Drukerei , op. cit. , 1964. （古代突厥的书写文化和印刷业）

A von Gabain. Die Drucke dr Turfansammlung , ADAW , 1967. （吐鲁番收集品中的木刻本）

M Haidar . The History of Moghuls of Central Asia , 1984(Ross's English translation).

L Hambis. L' Asie Centrale——histoire et civilisation, Paris, 1977. （新疆——历史与文明）

L Kwanten. A History of Central Asia,500—1500 , 1979

B A Litvinskiy（ ed. ） . Vostochnyy Turkestan v drevnosti i rannem srednevekpv'ye,1992.（新疆古代与中古早期历史）.

Liu Mautsai. Kuscha und seine Beziechungen zu China vom 2. Jh. v. bis zum 6. Jh. n. CHr. 1969 . （古代龟兹国——公元前 2 世纪到公元后 6 世纪）

H Lueders. Ueber die literaturischen Funde in Osttuerkistan, SPAW, 1914, S. 85 – 105. （新疆古代语文文献的发现）

H Lueders. Zur Geschichte und Geographie von Ostturkestan, SBAW 1922. （新疆史地研究）

H Lueders. Weitere Beitraege zur Geschichte und Geographie von Ostturkestan, SBAW 1930. （新疆史地再研究）

O Pritsak. Die Karachanidische, Der Islam, Bd. 31, 1953, S. 17 – 68. 《哈拉汗王朝》.

O Pritsak. Von den Karluk zu den Karachaniden, ZDMG, Bd. 101, 1951, S. 270 – 300. （从葛逻禄到哈拉汗）

H R Roemer. Histoire des Peuples Turcs a l'Epoque Pre – Islamique, T. I, Berlin, 2000. （前伊斯兰时期突厥人民历史）（此书也称 Philologiae et Historiale Turcicae Fundsmenta, Tomus Primus〔突厥语文学与历史学基础〕，卷 I）

W Samolin. the Turkisation of the Tarim Basin up to the Qara Qitay (microfilm), Michigan, 1953. （北图藏缩微胶卷）

W Samolin. East Turkistan to the twelfth century, The hague, 1964.

E Sieg, W Siegling. Tocharische Sprachreste, I. Baand：Die Texte. Berlin – Leipzig, 1921. （吐火罗语残卷）

D Sinor. The Uighur Empire of Mpngolia. 2000. （载《突厥语文学和历史学基础》卷 I）

D I Tikhonov. Khozyaystvo i ohshchestvennyi stroy uygurskogo gosudarstva x – xiv vv. Moskva, 1966. （10—14 世纪回鹘王国的经济和社会结构）

V Thomsen. Aus osttuerkestans Verganenheit, UJB, 1925, S. 1 – 24. （新疆的过去）

E Waldschmidt. Gandhara, Kutscha, Turfan – Eine Einfuehrung in die Fruehmittelalterliche Kunst Zentralasiens, Leipzig 1925. (犍陀罗、库车、吐鲁番——新疆中古时期艺术导论)

A Yu. Yakubovskiy. Arabskie i persidskie istochniki ob uygursko - turfanskom knyazhestve v IX – X vv. (关于 9 – 10 世纪回鹘 – 吐鲁番王国的阿拉伯、波斯语史料), Trudy Otdela Vostoka Gosudarstvennogo Ermitazha, IV, 1947。

P Zieme. Das uigurische Koenigreich von Qocho (高昌回鹘王国), 载《突厥语文学和历史学基础》卷 1.

四、关于古代新疆

1. 佛教

羽溪了谛. 西域之佛教. 贺昌群, 译. 上海：商务印书馆, 1956.

羽溪了谛. 西域佛教文化概念序说∥龙谷大学论集（第 347 号）. 昭和二十九 (1954) 年.

耿世民. 古代新疆和突厥、回鹘人中的佛教∥新疆文史论集. 北京：中央民族大学出版社, 2001.

耿世民. 中国吐鲁番、敦煌出土回鹘文献研究∥新疆文史论集. 北京：中央民族大学出版社 2003.

耿世民. 谈维吾尔佛典∥新疆文史论集. 北京：中央民族大学出版社, 2001.

小笠原宣秀, 等. 要说西域佛教史. 京都, 百华苑, 1980.

森安孝夫. トルコ佛教の源流と古トルコ语佛典の出现》,《史学杂志》, 98 编, 1989。（此文法文本刊于 Actes du Colloque Franco - Japonais, Kyoto, 1990, 题作 L'origine du Bouddhisme chez les turcs...

庄垣内正弘. 古代ウイグル文阿毗达磨俱舍论实义疏の研究, 1 – 3, 1991 – 1993.

任继愈：汉唐佛教思想论集, 1973。

中村元. アジア佛教史——中国编 V ）——シルクロードの宗教, 东京, 佼成出版社, 1975.

井ノ口泰淳:中央アジアの言语と佛教,京都,法藏馆,1995.

J Elverskog. Uygur Buddhist Literature , 1997.

A von Gabain. Der Buddhismus in zentralasin, Handbuch der Orientalistik,Ⅷ. Band,Leiden 1961 .《中亚佛教史》.

A von Gabain. Buddhistische Turkenmission , Asiatica, Festschfrift F Weller , 1954. (突厥人中的佛教)

A von Gabain. Der Buddhismus in Zentralasien , Handbuch der Orientalistik , Abt, 1, Bd. 8, Absch. 2, 1961. (中亚佛教)

A von Gabain. Der Buddhismus in zentralasin, Handbuch der Orientalistik, Ⅷ. Band,Leiden 1961.《中亚佛教史》.

Geng Shimin. Uighur Buddhist Literature, The Turks , 2002 , Ankara.

H Klimkeit. Buddhism in Turkish Central Asia , Numen , vol. X X X Ⅶ,1990.

L Kwanten. A history of Central Asia, 500 – 1500, 1979.

P Laut. Der fruhe türkische Buddhismus und seine literarischen Denkmaler, 1996. (早期突厥佛教及其文献)

A Le Coq. Buried Treasures of Chinese Turkestan, 1928.

Liu Mautsai. Kutscha und seine Beziehungen zu Chine vom 2. Jh. v. bis zum 6. Jh. n. Chr. , 1969. (公元前 2 世纪到后 6 世纪库车和中国的关系)

B Litvinskiy. Die Geschichte des Buddhismus in Ostturkrstan, 1999. (新疆佛教史)

L Sander. Buddhist Literature in Central Asia, Encyclopedia of Buddhism, vol. 4, 1979.

W Scharlipp. Kurzer überblick über die buddhistische literature der Turken, Materialia Turcica, 1980. (突厥佛教文献概述)

D Sinor. A közepazsiai török buddhizmusrol, Körösi Csoma – Archivum, Supplementary volume,1935—1939. (中亚突厥佛教)

S Tekin. Uygur Edebiyatının Meseleleri, Türk Kültürü Araştırmaları, 1965.

P Zieme. Das buddhistische Schrifttum der Uiguren, Religion und Gesellschafte im Uigurischen Königreich von Qotscho, 1992. (回鹘佛教文献,载《高昌回鹘王国的宗教和社会》)

2. 回鹘文方面

耿世民. 维吾尔古代文献研究. 北京:中央民族大学出版社,2003.

耿世民. 回鹘文及其主要文献// 新疆文史论集. 北京:中央民族大学出版社,1980.

耿世民. 回鹘文社会经济文书研究. 北京:中央民族大学出版社,2006.

Le Coq, Kurze Einfuehrung in die uigurische Schriftkunde 1919, Westasitische Studien, S. 93 - 109. (回鹘文导论)

J Elverskog. Uygur Buddhist Literature, Brepols,1997.

G Hazai. Die Arbeiten an den Turfan - texten in Berlin, TDAY,1871 (德国吐鲁番文献研究近况)。

P Zieme. Die Stabreimtexte der Uiguren von Turfan und Dunhuang - Studien zur alttürkischen Dichtung, 1991. (吐鲁番和敦煌出土的回鹘文头韵诗——古代突厥诗歌研究)

3. 景教、摩尼教

王勤金. 元延祐四年也里世八墓碑考释. 考古,1989(6):553 - 554,573.

杨钦章. 试论泉州聂思脱里派遗物. 海交史研究,1984(6).

Jes Peter Asmussen. The Sogdian and Uighur - Turkish Chritian Literature in Central Asia Before the Real Rise of Islam:A Survey. L. A. Hercus (ed.): Indological and Buddhist Studies. Volume in Honour of Prof. J W de Jong…Delhi,1989.

Louis Bazin. Les systemes chronologiques dans le monde turc ancien. Budapest/Paris,1991. (突厥历法)

Alexander Böhlig. Ja und Amen in manichäicher Deutung. Zeitschrift für Papyrologie und Epigraphik 58, 1985:59 - 70. (Ja, Amen 二字的摩尼教意义)

Chetin Djumagulov. Die syrisch-türkischen (nestorianischen) Denkmäler in Kirgisien. MIO 14, 1968:470 - 480. (吉尔吉斯发现的叙利亚—突厥(景教)碑文)

K Enoki. The Nestorian Christianism in China in Mediaeval Time According to Recent Historical and Archaeological Researches. OCC, 1964: 45 - 77.

Herbert Franke. Eine qarluq-türkische Familie im Dienste der mongolischen Grosskhne. Röhrborn/Brands 1981:64 - 79. (入仕元朝的一哈剌鲁家族)

James Hamilton, Niu Ru - ji. Deux inscriptions funeraires turques nestorieenes de la chine orientale. Journal Asiatique 282, 1994:147 - 164. (华东发现的二件突厥景教徒墓碑)

A Hjelt. Drei syrisch-nestorianische Grabinschriften. Helsinki, 1909. (AASF, Serie B, Vol. 1, 2) (三个叙利亚景教碑)

W Klein. Christliche Reliefgrabsteine des 14. Jahrhunderts von der Seidenstrasse. R Lavenant. Ⅵ Symposium Syriacum, 1992. (14 世纪丝绸之路上基督教浮雕墓碑)

D Martin. Preliminary Report on Nestorian Remains North of Kuei - Hua, Suiyüan. Monumenta Serica 13, 1938:232 - 249.

S Murayama. Die syrisch-nestorianischen Grabinscriften aus Pailing Miao und Ch'üan-chou. Transaction of the International Conference of Orientalists in Japan 8, 1963:22 - 25. (百灵庙和泉州出土的叙利亚文景教碑)

X F Peitinger. Fund eines christlichen Grabsteines inm Yangzhou (1344). Chinablätter Nr. 17. memoriam Achim Hildebrand, 1991. (扬州墓碑)

Igor De Rachewiltz. Turks in China under the Mongols. M Rossabi. China among Equals, 1983.

W Radloff. Das türkische Sprachmaterial der in dem Gebiet vom Semirjetschie aufgefundenen syrischen Inschriften. Beitrage zu Chwolson, 1890. (七河地区发现的突厥语墓碑)

F A Rouleau. The Yangchow Latin Tombstone as a Landmark of Medieval christanity in China. 1954 Harvard Journal of Asiatic Studies 17, 1954.

T W Thacker. Anestorian Gravestone from Central Asia in the Gulbenkian Museum, Durham University. The Durham University Juornal 59〔N. S. 28〕1966—1967.

Sir Henry Yule. Cathay and the Way Thither. 2. Odoric of Pordenone. New Edition, Revised by H Cordier. London,1913.

4. 老维吾尔文的几种写本目录

A M Muginov, Opisanie uygurskikh rukopisey Instituta Narodov Azii (苏联亚洲民族研究所所藏维吾尔抄本目录), Moskva, Izdatel´stvo Vostochnoy Literatury,1962.

新疆博物馆编:Uyghur klassik asarlarining katalogi (维吾尔古典古典文献目录)乌鲁木齐,新疆博物馆,1962。

五、缩写字

ADAW: Abhandlungen der Deutschen Akademie der Wissenschften (德国科学院专刊)

BSOS: Bulletin of the School for oriental Studies (伦敦大学东方学院学报)

JA: Journal Asiatique (法国亚洲学报)

JSFOu : Journal de la Societe Finno – Ougrienne (芬兰—乌古尔学会学报)

SDAW: Sitzungsberichte der...(德国科学院通报)

SPAW:Sitzungsberichte der Preussischen...(普鲁士科学院通报)

TPhS：Transctions of the Philological Society（英国语文学学会会报）

TT：Türkische Turfan – Texte（突厥吐鲁番文献）

TUBA：Türklük Bilgisi Araştırmaları（ Journal of Turkish Studies of Harvard University）

《文史论集》：耿世民《新疆文史论文集》,2001 年，北京。

索　引

515

527

·欧·亚·历·史·文·化·文·库·

W

·欧·亚·历·史·文·化·文·库·

外文索引

A

Abraham   324, 329, 412

Abu Sa'id   351

Agnidesa   184

Ahriman   83, 353

Akishev   427

Amanjolov   427

Apollodorus   132

Argi   106, 122, 125, 126, 182, 185

Asvaku   181

B

Baskakov   377

Bertel's   5, 169

Bombaci   49, 304, 343, 360, 361, 410

Borovkov   377

Brockelmann   6, 334

C

Calmadana   181

Couvreur   88, 109

D

Doskarayev   426, 436

D'yakonov   427

F

Franke   173, 326, 327, 449, 510

Furqat   361

G

Gamkrelidze   110

Grenard   375, 466

Gunabribi   181

Gunnar Jarring   376

Gyorffy   397

H

Haenisch   449, 458

Harmatta   25, 228

Hilmarsson   113

Hodous   7, 172, 253, 299

Huth   57, 78, 377

I

Ilimgha Tutuq   205, 208